Kommentierte Beständeübersicht des Landesarchivs Schleswig-Holstein

Veröffentlichungen des Landesarchivs Schleswig-Holstein
Band 120

Kommentierte Beständeübersicht des Landesarchivs Schleswig-Holstein

Bestandsaufnahme zum 150-jährigen Bestehen

Herausgegeben von Rainer Hering

Hamburg University Press
Verlag der Staats- und Universitätsbibliothek Hamburg
Carl von Ossietzky

BIBLIOGRAFISCHE INFORMATION DER DEUTSCHEN NATIONALBIBLIOTHEK
Die Deutsche Nationalbibliothek verzeichnet diese Publikation in der Deutschen Nationalbibliografie; detaillierte bibliografische Daten sind im Internet über https://portal.dnb.de abrufbar.

ONLINE-AUSGABE
Die Online-Ausgabe dieses Werkes ist eine Open-Access-Publikation und ist auf den Verlagswebseiten frei verfügbar. Die Deutsche Nationalbibliothek hat die Online-Ausgabe archiviert. Diese ist dauerhaft auf dem Archivserver der Deutschen Nationalbibliothek (https://portal.dnb.de/) verfügbar.

DOI https://dx.doi.org/10.15460/HUP.LASH.120.200

PRINTAUSGABE
ISBN 978-3-943423-74-7

REDAKTION Veronika Eisermann, Dirk Jachomowski, Sven Schoen
SATZ Hamburg University Press
SCHRIFT Alegreya. Copyright 2011: The Alegreya Project Authors (https://github.com/huertatipografica/Alegreya). This Font Software is licensed under the SIL Open Font License, Version 1.1. This license is also available with a FAQ at: http://scripts.sil.org/OFL
DRUCK UND BINDUNG Books on Demand – Norderstedt

VERLAG Hamburg University Press, Verlag der Staats- und Universitätsbibliothek Hamburg Carl von Ossietzky, Hamburg (Deutschland), 2020
http://hup.sub.uni-hamburg.de

Inhaltsverzeichnis

Klöster und Güter 145

Herzogtum Lauenburg bis 1876 215

Justiz seit 1867 299

Reichs- und Bundesbehörden seit 1871 331

Auf einen Blick – das Landesarchiv Schleswig-Holstein

Rainer Hering

Die Kommentierte Beständeübersicht im Jubiläumsjahr

Im digitalen Zeitalter mutet es etwas anachronistisch an, eine gedruckte Beständeübersicht zu publizieren, die ja nie ganz aktuell sein kann. Doch darum geht es hier nicht. Laufend aktualisiert werden die im Internet angebotene Kommentierte Beständeübersicht und die dort bereitgestellten Findmittel.

Das hier vorliegende Buch ist vielmehr eine Bestandsaufnahme zum 150-jährigen Bestehen des Landesarchivs Schleswig-Holstein, das 1870 als preußisches Staatsarchiv Schleswig gegründet wurde. Es stellt eine Bilanz von eineinhalb Jahrhunderten archivischer Arbeit in und für Schleswig-Holstein dar. Eine Bilanz der übernommenen und der für die Benutzung zur Verfügung stehenden Unterlagen, die sich sehen lassen kann. Die Leistung der Archivarinnen und Archivare in hundertfünfzig Jahren wird hier kompakt greifbar. Zugleich kann man sich lesend und blätternd einen Eindruck von der hiesigen Überlieferung zur Landesgeschichte verschaffen und so manches entdecken, was noch nicht erforscht worden ist. Würde man alle Unterlagen in eine Reihe legen, so ergäbe die Strecke etwa fünfzigtausend laufende Meter.

Diese Übersicht ist die erste gedruckte, die Erläuterungen zu allen einzelnen Beständen enthält und so die Orientierung für die Benutzerinnen und Benutzer des Landesarchivs erleichtert. Sie ist aber nicht die erste, denn bereits im Jahr 1953 gab Landesarchivdirektor Gottfried Ernst Hoffmann (1898–1978) eine zusammen mit den Landesarchivräten Kurt Hector (1909–1981) und Wilhelm Suhr (1909–1989) bearbeitete

Übersicht mit knappen Anmerkungen heraus. Dieses verdienstvolle, 115 Seiten umfassende, mit Schreibmaschine gesetzte Buch ist natürlich schon lange vergriffen und längst nicht mehr aktuell. Mit ihm wurde damals die Hoffnung verbunden, auch für andere, nichtstaatliche Archive Schleswig-Holsteins entsprechende Übersichten publizieren zu können, denn es handelte sich um Band eins einer geplanten Reihe von *Beständeübersichten schleswig-holsteinischer Archive*, die leider nicht fortgeführt werden konnte. Gewidmet war der kleine Band Staatsarchivdirektor i. R. Walther Stephan (1873–1959) zum achtzigsten Geburtstag.[1]

Geschichte des Landesarchivs

Die in Schleswig-Holstein herrschenden Schauenburger und Oldenburger unterhielten seit dem Mittelalter Archive, um ihre in Urkunden niedergeschriebenen Rechte zu sichern. Nach dem Deutsch-Dänischen Krieg wurde Schleswig-Holstein 1867 eine Provinz im preußischen Staatsverband. Da jede preußische Provinz über ein staatliches Archiv verfügte, erhielt auch der Regierungssitz Schleswig 1870 ein Staatsarchiv. Doch dessen Einrichtung vollzog sich als mehrjähriger Prozess; einen punktuellen Gründungsakt gab es nicht. Es fehlte an Archivalien, Personal und geeigneten Räumlichkeiten. Infolge des Wiener Vertrags begannen langgestreckte Verhandlungen mit Dänemark zwischen 1868 und 1875, um die Auslieferung von schleswig-holsteinischen Archivalien zu erreichen. 1869 konnten aufgrund einer Reise durch die Provinz Unterlagen für das Archiv zusammengezogen werden. Ein Jahr später wurde erstmals Personal fest eingestellt, im April 1871 übernahm Georg Hille (1841–1911) für vier Jahrzehnte die Leitung. Nach einem Provisorium auf Schloss Gottorf wurde Raum im Hattenschen Hof, der ehemaligen Domschule, in der Süderdomstraße in Schleswig gefunden. Der bereits seit 1870 oft diskutierte Umzug nach Kiel erfolgte 1922/23, als dort ein ehemaliges Marinedepot in der Karlstraße zur Verfügung stand. Kiel war seit 1917 wieder Sitz des preußischen Oberpräsidenten. Zudem richtete die dortige Christian-Albrechts-Universität gerade einen Lehrstuhl für Landesgeschichte ein. Sie und die schleswig-holsteinischen Historiker bemühten sich, das Staatsarchiv am Ort zu haben. 1933 vereinbarten Dänemark und Deutschland nach langjähriger fachlicher Vorbereitung durch Archivare und Historiker beider Seiten einen umfassenden Archivalienaustausch. Er berücksichtigte die territorialen Veränderungen durch die Kriege von 1864/66 und von 1914/18 sowie die Volksabstimmung von 1920.

---

[1] Übersicht über die Bestände des Schleswig-Holsteinischen Landesarchivs in Schleswig. Bearb. von G. E. Hoffmann, Wilhelm Suhr, Kurt Hector (Beständeübersichten schleswig-holsteinsicher Archive 1). Schleswig 1953.

Noch im April 1945 fiel das Gebäude des Staatsarchivs einem Luftangriff zum Opfer, doch man hatte die Archivalien rechtzeitig ausgelagert. Sie fanden anstatt im kriegszerstörten Kiel nun wieder in Schleswig ihren Platz. Einige Räume im dritten Obergeschoss von Schloss Gottorf wurden 1947 Sitz des Landesarchivs, wie es fortan hieß. Seit 1988 besteht auch das Landesfilmarchiv im Landesarchiv, das die filmische Überlieferung des Landes sichert.

Im Laufe der Zeit wurde die räumliche Situation im Schloss den ständig steigenden archivischen Anforderungen und dem Platzbedarf immer weniger gerecht. Deshalb erwarb das Land Schleswig-Holstein 1979 das Prinzenpalais in Schleswig, eine repräsentative Dreiflügelanlage aus der Zeit um 1700. Bauherr des Adelshofes in Stadtlage war der gottorfische Minister Baron Georg Heinrich von Schlitz genannt von Görtz (1668–1719). Seinen Namen hat das Gebäude nach dem Prinzen Friedrich von Schleswig-Holstein-Sonderburg-Augustenburg (1800–1865), dem das Palais von 1829 bis 1859 gehörte. Er ist unter dem Titel Prinz von Noer als Mitglied der Provisorischen Regierung und Befehlshaber der damaligen schleswig-holsteinischen Armee bekannt.

In den 1980er-Jahren wurde das zuletzt als Hotel genutzte Gebäude umfassend restauriert. Der Südflügel beherbergt seither Werkstätten (Restaurierungswerkstatt, Fotowerkstatt, Sicherungsverfilmung), während das Hauptgebäude Räume für Ausstellungen, für Vorträge und für Tagungen bietet, also insbesondere der Öffentlichkeitsarbeit des Archivs dient. Auch Teile der Verwaltung, des Digitalen Archivs und das Landesfilmarchiv haben hier ihren Sitz. Für die anderen Bereiche des Archivs errichtete man angrenzend einen modernen archivischen Zweckbau. Dort entstanden der Lesesaal mit den zugehörigen Räumen des Benutzungsbereichs, die Bibliothek und die meisten Dienstzimmer. Eine Besonderheit ist nach wie vor der vierstöckige Magazinbereich mit seiner Energie sparenden natürlichen passiven Klimatisierung, der Spezialmagazine für Akten, Karten, Urkunden und Filme umfasst.

Im Sommer 1991 konnte der neue Dienstsitz des Landesarchivs Schleswig-Holstein offiziell eingeweiht werden. 1992 erhielt die Arbeit der Mitarbeiterinnen und Mitarbeiter durch das Landesarchivgesetz eine neue rechtliche Arbeitsgrundlage. Heute werden fast fünfzig laufende Kilometer Unterlagen verwahrt. Im Juni 2019 wurde das Digitale Archiv Schleswig-Holstein im Landesarchiv freigeschaltet.[2]

---

[2] Sarah Schmidt: Die Gründung eines Staatsarchivs für Schleswig-Holstein. In: Rainer Hering/Julia Liedtke (Hrsg.): „Die Schleswig-Holsteiner sind fortan Preußen." Schleswig-Holstein als preußische Provinz (Veröffentlichungen des Landesarchivs Schleswig-Holstein 117). Husum 2020, 46–55; Roland Lucht: Das Landesarchiv Schleswig-Holstein. Eine Betrachtung aus archivtechnischer Sicht (Veröffentlichungen des Landesarchivs Schleswig-Holstein 89). 2., komplett überarbeitete Aufl. Hamburg 2014; Rainer Hering: Öffentliches Gedächtnis Schleswig-Holsteins: Das Landesarchiv am Beginn des 21. Jahrhunderts. In: Beiträge zur Schleswiger Stadtgeschichte 52 (2007), Schleswig, 111–128; Rainer Hering: Vom Pergament zum PC – Das Landesarchiv als Gedächtnis Schleswig-Holsteins. In: Schleswig-Holsteinische Topograwphie 9.

Aufgaben

Wer nicht archiviert, wird nicht erinnert und kann auch nicht erinnern. Archiven kommt in der individuellen wie der kollektiven Erinnerung herausragende Funktion zu. Sie sind zentraler Ort der Rechtssicherung sowie der Geschichtsvermittlung und der Erinnerungskultur.[3]

Archive *archivieren* Unterlagen, in erster Linie Akten, aber auch andere Informationsträger wie Karteien, Dateien, Karten, Pläne, Bild-, Film-, Ton- und maschinenlesbare Daten sowie Siegelstempel. Der Zuwachs ist gesetzlich geregelt – für den Bund und jedes Bundesland gibt es ein Archivgesetz – und läuft quasi organisch ab: Entsprechend dem Zuständigkeitsbereich des jeweiligen Archivs müssen die betroffenen Stellen alle nicht mehr zur Erfüllung ihrer Aufgaben benötigten Unterlagen dem Archiv anbieten, das dann über die Archivwürdigkeit der zumeist einmaligen Unterlagen (Unikate) entscheidet. Diese Bewertungsentscheidungen sind mit großer Sorgfalt zu treffen, denn sie sind unumkehrbar – es geht tatsächlich um Sein oder Nichtsein der Überlieferung. Nicht Archivwürdiges wird kassiert, also unter Aufsicht datenschutzgerecht vernichtet. Das Archivwürdige wird dauerhaft im Archiv verwahrt, Nachkassationen – mit Ausnahme von Doppelstücken – werden nur in seltenen Ausnahmefällen vorgenommen.

Archive sind nach dem Provenienzprinzip aufgebaut, also nach der Herkunft der jeweiligen Unterlagen. Diese werden in dem Zusammenhang archiviert, in welchem sie entstanden sind. Jede registraturführende Stelle bildet einen eigenen Bestand, innerhalb dessen die vorgefundene Ordnung, in der Regel der Aktenplan, beibehalten wird. Ist diese Ordnung nicht mehr erkennbar, muss sie im Archiv rekonstruiert werden. Dadurch bleiben Zusammenhänge erhalten und die Entscheidungsabläufe sowie die Tätigkeit der jeweiligen aktenführenden Stelle sind nachvollziehbar.

Archive verkörpern als Kompetenzzentren der Schriftgutverwaltung ein zentrales Element der Verwaltungsmodernisierung. Sie sind ein unverzichtbarer Teil der Verwaltung, die sie laufend beraten und durch ihre Bewertungsentscheidungen von unwichtig gewordenen Unterlagen entlasten; so legen sie den Blick für das Wesentliche frei. Ziel ist es, ein repräsentatives Überlieferungskomprimat zu bilden, d. h. möglichst viel Information auf wenig Raum zu sichern. Nur die wirklich archivwürdigen Unterlagen werden dauerhaft aufbewahrt, das sind ca. drei bis

---

Städte und Dörfer des Landes. Flensburg 2007, XXIV-XXX; Rainer Hering: Archive in Schleswig-Holstein – Überlieferungssicherung im Verbund. In: Die Gemeinde. Zeitschrift für die kommunale Selbstverwaltung in Schleswig-Holstein 4 (2017), 99–103.

3 Vgl. Manfred von Essen, Rainer Hering, Anke Rannegger, Johannes Rosenplänter: Das Gedächtnis unseres Landes. Archive in Schleswig-Holstein. Begleitschrift zur Ausstellung (Veröffentlichungen des Landesarchivs Schleswig-Holstein 101). Schleswig 2011.

fünf Prozent des insgesamt entstandenen Schriftgutes. Dieses bildet die Basis für zukünftiges Handeln und Erinnern.

Zugleich ist es so möglich, Verwaltungshandeln im Nachhinein zu überprüfen. Jede historische Forschung, die mit öffentlichem Material arbeitet – gleich ob wissenschaftlich, familienkundlich oder heimatkundlich –, nimmt rückblickend eine Kontrolle der damals getroffenen Entscheidungen vor. Daher ist sie kein Selbstzweck, sondern immer auch ein zentrales Element unserer Demokratie.

Ursprünglich hatten Archive ausschließlich rechtliche Funktion, indem sie nur der Aufbewahrung juristisch wichtiger Urkunden, Verträge etc. des Archivträgers dienten. Diese blieben als „Herrschaftswissen" lange Zeit geheim. Es war eine Forderung der Französischen Revolution, die Archive zu öffnen. Seit dem 19. Jahrhundert konzentrierte sich die Forschung immer mehr auf Archive als Orte historisch wertvoller und aussagekräftiger Quellen. Seit der zweiten Hälfte des 20. Jahrhunderts sind Archive nach gesetzlich geregelten Bestimmungen für alle Interessierten offen.

Archive stellen grundsätzlich das historische Gedächtnis einer Gesellschaft dar. Sie bewahren das schriftliche und bildliche Kulturgut über Jahrhunderte und ermöglichen so den notwendigen Rückgriff auf Vergangenes und die Sicherung des Gegenwärtigen für die Zukunft.

Diese Gedächtnisfunktion gewinnt zunehmend an Bedeutung: Die Vorgänge im Zeitalter der Globalisierung sind für viele komplex, wenig überschaubar und schwer verständlich. Ihre Auswirkungen für das Individuum können kaum noch nachvollzogen werden; die Selbstverortung des Einzelnen wird dadurch massiv erschwert. Die Beschäftigung mit der Geschichte vor Ort und in der Region kann jedoch den Prozess der Identitätsfindung nachhaltig unterstützen. Das kollektive Gedächtnis einer Stadt oder einer Region ist für die Identität eines jeden Menschen von großer Bedeutung: Die Bürgerinnen und Bürger können sich durch die Gewinnung von lokaler und regionaler Identität in einer als zunehmend unübersichtlich empfundenen Welt orientieren und mental verankern.

Der Vorzug dieser Auseinandersetzung ist offensichtlich: Die lokale und die regionale Ebene sind für den Einzelnen direkt erfahrbar und damit überschaubar und konkret. Entscheidungen, zum Beispiel von politischen Gremien oder Trägern regionaler Kultur, sind nachvollziehbarer und bürgernäher, die handelnden Personen vielfach sogar persönlich bekannt. Mehr noch: In den lokalen und regionalen Quellen spiegeln sich die darüber hinausgehenden Entwicklungen und werden greifbar. Man kann es mit Dietmar Schenk auf die Formel bringen: „Global denken, lokal forschen." Aus diesen Gründen sind Archive als Gedächtnisort wesentlich, da sie die für die Beschäftigung mit der Vergangenheit in der Region erforderlichen Quellen und weiterführende Beratung zur Verfügung stellen. Die Geschichte der Region, die lokalen und regionalen

Traditionen, das alltägliche Leben gerade auch der „kleinen Leute" werden erfahrbar und in ihren Ursprüngen und Ursachen nachvollziehbar.

Archive sind aber auch in vielfacher Hinsicht Grenzen überschreitende Schnittstellen der konstruktiven kulturellen und interdisziplinären Zusammenarbeit: von Fachwissenschaftlerinnen und -wissenschaftlern sowie interessierten Laien, von Zeitzeuginnen und Zeitzeugen sowie Forschenden, von Menschen unterschiedlicher kultureller bzw. ethnischer Prägung, von Vergangenheit und Gegenwart. Gerade sie führen neue Generationen von Bürgerinnen und Bürgern an ein historisches Verständnis heran, das Geschichte und Gegenwart lebendig verbindet.

Archive haben darüber hinaus durch die Archivgesetze in einer demokratischen Gesellschaft einen direkten historisch-politischen und kulturellen Bildungsauftrag. Sie fördern durch Führungen, Vorträge, Kurse, Ausstellungen, Veröffentlichungen sowie besondere Angebote für Gruppen die Auseinandersetzung mit der Geschichte und Kultur des jeweiligen Landes. Insbesondere im lokalen und regionalen Kontext sind Archive über ihre rechtlichen und Verwaltungsfunktionen hinaus ein unverzichtbarer Kulturfaktor.

Archivierung ist ein fundamentaler demokratischer Vorgang, der dem Staat, der Kommune, gerade den Bürgerinnen und Bürgern Erinnerung verschafft und deren Erinnerung überhaupt erst ermöglicht. Ohne Erinnerung lässt sich die Zukunft nicht erfolgreich gestalten.

Archivsprengel

Die Zuständigkeit des Landesarchivs Schleswig-Holstein ist in Paragraf vier des Landesarchivgesetzes vom 11. August 1992 geregelt. Sie erstreckt sich auf das ganze Land: Das Landesarchiv hat die Aufgabe, die archivwürdigen Unterlagen der Behörden und Gerichte des Landes, ihrer besonderen Organisationseinheiten sowie ihrer Funktionsträger und der Rechtsvorgänger des Landes zu archivieren.[4]

Das Landesarchiv kann auch Unterlagen anderer Verfügungsberechtigter, insbesondere privater Personen, Vereinigungen und Firmen archivieren. Außerdem besagt das Landesarchivgesetz, dass, soweit ein öffentliches Interesse besteht, die Bestände durch sonstiges Dokumentationsmaterial ergänzt werden können.

---

4 Der folgende Text ist entnommen: Archivführer Schleswig-Holstein. Archive und ihre Bestände. Hrsg. von Jutta Briel, Rainer Hering, Ulrich Stenzel, Almut Ueck und Stefan Watzlawzik (Veröffentlichungen des Landesarchivs Schleswig-Holstein 100). Hamburg 2011, 42–44.

Der Sprengel des Landesarchivs Schleswig-Holstein ist also insbesondere funktional definiert (Landesbehörden und ihre Rechtsvorgänger), aber auch regional (Schleswig-Holstein). Was politisch zu Schleswig-Holstein gehört hat und gehört, unterlag im Laufe der Geschichte größeren Veränderungen, die sich konsequenterweise in der Überlieferung des Landesarchivs spiegeln. Mit den Herzogtümern Schleswig und Holstein bzw. deren Vorgängern ist der Sprengel des Landesarchivs für die Zeit des Mittelalters bis in die frühe Neuzeit hinein definiert. Zu beachten ist, dass durch mehrere Herrschaftsteilungen sowie kleinere, zum Teil reichsunmittelbare Herrschaften – wie beispielsweise die Grafschaft Rantzau – verschiedene selbstständige Territorien und Herrscherkanzleien nebeneinander bestanden.

Bedeutsamere territoriale Veränderungen gab es insbesondere im Jahr 1816, als das Herzogtum Lauenburg an König Friedrich VI. von Dänemark fiel und eine enge organisatorische Anbindung an Schleswig-Holstein erhielt. Das Herzogtum Lauenburg gehört heute als Teil Schleswig-Holsteins zum Sprengel des Landesarchivs. Die Inkorporation der Herzogtümer Schleswig und Holstein in den Staat Preußen 1867 und die Angliederung des Herzogtums Lauenburg an die Provinz Schleswig-Holstein im Jahr 1876 brachten große innere Veränderungen, ließen die Sprengelgrenzen aber im Wesentlichen unberührt. Erst mit dem Ende des Ersten Weltkrieges und der Abtretung Nordschleswigs an Dänemark im Jahre 1920 folgte in dieser Hinsicht ein gravierender Einschnitt, der das Bild der Landkarte und damit auch die Zuständigkeit des Landesarchivs stark veränderte. In den folgenden Jahren kam es auf der Grundlage deutsch-dänischer Vereinbarungen zu einem Archivalienaustausch, der zu einer angepassten Systematisierung der in Dänemark und in Schleswig-Holstein verwahrten Überlieferung führte. Dennoch gibt es angesichts der langen staatsrechtlichen Verbindung Schleswig-Holsteins und damit auch Nordschleswigs mit Dänemark immer auch untrennbare Bestände, die entweder in Dänemark oder im Landesarchiv Schleswig-Holstein liegen und auf welche die Forschenden gleichermaßen zurückgreifen müssen.

Der nächste größere Einschnitt in der Sprengelgeschichte resultierte aus dem Groß-Hamburg-Gesetz, das zum 1. April 1937 in Kraft trat. Schleswig-Holstein war insoweit betroffen, als die kreisfreien Städte Altona und Wandsbek sowie einzelne Gemeinden der angrenzenden Landkreise an Hamburg fielen, während die Freie und Hansestadt Lübeck sowie der Oldenburgische Landesteil Lübeck mit Eutin und einige weitere Gemeinden zu Preußen kamen. Die territorialen und lokalen Archive des Landesteils Lübeck aus der Zeit vor 1937 wurden an das Landesarchiv Schleswig-Holstein gegeben und bilden hier eine eigene tektonische Hauptgruppe. Die Archive der Zentralbehörden aus der Zeit der Verbindung mit Oldenburg befinden sich im niedersächsischen Staatsarchiv Oldenburg. Die Archivalien der Freien und Hansestadt Lübeck aus der Zeit vor 1937 werden nach wie vor im Archiv der Hansestadt Lübeck verwahrt. Zum Sprengel des Landesarchivs Schleswig-Holstein gehört die Stadt Lübeck insofern, als die in Lübeck ansässigen Landesbehörden von Schleswig aus betreut werden.

Mit Gründung des Landes Schleswig-Holstein im Jahre 1946 wurde aus der preußischen Provinz ein eigenständiges Land mit Landtag und Regierung. Die Kreise, Städte und Gemeinden haben ihrerseits eine kommunale Selbstverwaltung, die auf den Sprengel des Landesarchivs Schleswig-Holstein insofern eine unmittelbare Auswirkung hat, als dass die Überlieferung des kommunalen Schriftgutes nun auch in eigenen Kreis-, Stadt- und Gemeindearchiven in eigener Verantwortung erfolgt.

Benutzung

„Alle Personen haben das Recht, das Archivgut nach Maßgabe dieses Gesetzes und der auf seiner Grundlage erlassenen Rechtsvorschriften zu nutzen. Weitergehende gesetzliche Rechte bleiben unberührt", heißt es explizit in Paragraf neun Absatz eins des Gesetzes über die Sicherung und Nutzung öffentlichen Archivgutes in Schleswig-Holstein (Landesarchivgesetz). Die Benutzung des Archivguts ist – sofern durch Rechtsvorschriften keine anderen Fristen bestimmt sind – nach Ablauf des zehnten Jahres nach seiner endgültigen Entstehung zulässig. Im bundesweiten Vergleich ist das eine sehr kurze Frist; in anderen Bundesländern liegt sie meist bei dreißig Jahren.

Unterlagen, die sich nach ihrer Zweckbestimmung oder ihrem wesentlichen Inhalt auf eine natürliche Person beziehen, dürfen erst zehn Jahre nach dem Tode der Betroffenen benutzt werden. Ist das Todesjahr nicht zu ermitteln, endet die Schutzfrist neunzig Jahre nach der Geburt der Betroffenen, ist auch das Geburtsjahr nicht festzustellen, endet sie sechzig Jahre nach der endgültigen Entstehung. Archivgut, das besonderen Geheimhaltungsvorschriften unterliegt, darf erst mit Ablauf des dreißigsten Jahres nach seiner endgültigen Entstehung benutzt werden. Auch hier ist die für Schleswig-Holstein geltende Frist kürzer als die in anderen Bundesländern, wo zumeist sechzig Jahre angesetzt werden.

Eine Verkürzung dieser Schutzfristen für wissenschaftliche Zwecke ist möglich. Diese Ausnahmen und weitere Einzelheiten sind im Archivgesetz geregelt. Archivgut privater Herkunft, z. B. von Parteien, Verbänden, Vereinen, Firmen, Familien und Einzelpersonen, ist auch im Landesarchiv zu finden, seine Benutzung erfolgt gemäß Vereinbarung mit den Eigentümern. Das Landesarchiv verwahrt auch Unterlagen, deren Benutzung sich nach den Bestimmungen des Bundesarchivgesetzes und anderer Rechtsvorschriften (z. B. Paragraf 203 StGB, Paragraf 35 SGB I) regelt. Zu beachten sind selbstverständlich Persönlichkeits- und Urheber- bzw. Nutzungsrechte.

Neben dem Archivgesetz ist die Landesverordnung über die Benutzung von Archivgut im Landesarchiv Schleswig-Holstein (Benutzungsverordnung) vom 16. Juni 2014 die Rechtgrundlage für die Archivbenutzung. Die Inanspruchnahme von besonderen Leistungen, z. B. die Bestellung von Reproduktionen, ist in der Gebührenordnung geregelt.[5]

Tektonik der Bestände

Ein kurzer Überblick über die Tektonik der Archivbestände skizziert die Vielfalt der Überlieferung im Landesarchiv.[6]

Bestände mit Bezug auf das ganze Land oder auf größere Landesteile bis 1867

- *Archive der Landesherren vom Mittelalter bis 1867*
  Durch die zahlreichen Landesteilungen in der vorpreußischen schleswig-holsteinischen Geschichte entstanden bei den verschiedenen Landesherrschaften eigene Archive.
- *Ober- und Mittelbehörden bis 1867*
- *Justiz bis 1867*
  Neben den speziellen Gerichtsbeständen dieser Gruppe sind Gerichtssachen für die Zeit bis zur Trennung von Justiz und Verwaltung im Jahr 1834 vor allem auch in den Behördenakten der anderen Gruppen überliefert.
- *Kirche und Summepiskopat*
  Die kirchliche Überlieferung setzt mit mittelalterlichen Urkunden ein, besteht aber insbesondere aus den Unterlagen, die nach der Reformation aus der Verwaltung des Landesherrn als Oberhaupt der evangelischen Kirche (Summepiskopat) entstanden sind.
- *Fachbehörden und Institutionen*
- *Behörden der Erhebungszeit*
  Während der Erhebungszeit war Schleswig-Holstein nicht in externe Verwaltungsstrukturen eingebunden. In der Behördenüberlieferung dieser

---

[5] Alle Rechtsgrundlagen finden sich in der aktuellen Fassung auf der Internetseite des Landesarchivs: https://www.schleswig-holstein.de/DE/Landesregierung/LASH/Benutzung/Rechtsgrundlagen/_documents/rechtsgrundlagen.html (6.5.2019).

[6] Archivführer (wie Anm. 4), 44–56.

kurzen Epoche spiegeln sich daher auch Bereiche wie Außenpolitik und Militär.

- *Christian-Albrechts-Universität Kiel*
  Das Archiv der Christian-Albrechts-Universität Kiel wird als Einrichtung der Universität im Landesarchiv Schleswig-Holstein betreut.

Bestände mit lokalem Bezug in den Herzogtümern Schleswig und Holstein bis 1867

- *Ämter und Landschaften bis 1867*
  Die staatliche Verwaltung auf lokaler Ebene wurde bis 1867 von landesherrlichen Ämtern wahrgenommen. Anstelle der Ämter gab es in einigen Gebieten die sogenannten Landschaften, die mit Privilegien für besondere Formen der Selbstverwaltung ausgestattet waren.
- *Städte und kleinere Lokalverwaltungen*
  Die Städte verwalteten sich auf eigenständiger Rechtsgrundlage weitgehend selbst. Daher befindet sich ihre Überlieferung, von wenigen Ausnahmen abgesehen, in den jeweiligen Stadtarchiven. Einige historische Besonderheiten haben ihren Niederschlag in Lokalverwaltungsbeständen gefunden, die im Landesarchiv verwahrt werden. Dazu gehörten auch die oktroyierten Köge, die neben den Ämtern Landschaften und Städten ebenfalls sogenannte Kommünen 1. Ordnung waren.
- *Verbände, Stiftungen und andere Einrichtungen*
- *Klöster und Güter*
  Die adligen Güter bildeten wie Ämter und Landschaften eigenständige Verwaltungseinheiten, seit 1713 in Distrikten mit einem Distriktsdeputierten zu Verwaltungseinheiten zusammengeschlossen. Fideikommissgüter, Kanzleigüter, Stadtstiftsdörfer und Wildnisse wurden von landesherrlichen Behörden mitverwaltet. In einigen Fällen gehören zur Gutsüberlieferung auch die privaten Familien- und Wirtschaftsunterlagen der Gutsbesitzer. Die eigentlichen Guts- und Klosterarchive sind Privateigentum der Gutsbesitzer bzw. Klöster und befinden sich, soweit noch erhalten, auf den Gütern und Klöstern selbst. Einige dieser Archive sind als Eigentum oder als Depositum in das Landesarchiv Schleswig-Holstein gelangt.

Herzogtum Lauenburg bis 1876

Das Archiv der Landesherren befindet sich für die bis 1689 andauernde Zeit eines unabhängigen Herzogtums Lauenburg im Bestand der Lauenburgischen Regierung zu Ratzeburg. Für die Zeit nach 1689 ist die Regierung eine Mittelbehörde für die aufeinanderfolgenden Landesherren in Hannover, Kopenhagen und Berlin.

- *Regierungsbehörden*
- *Justiz*
- *Kirche und Summepiskopat*
  Die kirchliche Überlieferung setzt mit mittelalterlichen Urkunden ein, besteht aber insbesondere aus den Unterlagen, die nach der Reformation aus der Verwaltung des Landesherrn als Oberhaupt der evangelischen Landeskirche (Summepiskopat) entstanden sind.
- *Ämter*
  Für die Ämter und Städte im Herzogtum Lauenburg gelten die Einführungsbemerkungen zu den Herzogtümern Schleswig und Holstein entsprechend.
- *Städte und kleinere Lokalverwaltungen bis 1867*
- *Fachbehörden, Institutionen und Verbände*

Bistum/Fürstentum/Landesteil Lübeck bis 1937

Im Landesarchiv Schleswig-Holstein liegen die territorialen und lokalen Archive des Bistums/Fürstentums/Landesteils Lübeck. Die Archive der Zentralbehörden aus der Zeit der Verbindung mit Oldenburg befinden sich am Standort Oldenburg des Niedersächsischen Landesarchivs.

- *Regierungsbehörden*
- *Justiz*
- *Ämter*
  Für die Ämter und Städte im Fürstentum/Landesteil Lübeck gelten die Einführungsbemerkungen zu den Herzogtümern Schleswig und Holstein entsprechend.
- *Städte und kleinere Lokalverwaltungen*
- *Fachbehörden und Institutionen*

Preußische Verwaltung 1867–1946

Unterlagen der staatlichen Zentralbehörden dieser Zeit befinden sich im Geheimen Staatsarchiv Preußischer Kulturbesitz in Berlin (Staat Preußen) bzw. im Bundesarchiv (Reich). Im Landesarchiv werden die Akten der preußischen Provinz Schleswig-Holstein verwahrt.

- *Provinzialregierung und Provinzialselbstverwaltung*
- *Kreise, Städte und Gemeinden*
  In den Kreisen verbindet sich die untere staatliche Verwaltung (Landrat) mit der Selbstverwaltung der Kreise (Kreisausschuss). Die Überlieferung von Landräten und Kreisausschüssen bis zum Ende der preußischen Zeit befindet sich im Landesarchiv. Für die Zeit nach 1950 wird die Kreisüberlieferung in der Regel in den jeweils zuständigen Kreisarchiven betreut.
- *Fachbehörden, Institutionen und Verbände*

Justiz seit 1867

Die Gerichte und Justizbehörden haben eine hohe institutionelle Kontinuität, sodass das Ende der preußischen Zeit nicht zu einem Schnitt in der Bestandsbildung geführt hat.

Reichs- und Bundesbehörden seit 1871

Seit 1937 werden die Akten der mittleren und unteren Reichsbehörden an die Landes- bzw. Provinzialarchive abgegeben. Diese Regelung wurde nach 1945 in Absprache mit dem Bundesarchiv beibehalten.

Nationalsozialismus und Besatzungszeit

Das Schriftgut der Nationalsozialistischen Deutschen Arbeiterpartei (NSDAP) in Schleswig-Holstein und ihrer Gliederungen ist bis auf geringfügige Reste planmäßig vernichtet worden oder durch Kriegs- bzw. Nachkriegseinwirkungen verloren gegangen. Vorhanden sind nur noch kleine, fragmentarische Reste. Die britischen Akten der Besatzungszeit befinden sich heute im britischen Nationalarchiv in London. Vorhanden sind im Landesarchiv die Entnazifizierungsakten.

Landesverwaltung seit 1946

- *Landtag, Staatskanzlei und Ministerien*
- *Fachbehörden und Institutionen*
- *Justiz*
  Die Gerichte und Justizbehörden haben eine hohe institutionelle Kontinuität, sodass das Ende der preußischen Zeit zu keinem Schnitt in der Bestandsbildung geführt hat. Unterlagen der Justiz für die Zeit nach 1946 sind somit in den Beständen der preußischen Zeit zu suchen.
- *Schulen und Hochschulen*
  Das Archiv der Christian-Albrechts-Universität zu Kiel wird als Einrichtung der Universität im Landesarchiv Schleswig-Holstein betreut. Da das Archiv von der Universitätsgründung bis in die Gegenwart in einem einheitlichen Bestand zusammengefasst ist, sind nähere Angaben in der Bestandsgruppe über die Zeit vor 1867 zu suchen.

Sammlungen
Nachlässe
Karten und Bilder

Landesfilmarchiv Schleswig-Holstein

Als zentrale Stelle für die dauerhafte Bewahrung landesbezogener Filmdokumente ist das Landesfilmarchiv Schleswig-Holstein ein spezielles Kompetenzzentrum des Landesarchivs. Durch seine anspruchsvolle technische Ausstattung und Fachkompetenz wird die Betreuung der auf Schleswig-Holstein bezogenen Filmüberlieferung unabhängig davon ermöglicht, ob sie sich in staatlicher, kommunaler oder privater Hand befindet. Archiviert werden insbesondere historische Filmquellen, die noch nicht an anderer Stelle gesichert und somit in ihrer Erhaltung besonders gefährdet sind. Die Sicherung und Erschließung des filmischen Erbes Schleswig-Holsteins wird zu Recht als Filmarchäologie bezeichnet.[7]

---

7 Sven Felix Kellerhoff: Filmarchäologie. Archiv findet unbekannte Bilder von NS-Prestigeprojekt. In: Welt Geschichte vom 19.12.2017. https://www.welt.de/geschichte/article171739937/Filmarchaeologie-Archiv-findet-unbekannte-Bilder-von-NS-Prestigeprojekt.html (17.4.2019); Dirk Jachomowski: Das schleswig-holsteinische Landesfilmarchiv. In: Hamburger Flimmern. Die Zeitschrift des Film- und Fernsehmuseums Hamburg e. V. Hamburg 22 (2015), 12–14.

Ziel und Aufbau der Beständeübersicht

Diese Kommentierte Beständeübersicht gibt den Benutzerinnen und Benutzern erste einführende Informationen über die vorhandenen Unterlagen des Landesarchivs. So ist eine schnelle Orientierung im Hinblick auf spezielle Fragestellungen möglich. Sie ist kein Verzeichnis einzelner Archivalien. Sie weist nach, welche Bestandsgruppen und Bestände im Landesarchiv vorliegen. Alle Bestände sind einzeln durchnummeriert und werden als Abteilungen (abgekürzt: Abt.) bezeichnet.

Die Beständeübersicht liefert Informationen zur Geschichte der Behörden oder sonstigen Einrichtungen, bei denen die Bestände erwachsen sind, und zur jeweiligen Bestandsgeschichte. Sie benennt summarisch inhaltliche Bestandsschwerpunkte und hilft damit, einen sachgerechten Einstieg in die weiterführende Recherchearbeit zu finden.

Die einzelnen Bestände sind zunächst in Bestandsgruppen zusammengefasst. Innerhalb dieser Bestandsgruppen steht an erster Stelle eine Erläuterung, die wesentliche Informationen zu gemeinsamem Hintergrund und Inhalt der Bestände in der Bestandsgruppe enthält. Nach der Bestandsbezeichnung der in nummerischer Reihenfolge aufgelisteten Bestände gelangt man zur Bestandsbeschreibung. Sie umfasst Angaben zum Bestandsbildner und Inhalt sowie zu Laufzeit und Umfang. Manche Bestände sind in Teilbestände untergliedert. So gehört zum Beispiel der Teilbestand Abt. 124.32, Gut Augustenhof, zum Gesamtbestand Abt. 124, Oldenburger Güterdistrikt.

Um sich ein umfassendes Bild von der Quellenlage zu einem bestimmten Thema zu machen, ist die Durchsicht der Bestandsbeschreibungen in dieser systematischen Ordnung der grundsätzlich zu empfehlende Weg.

Die Kolleginnen und Kollegen des Landesarchivs haben in ihrer jeweiligen Zuständigkeit die folgenden Beschreibungen erstellt. Den Aufbau und die Redaktion haben Veronika Eisermann, Dr. Dirk Jachomowski und Sven Schoen über Jahre betreut. Die Übertragung der Daten aus der Internet-Beständeübersicht in die gedruckte Fassung wurde mit technischer Unterstützung des Digitalen Archivs und in der inhaltlichen Verantwortung von Sven Schoen realisiert. Sabine Krätzer-Schnack, Dr. Uwe Leuenhagen und Dr. Wulf Pingel haben sich hier besonders engagiert. Ihnen allen sei dafür herzlich gedankt.

Ein besonderer Dank geht an den Verein zur Förderung des Landesarchivs Schleswig-Holstein e.V., der als Geschenk zum Jubiläum die Druckkosten dieses Bandes übernimmt. Seit mehr als fünfzig Jahren unterstützten seine Mitglieder auf vielfältige Weise die Arbeit des Landesarchivs – danke!

Schleswig-Holstein insgesamt bis 1867

In dieser Gruppe sind zum einen die landesherrlichen Archive bis 1867 zusammengefasst, wozu neben der Überlieferung der Herzöge von Schleswig-Holstein-Gottorf auch die obere königliche Verwaltungsebene für die Herzogtümer gehörte, wie beispielsweise die Deutsche Kanzlei zu Kopenhagen oder die Ministerien für Schleswig und Holstein. Ebenso gehört die mittlere (Justiz- und) Verwaltungsebene dazu, wie beispielsweise die Regierungskanzlei zu Glückstadt. Weiter sind die Spezialbehörden, Institutionen und Gerichte der Zeit bis 1867, die über die lokale Ebene hinaus wirkten, hier zusammengefasst und auch die Überlieferung der Ständeversammlungen. Die Behörden der Erhebungszeit nach 1848 sowie die Übergangsbehörden der Jahre 1863 bis 1867 befinden sich ebenfalls hier. Neben den Akten werden unter den einzelnen Beständen auch die jeweiligen Urkundenüberlieferungen beschrieben. Soweit Urkunden verschiedener Herkunft sind und sich auf das gesamte Gebiet Schleswig-Holsteins bzw. einen größeren Landesteil außer den Herzogtümern Schleswig und Holstein beziehen, befinden sich diese in einer eigenen Urkundenabteilung mit der Bezeichnung Urk.-Abt. A (109 Nummern).

Abt. A Urkunden verschiedener Herkunft – Schleswig-Holstein insgesamt

Die Urkundenabteilung A wurde im Jahr 1883 formiert, um solche Urkunden sinnvoll einordnen zu können, deren Herkunft unbekannt, ungesichert oder unklar war. Es wurden darin auch solche Urkunden mit aufgenommen, deren Herkunft zwar bekannt war, deren Anzahl aber als zu gering für eine eigenständige Urkundenabteilung erachtet wurde. In dieser Abteilung A sind Urkunden verschiedener Herkunft zusammengefasst, die sich nicht auf bestimmte Örtlichkeiten, sondern auf das gesamte Gebiet Schleswig-Holsteins beziehen. Entsprechende Sammelabteilungen – Abt. B für das Herzogtum Holstein und Abt. C für das Herzogtum Schleswig – sind in der jeweiligen Bestandsgruppe dieser Beständeübersicht zu suchen.

Soweit Urkunden einer bestimmten Provenienz zuzuordnen waren, wurden sie nicht in die Abteilungen A, B und C eingeordnet, sondern in die provenienzbezogenen Bestände (Abt. 1 etc.). Dort sind sie auch über diese Beständeübersicht auffindbar. Urkunden mit dänischem Betreff wurden im Zuge eines gegenseitigen Archivalienabkommens und -austausches an Dänemark abgegeben.

- Territoriale Verträge und Vergleiche; Lehnsbestätigungen, Eheberedungen; Testamente von Mitgliedern regierender Häuser; Nobilitierungen; Bestallungen; Schuldverschreibungen und andere Urkunden ohne topografischen Bezug.
- 109 Nrn.
- 1314–1905

Abt. 1 Gemeinschaftliches Archiv/Landesherren bis 1544

Im Jahre 1490 kam es in Schleswig-Holstein zu einer ersten Landesteilung, die jedoch noch nicht in dem Maße bleibende Spuren in Verwaltung und Archiventwicklung hinterließ wie die spätere Landesteilung von 1544. Jede der 1490 getrennten Linien verwaltete ihr Teilherzogtum selbstständig und bildete hierfür ihre eigenen Registraturen und Archive aus. Neben der Eigenverwaltung dieser bunt durcheinandergewürfelten Ämter und Landschaften blieben die Gebiete der Ritterschaft und der adligen Klöster sowie Gesetzgebung, Landtag, Landgericht, landständische Steuern und Landesverteidigung den drei Landesherren gemeinsam. Hierfür richteten sie eine „Gemeinsame Regierung“ ein. Ihr wurde auch das „Gemeinschaftliche Archiv“ unterstellt.

Das gemeinschaftliche Archiv war in der Zeit seiner Entstehung in den oberen, „gemeinen“ Gewölben des Schlosses Gottorf untergebracht und konnte nur mit den Schlüsseln aller Landesherren geöffnet werden. Nach 1544 erhielt dieses Archiv noch Zuwachs, verlor aber an Bedeutung und geriet später in Vergessenheit. 1734 wurde es in der Folge der gottorfisch-dänischen Auseinandersetzungen zusammen mit anderen Archivalien nach Kopenhagen verbracht und dem königlichen Geheimarchiv eingegliedert. 1936 gab das Reichsarchiv, Lesesaal Kopenhagen den größten Teil der Urkunden des Gemeinschaftlichen Archivs aus der Schauenburger Zeit (vor 1460) sowie einen kleinen Teil aus der Zeit der Oldenburger (nach 1460) an das Landesarchiv ab. Diese sind als Urk.-Abt. 1 gesondert erschlossen und gelagert.

- Urkunden (421 Nrn.): Landesherrliche Urkunden vor allem aus der Zeit vor der Landesteilung von 1544: Päpstliche Bullen; Erzbischöfe, Bischöfe und Domkapitel; Klöster und geistliche Lehen; Kaiser und Reich; Fürsten und Grafen; Dänemark, Norwegen und andere europäische Herrschaften, Ämter in Holstein; Ritterschaft und Stände; Verkauf und Tausch von Gütern; Schuldbriefe, Heiraten und Testamente.
- Akten: Bederegister geistlicher Institutionen; Zollangelegenheiten; Rechnungen.
- 0,1 lfm
- (834–) 1244–1613
- Urkunden aus dem Gemeinschaftlichen Archiv liegen auch in Urk.-Abt. 3 und Urk.-Abt. 7. Weitere Urkunden, insbesondere das Herzogtum Schleswig betreffend, befinden sich im Reichsarchiv, Lesesaal Kopenhagen.

Abt. 3 Grafschaft Holstein-Schauenburg-Pinneberg

Die Grafschaft Holstein-Schauenburg-Pinneberg ist zwischen dem Ende des 13. und dem Ende des 14. Jahrhunderts durch die Landesteilungen der Holstein-Schauenburger Grafen entstanden. 1390 wurde sie vom übrigen Holstein vollständig losgelöst und unter der Schauenburger Linie in Personalunion mit der Stammgrafschaft Schaumburg an der Weser vereinigt. Die Landesherren residierten vornehmlich in Schaumburg, während in Holstein-Pinneberg als oberster Beamter ein Drost eingesetzt war. Unter dem Drost standen je ein Amtmann in Pinneberg, in Hatzburg und in Barmstedt. Das kleine Amt Hatzburg wurde aber sehr oft vom Pinneberger Amtmann mitverwaltet. Als 1640 das schauenburgische Haus im Mannesstamm ausstarb, fiel die Grafschaft in einem Teilungsrezess an die beiden Landesherren in Holstein: König Christian IV. von Dänemark erhielt zwei Drittel des Gebietes einschließlich der Stadt Altona, das entsprach etwa der späteren Herrschaft Pinneberg, und Herzog Friedrich III. erhielt das restliche Drittel, nämlich das Amt Barmstedt, das er 1649 an Christian Rantzau, den königlichen Statthalter in den Herzogtümern, veräußerte, unter welchem es zur Reichsgrafschaft Rantzau erhoben wurde.

Der größere Teil der Urkunden und Akten war nach dem Aussterben des schauenburgischen Grafenhauses 1640 als Samtarchiv im gemeinschaftlichen Besitz von Hessen-Kassel und Schaumburg-Lippe in Bückeburg verblieben. Als Folge der Eingliederung Hessens in Preußen nach 1866 wurde das Samtarchiv 1873 geteilt. Die Archivalien, welche die Grafschaft Holstein-Schauenburg-Pinneberg betrafen, kamen bereits im gleichen Jahr aus dem schauenburgischen Archiv in Bückeburg über das Staatsarchiv Marburg nach Schleswig. Ein weiterer Teil stammt aus Kopenhagener Abgaben von 1874 und 1936. Die Urkunden sind als Urk.-Abt. 3 gesondert erschlossen und gelagert.

- Urkunden (436 Nrn.): Friedensschlüsse und Vergleiche; Lehnssachen; Testamente; Vormundschaft; Pfand- und Schuldverschreibungen; Erhebung Christian Rantzaus in den Reichsgrafenstand.
- Akten: Landesfürsten; Münzsachen; Elbfähren; Verhältnis zur Stadt Hamburg, zum Domkapitel Hamburg und zu Dänemark; Klöster; Regierung und Verwaltung des Landes; Verwaltung der Ämter; Prozessakten; Militaria; Kirchensachen; Personalia; Ortsakten; Amtsrechnungen 1464, 1512, 1590–1640.
- 10 lfm
- 1189–1699
- Gedrucktes Findbuch: Veröffentlichungen des Schleswig-Holsteinischen Landesarchivs Nr. 72.
- Weitere Archivalien der Grafschaft Holstein-Schauenburg-Pinneberg befinden sich im Niedersächsischen Staatsarchiv Bückeburg. Die zeitliche Fortsetzung der Akten ist in Abt. 112 und Abt. 113 zu suchen (siehe Bestandsgruppe „Herzogtum Holstein"). Dort befinden sich auch die Amtsbücher aus der Zeit vor 1640. Einige Akten wurden nach 1640 bei der Regierungskanzlei in Glückstadt weitergeführt und sind in deren Bestand überliefert (Abt. 11). In Abt. 400.1 (siehe Bestandsgruppe „Sammlungen") befinden sich Kopiare und Abschriften von Urkunden, die zum Teil nicht mehr im Original erhalten sind.

Abt. 5 Herzog Johann der Ältere 1544–1580

Das Territorium Herzog Johanns des Älteren, der „Haderslebener Anteil", entstand 1544 aufgrund der Landesteilung zwischen König Christian III. und seinen beiden Halbbrüdern Johann und Adolf. Es umfasste in Schleswig die Ämter Hadersleben und Tondern sowie Lügumkloster und die Inseln Nordstrand und Fehmarn, in Holstein das Amt Rendsburg und das Kloster Bordesholm; 1559 kam der Dithmarscher Mitteldrittenteil mit Heide hinzu. Der „Haderslebener Anteil" bestand nur bis zum Tode Herzog Johanns 1580 und wurde danach auf die Anteile des Königs und Herzog Adolfs verteilt. Von dem reichhaltigen Archiv Herzog Johanns, das auf dem Schloss in Tondern und auf seiner Residenz Hansburg in Hadersleben entstanden ist, gelangte nur ein kleiner Teil im Jahr 1936 an das damalige Staatsarchiv Kiel. Alles Übrige liegt als „Hansborgarkiv" im Reichsarchiv, Lesesaal Kopenhagen.

- Dithmarscher Angelegenheiten; Einzelne holsteinische Güter.
- 0,5 lfm
- 1559–1578

Abt. 7 Herzöge von Schleswig-Holstein-Gottorf 1544–1713

Am 19. August 1544 setzte König Christian III. auf einem Landtag zu Rendsburg gegen erhebliche Widerstände eine Landesteilung durch, die für die Verfassung der Herzogtümer Schleswig und Holstein von grundlegender Bedeutung war und für zwei Jahrhunderte die Geschichte Nordeuropas in wesentlichem Maße mitprägte. Von den inzwischen mündig gewordenen Stiefbrüdern Christians III. wurde Herzog Adolf Landesherr in demjenigen Anteil der beiden Herzogtümer, zu dem Schloss Gottorf gehörte, während Christian III. selbst den Sonderburger Teil und sein Bruder Johann (der Ältere) den Haderslebener Teil erhielt. Die Herrschaft wurde nach der Höhe der Einkünfte geteilt, und die jeweils königlichen oder herzoglichen Ämter waren bunt durcheinandergewürfelt. Gemeinsam blieben wie früher die Gebiete der Ritterschaft und der adligen Klöster sowie die Landtage, die oberste Rechtsprechung, die allgemeine Gesetzgebung, die landständischen Steuern, das Heerwesen und die Kirchenordnung.

Nach der Landesteilung 1544 wurden die speziell auf königliche beziehungsweise herzogliche Landesteile bezogenen Urkunden dem Gemeinschaftlichen Archiv entnommen und dem jeweiligen Landesherrn übergeben. Die Gottorfischen Registraturen und Archive der Zeit bis 1713 sind durch Kriege, Flüchtungen und andere Ereignisse vielfach dezimiert, durcheinandergebracht und geteilt worden. Sie wurden in einem Bestand vereinigt. Dabei wurde darauf verzichtet, die Akten der einzelnen Behörden wie beispielsweise der Justizkanzlei, der Rentekammer oder des Geheimen Rates nach ihrer Provenienz zu sondern. Die Urkunden sind als Urk.-Abt. 7 gesondert erschlossen und gelagert; sie stammen größtenteils aus der 1936 erfolgten Abgabe des Reichsarchivs Kopenhagen. Neben den eigentlich herzoglichen Urkunden liegen im Bestand vielfach auch Urkunden klösterlicher Provenienz aus gottorfisch gewordenen Gebieten vor. Von den gottorfischen Akten aus der Zeit vor 1713 wurde der bis 1980 als Depositum des Herzogs von Oldenburg im Staatsarchiv Oldenburg befindliche Teil als Nachtrag ins Landesarchiv Schleswig-Holstein übernommen und der Abt. 7 zugefügt.

- Urkunden (524 Nrn.): Herzogliches Haus; Lehnssachen; Urkunden des Mittelalters von der Landesherrschaft sowie auch von den Klöstern Neumünster/Bordesholm, St. Johannis Lübeck/Cismar, Reinbek und Reinfeld.

- Akten: Fürst, Hof und Zentralverwaltung; Auswärtiges; Gemeinsame Regierung; Landesvisitationskommissionen; Justiz; Testamente und Stiftungen; Schulsachen; Universität Kiel; Armensachen; Eheangelegenheiten; Finanzen und Zoll; Wege; Herzogliche Häuser und Besitzungen; Bausachen; Forsten, Fischerei und Mühlen; Deiche und Köge; Münzsachen; Handwerker und Privilegierte; Handel und Schifffahrt; Strand-, Post- und Rollfuhrsachen; Polizei; Militaria; Ämter und Landschaften; Städte; Domkapitel und Domkirche zu Schleswig; Adlige Klöster, Kirchen und Güter; Adel, Bauern und Bürger.
- 195 lfm
- 1059–1727
- Gedrucktes Findbuch: Veröffentlichungen des schleswig-holsteinischen Landesarchivs Nr. 4, 5, 11.
- Der Bestand umfasst das Archiv der Gottorfer Herzöge bis zur Besetzung des Landes durch dänische Truppen im Jahr 1713. Für die Folgezeit bis zum Tauschvertrag von 1773 sind betreffend Holstein die Abt. 8.1, 8.2 und 8.3 heranzuziehen sowie betreffend Schleswig die Abt. 13. Gottorfische Urkunden befinden sich auch in den Urk.-Abt. A, B und C sowie in Urk.-Abt. 8. Das Herzogtum Schleswig betreffende gottorfische Urkunden sind auch im Reichsarchiv, Lesesaal Kopenhagen zu suchen.

Abt. 8 Schleswig-Holstein-Gottorfische (Großfürstliche) Behörden 1720–1773

In dieser Abteilung sind diejenigen Behörden zusammengefasst, die als Zentralbehörden des gottorfischen Staates in den Jahren 1720 bis 1773 fungierten, also in der Zeit, in der der gottorfische Staat von Dänemark besetzt und von der Restitution 1720 bis zum Austausch 1773 auf seine holsteinischen Besitzungen beschränkt war. Die Akten befinden sich ausschließlich provenienzgerecht in den Unterabteilungen 8.1, 8.2 und 8.3. Die Urkunden, die zumeist in der Zeit vor 1720 entstanden sind, wurden als Urk.-Abt. 8 gesondert erschlossen und gelagert. Sie stammen von den Herzögen von Schleswig-Holstein-Gottorf, den Bischöfen von Lübeck und dem Lübecker Domkapitel. Der Urkundenbestand ist angereichert durch moderne Abschriften aus anderen Archiven und lag früher im Niedersächsischen Staatsarchiv Oldenburg. Er ist 1980 als Depositum des Herzogs von Oldenburg in das Landesarchiv überführt worden.

- Urkunden (1092 Nrn.): Landesherrschaft; Wahlkapitulationen der Könige von Dänemark; Friedensschlüsse und Vergleiche; Erbregelungen; Lehnssachen; Güter und Privilegien; Inkorporation von Stormarn und Dithmarschen; Grafschaften Oldenburg und Delmenhorst; Domkapitel Hamburg und Lübeck; Klöster; Landesteilungen; Bischöfe und Koadjutoren des Bistums Lübeck; Reichs- und Landtage; Auswärtige Beziehungen; Handel; Münzsachen; Schuld- und Pfandverschreibungen; Bestallungen; Heiraten; Vormundschaften; Testamente.

↘ 1091 Nrn.

↘ 1272–1775

Abt. 8.1 Schleswig-Holstein-Gottorfisches (Großfürstliches) Geheimes Regierungs-Conseil zu Kiel 1720–1773

Das Conseil, später auch als Landesregierung bezeichnet, war in den Jahren 1720 bis 1773 die oberste Zentralbehörde des gottorfischen Staates. In das Archiv des Conseils sind auch Akten der zeitweise in St. Petersburg bestehenden Holsteinischen Kanzlei eingegangen.

Die eigentlich politischen Akten des Conseil-Archivs kamen 1773 an den Bischof von Lübeck und so in das Staatsarchiv Oldenburg. Sie konnten 1980 als Depositum des Herzogs von Oldenburg in das Landesarchiv überführt und damit die Akten des Conseils, soweit erhalten, vollständig wieder zusammengefügt werden.

↘ Fürstliches Haus, Hof; Auswärtige Beziehungen: Korrespondenz mit und zwischen den Gesandten; Publica und Generalia; Gemeinschaftliche Regierung; Behörden und Beamte; Justizsachen; Kirchen- und Schulsachen, dabei Universität Kiel; Kammersachen, dabei Schuldenkommissionen; Militaria, dabei Rechnungen der Kriegskasse; Polizeisachen; Die einzelnen Distrikte; Adlige Familien; Adlige Klöster und adlige Güter; Kirchen; Sessions- und Expeditionsprotokolle; Handschriften.

↘ 97 lfm

↘ (1226–) 1632–1785

↘ Gedrucktes Findbuch: Veröffentlichungen des Schleswig-Holsteinischen Landesarchivs Nr. 24.

Abt. 8.2 Schleswig-Holstein-Gottorfische (Großfürstliche) Rentekammer zu Kiel 1720–1778

Die Rentekammer, stets dem Conseil unterstellt, war die Zentralbehörde des gottorfischen Staates für Domänen und Einkünfte, Finanzen und Rechnungen, jedoch seit Errichtung des Generaldirektoriums 1766 auf die laufende Domänen- und Abgabenverwaltung und das Rechnungswesen beschränkt. Nach dem Austausch 1773 blieb sie als Mittelbehörde unter der Rentekammer zu Kopenhagen noch bis 1778 bestehen. Das Archiv der Rentekammer wurde auseinandergerissen. Nachdem zuletzt 1980 die Akten über das Amt Oldenburg als Depositum des Herzogs von Oldenburg in das Landesarchiv überführt werden konnten, ist jetzt das Archiv der Rentekammer, soweit erhalten, vollständig wieder zusammengefügt.

- Behörden und Beamte; Justizsachen, dabei Zuchthaus Neumünster; Kammerstaat, Kassensachen und Kammerrechnungen; Schuldenkommissionen; Forderungsakten; Einzelne Steuern und Abgaben; Domanialsachen; Forst- und Jagdsachen; Polizeisachen; Sessionsprotokolle und Journale; Die einzelnen Distrikte (jedoch von Bordesholm, Kronshagen, Norderdithmarschen nur sehr wenig erhalten).
- 107 lfm
- (1260–) 1580–1786
- Gedrucktes Findbuch: Veröffentlichungen des schleswig-holsteinischen Landesarchivs Nr. 25.

Abt. 8.3 Schleswig-Holstein-Gottorfisches (Großfürstliches) General-Landes- und Ökonomie-Verbesserungsdirektorium zu Kiel 1766–1807

Das 1766 errichtete Generaldirektorium war zuständig vor allem für Landesvermessung, Verkoppelung, Setzung und Parzellierung der Domänen im gottorfischen Staat, hat aber bis zum Austausch 1773 besonders im Zusammenhang mit der Landesvisitation eine weit umfassendere Tätigkeit entfaltet. Nach 1773 bestand es fort als Mittelbehörde unter der Rentekammer zu Kopenhagen bis 1807; Nachfolgebehörde wurde die Landkommission. Die Vorgänge sind nach den Verwaltungsdistrikten und darin nach Sachen geordnet.

- Miscellanea (das meint: Generalia) sowie die einzelnen Distrikte in einheitlicher Gliederung: Archivalia; Bedienungssachen; Kommerzsachen; Kreditwesen; Dienste, Pflichten und Abgaben; Ecclesiastica; Forst- und Holzsachen; Grenzsachen; Häusliche Verfassung; Jagdsachen; Justizsachen; Ländereisachen; Mühlensachen; Pachtsachen; Privilegien; Rechnungssachen; Setzungssachen; Strand- und Deichbausachen; Visitationen; Wegesachen; Ziegeleien; Zoll.
- 42 lfm
- (Älteres–) 1766–1807
- Zugehörige Flurkarten in Abt. 402 A 3 (siehe Bestandsgruppe „Karten und Bilder"). Nachfolgeakten der Landkommission in Abt. 25.

Abt. 10 Königliche Statthalterschaft

Als Vertreter des dänischen Königs in den Herzogtümern Schleswig und Holstein war der Statthalter den Kopenhagener Zentralbehörden nachgeordnet und führte eine allgemeine Oberaufsicht über die gesamte Landesverwaltung in den königlichen Anteilen. Während des 16. und 17. Jahrhunderts, als überwiegend Grafen von Rantzau das Amt versahen, war der Statthalter für den König wegen seiner ausführlichen politischen Berichte ein wichtiger Beamter in den Herzogtümern. Mit der Herausbildung des dänischen Gesamtstaates verlor der Statthalter jedoch nach und nach seine Bedeutung und nahm den Charakter einer reinen Durchgangsbehörde an. Eine besondere Beziehung behielt er nur zu den Städten und Flecken, über deren Polizei und Gewerbewesen er die oberste Leitung hatte. Mit der Statthalterschaft war lange Zeit das Amt des Gouverneurs von Dithmarschen verbunden. Amtssitz, in älterer Zeit nicht fest bestimmt, wurde später Schloss Gottorf.

Durch die enge Verzahnung des Statthalters mit der königlichen Zentralgewalt in Kopenhagen gelangte ein großer Teil der Aktenüberlieferung dorthin und ist heute im Reichsarchiv, Lesesaal Apenrade zu suchen. Im Landesarchiv Schleswig-Holstein befinden sich vor allem lokale Betreffe.

- Fragmentarische Akten aus dem 16. und 17. Jh. zur auswärtigen Politik Dänemarks und über das Verhältnis der dänischen Könige zu den Herzögen von Gottorf; Akten des 18. und 19. Jhs. vor allem zur Verwaltung und Wirtschaft der Städte und Flecken sowie der Landschaft Süderdithmarschen; Umfangreichere Überlieferung über Schauspieler und Apotheken.
- 11 lfm
- 1539–1848

Abt. 11 Regierungskanzlei (Obergericht) zu Glückstadt

Die Kanzlei wurde als oberste Justiz- und Verwaltungsbehörde für den königlichen Anteil von Schleswig und Holstein 1648 in Flensburg errichtet und 1649 nach Glückstadt verlegt. Ihre Zuständigkeit war seit 1713 auf Holstein beschränkt und wurde 1734 auf die Grafschaft Rantzau, 1762 auf die plönischen und 1774 auf die gottorfischen Lande ausgedehnt. Zugleich ersetzte man die Bezeichnung „Glückstädtische Regierung“ durch „Holsteinische Landesregierung zu Glückstadt und Holsteinisches Oberkonsistorium“. Die vorher formell unterschiedlichen besonderen Gerichte – Justizkanzlei, Oberamtsgericht, Pinnebergisches, Altonaisches,

Rantzauisches Oberappellationsgericht – wurden 1806 als „Holsteinisches Obergericht" zusammengefasst. Seit 1816 hieß es „Holstein-Lauenburgisches Obergericht". Als 1834 in der mittleren Instanz Justiz und Verwaltung getrennt wurden, ging die Verwaltung an die Schleswig-Holsteinische Regierung auf Gottorf über; das Obergericht bestand als reine Justizbehörde fort.

Bei der Trennung von Justiz und Verwaltung im Jahr 1834 wurden die Akten geteilt. Die in Glückstadt verbliebenen Justizakten sind später größtenteils vernichtet worden, die Verwaltungsakten blieben erhalten und bilden den Kern des Bestandes.

↘ Staaten und Regenten in Europa; Königreiche Dänemark und Norwegen; Friedensverhandlungen und Allianzen; Reichs-, Kurfürsten-, Kollegial- und Deputationstage; Höchste Reichsgerichte; Niedersächsischer Kreis; Herzogtümer Bremen und Verden, Stadt Bremen und Insel Krautsand; Französisches Kaiserreich; Herzogtum Lauenburg; Grafschaften Oldenburg und Delmenhorst; Auswärtige Regierungen. – Stadt und Stift Lübeck; Stadt und Domkapitel Hamburg; Elbstrom; Königliches Erbhaus; Gemeinschaftliche Rechte und Streitigkeiten des Gesamthauses Holstein; Abgeteilte Herren; Landtage und Huldigungen. – Statthalterschaft; Allgemeine Zivil-, Justiz- und Regierungssachen. – Kirchensachen; Konsistorialsachen; Zuchthausakten; Schulsachen. – Deich-, Schleusen- und Wasserlösungssachen. – Polizeisachen: Arme, Bettler, Zigeuner; Postwesen; Maße und Gewichte; Medizinalwesen; Viehseuche-Akten. – Wegesachen (chronologisch, systematisch und nach Distrikten); Schifffahrt und Handel; Handwerker; Landesökonomie; Kammerwesen; Landesmatrikel; Kontributionen und Steuern; Stempelpapier; Dezimationssachen; Zollsachen; Münzsachen; Holz- und Jagdsachen; Militärwesen. – Adlige Klöster und Güter; Lübsche Güter; Kirchen und Konsistorien; Ämter und Landschaften, dabei auch Steinhorst; Herzogliche Fideikommissgüter; Städte, dabei auch Universität Kiel. – Grafschaft Rantzau: Kirchensachen; Polizeisachen; Arme und Bettler; Elmshorn; Bürgerliche Nahrung. – Altonaer und Pinneberger Archiv: Alte gräflich-schauenburgische Akten; Königliche Gerechtsame an der Herrschaft Pinneberg; Lehnssachen; Inseln und Werder; Stadt Hamburg; Domkapitel Hamburg; Höchste Reichsgerichte; Zivil-, Justiz- und Regierungssachen; Kirchensachen; Cameralia; Ökonomie- und Kommerz; Polizeisachen; Zigeuner; Postsachen; Militaria; Altona und Ottensen; Kloster Uetersen; Pinnebergische Vogteien; Herrschaft Herzhorn, Sommerland und Grönland; Laurwigsche Wildnis; Grafschaft Rantzau. – Diarien und Votierprotokolle ab 1800.

↘ 166 lfm

↘ 1648–1834

- Landgerichtliche und obergerichtliche Schuld- und Pfandprotokolle, auch Behördenregistranten der vernichteten Justizakten befinden sich in Abt. 50.2, dem Folgebestand in Justizangelegenheiten. Folgebestand in Verwaltungssachen ist Abt. 49. Akten namentlich politischen Inhalts aus der Zeit vor 1750 sind im Reichsarchiv, Lesesaal Kopenhagen.

Abt. 12 Die holsteinischen Obersachwalter

Der Obersachwalter hatte als „advocatus fisci" die Gerechtsame des landesherrlichen Fiskus wahrzunehmen, Rechtsgutachten zu erstatten und die ihm übertragenen Prozesse zu führen. In Holstein gab es im 18. Jahrhundert zwei Obersachwalter, einen für den königlichen Anteil und einen für den gottorfischen Anteil.

Der Großteil der Akten stammt von den königlichen Obersachwaltern, nur einige wenige von den gottorfischen und von beiden gemeinsam in Sachen der gemeinschaftlichen Regierung. Die Akten sind nach den auftraggebenden Behörden gegliedert.

- Größter Anteil: Rentekammer; Glückstädter Obergericht; Direktion der Staatsschulden und des sinkenden Fonds; Ministerium für Holstein; Hervorzuheben sind die politischen Prozesse des 19. Jhs.
- 23 lfm
- (1603–) 1734–1867
- Archivalien des schleswigschen Obersachwalters siehe Abt. 14.

Abt. 13 Obergericht zu Gottorf 1713–1834

Das Gottorfer Obergericht wurde 1713 als oberste Justiz- und Verwaltungsbehörde für den königlichen sowie den sequestrierten gottorfischen Anteil des Herzogtums Schleswig errichtet und war seit 1779 auch für die glücksburgischen Distrikte zuständig. Es wirkte als Obergericht, Oberkonsistorium, Landgericht und Landoberkonsistorium. Als 1834 in der mittleren Instanz Justiz und Verwaltung getrennt wurden, gingen die Verwaltungsbefugnisse an die Schleswig-Holsteinische Regierung auf Gottorf über; das Obergericht bestand als reine Justizbehörde fort und führte die übernommenen Akten weiter.

Mit der Trennung von Justiz und Verwaltung 1834 kamen die Verwaltungsakten des Obergerichts an die Schleswig-Holsteinische Regierung und gelangten später über das preußische Regierungsarchiv in Schleswig an das dortige damaliege Staatsarchiv. Die Justiz- und Justizverwaltungsakten wurden im Laufe der

Zeit von verschiedenen Gerichten übernommen und weitergeführt. Das Gros wurde vom früheren Flensburger Appellationsgericht und vor allem vom Flensburger Landgericht an das Staatsarchiv abgegeben. Noch zu preußischer Zeit kam Weiteres nach und nach aus verschiedenen Gerichten sowie durch den Ankauf eines Nachlasses hinzu.

- ↘ Justizsachen; Kirchen- und Konsistorialsachen; Schul- und Armensachen; Deichsachen (mit besonderem Index der Orte); Adel; Die einzelnen Distrikte; Testamente; Relationen des Oberkonsistoriums; Obergerichtliche Relationen; Besetzung von Predigerstellen; Examen der Kandidaten der Theologie; Instruktionen für die Kirchenoffizialen; General- und Spezial-Kirchenvisitationsberichte; Das neue Kirchenritual; Ehesachen; Beichte und Taufe; Beerdigung und Begräbnis; Juden; Fremde Religionsverwandte; Gesangbuch; Bibelgesellschaft; Kirchensachen; Kircheninventare; Predigerländereien und andere Angelegenheiten der Prediger; Einlösung und Unterhaltung der Pastoratsgebäude (mit Index der Orte); Allgemeine Schulordnung; Schulsachen; Akademie in Kiel; Armensachen; Brandversicherung; Gefängnisse; Zucht- und Tollhaus; Medizinalwesen und Apotheken; Hebammen; Milde Stiftungen und Stipendien; Bücherzensur; Strandungswesen; Viehseuchen und Viehärzte; Wegesachen; Polizeisachen; Handel, Schifffahrt und städtisches Gewerbe; Bankinstitut in Altona; Bank und Bankzettel; Lotterie und Hazardspiele; Kanal und Lotsen; Kommunesachen; Mühlensachen; Köge; Meierhöfe; Landwirtschaftssachen; Aufhebung der Leibeigenschaft; Zehnte; Witwenkasse, Pensionen und Leibrentensozietät.
- ↘ 81 lfm
- ↘ (1638–) 1713–1834
- ↘ Gedrucktes Findbuch: Veröffentlichungen des Landesarchivs Schleswig-Holstein Nr. 110: Online open access: https://dx.doi.org/10.15460/HUP.LASH.110.164
- ↘ Verwaltungsakten über einzelne Distrikte, teils weitergeführt, befinden sich in Abt. 49. Justizakten, auch obergerichtliche und landgerichtliche Schuld- und Pfandprotokolle sowie einzelne Aktenverzeichnisse sind in Abt. 50.3. Akten über Nordschleswig befinden sich im Reichsarchiv, Lesesaal Kopenhagen.

Abt. 14 Schleswigscher Obersachwalter

Der Obersachwalter hatte als „advocatus fisci“ die Gerechtsame des landesherrlichen Fiskus wahrzunehmen und namentlich die ihm übertragenen Prozesse zu führen. Die Akten sind nach den auftraggebenden Behörden gegliedert.

- Größter Anteil des Bestandes: Rentekammer, Generalzollkammer- und Kommerzkollegium sowie vor allem die Behörden der Jahre 1850–1867; hervorzuheben sind die politischen Prozesse des 19. Jhs.
- 14 lfm
- (1565) 1706–1869
- Archivalien der holsteinischen Obersachwalter siehe Abt. 12.

Abt. 15 Adliges Landgericht

Das Landgericht war zuständig für Prälaten und Ritterschaft, also in erster Instanz für Adel, Adlige, Klöster und Adlige Güter, in zweiter Instanz für Berufungen von deren Gerichten sowie zum Teil auch von denen der Städte. Es ist herausgewachsen aus den allgemeinen Landtagen und geregelt worden durch die Landgerichtsordnung von 1573 und die Revidierte Landgerichtsordnung von 1636. Solange die Gemeinschaftliche Regierung bestand, wurde das Landgericht von dieser gehalten, also von beiden Landesherren gemeinschaftlich, gesondert für Schleswig und Holstein. Später kam es in immer engere Verbindung zu den Obergerichten in Glückstadt und auf Gottorf.

Die Prozessakten sind alphabetisch nach Klägern geführt. Der Bestand enthält auch aus dem Archiv des Landgerichts stammende, zum Teil aber nicht dorthin gehörende Akten.

- Generalia und Protokolle; Registratur des Landgerichtsnotars; Familiensachen; Vormundschaften, Testamente und Nachlässe; Gütersachen; Kontrakte; Schuldensachen und Konkurse; Prozessakten.
- 43 lfm
- 1528–1792
- Protokolle und Urteile des Landgerichts sowie einzelne Prozessakten befinden sich in Abt. 400.5 (siehe Bestandsgruppe „Sammlungen“), Protokolle und Akten des Landgerichts in den Handschriften der Herrschaft Breitenburg (Abt. 127.2, siehe Bestandsgruppe „Klöster und Güter“).

Abt. 16 Bistum Schleswig

Das Bistum wurde 984 in Haithabu/Schleswig gegründet, nachdem dort bereits im 9. Jahrhundert erste Missionierungsversuche unter Erzbischof Ansgar stattgefunden hatten. Das Bistum umfasste ursprünglich die drei südlichen dänischen Syssel und gehörte dem Erzbistum Hamburg-Bremen an, bevor es 1103/1104 zum dänischen Erzbistum Lund kam. Nach der Einführung der Reformation 1542 wurde das Bistum 1586 aufgelöst und später zwischen den dänischen Königen und den Herzögen von Schleswig-Holstein-Gottorf geteilt.

Das eigentliche bischöfliche Archiv befindet sich im Reichsarchiv, Lesesaal Kopenhagen. Der im Landesarchiv verwahrte Urkundenbestand, der vielfach aus Abschriften besteht und vornehmlich den heutigen Landesteil Schleswig betrifft, wurde 1876 auf der Grundlage eines Archivalienaustauschvertrages zwischen Dänemark und Preußen vom königlichen Geheimarchiv Kopenhagen an das damalige Staatsarchiv Schleswig abgegeben.

Abt. 16.1 Bischof von Schleswig

- Urkunden: Urkunden des Bischofs, jedoch auch des Domkapitels: Privilegien; Gerichtsbarkeit; Dingswinden; Grenzsachen; Güter; Pfründenvergabe und Bestallungen; Deiche und Köge; Vikarienstiftung; Stipendien; Patronatsrecht über Kirche zu Haddeby; Kirchenordnung 1542; Kirchenvisitationen; Reformation.
- 129 Nrn.
- (1187–1378) 1386–1664

Abt. 16.2 Domkapitel zu Schleswig

- Urkunden: Überwiegend Urkunden der Dreifaltigkeitsgilde der Vikare: Stiftungen; Güter und Renten; Obligationen; Hochmesse; Ablassangelegenheiten.
- 42 Nrn.
- 1381–1609

Abt. 18 Generalsuperintendent für Schleswig

Die Generalsuperintendenten, bis 1713 je besonders königliche und gottorfische, führten die Oberaufsicht über das Kirchen-, Schul- und Armenwesen in den einzelnen Propsteien sowie in den nicht zu den Propsteien gehörigen Städten und Adligen Kirchen. Zusammen mit den Räten des Obergerichts und einigen weiteren Pastoren bildeten sie das Gottorfer Oberkonsistorium. Die noch heute bestehende Ordnung des Archivs, die in einem 1793 angelegten Registranten zusammengestellt wurde, schuf der Generalsuperintendent J. G. Chr. Adler (1756–1834). Einzelne im Landeskirchenamt verbliebene Akten wurden während des Zweiten Weltkrieges vernichtet.

- Kirchenbeamte: Summus Episcopus, Generalsuperintendent, Kirchenvisitatoren, Prediger, Kandidaten und Küster; Kultus: Agende, Gesangbuch, Kollekten, Taufe, Konfirmation, Ehe, Beerdigung, Beichte und Abendmahl, Kirchenbuße und Kirchenzucht; Kirchengebäude und sonstiges Eigentum; Fremde Religionsverwandte; Generalvisitation; Einkünfte; Personalia der Geistlichen; Kircheninventare; Schulsachen: Lateinschulen, Stadtschulen, Landschulen; Personalia der Lehrer; Armensachen und milde Stiftungen; Konsistorialsachen: Gottorfer Oberkonsistorium und Landoberkonsistorium, Unterkonsistorien der Propsteien; Protokolle der vom Generalsuperintendenten Adler in Oberkonsistorialsachen abgegebenen Voten sowie Sammlung der darauf vom Oberkonsistorium erlassenen Resolutionen und Bescheide 1793–1834; Geschäftsjournal.
- 30 lfm
- (1540–) 1600–1848
- Gedrucktes Findbuch: Veröffentlichungen des Landesarchivs Schleswig-Holstein Nr. 106: Online open access: https://dx.doi.org/10.15460/HUP.LASH.106.148
- Akten des Generalsuperintendenten für Holstein befinden sich in Abt. 19. Spezialakten über Nordschleswig sind im Reichsarchiv, Lesesaal Apenrade.

Abt. 19 Generalsuperintendent für Holstein

Die Generalsuperintendenten, bis 1773 je besonders königliche und gottorfische, führten die Oberaufsicht über das Kirchen-, Schul- und Armenwesen in den einzelnen Propsteien sowie in den nicht zu den Propsteien gehörenden Adligen Kirchen und Städten. Zusammen mit den Räten der Regierungskanzlei und einigen weiteren Pastoren bildeten sie das Glückstädter Oberkonsistorium. Einzelne im Landeskirchenamt verbliebene Akten wurden während des Zweiten Weltkrieges vernichtet.

- Kirchenverfassung, Kultus und andere Generalia; Behörden: Oberkonsistorium, Unterkonsistorium, Synoden zu Rendsburg, Generalsuperintendent; Visitationen; Pröpste; Gemeinden; Kirchenbeamte und Kirchendiener: Pfarrer, Organisten, Küster; Konvent und Juraten; Amtshandlungen: Taufe, Katechisation, Konfirmation, Abendmahl, Ehesachen, Beerdigung; Kirchenzucht; Kirchenbücher und Archive (mit Verzeichnissen nach Propsteien); Kirchenvermögen und Kircheninventare (nach Propsteien); Militärgemeinde; Mission; Separatisten; Fremde Religionsverwandte; Schulsachen, insbesondere Schulordnungen; Neue Schulorganisation; Volksschulen: Generalia und Specialia nach Distrikten bzw. Städten und Kirchspielen; Gelehrte Schulen; Universität in Kiel; Schullehrerseminare in Kiel und Segeberg; Specialia nach Propsteien; Milde Stiftungen; Armensachen; Diarien der Generalsuperintendenten, Sammlungen der von ihnen an die Deutsche Kanzlei und an die Oberkonsistorien erstatteten Berichte sowie der von letzteren darauf erlassenen Resolutionen und Bescheide.
- 45 lfm
- (1542–) 1583–1898
- Gedrucktes Findbuch: Veröffentlichungen des Landesarchivs Schleswig-Holstein Nr. 106: Online open access: https://dx.doi.org/10.15460/HUP.LASH.106.148
- Archivalien des Generalsuperintendenten für Schleswig siehe Abt. 18.

Abt. 20 Herzöge von Schleswig-Holstein-Sonderburg-Plön

Das Herzogtum Schleswig-Holstein-Sonderburg-Plön umfasste die 1564 und 1582 für Herzog Johann den Jüngeren zu Sonderburg als abgeteilten Herrn aus dem königlichen Anteil des Herzogtums Holstein herausgelösten Besitzungen. Nach dem Tode des Herzogs Johann im Jahre 1622 entstand durch die weitere Teilung seines „abgeteilten Besitzes" das neue Plöner Herzogtum. Nach dem Tod des letzten Plöner Herzogs Friedrich Karl im Jahre 1761 fiel das Herzogtum Schleswig-Holstein-Sonderburg-Plön mit den Ämtern Plön, Ahrensbök, Reinfeld, Rethwisch und Traventhal an den König. Nach dem Aussterben des Plöner Hauses und dem Übergang des Landes an den König 1761 sind die Archive auf verschiedene Nachfolgebehörden aufgeteilt worden. Erhalten sind nur Teile davon. Schwergewichte liegen einerseits auf der Zeit des Herzogs Johann Adolf mit umfangreichen Korrespondenzen des Herzogs selbst sowie der Hofmarschälle Benedikt von Kunigham und von Knyperkron, unter anderem betreffend die Oldenburgische Sukzession, andererseits auf der Zeit des letzten Herzogs Friedrich Karl, unter dem sich eine festere Behördenorganisation und namentlich eine geordnete Kammerverwaltung herausbildete. Der im Landesarchiv überlieferte Urkundenbestand (Urk.-Abt. 20) wurde im Jahr 1936 vom Reichsarchiv, Lesesaal Kopenhagen abgegeben; ergänzt wurde diese Abgabe später durch Urkunden, die 1961 vom Schul- und Kulturamt des Kreises Plön an das Landesarchiv kamen sowie durch diverse Ankäufe aus Antiquariaten. Einige wenige Urkunden liegen noch im Reichsarchiv, Lesesaal Kopenhagen.

- Urkunden (54 Nrn.): Lehnsurkunden; Erbzinsverträge; Kauf-, Schenkungs- und andere Verträge.
- Akten: Herzogliches oder Geheimes Archiv der Herzöge: Johann der Jüngere zu Sonderburg, Joachim Ernst, Johann Adolf, Joachim Friedrich und Friedrich Karl. – Kammerregistratur: Beamte und Bediente; Brandgilde- und Polizeisachen; Leibeigenschaft; Landwirtschaft; Gewerbesachen; Militärsachen; Bauangelegenheiten; Zoll- und Münzsachen; Ämter Plön, Ahrensbök, Reinfeld, Rethwisch und Traventhal; Stadt Plön; Schloss und Garten zu Plön; Kammerkasse-Rechnungen mit Beilagen 1671–1765.
- 62 lfm
- 1349–1765
- Gedrucktes Findbuch: Veröffentlichungen des Schleswig-Holsteinischen Landesarchivs Nr. 67.
- Weitere Plöner Urkunden befinden sich in Urk.-Abt. B.

Abt. 21 Herzöge von Schleswig-Holstein-Sonderburg-Glücksburg

Die (ältere) Glücksburger Linie des sonderburgischen Fürstenhauses wurde begründet von Herzog Philipp (gest. 1663), dem sechsten Sohn Herzog Johanns des Jüngeren. Die Besitzungen dieser Linie lagen in Angeln mit der Residenz Schloss Glücksburg, im Sundewitt und auf Ærø. Die Linie starb 1779 aus, ihre Besitzungen fielen an den König. Im Landesarchiv befinden sich nur noch einige auf die glücksburgischen Besitzungen in Angeln bezügliche Akten. Der Großteil des Archivs der älteren Glücksburger Linie liegt im Reichsarchiv, Lesesaal Kopenhagen.

- 0,1 lfm
- 1565–1776

Abt. 22 Herzöge von Schleswig-Holstein-Sonderburg-Augustenburg

Diese Nebenlinie der Herzöge von Schleswig-Holstein besaß bis 1850 die Güter Augustenburg und Gravenstein auf der Insel Alsen bzw. im Sundewitt, danach die Herrschaft Primkenau in Niederschlesien und kurzfristig das Gut Dolzig in der Niederlausitz sowie die Güter Noer und Grönwohld bei Eckernförde.

Bei dem im Landesarchiv verwahrten Bestand handelt es sich um das herzogliche Hausarchiv, das vorwiegend in Primkenau gelagert war. Besonders zu beachten ist, dass sich politische Akten der Erhebungszeit sowie das Archiv der Schleswig-Holsteinischen Landesregierung im Bestand befinden. Die Gutsarchive Augustenburg und Gravenstein sind in das Reichsarchiv, Lesesaal Apenrade gelangt.

- Urkunden (14 Nrn.): Erb- und Ehesachen, u. a. Ehevertrag des (späteren) Kaisers Wilhelm II. und der Prinzessin Auguste Viktoria von Schleswig-Holstein-Sonderburg-Augustenburg.
- Akten: Ältere Hausgeschichte bis zu Friedrich Christian I. (bis 1794); Friedrich Christian II. (1765–1814); Christian August (1798–1869); Friedrich VIII. (1829–1880); Ernst Günther (1863–1921); Familienarchiv Noer; Kriegsarchiv (1848–1851); Archiv der Provisorischen und Gemeinsamen Regierung sowie der Statthalterschaft für Schleswig-Holstein (1848–1851); Politische Angelegenheiten (1863–1866).
- 70 lfm
- 1633–1954
- Gedrucktes Findbuch: Veröffentlichungen des Landesarchivs Schleswig-Holstein Nr. 102: Online open access: https://dx.doi.org/10.15460/HUP.LASH.102.119

Abt. 24 Schleswig-Holsteinische Kammer zu Gottorf 1735–1746

Die Schleswig-Holsteinische Kammer war von 1735 bis 1746 für alle Kammersachen im königlichen Anteil der Herzogtümer zuständig, hatte als Mittelbehörde unter der Rentekammer zu Kopenhagen aber nur beschränkte Entscheidungsbefugnis.

- Rentekammer; Behörden und Beamte; Beide Herzogtümer; Die einzelnen Distrikte; Korrespondenzprotokolle, getrennt für Schleswig und Holstein.
- 13 lfm
- (1488–) 1690–1762

- Gedrucktes Findbuch: als Teil des Findbuches zur Rentekammer Kopenhagen in: Veröffentlichungen des Schleswig-Holsteinischen Landesarchivs Nr. 33, S. 851–872 und 938f.
- Hinweis auf andere Bestände: Rentekammer zu Kopenhagen (Abt. 66).

Abt. 25 Schleswig-Holsteinische Landkommission und Landkommissare 1768–1874

Die 1768 eingesetzte Landkommission hatte zur Aufgabe „die Beförderung des Ackerbaus und die vorteilhafteste Einrichtung der Landwirtschaft in allen ihren Teilen", vor allem die Parzellierung der Domänen mit Aufhebung der Leibeigenschaft, die Verkoppelung und die neue Setzung. Sie unterstand zunächst dem General-Landwesens-Kollegium, dann der Rentekammer. Ihre Zuständigkeit umfasste das königliche Schleswig-Holstein, erst seit 1808 auch das vormals gottorfische Holstein. Die Landkommission wurde 1823 aufgehoben; an ihre Stelle traten Landkommissare, je einer für Schleswig sowie das westliche und das östliche Holstein, seit 1845 einer für ganz Holstein. Sie wurden 1874 durch das Spruchkollegium für landwirtschaftliche Angelegenheiten bei der Regierung in Schleswig abgelöst.

- Akten des der Landkommission unterstellten Oberlandmessers und Oberlandinspektors Bruyn (1768–1799) und seiner Amtsnachfolger; Akten der Landkommission: Ehemals gottorfisches Holstein (nach Distrikten und Ortschaften), Altkönigliches Holstein (alphabetisch nach Ortschaften), Schleswig (ebenso); Akten der Landkommissare: Holstein (nach Distrikten) und Schleswig (ebenso); Akten der Landmesser-Examinations-Kommissionen 1835–1870; Deliberationsprotokolle sowie Protokolle der eingekommenen Sachen und darauf erfolgten Resolutionen, getrennt für Schleswig und Holstein; Journale der Landkommissare (Abt. 25 Prot).
- 98 lfm
- 1768–1874
- Die zugehörigen Flurkarten befinden sich in Abt. 402 A 3 und 402 A 4 (siehe Bestandsgruppe „Karten und Bilder").

Abt. 26 Schleswig-Holsteinische Hauptkasse zu Rendsburg und deren Nachfolgebehörden

Die Behörde war zuständig für das staatliche Kassen- und Rechnungswesen der Herzogtümer Schleswig und Holstein. Zunächst bestand nur eine Kasse für beide Herzogtümer in Rendsburg, 1852 wurde für jedes Herzogtum eine besondere Kasse eingerichtet: in Rendsburg als Zentralkasse für das Herzogtum Holstein, in Flensburg als Zentralkasse für das Herzogtum Schleswig.

- Rechnungen der Hauptkasse/der Schleswig-Holsteinischen Centralkasse 1768–1860; Rechnungen über die Staatsschulden und die sinkenden Fonds 1816–1849; Militärrechnungen 1849–1851; Reichsbankrechnungen 1813–1840.
- 31 lfm
- 1768–1867

Abt. 27 Sonstige Kassen

Der Bestand fasst kleinere Kassen zusammen, die für bestimmte administrative Einheiten, Personengruppen oder Zwecke arbeiteten. Der Bestand ist nach Einzelprovenienzen geordnet.

Abt. 27.1 Contributions- und Steuerkasse für die klösterlichen und adligen Distrikte zu Rendsburg

Die Kasse war zuständig für die steuerliche Rechnungsabwicklung der Klöster und adligen Güterdistrikte.

- Gefälle-Rechnungen der Einnahmen und Ausgaben 1809–1814.
- 0,1 lfm
- 1809–1814

Abt. 27.2 Großfürstliche Witwen- und Waisenkasse

Die Kasse ist 1764 von der Regierung der Zarin Katharina gegründet worden und war organisatorisch mit der Kindererziehungs- und Armenkasse verbunden. Sie wurde 1768 auch auf die Witwen und Töchter der Universitätsprofessoren sowie der Rektoren und Konrektoren der Schulen erweitert.

- Fundationsakte; Protokolle; Journale; Rechnungen.
- 3 lfm
- 1764–1884

Abt. 27.3 Muhlius'sche Waisenstiftung

Die Stiftung, die insbesondere durch den Betrieb eines Waisenhauses in Kiel bekannt wurde, ging zurück auf den 1776 verstorbenen Großfürstlichen Geheimen Rat Friedrich Gabriel Muhlius.

- Administrationsrechnungen des Muhlius'schen Waisenhauses 1861–1884 (mit Lücken).
- 0,1 lfm
- 1861–1884
- Die Vorrechnungen der Jahre 1780 bis 1849 befinden sich in Abt. 49.

Abt. 28 Zollbehörden

Der Bestand fasst Unterlagen der Zollverwaltung zusammen, die bei den Oberkontrolleuren in Rendsburg und Hadersleben, bei den Zolldirektionen und den Oberzollinspektoraten für die Herzogtümer Schleswig und Holstein sowie bei den Zollämtern in Rendsburg, Husum und Holtenau von 1724 bis zur Errichtung der Provinzial-Steuerdirektion am 15. September 1867 entstanden sind.

- Organisation der Zollbehörden; Zollverordnungen; Tätigkeitsberichte; Zollgrenzen; Zollverkehr mit dem Ausland; Ein- und Ausfuhrverbote; Binnenzollpolitik; Zollpolizei; Zollgebäude; Personalia; Zollrechnungen; Korrespondenzprotokolle der Zollexpeditionen.
- 5 lfm
- 1724–1867
- Die Akten der Zollbehörden sind zum Teil von der preußischen Provinzial-Steuerdirektion/Oberzolldirektion fortgeführt worden (Abt. 306, siehe Bestandsgruppe „Preußische Verwaltung").

Abt. 31 Schleswigsche und holsteinische Forstbehörden

Im Laufe des 18. und 19. Jahrhunderts hat sich die Organisation des Forst- und Jagdwesens mehrfach verändert. Hervorzuheben ist die Loslösung der Forstbehörden von den Ämtern im Jahr 1853. Nach Einführung der preußischen Verwaltung 1867 wurde das Forstwesen der Regierung Schleswig zugewiesen. Im Zuge einer größeren allgemeinen Verwaltungsreform wurden 1881 die bis dahin in den Herzogtümern bestehenden, äußerst verschiedenartigen Jagd- und Forstverordnungen durch eine erstmals einheitliche „Allgemeine Holz- und Jagdverordnung für die Städte, Ämter und Landschaften in den Herzogtümern Schleswig und Holstein“ ersetzt. Der vorliegende Bestand ist in die Gruppen Schleswigsches und Holsteinisches Forst- und Jagdamt untergliedert. Die Protokolle, Journale und Register bilden eine eigene zentrale Gruppe.

- Beamte; Bonden-, Feste- und Kirchenhölzungen; Forstwirtschaft; Dienste; Domänen; Aufteilungen und Auseinandersetzungen; Moore; Gehege; Forstbeschreibungen; Jagdsachen; Forstlehrinstitut in Kiel; Protokolle, Journale und Register.
- 63 lfm
- 1585–1870
- Da das Forst- und Jagdwesen der Rentekammer (Abt. 66) unterstand, sind dort ergänzende Akten zu suchen. Das Herzogtum Lauenburg hatte seine eigene Forstverwaltung (Abt. 220, siehe Bestandsgruppe „Herzogtum Lauenburg“). Forst- und Moorkarten befinden sich in Abt. 402 A 28 (siehe Bestandsgruppe „Karten und Bilder“).

Abt. 32 Bauinspektorate

Der Bestand enthält die Überlieferung der beiden Bauinspektorate für die Herzogtümer Schleswig und Holstein in Flensburg und Kiel. Die Inspektorate standen unter der Aufsicht der Rentekammer zu Kopenhagen und wurden von Bauinspektoren geleitet, deren Existenz seit Anfang des 18. Jahrhunderts nachweisbar ist. Die Bauinspektorate, denen sechs Wegebauinspektionen in Preetz, Itzehoe, Altona, Husum, Schleswig und Hadersleben sowie vier schleswig-holsteinische Deich- und Wasserbauconducteure angegliedert waren, wurden zum 30. April 1870 aufgelöst. Ihre Aufgaben gingen auf die neu geschaffene preußische Hoch- und Wasserbauverwaltung über. Die Akten der Bauinspektorate für das Herzogtum Schleswig und das Herzogtum Holstein wurden in diesem Sammelbestand zusammengefasst, jedoch in ihren Herkunftszusammenhängen belassen.

- Bauakten von Amtsgebäuden und landesherrlichen Schlössern; Kommunale und kirchliche Gebäude; Schleusen und Leuchtfeuer; Gebäudeinventarien.
- 3 lfm
- 1704–1867
- Die Akten der Bauinspektorate sind zum Teil von den preußischen Hoch- und Wasserbauämtern fortgeführt worden (Abt. 333, siehe Bestandsgruppe „Preußische Verwaltung“).

Abt. 33 Wegeinspektionen

Im Jahr 1842 erließ König Christian VIII. eine erste umfassende Wegeverordnung für die Herzogtümer Schleswig und Holstein. Die Schleswig-Holsteinische Regierung als mittlere Verwaltungsinstanz der Herzogtümer führte die allgemeine Aufsicht über das Wegewesen. Kunststraßen und sonstige öffentliche Wege wurden getrennt beaufsichtigt. Für die Kunststraßen war ein Ingenieurs-Corps, für alle übrigen Wege und Straßen waren Distrikts- und Lokalbehörden zuständig, die wiederum regional begrenzte Wegeinpektionen einrichteten. Diese Verwaltungsstruktur blieb gültig bis zu den verschiedenen preußischen Gesetzgebungen über das Wegewesen. Die wenigen überlieferten Unterlagen gelangten 1922 auf dem Weg über das ehemalige Wasserbauamt Glückstadt sowie über die Kreisverwaltung Steinburg in das Archiv.

- Wegebausachen; Brückenbauten; Entschädigungssachen und Ablösung von Brückenzöllen.
- 0,5 lfm
- 1842–1872

Abt. 34 Deichinspektionen

Seit dem 17. Jahrhundert hatte sich eine Verwaltung für das Deichwesen entwickelt, die im 18. und 19. Jahrhundert die Aufgaben der Landgewinnung, der Sicherung des Seeverkehrs und schließlich der Melioration hinzubekam. Es bestanden ein Deich- und Wasserbauinspektorat in Husum für das Herzogtum Schleswig sowie ein Deich- und Wasserbaudirektorat in Altona für das Herzogtum Holstein. 1869 wurden diese Behörden aufgelöst. In Husum ernannte man Kondukteure für den Wasserbau und das Deichwesen. Die Aufgaben des Direktorats in Altona wurden auf die Deichkondukteure in Glückstadt und Brunsbüttelkoog übertragen. Die Unterlagen sind 1922 vom Wasserbauamt Glückstadt, einer der Nachfolgebehörden, an das Landesarchiv abgegeben worden.

- Deichsachen; Wasserregulierung; Entwässerung; Archivregister des früheren Oberdeichinspektorats.
- 3 lfm
- 1799–1880
- Die Akten der Deich- und Wasserbaukondukteure sind zum Teil von den preußischen Wasserbauämtern fortgeführt worden (siehe Abt. 333, Bestandsgruppe „Preußische Verwaltung").

Abt. 35 Behörden für Häfen und Leuchtfeuer

Die Abteilung ist ursprünglich als Sammelbestand für kleinere Seebehörden eingerichtet worden. Überliefert ist jedoch nur ein kleiner Bestand des Oberlotsen für das Herzogtum Schleswig, der seinen Dienst von Rendsburg aus verrichtete. Vorgesetzte Behörde war die Schleswig-Holsteinische Regierung auf Gottorf.

- ↘ Überwiegend Seeunfälle, Schiffsverzeichnisse und Statistiken aus dem Zuständigkeitsbereich des königlichen Oberlotsen.
- ↘ 0,5 lfm
- ↘ 1778–1870

Abt. 36 Kanalbehörden

Am 11. Mai 1774 wurde durch Reskript der Deutschen Kanzlei in Kopenhagen die Kanalausführungskommission gegründet, die die Planung und den Bau des Schleswig-Holsteinischen Kanals (Eiderkanal) auszuführen hatte. Im Jahr 1777 konstituierte man dann die Kanal-Taxationskommssion, welche die zu erwartenden Entschädigungsansprüche der durch den Kanalbau betroffenen Anlieger zu regulieren hatte. Nach der Fertigstellung des Kanals im Jahr 1794 wurde die Kanalausführungskommission in eine Aufsichtskommission umgewandelt. Der größte Teil der Überlieferung gelangte 1921 über das ehemalige Wasserbauamt Rendsburg ins Archiv.

- ↘ Verwaltung des Eiderkanals; Bausachen; Schifffahrt; Wege- und Brückensachen; Verpachtungen; Grundstücksangelegenheiten; Kanalerhaltung.
- ↘ 9 lfm
- ↘ 1774–1894

Abt. 37 Schleswig-Holsteinisches Bankinstitut zu Altona

Das Bankinstitut wurde 1778 gegründet. Trotz seiner offiziellen Auflösung im Jahre 1834 hat es aber wohl bis zur Schleswig-Holsteinischen Erhebung 1848 noch weiterbestanden. Die Archivalien des Instituts kamen größtenteils zusammen mit denen der Schleswig-Holsteinischen Regierung nach 1866 aus Kopenhagen, wo sie zwischenzeitlich verwahrt worden waren, an das „Gottorfer Archiv“.

- Expeditionsakten; Bankzinsenrechnungen; Rechnungsablagen und Rechnungsbücher; Journale und Bankhaftregister.
- 26 lfm
- 1819–1848
- Die Akten des Bankkontors aus der Zeit von 1778–1818 befinden sich im Reichsarchiv, Lesesaal Kopenhagen.

Abt. 40 Sonderbehörden und Institute für Handel und Gewerbe

Diese Hauptabteilung wurde eingerichtet, um Archive von landesherrlichen Industrie- und Gewerbebetrieben aufzunehmen. Das blieb allerdings auf das Archiv der Saline Travensalze in Oldesloe beschränkt (Abt. 40.2).

Abt. 40.2 Saline Travensalze in Oldesloe

Als landesherrlicher und bedeutender Wirtschaftsbetrieb wurde die Saline schon im 12. Jahrhundert von Graf Adolf II. gegründet und bestand bis zum Jahr 1866. Wegen des stark abgenommenen Salzgehalts und der dadurch verursachten Unrentabilität kam es dann zu ihrer Schließung. Die Stadt Oldesloe übernahm das Gelände und nutzte es fortan als Kurpark.

- Verwaltung der Saline; Rechnungsangelegenheiten; Gebäude; Salzhandel; Brunnenbohrungen; Gradierungen; Salzlieferungen.
- 19 lfm
- 1656–1868

Abt. 41 Postexpeditionsbüro der Schleswigschen Eisenbahnen

Überliefert sind nur geringfügige Aktensplitter aus dem Postexpeditionsbüro der schleswigschen Eisenbahnen in Flensburg.

- 0,1 lfm
- 1855–1856

Abt. 42 Sanitätsbehörden

Es handelt sich hauptsächlich um Akten des Schleswig-Holsteinischen Sanitätskollegiums. Dieses wurde im Jahr 1804 errichtet und in den Jahren 1857 bis 1865 auf Holstein beschränkt. Von 1865 bis 1869 war es wieder für das ganze Land zuständig. In den Bestand eingegliedert wurden Akten der Physikate zu Schleswig, Tondern und Eckernförde sowie der Gesundheits- bzw. Quarantänekommissionen, die für Ordnungsmaßnahmen beim Auftreten ansteckender Krankheiten zuständig waren.

- Aufsicht über Physici und Ärzte; Bekämpfung von Krankheiten und Seuchen; Hospitäler und Heilanstalten; Apotheken.
- 7 lfm
- 1804–1877

Abt. 43 Zuchthäuser

Der Bestand enthält ausschließlich ältere Unterlagen des Zuchthauses in Glückstadt.

- Personalakten der Verwalter und Aufseher; Gefangenenverzeichnisse; Gefangenenseelsorge.
- 0,60 lfm
- 1766–1928

Abt. 45 Holsteinische Land- und Seekriegskommissare

Die Land- und Seekriegskommissare waren zuständig für die Aushebung zum Land- und Seekriegsdienst. Ursprünglich erfolgte die Aushebung für die Land- und Seestreitkräfte getrennt. Dazu waren beide Herzogtümer gemeinsam in drei Landkriegskommissariatsdistrikte und jedes für sich in einen Seekriegskommissariatsdistrikt eingeteilt; jeder der insgesamt fünf Distrikte wurde von einem Kriegskommissar befehligt, der dem Generalkriegskommissar in Schleswig unterstand. Nach 1850 wurde die Trennung in Land- und Seekriegskommissariate aufgehoben. Im Herzogtum Schleswig fand die Aushebung für die Streitkräfte zentral unter einem Land- und Seekriegskommissar statt, das Herzogtum Holstein war in zwei Aushebungsdistrikte mit jeweils einem eigenen Land- und Seekriegskommissar aufgeteilt. Die Land- und Seekriegskommissare waren direkt dem Kriegsministerium in Kopenhagen untergeordnet. Die Lageregister sind nach Orten gegliedert.

↘ Lageregister der holsteinischen Ämter und Städte 1846–1868; Aushebungs- und Seerollen 1838–1867; Korrespondenzprotokolle 1830–1856.
↘ 6 lfm
↘ 1830–1868

Abt. 46 Sonstige Militärbehörden

Bei dem Bestand handelt es sich um kleinere Überlieferungsteile unterschiedlicher militärischer Provenienz, die aus lokalen militärischen Einrichtungen hervorgegangen sind. Der Bestand ist nach Einzelprovenienzen geordnet.

Abt. 46.1 Akten der Kommandantur von Friedrichsort

↘ Bauunterlagen.
↘ 0,1 lfm
↘ 1680–1800

Abt. 46.2 Armee- und Kommandobefehle

↘ Armee- und Kommandobefehle.
↘ 0,1 lfm
↘ 1852–1863

Abt. 47 Christian-Albrechts-Universität Kiel

Die Universität in Kiel wurde 1665 durch Herzog Christian Albrecht von Schleswig-Holstein-Gottorf gegründet, nach dem sie auch ihren Namen erhielt. Die Universität war im ersten Jahrhundert ihres Bestehens im ehemaligen Kieler Franziskanerkloster untergebracht, bis sie in den Sechzigerjahren des 18. Jahrhunderts in der Nähe des Schlosses ein neues Gebäude erhielt. Eine Zeit inneren und äußeren Wachstums der Universität setzte mit der Eingliederung Schleswig-Holsteins in Preußen 1867 ein, was seinen sichtbaren Ausdruck in einem 1876 fertiggestellten

Universitätsneubau fand, der bereits im Jahr 1902 erweitert wurde. Dieses Gebäude wurde im Zweiten Weltkrieg zerstört und die Ruine einige Jahre später abgerissen. Nach 1945 wurde der Lehrbetrieb in einen ehemals gewerblich genutzten Gebäudekomplex am nördlichen Stadtrand von Kiel verlegt, der zur Keimzelle eines im Laufe der Jahrzehnte ständig ausgebauten und erweiterten neuen Campus wurde. 1963 kam es zu einer Ergänzung der bisher bestehenden Fakultäten um eine Mathematisch-Naturwissenschaftliche Fakultät, 1969/70 wurde eine Wirtschafts- und Sozialwissenschaftliche Fakultät gegründet und im Jahr 1990 eine Technische Fakultät. Zwischen 1994 und 2002 existierte in Nachfolge der aufgelösten Pädagogischen Hochschule Kiel an der Universität noch eine Erziehungswissenschaftliche Fakultät.

Die Akten der Universität, die bis in die Gründungszeit zurückreichen, sind seit 1934 als Depositum in das Landesarchiv gelangt. Bis zum Ende der 1990er-Jahre waren allerdings von wenigen Ausnahmen abgesehen nur Akten aus der Zeit vor 1945 von der Universität abgegeben worden. Bedingt durch den Abschluss eines Kooperationsvertrages zwischen Universität und Landesarchiv und eine seit 2003 bestehende archivische und wissenschaftliche Betreuung des im Landesarchiv befindlichen Universitätsarchivs sind in den vergangenen Jahren umfangreiche Neuzugänge jüngerer Universitätsakten hinzugekommen. Die Stiftungsurkunde von 1665 wird in der Urk.-Abt. 47 verwahrt.

- Stiftung der Universität und ihr erteilte Privilegien; Verfassung; Lehrkörper und Beamte der Universität; Verwaltung; Konvikt; Stipendien; Universitätsinstitute und angeschlossene Institute; Studienordnung; Studierende und studentische Verbindungen; Akademische Feierlichkeiten; Geschenke und Stiftungen; Matrikeln, Statutenbücher und Protokolle; Verzeichnisse der Studierenden; Haushalt; Ehrungen; Veranstaltungen und Jubiläen; Baumaßnahmen; Jahresberichte; Prüfungsangelegenheiten.
- 184 lfm
- 1655–2011
- Für die Überlieferung bis 1945 liegt ein gedrucktes Findbuch vor: Veröffentlichungen des Landesarchivs Schleswig-Holstein Nr. 90. Online open access: https://doi.org/10.15460/HUP.LASH.90.73
- Folgende Verzeichnisse der Christian-Albrechts-Universität befinden sich unter der Signatur E II 61 in der Bibliothek des Landesarchivs: Studierendenverzeichnisse 1834–1847 (mit Lücken); Verzeichnisse des Personals und der Studierenden 1863, 1883–1884, 1891–1919 (mit Lücken); Personalverzeichnisse 1920–1921; Vorlesungsverzeichnisse 1863–1874, 1894–1921 (mit Lücken); Personal- und Vorlesungsverzeichnisse 1924–2003 (mit Lücken). Weitere Unterlagen zur Universität finden sich vornehmlich in Abt. 7, Abt.

8.1, Abt. 65.1 und Abt. 57 bis Abt. 62.2 sowie in Abt. 301 (siehe Bestandsgruppe „Preußische Verwaltung") und in Abt. 811 (siehe Bestandsgruppe „Landesverwaltung"). Bauakten zur Universität und ihren Einrichtungen liegen in Abt. 663.5 (siehe Bestandsgruppe „Landesverwaltung").

Abt. 47.1 Kurator

Das Amt des Kurators wurde 1668 eingerichtet. Der Kurator wurde vom Landesherrn zur Visitation der Universität ernannt. Das Amt existierte bis 1975. Der Bestand umfasst die Akten des Kuratoriums aus dem 18. und 19. Jahrhundert. Spätere Akten, deren Laufzeit in einzelnen Fällen kurz nach 1900 beginnt, aber erst nach 1945 endet, wurden vom Rektorat übernommen und weitergeführt. Diese Akten wurden in den zentralen Bestand der Universität (Abt. 47 ohne Unternummer) einsortiert, sollen aber in den Bestand Abt. 47.2 integriert werden.

- Akten aus der Zeit des Kuratelkollegiums 1769–1774; Akten des Kuratoriums über allgemeine Universitätsangelegenheiten; Universitätsbehörden; Akademische Gerichtsbarkeit; Dekane und Fakultäten; Akademische Lehrer, ihre Witwen und Kinder; Studierende; Benefizien; Vorlesungen und Ferien; Universitätsinstitute; Akademische Gebäude und Anstalten; Universitätsverwandte; Rechnungswesen; Akten aus der Zeit des Vizekuratoriums Joh. Fr. Jensens 1831–1834; Akten über das Taubstummeninstitut 1802–1807 und das Sanitätskollegium 1803–1805.
- 14 lfm
- 1769–1873
- Gedrucktes Findbuch: Veröffentlichungen des Landesarchivs Schleswig-Holstein Nr. 91. Online open access: https://dx.doi.org/10.15460/HUP.LASH.91.80
- Die Akten aus der Zeit der Kuratorialverwaltung des Oberpräsidenten v. Scheel-Plessen aus den Jahren 1866–1868 liegen in Abt. 59.3.

Abt. 47.2 Kurator (ab 1900)

Der Bestand wird bislang noch unverzeichnete sowie die in Abt. 47 verwahrten Unterlagen des Kurators aufnehmen.

Abt. 47.4 Theologische Fakultät

Die Theologische Fakultät ist eine der vier Fakultäten, die seit der Gründung der Universität 1665 bestehen. Sie diente am Anfang vor allem für die Ausbildung der Pastoren des Herzogtums Holstein-Gottorf.

- ↘ Statuten; Gutachten; Personalia; Prüfungsakten; Promotionen; Verschiedene Fakultätsangelegenheiten.
- ↘ 8 lfm
- ↘ 1670–1848, 1939–2010

Abt. 47.5 Juristische Fakultät

Die bereits 1665 eingerichtete Fakultät übte neben der Lehrfunktion zugleich auch Rechtsgutachtertätigkeit durch das sogenannte Spruchkollegium bis 1879 aus. Sie wurde 1913 durch Einbeziehung der Volkswirtschaftler zur Rechts- und Staatswissenschaftlichen Fakultät erweitert. 1970 erfolgte die Abtrennung der Wirtschaftswissenschaften und die Umwandlung in eine selbstständige Rechtswissenschaftliche und eine selbstständige Wirtschafts- und Sozialwissenschaftliche Fakultät.

- ↘ Protokollbuch; Promotionsakten; Promotions- und Habilitationsurkunden; Verschiedene Fakultätsangelegenheiten. – Akten des Spruchkollegiums: Protokolle; Rechnungssachen; Urteile und rechtliche Gutachten; Spruchakten.
- ↘ 19 lfm
- ↘ 1670–2010

Abt. 47.6 Medizinische Fakultät

Die Medizinische Fakultät ist eine der vier Gründungsfakultäten der Universität. Sie übte neben ihrer Lehrfunktion zugleich auch die Tätigkeit einer obersten Medizinalbehörde bis zur Eingliederung Schleswig-Holsteins in Preußen aus.

Die Altregistratur der Medizinischen Fakultät war längere Zeit geteilt. Einiges befand sich bei der Fakultät selbst und einiges im Institut für Geschichte der Medizin und Pharmazie. Von der Medizinischen Fakultät erfolgten 1966, 1983 und 1990 Abgaben an das Landesarchiv. Die im Institut für Geschichte der Medizin und Pharmazie verwahrten Unterlagen wurden 1990 ebenfalls ins Landesarchiv überführt und in die Abt. 47.6 eingeordnet. Das Archiv der Medizinischen Fakultät ist das einzige Fakultätsarchiv, das nahezu vollständig erhalten geblieben ist.

- Fakultätsstatuten; Protokolle und Korrespondenzen; Einrichtung und Wiederbesetzung von Lehrstühlen; Gerichtsmedizinische Gutachten; Personalakten; Prüfungsakten; Promotions- und Habilitationsurkunden; Verschiedene Fakultätsangelegenheiten.
- 21 lfm
- 1665–1974

Abt. 47.7 Philosophische Fakultät

Die Fakultät wurde 1665 eingerichtet. 1913 erfolgte die Abtrennung der Staats- und Wirtschaftswissenschaften und deren Vereinigung mit der Jurisprudenz zu einer Rechts- und Staatswissenschaftlichen Fakultät. 1953 wurde die Philosophische Fakultät in eine geisteswissenschaftliche und eine naturwissenschaftliche Abteilung geteilt; 1963 entstand neben der Philosphischen Fakultät eine selbstständige Mathematisch-Naturwissenschaftliche Fakultät.

- Fakultätsangelegenheiten; Protokolle; Personalakten; Prüfungsangelegenheiten; Promotionen und Habilitationen; Entnazifizierung und Wiedergutmachung; Ehrungen; Konvikt; Unterlagen des Germanistischen Seminars, des Seminars für Indologie und des Nordischen Instituts.
- 18 lfm
- (1665–) 1673–2014

Abt. 47.8 Mathematisch-Naturwissenschaftliche Fakultät

Mathematische und naturwissenschaftliche Studiengänge waren anfänglich bei der Philosophischen Fakultät angesiedelt. 1953 wurde dort eine Mathematisch-Naturwissenschaftliche Abteilung eingerichtet, die schließlich 1963 zu einer selbstständigen Fakultät erhoben wurde.

- Promotions- und Habilitationsurkunden; Diplomprüfungen.
- 1 lfm
- 1963–1999

Abt. 47.9 Flugblätter von der Universität

Bei diesem Bestand handelt es sich um eine Sammlung, die aus verschiedenen Abgaben erst im Landesarchiv zusammengestellt wurde. Die Flugblätter und andere Informationsschriften wurden nicht von der Universität und ihren Einrichtungen herausgegeben, sondern von unterschiedlichsten, vor allem politischen Gruppierungen im Universitätsbereich verteilt.

- Die ersten Abgaben von Flugblättern sind durch die Universitätsbibliothek erfolgt, wo sie im Laufe der entsprechenden Jahre von dortigen Mitarbeitern gesammelt worden waren. Eine weitere große Abgabe erhielt das Landesarchiv Schleswig-Holstein von Prof. Dr. Rudolf Hiestand, seinerzeit Angehöriger des Historischen Seminars, der in den Jahren 1968–1976 regelmäßig und systematisch Flugblätter und andere Informationsschriften in der Mensa und an anderen Orten gesammelt hat. Weitere Sammlungen stammen von Angehörigen der Pädagogischen Hochschule Kiel, die dann über die Altregistratur der ehemaligen Pädagogischen Hochschule/Erziehungswissenschaftlichen Fakultät der Universität an das Landesarchiv kamen, ergänzt um kleinere Abgaben von Einzelpersonen.
- Flugblätter, insbesondere des Allgemeinen Studentenausschusses (Asta) sowie studentischer Gruppierungen aus dem Bereich der Universität; Informationsschriften
- 2 lfm
- 1968–1983

Abt. 47.10 Universitätsbibliothek

Bei der Gründung und Einrichtung der Christian-Albrechts-Universität zu Kiel im Jahre 1665 bildete die Bibliothek der Bordesholmer Fürstenschule, die aus der alten Stiftsbibliothek des um 1550 aufgelösten Bordesholmer Augustiner-Chorherren-Stiftes hervorgegangen war, mit ihren Handschriften und Drucken den Grundstock der neuen Universitätsbibliothek. Sie erhielt ihren Platz wie die gesamte Universität im ehemaligen Kieler Franziskanerkloster, das nach der Reformation als Heilig-Geist-Hospital gedient hatte. Ab den 1770er-Jahren war die Universitätsbibliothek für ungefähr hundert Jahre im Schloss untergebracht, bis schließlich in preußischer Zeit 1884 ein eigenes Bibliotheksgebäude in der Brunswiker Straße 2 errichtet wurde. Die 1907 durch einen Anbau erweiterte Universitätsbibliothek wurde jedoch am 29. April 1942 durch einen Bombenangriff zerstört und verlor mit 250.000 Bänden fast die Hälfte ihres Bestandes. 1966 erhielt die Bibliothek ein neues Gebäude an der Ecke Westring/Olshausenstraße, das aber bald zu klein war, sodass nach der Errichtung von Zweigstellen ein neues Bibliotheksgebäude in der Leibnizstraße erreichtet wurde und schließlich im April 2001 bezogen werden konnte. Daneben bestehen weiterhin Außenstellen für die Medizinische Abteilung und für die Ingenieurwissenschaftliche Abteilung im Gebäude der Technischen Fakultät am Ostufer.

Die Verwaltungsakten der Universitätsbibliothek, die diesen Bestand bilden, wurden bis in die jüngste Vergangenheit als Altregistratur bei der Bibliothek selbst aufbewahrt, bis schließlich am 28. Oktober 1981 eine kleinere Abgabe von Personalakten und von Akten der Plankton-Expedition erfolgte. Die Akten der Plankton-Expedition gehören im eigentlichen Sinne nicht zur Registratur der Bibliothek selbst, wurden aber dort aufbewahrt. Eine umfangreichere Abgabe der gesamten Altregistratur erfolgte im Jahr 2002.

- Schriftwechsel mit übergeordneten Behörden, mit dem Rektor, den Fakultäten, den Instituten, der Bibliothekskommission und anderen Institutionen; Personalakten; Haushaltspläne; Verwaltung der Bibliothekszugänge; Akten der Planktonexpedition.
- 5 lfm
- 1793–1975

Abt. 47.11 Sonderforschungsbereiche

Sonderforschungsbereiche wurden Ende der 1960er-Jahre bundesweit an den Hochschulen zur Durchführung von Großforschungsprojekten, an denen mehrere Fächer kooperativ beteiligt sind, eingeführt. Der 1969 eingerichtete erste Sonderforschungsbereich an der Kieler Universität, der Sonderforschungsbereich 17 (Skandinavien und Ostseeraumforschung), wurde 1984 wieder aufgelöst. In den folgenden Jahren kamen wirtschaftswissenschaftliche, medizinische und meereskundliche Sonderforschungsbereiche dazu. Die Akten des Sonderforschungsbereiches 17 sind in den Jahren 1984 und 1986 an das Landesarchiv abgegeben worden. Von anderen Sonderforschungsbereichen liegen bisher noch keine Akten vor.

- Sonderforschungsbereich 17: Skandinavien und Ostseeraumforschung: Allgemeines; Forschungs-, Arbeits- und Jahresberichte; Finanzierungsanträge.
- 8 lfm
- 1966–1984

Abt. 47.12 Agrar- und Ernährungswissenschaftliche Fakultät

1873 wurden ein Lehrstuhl für Landwirtschaft und ein Landwirtschaftliches Institut in der Philosophischen Fakultät eingerichtet. 1934 erfolgte die Auflösung des landwirtschaftlichen Studiums in Kiel, das 1946 mit einer selbstständigen Landwirtschaftlichen Fakultät neu begründet wurde.

- ↘ Fakultätsangelegenheiten; Protokolle; Personalakten; Angelegenheiten von Forschung und Lehre; Prüfungsangelegenheiten; Promotionen und Habilitationen; Jahresberichte; Justus-von-Liebig-Preis und Thünen-Medaille; Versuchsbetrieb.
- ↘ 18 lfm
- ↘ 1893–2017

Abt. 47.13 Wirtschafts- und Sozialwissenschaftliche Fakultät

Die wirtschafts- und sozialwissenschaftlichen Disziplinen waren zunächst in der Philosophischen Fakultät angesiedelt. 1913 kam es zur Einbeziehung der Volkswirtschaftler in die Juristische Fakultät und deren Erweiterung zur Rechts- und Staatswissenschaftlichen Fakultät, die dann 1970 wieder in eine Rechtswissenschaftliche und eine Wirtschafts- und Sozialwissenschaftliche Fakultät geteilt wurde.

- ↘ Promotionsurkunden.
- ↘ 0,1 lfm
- ↘ 1970–1972

Abt. 47.14 Technische Fakultät

Als jüngste der bestehenden Fakultäten an der Universität Kiel entstand 1990 die Technische Fakultät, die den Lehrbetrieb in Elektrotechnik, Materialwissenschaft und Informatik ab dem Wintersemester 1991/92 aufnehmen konnte.

- ↘ Gründung; Konvent; Lehrstühle und Studienfächer; Personal; Prüfungsangelegenheiten; Chroniken; Kolloquien.
- ↘ 10 lfm
- ↘ 1986–2014

Abt. 47.20 Universitätsfrauenklinik

Der Ursprung der Universitätsfrauenklinik geht auf das Jahr 1805 zurück, als auf dem Klosterkirchhof in Kiel ein Gebärhaus mit Hebammenlehranstalt eingerichtet wurde. Bedingt durch den starken Zulauf bezog die Anstalt schon 1810 ein größeres Gebäude am Fleethörn. 1862 erfolgte der Umzug in einen Neubau bei den Akademischen Heilanstalten. Ursprünglich nur Gebäranstalt, wurde die Klinik in der zweiten Hälfte des 19. Jahrhunderts um die Gynäkologie erweitert. Im Zweiten Weltkrieg erlitt das Klinikgebäude starke Bombenschäden. Ein Großteil des Klinikbetriebes war nach Grömitz und in einen Hochbunker in Kiel sowie in das Städtische Krankenhaus in Schleswig ausgelagert worden. Nach dem Krieg wurde die Klinik wieder aufgebaut und in den Folgejahren erweitert.

- ↘ Haupt- und Stationsbücher Gynäkologie und Geburtshilfe; Hauptbücher geburtshilfliche Poliklinik; Aufnahmebücher Geburtshilfe; Aufnahme- und Stationsbücher Grömitz; Taufbücher; Hauptbücher Strahlentherapie; Patientinnenakten Geburtshilfe und Gynäokologie; Patienteninnenakten Haus Quickborn; wissenschaftliche Journale; Patientinnenakten Strahlentherapie; Sektions- und Operationsprotokolle; Erinnerungen und Chroniken; Verwaltungsangelegenheiten.
- ↘ 299 lfm
- ↘ 1805–1993

Abt. 48 Immediatkommission zu Kolding

Es handelt sich bei der Immediatkommission um „die zur Untersuchung einiger in der Zollgrenzlinie zwischen Norderjütland und dem Herzogtum Schleswig vermeintlich begangenen Unordnungen allerhöchst angeordneten Kommission zu Kolding", eingesetzt vom Königlichen Generalzollkammer- und Kommerzkollegium in Kopenhagen. Die wenigen vorhandenen Vorgänge über Schmuggeleien, vor allem von Vieh, an der Nordgrenze Schleswigs sind beim Kammerrat und Oberkontrolleur Grothusen zu Rendsburg als Mitglied der Zoll-Untersuchungskommission zu Kolding entstanden. Der Inhalt ist größtenteils in dänischer Sprache abgefasst.

- ↘ Schmuggelei
- ↘ 0,10 lfm
- ↘ 1816–1818
- ↘ Die Akten des Generalzollkammer- und Kommerzkollegiums liegen in Abt. 68.

Abt. 49 Schleswig-Holsteinische Regierung auf Gottorf 1834–1851

Im Oktober 1834 nahm die Schleswig-Holsteinische Regierung auf Schloss Gottorf ihre Arbeit auf. Sie war ein Ergebnis der Trennung von Justiz und Verwaltung. So übernahm sie als Mittelinstanz für beide Herzogtümer weitgehend die umfangreichen administrativen Aufgaben der Obergerichte Gottorf (Herzogtum Schleswig) und

Glückstadt (Herzogtum Holstein). Diese Obergerichte waren fortan reine Justizeinrichtungen. Der Schleswig-Holsteinischen Regierung stand der Statthalter als Oberpräsident ohne direkte Teilnahme an den Geschäften vor. Die Geschäfte leitete ein Regierungspräsident. Es gab bis 1846 zwei Sektionen (Abteilungen) und mehrere Kontore. Das Personal bestand aus rund vierzig Personen. In der Erhebungszeit ab 1848 nahm die Provisorische Regierung Verwaltungsaufgaben der Schleswig-Holsteinischen Regierung wahr. Letztere wurde 1851 aufgelöst. An ihre Stelle traten die 1851 beziehungsweise 1852 errichteten Ministerien für Schleswig beziehungsweise für Holstein. Der Bestand ist überwiegend in den 1920er-Jahren in das damalige Staatsarchiv gelangt. Fast alle Akten aus dem nordschleswigschen Bereich befinden sich im Reichsarchiv, Lesesaal Apenrade.

- ↘ Protokolle; Präsidialarchiv; Kollegien; Auswärtige Verhältnisse; Landeshoheit; Kirchen und Schulen; Armensachen; Brandwesen; Deiche und Häfen; Gefängnisse und Zuchthäuser; Gewerbepolizei; Lotsen- und Tonnenwesen; Maße und Gewichte; Medicinalia; Stiftungen; Postsachen; Presse; Strandsachen und Wege; Polizeisachen; Kammer- und Finanzsachen; Zoll; Handel, Fabriken und Landökonomie; Kommunen; Konzessionen; Klöster und Güter; Ämter, Landschaften und Städte; Grafschaft Rantzau; Inseln und Warder auf der Elbe; Lauerwigsche Wildnis; Pinneberger Vogteien; Eisenbahn-, Brücken- und Fährsachen.
- ↘ 236 lfm
- ↘ 1834–1851
- ↘ Gedrucktes Findbuch: Veröffentlichungen des Landesarchivs Schleswig-Holstein Nr. 112: Online open access: https://dx.doi.org/10.15460/HUP.LASH.112.166
- ↘ Weitere Schriftstücke der Schleswig-Holsteinischen Regierung finden sich in den Akten der ihr nachfolgenden Ministerien für Schleswig (Abt. 79) und Holstein (Abt. 80).

Abt. 50 Oberappellationsgericht und Obergerichte 1834–1867

Diese Abteilung fasst mehrere Bestände zusammen, die bisher unter den Bezeichnungen Abt. 50a, b und c, heute unter den Bezeichnungen Abt. 50.1, Abt. 50.2 und Abt. 50.3 geführt werden. Es handelt sich dabei um Gerichte, die nach der 1834 erfolgten Trennung von Justiz und Verwaltung in der mittleren Instanz eingerichtet wurden. In Abt. 50.3 befinden sich als Vorakten auch die seit 1713 beim Obergericht zu Gottorf entstandenen Justizsachen.

Abt. 50.1 Schleswig-Holstein-Lauenburgisches Oberappellationsgericht zu Kiel

Das Oberappellationsgericht wurde 1834 als Gerichtshof letzter Instanz für die drei Herzogtümer Schleswig, Holstein und Lauenburg errichtet, war seit 1850 nur noch für Holstein und Lauenburg zuständig und bestand bis 1867. Die Akten wurden für jedes Herzogtum gesondert geführt.

- Generalakten; Personalakten; Schleswigsche Kriminalakten; Holsteinische Kriminalakten (dabei politische Prozesse, chronologisch geordnet); Schleswigsche Zivilakten; Holsteinische Zivilakten (alphabetisch nach Appellanten geführt); Gutachten; Alphabetische und systematische Registranten, letztere mit Hinweisen auf den rechtlichen Gehalt einzelner Sachen und die in ihnen getroffenen Entscheidungen.
- 15 lfm
- 1834–1867
- Die entsprechenden lauenburgischen Akten befinden sich in Abt. 218 (siehe Bestandsgruppe „Herzogtum Lauenburg“).

Abt. 50.2 Holsteinische Landesdikasterien zu Glückstadt

Die 1834 errichteten und bis 1867 bestehenden Holsteinischen Landesdikasterien umfassten das Holsteinische Obergericht, Oberkonsistorium, Oberkriminalgericht, Landgericht und Landoberkonsistorium. Die Einrichtungen waren der Gerichtsbarkeit nach gesondert, von der inneren Organisation her aber eng miteinander verbunden. Eine eigene Zuständigkeit für Lauenburg kam hinzu.

- Staaten und Regenten; Königliches Haus; Holsteinische Landesregierung; Herzogtum Holstein; Stadt und Stift Lübeck; Stadt und Domkapitel Hamburg; Deiche, Schleusen und Wassersachen; Wegesachen; Medizinalwesen; Allgemeine Zivil-, Justiz- und Regierungssachen; Vormundschaftliche Sachen; Konsistorialsachen; Münzsachen; Adel; Adlige Güter; Ämter; Städte; Zivilprozesse und sonstige zivilrechtliche Angelegenheiten, namentlich Nachlasssachen (alphabetisch nach Klägern, Supplikanten, Produzenten); Archivsachen; Registranten, vom Glückstädter Obergericht übernommen und fortgeführt; Schuld- und Pfandprotokolle; Verzeichnisse der zu verhandelnden Sachen (Catalogi causarum).
- 38 lfm
- (1647–) 1834–1867
- Die lauenburgischen Akten befinden sich in Abt. 218 (siehe Bestandsgruppe „Herzogtum Lauenburg“).

Abt. 50.3 Schleswigsches Obergericht und Nachfolgegerichte bis 1867

Das Schleswigsche Obergericht bestand unter diesem Namen von 1713 bis 1834 und trug dann die Bezeichnung Schleswigsche Landesdikasterien auf Gottorf (1834–1850). In den Folgejahren bis 1852 wechselte die Bezeichnung zu Landesdikasterien auf Gottorf. Anschließend wurde die Einrichtung zum Appellationsgericht für das Herzogtum Schleswig zu Flensburg (1852–1867).

Die Abteilung umfasst das Archiv, das beim Gottorfer Obergericht und seinen Nachfolgebehörden in dem Zeitraum 1713–1867 in Justiz- und Justizverwaltungssachen erwachsen und jeweils in demselben tief gegliederten System verzeichnet worden ist und daher eine Einheit bildet. Aus der Zeit bis 1850 enthält es die Akten der fünf der Gerichtsbarkeit nach gesonderten, aber in der inneren Organisation eng miteinander verbundenen Gerichtshöfe: Schleswigsches Obergericht, Oberkonsistorium, Oberkriminalgericht, Landgericht und Landoberkonsistorium.

- Beamte und Behörden; Militärsachen; Verfassung und besondere Rechtsverhältnisse einzelner Stände; Kommünen; Korporationen; Stiftungen und privilegierte Personen; Verhältnisse des Kirchenrechts; Kriminalverfahren; Strafen und deren Vollziehung; Einzelne Verbrechen; Gegenstände des Zivilprozesses; Gerichtsverfassung und Bezirke; Anwälte und Notare; Prozessualisches Verfahren; Konkursprozess und Konkursordnung; Nichtprozessualische Funktionen der Gerichte; Examina; Personenrechte; Vormundschaft; Ehe; Sachenrecht; Bäuerliche Verhältnisse; Schuld- und Pfandprotokolle; Obligationenrecht; Erbrecht; Erbfolge nach Jütischem Low, Nordstrander Landrecht, Eiderstedter Landrecht, Lübschem Recht, Fehmarnschem Landrecht und sonstigen Spezialstatuten; Testamente; Verzeichnisse der zu verhandelnden Sachen (Catalogi causarum); Aktenverzeichnisse zu einzelnen Sachgruppen; Diarien und Journale 1834–1867; obergerichtliche und landgerichtliche Schuld- und Pfandprotokolle.
- 54 lfm
- 1714–1867

Abt. 51 Regierungen der Herzogtümer während der Erhebung 1848–1851

In der Erhebungszeit vermischten sich politisch bedingt verschiedene Behördenkompetenzen, sodass die Akten folgender Regierungsstellen in diesem Bestand zusammengefasst wurden: Provisorische Regierung zu Rendsburg, Gemeinsame Regierung auf Gottorf und Statthalterschaft in Kiel. Die Provisorische Regierung Schleswig-Holsteins nahm am 24. März 1848 ihren Sitz in Rendsburg, später in Schleswig, das sie am 30. September zum Regierungssitz für die Herzogtümer Schleswig und Holstein erklärte. In der Folge des Waffenstillstands von Malmö wurde die Provisorische Regierung aufgelöst und am 23. Oktober 1848 durch die Gemeinsame Regierung auf Gottorf ersetzt. Diese war in fünf Departements untergliedert: Justiz, Geistliche und Unterrichtsangelegenheiten, Inneres, Finanzen und Krieg. Damit war eine Organisationsänderung in Richtung auf moderne Ministerialressorts eingeführt. Nach Kündigung des Waffenstillstands trat die Gemeinsame Regierung ab. An ihre Stelle trat am 27. März 1849 eine Statthalterschaft auf Schloss Gottorf unter Graf Reventlow-Preetz und Wilhelm Hartwig Beseler, die sich nach dem am 10. Juli 1849 geschlossenen Waffenstillstand zwischen Preußen und Dänemark am 25. August 1849 nach Kiel zurückziehen musste und auf Holstein beschränkt wurde. Am 1. Februar 1851 übergab die Statthalterschaft die Regierungsgeschäfte an Kommissare des Bundes, die die Regierungsgewalt über das Herzogtum Holstein übernahmen und am 2. Februar 1851 eine Oberste Zivilbehörde für das Herzogtum Holstein unter dem Vorsitz des Barons Blome-Heiligenstedten bestellten. Die Akten der schleswig-holsteinischen Zivil- und Militärbehörden aus der Zeit der Erhebung wurden nach Beendigung des Krieges nach Kopenhagen gebracht und von dort in den Jahren von 1873 bis 1876 teilweise an Preußen ausgeliefert. Die Hauptmasse der während der Erhebung in der Zivilverwaltung des Landes entstandenen Akten wurde von deren Nachfolgebehörden fortgeführt.

- Provisorische und Gemeinsame Regierung: Schifffahrt und Handel; Jagdsachen; Beamtensachen; Kirchen- und Schulverwaltung. – Statthalterschaft: Akten aus den Departements der Justiz, der geistlichen und der Unterrichtsangelegenheiten, des Innern, der Finanzen, des Kriegswesens und der auswärtigen Angelegenheiten.
- 54 lfm
- 1848–1852
- Gedrucktes Findbuch: Veröffentlichungen des Landesarchivs Schleswig-Holstein Nr. 99: Online open access: https://dx.doi.org/10.15460/HUP.LASH.99.105
- Akten des Kriegsdepartements sind zum Teil in Abt. 55. Akten aus den Departements des Auswärtigen und des Krieges befinden sich auch im Augustenburger Hausarchiv (siehe Abt. 22). Fortgeführte Akten der Nachfolgebehörden sind in der Überlieferung der Ministerien für Schleswig sowie für Holstein und Lauenburg zu suchen (siehe Abt. 79 und Abt. 80). Die Akten der Obersten Zivilbehörde für das Herzogtum Holstein in Kiel 1851–1852 befinden sich in Abt. 54.

Abt. 52 Dänische Immediatkommission zur gemeinsamen Regierung der Herzogtümer in Sonderburg 1848–1849

Das Herzogtum Schleswig hat auch während der Erhebung nie in seinem ganzen Umfang den Erhebungsbehörden unterstanden. Teile, insbesondere die Insel Alsen mit Sonderburg, blieben unter dänischer Herrschaft. Mit dem Anspruch, die Regierungsgeschäfte für ganz Schleswig-Holstein wahrzunehmen, wurde am 18. September 1848 eine Dänische Immediatkommission zur gemeinsamen Regierung der Herzogtümer Schleswig und Holstein in Sonderburg eingerichtet. Diese fungierte bis zum 25. August 1849. Von da ab war das Herzogtum Schleswig als Folge des Waffenstillstands vom 10. Juli 1849 zunächst einer preußisch-dänischen Landesverwaltung unterstellt. Der eigentliche Bestand dieser von der dänischen Regierung eingesetzten Kommission befindet sich nicht im Landesarchiv Schleswig-Holstein, sondern ist in Dänemark verblieben. Unterlagen der Immediatkommission befinden sich heute im Reichsarchiv, Lesesaal Apenrade.

- ↘ Vorhanden sind nur wenige Einzelstücke mit Personalangelegenheiten von Zollbeamten.
- ↘ 0,1 lfm
- ↘ 1848–1849
- ↘ Gedrucktes Findbuch: Veröffentlichungen des Landesarchivs Schleswig-Holstein Nr. 99: Online open access: https://dx.doi.org/10.15460/HUP.LASH.99.105
- ↘ Zur Landesverwaltung für das Herzogtum Schleswig 1849–1850 siehe Abt. 53.

Abt. 53 Landesverwaltung für das Herzogtum Schleswig 1849–1851 und Dänischer Regierungskommissar 1850–1851

Als Folge des Waffenstillstands von Berlin wurde am 25. August 1849 für das Herzogtum Schleswig eine preußisch-dänische Landesverwaltung mit Sitz in Flensburg eingerichtet. Sie stand unter der Leitung des dänischen Kammerherrn Friedrich Ferdinand von Tillisch und des preußischen Regierungsvizepräsidenten Botho Heinrich Graf zu Eulenburg. Als Vermittler wurde ihnen der britische Oberst George Lloyd Hodges beigeordnet. Nachdem am 2. Juli 1850 der Berliner Frieden zwischen Preußen und Dänemark geschlossen worden war, wurde die Landesverwaltung aufgelöst. Der dänische König ernannte von Tillisch am 13. Juli

1850 zum außerordentlichen Regierungskommissar für die Zivilverwaltung des Herzogtums Schleswig. Ab dem 5. März 1851 leitete von Tillisch dann auch das nachfolgende Ministerium für das Herzogtum Schleswig. Das Landesarchiv beherbergt nur einen kleinen Teil der Überlieferung, der größere befindet sich im Reichsarchiv, Lesesaal Kopenhagen (Mikrofilme im Reichsarchiv, Lesesaal Apenrade).

- Justiz; Polizei; Schule; Zoll; Post; Schifffahrt; Militär; Journale; Protokolle.
- 1 lfm
- (1848–) 1849–1851 (–1852)
- Gedrucktes Findbuch: Veröffentlichungen des Landesarchivs Schleswig-Holstein Nr. 99: Online open access: https://dx.doi.org/10.15460/HUP.LASH.99.105
- Die Akten wurden vielfach durch das Ministerium für das Herzogtum Schleswig weitergeführt (siehe Abt. 79).

Abt. 54 Oberste Zivilbehörde für das Herzogtum Holstein in Kiel 1851–1852

Die Oberste Zivilbehörde für das Herzogtum Holstein in Kiel wurde durch Kommissare des Deutschen Bundes am 2. Februar 1851 eingerichtet. Zu ihrem Vorsitzenden wurde Baron Adolf von Blome auf Heiligenstedten bestellt. Die Oberste Zivilbehörde übergab ihre Amtsgeschäfte zum 28. Januar 1852 dem neu gegründeten Ministerium für die Herzogtümer Holstein und Lauenburg in Kopenhagen.

- Finanz- und Schifffahrtssachen.
- 0,5 lfm
- (1848–) 1851–1852
- Gedrucktes Findbuch: Veröffentlichungen des Landesarchivs Schleswig-Holstein Nr. 99: Online open access: https://dx.doi.org/10.15460/HUP.LASH.99.105
- Die Akten des Ministeriums für die Herzogtümer Holstein und Lauenburg befinden sich in Abt. 80.

Abt. 55 Militärische Behörden der Erhebungszeit 1848–1851

Die schleswig-holsteinische Erhebung gegen Dänemark war Teil der revolutionären Bewegungen des Jahres 1848, mit denen in weiten Teilen Europas liberale Verfassungen durchgesetzt werden sollten. Die von den schleswig-holsteinischen Aufständischen am 24. März 1848 gegründete Provisorische Regierung sicherte sich mit der handstreichartigen Besetzung der Festung Rendsburg von Anfang an eine gewisse militärische Machtbasis. Die revolutionäre schleswig-holsteinische Armee, die den Truppen des dänischen Königs gegenüberstand, war, durch die Ereignisse bedingt, schnell zusammengestellt und war stark geprägt durch Freikorps, Kieler Studentenkorps und andere Freiwillige. Im Verlauf der kriegerischen Ereignisse wurde das Eingreifen anderer Mächte, insbesondere Preußens, ausschlaggebend. Die schriftlichen Unterlagen der schleswig-holsteinischen Armee, die bei verschiedenen Stellen entstanden sind, bei der Provisorischen Regierung ebenso wie bei einzelnen militärischen Einheiten, wurden in diesem Bestand zusammengefasst.

Die Akten der schleswig-holsteinischen Zivil- und Militärbehörden aus der Zeit der Erhebung wurden in den Folgejahren der kriegerischen Ereignisse nach Kopenhagen gebracht und von dort teilweise zwischen 1873 und 1876 an Preußen ausgeliefert. Diese Akten sind auf unterschiedlichen Wegen in das Landesarchiv gelangt. Zum Teil geschah das bereits nach 1877 über die preußische Provinzialregierung, zum Teil wurden die Akten bis 1919 im preußischen Kriegsministerium verwahrt, dann in das Geheime Staatsarchiv in Berlin-Dahlem überführt und 1929 als sogenannte Berliner Abgabe in das damalige Staatsarchiv Kiel übernommen. Die bis dahin noch in Kopenhagen befindlichen Teile des Bestandes wurden entsprechend einer Vereinbarung mit Dänemark im Jahr 1936 an Preußen abgegeben und befinden sich heute ebenfalls im Landesarchiv.

- Akten des Kriegsdepartements der Regierung und des Generalkommandos der schleswig-holsteinischen Truppen sowie einzelner Einheiten: Stammrollen der einzelnen Truppenteile; Personalangelegenheiten und Personalersatz; Verlustlisten; Armeebefehle und Angelegenheiten der Freikorps; Angelegenheiten der Festungen; Lazarettverwaltung; Gefechtsberichte und Kriegstagebücher. – Akten der Marinekommission und des Ingenieurkorps. – Intendantursachen und Kassenwesen. – Militärgerichtsbarkeit (Auditorialsachen).
- 46 lfm
- 1848–1852

- Gedrucktes Findbuch: Veröffentlichungen des Landesarchivs Schleswig-Holstein Nr. 99: Online open access: https://dx.doi.org/10.15460/HUP.LASH.99.105
- Akten des Kriegsdepartements sind auch in Abt. 51 zu suchen. Akten des Generalkommandos befinden sich zum Teil auch im Augustenburger Hausarchiv (siehe Abt. 22).

Abt. 56 Holsteinische Regierung zu Kopenhagen bzw. Plön 1862–1864

Für Holstein errichtete der König von Dänemark durch Patent vom 12. November 1862 eine besondere Königliche Holsteinische Regierung unter dem Präsidium des Grafen Adam Friedrich Adamson Moltke. Die Regierung übernahm die bisher vom Ministerium für Holstein und Lauenburg direkt ausgeübte Landesverwaltung und trat zunächst in Kopenhagen zusammen, bevor sie zum 1. Mai 1863 nach Plön verlegt wurde. Die deutschen Bundeskommissare hoben diese Regierung am 6. Januar 1864 auf und errichteten an ihrer Stelle für die gesamte Zentralverwaltung des Herzogtums Holstein eine Herzogliche Landesregierung in Kiel. Da die Holsteinische Regierung zu Kopenhagen bzw. Plön zu erheblichen Teilen die Geschäfte des vorherigen Ministeriums für die Herzogtümer Holstein und Lauenburg zu Kopenhagen weiterführte, verzahnt sich auch die Aktenüberlieferung, die zu großen Teilen im Bestand des Ministeriums verblieben ist.

- Bundestag; Beziehungen zum Ausland; Staatsbehörden; Geistliche Angelegenheiten; Schulsachen; Polizeisachen; Gewerbe und Handwerker; Kammer- und Finanzsachen; Handel und Schifffahrt; Domänen; Adlige Güter; Justiz; Häfen, Flüsse und Deiche; Forst- und Jagdsachen; Wege und Eisenbahnen; Telegrafensachen; Militär und Marine; Journale; Akten aus dem Präsidialbüro.
- 18 lfm
- 1862–1864
- Gedrucktes Findbuch: Veröffentlichungen des Landesarchivs Schleswig-Holstein Nr. 97: Online open access: https://dx.doi.org/10.15460/HUP.LASH.97.102
- Die Akten des Ministeriums für Holstein und Lauenburg befinden sich in Abt. 80. Die Akten der im Januar 1864 eingerichteten Herzoglich Holsteinischen Landesregierung in Kiel befinden sich in Abt. 60.

Abt. 57 Bundeskommissare für die Herzogtümer Holstein und Lauenburg 1863–1864

Im Rahmen der Vorgeschichte zum Deutsch-Dänischen Krieg von 1864 wurde die Verwaltung der Herzogtümer Holstein und Lauenburg aufgrund eines Beschlusses der Bundesversammlung vom 7. Dezember 1863 zwei Bundeskommissaren des Deutschen Bundes übertragen. Ihren Sitz nahmen sie am 24. Dezember 1863 in Altona. Nach einjähriger Tätigkeit legten sie am 7. Dezember 1864 entsprechend einem Bundestagsbeschluss diese Funktion nieder und übergaben die Verwaltung der Herzogtümer Holstein und Lauenburg an die bis dahin nur für das Herzogtum Schleswig zuständige Österreichisch-preußische Oberste Zivilbehörde in Flensburg, die sich von da ab Österreichisch-preußische Oberste Zivilbehörde für die Herzogtümer Schleswig, Holstein und Lauenburg nannte.

Die Akten der sogenannten Übergangsbehörden von 1863 bis 1868 sind von den verschiedenen Regierungen der Übergangszeit nie auseinandergehalten, sondern vielfach weitergeführt worden. Sie wurden daher in den 1890er-Jahren nach ihrer Übernahme in das damalige Staatsarchiv Schleswig von Archivdirektor Hille in einem gemeinsamen Fonds A XV zusammengefasst. In den 1920er-Jahren wurde dieser Fonds nach Provenienzen aufgeteilt und mit den Abteilungsnummern 57 bis 62 bezeichnet. Dieses ist die auch heute gültige Ordnung. Bei der Benutzung ist jedoch stets die starke Verzahnung der Akten in den Beständen Abt. 57 bis Abt. 62 zu berücksichtigen.

- ↘ Journale; Finanzsachen mit Steuern, Zöllen, Domänen, Forsten und Verkehr; Politische Sachen mit Gesetzgebung, Polizei, Handel, Schifffahrt und Militär; Justiz- und Konsistorialsachen mit Gerichten, Kirche und Schule; Bundes- und auswärtige Angelegenheiten.
- ↘ 3 lfm
- ↘ 1863–1865
- ↘ Gedrucktes Findbuch: Veröffentlichungen des Landesarchivs Schleswig-Holstein Nr. 103: Online open access: https://dx.doi.org/10.15460/HUP.LASH.103.120
- ↘ Unter den Bundeskommissaren arbeitete von Januar bis Dezember 1864 eine Holsteinische Landesregierung in Kiel, deren Akten in Abt. 60 liegen. Die Akten der Österreichisch-preußischen Obersten Zivilbehörde für das Herzogtum Schleswig bzw. nach Dezember 1864 für die Herzogtümer Schleswig, Holstein und Lauenburg befinden sich in Abt. 58.

Abt. 58 Österreichisch-preußische Oberste Zivilbehörden 1864–1865

In der Übergangszeit der Jahre 1863 bis 1868 hatten zunächst seit Dezember 1863 zwei Bundeskommissare des deutschen Bundes die Verwaltung der Herzogtümer Holstein und Lauenburg übernommen. Die Leitung der Zivilverwaltung im Herzogtum Schleswig wurde im Februar 1864 einer Österreichisch-preußischen Obersten Zivilbehörde übertragen. Als die Tätigkeit der Bundeskommissare für Holstein und Lauenburg am 7. Dezember 1864 endete, wurde die Zuständigkeit der Österreichisch-preußischen Obersten Zivilbehörde auch auf Holstein und Lauenburg erweitert.

Der Bestand Abt. 58 ist zusammengesetzt aus Abt. 58.1 für die Zeit der Zuständigkeit der Zivilbehörde für das Herzogtum Schleswig und Abt. 58.2 für die Zeit der Zuständigkeit der Zivilbehörde für die Herzogtümer Schleswig, Holstein und Lauenburg. Zur besonderen überlieferungsgeschichtlichen Problematik der sogenannten Übergangsbehörden von 1863 bis 1868 (Abt. 57 bis 62) sei auf die Bemerkungen in der Bestandsgeschichte zu Abt. 57 verwiesen.

Die Akten der Bundeskommissare für die Herzogtümer Holstein und Lauenburg befinden sich in Abt. 57, die Akten der getrennten österreichischen und preußischen Verwaltung für Holstein und Schleswig für die Zeit nach der Konvention von Bad Gastein in Abt. 59.

Abt. 58.1 Österreichisch-preußische Oberste Zivilbehörde für das Herzogtum Schleswig 1864

Als Sitz der Obersten Zivilbehörde für das Herzogtum Schleswig, die in dieser Form vom 8. Februar 1864 bis zum 7. Dezember 1864 bestand, war zunächst die Stadt Schleswig vorgesehen. Vom 16. Februar 1864 an wurde die Behörde jedoch in Flensburg angesiedelt. Dieses blieb auch so, als die Zuständigkeit der Zivilbehörde am 7. Dezember 1864 auf die Herzogtümer Holstein und Lauenburg erweitert wurde.

- ↘ Journale; Personalia der Beamten; Politische Angelegenheiten einschließlich Militär und Polizei; Angelegenheiten des Herzogs von Augustenburg; Innere Verwaltung.
- ↘ 4 lfm
- ↘ 1864
- ↘ Gedrucktes Findbuch: Veröffentlichungen des Landesarchivs Schleswig-Holstein Nr. 103: Online open access: https://dx.doi.org/10.15460/HUP.LASH.103.120

Abt. 58.2 Österreichisch-preußische Oberste Zivilbehörde für die Herzogtümer Schleswig, Holstein und Lauenburg 1864–1865

Der Sitz der seit dem 7. Dezember 1864 für alle drei Herzogtümer zuständigen Zivilbehörde wurde am 1. Februar 1865 von Flensburg nach Schleswig verlegt und am 15. September 1865 entsprechend den Bestimmungen der Gasteiner Konvention aufgelöst, wonach die Ausübung der gemeinsamen Rechte Österreichs und Preußens in den Herzogtümern in der Weise getrennt werden sollte, dass Holstein durch Österreich zu verwalten war und Schleswig durch Preußen.

- ↘ Grenzsachen; Justizverwaltung; Kirchen und Schulen; Verkehrsangelegenheiten; Schifffahrt und Zölle; Forstsachen; Militär.
- ↘ 3 lfm
- ↘ 1864–1865
- ↘ Gedrucktes Findbuch: Veröffentlichungen des Landesarchivs Schleswig-Holstein Nr. 103: Online open access: https://dx.doi.org/10.15460/HUP.LASH.103.120

Abt. 59 Österreichischer Statthalter und preußischer Gouverneur bzw. Oberpräsident 1865–1866/1868

Entsprechend der Gasteiner Konvention vom 14. August 1865 sollte die Ausübung der gemeinsamen Rechte Österreichs und Preußens in den Herzogtümern in der Weise getrennt werden, dass Holstein durch Österreich zu verwalten war und Schleswig durch Preußen. Dieses hatte zunächst mit Wirkung vom 15. September 1865 die Auflösung der Österreichisch-preußischen Obersten Zivilbehörde für die Herzogtümer Schleswig, Holstein und Lauenburg zur Folge. An deren Stelle wurden je eigene österreichische und preußische Verwaltungen eingerichtet. Im Vorfeld der kriegerischen Auseinandersetzungen des Jahres 1866 zwischen Preußen und Österreich übernahm Preußen im Juni 1866 die Regierungsgewalt in Holstein und ernannte am 10. Juni 1866 den Baron Carl v. Scheel-Plessen zum preußischen Oberpräsidenten für beide Herzogtümer mit Sitz in Kiel. Im Prager Frieden vom 23. August 1866 trat Österreich endgültig seine Rechte in Schleswig-Holstein an Preußen ab.

In diesem Bestand sind die Akten der österreichischen und der preußischen Verwaltung nach deren Trennung vom 15. September 1865 als Abt. 59.1 und Abt. 59.2 zusammengefasst. In einer Abt. 59.3 befinden sich die Akten des Barons v.

Scheel-Plessen in seiner Funktion als preußischer Oberpräsident der Übergangszeit. Zur besonderen überlieferungsgeschichtlichen Problematik der sogenannten Übergangsbehörden von 1863 bis 1868 (Abt. 57 bis 62) sei auf die Bemerkungen in der Bestandsgeschichte zu Abt. 57 verwiesen.

Die Akten der Österreichisch-preußischen Obersten Zivilbehörde für die Herzogtümer Schleswig, Holstein und Lauenburg als Vorgängerbehörde befinden sich in Abt. 58. Die in der politischen Entwicklung folgenden Akten des Oberpräsidenten bzw. Regierungspräsidenten der preußischen Provinz Schleswig-Holstein sind in Abt. 301 und Abt. 309 (siehe Bestandsgruppe „Preußische Verwaltung"). Zum Bestand Kurator der Christian-Albrechts-Universität Kiel siehe Abt. 47.

Abt. 59.1 Österreichischer Statthalter für das Herzogtum Holstein

Am 15. September 1865 wurde der österreichische Feldmarschallleutnant Ludwig von Gablenz zum Statthalter für das Herzogtum Holstein berufen. Sein Sitz war das Kieler Schloss. Die Amtszeit des österreichischen Statthalters und der von ihm geführten Kieler Regierung endete am 10. Juni 1866 mit der Besetzung des Herzogtums Holstein durch preußische Truppen.

- Ein- und Ausgangsjournale; Ständeversammlung und Deutscher Bund; Justizsachen; Kirche und Schule; Finanzen; Forst- und Landwirtschaftssachen; Verfassung der Städte; Gewerbe; Handel und Schifffahrt; Polizeisachen; Stiftungen; Verkehr; Militärwesen.
- 3 lfm
- 1865–1866
- Gedrucktes Findbuch: Veröffentlichungen des Landesarchivs Schleswig-Holstein Nr. 103: Online open access: https://dx.doi.org/10.15460/HUP.LASH.103.120

Abt. 59.2 Preußischer Gouverneur für das Herzogtum Schleswig

Am 15. September 1865 wurde der Generalleutnant Edwin von Manteuffel zum preußischen Gouverneur für das Herzogtum Schleswig ernannt. Er hatte seinen Sitz in der Stadt Schleswig. Zeitgleich wurde die gesamte Zivilverwaltung des Herzogtums Schleswig dem Freiherrn von Zedlitz übertragen. Die Amtszeit von Manteuffel und Zedlitz endete am 1. Oktober 1868. Die Schleswigsche Regierung in der bisherigen Form wurde aufgelöst und ihre Aufgabenbereiche in die neu gebildete Regierung für die preußische Provinz Schleswig-Holstein integriert.

- Ein- und Ausgangsjournale; Behördenorganisation, Personalangelegenheiten und allgemeine Verwaltung; Militär; Politische Angelegenheiten; Polizei; Post und Telegrafie.
- 4 lfm
- 1864–1868
- Gedrucktes Findbuch: Veröffentlichungen des Landesarchivs Schleswig-Holstein Nr. 103: Online open access: https://dx.doi.org/10.15460/HUP.LASH.103.120

Abt. 59.3 Oberpräsident für die Herzogtümer Schleswig und Holstein (von Scheel-Plessen) in Kiel

Am 10. Juni 1866 wurde Baron Carl v. Scheel-Plessen zum preußischen Oberpräsidenten für beide Herzogtümer mit Sitz in Kiel ernannt, was zur unmittelbaren Vorgeschichte des Krieges von 1866 gehört. Zeitgleich mit den kriegerischen Auseinandersetzungen wurde eine preußische Verwaltung eingerichtet. Aus dieser entwickelte sich die spätere Behörde des Oberpräsidenten der preußischen Provinz Schleswig-Holstein.

- Der Bestand ist insbesondere durch die Person v. Scheel-Plessens eng verzahnt mit den Akten der Zivilverwaltung/Regierung für Holstein 1866–1868. Zu beachten ist, dass es sich in Abt. 62.2 um die Verwaltungsakten für das zunächst noch bestehende Herzogtum Holstein handelt, während in Abt. 59.3 die Akten des Oberpräsidenten für Schleswig-Holstein aus derjenigen Zeit sind, in der die neue Provinz gebildet wurde. Der Bestand enthält auch Akten Scheel-Plessens aus seiner Funktion als Kurator der Kieler Universität.
- Akten über die Eingliederung Schleswig-Holsteins in Preußen; Beziehungen zum Ausland; Allgemeine Verwaltungsangelegenheiten; Justiz und Polizeisachen; Kirche und Schule; Universität Kiel; Stiftungs- und Armenwesen; Finanzen; Forst- und Fischereisachen; Land- und Wasserwirtschaft; Handel und Gewerbe; Schifffahrt und Verkehr; Strafanstalten; Militär; Zollwesen.
- 20 lfm
- (1828–) 1866–1868 (–1874)
- Gedrucktes Findbuch: Veröffentlichungen des Landesarchivs Schleswig-Holstein Nr. 103: Online open access: https://dx.doi.org/10.15460/HUP.LASH.103.120

Abt. 60 Holsteinische Landesregierung in Kiel 1864–1866

Nach Aufhebung der Holsteinischen Regierung zu Kopenhagen bzw. Plön durch die Deutschen Bundeskommissare am 6. Januar 1864 wurde an deren Stelle die Holsteinische Landesregierung in Kiel für die Zentralverwaltung des Herzogtums Holstein eingerichtet. Diese führte unter den Bundeskommissaren die Verwaltungsgeschäfte, bis deren Amt im Dezember 1864 endete. Zum 1. Februar 1865 wurde die Holsteinische Landesregierung aufgelöst und mit der für das Herzogtum Schleswig bestehenden Verwaltung zu einer gemeinsamen Regierung für Schleswig-Holstein vereinigt. In der Zeit nach dem 15. September 1865 kam es erneut zu einer Verselbstständigung der Holsteinischen Landesregierung in Kiel. Diese Kieler Regierung wurde am 10. Juni 1866 aufgehoben.

Der Bestand Abt. 60 enthält die Unterlagen der Holsteinischen Landesregierung aus der Zeit ihrer Tätigkeit unter den Bundeskommissaren und aus der Zeit der erneuten Verselbstständigung nach dem 15. September 1865. Für die dazwischen liegende Zeit des Jahres 1865 liegt die einschlägige Verwaltungsüberlieferung im Bestand Schleswig-Holsteinische Landesregierung in Schleswig (Abt. 61). Zur besonderen überlieferungsgeschichtlichen Problematik der sogenannten Übergangsbehörden von 1863 bis 1868 (Abt. 57 bis 62) sei auf die Bemerkungen in der Bestandsgeschichte zu Abt. 57 verwiesen.

- Journale; Staatsverfassung und Behörden; Grenzsachen; Kirche und Schule; Polizei; Kommunalangelegenheiten; Justiz; Deiche, Häfen und Flüsse; Wege und Eisenbahnen; Militär; Forstsachen; Steuern.
- 32 lfm
- (1830–) 1863–1867
- Gedrucktes Findbuch: Veröffentlichungen des Landesarchivs Schleswig-Holstein Nr. 103: Online open access: https://dx.doi.org/10.15460/HUP.LASH.103.120
- Die Überlieferung der Bundeskommissare für die Herzogtümer Holstein und Lauenburg befindet sich in Abt. 57. Die Überlieferung der Schleswig-Holsteinischen Landesregierung in Schleswig ist in Abt. 61 zu suchen. Nachfolgebehörde für die Zeit nach dem 10. Juni 1866 ist die Zivilverwaltung/Regierung für Holstein 1866–1868 (siehe Abt. 62.2).

Abt. 61 Schleswig-Holsteinische Landesregierung in Schleswig 1865

Am 1. Februar 1865 kam es zu einer vorübergehenden Auflösung einer eigenen Holsteinischen Landesregierung. Die Verwaltung für Holstein wurde jetzt mit der des Herzogtums Schleswig zu einer Schleswig-Holsteinischen Landesregierung verbunden, die jedoch nur bis zum 15. September 1865 Bestand hatte, als die Verwaltungen der beiden Herzogtümer wiederum getrennt wurden.

Zur besonderen überlieferungsgeschichtlichen Problematik der sogenannten Übergangsbehörden von 1863 bis 1868 sei auf die Bemerkungen in der Bestandsgeschichte zu Abt. 57 verwiesen.

↘ Journale; Medizinalsachen; Fabriken und Gewerbe; Kommunalsachen; Finanz- und Pachtsachen; Militär.

↘ 3 lfm

↘ (1848–) 1864–1865

↘ Gedrucktes Findbuch: Veröffentlichungen des Landesarchivs Schleswig-Holstein Nr. 103: Online open access: https://dx.doi.org/10.15460/HUP.LASH.103.120

↘ Die für die Herzogtümer Schleswig und Holstein je getrennt eingerichteten Nachfolgebehörden befinden sich in Abt. 62.

Abt. 62 Zivilverwaltungen für die Herzogtümer Schleswig und Holstein 1865–1868

Mit Datum vom 15. September 1865 wurde die Schleswig-Holsteinische Landesregierung aufgelöst. Für Holstein wurde die seit dem 1. Februar 1865 nicht mehr bestehende separate Landesregierung in Kiel jetzt wiederum aktiviert, während für das Herzogtum Schleswig eine eigene Regierung gebildet wurde. Die Holsteinische Regierung in Kiel beendete am 10. Juni 1866 endgültig ihre Arbeit, während die Regierung für das Herzogtum Schleswig noch bis zum 1. Oktober 1868 tätig war. Für Holstein wurde in der Zwischenzeit vom 10. Juni 1866 bis 1. Oktober 1868 eine Zivilverwaltung unter dem Oberpräsidenten von Scheel-Plessen aufgebaut. In dieser Zeit erfolgte die Inkorporation der Herzogtümer in den Staat Preußen, die verwaltungsmäßig die Bildung einer preußischen Provinzialregierung für die gesamte neu geschaffene preußische Provinz Schleswig-Holstein zur Folge hatte. Sitz dieser neuen Provinzialregierung wurde für die nächsten achtzig Jahre die Stadt Schleswig.

Der Bestand fasst die beiden separaten Regierungen für Schleswig und Holstein zusammen. Sie sind jedoch in zwei verschiedene Unterabteilungen eingeordnet worden. Zur besonderen überlieferungsgeschichtlichen Problematik der sogenannten Übergangsbehörden von 1863 bis 1868 (Abt. 57 bis 62) sei auf die Bemerkungen in der Bestandsgeschichte zu Abt. 57 verwiesen.

Die Akten der Nachfolgebehörden für die Zeit ab 1867, also für die Zeit Schleswig-Holsteins als preußische Provinz, befinden sich in Abt. 301 und Abt. 309 (siehe Bestandsgruppe „Preußische Verwaltung").

Abt. 62.1 Schleswigsche Regierung zu Schleswig 1865–1868

Nach der kurzen Zeit einer gemeinsamen Regierung für die Herzogtümer Schleswig und Holstein arbeitete die separate Schleswigsche Regierung vom 15. September 1865 bis zur Einrichtung der preußischen Provinzialregierung am 1. Oktober 1868.

- Journale; Staatsverfassung und Staatsbehörden; Justiz- und Polizeisachen; Steuern und Finanzen; Medizinalwesen; Handel und Gewerbe; Kommunalangelegenheiten; Stiftungen; Land- und Forstwirtschaft.
- 18 lfm
- 1864–1868
- Gedrucktes Findbuch: Veröffentlichungen des Landesarchivs Schleswig-Holstein Nr. 103: Online open access: https://dx.doi.org/10.15460/HUP.LASH.103.120

Abt. 62.2 Zivilverwaltung/Regierung für Holstein 1866–1868

Nach dem im Juni 1866 eingetretenen politischen Wechsel in Holstein von der österreichischen zur preußischen Verwaltung kam es auch bei den Behörden zu einer Neuorganisation. Nach einer Übergangszeit als Zivilverwaltung, dann „Regierung" unter dem Oberpräsidenten von Scheel-Plessen mündete diese Behörde am 1. Oktober 1868 in die neu begründete preußische Provinzialverwaltung.

Der Bestand ist insbesondere durch die Person Scheel-Plessens eng verzahnt mit den Akten des Oberpräsidenten für die Herzogtümer Schleswig und Holstein (v. Scheel-Plessen) in Kiel. Zu beachten ist, dass es sich in Abt. 62.2 um die Verwaltungsakten für das zunächst noch bestehende Herzogtum Holstein handelt, während die Akten des Oberpräsidenten für Schleswig-Holstein aus derjenigen Zeit sind, in der die neue Provinz gebildet wurde.

- Journale; Staatsverfassung und Staatsbehörden; Justiz- und Polizeisachen; Steuern und Finanzen; Medizinalwesen; Handel und Gewerbe; Kommunalangelegenheiten; Land- und Forstwirtschaft.
- 17 lfm
- 1864–1868
- Gedrucktes Findbuch: Veröffentlichungen des Landesarchivs Schleswig-Holstein Nr. 103: Online open access: https://dx.doi.org/10.15460/HUP.LASH.103.120

Abt. 63 Provinzialstände und Landesversammlung

König Friedrich VI. von Dänemark ordnete am 28. Mai 1831 per Gesetz an, in den Herzogtümern Schleswig und Holstein beratende Provinzialstände einzuberufen. Nach einer Unterbrechung von über 160 Jahren tagten dementsprechend die Provinzialständeversammlungen für das Herzogtum Holstein in Itzehoe und für das Herzogtum Schleswig in der Stadt Schleswig (1835 bzw. 1836). Nach 1848 kam es nach der Bildung einer Provisorischen Regierung zur Gründung der ersten Landesversammlung, die dann eine revolutionäre, liberale Landesverfassung für die Herzogtümer erarbeitete.

- Holsteinische Ständeversammlung; Schleswigsche Ständeversammlung; Königliche Ständekommissariate; Vereinigte Ständeversammlung; Schleswig-Holsteinische Landesversammlung.
- 38 lfm
- 1835–1863

Abt. 64 Heilanstalten

Die Abteilung fasst zwei Schleswiger Einrichtungen zusammen.

Abt. 64.1 Irrenanstalt zu Schleswig

Die Anstalt wurde 1820 vom Physikus der Stadt Schleswig und des Amtes Gottorf Carl Ferdinand Suadicani gegründet. Unter mehrfach wechselnden Bezeichnungen wird sie als älteste psychiatrische Klinik des Landes bis in die Gegenwart geführt. Die Überlieferung der Anstalt gelangte mit mehreren großen Aktenabgaben in das Landesarchiv. 1965 wurden zunächst wenige ältere Krankenakten abgegeben, im Jahre 1995 Verwaltungsakten und schließlich seit 2002 in einem noch laufenden Verfahren alle Krankenakten ab 1820 bis zunächst 1950.

- Grundstücks- und Gebäudeangelegenheiten; Personalia; Ärztliche Jahresberichte; Regulative; Meldebücher überlaufende Vorkommnisse; Sektionsprotokolle; Rüppel'sche Pensionskasse; Patientenakten ab 1820.
- 25 lfm
- 1820–1989

Abt. 64.2 Taubstummenanstalt (Landesgehörlosenschule)

Die Einrichtung wurde 1799 in Kiel als Königliches Taubstummeninstitut gegründet. 1805 kam es zur Einführung des Schulzwangs für taubstumme Kinder, und das Taubstummeninstitut wurde zur öffentlichen Bildungsanstalt erhoben. 1810 erfolgte die Verlegung der Einrichtung nach Schleswig. 1847 wurde das Taubstummeninstitut zur Landesanstalt, 1876 ging es in die Verwaltung des Provinzialverbandes über. In der Folgezeit erfuhr das Institut mehrere Umbenennungen: 1925 in „Landestaubstummen-Anstalt", 1938 in „Landesgehörlosenschule mit Heim" und 1969 in „Staatliche Internatsschule für Hörgeschädigte".

- Urkunden (2 Nrn.): Haus der Anstalt in Schleswig (17. Jh.).
- Akten: Personalia der Vorsteher und Direktoren; Geschäftsverwaltungsakten; Jahresberichte; Grundstücks- und Bauangelegenheiten; Gebäude; Vermögen und Stiftungen; Haushaltspläne; Jahresrechnungen und Kassenangelegenheiten; Personalia der Lehrer; Personalia der Angestellten und des Hauspersonals; Personalia der Schüler; Klassenbücher; Unterrichtsmethodik und Fortbildung Schulentlassener; Druckerei; Gehörlosenseelsorge; Gehörlosenorganisationen.
- 9 lfm
- (1624–) 1648–1962

Abt. 65 Deutsche Kanzlei zu Kopenhagen

Die Deutsche Kanzlei – seit 1806 Schleswig-Holsteinische, seit 1816 Schleswig-Holstein-Lauenburgische Kanzlei genannt – hat sich seit dem Beginn des 16. Jahrhunderts allmählich herausgebildet, wurde nach 1660 als Kollegium organisiert und bestand bis 1849. Sie war die zentrale oberste Behörde für die Wahrnehmung der staatlichen Verwaltungsangelegenheiten in Schleswig, Holstein und seit 1816

Lauenburg, von 1667 bis 1773 auch in Oldenburg und Delmenhorst, außerdem bis 1770 zuständig für die auswärtigen Angelegenheiten.

Die Akten in auswärtigen Angelegenheiten sowie die über Oldenburg und Delmenhorst liegen geschlossen im Reichsarchiv, Lesesaal Kopenhagen; im Übrigen ist das Archiv der Deutschen Kanzlei zwischen dem Reichsarchiv und dem Landesarchiv geteilt. Aus der Zeit bis 1730 liegt der größere Teil im Reichsarchiv, aus der Zeit nach 1730 der größere Teil im Landesarchiv.

Abt. 65.1 Deutsche Kanzlei zu Kopenhagen bis 1730

Es handelt sich bei den hier überlieferten Akten um eine Auswahl aus dem Gesamtbestand. Diese Auswahl hat einen oftmals zufälligen und fragmentarischen Charakter. Die ursprünglichen Einheiten sind gewöhnlich bewahrt, doch ist die Gliederung erst im Archiv hergestellt worden. Die Hauptmasse der Akten befindet sich im Reichsarchiv, Lesesaal Kopenhagen, dabei auch die Inländische Registratur bis 1537.

- Jüngere königliche Linien des Hauses Oldenburg; Publica; Behörden; Kgl. Konfirmationen; Justizsachen; Kirchensachen; Unterrichtssachen; Ehesachen; Kammer- und Finanzsachen; Landwirtschaftliche, Deich- und Mühlensachen; Städte allgemein, deren Verfassung und Ökonomie; Bürgerliches Gewerbe, Handwerker und Privilegierte; Handel und Schifffahrt; Post- und Rollfuhrsachen; Polizeisachen; Militär- und Kriegssachen; Prälaten und Ritterschaft; Adel; Landtagsakten; Adlige Klöster, Güter und Kirchen; Lübsche Güter und Stadtstiftsdörfer; Köge; Die einzelnen Distrikte; Stadt Hamburg; Hamburger Domkapitel; Stadt Lübeck; Hochstift Lübeck und Lübecker Domkapitel; Stadt Bremen; Stadt Lüneburg.
- 26 lfm
- (1250–) 1510–1765
- Gedrucktes Findbuch: Veröffentlichungen des Landesarchivs Schleswig-Holstein Nr. 118: Online open access: https://dx.doi.org/10.15460/HUP.LASH.118.194

Abt. 65.2 Deutsche Kanzlei zu Kopenhagen ab 1730

Die Akten vom Stichjahr 1730 an wurden in den 1790er-Jahren durch den Archivar Peter v. Sixtel neu geordnet; in diesem System ist dann das Archiv fortgeführt worden und verblieben.

- Königliches Haus und verwandte fürstliche Häuser; Kabinett, Geheimer Staatsrat und Kollegien; Statthalterschaft; Oberdikasterien und andere

Kollegien in Schleswig und Holstein; Huldigungs- und Konfirmationssachen; Verbindung Holsteins mit dem Deutschen Reich und Bund; Grenzsachen; Justizsachen; Kirchensachen; Schulsachen; Universität Kiel; Buchhandel und Buchdruck; Künste und Altertümer; Armensachen; Ehesachen; Namensänderung; Kammer- und Finanzsachen; Forst- und Jagdsachen; Strandungssachen; Saline zu Oldesloe; Volkszählung; Verfassung der Städte und Flecken sowie Verwaltung ihrer Ökonomie; Handwerker und Privilegierte; Märkte; Fabriken; Handel und Schifffahrt; Schleswig-Holsteinischer Kanal; Post- und Rollfuhrsachen; Telegrafie; Fährsachen; Polizeisachen; Medizinalsachen; Wegesachen mit Chausseen und Eisenbahnen; Rangsachen; Schauspiele und Lustbarkeiten; Brandversicherung; Maße und Gewichte; Prälaten und Ritterschaft; Adlige Klöster, Güter und Kirchen; Köge; Die einzelnen Distrikte und Propsteien; Andere Staaten, darunter Hannover, Stadt und Domkapitel Hamburg, Stadt Lübeck; Lübsche Güter und Stadtstiftsdörfer; Hochstift und Fürstentum Lübeck; Herzogtum Oldenburg; Auswärtige Staaten, dabei Frankreich einschließlich des Elbmündungsdepartements; Provinzialstände; Adlige Familien; Fideikommisse, Stiftungen und Testamente; Landwirtschaft mit Landkommission und Aufteilung der Feldgemeinheit; Mühlensachen; Deichsachen; Kolonisten; Sturmfluten; Münz- und Banksachen; Strafanstalten; Militärsachen; Kontinentalsperre; Entlassung aus dem Landmilitärnexus und aus dem Untertanenverbande; See-Enrollierung. – Protokolle: Patenten-Extrakte ab 1704; Patenten-Registratur ab 1771; Reskripten-Extrakte ab 1704; Reskripten-Registratur ab 1771; Suppliken-Extrakte ab 1711; Generalregister ab 1803; Conseil- oder Relations-Protokolle ab 1705; Protokolle über die Wiederbesetzung von geistlichen und Zivil-Chargen 1707–1738; Konfirmations-Protokolle beim Thronwechsel ab 1731.

- 608 lfm
- (1252–) 1661–1890
- Gedrucktes Findbuch: Veröffentlichungen des Landesarchivs Schleswig-Holstein Nr. 118: Online open access: https://dx.doi.org/10.15460/HUP.LASH.118.194

Abt. 65.3 Deutsche Kanzlei zu Kopenhagen für das Herzogtum Lauenburg

Nur der kleinere Teil der Akten ist seit 1816 bei der Kanzlei entstanden, der größere Teil vorher bei der Geheimen Ratsstube zu Hannover, und Einzelnes, besonders

Angelegenheiten der Ritter- und Landschaft sowie der adligen Güter, schon vor 1689 bei der herzoglichen Regierung zu Ratzeburg.

↘ Landeshoheit und Grenzsachen; Regierungswechsel und Huldigung; Beziehungen zum Deutschen Reich und Bund; Landesprivilegien und Verfassung; Versammlung der Stände; Andere Hoheitssachen; Behörden und Zivilbeamte; Justizsachen; Kirchensachen; Schulsachen; Armensachen; Ehesachen; Litteraria; Landwirtschaft; Verfassung der Städte und Kommunen; Gewerbe; Post; Kammersachen; Polizei; Militär; Ritter- und Landschaft; Einzelne adlige Güter; Ämter und Städte.

↘ 28 lfm

↘ (1188–) 1559–1848

↘ Akten des Geheimen Rates zu Hannover in Abt. 211; Akten der Regierung zu Ratzeburg in Abt. 210 (siehe Bestandsgruppe „Herzogtum Lauenburg").

↘ Gedrucktes Findbuch: Veröffentlichungen des Landesarchivs Schleswig-Holstein Nr. 118: Online open access: https://dx.doi.org/10.15460/HUP.LASH.118.194

Abt. 66 Rentekammer zu Kopenhagen

Die Rentekammer, zunächst und bis 1679 Schatzkammerkollegium genannt, war von 1660 bis 1848 die zentrale oberste Behörde für die Wahrnehmung der materiellen Angelegenheiten des Staates. Ihre Deutsche Abteilung war zuständig für Schleswig und Holstein – in der Zeit der Landesteilung für den königlichen Anteil – und seit 1816 auch für Lauenburg, von 1667 bis 1773 außerdem für Oldenburg und Delmenhorst.

Die Akten der Deutschen Abteilung sind zwischen dem Reichsarchiv, Lesesaal Kopenhagen und dem Landesarchiv geteilt. Aus der Zeit bis 1720 liegt der größere Teil im Reichsarchiv, aus der Zeit nach 1720 der größere Teil im Landesarchiv.

↘ Einzelne Behörden; Beamtensachen, Bestallungen und Konfirmationen; Hoheitssachen; Verordnungen; Statistik (Tabellenkontor); Steuer- und Rechnungssachen; Bankhaft; Sporteln; Stempelpapier; Brüchsachen; Lüneburger Salinen-Gefälle; Salzoktroi; Zuchthauskosten; Magazinkorn und Fouragesachen; Fuhrsachen; Domänensachen; Bausachen; Zoll; Landwesenssachen; Landwirtschaft, Forst und Fischerei; Münzsachen; Mühlensachen; Konzessionen; Krügerei und Brennerei; Handwerker auf dem Lande; Handel und Schifffahrt; Kanäle und andere Wasserstraßen; Fähren; Deiche; Polizei, dabei Strandungs-, Lotterie-, Medizinal-, Wege-, Chaussee- und Eisenbahnsachen; Erziehungsbeihilfen; Beihilfen zum Schulbau; Militär und Einquartierung; Einzelne Distrikte; Städte; Königliche Güter: Drage, Hanerau, Wandsbek und

Wellingsbüttel; Adlige Güter, Wildnisse, Stadtstiftsdörfer; Wirtschaftsbetriebe: Saline Travensalze zu Oldesloe, Segeberger Kalkberg, Silber- und Kupfer-Raffinierungswerk Poppenbüttel, Kupfer- und Messingwerk Hoherdamm; Serienakten der Deutschen Kammerkanzlei 1720–1848; Protokolle der Deutschen Kammerkanzlei 1720–1848.

- 931 lfm
- (1260–) 1584–1877 (–1885)
- Gedrucktes Findbuch: Veröffentlichungen des Schleswig-Holsteinischen Landesarchivs Nr. 31–33.
- Im Reichsarchiv, Lesesaal Kopenhagen befindet sich die Hauptmasse der Akten vor 1720 und der Akten der Deutschen Kammerkanzlei, dabei Vorstellungs-, Expeditions- und Bestallungsprotokolle, die Akten über die sequestrierten gottorfischen Lande 1713–1720 sowie die Spezialakten über Nordschleswig. Einzelnes, so Forstsachen, Jagdsachen und Statistik, liegt auch in den Akten der Dänischen Abteilung der Rentekammer.

Abt. 67 General-Landwesens-Kollegium (General-Landwesens-Kommission) zu Kopenhagen, Deutsches Sekretariat (1768–1773)

Das General-Landwesens-Kollegium wurde 1768 errichtet, 1770 in eine Kommission umgebildet und 1773 aufgehoben. Seine Aufgabe war die Verbesserung des Landwesens im weitesten Sinne, besonders die Parzellierung der Domänen und die Verkoppelung. Die Schleswig-Holsteinische Landkommission war ihr unterstellt. Im Landesarchiv befinden sich lediglich die Akten des Deutschen Sekretariats.

- Einzelne Ämter, darin Gesuche und Beschwerden; Niederlegung der königlichen Domanialstücke; Niederlegung des Gutes Satrupholm; Niederlegung des Gutes Neuhof (Amt Ahrensbök); Journale und Protokolle 1768–1773.
- 1 lfm
- (1620–) 1768–1773
- Gedrucktes Findbuch: Als Teil des Findbuches zur Rentekammer Kopenhagen in: Veröffentlichungen des Schleswig-Holsteinischen Landesarchivs Nr. 33, S. 873–881 und 939ff.

Abt. 68 Oberste Zoll- und Kommerzbehörden in den Herzogtümern und in Kopenhagen 1760–1867

Die Geschichte der in Kopenhagen ansässigen und auch für die Herzogtümer Schleswig und Holstein zuständigen obersten Zoll- und Kommerzbehörden ist durch verschiedene Umstrukturierungen geprägt. Der Bestand fasst mehrere aufeinanderfolgende Behörden zusammen. Es sind dieses die Westindisch-Guineische Rente- und Generalzollkammer (1760 bis 1816), das Generalzollkammer- und Kommerzkollegium (1816 bis 1848) sowie spätere oberste Zollbehörden in den Herzogtümern und in Kopenhagen (1848 bis 1867). Der Bestand enthält Vorakten zur Zollverwaltung bis ins frühe 17. Jahrhundert.

- Zollordnungen; Zollprivilegierungen; Verfassung der Zollbehörden; Personalia; Zollbauten; Schifffahrt und Schleichhandel.
- 104 lfm
- (1470–) 1584–1886
- Zollrechnungen des 19. Jh. befinden sich in Abt. 77.
- Gedrucktes Findbuch: Veröffentlichungen des Landesarchivs Schleswig-Holstein Nr. 115: Online open access: https://dx.doi.org/10.15460/HUP.LASH.115.187

Abt. 72 Kanalkommission bzw. -direktion zu Kopenhagen

Unter König Christian VII. wurden zum wiederholten Male Bemühungen unternommen, eine Kanalverbindung von der Ostsee zur Nordsee zu bauen. Daraus folgte Anfang der 1770er-Jahre die Gründung der Königlichen Kanalkommission bzw. -direktion in Kopenhagen. 1774 wurde dann in Kiel eine Kanalausführungskommission eingesetzt, um die Kanalpläne umzusetzen.

- Taxierung und Abtretung von Ländereien; Verschiedene Kanalprojekte.
- 1 lfm
- 1774–1812

Abt. 73 Eisenbahnkommission zu Kopenhagen

Drei Tage nach Eröffnung der ersten öffentlichen Eisenbahn in Deutschland wandte sich auch der dänische König dem neuen Verkehrsmittel zu. Er rief am 10.

Dezember 1835 eine Kommission ins Leben, die in Holstein eine Bahnverbindung zwischen Nord- und Ostsee herbeiführen sollte, die spätere Bahnstrecke Altona–Kiel. 1840 wurde die Tätigkeit der Eisenbahnkommission auf die gesamten Herzogtümer Schleswig und Holstein erweitert und 1844 auch auf Dänemark und Lauenburg ausgedehnt. Die Revolutionsereignisse des Jahres 1848 brachten die Aktivitäten der zu jener Zeit aus sieben Mitgliedern bestehenden Kommission zum Erliegen. Am 24. November 1848 wurde sie endgültig aufgehoben.

Nach 1848 gingen die Akten der Eisenbahnkommission an die Deutsche Kanzlei in Kopenhagen und ab 1852 an das neu errichtete Ministerium für Holstein. Von der preußischen Regierung wurden sie 1905 an das damalige Staatsarchiv Schleswig abgegeben.

- ↘ Generalakten der Verwaltung; Spezialakten zu einzelnen Bahnstrecken und nicht ausgeführten Bahnprojekten; Entschädigung von Eigentümern im Zuge des Eisenbahnbaus Altona–Kiel.
- ↘ 6 lfm
- ↘ (1833–) 1835–1848 (–1860)
- ↘ Unterlagen der Eisenbahnkommission befinden sich auch als Vorakten in den Beständen Abt. 65.2 (Deutsche Kanzlei zu Kopenhagen ab 1730) und Abt. 80 (Ministerium für die Herzogtümer Holstein und Lauenburg zu Kopenhagen).

Abt. 74 Generalpostdirektion zu Kopenhagen

Die Gründung erfolgte 1711 als Generalpostamt, gemeinsam mit der Einfügung des schleswig-holsteinischen Postwesens in die dänische Staatsverwaltung. 1807 kam es zur Umbenennung in Generalpostdirektion, die für das schleswig-holsteinische Post- und Beförderungswesen zuständig war, ab 1809 auch für das schleswig-holsteinische Fährwesen. Im Zuge der Schleswig-Holsteinischen Erhebung 1848 wurde die Verwaltung des Postwesens dem Departement der Finanzen der Provisorischen Regierung unterstellt und die Generalpostdirektion in Kopenhagen aufgehoben. 1851/52 wurde das Post- und Beförderungswesen bei der Rückkehr Schleswig-Holsteins in den dänischen Staatsverband dem dänischen Finanzministerium unterstellt. Der Bestand enthält fast ausschließlich Akten über das Fährwesen, vor allem aus dem 19. Jahrhundert.

- ↘ Allgemeine Fährsachen; Einzelne Fähren.
- ↘ 9 lfm
- ↘ (1661–) 1712–1866
- ↘ Die Überlieferung des Postwesens befindet sich im Reichsarchiv, Lesesaal Kopenhagen.

Abt. 76 Dänische Kanzlei zu Kopenhagen

Die Dänische Kanzlei zu Kopenhagen war die zentrale Verwaltungsbehörde der dänischen Gebiete, die direkt dem König unterstanden. Mit dem Frieden von Wien am 30. Oktober 1864 wurden diese dänischen Gebiete, soweit sie im Territorium des Herzogtums Schleswig lagen, der preußischen Provinz Schleswig-Holstein zugeordnet und unter deren Verwaltung gestellt. Nach der Volksabstimmung in Nordschleswig 1920 und den daraus resultierenden Gebietsabtretungen verblieben von diesen ehemaligen dänischen Gebieten nur noch Westerland-Föhr, Amrum und List auf Sylt auf deutscher Seite.

Der vorliegende Bestand kam in den Jahren 1874 und 1875 aus dem dänischen Reichsarchiv ins damalige Staatsarchiv Kiel. 1909 wurden die Akten verzeichnet und ein Findbuch erstellt. 1937 wurden alle Akten betreffend diejenigen Gebiete, die nach der Volksabstimmung 1920 dänisch geworden waren, an das Reichsarchiv, Lesesaal Kopenhagen abgegeben. Der Bestand verkleinerte sich damit auf rund zehn Prozent seines bisherigen Umfangs.

- ↘ Allgemeine Verwaltung; Kirchen; Landvermessung; Mühlen; Deiche; Wege; Strandung; Seefahrt.
- ↘ 1 lfm
- ↘ (1652–) 1742–1909

Abt. 77 Dänische Ministerien

Die Einrichtung von Ministerien in Dänemark stand im Zusammenhang mit den konstitutionellen Bewegungen unter Friedrich VII., der Anfang 1848 König geworden war. Zur Verwaltungsmodernisierung dieser Zeit zählte der Ersatz überkommener frühneuzeitlicher Behörden wie der Dänischen Kanzlei durch Ministerien. Zunächst entstanden im Frühjahr 1848 ein Finanzministerium, ein Justizministerium, ein Kirchen- und Unterrichtsministerium, dann wenige Monate später ein Außenministerium, ein Innenministerium, ein Kriegs- und ein Marineministerium. Die einzelnen Minister waren zuallererst dem Reichstag und nicht dem König verantwortlich. Die Ministerien untergliederte man in Departements und diese wiederum in Kontore. 1851 folgte ein Ministerium für Schleswig, 1852 eines für Holstein. Beide übernahmen vorwiegend Aufgaben der Schleswig-Holstein-Lauenburgischen Kanzlei in Kopenhagen, der ursprünglichen Deutschen Kanzlei.

Nach den Grenzveränderungen des Wiener Friedens von 1864 kamen im Jahr 1876 auch Archivalien vornehmlich schleswigschen Bezugs aus dänischen Ministerien an das damalige Staatsarchiv Schleswig. Das Gros der Überlieferung der dänischen Ministerien befindet sich im Reichsarchiv, Lesesaal Kopenhagen.

- ↘ Zoll; Domänen- und Expeditionskontor; Forst und Jagdkontor; Lotsen.
- ↘ 50 lfm
- ↘ (1572–) 1722–1864
- ↘ Die zeitgleiche Überlieferung des Ministeriums für Schleswig befindet sich in Abt. 79, die des Ministeriums für Holstein in Abt. 80.
- ↘ Gedrucktes Findbuch: Veröffentlichungen des Landesarchivs Schleswig-Holstein Nr. 114: Online open access: https://dx.doi.org/10.15460/HUP.LASH.114.188

Abt. 79 Ministerium für das Herzogtum Schleswig zu Kopenhagen

Das Ministerium für das Herzogtum Schleswig wurde zum 5. März 1851 eingerichtet. Die Gliederung in drei Departements orientierte sich am direkten Vorgänger, der dänisch-preußischen Landesverwaltung bzw. Regierungskommission der Jahre 1849/50. Das Ministerium übernahm frühere Aufgaben der Schleswig-Holstein-Lauenburgischen Kanzlei, der Schleswig-Holsteinischen Regierung auf Gottorf, der Rentekammer in Kopenhagen und der 3. Sektion des Generalzollkammer- und Kommerzkollegiums. Der Minister unterstand direkt dem König, nicht dem Reichstag. In seiner relativ kurzen Existenz erfuhr das Ministerium mehrere Umstrukturierungen, insbesondere 1852 und 1856. Einzelne Aufgabenbereiche wurde an neu geschaffene Ministerien abgegeben, beispielsweise 1856 die Domänen-, Forst- und Jagdsachen an das Ministerium für die gemeinschaftlichen inneren Angelegenheiten. Nach der dänischen Niederlage 1864 wurde die Tätigkeit des Ministeriums eingestellt.

Als Folge des Krieges von 1864 erhielt das damalige Staatsarchiv Schleswig 1876 aus Dänemark den größten Teil des ministeriellen Aktenbestandes. Beim deutsch-dänischen Archivalienaustausch der 1930er-Jahre verständigte man sich jedoch darauf, die meisten Akten wieder nach Kopenhagen zurückzugeben. Im dortigen Lesesaal des Reichsarchivs finden sich heute rund achtzig Prozent der Überlieferung. Das Reichsarchiv, Lesesaal Apenrade verfügt über entsprechende Filme. Im Landesarchiv liegen vorwiegend Akten zum heute deutschen Teil des Herzogtums Schleswig sowie zahlreiche Protokollbände.

- Sekretariat. – Erstes Departement: Justizsachen; Handel und Schifffahrt; Polizeisachen; Güter; Kirchen; Klöster; Köge; Medicinalia; Militaria; Kommunalsachen; Armensachen; Gewerbe; Wege und Brücken; Eisenbahnsachen; Brandversicherung. – Zweites Departement: Steuern und Abgaben; Stempelsachen; Eiderkanal- und Eiderlotsenwesen; Häfen; Beamte; Fabrik- und Industriesachen; Deich- und Wasserlösungssachen; Fährsachen; Konzessionen und Privilegien; Mühlen; Bausachen; Domänen; Landwesenssachen; Forst und Jagd. – Drittes Departement: Kirchen und Schulen; Stiftungen und Legate; Stipendien; Kommunale Hebungs- und Rechnungssachen; Erstattung von Kriegsschäden; Zentralkasse. – Protokolle und Registranten aller Departements, des Sekretariats und des Revisionskontors.
- 69 lfm
- (1713–) 1851–1864 (–1871)
- Gedrucktes Findbuch: Veröffentlichungen des Landesarchivs Schleswig-Holstein Nr. 94. Online open access: https://dx.doi.org/10.15460/HUP.LASH.94.79
- Die Akten des Ministeriums wurden von der preußischen Provinzialregierung vielfach weitergeführt und befinden sich im Bestand des Oberpräsidiums (Abt. 301) und der Regierung zu Schleswig (Abt. 309, siehe Bestandsgruppe „Preußische Verwaltung").

Abt. 80 Ministerium für die Herzogtümer Holstein und Lauenburg zu Kopenhagen 1852–1864

Ein knappes Jahr nach Errichtung des Ministeriums für Schleswig bekamen auch Holstein und Lauenburg zum 27. Januar 1852 ein eigenes Ministerium mit Sitz in Kopenhagen, das im Juli seine Arbeit aufnahm. Bei gemeinschaftlichen Angelegenheiten für beide Herzogtümer sollten die beiden Ministerien gemeinsam wirken. Der Minister war direkt dem König verantwortlich. Es wurden ein Sekretariat und vier Departements eingerichtet. Die ersten beiden Departements übernahmen vor allem Aufgaben der Schleswig-Holstein-Lauenburgischen Kanzlei und der Schleswig-Holsteinischen Regierung auf Gottorf, das dritte und vierte vornehmlich solche der Rentekammer. 1856 erfolgten einige Änderungen der Zuständigkeiten. 1862 ordnete man dem Ministerium dann die neue Königlich Holsteinische Regierung in Kopenhagen (später in Plön) unter, die viele Aufgaben vom Ministerium übernahm. Dort entfielen deshalb die Departements, und es verblieb nur das Sekretariat mit zwei Abteilungen. Der Deutsch-Dänische Krieg führte Ende 1864 zur Einstellung der Arbeit des Ministeriums für Holstein und Lauenburg.

Die meisten Aufgaben gingen schließlich an die preußische Provinzialregierung in Schleswig über.

Die Überlieferung des Ministeriums für Holstein und Lauenburg gelangte gemäß den Bestimmungen des Wiener Friedens von 1864 an die neue preußische Verwaltung in Schleswig-Holstein. Von dort wurde sie zwischen 1877 und 1918 an das damalige Staatsarchiv Schleswig abgegeben. Akten des ehemaligen Justizkontors kamen 1904 aus dem preußischen Justizministerium in Berlin an das Staatsarchiv. Dagegen wurden die Vorstellungsprotokolle und ein Teil der Personalakten von dänischer Seite nicht ausgeliefert. Sie liegen heute im Reichsarchiv, Lesesaal Kopenhagen.

- Sekretariat. – Erstes Departement: Geistliches und Unterricht; Kommunalsachen; Handel, Zunft und Gewerbe; Brandversicherung. – Zweites Departement: Justiz; Polizei; Presse; Armenwesen; Medizinal- und Veterinärwesen; Quarantäne; Militär; Domänen; Forst und Jagd; Mühlen. – Drittes Departement: Steuern; Landwesen; Eisenbahn; Wege; Wasserlösung. – Herzogtum Lauenburg. – Protokolle und Registranten.
- 310 lfm
- (1697–) 1852–1864 (–1870)
- Gedrucktes Findbuch: Veröffentlichungen des Landesarchivs Schleswig-Holstein Nr. 97: Online open access: https://dx.doi.org/10.15460/HUP.LASH.97.102
- Die Akten des Ministeriums wurden von der preußischen Provinzialregierung vielfach weitergeführt und befinden sich im Bestand des Oberpräsidiums (Abt. 301) und der Regierung zu Schleswig (Abt. 309, siehe Bestandsgruppe „Preußische Verwaltung"). Filme der im Reichsarchiv, Lesesaal Kopenhagen befindlichen Archivalien in Abt. 415 Nr. 896–962 (siehe Bestandsgruppe „Sammlungen").

Abt. 390 Reichskammergericht zu Speyer bzw. Wetzlar

Das Reichskammergericht wurde 1495 errichtet und war zuständig in erster Instanz für Klagen gegen Reichsunmittelbare, in zweiter Instanz für Appellationen gegen Urteile von deren Gerichten sowie stets in Sachen wegen Landfriedensbruch und Reichsverweigerung. Aus dem nicht zum Reich gehörenden Herzogtum Schleswig konnte das Reichskammergericht gar nicht angerufen werden, aus Lauenburg nur bis zum Erwerb des unbeschränkten Appellationsprivilegs für den hannoverschen Kurstaat 1747, aus Holstein bis zur Aufhebung des Reichskammergerichts 1806.

Gemäß Beschluss der Deutschen Bundesversammlung von 1845 wurden die Akten des Reichskammergerichts auf die einzelnen deutschen Bundesstaaten aufgeteilt, Entscheidungskriterium war dabei der Wohnsitz des Beklagten. Die den Herzogtümern Holstein und Lauenburg zufallenden Akten wurden 1847 und 1852 ausgeliefert und kamen zum Oberappellationsgericht Kiel, 1868 dann an das Archivbureau der Preußischen Regierung in Schleswig. Mit ihnen wurde der Anfang zu Gründung eines Staatsarchivs für die Provinz Schleswig-Holstein gemacht. Allerdings wurden schon 1828 etwa sechzig Akten des Reichskammergerichts an die Deutsche Kanzlei in Kopenhagen, die dortige Rentekammer und die Lauenburgische Regierung in Ratzeburg gegeben. Einen Teil dieser Akten gab das Geheimarchiv in Kopenhagen 1876 an das Staatsarchiv Schleswig ab, ein anderer Teil verblieb in Kopenhagen. Die nach Ratzeburg gekommenen Reichskammergerichtsakten gelangten zusammen mit Akten der Lauenburgischen Regierung ins Staatsarchiv Schleswig und verblieben im Archivbestand „Lauenburgische Regierung zu Ratzeburg“ (Abt. 210).

Alphabetisch nach den Klägern geordnete Prozessakten der Verfahren, in denen der Beklagte seinen Wohnsitz in Holstein oder Lauenburg hatte, gelegentlich mit Akten der Vorinstanzen oder mit Akten der jeweiligen landesherrlichen Kanzleien.

- 38 lfm
- 1501–1805
- Gedrucktes Findbuch: Veröffentlichungen des Schleswig-Holsteinischen Landesarchivs Nr. 16–17.
- Einzelne Reichskammergerichtssachen sind in Abt. 210, andere in das Reichsarchiv, Lesesaal Kopenhagen gelangt. Sie sind in das gedruckte Findbuch zu Abt. 390 einbezogen.

Abt. 391 Reichshofrat zu Wien

Der 1498 gegründete Reichshofrat in Wien war im alten Deutschen Reich oberstes kaiserliches Gericht neben dem Reichskammergericht. An den Reichshofrat überwies der Kaiser die an ihn gelangenden Prozesse aus dem Reich. Er war zuständig für Reichslehnsachen, Kriminalklagen gegen Reichsunmittelbare, Streitigkeiten über kaiserliche Reservatrechte und Privilegien sowie für italienische Angelegenheiten. Mit der Auflösung des Deutschen Reiches 1806 nahm auch der Reichshofrat sein Ende.

Der im Landesarchiv verwahrte Teilbestand enthält Akten des Reichshofrats, die Schleswig-Holstein betreffen und aus dem sogenannten Stader Reichsarchivstammen.

Beim „Stader Reichsarchiv" handelt es sich um eine Sammlung von Akten unterschiedlichster Herkunft, die der spätere Präsident der schwedischen Regierung in Stade, Alexander Erskine (Erskein), als Kriegskommissar König Gustav Adolfs während des Dreißigjährigen Krieges an den verschiedensten Orten entfremdet und zusammengetragen hatte. Mit dem Stader Regierungsarchiv gelangte die Sammlung 1869 in das hannoversche Staatsarchiv. Ein Teil wurde von dort nach Maßgabe des Akteninhalts an zuständige Archive, darunter Schleswig, verteilt. Der Rest kam nach Errichtung des dortigen Staatsarchivs 1964 nach Stade zurück.

- Landeshoheitssachen; Regalien; Reichsunmittelbarkeit Hamburgs; holsteinische Lehnssachen; Hildesheimer und Lübecker Coadjutorenamt; Herrschaftsrechte am Schleswiger Bistum; Zoll- und Schifffahrtssachen; Kanalprojekt zwischen Nord- und Ostsee; Kriegslasten während des Dreißigjährigen Krieges; Auseinandersetzungen mit der Ritterschaft.
- 0,5 lfm
- 1550–1664

Abt. 394 Schleswig-Holsteinische Ritterschaft

Seit dem 14. Jahrhundert entwickelte sich ein korporationsähnlicher Zusammenschluss der landesadligen Familien Schleswigs und Holsteins. Insbesondere im 16. Jahrhundert hatte die Ritterschaft nach der Verleihung politischer und wirtschaftlicher Vorrechte im Rahmen der landständischen Verfassung eine starke Stellung. Die Landesfürsten, finanziell nicht stark und durch Herrschaftsteilungen weiter geschwächt, waren auf sie angewiesen. Führende Landesadlige stellten folglich wichtige Berater und Geldgeber der Herzöge und dominierten die Landtagsverhandlungen. Das 17. Jahrhundert brachte mit absolutistisch ausgerichteter Machtsteigerung der königlichen und gottorfischen Landesherren vor dem Hintergrund wirtschaftlicher Schwäche des Landesadels einen Niedergang der Ständemacht. 1711 erloschen die Landtage. Die Ritterschaft blieb als konservativ-bewahrende Korporation bestehen. Bis heute vertritt sie die Interessen ihrer Mitgliedsfamilien und sorgt sich um den Zusammenhalt.

Von einem Archiv der Ritterschaft wird man seit dem 15. Jahrhundert ausgehen können. Die Privilegienlade (um 1500) und das in dieser Lade über Jahrhunderte verwahrte Ripener Privileg von 1460 sind als Teile des ritterschaftlichen Archivs zentrale Zeugnisse der Geschichte Schleswig-Holsteins. Seit 1956 liegt das Archiv als Depositum im Landesarchiv. Der Bestand wurde wiederholt durch Neuzugänge erweitert. Jüngere Archivalien unterliegen zum Teil besonderen Nutzungsvereinbarungen. Die Privilegienlade befindet sich seit 1957 als Leihgabe bei den Sammlungen auf Schloss Gottorf.

- Urkunden (71 Nrn.): Privilegien; Lehen; Verträge.
- Akten: Sitzungsprotokolle; Mitgliederverzeichnisse; Rezeptionen (Neuaufnahmen); Jahresberichte der Fortwährenden Deputation; Beziehungen zu nicht rezipierten Gutsbesitzern; Landsyndikus; Klöster; Privilegien; Familien; Beziehungen zu den Landesherren; Justiz; Wahlen; Steuern; Zoll; Jagd- und Forstsachen; Handel; Handwerker; Wege; Brücken; Schifffahrt; Mühlen; Kirchen; Schulen; Polizei; Armenwesen; Medizinalwesen; Militär; Brandgilden; Mitgliedschaften in Vereinen; Rechnungen; Kreditvereine; Landtag.
- 40 lfm
- 1422–1993

Herzogtum Schleswig bis 1867

Die Überlieferung der staatlichen Verwaltung auf lokaler Ebene aus der Zeit bis 1867 ist weitgehend ins Landesarchiv gelangt, aus den landesherrlichen Ämtern ebenso wie aus den mit Privilegien und unterschiedlicher Selbstverwaltung ausgestatteten Landschaften. Die aus der Selbstverwaltung der Landschaften entstandenen Landschaftsarchive befinden sich allerdings nur zum Teil im Landesarchiv. Soweit das der Fall ist, sind sie in dieser Gruppe bzw. bei den lokalen Archiven des Herzogtums Holstein aufgeführt. Die Archive der landesherrlichen Ämter und der Landschaften sind nach einem einheitlichen Schema geordnet. Dieses ergab sich aus der Geschäftsverteilung zwischen dem Oberbeamten (Amthaus), dem Amtschreiber/Amtsverwalter (Amtsstube) und dem Hausvogt und Aktuar sowie aus der seinerzeit allgemein gebräuchlichen Gliederung der Chronologischen Sammlung der Verordnungen. Man findet daher in allen Findbüchern der Ämter und Landschaften die folgenden Rubriken, die in den Beschreibungen der einzelnen Abteilungen nicht eigens wiederholt werden: Publica, Generalia und Grenzsachen; Behörden und Beamte; Justizsachen; Rechnungs- und Abgabesachen; Fuhren und Dienste; Domänen; Landwesen und Landwirtschaft; Forst-, Jagd- und Moorsachen; Fischerei; Mühlen; Deich- und Wasserlösungssachen; Handwerker und Privilegierte; Handel und Schiffahrt; Polizeisachen; Wege und Brücken; Visitatorialsachen, d. h. Kirchen-, Schul-, Armen- und Ehesachen; Militaria; Gerichtsprotokolle, Schuld- und Pfandprotokolle, Kontrakten-, Vormünder-, Korrespondenz- und andere Protokolle. Die Bestände der adligen Klöster und Güter sind aufgrund ihrer besonderen Struktur in einer eigenen Hauptgruppe dieser Beständeübersicht zusammengefasst worden. Sie sind dort zu suchen und für sich erläutert. Neben den Akten werden unter den einzelnen Beständen auch die jeweiligen Urkundenüberlieferungen beschrieben. Soweit Urkunden verschiedener Herkunft sind und sich auf Örtlichkeiten im Herzogtum Schleswig beziehen, befinden sich diese in einer eigenen Urkundenabteilung mit der Bezeichnung Urk.-Abt. C (335 Nummern). Die Urkunden- und Aktenüberlieferung der Städte befindet sich, von wenigen Ausnahmen abgesehen, nicht im Landesarchiv, sondern in den jeweiligen Stadtarchiven.

Abt. C Urkunden verschiedener Herkunft – Herzogtum Schleswig

Die Urkundenabteilung C wurde im Jahr 1883 formiert, um solche Urkunden sinnvoll einordnen zu können, deren Herkunft unbekannt, ungesichert oder unklar war. Es wurden darin auch solche Urkunden mit aufgenommen, deren Herkunft zwar bekannt war, deren Anzahl aber als zu gering für eine eigenständige Urkundenabteilung erachtet wurde. In dieser Abteilung C sind Urkunden verschiedener Herkunft zusammengefasst, die sich auf Örtlichkeiten im Herzogtum Schleswig beziehen. Entsprechende Sammelabteilungen – Abt. B für das Herzogtum Holstein und Abt. A für Schleswig-Holstein insgesamt – sind in der jeweiligen Bestandsgruppe dieser Beständeübersicht zu suchen.

Soweit Urkunden einer bestimmten Provenienz zuzuordnen waren, wurden sie nicht in die Abteilungen A, B und C eingeordnet, sondern in die provenienzbezogenen Bestände (Abt. 1 etc.). Dort sind sie auch über diese Beständeübersicht auffindbar. Urkunden mit dänischem Betreff wurden im Zuge eines gegenseitigen Archivalienabkommens und -austausches an Dänemark abgegeben.

- Erwerb von Ländereien und Rechten; Verpfändungen; Schuldverschreibungen; Erbvergleiche; Präbenden; Nobilitierungen; Dingswinden.
- 335 Nrn.
- 1288–1838

Abt. 161 Amt Tondern

Das Amt Tondern gehörte zu den größten Ämtern in Schleswig-Holstein. Es umfasste fünf Geestharden: Hoyer-, Tonder-, Schlux-, Karr- und Lundtoftharde sowie zwei Marschharden: Wieding- und Bökingharde, außerdem die beiden Landschaften Sylt und Osterland-Föhr. 1853 wurden die bisher zum Zweiten Angler Güterdistrikt gehörenden, in der Karr- und der Wiedingharde gelegenen Güter und die oktroyierten Köge der Böking- und der Hoyerharde dem Amt Tondern eingegliedert. Demgegenüber war 1850 die Lundtoftharde ausgegliedert und dem Amt Apenrade zugelegt worden.

Die Staatsgrenze seit 1920 durchschneidet das alte Amtsgebiet. Deshalb wurde eine Regelung über den Verbleib der historischen Archivalienbestände des Amtes notwendig. Im deutsch-dänischen Archivalienaustausch von 1936 wurden die Nordschleswig betreffenden Akten an das neu gegründete Landesarchiv in Apenrade abgegeben. Das damalige Staatsarchiv Kiel, aus dem das Landesarchiv Schleswig-Holstein hervorgegangen ist, erhielt die bis dahin in Dänemark zurückgebliebenen Archivalien über die bei Deutschland verbliebenen Gebietsteile. Der Bestand wurde 1990–1994 neu geordnet und vollständig umnummeriert. Eine Konkordanz zwischen alten und neuen Nummern liegt vor. Die umfangreiche Überlieferung umfasst neben den Verwaltungsakten des Amtes auch die der Hardes- und Lehnsvogteien, der Birkvogtei Westerland-Föhr und Amrum sowie der Fleckensverwaltung und Gerichtsvogtei Wyk auf Föhr. In einem gedruckten gemeinsamen Findbuch sind die in Apenrade und Schleswig liegenden Registraturteile zusammen erschlossen.

- Zu den Bestandsschwerpunkten siehe die Erläuterung der Bestandsgruppe „Herzogtum Schleswig“. – Protokollüberlieferung: Amtsrechnungen der Geestharden 1568–1867; Landrechnungen der Marschharden 1611–1867; Gotteskoogsrechnungen 1714–1867; Landrechnungen Föhr und Amrum 1772–1867 (Amrum nur bis 1848); Landrechnungen Sylt 1773–1867 (vor 1773 Föhr und Sylt bei den Geestharden); Wyker Hafenrechnungen 1789, 1808–1873; Schuld- und Pfandprotokolle der Karrharde 1698–1886, der Marschharden 1734–1894, von Osterland-Föhr 1759–1886, von Westerland-Föhr und Amrum 1806–1886, von Wyk auf Föhr (1698–) 1735–1886 und von Sylt (1698–) 1757–1888.
- 220 lfm
- (1535–) 1578–1867 (–1894)
- Gedrucktes Findbuch zu den Beständen in Apenrade und Schleswig: Veröffentlichungen des schleswig-holsteinischen Landesarchivs Nr. 73.

Abt. 161.1 Königlich Dänische interimistische Oberbehörde für die Westseeinseln zu Wyk auf Föhr

Es handelt sich um eine Behörde der dänisch-preußischen Übergangszeit, die nur 1864 existierte und nach der Eroberung des Festlands durch preußische und österreichische Truppen für die noch kurze Zeit königlich-dänischen Gebiete der schleswigschen Westseeinseln zuständig war.

- Gedruckte Patente und Bekanntmachungen; Polizeisachen; Strandungsfälle; Mühlen; Schul- und Armensachen; Hebung; Zoll; Militaria.
- 0,1 lfm
- (1861–) 1864
- Gedrucktes Findbuch: Enthalten im Findbuch zum Amt Tondern (Veröffentlichungen des schleswig-holsteinischen Landesarchivs Nr. 73).

Abt. 162 Amt Schwabstedt

Das 1624 geschaffene Amt Schwabstedt umfasste den im ganzen Herzogtum Schleswig zerstreut liegenden ehemaligen Besitz des Bischofs von Schleswig. 1658 kam das Amt gemäß den Bestimmungen des Roskilder Friedens in den Besitz des Herzogs von Gottorf. 1702 wurde das Amt aufgelöst; die Vogteien Schwabstedt und Rödemis fielen an das Amt Husum, während die übrigen verstreuten Gebietsteile mit den jeweils benachbarten Ämtern vereinigt wurden. Der vorliegende Bestand wurde 1874 vom dänischen Geheimen Archiv abgegeben. 1949 mussten einige Kriegsverluste festgestellt werden.

- Zu den Bestandsschwerpunkten siehe die Erläuterung der Bestandsgruppe „Herzogtum Schleswig“. – Protokollüberlieferung: Amtsrechnungen 1504, 1556–1705; Gerichtsprotokolle 1620–1701.
- 4 lfm
- 1523–1705

Abt. 163 Ämter Husum und Bredstedt sowie Landschaften Eiderstedt, Pellworm und Nordstrand

Die Ämter Husum und Bredstedt sowie die Landschaften Eiderstedt, Pellworm und Nordstrand wurden gemeinsam verwaltet, wobei der Amtmann von Husum gleichzeitig Amtmann von Bredstedt und Oberbeamter der Landschaften Eiderstedt (hier: Oberstaller), Pellworm und Nordstrand war. Der Bestand ist aus unterschiedlichen Provenienzen zusammengesetzt. Neben der Überlieferung der Ämter Husum und Bredstedt sowie der staatlichen Verwaltung der Landschaften Eiderstedt, Pellworm und Nordstrand sind auch örtliche Archive in den Bestand integriert worden wie die Hardesvogteien Bredstedt und Pellworm, die Archive der Nordesgoesharde und der Südergoesharde, außerdem die Überlieferung spezieller lokaler Einrichtungen wie des Branddirektorats Bredstedt, des Everschop-Utholmer Landgerichts oder des Eiderstedter Landschaftsphysikus.

- Zu den Bestandsschwerpunkten siehe die Erläuterung der Bestandsgruppe „Herzogtum Schleswig“. – Protokollüberlieferung: Amts- bzw. Landschaftsrechnungen Amt Husum 1578–1867, Amt Bredstedt 1682–1867, Stiftsvogtei Bordelum 1714–1784, Dreilande Eiderstedt, Everschop und Utholm 1567–1578, Eiderstedt 1578–1713, Everschop und Utholm 1578–1712, Landschaft Eiderstedt 1714–1731, Landschaft Eiderstedt-Osterteil 1731–1867, Landschaft Eiderstedt-Westerteil 1731–1867, Pellworm und Nordstrand

1670–1867; Schuld- und Pfandprotokolle Amt Husum 1712–1887, Amt Bredstedt 1715– 1886, Eiderstedt-Ost 1734–1882, Eiderstedt-West 1762–1883, Pellworm 1734–1884, Nordstrand 1752–1888.

- 272 lfm
- 1567–1889 (–1926)
- Für die Archive der Nordesgoesharde und der Südergoesharde existieren gesonderte Findmittel.

Abt. 167 Amt Flensburg

Das Amt Flensburg bestand bis zum Jahr 1867 aus der westlich der Stadt Flensburg gelegenen Wiesharde, der südlich von Flensburg gelegenen Uggelharde, der sich östlich anschließenden Husbyharde sowie der in Angeln gelegenen Nieharde. Im Jahr 1779 wurde der in Angeln gelegene Teil des Glücksburgischen Distrikts unter dem Namen Munkbrarupharde dem Amt hinzugefügt. Schon 1785 wurde die Nordergoesharde dem Amt Bredstedt zugeteilt.

Die 1871 an das damalige Staatsarchiv Schleswig abgegebenen Akten unterschiedlichster Provenienzen des Amtes Flensburg wie Amtshaus, Amtsstube, Hausvogtei, Hardesvogteien, Güter und Lehndistrikt Glücksburg wurden entgegen dem üblichen Ordnungsprinzip als ein Gesamtbestand belassen. Da sich diese Ordnung bewährt hat und in der Literatur vielfach zitiert ist, bleiben die heute noch gültigen Unterabteilungen Abt. 167.1 bis 167.7 bestehen.

- Zu den Bestandsschwerpunkten siehe die Erläuterung der Bestandsgruppe „Herzogtum Holstein". – Protokollüberlieferung: Amtsrechnungen Flensburg 1672–1867; Gutsrechnungen Lindewitt 1615–1794; Glücksburger Lehnsrechnungen 1780–1867; Kontraktenbücher Flensburg 1672–1887; Schuld- und Pfandprotokolle Flensburg 1730–1887, Munkbrarupharde und Flecken Glücksburg 1780–1886; Güter Nübel, Norgaard und Unewatt 1790–1884; St.-Marien-Kirche Flensburg 1788–1880; St.-Nicolai-Kirche Flensburg 1706–1886.
- 131 lfm
- 1517–1889

Abt. 168 Ämter Gottorf und Hütten

Das Amt Gottorf bekam seine endgültige Gestalt im Jahr 1777 und hat diese bis 1867 beibehalten. Das Amt bestand aus der Schlies- und Füsingharde, die nördlich der Schlei bis fast nach Kappeln gelegen waren, der mitten in Angeln gelegenen Struxdorfharde, der aus dem 1771 niedergelegten Gut Satrupholm entstandenen Satrupharde, der aus den Resten des Klosters Mohrkirchen entstandenen Mohrkirchharde, der Ahrens- und Treiaharde mit der Vogtei Bollingstedt sowie der Kropp- und Meggerdorfharde im Süden. Durch die Parzellierung des ehemaligen Vorwerks Hütten und der Hohnerharde entstand im Jahr 1777 das Amt Hütten. 1853 wurden noch die bis dahin zum Amt Rendsburg gehörenden Dörfer Nübbel, Fockbek, Alt- und Neu-Büdelsdorf, Borgstedt und Lehmbek dem Amt Hütten einverleibt.

Da die Hohnerharde erst 1777 an das Amt Hütten abgetreten wurde, sind ältere Unterlagen über die Harde beim Amt Gottorf zu suchen. Im Jahr 1711 wurde die Landschaft Stapelholm vom Amt Gottorf getrennt, sodass auch hier die älteren Akten beim Amt Gottorf zu recherchieren sind. Die Ämter Gottorf und Hütten wurden gemeinsam vom Gottorfer Amtmann verwaltet. Aufgrund der gemeinsamen Provenienz bilden die Akten nur eine Abteilung.

↘ Zu den Bestandsschwerpunkten siehe die Erläuterung der Bestandsgruppe „Herzogtum Schleswig“. – Protokollüberlieferung: Amtsrechnungen Gottorf 1554–1867; Amtsrechnungen Hütten 1664–1867; Amtsrechnungen Satrupholm 1631–1728; Amtsrechnungen Mohrkirchen 1579–1777; Kolonistenrechnungen 1762–1767; Schuld- und Pfandprotokolle Amt Gottorf 1661–1885, Satrup- und Mohrkirchharde 1771–1885, Amt Hütten 1726–1885, Hohner Harde 1778–1885.

↘ 250 lfm

↘ 1491–1889

Abt. 169 Domkapitelsamt

Das Domkapitelsamt umfasste die gesamten Besitzungen des Domkapitels von Schleswig und blieb auch nach dessen Auflösung 1658 bestehen. Während der Reformation unter landesherrliche Herrschaft gefallen, war es ursprünglich zwischen dem König von Dänemark und den Herzögen von Schleswig-Holstein-Gottorf geteilt. 1721 fiel das Domkapitelsamt vollständig an den König. Bereits 1661 waren drei Domkapitelsdistrikte eingerichtet worden, die aus älteren Vogteien mit je einem Vogt an der Spitze bestanden. Dem 1. Domkapitelsdistrikt (königlicher Anteil) gehörten die Vogteien Ulsnis, Berend und Stedesand an; der 2. Domkapitelsdistrikt (herzoglicher Anteil) umfasste die Vogteien Gammelbygaard, Alsen, Hackstedt, Koxbüll, Langenhorn und Kosel; der 3. Domkapitelsdistrikt (herzoglicher Anteil) beinhaltete die Besitzungen in Schleswig, die Insel Arnis, die Vogtei Grödersby, Ulsnisser Pflüge, Tolker und andere Pflüge sowie das Dorf Sandbek. Der Amtmann von Hütten war zugleich

Amtmann des Domkapitelsamtes und wurde Oberdominspektor genannt. Ihm unterstand als Amtsverwalter der sogenannte Dominspektor. 1777 wurde das Domkapitelsamt aufgehoben, die Besitzungen an die umliegenden Ämter verteilt.

Der Bestand umfasst neben Akten des Domkapitels die Archive des Oberdominspektors und des Dominspektors. Es sind vor allem Akten allgemeineren Inhalts, der überwiegende Teil der Spezialakten wurde bereits 1777 bei der Auflösung des Domkapitelsamtes an die Nachfolgeämter verteilt und ist dort zu suchen.

↘ Grenzsachen; Justiz- und Polizeisachen; Kirchenvisitationen; Schulwesen; Einzelne Kirchspiele: Arnis, Dom, Nübel und Tolk, Rabenkirchen, Ulsnis; Kammersachen; Beamte; Archiv; Handwerker und Privilegierte; Protokolle; Rechnungen.

↘ 24 lfm

↘ 1526–1891

↘ Die Erdbücher des Domkapitels befinden sich in Abt. 400.1 (siehe Bestandsgruppe „Sammlungen“).

Abt. 170 Landschaft Stapelholm

Die Landschaft Stapelholm bestand aus den Kirchspielen Süderstapel, Bergenhusen und Erfde sowie einem Teil der Herrenhallig im Kirchspiel Koldenbüttel. Von 1500 bis 1711 unterstand sie dem Amt Gottorf und kam 1777 zum Amt Hütten. An der Spitze der Verwaltung stand der für Justizwesen und Polizeiverwaltung zuständige Landvogt, der zugleich das Amt des Deichgrafen und seit 1709 auch das Amt des Landschreibers innehatte. Letzteres beinhaltete die Funktion sowohl des landesherrlichen als auch des landschaftlichen Hebungsbeamten. Bei der Trennung des Geschäftsbereiches von Landvogt und Landschreiber im Jahr 1799 wurde der Landschreiber auch Aktuar und Hausvogt sowie Protokollführer im Bondengericht. 1867 kam die Landschaft zum Kreis Schleswig.

Der Bestand umfasst vor allem das Archiv der Landvogtei und das der Landschreiberei. Hinzu kommen Akten, die über das Amtsgericht Friedrichstadt und das Schleswiger Regierungsarchiv ins Landesarchiv gelangten sowie eine überwiegend landschaftliche Überlieferung, welche auf einem Bauernhof in Brunsholm von dem Friedrichstädter Stadtarchivar Karl Michelson entdeckt und gesichert wurde.

↘ Landschafts- und Beamtensachen; Justizsachen; Kirchen-, Schul- und Armensachen; Forsten, Jagd und Fischerei; Schifffahrt und Fähren; Gewerbesachen; Militaria; Polizeisachen; Medizinalsachen; Deich-, Koogs-, Wasserlösungs- und Kanalsachen; Kammersachen; Wegesachen; Kataster; Rechnungen.

- 68 lfm
- 1699–1925
- Gedrucktes Findbuch: Veröffentlichungen des Schleswig-Holsteinischen Landesarchivs Nr. 60.

Abt. 171 Hardesvogtei, Fleckensvogtei und Hebungsstube Kappeln

Die Kappelerharde wurde 1853 als Jurisdiktionsbezirk für den Ersten Angler Güterdistrikt gebildet, nachdem die gutsherrliche Jurisdiktion der adligen Güter im Herzogtum Schleswig aufgehoben worden war. Der Bestand enthält Unterlagen der Hardesvogtei und darüber hinaus der Fleckensvogtei und Hebungsstube Kappeln. Sie wurden vom Amtsgericht Kappeln abgegeben bzw. aus dem Bestand des Amtes Gottorf ausgeschieden und in Abt. 171 eingeordnet.

- Steuersachen; Gefällerechnungen ab 1807; Schuld- und Pfandprotokolle und Nebenbücher ab 1848.
- 3 lfm
- 1807–1884
- Die diesen Schuld- und Pfandprotokollen zeitlich vorangehenden Bände befinden sich in Abt. 195.1 (siehe Bestandsgruppe „Klöster und Güter").

Abt. 172 Eckernförder Harde

Die Eckernförder Harde wurde 1853 als Jurisdiktionsbezirk für die adligen Güterdistrikte Schwansen und Dänischer Wohld gebildet, nachdem die gutsherrliche Jurisdiktion der adligen Güter im Herzogtum Schleswig aufgehoben worden war. Der Bestand enthält überwiegend Protokolle, die unter anderem über das Gut Roest und das Amtsgericht ins Landesarchiv gelangten bzw. aus dem Bestand des Amtes Gottorf ausgeschieden und in Abt. 172 eingeordnet wurden.

- Vormundschaft; Gerichtsprotokolle; Testamente, Nachlasssachen.
- 0,5 lfm
- 1839–1867
- Die diesen Schuld- und Pfandprotokollen zeitlich vorangehenden Bände befinden sich in Abt. 195.1 (siehe Bestandsgruppe „Klöster und Güter").

Abt. 173 Landschaft Fehmarn

Die mit Selbstverwaltung und Privilegien ausgestattete Landschaft Fehmarn umfasste rund vierzig Dörfer in vier Kirchspielen. Das entsprach der gesamten Insel mit Ausnahme der Stadt Burg. Bei der Landesteilung von 1544 kam die Landschaft zum gottorfischen Anteil. Oberbeamter war der Amtmann, der seit 1721 auch den Titel „Landvogt" führte und seinen Sitz in Burg hatte. Dort saßen auch der Landschreiber als Aktuar und Protokollführer und der Amtsverwalter als Hebungsbeamter. Die Selbstverwaltung der Landschaft beruhte auf den Kirchspielen, an deren Spitze die Kämmerer, Richter und Hauptleute standen.

Im Vergleich zu der Überlieferung anderer Landschaften ist der Bestand Landschaft Fehmarn mit rund 450 Archivnummern für den staatlichen Bestand (Amthaus und Amtstube) und rund 170 Archivnummern für den Bestand der Selbstverwaltung sehr schmal. Von den 78 Urkunden hat die Landschaft Fehmarn 1873 55 Stücke dem damaligen Staatsarchiv Schleswig als Depositum übergeben. Die übrigen Urkunden sind Eigentum des Landesarchivs.

- Urkunden (78 Nrn.): Fehmarnsches Landrecht; Privilegien; Verträge; Gerichtsbarkeit; Schatzungen; Wahlordnung der Kämmerer und Geschworenen; Erbfolgeordnung; Schuldverschreibungen; Rentenkäufe; herzogliche Verordungen.
- Akten: Rechtswesen; Kammersachen; Domänen; Mühlen; Landwesen; Landwirtschaft; Jagd; Fischerei; Handwerk; Gewerbe; Schifffahrt; Fähren; Militär; Polizei; Mühlen; Kirche; Schule; Arme; Fehmarnsche Familien; Landrechnungen 1500, 1534, 1626/27 und ab 1675; Gerichtsprotokolle 1608–1705 und ab 1752; Schuld- und Pfandprotokolle ab 1739, Nebenbücher ab 1701.
- 41 lfm
- 1327–1890
- Zwei Kopialbücher befinden sich in Abt. 400.3 (siehe Bestandsgruppe „Sammlungen").

Abt. 174 Landschaft und britische Kronkolonie Helgoland

Durch die Herrschaftsteilung von 1544 fiel die schleswigsche Landschaft Helgoland an den Gottorfer Herzog. Ein Landvogt leitete die örtliche Verwaltung. Von 1684 bis 1689 und ab 1714 gehörte die Insel zum königlichen Landesteil, bevor die englische Besetzung die Insel zu einer britischen Kronkolonie mit eigenem Gouverneur werden ließ.

1890 fiel Helgoland an das Deutsche Reich und bildete fortan eine preußische Landgemeinde. Anfangs zum Kreis Süderdithmarschen gehörig und 1922–1932 sogar einen eigenen Landkreis bildend, ist Helgoland seit 1932 ein Teil des Kreises Pinneberg. Der Bestand ist im Zeitraum zwischen 1909 und 1993 in mehreren Akzessionen, teilweise über das Staatsarchiv Hamburg, an das Landesarchiv gelangt.

- Akten vor allem aus der britischen Zeit; Verfassung; Gouverneur; Schifffahrt und Handel; Natur; Militär; Fremdenverkehr; Öffentliches Leben; Archiv der Helgoländer Handelskammer 1808–1814 (Teile); Amtsbücher und Protokolle, mehrheitlich ebenfalls aus der britischen Periode („Blue Books"); Landrechnungen 1500, 1501, 1513, 1520, 1522, 1657–1659, 1680–1807 (mit Lücken); Gerichtsprotokolle ab 1649 (mit Lücken); Schuld- und Pfandprotokolle ab 1705 sowie diverse weitere Protokolle.
- 17 lfm
- 1501–1933
- Gedrucktes Findbuch: Veröffentlichungen des Schleswig-Holsteinischen Landesarchivs Nr. 70.
- Akten der Landgemeinde Helgoland in Abt. 131 (siehe Bestandsgruppe „Herzogtum Holstein"), Akten des Inselkreises Helgoland in Abt. 320.22 (siehe Bestandsgruppe „Preußische Verwaltung"). Beide Bestände sind im gedruckten Findbuch zu Abt. 174 enthalten.

Abt. 177 Schleswigsche Stiftungen

Es handelt sich um einen Mischbestand, der nach Einzelprovenienzen geordnet ist.

Abt. 177.1 Stiftung Goschenhof zu Eckernförde

Milde Stiftung des letzten katholischen Bischofs von Schleswig, Gosche von Ahlefeldt, aus dem Jahre 1526. Die Stiftung bestand aus einem Hospital mit Kapelle für zwölf Arme und war mit der Stadt Eckernförde nur in polizeilicher Hinsicht verbunden. Nach der Reformation kamen auch die Einkünfte der Marianer-Stiftung zu Hadersleben dem Goschenhof zugute. Der Bestand wurde 1911 gemeinsam vom Landgerichtsrat Friedrich von Ahlefeldt als Patron der Stiftung sowie Frau Schmidt-Hederich, Eigentümerin des Olpenitzer Gutsarchivs, in dem sich diese Unterlagen befanden, an das damalige Staatsarchiv Schleswig abgegeben.

- Urkunden (49 Nrn.): Testament des Gründers; Privilegien; Geld- und Rentenschenkungen; Marianerstiftung zu Hadersleben; Vikarie in Sonderburg; Ernennung des Hermann Harmsen zum kaiserlichen Rat.
- Akten: Verwaltungsakten des Goschenhofs; Jahresrechnungen; Akten der Marianer-Stiftung.
- 3 lfm
- 1456–1889

Abt. 177.2 Grundtsche Stiftung in Bredstedt

Die Stiftung geht zurück auf die am 16. Oktober 1743 ohne natürliche Erben verstorbene Abel Catharina Grundt aus Bredstedt, Witwe des 1729 verstorbenen Landvogts und Deichgrafen Georg Grundt. In einer am 9. Oktober 1743 aufgesetzten Funktionsurkunde errichtete sie eine Milde Stiftung, der sie ihr Wohnhaus am Bredstedter Markt samt Mobiliar und Grundstücken sowie das südöstlich von Tingleff gelegene und von ihrem Mann erworbene adlige Gut Stoltelund vermachte. Die Stiftung diente der Unterstützung von Witwen. Am 1. Januar 1955 wurde das Vermögen der Stiftung auf die im Besitz der Stadt Bredstedt befindliche Clementinische Stiftung übertragen und beide zur „Clement- und Grundtschen Stiftung" zusammengeführt.

- Der Bestand enthält vorwiegend die Rechnungslegung der Stiftung. Hervorzuheben sind Gutsrechnungen und allgemeine Verwaltungsunterlagen des adligen Gutes Stoltelund.
- 2 lfm
- 1743–1939

Abt. 180 Stadt Burg auf Fehmarn

Bis die Insel Fehmarn 1326 dem Grafen Johann III. von Holstein-Plön vom dänischen König Waldmar III. als Erblehen zugesprochen wurde, zählte Fehmarn zum dänischen Krongut. Die Insel gehörte seit 1397 zum Herzogtum Schleswig. Während die Landschaft Fehmarn dem Fehmarnschen Landrecht unterstand, galt in der Stadt Burg seit 1329 das Lübische Stadtrecht. Nach dem Ende des dänischen Gesamtstaates 1864 und der Annexion Schleswig-Holsteins durch Preußen 1867 war die Stadt Burg mit der Insel Fehmarn Teil des Kreises Oldenburg. Die Stadt Burg wurde im Jahr 2003 mit dem Amt Fehmarn zur Stadt Fehmarn zusammengeschlossen.

Im Landesarchiv sind neben den Urkunden fast ausschließlich Gerichtsakten und Protokolle, abgegeben vom Amtsgericht Burg, überliefert. Bis auf einige Einzelstücke, die dem Landesarchiv gehören, wurden die Urkunden 1873 von der Stadt Burg auf Fehmarn dem damaligen Staatsarchiv Schleswig als Depositum übergeben.

- Urkunden (100 Nrn.): Privilegien; Kirchen- und Schulsachen; Testamente; Urfehden; Schuldverschreibungen; Rentenkäufe; Korrespondenz mit Lübeck; Subsidialschreiben verschiedener Städte.
- Akten: Gerichtsprotokolle 1555–1649; Schuld- und Pfandprotokolle und Nebenbücher ab 1739.
- 3 lfm
- 1432–1886
- In Abt. 400.1 (Bestandsgruppe „Sammlungen") befinden sich Urkundenabschriften.

Abt. 181 Stadt Eckernförde

Da keine Gründungsurkunde überliefert ist, lässt sich nur vermuten, dass Eckernförde von König Waldemar II. von Dänemark gegründet wurde und in der ersten Hälfte des 13. Jahrhunderts Stadtrecht erhielt. Urkundlich tritt Eckernförde als Stadt erstmals 1302 in Erscheinung. Seit der Herrschaftsteilung von 1544 gehörte die Stadt zunächst zum Anteil des Gottorfer Herzogs. Als der Gottorfer Herzog 1713 seine Anteile am Herzogtum Schleswig 1713 verlor, fiel Eckernförde aufgrund einer Sonderregelung im Jütischen Recht in den Privatbesitz des dänischen Königs. Nach dem Ende des dänischen Gesamtstaates 1864 und der Annexion Schleswig-Holsteins durch Preußen 1867 gehörte Eckernförde bis 1970 als Kreisstadt zum Kreis Eckernförde. Seitdem zählt es zum Kreis Rendsburg-Eckernförde.

Im Landesarchiv sind neben wenigen Urkunden fast ausschließlich vom Amtsgericht Eckernförde abgegebene Protokolle überliefert. Hinzu kamen Abgaben vom Landeskulturarchiv beim Oberpräsidium in Kiel sowie Unterlagen aus dem Nachlass des Obergerichtsadvokaten Krichauff.

- Urkunden (14 Nrn.): Vikarienstiftungen in der Kirche zu Eckernförde; Verträge; Stadtrecht; Privilegien; Schenkungen; Grenzziehung zwischen Ravenshorst und Goosefeld.
- Akten: Gerichtsprotokolle 1726–1776 und 1808–1809; Schuld- und Pfandprotokolle ab 1712, Nebenbücher ab 1735.
- 5 lfm
- 1302–1902

Abt. 182 Stadt Flensburg

Wahrscheinlich schon in der ersten Hälfte des 12. Jahrhunderts gegründet, erhielt Flensburg im Jahr 1284 das Stadtrecht. 1485 wütete ein Großbrand, der große Teile der Altstadt vernichtete. Auch von großen Sturmfluten blieb die Stadt nicht verschont. Im 16. Jahrhundert war Flensburg bereits eine bedeutende Handelsstadt, die allerdings durch den Dreißigjährigen Krieg wieder erheblich leiden musste. Rum- und Zuckerhandel ließen die Stadt im 18. Jahrhundert wieder aufblühen. Nach den Deutsch-Dänischen Kriegen erhielt Flensburg im Jahr 1889 den Status einer kreisfreien Stadt innerhalb der preußischen Provinz Schleswig-Holstein.

1869 wurde der Bestand des Stadtarchivs Flensburg an das neu gegründete Staatsarchiv Schleswig abgegeben. 1949 erhielt das Flensburger Stadtarchiv die Unterlagen als dauerndes Depositum zurück.

- Im Landesarchiv befindet sich aus den Flensburger Beständen lediglich noch der Nachlass des Flensburger Polizeimeisters Krohn.
- 0,5 lfm
- 1848–1849

Abt. 183 Stadt Garding

Der in der Landschaft Eiderstedt gelegene Ort wurde 1575 Flecken mit Marktrecht und erhielt 1590 von Herzog Johann Adolf das Stadtrecht.

- Haussteuerlisten; Erbteilungen und Erbvergleiche; Gerichtsprotokolle, Konsulatprotokolle.
- 0,5 lfm
- 1742–1870
- Das Stadtarchiv selbst befindet sich im Kreisarchiv Nordfriesland in Husum.

Abt. 184 Stadt Friedrichstadt

Die Stadt Friedrichstadt wurde 1621 von Herzog Friedrich III. am Zusammenfluss von Eider und Treene als Siedlung von niederländischen Remonstranten gegründet, die aus Glaubensgründen hierher ausgewandert waren. Aufgrund der in Friedrichstadt gewährten freien Religionsausübung wurde die Stadt eine bedeutende Freistatt für verschiedene religiöse Gruppen. Das Stadtrecht datiert von 1635.

- Testamenten- und Erbteilungsprotokolle; Stadtrechnungen; Schuld- und Pfandprotokolle.
- 2 lfm
- (1622) 1734–1920
- Das eigentliche Stadtarchiv befindet sich in Friedrichstadt.

Abt. 185 Stadt Husum

Der bereits unter König Christian I. mit Fleckensgerechtigkeit versehene Ort erhielt 1603 Stadtrecht. Der Urkundenbestand besteht aus Stücken verschiedenster Provenienz, so unter anderem Urkunden der Stadt, der Marienkirche und des Gasthauses St. Jürgen. Er wurde 1877 und 1900 dem Landesarchiv übergeben.

- Urkunden (650 Nrn.): Marienkirche; Gasthaus St. Jürgen; Städtische Angelegenheiten.
- Akten: Rechnungen; Konsulatsprotokolle; Dekreten- und Kontraktenprotokolle; Schuld- und Pfandprotokolle; Kaufbriefe; Magistratsgerichtsprotokolle; Protokolle des Polizeigerichts; Vormünderbücher.
- 11 lfm
- 1441–1886
- In Abt. 400.1 (siehe Bestandsgruppe „Sammlungen“) liegen Urkundenabschriften. Das Archiv der Stadt Husum befindet sich im Kreisarchiv Nordfriesland.

Abt. 186 Stadt Schleswig

Um 1200 wurde der Ansiedlung Schleswig am Nordufer der Schlei das Stadtrecht von Herzog Waldemar II. verliehen. Die Stadt übernahm somit die Nachfolge der bereits im Jahr 1066 zerstörten Siedlung Haithabu am südlichen Schleiufer. Nach einer kurzen Blütezeit verlor die Stadt Schleswig an Bedeutung, da die aufkommenden größeren Schiffstypen den Hafen in Schleswig nicht mehr problemlos anlaufen konnten. Die Hansestadt Lübeck lief Schleswig den Rang ab. Erst im 16. Jahrhundert gewann die Stadt wieder an Bedeutung. Es begann die herzogliche Blütezeit. Justiz- und Verwaltungsgebäude sowie mehrere große Adelspalais veränderten das Stadtbild. Von 1867 bis 1945 war Schleswig Hauptstadt der preußischen Provinz Schleswig-Holstein. 1873 und 1896 gelangten die städtischen Unterlagen als Depositum in das damalige Staatsarchiv Schleswig. Diese wurden dann mittels Vertrag im Jahr 1931 an die Stadt zurückgegeben. Im Staatsarchiv verblieben nur die durch das Amtsgericht abgegebenen Unterlagen sowie die Urkunden.

- Urkunden (214 Nrn.): Privilegien; Königliche und herzogliche Verordnungen; Verträge; Städtische Angelegenheiten.
- Akten: Gerichtsprotokolle; Dekretenprotokolle; Schuld- und Pfandprotokolle; Stadt- und Kämmereirechnungen.
- 31 lfm
- 1252–1886
- Das Archiv der Stadt Schleswig befindet sich im Gemeinschaftsarchiv des Kreises Schleswig-Flensburg und der Stadt Schleswig.

Abt. 187 Stadt Tönning

Tönning erhielt 1590 das Stadtrecht. Von 1867 bis 1970 war Tönning die Kreisstadt des anschließend im Kreis Nordfriesland aufgegangenen Kreises Eiderstedt.

- Testamente; Klagenprotokolle; Kontrakte; Stadtkataster mit Hausbesitzerfolgen von ca. 1734 bis 1867; Gerichtsprotokolle; Konsulatsprotokolle; Konkursprotokolle; Notariatsprotokoll des Notars L. T. Haase; Schuld- und Pfandprotokolle.
- 10 lfm
- 1589–1882
- Das eigentliche Stadtarchiv befindet sich in Tönning.

Abt. 188 Schleswigsche oktroyierte Köge

Köge sind durch Neulandgewinnung entstandene und eingedeichte Marschländereien an der Westküste Schleswig-Holsteins. Auch trockengelegte Seen können als Koog bezeichnet werden. Im Landesteil Schleswig wurden fast 200 Köge gewonnen; die ältesten stammen wohl aus dem 11. Jahrhundert und liegen in Eiderstedt. Erst in späterer Zeit entstanden die sogenannten oktroyierten Köge, von denen es in der Mitte des 19. Jahrhunderts im Herzogtum Schleswig zweiundzwanzig gab. Ein Oktroi (Freibrief oder Verleihung) war ein Abkommen des Landesherrn mit Deichbauinteressenten, die auf eigene Rechnung Köge schufen und dafür zeitlich befristete Steuerbefreiungen und andere Vorrechte, insbesondere auf dem Gebiet der Selbstverwaltung, erhielten. Die oktroyierten Köge waren neben den Ämtern, Landschaften, adligen Gütern und Städten „Kommünen erster Ordnung“ mit eigener Justiz- und Polizeigewalt. Mit Patent vom 3. Juni 1853 wurden die oktroyierten Köge – mit Ausnahme der fünf Nordstrander Köge, aus denen die Nordstranderharde gebildet wurde – der Gerichtsbarkeit der jeweils angrenzenden Harden unterworfen.

Die Köge sind nach Einzelprovenienzen geordnet. Archivalien zum Desmercieres-Koog sind unter „Sophie-Magdalenen-Koog und Desmercieres-Koog" (Abt. 188.12) zu suchen. Haussteuerangelegenheiten aus dem Jahr 1858 für alle Köge befinden sich in einer eigenen Unterabteilung (Abt. 188.14).

Abt. 188.14 Alle Köge (nur Haussteuer)

- Haussteuerregister für folgende oktroyierte Köge: Alter Augustenkoog, Neuer Augustenkoog, Alter Christian-Albrechts-Koog, Neuer Christian-Albrechts-Koog, Dagebüller Koog, Desmerciereskoog, Elisabeth-Sophien-Koog, Neuer Elisabeth-Sophien-Koog, Friedrichenkoog, Friedrichskoog, Grothusenkoog, Juliane-Marien-Koog, Kleiseerkoog, Louise-Reußen-Koog, Marie-Elisabeth- oder Osterkoog, Marienkoog, Norderfriedrichskoog, Reußenkoog, Ruttebüller Koog, Sophien-Magdalenen-Koog, Neuer Sterdebüller Koog, Trendermarschkoog.
- 0,1 lfm
- 1858

Abt. 188.6 Alter Augustenkoog

Der Koog wurde 1611 unter Leitung des Generaldeichgrafen Johann Claussen Rollwagen eingedeicht und 1701 privilegiert.

- Gerichtsprotokolle; Schuld- und Pfandprotokolle; Vormünderprotokolle, auch für den Neuen Augustenkoog (Abt. 188.7).
- 0,5 lfm
- 1743–1869

Abt. 188.2 Börmerkoog

Der Koog entstand durch Trockenlegung des Börmer Sees und erhielt 1762 ein Oktroi.

- Schuld- und Pfandprotokolle; Gilden; Erdbücher; Dekretenbücher; Rechnungen.
- 0,5 lfm
- 1720–1880

Abt. 188.15 Christian-Albrechts-Koog

Der Christian-Albrechts-Koog besteht aus dem Alten Christian-Albrechts-Koog, der 1681 ein Oktroi erhielt, und dem Neuen Christian-Albrechts-Koog, der im Jahr 1706 gewonnen wurde.

- ↘ Justizsachen; Erb- und Vormundschaftssachen; Landwesenssachen; Schuld- und Pfandprotokolle.
- ↘ 3 lfm
- ↘ 1707–1885

Abt. 188.16 Dagebüller Koog

Es handelte sich ursprünglich um eine Hallig, deren Bewohner 1700 ein Oktroi erhielten. 1704 erfolgten die vollständige Eindeichung und die Landfestmachung des Kooges.

- ↘ Vormünderbuch; Schuld- und Pfandprotokolle.
- ↘ 0,5 lfm
- ↘ (1728–) 1769–1886

Abt. 188.9 Elisabeth-Sophienkoog

Der Koog befindet sich auf der Insel Nordstrand. Er wurde 1739 zunächst unter dem Namen „Christianskoog“ eingedeicht. Nach Zerstörungen wurde er 1771 wiedergewonnen.

- ↘ Gerichtsprotokolle; Schuld- und Pfandprotokolle.
- ↘ 0,5 lfm
- ↘ 1771–1884

Abt. 188.8 Grothusenkoog

1693 erhielten Generalleutnant v. Grothusen und seine Mitinteressenten ein Oktroi für das Vorland am Tatinger Südufer. Der Koog wurde im selben Jahr neu eingedeicht.

- ↘ Gerichtsprotokolle; Schuld- und Pfandprotokolle.
- ↘ 0,1 lfm
- ↘ 1738–1871

Abt. 188.17 Juliane-Marien-Koog

Der Koog wurde 1777/78 eingedeicht und besitzt ein Oktroi von 1790.
- Vormundschaftssachen; Schuld- und Pfandprotokolle.
- 0,5 lfm
- 1782–1882

Abt. 188.5 Kleinseerkoog

Der Koog entstand durch Trockenlegung des Bergenhusener Lütgensees und erhielt 1702 ein Oktroi.
- Gerichts- und Dekretenprotokolle; Schuld- und Pfandprotokolle.
- 0,5 lfm
- 1748–1885

Abt. 188.18 Kleiseer Koog

Der Koog wurde 1725 eingedeicht und besitzt ein Oktroi von 1725.
- Gerichtsprotokolle; Vormünderprotokolle; Schuld- und Pfandprotokolle.
- 1 lfm
- 1733–1885

Abt. 188.10 Louise-Reußen-Koog

Der Koog wurde 1799 als letzte Neubedeichung des Projektes Bredstedter Werk gewonnen.
- Gerichtsprotokolle, auch für den Reußenkoog (Abt. 188.11); Schuld- und Pfandprotokolle.
- 0,5 lfm
- 1799–1885

Abt. 188.20 Marienkoog

Das Oktroi dieses Koogs wurde 1793 erteilt; der Koog wurde 1798 eingedeicht.
- Verhörprotokolle; Vormünderprotokolle; Schuld- und Pfandprotokolle.
- 0,5 lfm
- 1796–1885

Abt. 188.4 Meggerkoog

Der Koog entstand durch Trockenlegung des Meggersees. Er erhielt 1701 dieselben Privilegien wie der Börmerkoog und 1737 ein erneuertes Oktroi.

- Gerichtsprotokolle; Schuld- und Pfandprotokolle.
- 0,5 lfm
- 1704–1885

Abt. 188.7 Neuer Augustenkoog

Der Koog ist mit einem Oktroi von 1695 versehen. Die Bedeichung des Neuen Augustenkoogs erfolgte 1698/99.

- Schuld- und Pfandprotokolle.
- 0,1 lfm
- 1728–ca. 1875
- Vormünderprotokolle siehe Alter Augustenkoog (Abt. 188.6).

Abt. 188.19 Neuer-Interessenten-Gotteskoog

Eine Interessentschaft benannte den Interessenten-Gotteskoog, der 1709 ein Oktroi erhielt, das aber 1723 erlosch. 1758 erhielt der Interessentenkoog eigene Gerichtsbarkeit.

- Gerichtsprotokoll; Schuld- und Pfandprotokolle.
- 0,5 lfm
- 1755–1882

Abt. 188.13 Neuer Sterdebüller Koog

Der Koog wurde um 1520 in der Bredstedter Bucht eingedeicht. Er erhielt 1687 ein Oktroi.

- Schuld- und Pfandprotokolle.
- 0,5 lfm
- 1734–1870

Abt. 188.11 Reußenkoog

Der Koog erhielt 1708 ein Oktroi. Die Bedeichung erfolgte jedoch erst 1789.

- Schuld- und Pfandprotokolle.
- 0,5 lfm
- 1789–1885
- Gerichtsprotokolle siehe Louise-Reußen-Koog (Abt. 188.10).

Abt. 188.12 Sophie-Magdalenen- und Desmercieres-Koog

Der Sophie-Magdalenen-Koog wurde 1741 eingedeicht und besaß ebenso wie der Desmercieres-Koog ein erneuertes Oktroi von 1733. Letzterer wurde 1767 eingedeicht.

- Gerichtsprotokolle; Kauf- und Kontraktenprotokolle; Schuld- und Pfandprotokolle.
- 0,5 lfm
- 1749–1886

Abt. 188.3 Sorgerkoogskommüne

Der Sorgerkoog ist eine entwässerte Niederung in der Landschaft Stapelholm, die bereits um 1500 landwirtschaftlich genutzt und spätestens seit 1631 mit Schleusen versehen war.

- Anlagerechnungen; Verhandlungen; Schleusensachen.
- 4 lfm
- 18.–20. Jh.

Abt. 188.1 Wiedingharder Alter Koog

Es handelt sich um eine ehemalige Marschinsel im Wattenmeer. Der Koog wurde 1465 eingedeicht.

- Deichsachen; Erdbücher; Landmaße; Gerichtssachen; Rechnungen; Vermessungen.
- 2 lfm
- 1692–1894

Abt. 196 Schleswigsche Kirchen- und Pfarrarchive; jüdische Gemeindearchive

Die eigentlichen Bestände befinden sich nicht im Landesarchiv, sondern bei den entsprechenden kirchlichen Einrichtungen. An das Landesarchiv sind nur mehr oder weniger zufällige Splitter von geringem Umfang gelangt; vorwiegend handelt es sich jedoch nur um Fotokopien. Der Bestand enthält vor allem Kirchenregister, zum Teil auch Rechnungssachen.

- Kirchengemeinde Breklum; Kirchengemeinde Dänischenhagen; Kirchengemeinde Deezbüll; Katholische Pfarre Flensburg; Jüdische Gemeinde

Friedrichstadt (Filmabzüge von Registern); Römisch-katholische Kirchengemeinde Friedrichstadt (Fotokopien von Registern); Gettorf (13 Urkunden); Kirchengemeinde Großenwiehe; Propstei Hadersleben; Klein Waabs (2 Urkunden); Kirchengemeinde Neukirchen; Baptistengemeinde Schleswig; Jüdische Gemeinde Schleswig (Abschrift von Registern); Militärgemeinde Schleswig/Kgl. Divisionspfarramt (Personal- und Verwaltungsangelegenheiten); Kirchengemeinde Tetenbüll; Kirchengemeinde Tönning.

- 2 lfm
- 1503–1920
- Die Kirchenbücher werden fast ausnahmslos bei den Kirchenbuchämtern verwahrt. Die Filmabzüge von Registern stammen aus Abt. 415 (siehe Bestandsgruppe „Sammlungen").

Abt. 197 Schleswigsche Deichbände

Um 1800 wurde die Deichverwaltung in den Herzogtümern Schleswig und Holstein durch ein königliches Patent neu geregelt. Ein 1803 erlassenes „Allgemeines Deichreglement" schrieb die Bildung von Deichbänden vor, deren Ziel der Erhalt sicherer Seedeiche war. Für die schleswigsche Marsch wurden 1805 drei solcher Deichbände geschaffen. Nach der Ersten Wasserverbandsordnung von 1937 strukturierte sich das Wasserverbandswesen nach und nach völlig neu.

- Ein Teil des Bestandes ist ein Depositum.
- Wasserlösung; Deiche; Strom- und Uferbau; Schleusen; Siele; Streitsachen; General- und Spezialkoogsrechnungen der Maasbüller Deichwerk- und Wasserlösungsinteressenten. – Geografisch betreffen einige Akten auch Norderdithmarschen.
- 6 lfm
- 1617–1880

Abt. 198 Schleswigsche genossenschaftliche Verbände

Dieser Sammelbestand umfasst die Überliefung kleinerer nichtstaatlicher Interessenverbände. Der Bestand ist nach Einzelprovenienzen geordnet.

Abt. 198.1 Tischleramt Tondern

- Für die handwerklichen Zünfte in den Städten war in Schleswig-Holstein der Begriff (Handwerks-)Ämter gebräuchlich. Das überlieferte Archivale wurde zwischen Handwerkersachen des Stadtarchivs Krempe aufgefunden.
- Amtsbuch.
- 0,1 lfm
- 1670–1831

Abt. 198.2 Brand-Beliebung Kahleby und Moldenit

Die Brand-Beliebung Kahleby und Moldenit wurde 1747 als Versicherungsverein auf Gegenseitigkeit gegründet.

- Haupt-Brand- und Beliebungsbuch.
- 0,1 lfm
- [1765]

Abt. 198.3 Hagelassekuranzgesellschaft für die adligen Klöster und Güter der Herzogtümer Schleswig, Holstein und Lauenburg

Die „Hagel-Assecuranz-Gesellschaft für die adelichen Güther und Klöster der Herzogthümer Schleswig-Holstein und Lauenburg" wurde 1811 als Versicherungsverein auf Gegenseitigkeit gegründet.

- Protokollbuch.
- 0,1 lfm
- 1849–1874

Abt. 198.4 Feuerversicherungsverein für die Arens- und Treia-Harden

Über die Geschichte des Feuerversicherungsvereins für die Arens- und Treia-Harden sind leider keine wesentlichen Informationen dokumentiert.

- Protokollbücher; Hauptbücher; Hebelisten.
- 0,5 lfm
- 1855–1953

Abt. 198.5 Esgrus-Steruper Pferdegilde

Die Pferdegilde wurde 1869 gegründet und war seit 1887 ein Pferdeversicherungsverein auf Gegenseitigkeit. 1965 schloss sie sich den Angler Pferdegilden an.
- Protokoll; Kassenbücher; Dokumentation.
- 0,1 lfm
- 1882–1965

Abt. 198.6 Schlachtervereinigung Flensburg

Die Schlachtervereinigung Flensburg (auch Freie Schlachtervereinigung Flensburger Schlachter eGmbH) wurde 1907 von mehreren Schlachtern als Genossenschaft gegründet. Der Bestand wurde vom Landesarchiv angekauft.
- 0,1 lfm
- 1896–1955

Abt. 198.7 Arenholzer Seeinteressenten

Über die Geschichte der Arenholzer Seeinteressenten sind leider keine wesentlichen Informationen dokumentiert. Der Bestand befindet sich als Depositum im Landesarchiv.
- Protokoll; Kassenbuch.
- 0,1 lfm
- 1908–1977

Abt. 198.8 Genossenschaften und Gilden in Neuberend

Dieser Bestand fasst die Überlieferung einer Genossenschaft und zweier Gilden aus Neuberend zusammen, und zwar der vor dem 1926 erfolgten Anschluss Neuberends an das Stromnetz gegründeten und 1943 aufgelösten Elektrizitäts-Genossenschaft zu Neuberend eGmbH, der wohl 1872 gegründeten und 1968 aufgelöste Pferdegilde für Neuberend und Umgebung sowie der wohl 1866 gegründeten und in den 1960er-Jahren aufgelösten Hornviehgilde für Neuberend und Umgebung.
- Protokollbücher; Statuten und Satzungen.
- 0,5 lfm
- 1909–1968

Abt. 198.9 Meiereigenossenschaft Achtrup

Die Meiereigenossenschaft Achtrup wurde 1889 gegründet und schloss sich 1970 der Adelbyer Meierei an. Das Archivale wurde vom Dorfarchiv Achtrup an das Landesarchiv abgegeben.

- ↘ Abrechnungsbuch.
- ↘ 0,1 lfm
- ↘ 1934–1939

Abt. 198.10 Totengilde für Borgwedel und Stexwig

Die Totengilde für Borgwedel und Stexwig wurde 1814 als Sterbefallversicherung auf Gegenseitigkeit gegründet und innerhalb der Borgwedel-Stexwiger Schützengilde als Sterbegilde weitergeführt. Das Archivale wurde vom Amt Haddeby an das Landesarchiv abgegeben.

- ↘ Gildebuch.
- ↘ 0,1 lfm
- ↘ 1814–1835

Abt. 198.11 Mergelverband Oeversee und Umgegend

Der Mergelverband Oeversee und Umgegend wurde 1912 gegründet und 1948 aufgelöst. Der Bestand wurde vom letzten Vorsitzenden Nicolaus Johannsen, Frörup, an das Landesarchiv abgegeben.

- ↘ Protokollbuch; Kassen- und Rechnungssachen.
- ↘ 0,5 lfm
- ↘ 1912–1948

Abt. 198.12 Treeneverbände

Der Bestand „Treeneverbände" setzt sich aufgrund des engen inhaltlichen Zusammenhangs aus Unterlagen des Wasserschauamts Treene und des Wasser- und Bodenverbandes Obere Treene zusammen. Über die Geschichte des Wasserschauamts Treene sind leider keine wesentlichen Informationen dokumentiert. Seine Unterlagen wurde vom letzten Vorsitzenden Nicolaus Johannsen, Frörup, an das Landesarchiv abgegeben. Der Wasser- und Bodenverband Obere Treene wurde im Jahr 1968 aus verschiedenen kleineren Vorgängerverbänden gegründet. Einige von diesen Vorgängerverbänden – Wasser- und Bodenverbände Ausackerholz,

Bondenau, Kielstau und Satrup, Wassergenossenschaften Löstrup und Rückebek, Unterhaltungsverband Obere Treene – übernommene Unterlagen wurden 2014 abgegeben.

- Protokolle; Wasserschauen; Streitsachen; Regulierung der Bondenau.
- 0,5 lfm
- 1863–1979

Abt. 198.13 Knochenbruchgilde Neuwittenbek

Die Knochenbruchgilde Neuwittenbek wurde 1763 als Brand-Bruchgilde von den Untertanen des Gutes Warleberg gegründet. Der Bestand wurde von Hans Carstensen, stellvertretender Vorsitzender der Gilde, Neuwittenbek, an das Landesarchiv abgegeben.

- Statuten; Liste der Beschlussfähigen; Protokoll- und Einnahmebuch.
- 0,1 lfm
- 1763–1925

Abt. 200 Schleswigsche Schulen und Lehranstalten

Der Bestand fasst Unterlagen zusammen, die in einzelnen schleswigschen Schulen und Lehranstalten entstanden sind. Die unterschiedlichen Provenienzen sind durch ein gemeinsames Findbuch erschlossen. Den größten Teil des Bestandes bilden die Akten der 1542 eingerichteten Domschule zu Schleswig, die zunächst bis zum Stichjahr 1945 von der Domschule an das Landesarchiv abgegeben worden und in einem eigenen Findbuch verzeichnet sind.

- Domschule zu Schleswig: Schulverfassung; Berichte; Schulaufsichtssachen; Journale; Personalia; Finanzen; Gebäude und Bibliothek; Unterricht und Fortbildung; Prüfungen und Schulbetrieb; Stipendien und Stiftungen; Vereinigungen der Domschule. – Oberrealschule zu Sonderburg (1865 eingerichtet, 1920 bei der Abtretung Nordschleswigs an Dänemark aufgelöst): Schulbetrieb; Personalia; Schulgebäude; Schulgeschichte; Erster Weltkrieg und Abstimmung 1920; Protokolle; Rechnungssachen. – Schulchroniken, Protokolle und Rechnungen von: Schulverband Brodersby; Schulen zu Garding; Schule zu Goosefeld, Kochendorf, Langholz, Linnau, Osterhever, Poppenbüll, Süderfahrenstedt, Taarstedt und Westerthal. – Schiffsingenieur- und Seemaschinistenschule/Navigationsschule in Flensburg: Allgemeines; Verkehr mit vorgesetzten Stellen; Personalakten; Rechnungssachen; Schulbetrieb und Prüfungen; Inventar und Gebäude.

- 22 lfm
- 1563–1975
- Zur Domschule Schleswig siehe auch Abt. 169 (siehe Bestandsgruppe „Herzogtum Schleswig"), Abt. 302 (siehe Bestandsgruppe „Preußische Verwaltung"), Abt. 399.1014 (siehe Bestandsgruppe „Nachlässe").

Abt. 201 Justitiariat für die Güter in der Karrharde

Bei dem Justitiariat für die Güter in der Karrharde handelt es sich um die gemeinsame Gerichtshalterschaft für die Güter Boverstedt, Büllsbüll, Klixbüll, Fresenhagen, Gaarde, Hogelund, Karrharde und Lütjenhorn, die aufgrund der Gerichtsordnung von 1805 von allen Karrharder Gütern gemeinschaftlich eingerichtet wurde. Die Unterlagen, ganz überwiegend Protokolle, wurden vom Amtsgericht Leck abgegeben. 2013 wurden sie aus dem Bestand Abt. 195 ausgeschieden und bilden seitdem den Bestand Abt. 201.

- Reskripte und Verfügungen 1805–1814; Kontrakte 1797–1851; Expeditionsprotokoll 1851–1863.
- 1 lfm
- 1797–1863
- Unterlagen, die sich jeweils auf die einzelnen Güter beziehen, befinden sich in Abt. 195.

Abt. 202 Schleswigsche Dorfschaften und Landgemeinden

In diesem Bestand sind Archivalien von Dorfschaften und Landgemeinden des Herzogtums Schleswig zusammengefasst. Dorfschaften waren als Zusammenschluss der Bauern eines Ortes eine frühe Form der Selbstverwaltung in vorpreußischer Zeit. Mit der Gründung der preußischen Provinz Schleswig-Holstein wurde durch die Einführung der Landgemeindeordnung am 22. September 1867 eine neue kommunale Verwaltungsstruktur mit den Landgemeinden als unterste Verwaltungseinheit geschaffen.

Die Überlieferung schleswigscher Dorfschaften und Landgemeinden war zunächst Teil des Bestandes Abt. 195, aus dem die Dorfschafts- und Gemeindebestände nach und nach herausgelöst wurden und seitdem Abt. 202 bilden. Der Bestand setzt sich aus einzelnen Abgaben verschiedener Amtsstellen und Privatpersonen zusammen. Die Überlieferung hat daher einen wenig geschlossenen und eher zufälligen Charakter.

Abt. 202.1 Archsum auf Sylt, Dorfschaft

- Verteilungsprotokoll der Bauervögte; Flurkartenbuch.
- 0,1 lfm
- 1782–1793

Abt. 202.2 Arenholz, Dorfschaft

- Der Bestand befindet sich als Depositum im Landesarchiv.
- Moore; Vermessung; Steuern; Jagd.
- 0,5 lfm
- 1791–1924

Abt. 202.3 Gettorf, Gemeinde

- Gemeinde; Rechnungen und Steuern; Justiz und Polizei; Kirchen, Schule und Arme; Krankenkassen; Gewerbe; Brandsachen und Wasserlösung; Wege und Eisenbahnen; Grundstücke und Bausachen; Militär; Landwirtschaft und Jagd.
- 5 lfm
- 1692–1934

Abt. 202.6 Groß Wittensee, Dorfschaft

- Armenrechnungsbuch.
- 0,1 lfm
- 1844–1867

Abt. 202.4 Haby-Lehmsiek, Gemeinde

- Erdbuch; Rechnungen; Steuern.
- 0,5 lfm
- 1779–1930

Abt. 202.5 Hamdorf, Gemeinde

- Grundstücke; Chausseen; Schule; Wasserlösung; Arme; Hebammen; Fähren; Forsten, Jagd, Fischerei und Deiche; Erdbuch.
- 0,1 lfm
- 1801–1937

Abt. 202.7 Holm und Goosholz, Dorfschaften

- Fischereirechte.
- 0,1 lfm
- 1724–1921

Abt. 202.8 Hüsby, Gemeinde

- Wege.
- 0,1 lfm
- 1887–1897

Abt. 202.9 Lürschau, Dorfschaft

- Erbheuer Lürschauer See.
- 0,1 lfm
- 1766–1853

Abt. 202.10 Marienthal, Gemeinde

- Landwirtschaft; Steuern.
- 0,5 lfm
- 1868–1953

Abt. 202.11 Norstedt, Dorfschaft

- Feldscheidevergleich mit Bohmstedt.
- 0,1 lfm
- 1685

Abt. 202.12 Olderup, Dorfschaft

- Betglocke; Wege; Kriminalkosten; Kaufverträge.
- 0,1 lfm
- 1826–1862

Abt. 202.13 Sterup, Gemeinde

- Landwirtschaftliche Grundstücke.
- 0,1 lfm
- 1679–1890

Abt. 202.14 Süderlügum, Gemeinde

- Gemeindevorsteher; Schneeräumung; Grenzen; Reallasten.
- 0,1 lfm
- 1868–1895

Abt. 202.15 Tolk, Gemeinde

- Rechnungsbuch.
- 0,1 lfm
- 1793–1893

Abt. 203 Stadt Hadersleben

Die Stadt Hadersleben war die nördlichste Stadt im Herzogtum Schleswig und besaß seit 1292 Stadtrecht. Sie wurde nach der Volksabstimmung von 1920 mit dem gesamten Kreisgebiet des Kreises Hadersleben an Dänemark abgetreten.

- Kriminalsachen.
- 0,1 lfm
- 1685–1826
- Das eigentliche Stadtarchiv befindet sich in Hadersleben/Haderslev.

Herzogtum Holstein bis 1867

Die Überlieferung der staatlichen Verwaltung auf lokaler Ebene aus der Zeit bis 1867 ist weitgehend ins Landesarchiv gelangt, aus den landesherrlichen Ämtern ebenso wie aus den mit Privilegien und unterschiedlicher Selbstverwaltung ausgestatteten Landschaften. Die aus der Selbstverwaltung der Landschaften entstandenen Landschaftsarchive befinden sich allerdings nur zum Teil im Landesarchiv. Soweit das der Fall ist, sind sie in dieser Gruppe bzw. bei den lokalen Archiven des Herzogtums Schleswig aufgeführt. Die Archive der landesherrlichen Ämter und der Landschaften sind nach einem einheitlichen Schema geordnet. Dieses ergab sich aus der Geschäftsverteilung zwischen dem Oberbeamten (Amthaus), dem Amtschreiber/Amtsverwalter (Amtsstube) und dem Hausvogt und Aktuar sowie aus der seinerzeit allgemein gebräuchlichen Gliederung der Chronologischen Sammlung der Verordnungen. Man findet daher in allen Findbüchern der Ämter und Landschaften die folgenden Rubriken, die in den Beschreibungen der einzelnen Abteilungen nicht eigens wiederholt werden: Publica, Generalia und Grenzsachen; Behörden und Beamte; Justizsachen; Rechnungs- und Abgabesachen; Fuhren und Dienste; Domänen; Landwesen und Landwirtschaft; Forst-, Jagd- und Moorsachen; Fischerei; Mühlen; Deich- und Wasserlösungssachen; Handwerker und Privilegierte; Handel und Schifffahrt; Polizeisachen; Wege und Brücken; Visitatorialsachen, d. h. Kirchen-, Schul-, Armen- und Ehesachen; Militaria; Gerichtsprotokolle, Schuld- und Pfandprotokolle, Kontrakten-, Vormünder-, Korrespondenz- und andere Protokolle. Die Bestände der adligen Klöster und Güter sind aufgrund ihrer besonderen Struktur in einer eigenen Hauptgruppe dieser Beständeübersicht zusammengefasst worden. Sie sind dort zu suchen und für sich erläutert. Neben den Akten werden unter den einzelnen Beständen auch die jeweiligen Urkundenüberlieferungen beschrieben. Soweit Urkunden verschiedener Herkunft sind und sich auf Örtlichkeiten im Herzogtum Holstein sowie die auf die Städte und Bistümer Hamburg und Lübeck oder auf deren Gebiet beziehen, befinden sich diese in einer eigenen Urkundenabteilung mit der Bezeichnung Urk.-Abt. B (574 Nummern). Die Urkunden- und Aktenüberlieferung der Städte befindet sich, von wenigen Ausnahmen abgesehen, nicht im Landesarchiv, sondern in den jeweiligen Stadtarchiven.

Abt. B Urkunden verschiedener Herkunft – Herzogtum Holstein

Die Urkundenabteilung B wurde im Jahr 1883 formiert, um solche Urkunden sinnvoll einordnen zu können, deren Herkunft unbekannt, ungesichert oder unklar war. Es wurden darin auch solche Urkunden mit aufgenommen, deren Herkunft zwar bekannt war, deren Anzahl aber als zu gering für eine eigenständige Urkundenabteilung erachtet wurde. In dieser Abteilung B sind Urkunden verschiedener Herkunft zusammengefasst, die sich auf Örtlichkeiten im Herzogtum Holstein sowie auf die Bistümer Hamburg und Lübeck und deren Gebiet beziehen. Entsprechende Sammelabteilungen – Abt. C für das Herzogtum Schleswig und Abt. A für Schleswig-Holstein insgesamt – sind in der jeweiligen Bestandsgruppe dieser Beständeübersicht zu suchen.

Soweit Urkunden einer bestimmten Provenienz zuzuordnen waren, wurden sie nicht in die Abteilungen A, B und C eingeordnet, sondern in die provenienzbezogenen Bestände (Abt. 1 etc.). Dort sind sie auch über diese Beständeübersicht auffindbar.

- Privilegienbestätigungen; Stadtrechte; Ablässe; Inkorporationen; Territoriale Verträge und Vergleiche; Lehnsbestätigungen; Stiftungen; Erwerb von Ländereien und Rechten.
- 574 Nrn.
- 967–1866

Abt. 100 Mitteldrittenteil Dithmarschen

Das Gebiet Dithmarschens ist zwischen Nordsee, Eider und Elbe gelegen und hatte lange Zeit als sogenannte freie Bauernrepublik einen besonderen Status. Mitte des 15. Jahrhunderts wurde das Dithmarscher Landrecht aufgezeichnet, und es wurde ein Obergericht geschaffen mit 48 auf Lebenszeit eingesetzten Richtern. Diese entwickelten sich zum eigentlichen Selbstverwaltungsorgan der entstehenden Bauernrepublik Dithmarschen. Vor allem im späten Mittelalter und in der frühen Neuzeit war Dithmarschen von Wohlstand der großbäuerlichen Oberschicht, hohem Selbstbewusstsein und faktisch weitgehender Unabhängigkeit gekennzeichnet. Gewaltsame Unterwerfungsversuche scheiterten wiederholt. So besiegten die Dithmarscher im Jahr 1500 in der Schlacht bei Hemmingstedt ein dänisch-schleswig-holsteinisches Heer. Der nächste Einmarsch dänisch-schleswig-holsteinischer Truppen, die sogenannte Letzte Fehde, konnte dann allerdings 1559 von den Dithmarschern nicht mehr aufgehalten werden. Nach der Eroberung wurde Dithmarschen in drei Teile geteilt: Herzog Adolf I. von Schleswig-Holstein-Gottorf erhielt den nördlichen, sein in Hadersleben regierender Bruder Johann den mittleren und König Friedrich II. von Dänemark den südlichen Teil. Nach dem Tod Johanns 1581 teilten Adolf und Friedrich dessen Anteile unter der Gottorfer und der königlichen Linie auf.

- Landrechnungen.
- 1 lfm
- 1560–1581

Abt. 101 Landschaft Norderdithmarschen

Das Gebiet Dithmarschens ist zwischen Nordsee, Eider und Elbe gelegen und hatte lange Zeit als sogenannte freie Bauernrepublik einen besonderen Status. Mitte des 15. Jahrhunderts wurde das Dithmarscher Landrecht aufgezeichnet, und es wurde ein Obergericht geschaffen mit 48 auf Lebenszeit eingesetzten Richtern. Diese entwickelten sich zum eigentlichen Selbstverwaltungsorgan der entstehenden Bauernrepublik Dithmarschen. Vor allem im späten Mittelalter und in der frühen Neuzeit war Dithmarschen von Wohlstand der großbäuerlichen Oberschicht, hohem Selbstbewusstsein und faktisch weitgehender Unabhängigkeit gekennzeichnet. Gewaltsame Unterwerfungsversuche scheiterten wiederholt. So besiegten die Dithmarscher im Jahr 1500 in der Schlacht bei Hemmingstedt ein dänisch-schleswig-holsteinisches Heer. Der nächste Einmarsch dänisch-schleswig-holsteinischer Truppen, die sogenannte Letzte Fehde, konnte dann allerdings 1559 von den Dithmarschern nicht mehr aufgehalten werden. Nach der Eroberung wurde Dithmarschen in drei Teile geteilt: Herzog Adolf I. von Schleswig-Holstein-Gottorf erhielt den nördlichen, sein in Hadersleben regierender Bruder Johann den mittleren und König Friedrich II. von Dänemark den südlichen Teil. Nach dem Tod Johanns teilten Adolf und Friedrich 1581 dessen Anteile unter der Gottorfer und der königlichen Linie auf. Norder- und Süderdithmarschen existierten fortan als Landschaften mit einer eigenen Landschaftsordnung und einem Landvogt bzw. Statthalter an der Spitze. Die Landschaft Norderdithmarschen umfasste die elf Kirchspiele Büsum, Delve, Heide, Hemme, Hennstedt, Lunden, Neuenkirchen, Tellingstedt, Weddingstedt, Wesselburen und Nordervogtei Wöhrden, deren Unterlagen teilweise auch im Landesarchiv verwahrt werden. 1867 wurden die beiden Landschaften zu Landkreisen gleichen Namens umgestaltet.

- Urkunden (52 Nrn.): Dithmarscher Landesrecht; Landesherrliche Verordnungen; Privilegien; Vergleiche; Erbangelegenheiten; Landverkäufe und -verpfändungen; Ausweisung der Zigeuner; Religionsfreiheit; Abgaben und Steuern; Deichordnung.
- Akten: Zu den Bestandsschwerpunkten siehe die Erläuterung der Bestandsgruppe „Herzogtum Holstein“. – Protokollüberlieferung: Landes- und Kirchspielsrechnungen je nach Kirchspiel ab 1610; Schuld- und Pfandprotokolle sowie Kontraktenprotokolle je nach Kirchspiel ab 1637.
- 311 lfm
- 1492–1901

Abt. 102 Landschaft Süderdithmarschen

Das Gebiet Dithmarschens ist zwischen Nordsee, Eider und Elbe gelegen und hatte lange Zeit als sogenannte freie Bauernrepublik einen besonderen Status. Mitte des 15. Jahrhunderts wurde das Dithmarscher Landrecht aufgezeichnet, und es wurde ein Obergericht geschaffen mit 48 auf Lebenszeit eingesetzten Richtern. Diese entwickelten sich zum eigentlichen Selbstverwaltungsorgan der entstehenden Bauernrepublik Dithmarschen. Vor allem im späten Mittelalter und in der frühen Neuzeit war Dithmarschen von Wohlstand der großbäuerlichen Oberschicht, hohem Selbstbewusstsein und faktisch weitgehender Unabhängigkeit gekennzeichnet. Gewaltsame Unterwerfungsversuche scheiterten wiederholt. So besiegten die Dithmarscher im Jahr 1500 in der Schlacht bei Hemmingstedt ein dänisch-schleswig-holsteinisches Heer. Der nächste Einmarsch dänisch-schleswig-holsteinischer Truppen, die sogenannte Letzte Fehde, konnte dann allerdings 1559 von den Dithmarschern nicht mehr aufgehalten werden. Nach der Eroberung wurde Dithmarschen in drei Teile geteilt: Herzog Adolf I. von Schleswig-Holstein-Gottorf erhielt den nördlichen, sein in Hadersleben regierender Bruder Johann den mittleren und König Friedrich II. von Dänemark den südlichen Teil. Nach dem Tod Johanns teilten Adolf und Friedrich 1581 dessen Anteile unter der Gottorfer und der königlichen Linie auf. Norder- und Süderdithmarschen existierten fortan als Landschaften mit einer eigenen Landschaftsordnung und einem Landvogt bzw. Statthalter an der Spitze. Die Landschaft Süderdithmarschen umfasste die zwölf Kirchspiele Albersdorf, Barlt, Brunsbüttel, Eddelak, Hemmingstedt, Marne, Südervogtei Meldorf, Nordervogtei Meldorf, Nordhastedt, Süderhastedt, Burg und Südervogtei Wöhrden, deren Unterlagen teilweise auch im Landesarchiv verwahrt werden. Nach 1864 wurden die beiden Landschaften zu Landkreisen gleichen Namens umgestaltet.

- Urkunden (186 Nrn.): Privilegien; Erbvertrag über Dithmarschen; Landesherrliche Verordnungen; Landverkäufe; Beliebungen; Testamente; Obligationen; Kontributionen; Vergleiche; Bestallungen; Deichordnung; Errichtung des Gutes Friedrichshof.
- Akten: Zu den Bestandsschwerpunkten siehe die Erläuterung der Bestandsgruppe „Herzogtum Holstein". – Protokollüberlieferung: Landes- und Kirchspielsrechnungen je nach Kirchspiel ab 1649; Schuld- und Pfandprotokolle sowie Kontraktenprotokolle je nach Kirchspiel ab 1644.
- 340 lfm
- 1511–1888

Abt. 103 Amt Steinburg

Das Amt Steinburg, das bei der Landesteilung von 1544 zum königlichen Anteil kam, bestand aus den beiden Marschdistrikten Krempermarsch und Wilstermarsch sowie aus dem Itzehoer Burgdistrikt, also dem landesherrlichen Teil der Stadt Itzehoe. Die Krempermarsch setzte sich aus den neun Kirchspielvogteien Neuenbrook, Kammerland, Elskop, Königsmoor, Krempdorf, Borsfleth, Süderau, Grevenkop und Hohenfelde zusammen; die Wilstermarsch umfasste die sechs Kirchspielvogteien Wilster auf der alten Seite, Wilster auf der neuen Seite, St. Margarethen, Brokdorf, Wewelsfleth und Beidenfleth. Sitz des Amtmanns war ursprünglich die landesherrliche Burg Steinburg gewesen, die dem Amt ihren Namen gegeben hatte. Nach der Zerstörung der Burg im Dreißigjährigen Krieg wurde der Verwaltungssitz nach Itzehoe verlegt. Neben dem Amtmann und dem Amtsverwalter gab es als weitere landesherrliche Beamte je einen Landschreiber in der Kremper- und Wilstermarsch und einen Kirchspielschreiber in St. Margarethen, die vornehmlich die Protokollführung besorgten. Der Landschreiber der Wilstermarsch war zugleich Vogt der zum Amt Bordesholm gehörigen Vogtei Sachsenbande. Als Unterhebungs- und Polizeibeamte fungierten vier Kirchspielvögte.

Das Amtsarchiv ist in recht geschlossener Form überliefert. Bei den Visitatorialakten befindet sich auch Schriftgut des Münsterdorfischen Konsistoriums und der Propstei Münsterdorf.

- Zu den Bestandsschwerpunkten siehe die Erläuterung der Bestandsgruppe „Herzogtum Holstein". – Protokollüberlieferung: Amtsrechnungen ab 1494 (mit einigen Lücken); Gerichtsprotokolle ab 1630; Schuld- und Pfandprotokolle und Kontraktenprotokolle ab 1630.
- 120 lfm

- 1494–1885
- Drei Kopiare des Amtes Steinburg aus dem 17.–18. Jh. befinden sich in Abt. 400.1 (siehe Bestandsgruppe „Sammlungen“).

Abt. 104 Amt Rendsburg

Das große Amt Rendsburg, das bei der Landesteilung von 1544 zum königlichen Anteil kam, bestand aus den sechs Kirchspielvogteien Raumort, Jevenstedt, Nortorf, Hohenwestedt, Schenefeld und Kellinghusen. Sitz des Amtmanns war bis ins 17. Jahrhundert das Schloss in Rendsburg, seitdem wohnte er in der Stadt, ebenso wie Propst, Amtsverwalter, Hausvogt, Aktuar und Raumorter Kirchspielvogt. Im Vergleich zur Überlieferung anderer Ämter ist der Bestand Amt Rendsburg mit rund 1600 Archivnummern eher schmal.

- Zu den Bestandsschwerpunkten siehe die Erläuterung der Bestandsgruppe „Herzogtum Holstein“. – Protokollüberlieferung: Amtsrechnungen ab 1538 (Lücke von 1542 bis 1584); Gerichtsprotokolle ab 1781; Schuld- und Pfandprotokolle und Kontraktenprotokolle ab 1630.
- 118 lfm
- 1538–1885

Abt. 105 Amt Neumünster

Das kleine Amt Neumünster, das bei der Landesteilung von 1544 zum gottorfischen Anteil kam, bestand nur aus den landesherrlich gebliebenen Teilen des gleichnamigen Kirchspiels. Amtmann, Amtsverwalter, Hausvogt und Aktuar wohnten in Neumünster. Die Gerichtsverfassung zeichnete sich durch die Besonderheit der „Neumünsterschen Kirchspielsgebräuche“ aus. Mit rund 1300 Archivnummern ist der Bestand Amt Neumünster relativ vollständig überliefert.

- Zu den Bestandsschwerpunkten siehe die Erläuterung der Bestandsgruppe „Herzogtum Holstein“. – Protokollüberlieferung: Einzelne Steuer- und Zollregister ab 1508; Amtsrechnungen ab 1695; Schuld- und Pfandprotokolle ab 1735; Kontraktenprotokolle ab 1670.
- 86 lfm
- 1508–1863

Abt. 106 Ämter Bordesholm, Kiel, Kronshagen

Das kleine Amt Kiel entstand aus dem mittelalterlichen Bezirk des Kieler Schlosses, das mittelgroße Amt Bordesholm hingegen aus den Besitzungen des im 16. Jahrhundert aufgehobenen Klosters Bordesholm, während das kleine Amt Kronshagen erst 1768 aus einem vom Landesherrn erworbenen adligen Gut gebildet wurde. Das Amt Kiel gehörte seit der Landesteilung von 1544 zum Gottorfer Anteil, das Amt Bordesholm von 1544 bis 1581 zum Haderslebener Anteil, danach zum Gottorfer Anteil, das Amt Kronshagen seit 1768 gleichfalls zum Gottorfer Anteil. Der zuletzt für die drei Ämter gemeinsame Amtmann wohnte in Bordesholm. Den Ämtern Kiel und Kronshagen waren Amtschreiber und Hausvogt mit Sitz in Kiel gemeinsam, während das Amt Bordesholm einen eigenen Amtschreiber und einen Hausvogt mit Sitz in Bordesholm hatte. Mit knapp 1500 Archivnummern ist der Bestand der Ämter Kiel, Bordesholm und Kronshagen recht gut überliefert.

- Zu den Bestandsschwerpunkten siehe die Erläuterung der Bestandsgruppe „Herzogtum Holstein". – Protokollüberlieferung: Amtsrechnungen Kiel ab 1610; Amtsrechnungen Bordesholm ab 1568; Amtsrechnungen Kronshagen ab 1768; Amtsprotokolle Bordesholm ab 1611; Gerichtsprotokolle Kiel ab 1776; Gerichtsprotokolle Bordesholm ab 1705; Gerichtsprotokolle Kronshagen ab 1786; Schuld- und Pfandprotokolle Kiel ab 1749; Kontraktenprotokolle Kiel ab 1682; Schuld- und Pfandprotokolle und Nebenbücher Bordesholm ab 1749; Schuld- und Pfandprotokolle und Nebenbücher Kronshagen ab 1768.
- 129 lfm
- 1568–1885
- Hebungssachen der zum Amt Bordesholm gehörigen Vogtei Sachsenbande in der Wilstermarsch befinden sich auch in Abt. 103 Nr. 791–795.

Abt. 107 Ämter Cismar und Oldenburg

Das kleine Amt Cismar entstand 1561 aus den Besitzungen des Benediktinerklosters Cismar, das 1245 von Lübeck hierher verlegt worden war. 1544 fiel das Kloster an den gottorfischen Anteil, bei dem es auch nach der Säkularisation verblieb. Das kleine Amt Oldenburg umfasste den 1544 gleichfalls zum gottorfischen Anteil gelegten landesherrlichen Besitz im östlichen Wagrien; 1768 fiel es an den Bischof von Lübeck. Die Ämter Cismar und Oldenburg hatten oftmals einen gemeinsamen Amtmann mit Sitz in Cismar, wo auch Amtschreiber und Hausvogt wohnten. Während der Bestand Amt Cismar mit ca. 950 Archivnummern gut überliefert ist, besteht der Bestand Amt Oldenburg nur aus gut 100 Archivnummern.

- Zu den Bestandsschwerpunkten siehe die Erläuterung der Bestandsgruppe „Herzogtum Holstein". – Protokollüberlieferung: Amtsrechnungen Cismar ab 1590; Amtsrechnungen Oldenburg ab 1638; Gerichtsprotokolle Cismar ab 1830; Schuld- und Pfandprotokolle und Kontraktenprotokolle Cismar ab 1751.
- 74 lfm
- 1590–1884
- Gedrucktes Findbuch: Veröffentlichungen des Schleswig-Holsteinischen Landesarchivs Nr. 10.

Abt. 108 Ämter Plön und Ahrensbök

Das kleine Amt Plön entstand aus der Vogtei der landesherrlichen Plöner Burg. Bei der Landesteilung 1544 kam es an den König, dessen Sohn es 1582 an seinen Bruder, Herzog Johann d. J. von Sonderburg, abtrat. In der Folgezeit war das Amt Plön Teil des sonderburgischen Herzogtums Plön, das 1761 an den König zurückfiel. Das Amt Ahrensbök entstand in Wesentlichen aus den im 16. Jahrhundert säkularisierten Besitzungen des Karthäuserklosters Ahrensbök. Seit 1582 sonderburgisch, war es bis 1761 gleichfalls Teil des Herzogtums Plön. Die Ämter Plön und Ahrensbök hatten einen gemeinsamen Amtmann mit Sitz auf dem Plöner Schloss sowie einen gemeinsamen Amtsverwalter mit Sitz in Ahrensbök. Mit jeweils 1100 Archivnummern sind die beiden Bestände Amt Plön und Amt Ahrensbök gut überliefert.

- Zu den Bestandsschwerpunkten siehe die Erläuterung der Bestandsgruppe „Herzogtum Holstein". – Protokollüberlieferung: Amtsrechnungen Plön 1492–1519 und ab 1606; Amtsrechnungen Ahrensbök ab 1598; Gerichtsprotokolle Plön und Ahrensbök ab 1824; Schuld- und Pfandprotokolle Plön ab 1737, Nebenbücher ab 1790; Schuld- und Pfandprotokolle Ahrensbök ab 1731, Nebenbücher ab 1791.
- 129 lfm
- 1492–1891

Abt. 109 Ämter Reinfeld, Rethwisch, Traventhal

Die drei Ämter Reinfeld, Rethwisch und Traventhal bildeten mit den Ämtern Plön und Ahrensbök den Herzoglich-Plönischen Anteil von Holstein. Das älteste der drei Ämter, das Amt Reinfeld, gehörte ursprünglich zu den Besitzungen des Klosters Reinfeld. Als das Kloster aufgehoben wurde, entstand aus seinen Besitzungen im Jahre 1582 das Amt Reinfeld, das seine Eigenständigkeit 1762 verlor, als der

Amtmann der Ämter Rethwisch und Traventhal auch die Verwaltung des Amtes Reinfeld übernahm. Das Amt Rethwisch, ursprünglich ein adliges Gut der Familie Heest, wurde 1616 an Herzog Johann den Jüngeren verkauft und, vergrößert um die Reinfelder Amtsdörfer Benstaben, Meddewade und Klein Wesenberg, 1671 als Amt eingerichtet. Das Amt Traventhal entstand auf der Grundlage der aus dem Amt Segeberg ab 1675/81 abgetrennten Dörfer. Alle drei Ämter hatten je einen eigenen Amtsverwalter, der ab 1762 einem gemeinsamen Amtmann mit Amtssitz in Traventhal unterstand.

Die Überlieferung der Ämter Reinfeld, Rethwisch und Traventhal gelangte in den Jahren 1873 bis 1896 in drei großen Aktenabgaben der Landratsämter Stormarn und Segeberg sowie der Kirchspielvogtei Reinfeld in das damalige Staatsarchiv Schleswig. Hier wurden die Akten im Jahre 1898 in einer gemeinsamen Abteilung zusammengeführt.

- Zu den Bestandsschwerpunkten siehe die Erläuterung der Bestandsgruppe „Herzogtum Holstein". – Protokollüberlieferung: Reinfelder Schuld- und Pfandprotokolle 1787–1886; Traventhaler Schuld- und Pfandprotokolle 1729–1883; Amtsrechnungen Reinfeld 1577–1578, 1640, 1663–1867; Amtsrechnungen Rethwisch 1737–1746, 1760–1867; Amtsrechnungen Traventhal 1681–1700, 1723, 1731–1758, ab 1760 alle 10 Jahre.
- 41 lfm
- 1523–1885
- Zwei Amtsbücher des Klosters Reinfeld befinden sich in Abt. 400.1 (siehe Bestandsgruppe „Sammlungen").
- Gedrucktes Findbuch: Veröffentlichungen des Landesarchivs Schleswig-Holstein Nr. 98: Online open access: https://dx.doi.org/10.15460/HUP.LASH.98.104

Abt. 110 Amt Segeberg

Das ausgedehnte Amt Segeberg ist aus dem Segeberger Burgdistrikt entstanden, dem nach der Reformation die Besitzungen des Klosters Segeberg zugelegt worden waren. Bei der Landesteilung von 1544 kam es zum königlichen Anteil. 1675/81 sind die Dörfer des späteren Amtes Traventhal vom Amt Segeberg abgetrennt worden. Das Amt setzte sich zusammen aus den Kirchspielvogteien Segeberg, Bornhöved und Leezen mit einem gemeinsamen Kirchspielvogt, der zugleich Hausvogt war, sowie den Kirchspielvogteien Bramstedt und Kaltenkirchen. Der Amtmann, der Amtsverwalter und der Aktuar hatten ihren Sitz in der Stadt Segeberg.

Das Archiv des Amthauses, also das des Amtmanns, war noch 1863 im Amt selbst gründlich geordnet und verzeichnet worden. Die erhaltenen Akten der Hausvogtei, der Amtstube und der Kirchspielvogteien sind später nicht in dieses Archiv integriert, sondern jeweils getrennt verzeichnet worden. Der Bestand ist daher in einzelne Unterprovenienzen aufgegliedert: Abt. 110.1: Hausvogtei, Abt. 110.2: Amtstube, Abt. 110.3: Amthaus, Abt. 110.4: Kirchspielvogtei Kaltenkirchen, Abt. 110.5: Kirchspielvogtei Bramstedt, Abt. 110.6: Kirchspielvogtei Segeberg.

- ↘ Zu den Bestandsschwerpunkten siehe die Erläuterung der Bestandsgruppe „Herzogtum Holstein". – Protokollüberlieferung: Gerichtsprotokolle ab 1744, Schuld- und Pfandprotokolle und Kontraktenprotokolle ab 1641, Amtsrechnungen 1479, 1523, 1525, 1533, 1537–1543, 1560, 1569, 1590–1867.
- ↘ 89 lfm
- ↘ 1479–1885
- ↘ Die Visitatorialüberlieferung wird zu einem erheblichen Teil im Propsteiarchiv Segeberg verwahrt.
- ↘ Unverhau, Dagmar: Zur Verwaltungsgeschichte und archivalischen Überlieferung des Kreises Segeberg und seiner Vorbehörden, Teil 1. In: Heimatkundliches Jahrbuch für den Kreis Segeberg 1974, 46ff.

Abt. 111 Ämter Reinbek, Trittau, Tremsbüttel

Die drei Ämter Reinbek, Trittau und Tremsbüttel bildeten den östlichen Teil des ehemaligen sächsischen Gaues Stormarn und werden daher als die altstormarnschen Ämter bezeichnet. Ihre Entstehung verlief zeitversetzt und kam aus unterschiedlichen Wurzeln. Trittau als ältestes der drei Ämter entstand aus einer Vogtei der Schauenburger Grafen. Anders als das Amt Trittau ist das Amt Tremsbüttel aus Gutsbesitz hervorgegangen. Herzog Johann von Sachsen-Lauenburg kaufte 1475 das adlige Gut Tremsbüttel mit allen zugehörigen Dörfern. Ein Vogt übernahm die Verwaltung, und ähnlich wie in Trittau entwickelte sich der neu entstandene landesherrliche Verwaltungsbezirk zum Amt Tremsbüttel. Durch Verpfändung kam das Amt Tremsbüttel 1571 an die Gottorfer Herzöge. Die Anfänge des Amtes Reinbek fallen erst in die Zeit der Reformation, als mit der Auflösung des Klosters Reinbek 1529 dessen Besitz an den dänischen König und mit der Landesteilung von 1544 an Herzog Adolf von Gottorf gelangte, der 1572 das Schloss Reinbek erbaute. Dieses diente zunächst als Versorgungseinrichtung und Wohnung für die Herzogswitwen und später als Sitz des Reinbeker Amtmannes. In den folgenden Jahrhunderten haben die Ämter Reinbek und Trittau zumeist einen gemeinsamen Amtmann gehabt, der seinen Sitz anfangs vorwiegend in Trittau hatte.

Nach 1773, als die gottorfischen bzw. inzwischen großfürstlichen Ämter königlich wurden und nun zum dänischen Gesamtstaat gehörten, wurden die Ämter Reinbek und Trittau endgültig zusammengelegt, wobei das Schloss Reinbek als Amtmannssitz diente. Im Jahr 1800 wurde auch das Amt Tremsbüttel dem Amtmann in Reinbek unterstellt, sodass jetzt alle drei Ämter zu einer Verwaltung vereinigt waren. Mit dem Übergang Schleswig-Holsteins an Preußen im Jahr 1867 wurde die alte Ämterstruktur aufgehoben. An die Stelle der Ämter traten die Landkreise, und die Ämter Reinbek, Trittau und Tremsbüttel gingen in dem neuen Landkreis Stormarn auf.

Die schriftliche Überlieferung der drei Ämter Reinbek, Trittau und Tremsbüttel hat sich in recht guter Qualität erhalten. Die enge Verbindung der Ämter durch gemeinsame Amtmänner einerseits und die zum Teil mit eigenen Registraturen geführte örtliche Verwaltung durch Amtsschreiber andererseits hat aber dazu geführt, dass zwar eigene Archive der einzelnen Ämter vorliegen, dass es aber immer wieder Überschneidungen gab. Das Tremsbüttler Archiv ist Ende der 1850er-Jahre neu geordnet worden mit Trennung in Amthaus- und Amtstubenakten, was in der heutigen Bestandsgliederung beibehalten wurde. Die Überlieferung der drei Ämter ist in dem Bestand Abt. 111 mit einer einheitlichen durchlaufenden Nummerierung zusammengeführt worden. Die enge Verzahnung dieser aus drei Amtsüberlieferungen gebildeten Abteilung wird damit sichtbar gemacht und der Zugang nicht zuletzt durch ein einheitliches Gesamtregister erleichtert.

- Zu den Bestandsschwerpunkten siehe die Erläuterung der Bestandsgruppe „Herzogtum Holstein“. – Protokollüberlieferung: Amtsrechnungen Reinbek 1572–1867, Trittau 1460–1867 und Tremsbüttel 1650–1867.
- 115 lfm
- 1460–1889
- Gedrucktes Findbuch: Veröffentlichungen des Schleswig-Holsteinischen Landesarchivs Nr. 88.

Abt. 112 Herrschaft Pinneberg

Die Herrschaft Pinneberg bezeichnet den Landesteil, der 1640 bei der Teilung der Grafschaft Holstein-Schauenburg-Pinneberg (siehe Abt. 3) an den dänischen König fiel. Sie blieb aber vom übrigen königlichen Anteil am Herzogtum Holstein separiert, wurde in ihren Eigenheiten nicht angetastet und von den Zentralbehörden als ein für sich bestehender Landesteil verwaltet. Die Herrschaft setzte sich zusammen aus der Haus- und Waldvogtei, der Vogtei Ottensen, der Kirchspielvogtei oder Verwaltung Hatzburg und der Amtsvogtei Uetersen. Hinzu kam die Klostervogtei Uetersen, die zwar zum Grundbesitz des adligen Klosters Uetersen gehörte, aber unter Pinneberger Verwaltung stand und einen untrennbaren Teil der Herrschaft bildete. Altona erhielt 1664 Stadtrechte und schied damit aus der Herrschaft Pinneberg aus. Oberster Beamter der Herrschaft war der Landdrost, der ebenso wie der Amtsverwalter, der Aktuar und der Kirchspielvogt der Haus- und Waldvogtei seinen Sitz im Flecken Pinneberg hatte. Der Kirchspielvogt von Hatzburg wohnte in Blankenese, der Uetersener Amtsvogt, der zugleich Uetersener Klostervogt war, in Uetersen. Die Vogtei Ottensen wurde teils vom Altonaer Magistrat, teils von der Kirchspielvogtei Hatzburg mitverwaltet. Die Überlieferung aus dem 17. und 18. Jahrhundert ist recht umfangreich, die des 19. Jahrhunderts dagegen nur spärlich.

- ↘ Zu den Bestandsschwerpunkten siehe die Erläuterung der Bestandsgruppe „Herzogtum Holstein"; hervorzuheben sind die Akten über auswärtige Beziehungen, besonders zu Hamburg. – Protokollüberlieferung: Gerichtsprotokolle ab 1630; Amtsbücher (Kontraktenprotokolle) ab 1582; Schuld- und Pfandprotokolle ab 1702; Amtsrechnungen ab 1640.
- ↘ 195 lfm
- ↘ 1582–1887
- ↘ Archivalien aus der Zeit vor 1640 befinden sich in Abt. 3 (siehe Bestandsgruppe „Schleswig-Holstein insgesamt"); Archivalien für die heute zu Hamburg gehörenden Gebietsteile liegen zum Teil im Staatsarchiv Hamburg.

Abt. 113 Grafschaft Rantzau, Herrschaft Herzhorn, Sommerland und Grönland

Das Gebiet der Grafschaft Rantzau war 1640 bei der Teilung der Grafschaft Holstein-Schauenburg-Pinneberg als Amt Barmstedt an Herzog Friedrich III. von Gottorf gefallen, der es 1649 an Christian Rantzau, den königlichen Statthalter in den Herzogtümern, veräußerte. Nach Christian Rantzaus Aufnahme in den Reichsgrafenstand im Jahre 1650 wurde auch das von ihm erworbene Amt zu einer unmittelbaren Reichsgrafschaft erhoben. Die Grafschaft blieb im Besitz der Rantzaus, bis 1721 Graf Christian Detlev Rantzau ermordet wurde und sein Bruder Graf Wilhelm Adolf in den Verdacht der Mittäterschaft geriet. Der dänische König nahm dies zum Anlass, seine 1671 erworbenen Erbrechte geltend zu machen und zog die Grafschaft 1726 ein. Nachdem sie in königlichen Besitz gelangt war, wurde die Grafschaft Rantzau ebenso wie die Herrschaft Pinneberg nicht mit dem königlichen Anteil am Herzogtum Holstein vereinigt, sondern als ein für sich bestehender Landesteil verwaltet. Die Grafschaft gliederte sich in die beiden Kirchspielvogteien Barmstedt und Elmshorn. Der oberste Beamte, zur reichsgräflichen Zeit ein Inspektor, führte den Titel Administrator. Der Amtsverwalter war gleichzeitig Hausvogt und auch Kirchspielvogt in Barmstedt. Beide Beamte hatten ihren Sitz auf dem Amtshof Rantzau bei Barmstedt. Die Kirchspielvogtei Elmshorn besaß einen eigenen Kirchspielvogt. Die Herrschaft Herzhorn, Sommerland und Grönland war ein Marschdistrikt nahe der Stadt Glückstadt, der ursprünglich zur Grafschaft Holstein-Schauenburg-Pinneberg gehört hatte. König Christian V. verkaufte die Herrschaft 1671 an Ulrich Friedrich Güldenlöwe, aber bereits 1697 gelangte sie wieder, mit Ausnahme des in Privathand verbleibenden Gebiets der späteren Bülowschen oder Engelbrechtschen Wildnis, in königlichen Besitz zurück. Die Herrschaft wurde später unter die Verwaltung des Rantzauer Administrators gestellt, der in dieser Eigenschaft den Titel Intendant führte. Aus dem 19. Jahrhundert ist nur ein geringer Aktenbestand erhalten.

- ↘ Zu den Bestandsschwerpunkten siehe die Erläuterung der Bestandsgruppe „Herzogtum Holstein“. Hervorzuheben: Rantzauische Güterverwaltung, vor allem Herrschaft Breitenburg; Erwerb der Grafschaft durch die Rantzaus; Unruhen in der Grafschaft und Ermordung des Grafen Christian Detlev. – Gerichtsprotokolle ab 1650; Certenprotokolle (Kontraktenprotokolle) ab 1587; Schuld- und Pfandprotokolle von Rantzau ab 1698, von Herzhorn ab 1650; Amtsrechnungen von Rantzau ab 1647, von Herzhorn ab 1839.
- ↘ 66 lfm
- ↘ 1524–1885
- ↘ Archivalien vor 1640 auch in Abt. 3; Amtsrechnungen von Herzhorn 1640–1838 in Abt. 112 AR; Herzhorner Schultenbuch von 1560–1721 in Abt. 400.5 (siehe Bestandsgruppe „Sammlungen“); Archivalien der Engelbrechtschen Wildnis in Abt. 130.8 (siehe Bestandsgruppe „Klöster und Güter“).

Abt. 114 Holsteinische Köge

Mit der Eindeichung neuer Ländereien ab dem 17. Jahrhundert entstanden an der Westküste landesherrliche Koogdistrikte, die mit besonderen Privilegien, dem sogenannten „Octroi“, ausgestattet wurden. Die Köge verfügten über eine eigene Justiz und Verwaltung.

Abt. 114.3 Friedrichsgabekoog

Die Privilegierung des Kooges durch das sogenannte Octroi erfolgte im Jahr 1701. Der in Norderdithmarschen gelegene Koog wurde durch einen eigenen Kooginspektor verwaltet.

- Gerichtsprotokolle; Schuld- und Pfandprotokolle.
- 6 lfm
- 1757–1887

Abt. 114.1 Hedwigenkoog

Der in Norderdithmarschen gelegene Hedwigenkoog wurde im Jahr 1696 eingedeicht und ist somit der älteste der holsteinischen Köge.

- Gerichtsprotokolle; Schuld- und Pfandprotokolle; Rechnungen.
- 2 lfm
- 1711–1885

Abt. 114.2 Karolinenkoog

Die Eindeichung des in Norderdithmarschen gelegenen Karolinenkoogs erfolgte im Jahr 1801. Das Amt des Kooginspektors wurde durch den Landvogt von Norderdithmarschen mit wahrgenommen.

- Vormünderprotokolle; Schuld- und Pfandprotokolle.
- 1 lfm
- 1803–1887

Abt. 114.4 Kronprinzenkoog

Der vereinigte Koogdistrikt des Kronprinzenkoogs, des König-Frederik-VII.-Koogs und des Sophienkoogs ist durch Verfügungen vom 16. Oktober und 11. Dezember 1854 entstanden. Der in Süderdithmarschen gelegene vereinigte Koogdistrikt wurde seitdem von einem eigenen Beamten verwaltet.

- Schuld- und Pfandprotokolle; Koogsrechnungen.
- 6 lfm
- 1790–1887

Abt. 131 Holsteinische Bauerschaften und Landgemeinden

In diesem Bestand sind Archivalien von Bauerschaften und Landgemeinden des Herzogtums Holstein zusammengefasst. Bauerschaften waren als Zusammenschluss der Bauern eines Ortes eine frühe Form der Selbstverwaltung in vorpreußischer Zeit. Mit der Gründung der preußischen Provinz Schleswig-Holstein wurde durch die Einführung der Landgemeindeordnung am 22. September 1867 eine neue kommunale Verwaltungsstruktur mit den Landgemeinden als unterste Verwaltungseinheit geschaffen. Dieser Bestand setzt sich aus einzelnen Abgaben verschiedener Amtsstellen und Privatpersonen zusammen. Die Überlieferung hat daher einen wenig geschlossenen und eher zufälligen Charakter.

Abt. 131.1 Altengörs, Gemeinde

- Urkunden (2 Nrn.): Ehrenbürgerbriefe.
- Akten: Protokolle 1843–1916, 1950–1971; Fuhren und Handdienste.
- 0,1 lfm
- 1843–1965 (–1971)

Abt. 131.2 Altenkattbek, Gemeinde

- Steuern; Haushalt.
- 1 lfm
- 1878–1943

Abt. 131.3 Ascheberg, Gemeinde

- Steuern Ascheberg und Langenrade; Haushalt und Finanzen; Erbhofsachen.
- 0,1 lfm
- 1880–1938

Abt. 131.4 Barlohe, Bauerschaft

- Kaufverträge und Konzessionen.
- 0,1 lfm
- 1750–1880

Abt. 131.5 Beringstedt, Bauerschaft

- Landwesenssachen; Fuhren; Kirchspielsanlagegeld.
- 0,1 lfm
- 1695–1843

Abt. 131.7 Bunsoh, Bauerschaft

- Nachtzettelprotokoll.
- 0,1 lfm
- 1852–1867

Abt. 131.6 Bühnsdorf, Gemeinde

- Flurbuch.
- 0,1 lfm
- 1876

Abt. 131.8 Curau, Bauerschaft

- Kaufkontrakte; Freikauf- und Überlassungsbriefe.
- 0,1 lfm
- 1771–1856

Abt. 131.9 Fedderingen, Gemeinde

- Protokoll.
- 0,1 lfm
- 1888–1936

Abt. 131.10 Fiefbergen, Bauerschaft

- Kassenbuch.
- 0,1 lfm
- 1785–1852

Abt. 131.11 Fuhlendorf, Gemeinde

- Hufnerpapiere.
- 0,1 lfm
- 1859–1895

Abt. 131.12 Gönnebek, Gemeinde

- Erdbuch; Landaufteilung.
- 0,1 lfm
- 1804–1888

Abt. 131.13 Groß Nordende, Bauerschaft

- Rechnungsbücher von Groß und Klein Nordende.
- 0,1 lfm
- 1727–1854

Abt. 131.14 Groven, Gemeinde

- Beliebungsprotokoll; Dorfstatut; Wege Carolinenkoog.
- 0,1 lfm
- 1787–1891

Abt. 131.5 Halstenbek, Gemeinde

- Landverkauf; Armenhaus; Verwaltung; Klassensteuer.
- 0,1 lfm
- 1802–1886

Abt. 131.16 Havighorst bei Reinbek, Gemeinde

- Gemeinde-Grundeigentum.
- 0,1 lfm
- 1966

Abt. 131.17 Helgoland, Gemeinde

- Sitzungsprotokolle; Rechtssachen; Steuern.
- 0,1 lfm
- 1865–1943
- Gedrucktes Findbuch: Veröffentlichungen des Schleswig-Holsteinischen Landesarchivs Nr. 70.

Abt. 131.18 Högersdorf, Bauerschaft

- Erdbuch.
- 0,1 lfm
- 1828

Abt. 131.19 Klein Nordende, Gemeinde

- Hebungsregister; Grundsteuer-Mutterrolle.
- 0,1 lfm
- 1712, 1877–1934

Abt. 131.20 Osterhorn, Bauerschaft

- Polizei; Finanzen; Bau- und Wegesachen.
- 0,1 lfm
- 1650, 1735–1846

Abt. 131.21 Rade bei Rendsburg, Gemeinde

- Verwaltung; Haushalt und Steuern; Landaufteilung; Polizei; Schule; Landwirtschaft; Fischerei; Gewerbe; Gewässer.
- 0,5 lfm
- 1656–1983

Abt. 131.22 Ratekau, Gemeinde

- Personenstands- und Betriebsaufnahme.
- 0,1 lfm
- 1938

Abt. 131.23 Struvenhütten, Bauerschaft

- Schulbau in Hüttblek.
- 0,1 lfm
- 1741–1747

Abt. 131.24 Wankendorf, Bauerschaft

- Erdbuch.
- 0,1 lfm
- 1815–1823

Abt. 131.25 Westerrönfeld, Gemeinde

- Landverteilung; Rechnung; Kasse; Steuern; Militär.
- 0,5 lfm
- 1847–1933

Abt. 131.26 Wiemersdorf, Gemeinde

- Vereinbarung über eine Bahneinfriedigung.
- 0,1 lfm
- 1953

Abt. 133 Stadt Glückstadt

Glückstadt wurde auf einer 1616 eingedeichten Fläche an der Elbe gegründet und erhielt am 22. März 1617 von König Christian IV. das Lübische Stadtrecht verliehen. Von 1620 bis 1852 war Glückstadt Garnisonstadt. 1628 erhob Christian IV. die Stadt zur königlichen Nebenresidenz. 1649 verlegte sein Sohn Friedrich III. die königliche Regierungskanzlei nach Glückstadt, womit dieses zum Verwaltungsmittelpunkt des königlichen Anteils von Holstein wurde. Nach dem Ende des dänischen Gesamtstaates 1864 gehörte die Stadt Glückstadt ab 1867 zum Kreis Steinburg in der preußischen Provinz Schleswig-Holstein.

1869 gab das Stadtarchiv Glückstadt diejenigen dort verwahrten Unterlagen, die vorwiegend staatlichen Ursprungs waren, an das damalige Staatsarchiv Schleswig ab. Hinzu kamen vom Glückstädter Amtsgericht städtische Protokolle des 17. bis 19. Jahrhunderts, die den Hauptteil des Bestandes bilden.

- ↘ Bürgerbriefe; Grenzsachen; Testamente; Güterinventare; Zivilprozesse; Kriminaluntersuchungen; Kirchen- und Schulsachen; Handel- und Schifffahrt; Handwerker und Privilegierte; Militaria; Polizeisachen; Gerichtsprotokolle ab 1618; Schuld- und Pfandprotokolle ab 1616.
- ↘ 22 lfm
- ↘ 1599–1883

Abt. 134 Stadt Heiligenhafen

Auf der Halbinsel Wagrien wurde Heiligenhafen um 1250 durch Graf Adolf IV. im Zuge der holsteinischen Städtegründungspolitik errichtet und vor 1305 mit Lübischem Recht bewidmet. Bei der Herrschaftsteilung 1544 kam die Stadt zum königlichen Anteil. Nach dem Ende des dänischen Gesamtstaates 1864 und der Annexion Schleswig-Holsteins durch Preußen 1867 gehörte Heiligenhafen zum Kreis Oldenburg in Holstein, der 1970 im Kreis Ostholstein aufging.

Die Urkunden wurden 1873 von der Stadt Heiligenhafen im damaligen Staatsarchiv Schleswig als Depositum hinterlegt. Die Protokollüberlieferung, die den inhaltlichen Schwerpunkt des Bestandes bildet, wurde von den Amtsgerichten Heiligenhafen und Oldenburg abgegeben. Hinzu kamen Akten aus dem Kreisgericht Kiel und von der Staatsanwaltschaft bei dem Landgericht Kiel.

- ↘ Urkunden (40 Nrn.): Privilegien; Königliche Verordnungen; Städtische Angelegenheiten.
- ↘ Akten: Gerichtsprotokolle ab 1803; Schuld- und Pfandprotokolle ab 1698, Nebenbücher ab 1742.
- ↘ 7 lfm
- ↘ 1328–1884
- ↘ Das Stadtbuch von 1400 bis 1638 sowie mehrere ältere Protokollbände (Gerichtsprotokolle 1591–1608) befinden sich in Abt. 400.3 (siehe Bestandsgruppe „Sammlungen").

Abt. 135 Stadt Itzehoe

Um eine auf die Zeit Karls des Großen zurückgehende Burg bildete sich eine Siedlung, der im Jahre 1238 lübisches Recht verliehen wurde. Der im Landesarchiv liegende Bestand umfasst nur Archivalien, die vom Amtsgericht abgegeben wurden.

- 6 lfm
- 1657–1923
- Archivalien betreffend den Burgdistrikt, den klösterlichen und den Breitenburger Anteil befinden sich in Abt. 103, Abt. 123 und Abt. 127.21.

Abt. 136 Stadt Kiel

1242 von Graf Adolf IV. nach lübischem Recht gegründet, kam Kiel bei der Landesteilung 1544 an den gottorfischen Anteil. Der eigentliche Aktenbestand ist ebenso wie der Bestand der städtischen Urkunden im Stadtarchiv Kiel überliefert. Im Landesarchiv befinden sich nur wenige unzusammenhängende Einzelakten und außerdem ein Urkundenbestand, der vorwiegend aus der St.-Nikolai-Kirche stammt.

- Urkunden (79 Nrn.): Vikarienstiftungen; Bestallungen; Patronat über die Schulen in Kiel; Privilegien der Nikolaikirche; Städtische Angelegenheiten.
- 1 lfm
- 1242–1894

Abt. 137 Stadt Krempe

Die Stadt Krempe ist der zentrale Ort der Kremper Marsch. Er wurde als „Crimpa“ im Jahr 1234 erstmals urkundlich erwähnt und um 1250 zur Stadt mit lübischem Recht erhoben. Die Kriege des 17. Jahrhunderts führten zum wirtschaftlichen Abstieg, der erst mit dem Anschluss an das Eisenbahnnetz 1857 abgemildert werden konnte. Die Stadt Krempe hat ihre Archivalien, die in guter Überlieferung erhalten sind, an das Landesarchiv abgegeben, sodass das Stadtarchiv Krempe hier vollständig vorliegt.

- Urkunden (222 Nrn.): Privilegien; Vikarienstiftungen; Bestallungen; Städtische Angelegenheiten; Gilde- und Zunftsachen; Festung; Gerichtsbarkeit.
- Akten: Staats- und Hoheitssachen; Stadtverfassung und Stadtverwaltung; Magistratssachen; Wahlen; Personalia; Bürgerrolle; Volkszählungen; Steuern und Abgaben; Gemeindeeigentum: u. a. Verpachtungen, Anleihen, Haushalts-, Kassen- und Rechnungswesen; Städtische Betriebe; Rechtspflege, Öffentliche

Sicherheit und Ordnung; Kriminal- und Brüchsachen; Zivilprozesse; Gerichtsprotokolle ab 1595, Schuld- und Pfandprotokolle ab 1650; Vormundschaftssachen; Testamente; Nachlasssachen; Konkurse; Kaufkontrakte; Polizeisachen; Armen-, Fürsorge- und Wohlfahrtswesen; Medizinal- und Gesundheitswesen; Kirchen- und Schulwesen; Militaria; Landwirtschaft; Kriegswirtschaft; Gewerbe, Handel und Industrie; Mühlensachen; Konzessionen; Zunftwesen; Bausachen; Verkehr und Schifffahrt; Post und Zoll; Wassersachen.

- 118 lfm
- 1391–1950
- Ein Stadtbuch liegt in Abt. 400.3, Abschriften von weiteren Stadtbüchern in Abt. 400.1 (siehe Bestandsgruppe „Sammlungen“).

Abt. 138 Stadt Lütjenburg

Die Stadt Lütjenburg wurde 1275 von den Holstengrafen mit dem lübischen Recht bewidmet. Bei der Landesteilung 1544 kam sie an den königlichen Anteil und wurde Ende des 15. Jahrhunderts für 150 Jahre an benachbarte Gutsbesitzer verpfändet. Der Aktenbestand enthält fast ausschließlich Protokolle. Der Urkundenbestand wurde 1917 von der Stadt Lütjenburg dem damaligen Staatsarchiv Schleswig als Depositum übergeben.

- Urkunden (28 Nrn.): Privilegien; Städtische Angelegenheiten.
- Akten: Gerichtsprotokolle ab 1711; Schuld- und Pfandprotokolle und Nebenbücher ab 1698.
- 4 lfm
- 1271–1888
- Zwei Stadtbücher aus den Jahren 1433 bis 1696 befinden sich unter den Signaturen Abt. 400.1 Nr. 80 und 81 (siehe Bestandsgruppe „Sammlungen“) im Landesarchiv.

Abt. 139 Stadt Neustadt

Neustadt in Holstein entstand 1244 durch Graf Adolf IV. im Zuge der holsteinischen Städtegründungspolitik und wurde mit Lübischem Recht bewidmet. Von 1490 bis zum dänisch-russischen Tauschvertrag von 1773 gehörte die Stadt zum gottorfischen Gebiet. Sie fiel dann unter die Herrschaft des dänischen Königs. Nach dem Ende des dänischen Gesamtstaates 1864 und der Annexion Schleswig-

Holsteins durch Preußen 1867 war Neustadt Teil des Kreises Oldenburg in Holstein, der 1970 im Kreis Ostholstein aufging.

- Der Bestand umfasst vor allem vom Amtsgericht Neustadt abgegebene Protokolle sowie Justizakten aus dem Kreisgericht Kiel und von der Staatsanwaltschaft bei dem Landgericht Kiel. Hinzu kamen einige Akten aus dem Privatnachlass des Lehrers Georg Schröder.
- Gerichtsprotokolle ab 1828; Schuld- und Pfandprotokolle und Nebenbücher ab 1770.
- 4 lfm
- 1578–1884

Abt. 140 Stadt Oldenburg

Zwischen 1230 und 1240 wurde die Stadt Oldenburg von Graf Adolf IV. nach lübischem Recht gegründet. Bereits um 1150 hatte Vicelin am Ort eine hölzerne Kapelle errichtet, die schon sechs Jahre später von Bischof Gerold durch einen St. Johannes Baptista geweihten Backsteinbau ersetzt und bald zum Zentrum der Slawenmission wurde. Seit der Herrschaftsteilung 1544 gehörte Oldenburg zum gottorfischen Gebiet, seit 1773 zum königlichen. Nach dem Ende des dänischen Gesamtstaates 1864 und der Annexion Schleswig-Holsteins durch Preußen 1867 fiel Oldenburg als Kreisstadt zum Kreis Oldenburg in Holstein. Sie wurde bei dessen Zusammenlegung mit dem Kreis Eutin im Jahr 1970 Teil des Kreises Ostholstein. Der Urkundenbestand ist untergliedert in Urkunden der Stadt Oldenburg und Urkunden der Kirche zu Oldenburg. Beide Bestände sind 1875 als Depositum dem damaligen Staatsarchiv Schleswig vollständig übergeben worden. Der Aktenbestand enthält neben der Protokollüberlieferung aus dem Amtsgericht Oldenburg zumeist Akten des 17. und 18. Jahrhunderts, die teilweise als Deposita in das Staatsarchiv gelangt sind.

- Akten: Gerichtsprotokolle ab 1595; Schuld- und Pfandprotokolle ab 1580; Nebenbücher ab 1758.
- 12 lfm
- 1491–1884
- Das Stadtbuch von Oldenburg, das sogenannte Rote Buch für die Jahre (1342–) 1377–1592 sowie fünf weitere Codices befinden sich in Abt. 400.3 (siehe Bestandsgruppe „Sammlungen").

Abt. 140.1 Stadt Oldenburg

- Urkunden: Privilegien; Herzogliche und königliche Verordnungen; Jahrmärkte in Oldenburg, Fehmarn und Neustadt.
- 35 Nrn.
- 1321–1778

Abt. 140.2 Kirchen zu Oldenburg

- Urkunden: Privilegien; Vikarienstiftungen und -ausstattungen; Besitz- und Rentensachen; Pfründenstreitigkeiten.
- 40 Nrn.
- 1342–1591

Abt. 141 Stadt Bad Oldesloe

Die Stadt Oldesloe wurde als Tadeslo erstmalig im Jahre 1163 urkundlich erwähnt. Die Entwicklung zur Stadt fand durch die Privilegierung Oldesloes mit dem lübischen Recht um das Jahr 1238 ihren Abschluss. 1371 erhielt die Stadt von Herzog Adolf VII. das Marktrecht. 1867 wurde Oldesloe Teil des neuen preußischen Landkreises Stormarn, dessen Kreissitz zunächst in Wandsbek war. 1910 erhielt die Stadt die Genehmigung, die Ortsbezeichnung „Bad Oldesloe“ zu führen. Seit 1949 ist Bad Oldesloe Sitz der Stormarner Kreisverwaltung. Die Überlieferung der Stadt Oldesloe im Landesarchiv besteht aus Abgaben des Amtsgerichts Oldesloe, die insbesondere die Justizprotokolle umfasst, sowie aus städtischen Protokollen, die in den Jahren 1969 und 1978 vom Stadtarchiv an das Landesarchiv abgegeben wurden. Bei den im Landesarchiv verwahrten Urkunden handelt es sich mehrheitlich um Abschriften des 16.–19. Jahrhunderts.

- Urkunden (6 Nrn.): Pfarrkirche St. Peter und Paul; Kapelle zum Heiligen Geist; Salzbrunnennutzung; St. Georgshospital.
- Akten: Einzelne Prozesse 1639–1811; Kirchenangelegenheiten 1635–1819; Gerichtsprotokolle 1762–1867; Passprotokolle 1823–1890; Schuld- und Pfandprotokolle 1682–1887; Kontraktenprotokolle (1637–) 1698–1889.
- 11 lfm
- 1420–1890
- Die städtischen Urkunden von 1365–1681 liegen im Stadtarchiv Bad Oldesloe.

Abt. 142 Stadt Plön

Mitte des 12. Jahrhunderts gegründet und 1236 mit dem lübischen Recht bewidmet, kam die Stadt Plön bei der Landesteilung 1544 an den königlichen, 1581 an den Sonderburger Anteil und damit bis 1761 an das Herzogtum Plön. Der Urkundenbestand wurde 1965 von der Stadt Plön im Landesarchiv als Depositum hinterlegt. Ansonsten ist an das Landesarchiv vorwiegend die Protokollüberlieferung gelangt.

- Urkunden (20 Nrn.): Privilegien; Vikarienstiftungen, -ausstattungen und -bestallungen; städtische Angelegenheiten; Zunftsachen.
- Akten: Rechnungen des Waisenhauses; Türkenschatzregister 1577; Protokolle über Testamente, Nachlässe etc. ab 1598; Gerichtsprotokolle ab 1650; Schuld- und Pfandprotokolle ab 1736, Nebenbücher ab 1816; Kontraktenprotokolle 1793–1847.
- 8 lfm
- 1236–1884

Abt. 143 Stadt Rendsburg

Rendsburg wurde im 13. Jahrhundert auf der Eiderinsel im Schutze einer holsteinischen Grenzburg gegründet, wohl um 1253 mit Lübischem Recht bewidmet und war eine Residenz der Schauenburger Grafen. Bei der Herrschaftsteilung von 1544 kam die Stadt an Herzog Johann von Hadersleben, gehörte aber schon ab 1581 zum königlichen Anteil. Nach dem Ende des dänischen Gesamtstaates 1864 und der Annexion Schleswig-Holsteins durch Preußen wurde Rendsburg 1867 Kreisstadt des Kreises Rendsburg, 1970 des Kreises Rendsburg-Eckernförde. Im Landesarchiv wird neben wenigen Urkunden vorwiegend, aber auch nicht vollständig die Protokollüberlieferung aus dem Amtsgericht Rendsburg verwahrt. Darüber hinaus sind die bis 1830 entstandenen Obergerichtsprotokolle vorhanden sowie Akten, die Auskunft über die Beziehung Rendsburgs zum Heiligen Römischen Reich Deutscher Nation geben. Sie gelangten 1938 aus dem Reichsarchiv an das damalige Staatsarchiv Kiel.

- Urkunden (14 Nrn.): Privilegien; Vikarienstiftungen, -ausstattungen und -bestallungen; städtische Angelegenheiten.
- Akten: Steuer-, Grenz- und Justizakten; Gerichtsprotokoll des Vierstädtegerichts ab 1604; Obergerichtsprotokoll 1831–1861; Schuld- und Pfandprotokolle, Nebenbücher und Kontraktenprotokolle ab 1698.
- 10 lfm
- 1328–1909

Abt. 144 Stadt Bad Segeberg

Die Ansiedlung unterhalb des strategisch wichtigen Kalkberges erhielt um die Mitte des 13. Jahrhunderts das lübische Recht. Nach der ersten Landesteilung des holsteinischen Grafenhauses gegen Ende des 13. Jahrhunderts war die Stadt kurze Zeit Fürstenresidenz und Mittelpunkt einer Teilgrafschaft.

- Der Bestand umfasst fast ausschließlich Archivalien, die vom Amtsgericht abgegeben wurden.
- Urkunden (1 Nr.): Privilegienbestätigung des Bäckeramtes.
- Akten: Gerichtsprotokolle ab 1630; Kauf- und Kontraktenprotokolle, Schuld- und Pfandprotokolle ab 1699; Kriminalsachen; Akten über Garnisonsverwaltung.
- 6 lfm
- 1568–1885

Abt. 146 Stadt Wilster

Der Ort erhielt 1283 lübisches Recht. Größere wirtschaftliche Bedeutung kam der Stadt jedoch erst nach der Reformation zu.

- Der Bestand umfasst fast ausschließlich Archivalien, die von den zuständigen Amtsgerichten abgegeben wurden.
- Schuld- und Pfandprotokolle ab 1698; Kontrakten- und Obligationsprotokolle; Testamente; Verzeichnis der von der Stadt unterstützten hilfsbedürftigen Personen.
- 4 lfm
- 1676–1940
- Das Stadtbuch ist im Landesarchiv verfilmt unter der Signatur Abt. 415 Nr. 258 (siehe Bestandsgruppe „Sammlungen“).

Abt. 150 Holsteinische Propstei- und Pfarrarchive; jüdische Gemeindearchive

Die eigentlichen Bestände befinden sich nicht im Landesarchiv, sondern bei den entsprechenden kirchlichen Einrichtungen. An das Landesarchiv sind nur mehr oder weniger zufällige Splitter von geringem Umfang gelangt.

- Der Bestand ist nach Einzelprovenienzen geordnet.
- 4 lfm
- 1594–1886

Abt. 150.1 Kirchengemeinde Kaltenkirchen

- Kirchenrechnungen, zum Teil mit Namensverzeichnissen der Kirchspieleingesessenen; Visitationsberichte.
- 1594–1843

Abt. 150.2 Propstei Segeberg

- Kirchengemeinde Wandsbek: Visitationsprotokollbuch; Kirchengemeinde Segeberg: Konfirmandenverzeichnis, Kladden zum Tauf-, Sterbe- und Trauregister.
- 1655–1886

Abt. 150.3 Jüdische Gemeinde- und Zivilstandsregister

- Bis auf einige vom Amtsgericht Rendsburg 1957 abgegebene Zivilstandsregister der jüdischen Gemeinde Rendsburg befinden sich im Landesarchiv nur Abzüge von Filmen: Ahrensburg: Geburts-, Heirats- und Sterberegister; Elmshorn: Kirchenbuch, Friedhofs-, Geburts-, Heirats- und Sterberegister; Kiel: Friedhofs-, Geburts-, Heirats- und Sterberegister; Meldorf: Geburts-, Heirats- und Sterberegister; Segeberg: Kirchenbuch, Geburts-, Heirats-, Sterbe-, Konfirmations- und Proklamationsregister; Rendsburg: Friedhofs-, Geburts-, Heirats-, Sterbe- und Familienregister; Moisling: Friedhofs-, Geburts-, Heirats- und Sterberegister.
- 1750–1919 (–1941)
- Zu den jüdischen Gemeinden siehe das „Verzeichnis der im Landesarchiv Schleswig-Holstein befindlichen Quellen zur Geschichte des Judentums", bearbeitet von Rolf Busch und Günter Marwedel, 4 Bde, Schleswig 1963, 1982.

Abt. 150.4 Kirchengemeinde Uetersen

- Kircheninventar; Testimoniales bei Ehegelöbnissen und Copulationen (= Bescheinigungen über Eheversprechen und -schließungen).
- (1769–) 1813–1870

Abt. 150.5 Kirchengemeinde Blekendorf (Propstei Plön)

- Fotokopie eines Kopulationsregisters.
- 1816–1862

Abt. 150.7 Kirchengemeinde Plön

- Fotokopie des Konfirmationsregisters der Altstädter Kirche.
- 1824–1878

Abt. 150.8 Propstei Oldenburg

- Verschiedene Schulsachen.
- 1804–1854

Abt. 150.9 Kirchengemeinde Elmshorn

- Taufverzeichnis.
- 1665–1690

Abt. 150.10 Kirchengemeinde Neustadt

- Bußregister.
- 1731–1772

Abt. 150.11 Kirchengemeinde Flintbek

- Registrant zum Sterberegister.
- 1796–1830

Abt. 150.12 Kirchengemeinde Flemhude

- Maschinenschriftliche Vervielfältigungen von Kirchenbüchern.
- 1692–1732

Abt. 150.13 Kirchengemeinde Zarpen (Propstei Segeberg)

- Kirchenbuchabschriften.
- 0,1 lfm
- 1698–1870

Abt. 150.14 Kirchengemeinde Nortorf

- Der Urkundenbestand enthält lediglich Abschriften.
- Unterhalt des Pfarres Samuel Meyer; Landverkauf.
- 2 Nrn.
- 1584, 1604

Abt. 151 Holsteinische genossenschaftliche Verbände

Dieser Sammelbestand umfasst die Überlieferung kleinerer nichtstaatlicher Interessenverbände.Der Bestand ist nach Einzelprovenienzen geordnet.

Abt. 151.1 Adlige Brandgilde zu Kiel

Die 1691 gegründete Adlige Brandgilde erfuhr in Form und Inhalt immer wieder grundlegende Änderungen; 1867 wurde sie schließlich in einen rechtsfähigen Verein umgewandelt.

- Generalversammlungen; Allgemeine Verwaltung; Kataster und Taxation; Einzelne Güter und Mitglieder.
- 3 lfm
- 1772–1886

Abt. 151.2 Klösterlich Uetersen-Neuendeicher Deich- und Schleusenkommüne

Der Klösterlich-Uetersen-Neuendeicher Schleusenkommüne oblag die Unterhaltung des rechtsseitigen Pinnaudeiches unterhalb Uetersens. Als Schleusenkommüne unterstand ihr das Entwässerungssystem in den zum Bezirk der Gemeinde Neuendeich bei Uetersen gehörenden Marschgebieten. 1928 wurde sie in eine Entwässerungsgenossenschaft nach preußischem Recht umgewandelt.

- Vor allem Schauungen; Protokolle; Schleusenrechnungen; Deichsachen.
- 2 lfm
- 1617–1941

Abt. 151.3 Krempermarschkommüne

Die zur Krempermarschkommüne zusammengeschlossenen Gemeinden in der Kremper Marsch besaßen als privilegierter Genossenschaftsverband zur Regulierung der wirtschaftlichen Verhältnisse eine eigene lokale Selbstverwaltung mit gesondertem Rechnungswesen. Die Kommüne wurde aufgrund der durch die preußische Regierung veränderten Verhältnisse 1892 mit Verteilung der Kasse stillschweigend aufgelöst.

- ↘ Der Urkundenbestand stammt aus dem Besitz des Organisten Bielenberg, Borsfleth, und wurde 1941 an das Archiv abgegeben.
- ↘ Urkunden (14 Nrn.): Privilegien.
- ↘ Akten: Rechnungs- und Nachrichtenbücher; Loddingsgericht; Fuhrregister.
- ↘ 0,5 lfm
- ↘ 1563–1875

Abt. 151.4 Handwerksämter

Für die handwerklichen Zünfte in den Städten war in Schleswig-Holstein der Begriff (Handwerks-)Ämter gebräuchlich. Die Archivalien stammen aus den Städten Glückstadt (Glaseramt), Itzehoe (Grob- und Kleinschmiedeamt sowie Schusteramt) und Oldenburg (Schmiedeamt).

- ↘ Vor allem Amtsrollenbestätigungen, Gesellenbücher und Amtsbücher.
- ↘ 0,1 lfm
- ↘ 1636–1879

Abt. 151.5 Pferdegilde Nienwohld

Die Pferdeversicherung Nienwohld wurde 1856 gegründet und existierte bis 1963, als sie von der Pferdegilde Groß Niendorf bei Bad Segeberg übernommen wurde.

- ↘ Vor allem Mitgliederverzeichnisse; Journale; Schau-, Rechnungs- und Protokollbücher.
- ↘ 0,5 lfm
- ↘ 1874–1965

Abt. 151.6 Sielverband Hetlingen

Der Sielverband Hetlingen nahm 1942 die 1901 gegründete Entwässerungsgenossenschaft der Holmer Niederung auf.

- ↘ Protokollbuch.
- ↘ 0,1 lfm
- ↘ 1901–1968

Abt. 151.7 Fischereischutzgenossenschaft im Schwentinegebiet

Die Fischereischutzgenossenschaft im Schwentinegebiet in Plön wurde 1925 gegründet, bezweckt den Schutz des Fischbestandes in ihrem Sprengel und umfasst die dort zur Fischerei Berechtigten.

- ↘ Vor allem Vorstandssitzungen; Aalbestand; Bereisungen; Mitglieder.
- ↘ 0,5 lfm
- ↘ 1924–198

Abt. 151.8 Genossenschaftsmeierei und Schrotmühle zu Timmaspe

Die Genossenschaftsmeierei und Schrotmühle zu Timmaspe wurde 1898 gegründet und war Mitglied im Westholsteinischen Meiereiverband. Sie wurde 1970 aufgelöst.

- ↘ Protokollbücher; Genossenliste.
- ↘ 0,1 lfm
- ↘ 1898–1969

Abt. 151.9 Dampfdresch-Genossenschaft zu Timmaspe

Die Genossenschaft wurde 1908 gegründet, 1966 in die „Maschinengenossenschaft e.G.m.b.H. Timmaspe" umgewandelt und 1967 aufgelöst.

- ↘ Protokollbücher.
- ↘ 0,1 lfm
- ↘ 1908–1967

Abt. 151.10 Jevenstedter Schützengilde

Die Jevenstedter Schützengilde war 1841 ursprünglich als Mobiliengilde gegründet worden.

- ↘ Gildebuch, Protokollbuch.
- ↘ 0,1 lfm
- ↘ 1841–1955

Abt. 151.11 Deich- und Hauptsielverband Dithmarschen

Der Deich- und Hauptsielverband Dithmarschen im Kreis Dithmarschen ging 1972 aus der Verschmelzung der ehemaligen Deich- und Hauptsielverbände Süderdithmarschen und Norderdithmarschen hervor.

- ↘ Speicherkoog Dithmarschen-Süd.
- ↘ 0,1 lfm
- ↘ 1972–1977

Abt. 151.12 Meiereigenossenschaft Schülp bei Rendsburg

Die Meiereigenossenschaft Schülp bei Rendsburg existierte von 1901 bis 1969.

- ↘ Vor allem Genossenliste; Inventar; Wirtschaftsbuch.
- ↘ 0,1 lfm
- ↘ 1901–1970

Abt. 151.13 Meiereigenossenschaft Grebin

Die Genossenschaftsmeierei Grebin wurde 1896 von Hans Lindemann errichtet, 1913 von der Meiereigenossenschaft übernommen und 1867 aufgelöst.

- ↘ Vor allem Protokolle; Geschäftsbücher; Verzeichnisse.
- ↘ 1 lfm
- ↘ 1894–1969

Abt. 151.14 Meiereigenossenschaft Embühren

Die Meiereigenossenschaft Embühren wurde 1886 gegründet, 1968 aufgelöst und an die neu gegründete Nordbutterwerk GmbH in Hohenwestedt angeschlossen.

- ↘ Vor allem Geschäfts- und Wirtschaftsbücher.
- ↘ 0,1 lfm
- ↘ 1920–1969

Abt. 151.15 Damenschneider-Innung Rendsburg

Die Damenschneider-Innung Rendsburg wurde 1926 nach Auflösung des „Fachvereins der selbständigen Damenschneiderinnen in Rendsburg“ gegründet.

- ↘ Vor allem Mitgliederlisten; Protokolle; Statuten; Ausbildung.
- ↘ 0,5 lfm
- ↘ 1924–1985

Abt. 151.16 Central-Käserei und Meierei Wakendorf I eGmbH

Die 1911 gegründete Meierei wurde später zur Central-Käserei und Meierei Wakendorf I erweitert. 1965 wurde sie mit der Genossenschaftsmeierei in Sievershütten zusammengelegt, musste Mitte der 1980er-Jahre jedoch schließen.

- Bauangelegenheiten.
- 0,1 lfm
- 1944–1965

Abt. 151.17 Möltenorter Knochenbruchgilde von 1655

Die Möltenorter Knochenbruchgilde von 1655 wurde als Ohrter Sterbe-, Brand- und Schützengilde gegründet. Im Jahr 1829 erfolgte die Umwandlung in eine Knochenbruchgilde. Die Hauptaufgabe der Gilde ist die Zahlung von Entschädigungen an Mitglieder nach einem erlittenen Knochenbruch.

- Organisation; Haushalt; Vereinsaktivitäten.
- 1 lfm
- 1655–1989

Abt. 153 Holsteinische Schulen und Lehranstalten

Der Bestand fasst Unterlagen zusammen, die in einzelnen holsteinischen Schulen und Lehranstalten entstanden sind. Die unterschiedlichen Provenienzen sind durch ein gemeinsames Findbuch erschlossen.

- Oberdirektion des Kieler Schullehrerseminars (1781 eingerichtet, 1823 geschlossen): Akten über das Muhlius'sche Waisenhaus; Akten über Verfassung des Seminars; Unterrichtsangelegenheiten; Personalia; Seminaristenangelegenheiten; Rechnungswesen. – Direktion des Segeberger Schullehrerseminars (1839 als Nachfolgeinstitution des Kieler Seminars eingerichtet, um 1926 geschlossen): Bauakten; Rechnungs- und Besoldungssachen; Akten über Schulbuchhandlung und Schulbuchdruckerei; Personalia. – Navigationsschule in Kiel 1850–1852: Personalia; Schülerliste; Examinationsprotokoll; Schulinventar; Rechnungsbücher; Schulchroniken; Protokolle. – Rechnungen von: Distriktschule zu Ahrensbök; Schulen zu Arkebek, Freudenberg, Högersdorf, Jenfeld, Kalübbe, Klein Hansdorf, Norder-Kronprinzenkoog, Remmels und Schwabe. – Schule zu Ottendorf (1875–1972): Schulchronik; Schülerverzeichnisse; Lehrberichte; Klassenbücher. – Schulen zu Tappendorf und Nübbel.
- 3 lfm
- 1780–1981

Klöster und Güter

Die adligen Klöster und adligen Güter, zu denen auch die Großherzoglich Oldenburgischen Fideikommissgüter, Kanzleigüter, Lübschen Stadtstiftsdörfer sowie Wildnisse zu zählen sind, waren weitgehend autonome Territorien, die unmittelbar unter der Landesherrschaft standen und Patrimonialgerichtsbarkeit und Polizeihoheit besaßen. Die Gerichtsordnung von 1805, die wegen der Aufhebung der Leibeigenschaft notwendig geworden war, schrieb die Einsetzung von Juristen als Justitiare – Gerichtshalter auf den Gütern oder Klostersyndici auf den Klöstern – vor. Im Herzogtum Schleswig wurde die Gerichtsbarkeit der Güter bereits 1853 aufgehoben und von den angrenzenden oder neu gebildeten Harden übernommen. 1867 wurde nach dem Anschluss an Preußen die patrimoniale Gerichtsbarkeit auch in Holstein abgeschafft und den in ganz Schleswig-Holstein neu eingerichteten Amtsgerichten übertragen. Im gleichen Jahr wurden durch die Landgemeindeverfassung die adligen Güter als „Gutsbezirke" und die adligen Klöster als „Klosterbezirke" Kommunalverbände, die jedoch bis zur Kreisordnung von 1888 noch die Zuständigkeit für die Polizeiverwaltung behielten. 1928 erfolgte auch die Aufhebung der Gutsbezirke, die entweder zu Landgemeinden vereinigt oder an Landgemeinden angeschlossen wurden. In der Regel befinden sich von den adligen Gütern und Klöstern im Landesarchiv nur Protokolle und Akten der Gerichtsbarkeit, die bei deren Aufhebung 1867 an die Amtsgerichte abzuliefern waren und von diesen an das Landesarchiv abgegeben wurden. Die eigentlichen Guts- und Klosterarchive sind Privateigentum der Gutsbesitzer bzw. Klöster und befinden sich, soweit noch erhalten, auf den Gütern und Klöstern selbst. Einige dieser Archive sind als Eigentum oder als Depositum in das Landesarchiv gelangt.

Abt. 115 Kloster Cismar

Das um 1177 in Lübeck gegründete Benediktinerkloster verlegte im Jahr 1245 seinen Sitz nach Cismar. Reicher Reliquienbesitz und die Entdeckung einer – bald geheiligten – Quelle machten Cismar zu einem bekannten Wallfahrtsort und sorgten für Wohlstand. Nach der Reformation fiel das Kloster 1544 an die Herzöge von Schleswig-Holstein-Gottorf. 1560 wurde es endgültig aufgelöst, und die Klosterländereien wurden zu einem landesherrlichen Amt umgewandelt, das 1773 an den König von Dänemark fiel. Die im Landesarchiv verwahrte Überlieferung des Klosters besteht gänzlich aus Urkunden. Der Urkundenbestand wurde 1876 auf der Grundlage eines Archivalienaustauschvertrages zwischen Dänemark und Preußen vom königlichen Geheimarchiv in Kopenhagen an das damalige Staatsarchiv Schleswig abgegeben.

- Kauf von Ländereien und Renten; Besitz- und Privilegienbestätigungen; Ablassangelegenheiten; Schenkungen; Vikarienstiftung; Patronate und Inkorporationen; Bruderschaften (Gebetsverbrüderungen) mit den Klöstern Bordesholm und Segeberg sowie dem Franziskanerorden; Kirchenbau; Reparatur der Klostergebäude.
- 105 Nrn.
- 1240–1560
- Weitere Cismarer Urkunden befinden sich in Abt. 7, die Bederegister in Abt. 1 (siehe Bestandsgruppe „Schleswig-Holstein insgesamt").

Abt. 116 Augustiner-Chorherrenstift Bordesholm

Die Gründung erfolgte vermutlich im 13. Jahrhundert als Augustiner-Chorherrenstift in Neumünster. Um 1328 zogen die regulierten Augustiner auf eine Insel im See bei dem Dorf Eiderstede. Um ihr Kloster herum entwickelte sich anschließend die Siedlung Bordesholm. Nach Reformation und Landesteilung kam das Kloster mit all seinen Besitzungen im Jahr 1544 an Herzog Johann von Schleswig-Holstein, der es 1566 aufhob. Nach dem Tod des Herzogs 1580 fiel dessen Besitz 1581 an die Herzöge von Schleswig-Holstein-Gottorf, die die Klostergüter – insbesondere die Klosterbibliothek – im 17. Jahrhundert zur Dotation der neu gegründeten Universität Kiel verwendeten. Die im Landesarchiv verwahrte Überlieferung des Klosters besteht gänzlich aus Urkunden. Der Urkundenbestand gelangte 1773 mit dem Archiv der Gottorfer Herzöge an den dänischen König und wurde 1876 auf der Grundlage eines Archivalienaustauschvertrages zwischen Dänemark und Preußen aus dem königlichen Geheimarchiv in Kopenhagen an das damalige Staatsarchiv Schleswig abgegeben.

- Schenkungen und Käufe; Privilegien; Jurisdiktion; Klosterverlegung nach Bordesholm; Grenzen; Vikarienstiftungen; Visitationen; Rechtsstreitigkeiten; Patronate und Inkorporationen; Professe.
- 228 Nrn.
- 1306–1569
- Zahlreiche weitere Bordesholmer Urkunden befinden sich in Abt. 7, die Bederegister in Abt. 1 (siehe Bestandsgruppe „Schleswig-Holstein insgesamt").

Abt. 117 Konvent der Schwestern vom gemeinsamen Leben Neumünster

Der Konvent wurde um 1498 als Zweigniederlassung des Konventes der Schwestern vom gemeinsamen Leben Plön gegründet und der Aufsicht des Propstes des Chorherrenstiftes Bordesholm unterstellt. Um 1570 wurde der Konvent von Herzog Johann dem Älteren von Schleswig-Holstein-Hadersleben aufgelöst. Die Besitzungen kamen später, vermutlich nach dem Tode Herzog Johanns 1581, an die Herzöge von Schleswig-Holstein-Gottorf.

Die im Landesarchiv verwahrte Überlieferung besteht gänzlich aus Urkunden, die jedoch nicht aus dem Kloster selbst stammen, sondern aus den Akten des Archivs der Herzöge von Schleswig-Holstein-Gottorf ausgesondert und in die Urkundenabteilung verlegt wurden.

- Gründung des Konvents; Visitationen; Materwahl; Besitzrecht Herzog Johanns am Kloster.
- 7 Nrn.
- um 1498–1570
- Das Archiv der Herzöge von Schleswig-Holstein-Gottorf bildet die Abt. 7 (siehe Bestandsgruppe „Schleswig-Holstein insgesamt").

Abt. 118 Konvent der Schwestern vom gemeinsamen Leben Plön

1468 gestattete König Christian I. von Dänemark die Gründung eines Konvents der Schwestern vom gemeinsamen Leben durch den Konvent St. Michael in Lübeck. Um 1498 konnte der Plöner Konvent, welcher der Augustinerregel folgte, eine Zweigniederlassung in Neumünster gründen. Ab dem frühen 16. Jahrhundert ist eine stärkere klösterliche Ausrichtung sowie eine Annäherung an die Windesheimer Kongregation zu beobachten. Während der Reformation verarmt, verkaufte der Konvent 1578 die Gebäude und Besitzungen an Herzog Johann den Jüngeren von Schleswig-Holstein-Sonderburg. Die im Landesarchiv verwahrte Überlieferung des Klosters besteht gänzlich aus Urkunden.

- Gründung des Konvents; Privilegien; Schenkungen und Käufe; Errichtung der Zweigniederlassung in Neumünster; Verkauf des Klosters an Herzog Johann den Jüngeren.
- 32 Nrn.
- 1468–1578

Abt. 119 Kloster Preetz

Das Kloster wurde als Frauenkloster des Benediktinerordens um 1211 gegründet und war nach verschiedenen Standortwechseln etwa ab 1255 in Preetz angesiedelt. Es errichtete bis ins 14. Jahrhundert mehrere Pfarrkirchen, über die es Pfarrbesetzungsrecht und Archidiakonatsgewalt hatte. Nach der Reformation wurde das Kloster in ein adliges Damenstift umgewandelt, das bis heute der Versorgung von Töchtern der schleswig-holsteinischen Ritterschaft dient. Das eigentliche wertvolle Archiv befindet sich im Kloster selbst. Im Landesarchiv liegen Protokolle und vereinzelte jüngere Aktensplitter.

- Urkunden (1 Nr.): Eine aus dem 18. Jh. stammende Übersetzung der Klosterbestätigung von 1232.
- Akten: Schuld- und Pfandprotokolle ab 17. Jh.; Kontrakte ab 1834; Konkurssachen; Testamente; Nachlasssachen; Untersuchungssachen; Zivilsachen; Kopien der Rechnungen 1389–1576.
- 15 lfm
- 1636–1886

Abt. 120 Kloster Reinbek

Das Kloster wurde um 1226 in Hoibeke (heute Mühlenbek) an der Bille als Zisterzienserinnenkloster gegründet, unterstand jedoch dem Erzbischof von Hamburg-Bremen und nicht, wie es üblich gewesen wäre, dem Abt des Zisterzienserklosters Reinfeld. Schon bald nach der Gründung wurde das Kloster nach Köthen verlegt. 1250 fand es schließlich seinen endgültigen Sitz bei Hinschendorf, dem heutigen Reinbek. An der Grenze zwischen Holstein und Lauenburg gelegen, wurde das Kloster Reinbek von beiden Landesherren großzügig bedacht, geriet aber immer wieder in deren Auseinandersetzungen. Im Zuge der Reformation verließen die Nonnen das Kloster; 1528 wurde es aufgehoben und an den König von Dänemark als Landesherrn von Holstein verkauft. Die Klosterbesitzungen, die 1544 bei der Herrschaftsteilung an die Herzöge von Schleswig-Holstein-Gottorf gelangten, wurden in das Amt Reinbek umgewandelt. Die Urkunden des Klosters fielen 1773 an die Könige von Dänemark und wurden 1876 auf der Grundlage eines Archivalienaustauschvertrages zwischen Dänemark und Preußen aus dem königlichen Geheimarchiv in Kopenhagen an das damalige Staatsarchiv Schleswig gegeben.

- Urkunden (73 Nrn.): Besitzungen; Rentenschenkungen; Privilegien; Jurisdiktion; Vikarienstiftung; Reformation des Klosters; Verkauf der Klosterbesitzungen.
- 73 Nrn.

- 1241–1528
- Weitere Urkunden des Klosters befinden sich in Urk.-Abt. 7 (siehe Bestandsgruppe „Schleswig-Holstein insgesamt“). Alte Urkundenverzeichnisse liegen in Abt. 400.1 (siehe Bestandsgruppe „Sammlungen“).

Abt. 121 Kloster Reinfeld

Das Kloster Reinfeld wurde 1186/89 von Graf Adolf III. von Holstein als Zisterzienserkloster gegründet und mit umfangreichen Besitzungen und Privilegien ausgestattet. Es stieg in der Folgezeit zum reichsten und mächtigsten Kloster in Holstein auf und konnte sich diesbezüglich mit dem Domkapitel von Lübeck messen. Bis 1517 war es den Bischöfen von Lübeck unterstellt, ab 1517 dem Bischof von Schleswig. 1582 wurde das Kloster aufgelöst und kam in den Besitz des Königs von Dänemark, der es Herzog Johann dem Jüngeren von Schleswig-Holstein-Sonderburg (Haderslebener Anteil) übereignete. Die Klosterbesitzungen wurden in ein landesherrliches Amt umgewandelt. Die Urkunden des Klosters fielen nach dem Aussterben der Herzogslinie von Schleswig-Holstein-Sonderburg-Plön 1761 dem dänischen Gesamtstaat zu. Die Urkunden von Nr. 1 bis 48 wurden 1876 im Rahmen eines Archivalienaustauschvertrages zwischen Dänemark und Preußen aus dem königlichen Geheimarchiv in Kopenhagen an das damalige Staatsarchiv Schleswig gegeben. Die übrigen Urkunden stammen aus der Abgabe des Reichsarchivs Kopenhagen im Jahr 1936.

- Urkunden (177 Nrn.): Besitzungen; Rentenschenkungen; Privilegien; Jurisdiktion; Grenzen; Sülzgüter in Lüneburg; Vikarienbesetzungen in Lüneburg; Klosterauflösung.
- 177 Nrn.
- 1237–1582
- Weitere Urkunden des Klosters befinden sich in Urk.-Abt. 7 (siehe Bestandsgruppe „Schleswig-Holstein insgesamt“). Zwei Amtsbücher des Klosters sowie Urkundenabschriften liegen in Abt. 400.1 (siehe Bestandsgruppe „Sammlungen“). Urkunden über Klosterbesitz außerhalb Holsteins sowie Urkundenverzeichnisse sind im Reichsarchiv, Lesesaal Kopenhagen zu suchen. Die Akten (ab dem 16. Jh.) des Klosterarchivs gingen teilweise im Archiv des Amtes Reinfeld auf, das sich heute im Landesarchiv befindet (Abt. 109, siehe Bestandsgruppe „Herzogtum Holstein“), teilweise fielen sie auch nach dem Aussterben der Herzogslinie von Schleswig-Holstein-Sonderburg-Plön 1761 an den dänischen Gesamtstaat und wurden an die Deutsche Kanzlei zu Kopenhagen gegeben. Dieser Bestand liegt heute ebenfalls im Landesarchiv (Abt. 65, siehe Bestandsgruppe „Schleswig-Holstein insgesamt“).

Abt. 122 Kloster Uetersen

Das Kloster Uetersen wurde um 1234/35 durch Heinrich II. von Barmstede, einen Ratgeber des Grafen Adolf IV. von Holstein, als Frauenkloster gegründet. Es wurde vermutlich vom Zisterzienserinnenkloster Reinbek aus besiedelt und war dem Erzbischof von Bremen unterstellt. In der Folgezeit geriet es unter den Einfluss der Schauenburger Grafen. Ende des 15. Jahrhunderts stritten sich die Schauenburger Grafen mit den Herzögen von Schleswig-Holstein-Gottorf und den Königen von Dänemark um die Hoheitsrechte über das Kloster. Erst 1578 wurde der Streit im Mönkloher Vertrag zu Ungunsten der Schauenburger entschieden. Bereits 1542 hatte der dänische König die Reformation im Kloster eingeleitet, die 1555 durch die Umwandlung in ein adliges Damenstift vollendet wurde. Das Damenstift besteht als Institution der Ritterschaft bis heute. Die Urkunden dieser Abteilung, großenteils Abschriften, wurden zumeist aus den schauenburgischen und gottorfischen Beständen entnommen (Abt. 3 und Abt. 7). Das eigentliche Archiv liegt im Kloster Uetersen.

- Urkunden (44 Nrn.): Klostergründung; Besitz- und Rentensachen; Privilegien; Inkorporation der Kirche zu Elmshorn; Klosterzucht; Propstabdankung; Reformation; Mönkloher Vertrag.
- Akten: Gerichtsprotokolle ab 1621; Schuld- und Pfandprotokolle und Kontrakte ab 1687; Wenige Akten des 18. und 19. Jh.
- 15 lfm
- 1237–1888
- Der Registrant des Klosterarchivs ist im Landesarchiv verfilmt unter der Signatur Abt. 415 Nr. 550.
- Pläne des Klosters befinden sich in Abt. 65.2 Nr. 3730 (siehe Bestandsgruppe „Schleswig-Holstein insgesamt") und in Abt. 402 A 59 Nr. 2 (siehe Bestandsgruppe „Karten und Bilder").

Abt. 123 Kloster Itzehoe

Das Kloster Itzehoe ist spätestens 1263 entstanden, als das in Ivenfleth an der Störmündung gegründete Frauenkloster des Zisterzienserordens nach Itzehoe, angelehnt an dessen alte Laurentius-Pfarrkirche, verlegt wurde. Nach der Reformation wurde das Nonnenkloster in ein adliges Damenstift umgewandelt, das bis heute der Versorgung von Töchtern der Schleswig-Holsteinischen Ritterschaft dient. Das Klosterarchiv liegt als Depositum des Klosters im Landesarchiv.

- Urkunden (541 Nrn.): Besitzungen; Rentenschenkungen; Privilegien; Jurisdiktion; Rechtsstreitigkeiten; Inkorporation der Kirchen zu Itzehoe, Heiligenstedten, Schenefeld und Nortorf; Vikarienstiftungen und -besetzungen; Wahlbestätigungen der Äbtissinnen; Kalande zu Münsterdorf und Welna; Wiederaufbau der Kirche zu Nortorf; Deichbau zu Heiligenstedten; Grenzen und Wege.
- Akten: Landeshoheit und Verfassung; Ritterschaft, Kloster und Klosterangehörige; Klösterliche Beamte; Äußere Verhältnisse; Klösterliche Besitzungen; Rechnungswesen und Steuern; Kirchenwesen; Schulsachen; Milde Stiftungen; Armenwesen; Statistik; Polizei; Brandwesen; Medizinalia; Handel- und Gewerbesachen, Schifffahrt; Wege und Eisenbahnen; Deichwesen und Wasserlösungssachen; Kriegs-, Einquartierungs- und Militärangelegenheiten; Justizsachen. – Nicht zum Depositum gehörig: Schuld- und Pfandprotokolle von 1630 bis 1714 und ab 1795.
- 154 lfm
- 1256–20. Jh.
- Bederegister des Klosters befinden sich in Abt. 1 (siehe Bestandsgruppe „Schleswig-Holstein insgesamt"), Urkundenabschriften in Abt. 400.5 (siehe Bestandsgruppe „Sammlungen"). Prozesse, die bis zum Reichskammergericht gingen, liegen in Abt. 390 (siehe Bestandsgruppe „Sammlungen"); weitere meist strittige Vorgänge finden sich auch in Abt. 65.1 (siehe Bestandsgruppe „Schleswig-Holstein insgesamt").

Abt. 124 Oldenburger Güterdistrikt

Die adligen Güter waren in Distrikten als Verwaltungseinheiten zusammengeschlossen; sie waren jeweils einem Distriktsdeputierten zugeordnet. Der Distriktsdeputierte hatte die Funktion einer Zwischenbehörde zwischen den Oberbehörden und den adligen Gütern seines Distrikts sowie zwischen der Fortwährenden Deputation von Prälaten und Ritterschaft und den Gutsbesitzern. Seine Aufgaben, vor allem bei der Wegeaufsicht, in Militär- und Polizeiangelegenheiten, gingen 1868 nach der Einführung der Kreise auf den Landrat über. Das Archiv des Distriktsdeputierten und die Archive der einzelnen Güter sind nach alphabetisch aufgeführten Einzelprovenienzen in jeweils eigenen Beständen geordnet, für die bis auf die benannten Ausnahmen ein gemeinsames Findbuch vorliegt.

Abt. 124.1 Deputierter des Oldenburger Adligen Güterdistrikts

- Journale; Bekanntmachungen; Geschäftsgang und Archiv; Beamte; Militär und Politisches; Wege; Polizei; Steuern; Arme und Stiftungen.
- 0,5 lfm
- 1808–1867
- Der Bestand ist durch ein separates Findbuch erschlossen.

Abt. 124.32 Augustenhof, Gut

- Schuld- und Pfandprotokolle ab 1819; Gerichtsprotokolle ab 1822; Vormünderprotokoll ab 1826.
- 0,1 lfm
- 1819–1885

Abt. 124.18 Bankendorf, Gut

- Nur Quittungen der Rendsburger und Ritterschaftlichen Kasse. Gerichtsprotokolle siehe Seegalendorf.
- 0,1 lfm
- 1861–1867

Abt. 124.45 Brodau, Gut

- Urkunden (1 Nr.): Verkauf des Dorfes Rettin.
- Akten: Kontrakte ab 1826; Gerichtsprotokolle ab 1812; Vormünderprotokoll ab 1771; Kaufverträge, Gerichts-, Armen-, Steuer-, Wege-, Schul-, Pacht- und Forstsachen; Rechnungen ab 1818; Familienpapiere Niemeyer und deren Erben.
- 4 lfm
- 1318–1937
- Der Bestand ist durch ein separates Findbuch erschlossen.

Abt. 124.33 Bürau, Gut

- Schuld- und Pfandprotokolle für Meeschendorf ab 1880; Kontrakte ab 1829; Gerichtsprotokolle ab 1805; Vormünderprotokoll ab 1820; Gerichtshalter.
- 0,5 lfm
- 1805–1885

Abt. 124.19 Ehlerstorf, Gut

- Schuld- und Pfandprotokolle ab 1812; Kontrakte ab 1827; Gerichtsprotokolle ab 1824; Vormünderprotokoll ab 1808.
- 0,5 lfm
- 1808–1877

Abt. 124.10 Farve, Gut

- Kontrakte ab 1827; Gerichtsprotokolle ab 1806; Vormünderprotokoll ab 1801; Testament des Pastors Knutzen zu Hohenstein.
- 0,5 lfm
- 1801–1878

Abt. 124.20 Futterkamp, Gut

- Kontrakte ab 1822; Gerichtsprotokolle ab 1807; Vormünderprotokoll ab 1836; Depositenbuch; Nachlassverzeichnis.
- 1 lfm
- 1807–1888

Abt. 124.35 Gaarz, Gut

- Schuld- und Pfandprotokolle der Mühle ab 1828; Kontrakte ab 1823; Gerichtsprotokolle ab 1816; Vormünderprotokoll ab 1811; Lehrer Schenck und Rixen zu Flügge.
- 0,5 lfm
- 1806–1884

Abt. 124.36 Godderstorf, Gut

- Gerichtsprotokolle ab 1842; Pachtkontrakte ab 1801; Gerichtshalter.
- 0,1 lfm
- 1801–1865

Abt. 124.37 Görtz, Gut

- Schuld- und Pfandprotokolle ab 1880; Gerichtsprotokolle ab 1842; Vormünderprotokoll; Gerichtshalter; Nachlass des Pächters Danielsen.
- 0,1 lfm
- 1817–1884

Abt. 124.38 Großenbrode, Gut

- Schuld- und Pfandprotokolle ab 1805; Kontrakte ab 1802; Gerichtsprotokolle ab 1835 und Vormünderprotokoll ab 1805 (auch für Löhrstorf, Clausdorf, Godderstorf, Görtz und Satjewitz); Gerichtshalter; Nachlasssachen.
- 1 lfm
- 1805–1885

Abt. 124.12 Güldenstein, Gut

- Kontrakte ab 1829; Gerichtsprotokolle ab 1834; Vormünderprotokoll ab 1805; Geschäftstagebuch.
- 0,5 lfm
- 1805–1876

Abt. 124.2 Hasselburg, Gut

- Schuld- und Pfandprotokolle ab 1781; Kontrakte ab 1827; Gerichtsprotokolle ab 1806; Nachlass- und Kirchensachen; Gerichtshalter; gutswirtschaftliche Akten, vor allem Rechnungen ab 1824; Chronik.
- 5 lfm
- 1781–1906, 1980
- Filme des auf dem Gut befindlichen Archivrestes in Abt. 420 Nr. 14131–14139, 14219 (siehe Bestandsgruppe „Sammlungen“).

Abt. 124.21 Helmstorf, Gut

- Schuld- und Pfandprotokolle ab 1838; Kontrakte ab 1837; Gerichtsprotokolle ab 1806; Testamente; Jagdbuch.
- 0,5 lfm
- 1806–1885
- Filme eines Teils des auf dem Gut befindlichen Archivs in Abt. 415 Nr. 6004–6008 (siehe Bestandsgruppe „Sammlungen“).

Abt. 124.22 Hohenfelde, Gut

- Urkunden (1 Nr.).
- Akten: Gerichtsprotokolle ab 1829; Vormünderprotokoll ab 1807; Testamente; Inventare.
- 0,5 lfm
- 1769–1868

Abt. 124.40 Johannistal, Gut

- Schuld- und Pfandprotokolle ab 1881; Gerichtsprotokolle ab 1807; Gutsrechnung.
- 0,1 lfm
- 1807–1884

Abt. 124.24 Klamp, Gut

- Gerichtsprotokolle ab 1829; Vormünderprotokoll ab 1806; Pachtverträge über Meierhof Vogelsdorf; Testamente; Inventar.
- 0,5 lfm
- 1779–1918

Abt. 124.34 Klausdorf, Gut

- Kontrakte ab 1860; Gerichtsprotokolle ab 1861; Gerichtshalter.
- 0,1 lfm
- 1817–1875

Abt. 124.25 Kletkamp und Grünhaus, Güter

- Urkunden (15 Nrn.).
- Akten: Gerichtsprotokolle; Justizsachen; Rechnungen; Kontrakte; Vormundschaften. Depositum: Familienpapiere; Gutsverwaltung; Prozesssachen; Andere Güter; Klöster.
- 13 lfm
- 1503–1979
- Der deponierte Bestand ist durch ein separates Findbuch erschlossen.

Abt. 124.3 Kniphagen, Gut

- Gerichtsprotokolle ab 1806; Gerichts- und Prozesssachen.
- 0,1 lfm
- 1806–1866

Abt. 124.41 Löhrstorf, Gut

- Schuld- und Pfandprotokolle ab 1840; Kontrakte ab 1866; Gerichtsprotokolle ab 1842; Gerichtshalter.
- 0,1 lfm
- (1775–) 1817–1884

Abt. 124.8 Manhagen, Gut

- Schuld- und Pfandprotokolle ab 1812; Kontrakte ab 1792; Gerichtsprotokolle ab 1841; Gutsbeschreibung.
- 0,5 lfm
- 1778–1885

Abt. 124.9 Meischenstorf, Gut

- Kontrakte ab 1851; Gerichtsprotokolle ab 1824; Vormünderprotokoll ab ca. 1800; Gerichtshalter.
- 0,1 lfm
- ca. 1800–1869

Abt. 124.27 Neudorf, Gut

- Schuld- und Pfandprotokolle ab 1818; Kontrakte ab 1771; Gerichtsprotokolle ab 1806; Gutsverwaltung; Grundbesitz; Verpachtung; Rechnungen; Landarbeiter; Landwirtschaft; Familienarchiv.
- 0,5 lfm
- 1771–1886

Abt. 124.28 Neuhaus, Gut

- Kontrakte ab 1822; Gerichtsprotokolle ab 1801; Testamente.
- 1 lfm
- 1801–1890

Abt. 124.44 Neukirchener Kirchenhäuser

- Schuld- und Pfandprotokolle ab 1815.
- 0,5 lfm
- 1815–1884

Abt. 124.4 Oevelgönne, Gut

- Schuld- und Pfandprotokolle ab 1819; Kontrakte ab 1802; Gerichtsprotokolle ab 1818; Konkurs- und Nachlasssachen; Gerichtshalter.
- 6 lfm
- 1802–1885
- Der Bestand ist durch ein separates Findbuch erschlossen.

Abt. 124.29 Panker, Gut

- Urkunden (12 Nrn.).
- Akten: Kontrakte ab 1859; Gerichtsprotokolle ab 1807; Vormünderprotokoll ab 1809; Proklam über den Gutsverkauf 1663–1675; Testament des Fürsten v. Hessenstein 1776–1808.
- 1 lfm
- (1655–) 1663–1890
- Testamente ab 1817 siehe auch Abt. 195.1. Das Archiv der Herrschaft Hessenstein und des Gutes Panker befindet sich auf Schloss Fasanerie bei Fulda.

Abt. 124.14 Petersdorf, Gut

- Schuld- und Pfandprotokolle ab 1803; Kontrakte ab 1830; Gerichtsprotokolle ab 1806; Vormünderprotokoll ab 1805; Gut und Gutsbesitzer; Akten der gutsherrschaftlichen und gutswirtschaftlichen Verwaltung (Erdbücher, Inventare, Pacht- und Bausachen, Rechnungen).
- 3 lfm
- 1706–1927
- Der Bestand ist durch ein separates Findbuch erschlossen.

Abt. 124.13 Putlos, Gut

- Kontrakte ab 1826; Gerichtsprotokolle ab 1806; Vormünderprotokoll ab 1810.
- 0,5 lfm
- 1806–1883

Abt. 124.11 Rosenhof, Gut

- Schuld- und Pfandprotokolle ab 1859; Kontrakte ab 1811; Gerichtsprotokolle ab 1806; Vormünderprotokoll ab 1827; Polizeisachen.
- 0,5 lfm
- 1806–1889

Abt. 124.42 Satjewitz, Gut

- Gerichtsprotokolle ab 1842; Nachlass des Gutsbesitzers Teophile; Strandsachen; Gerichtshalter.
- 0,1 lfm
- 1817–1867

Abt. 124.30 Schmoel, Gut

- Urkunden (1 Nr.).
- Akten: Gerichtsprotokolle ab 1807; Vormünderprotokoll ab 1810; Testamente; Vermessungsregister und Erdbuch für das Dorf Schwartbuck; Inventar.
- 0,5 lfm
- 1768–1871

Abt. 124.15 Schwelbek, Gut

- Gerichtsprotokolle ab 1806; Vormünderprotokoll ab 1811.
- 0,1 lfm
- 1806–1871

Abt. 124.43 Seegalendorf, Gut

- Schuld- und Pfandprotokolle ab 1800; Kontrakte ab 1829; Gerichtsprotokolle (mit Bankendorf) ab 1805; Gerichtshalter; Zirkularbücher des Distriktsdeputierten und des Landratsamtes; Kassen-, Steuer- und Brandgildesachen; Rechnungen.
- 0,5 lfm
- 1786–1888

Abt. 124.6 Sierhagen, Gut

- Kontrakte ab 1805; Gerichtsprotokolle ab 1805; Gerichtshalter; Nachlasssachen.
- 0,5 lfm
- 1805–1873

Abt. 124.46 Sierhagen und Wahlstorf, Güter, Fideikommiss

- Der Bestand befindet sich als Depositum im Landesarchiv.
- Urkunden (3 Nrn.): Indigenat für Böhmen; Danebrogorden; Obligation.
- Akten: Gut und Gutsbesitzer; Rechnungen ab 1703; Kaufverträge; Akten der gutsherrschaftlichen und gutswirtschaftlichen Verwaltung sowie anderer Güter.
- 11 lfm
- 1616–1904
- Der Bestand ist durch ein separates Findbuch erschlossen.
- Filme eines Teils des auf dem Gut befindlichen Archivs in Abt. 415 Nr. 755–760, 765–778 (siehe Bestandsgruppe „Sammlungen").

Abt. 124.26 Siggen, Gut

- Kontrakte ab 1827; Gerichtsprotokolle ab 1806; Vormünderprotokoll (auch für Süssau, Rosenhof, Augustenhof, Gaarz und Johannistal) ab 1807; Akten der gutsherrschaftlichen und gutswirtschaftlichen Verwaltung; Steuer-, Versicherungs-, Rechnungssachen; Kirchen- und Schulsachen von Neukirchen und Grube.
- 1 lfm
- 1684–1911

Abt. 124.23 Süssau, Gut

- Schuld- und Pfandprotokolle ab 1879; Kontrakte ab 1828; Gerichtsprotokolle ab 1806; Vormünderprotokoll ab 1855; Rechnungen.
- 0,1 lfm
- 1806–1882

Abt. 124.16 Testorf, Gut

- Schuld- und Pfandprotokolle ab 1774; Kontrakte ab 1828; Gerichtsprotokolle ab 1822; Vormünderprotokoll ab 1802; Lageregister 1866; Gerichtshalter; Pläne; Vermessungsregister; Untergehörigenliste; Pachtsachen.
- 1 lfm
- 1757–1889
- Filme des auf dem Gut befindlichen Archivrestes in Abt. 420 Nr. 8497, Abt. 415 Nr. 5744 (siehe Bestandsgruppe „Sammlungen“).

Abt. 124.7 Wahrendorf, Gut

- Kontrakte ab 1829; Gerichtsprotokolle ab 1817; Gerichtshalter; Nachlasssachen.
- 0,1 lfm
- 1817–1869

Abt. 124.31 Waterneverstorf, Gut

- Kontrakte ab 1820; Gerichtsprotokolle ab 1806; Vormünderprotokoll ab 1804; Testamente.
- 0,5 lfm
- 1802–1883

Abt. 124.17 Weißenhaus, Gut

- Kontrakte ab 1859; Gerichtsprotokolle ab 1846; Vormünderprotokoll ab 1836; Depositenbuch der Testamente; Journal des Justitiariats.
- 0,5 lfm
- 1836–1883

Abt. 124.5 Wintershagen, Gut

- Kontrakte ab 1814; Gerichtsprotokolle ab 1809; Gerichtshalter; Kaufsachen des Gutes; Testament des Gutsbesitzers Souchay; Strand- und Zollsachen.
- 0,5 lfm
- 1806–1867

Abt. 125 Preetzer Güterdistrikt

Die adligen Güter waren in Distrikten als Verwaltungseinheiten zusammengeschlossen; sie waren jeweils einem Distriktsdeputierten zugeordnet. Der Distriktsdeputierte hatte die Funktion einer Zwischenbehörde zwischen den Oberbehörden und den adligen Gütern seines Distrikts sowie zwischen der Fortwährenden Deputation der Prälaten und Ritterschaft und den Gutsbesitzern. Seine Aufgaben, vor allem bei der Wegeaufsicht, in Militär- und Polizeiangelegenheiten, gingen 1868 nach der Einführung der Kreise auf den Landrat über. Das Archiv des Distriktsdeputierten und die Archive der einzelnen Güter sind nach alphabetisch aufgeführten Einzelprovenienzen in jeweils eigenen Beständen geordnet, für die bis auf die benannten Ausnahmen ein gemeinsames Findbuch vorliegt. Das Gut Hornsdorf ist unter Seedorf zu suchen, das Gut Travenort unter Wensin.

Abt. 125.1 Deputierter des Preetzer Adligen Güterdistrikts

- Journale; Bekanntmachungen; Geschäftsgang und Archiv; Beamte; Militär und Politisches; Wege; Polizei; Steuern; Arme und Stiftungen.
- 4 lfm
- 1777–1876
- Der Bestand ist durch ein separates Findbuch erschlossen.

Abt. 125.2 Ascheberg, Gut

- Schuld- und Pfandprotokolle ab 1776; Kontrakte ab 1776; Gerichtsprotokolle ab 1775; Vormünderprotokolle ab ca. 1820; Justizsachen.
- 3 lfm
- 1775–1882

Abt. 125.16 Bockhorn, Gut

- Schuld- und Pfandprotokolle ab 1811; Kontrakte ab 1826; Gerichtsprotokolle ab 1811.
- 0,5 lfm
- 1811–1866

Abt. 125.15 Bothkamp, Gut

- Schuld- und Pfandprotokolle ab 1802; Kontrakte ab 1809; Gerichtsprotokolle ab 1806; Vormünderprotokolle ab 1814; Nachlass- und Wegesachen.
- 2 lfm
- 1806–1882

Abt. 125.26 Bundhorst, Gut

- Schuld- und Pfandprotokolle des Meierhofs Ludwigslust ab 1822; Kontrakte ab 1828; Gerichtsprotokolle ab 1806; Vormünderprotokolle ab 1842; Nachlasssachen.
- 0,5 lfm
- 1780–1884

Abt. 125.3 Depenau, Gut

- Schuld- und Pfandprotokolle ab 1809; Kontrakte ab 1817; Gerichtsprotokolle ab 1806; Vormünderprotokolle ab 1805; Erdbuch; Verkaufsverträge; Verzeichnis des Gerichtsarchivs.
- 4 lfm
- (1698–) 1806–1891
- Filme eines großen Teils des auf dem Gut befindlichen Archivs liegen in Abt. 415 Nr. 663–674 (siehe Bestandsgruppe „Sammlungen“).

Abt. 125.25 Fresenburg, Gut

- Urkunden (Depositum; 1 Nr.): Teilungsbrief.
- Akten: Schuld- und Pfandprotokolle ab 1808; Gerichtsprotokolle ab 1793.
- 0,5 lfm
- 1793–1885

Abt. 125.29 Freudenholm, Gut

- Nebenbuch zum Schuld- und Pfandprotokoll 1883–1884.
- 0,1 lfm
- 1883–1884

Abt. 125.17 Glasau, Gut

- Schuld- und Pfandprotokolle ab 1777; Kontrakte ab 1838; Gerichtsprotokolle ab 1806; Vormünderprotokoll 1836; Justizsachen; Hoftagsregister.
- 0,5 lfm
- 1777–1882

Abt. 125.4 Kühren, Gut

- Urkunden (1 Nr.): Kauf von Besitzungen in Nordjütland durch die Familie von Uffeln.
- Akten: Schuld- und Pfandprotokolle ab 1819; Kontrakte ab 1828; Gerichtsprotokolle ab 1802; Vormünderprotokolle ab 1848; Pachtsachen; Nachlasssachen; Familienpapiere v. Bülow.
- 2 lfm
- 1661–1907
- Filme des auf dem Gut befindlichen Archivs liegen in Abt. 415 Nr. 466 und 467 (siehe Bestandsgruppe „Sammlungen").

Abt. 125.24 Lehmkuhlen, Gut

- Schuld- und Pfandprotokolle ab 1821; Kontrakte ab 1828; Gerichtsprotokolle ab 1825; Vormünderprotokolle ab 1845; Nachlasssachen; Berichte über Gerichtssachen.
- 0,5 lfm
- 1795–1897

Abt. 125.12 Margarethenhof, Gut

- Kontrakte ab 1849; Gerichtsprotokolle ab 1865.
- 0,1 lfm
- 1849–1867

Abt. 125.13 Müssen, Gut

- Kontrakte ab 1833; Gerichtsprotokolle ab 1811; Gerichtshalter.
- 0,1 lfm
- 1811–1876

Abt. 125.5 Muggesfelde, Gut

- Schuld- und Pfandprotokolle ab 1781; Kontrakte ab 1782; Gerichtsprotokolle ab 1802; Militaria; Versicherungs- und Gutswirtschaftssachen.
- 2 lfm
- 1759–1920, 1981

Abt. 125.18 Nehmten, Gut

- Gerichtsprotokolle 1835–1866.
- 0,1 lfm
- 1835–1866
- Ein noch unverzeichneter kleiner Teil des Gutsarchivs, der auch Teile der Gutsarchive von Hohenschulen, Klein-Nordsee und Marutendorf enthält, befindet sich als Depositum im Landesarchiv.

Abt. 125.6 Nütschau, Gut

- Schuld- und Pfandprotokolle ab 1786; Gerichtsprotokolle ab 1777; Vormünderprotokoll ab 1859; Pachtsachen; Vermessungsprotokoll; Steuersachen.
- 1 lfm
- 1754–1884

Abt. 125.7 Perdoel, Gut

- Schuld- und Pfandprotokolle ab 1793; Gerichtsprotokolle ab 1796; Mühlen-, Nachlass-, Polizei- und Gerichtssachen.
- 1 lfm
- 1748, 1793–1884

Abt. 125.8 Pronstorf, Gut

- Schuld- und Pfandprotokolle ab 1826; Kontrakte ab 1845; Gerichtsprotokolle ab 1826; Vormünderprotokolle ab 1826; Arbeitsjournal; Militär.
- 1 lfm
- 1710, 1826–1883
- Filme des auf dem Gut befindlichen Archivs liegen in Abt. 420 Nr. 11696–11713 (siehe Bestandsgruppe „Sammlungen“).

Abt. 125.22 Rantzau, Gut

- Schuld- und Pfandprotokolle ab 1784; Kontrakte ab 1820; Gerichtsprotokolle ab 1822; Vormünderprotokoll ab 1800; Justizsachen; sächsische, preußische, dänische und kaiserliche Militärsachen.
- 2 lfm
- 1620–1968
- Filme des auf Gut Augustenhof bei Gettorf befindlichen Gutsarchivs befinden sich in Abt. 415 Nr. 5663–5743 (siehe Bestandsgruppe „Sammlungen“).

Abt. 125.19 Rixdorf, Gut

- Schuld- und Pfandprotokolle ab 1780; Kontrakte ab 1800; Gerichtsprotokolle ab 1826; Vormünderprotokolle ab 1827.
- 1 lfm
- 1780–1882

Abt. 125.10 Rohlstorf, Gut

- Schuld- und Pfandprotokolle ab 1829; Kontrakte ab 1827; Gerichtsprotokolle ab 1847; Rechnungen 1618–1619.
- 0,5 lfm
- 1618–1619, 1827–1883

Abt. 125.9 Schönböken, Gut

- Schuld- und Pfandprotokolle ab 1804; Kontrakte ab 1814; Gerichtsprotokolle ab 1805.
- 1 lfm
- 1804–1883

Abt. 125.20 Schönweide, Gut

- Das Archiv befindet sich als Depositum im Landesarchiv.
- Urkunden (70 Nrn.): Belehnung und Verkauf des Gutes; Obligationen.
- Akten: Gut und Gutsbesitzer; Grenz-, Justiz- und Polizeisachen; Dienste und Leistungen der Untergehörigen; Wirtschaftsverwaltung; Kirchen und

Schulsachen; Militär; Kriegslasten; Ritterschaft; Politische Angelegenheiten; Andere Güter. – Nicht zum Depositum gehörig: Schuld- und Pfandprotokolle ab 1783; Kontrakte ab 1783; Gerichtsprotokolle ab 1798; Vormünderprotokolle ab 1836.

- 31 lfm
- 1675–1948
- Der Bestand ist durch ein separates Findbuch erschlossen.

Abt. 125.11 Seedorf und Hornstorf, Güter

- Seedorf (1823–1883): Schuld- und Pfandprotokolle ab 1847; Kontrakte ab 1823; Gerichtsprotokolle ab 1844. – Hornsdorf (1807–) 1823–1883: Schuld- und Pfandprotokolle ab 1826; Kontrakte ab 1823; Gerichtsprotokolle ab 1844.
- 1 lfm
- (1807–) 1823–1883

Abt. 125.27 Sophienhof, Gut

- Kontrakte ab 1828; Gerichtsprotokolle ab 1832; Vormünderprotokoll ab 1803; Steuersachen und Nachlässe.
- 0,1 lfm
- 1803–1909

Abt. 125.23 Tralau, Gut

- Schuld- und Pfandprotokolle ab 1784; Gerichtsprotokolle ab 1801.
- 0,5 lfm
- 1784–1885

Abt. 125.28 Wahlstorf, Gut

- Kontrakte ab 1825; Gerichtsprotokolle ab 1821; Vormunderprotokolle ab 1813; Nachlasssachen; Berichte über Gerichtssachen.
- 0,5 lfm
- 1813–1921

Abt. 125.14 Wensin und Travenort, Güter

- Wensin (1801–1898): Kontrakte ab 1828; Gerichtsprotokolle ab 1820; Vormünderprotokolle ab 1801; Gerichtshalter. – Travenort (1801–1898): Schuld- und Pfandprotokolle ab 1825; Kontrakte ab 1828; Gerichtsprotokolle ab 1820; Vormünderprotokolle ab 1801; Gerichtshalter.
- 0,5 lfm
- 1801–1898
- Der Bestand ist durch ein separates Findbuch erschlossen.

Abt. 125.21 Wittmoldt, Gut

- Kontrakte 1808; Gerichtsprotokolle ab 1826; Justizsachen.
- 0,5 lfm
- 1805–1867

Abt. 126 Kieler Güterdistrikt

Die adligen Güter waren in Distrikten als Verwaltungseinheiten zusammengeschlossen; sie waren jeweils einem Distriktsdeputierten zugeordnet. Der Distriktsdeputierte hatte die Funktion einer Zwischenbehörde zwischen den Oberbehörden und den adligen Gütern seines Distrikts sowie zwischen der Fortwährenden Deputation der Prälaten und Ritterschaft und den Gutsbesitzern. Seine Aufgaben, vor allem bei der Wegeaufsicht, in Militär- und Polizeiangelegenheiten, gingen 1868 nach der Einführung der Kreise auf den Landrat über.

Das Archiv des Distriktsdeputierten und die Archive der einzelnen Güter sind nach alphabetisch aufgeführten Einzelprovenienzen in jeweils eigenen Beständen geordnet, für die bis auf die benannten Ausnahmen ein gemeinsames Findbuch vorliegt. Die Güter Annenhof und Blockshagen sind unter Schierensee zu suchen, die Güter Hagen und Schädtbek unter Dobersdorf, das Gut Rethwisch unter Bredeneek und das Gut Schönhorst unter Oppendorf.

Abt. 126.1 Deputierter des Kieler Adligen Güterdistrikts

- Journale; Geschäftsgang und Archiv; Beamte; Militär und Politisches; Wege; Polizei; Steuern; Gewerbe und Konzessionen; Arme und Stiftungen; Kirchen und Schule.
- 2 lfm
- 1787–1868
- Der Bestand ist durch ein separates Findbuch erschlossen.

Abt. 126.18 Bossee, Gut

- Schuld- und Pfandprotokolle ab 1808; Kontrakte ab 1809; Gerichtsprotokolle ab 1790; Vormünderprotokolle ab 1815; Rechnungen; Gerichtssachen.
- 1 lfm
- 1764–1895

Abt. 126.2 Bredeneek und Rethwisch, Güter

- Heuerkontrakte 1854; Gerichtsprotokolle ab 1831; Vormünderprotokolle (1820–) 1859–1860; Steuersachen.
- 0,5 lfm
- 1820–1870

Abt. 126.20 Deutsch-Nienhof, Gut

- Schuld- und Pfandprotokolle ab 1813; Kontrakte ab 1815; Gerichtsprotokolle ab 1808; Vormünderprotokolle ab 1813; Nachlasssachen.
- 0,5 lfm
- (1565–) 1808–1884
- Filme eines großen auf dem Gut befindlichen Teils des Archivs befinden sich in Abt. 415 Nr. 625–662, 675–692, 712–724, 742–748 (siehe Bestandsgruppe „Sammlungen“).

Abt. 126.4 Dobersdorf, Hagen und Schädtbek, Güter

Das Archiv befindet sich als Depositum im Landesarchiv.

- Urkunden (26 Nrn.): Verkauf der Güter Dobersdorf, Helmstorp und Röpsdorf; Verkauf des Meierhofes Winsen; Besitzabrundungen; Erb- und Eheangelegenheiten.
- Akten: Ritterschaft; Provinzialverwaltung; Gutsnachrichten; Grenzsachen; Nachlassangelegenheiten; Kirchen-, Schul- und Armensachen; Steuern; Pacht- und Forstsachen; Handwerker; Kriegssachen; Bauangelegenheiten; Brandsachen; Medizinal-, Wege- und Polizeisachen.
- 39 lfm
- 1526–1902
- Der Bestand ist durch ein separates Findbuch erschlossen.

Abt. 126.19 Emkendorf, Gut

- Schuld- und Pfandprotokolle ab 1825; Kontrakte ab 1779; Gerichtsprotokolle ab 1806; Vormünderprotokolle ab 1804.
- 1 lfm
- 1672–1884
- Siehe auch Nachlass Friedrich Saeftel (Abt. 399.1192, Bestandsgruppe „Nachlässe“).

Abt. 126.3 Georgental, Gut

- Kontrakte ab 1824; Gerichtsprotokolle ab 1820; Kaufverträge; Kirchen-, Schul- und Armensachen; Polizei; Wege; Pachtsachen; Steuern; Kriegssachen; Kanal- und Eisenbahnbau.
- 0,5 lfm
- 1791–1902

Abt. 126.12 Groß-Nordsee, Gut

- Schuld- und Pfandprotokolle ab 1845; Kontrakte ab 1805; Vormünderprotokolle ab 1801.
- 0,5 lfm
- 1801–1884

Abt. 126.23 Hohenschulen, Gut

- Schuld- und Pfandprotokolle ab 1817; Kontrakte ab 1829.
- 0,5 lfm
- 1817–1886
- Gerichtsprotokolle siehe unter Gut Marutendorf (Abt. 126.25 Nr. 5).

Abt. 126.8 Klein-Königsförde, Gut

- Gerichtsprotokolle ab 1807; Vormünderprotokolle ab 1820; Rechtsstreit 1899–1901.
- 0,1 lfm
- 1807–1901

Abt. 126.24 Klein-Nordsee, Gut

- Schuld- und Pfandprotokolle ab 1800; Kontrakte ab 1828; Gerichtsprotokolle ab 1808; Vormünderprotokolle ab 1807.
- 1 lfm
- 1800–1886

Abt. 126.5 Kluvensiek, Gut

- Kontrakte ab 1819; Gerichtsprotokolle ab 1820.
- 0,1 lfm
- 1819–1865

Abt. 126.9 Kronsburg, Gut

- Schuld- und Pfandprotokolle ab 1807; Kontrakte ab 1807; Gerichtsprotokolle ab 1807.
- 0,5 lfm
- 1807–1884

Abt. 126.16 Lammershagen, Gut

- Schuld- und Pfandprotokolle ab 1781; Kontrakte ab ca. 1784; Gerichtsprotokolle ab 1819; Vormünderprotokolle ab 1823; Straf- und Kaufsachen; Testamente.
- 1 lfm
- 1781–1887

Abt. 126.25 Marutendorf, Gut

- Schuld- und Pfandprotokolle ab 1852; Kontrakte ab 1819; Gerichtsprotokolle ab 1808; Depositenbuch ab 1836, auch für andere Güter und andere Güterdistrikte.
- 0,5 lfm
- 1808–1886

Abt. 126.6 Neu-Nordsee, Gut

- Gerichtsprotokolle ab 1842; Kauf-, Pacht-, Armen-, Steuer- und Versicherungssachen; Geschäftspapiere des Gutsbesitzers F. Martens, auch andere Güter betreffend.
- 0,5 lfm
- 1800–1885

Abt. 126.31 Oppendorf und Schönhorst, Fideikommiss Rantzau

- Allgemeines; Rechnungen; Akten auch über die Güter Behrensbrook und Bürau; Finanz- und Prozesssachen; Familienpapiere der Grafen Rantzau; Schuld- und Pfandprotokolle ab 1831; Kontrakte ab 1813; Gerichtsprotokolle ab 1813; Vormünderprotokolle ab 1811.
- 9 lfm
- 1722–1932
- Der Bestand ist durch ein separates Findbuch erschlossen.

Abt. 126.14 Oppendorf und Schönhorst, Güter

- Ritterschaft; Ständesachen; Gutsnachrichten; Grenzsachen; Gerichtssachen; Steuern; Pacht; Forstsachen; Kirchen-, Schul- und Armensachen; Handwerker; Militär; Schuld- und Pfandprotokolle ab 1831; Kontrakte ab 1815; Gerichtsprotokolle ab 1813.
- 6 lfm
- 1595–1913
- Der Bestand ist durch ein separates Findbuch erschlossen.

Abt. 126.7 Osterrade, Gut

- Kontrakte ab 1837; Gerichtsprotokolle ab 1809; Pachtvertrag.
- 0,1 lfm
- 1809–1879

Abt. 126.21 Pohlsee, Gut

- Schuld- und Pfandprotokolle für die Mühle Manhagen ab 1879; Kontrakte ab 1813; Gerichtsprotokolle ab 1813; Vormünderprotokolle ab 1808; Gerichtssachen.
- 0,5 lfm
- 1808–1883

Abt. 126.26 Projensdorf, Gut

- Schuld- und Pfandprotokolle ab 1825; Kontrakte ab 1828; Gerichtsprotokolle ab 1841; Kopiebuch.
- 0,1 lfm
- 1805–1886

Abt. 126.11 Quarnbek, Gut

Das Gutsarchiv befindet sich im Landesarchiv. Ein kleinerer Teil mit den ersten 17 Nummern ist staatlich, der größere vor allem aus der Zeit ab 1906 ist Depositum der Eigentümerfamilie.

- Schuld- und Pfandprotokolle ab 1864; Kontrakte ab 1827; Gerichtsprotokolle ab 1830; Vormünderprotokoll ab 1821; Fideikommiss Milberg Quarnbek ab 1906; Kaufverträge; Pachtverträge; Gutswirtschaft; Gebäude; Schule; Kirche; Jagd und Forst; Wege und Gewässer; Elektrizitätswerk; Steuern; Rechnungen; Hof Hammer; weitere Grundstücke und Vermögen.
- 5 lfm
- 1796–um 1970
- Der Bestand ist durch ein separates Findbuch erschlossen.

Abt. 126.13 Rastorf, Gut

Das Gutsarchiv befindet sich im Landesarchiv, zum Teil als Depositum.

- Urkunden (4 Nrn.): Erbvergleich; Belehnung und Verkauf des Gutes Nütschau; Papier- und Walkmühle Schwentine.
- Akten: Generalia; Klöster und Ritterschaft; Ständesachen; Beamte; Rechnungs-, Steuer-, Kirchen-, Schul- und Armensachen; Geldsammlungen; Justizsachen; Schuld- und Pfandprotokolle ab 1807; Kontrakte ab 1829; Gerichtsprotokolle ab 1831; Vormünderprotokolle ab 1808; Landwesens-,

Pacht-, Forst- und Wasserlösungssachen; Brücken- und Bausachen; Gewerbe; Mühlen; Medizinalia; Brandsachen; Sparkassen; Militär; Postsachen; Sozialdemokratie; Statistik; Volkszählungen; Familienarchiv der Grafen zu Rantzau; Familienpapiere der Freiherren v. Vincke, darunter militärische und politische Papiere des preußischen Oberstleutnants im Generalstab Karl Freiherrn v. Vincke (1800–1869); Familienpapiere Marquard.
- 28 lfm
- 1573–1946
- Der Bestand ist durch ein separates Findbuch erschlossen.

Abt. 126.15 Salzau, Gut

Das Gutsarchiv befindet sich im Landesarchiv, zum Teil als Depositum.
- Urkunden (6 Nrn.): Verkauf des Gutes.
- Akten: Kauf; Inventare; Gerichtsprotokolle ab 1805; Vormünderprotokolle ab 1808; Nachlass-, Prozess-, Alimentations- und Strafsachen; Kirchenbuchangelegenheiten; Post; Wege; Steuern; Zoll; Grenzsachen; Militär; Gutswirtschaftliche Verwaltung des Gutes Salzau mit Rechnungen von 1760 bis 1903, des Meierhofs Charlottental, der Blomenburg und der Herrschaft Hagymadfalva in Ungarn; Familienarchiv der Herren und Grafen Blome.
- 34 lfm
- 1556–1946
- Der Bestand ist durch ein separates Findbuch erschlossen.

Abt. 126.22 Schierensee, Annenhof und Blockshagen, Güter

- Kontrakte ab 1827; Vormünderprotokoll ab 1806.
- 0,1 lfm
- 1806–1877
- Filme des auf Gut Schierensee befindlichen Archivteils befinden sich in Abt. 415 Nr. 605–623 (siehe Bestandsgruppe „Sammlungen").

Abt. 126.30 Schrevenborn, Gut

- Schuld- und Pfandprotokolle ab 1794; Kontrakte ab 1786; Gerichtsprotokoll ab 1861; Vormünderprotokoll ab 1801; Rechnungen; Gerichtssachen.
- 2 lfm
- 1786–1886
- Der Bestand ist durch ein separates Findbuch erschlossen.

Abt. 126.27 Schwartenbek, Gut

- Nur Gerichtsprotokolle 1832–1866.
- 0,1 lfm

Abt. 126.10 Steinwehr, Gut

- Gerichtsprotokoll 1820–1865; Kontraktenprotokolle 1823–1865; Vermessungsregister des Dorfes Ehlersdorf; Pachtsachen; Reallastenablösung.
- 0,1 lfm
- 1820–1890

Abt. 126.17 Westensee, Gut

- Schuld- und Pfandprotokolle ab 1772; Kontrakte ab 1789; Gerichtsprotokolle ab 1806; Vormünderprotokolle ab ca. 1815; Kirchen- und Schulsachen; Mühlen; Pacht-, Grundbuch- und Steuersachen; Jagd.
- 0,5 lfm
- 1772–1900

Abt. 126.28 Wittenberg, Gut

- Kontrakte ab 1826; Gerichtsprotokolle ab 1806; Vormünderprotokolle ab 1816; Nachlasssachen; Untergehörigenlisten als Kopien aus dem Gutsarchiv, 1737–1767.
- 0,5 lfm
- 1737–1767, 1806–1899
- Filme eines Teils des auf dem Gut befindlichen Archivs befindet sich in Abt. 415 Nr. 5995–6001 (siehe Bestandsgruppe „Sammlungen").

Abt. 127 Itzehoer Güterdistrikt

Die adligen Güter waren in Distrikten als Verwaltungseinheiten zusammengeschlossen; sie waren jeweils einem Distriktsdeputierten zugeordnet. Der Distriktsdeputierte hatte die Funktion einer Zwischenbehörde zwischen den Oberbehörden und den adligen Gütern seines Distrikts sowie zwischen der Fortwährenden Deputation der Prälaten und Ritterschaft und den Gutsbesitzern. Seine Aufgaben, vor allem bei der Wegeaufsicht, in Militär- und Polizeiangelegenheiten, gingen 1868 nach der Einführung der Kreise auf den Landrat über. Das Archiv des Distriktsdeputierten und die Archive der einzelnen Güter sind nach Einzelprovenienzen in jeweils eigenen Beständen geordnet, für die bis auf die benannten Ausnahmen ein gemeinsames Findbuch vorliegt. Das Gut Klinken ist unter Höltenklinken zu suchen, die Güter Kampen und Rahde unter Krummendiek.

Abt. 127.1 Deputierter des Itzehoer Adligen Güterdistrikts

- Wegesachen.
- 0,1 lfm
- 1836–1844
- Der Bestand ist durch ein separates Findbuch erschlossen.

Abt. 127.3 Ahrensburg, Gut

Das Gutsarchiv besteht aus mehreren Teilen, die unter der Signatur Abt. 127.3, teilweise mit dem jeweils unten angegebenen Zusatz zu zitieren sind.

- Urkunden (21 Nrn.): Verkauf, Verpfändungen und sonstige Besitzveränderungen des Gutes; Erb- und Eheangelegenheiten.
- Akten: Das Gut und seine Besitzer; Grenzsachen; Gerichtsverfassung; Gerichtsprotokolle ab 1774; Kontrakte ab 1810; Hofprotokolle; Konkurse; Nachlasssachen und Vormundschaften; Kriminal- und Zivilsachen; Polizei; Handel, Wege und Verkehr; Medizinalsachen; Handwerker; Armen- und Heimatrechtssachen; Beamte und Untergehörige; Pacht-, Wirtschafts-, Vermessungs- und Steuersachen; Rechnungen ab 1772; Versicherungssachen; Forst, Mühlen und Fischerei; Bausachen; Kirchen und Schulen; Militär; Ritterschaft; Politisches; Volkszählungen; Vereinssachen; Gut Wandsbek; Baurechnungen des Wandsbeker Schlosses 1772–1776. – Abt. 127.3 Protokolle (2 lfm, 1718–1890): Schuld- und Pfandprotokolle ab 1766; Kontrakte ab 1789; Gerichtsprotokolle ab 1848; Vormünderbuch ab 1845. – Abt. 127.3 Schimmelmann (9 lfm, 1752–1933): Familienarchiv Schimmelmann, insbesondere Nachlass des dänischen Schatzmeisters Heinrich Carl Graf v. Schimmelmann (1724–1782), dessen politische, geschäftliche und private Korrespondenz sowie Besitzungen in Westindien und Dänemark, hier vor allem Gut Lindenborg; Kinder und Enkel des Schatzmeisters sowie die angeheirateten Familien Graf Blücher-Altona, Freiherren v. Lützerode, Cri-

minil, v. Löwenstern, v. Heintze, Graf v. Baudissin, Graf zu Rantzau, Grafen v. Reventlow. – Abt. 127.3 Emkendorf (0,1 lfm, 1770–1908, 1954): Papiere der Julia Gräfin v. Reventlow, geb. Gräfin v. Schimmelmann, und ihres Mannes Fritz Graf v. Reventlow auf Emkendorf sowie deren Erben Reventlow-Criminil und Freundeskreis. – Abt. 127.3 Schadendorff (1 lfm, 1898, 1936–1967): Nachlass des Hans Schadendorff (1898–1967) mit Exzerpten und einer Materialsammlung über den Schatzmeister H. C. Graf v. Schimmelmann, dessen Familie und Besitzungen.

- 59 lfm
- 1517–1937
- Alle Teilbestände von Abt. 127.3 sind gemeinsam durch ein separates Findbuch erschlossen.

Abt. 127.20 Bahrenfleth, Gut

- Schuld- und Pfandprotokolle ab (1711–) 1799; Obligationen ab 1818; Vermessung; Gutsinspektoren; Zivilsachen.
- 1 lfm
- (1642) 1664, 1711–1884
- Weitere Archivalien zu Bahrenfleth befinden sich im Bestand des Gutes Heiligenstedten (Abt. 127.13).

Abt. 127.18 Bekhof, Gut

- Schuld- und Pfandprotokolle ab 1799; Obligationen ab 1819.
- 0,5 lfm
- 1799–1886
- Weitere Archivalien zu Bekhof befinden sich im Bestand der Güter Bekmünde (Abt. 127.19) und Heiligenstedten (Abt. 127.13).

Abt. 127.19 Bekmünde, Gut

- Schuld- und Pfandprotokolle ab 1799; Hebungsregister auch der Güter Bekhof und Kampen ab 1844.
- 0,5 lfm
- 1799–1884
- Weitere Archivalien zu Bekmünde befinden sich im Bestand des Gutes Heiligenstedten (Abt. 127.13).

Abt. 127.22 Blumendorf, Gut

- Schuld- und Pfandprotokolle ab 1846; Kontrakte ab 1808; Gerichtsprotokolle ab 1806.
- 0,5 lfm
- 1806–1884

Abt. 127.23 Borstel, Gut

Das Archiv befindet sich als Depositum im Landesarchiv.
- Urkunden (23 Nrn.): Privilegien; Wasserfahrt; Erb- und Besitzangelegenheiten; Streitigkeiten; Schuldbriefe; Kontributionen.
- Akten: Land und Ritterschaft; Gut und Familie der Grafen v. Baudissin; Rechnungen ab 1841; Kirchen- und Schulsachen; Justizsachen. – Nicht zum Depositum gehörig: Schuld- und Pfandprotokolle ab ca. 1798; Kontrakte ab 1807; Gerichtsprotokolle ab 1808; Testamente.
- 22 lfm
- 1434–1930
- Der Bestand ist durch ein separates Findbuch erschlossen.

Abt. 127.12 Bramstedt, Gut

- Schuld- und Pfandprotokolle ab 1810; Kontrakte ab 1804; Gerichtsprotokolle ab 1829; Vormünderbuch ab 1820.
- 1 lfm
- 1804–1889

Abt. 127.21 Breitenburg, Gut

Das Archiv der Herrschaft Breitenburg befindet sich als Depositum im Landesarchiv und besteht aus mehreren Teilbeständen, die unter der Signatur Abt. 127.21 mit dem jeweils unten angegebenen Zusatz zu zitieren und in jeweils separaten Findbüchern erschlossen sind.
- Urkunden (170 Nrn.): Besitzabrundungen; Jurisdiktionsangelegenheiten; Grenzangelegenheiten.
- Akten: Abt. 127.21 AGA (Altes Gutsarchiv, 77 lfm, 1516–1852): Geschichte; Verfassung; Beschaffenheit; Grenzen; Beziehungen zum Staat; Ritterschaft; Besitzungen; Beamte; Untergehörige; Forst-, Jagd-, Moor-, Fischerei- und

Bausachen; Gerichtssachen, dabei: Gerichtsprotokolle ab 1669; Polizeisachen; Kameral-, Industrie- und Ökonomie-Sachen; Kirchen-, Schul- und Armensachen; Finanz- und Steuersachen; Militär. – Abt. 127.21 NGA (Neues Gutsarchiv, 70 lfm, 1735–1975): Bestandsschwerpunkte wie beim Alten Gutsarchiv. – Abt. 127.21 R (Rechnungen, 113 lfm, 1617–1963). – Abt. 127.21 FA (Familienarchiv, 38 lfm, 1306–1913): Familienarchiv der Herren und Grafen Rantzau auf Breitenburg: Allgemeine Familiensachen, dabei auch andere Rantzausche Besitzungen; Feldherr und Statthalter Johann Rantzau (1492–1565); Statthalter Heinrich Rantzau (1526–1598); Feldherr und Statthalter Gerd Rantzau (1558–1627); Statthalter (Graf) Christian Rantzau (1614–1663); Statthalter Graf Detlev Rantzau (1644–1697); Graf Christian Detlev Rantzau (1670–1721); Graf Wilhelm Adolph Rantzau (1688–1734); Gräfin Catharina Hedwig zu Castell geb. Gräfin Rantzau (1683–1743) und andere. – Abt. 127.21 MS (Handschriften, 1545–1830). – Abt. 127.21 Moll (Molleriana, 3 lfm, 16.–18. Jh.): Genealogische Sammlung des Olaus Henrich Moller (1715–1796), Rektor in Flensburg. – Abt. 127.21 Find (Findbücher, 2 lfm, 1700–1978). – Abt. 127.21 (Nicht zum Depositum gehörender Bestand, 15 lfm, 1630–1885): Schuld- und Pfandprotokolle ab 1630; Kontrakte ab 1669; Obligationenprotokolle ab 1820; Gerichtssachen.

- 317 lfm
- 1256–1978
- Der Inhalt bis zum Jahre 1598 ist erschlossen durch die Schleswig-Holsteinischen Regesten und Urkunden Bd. 9 (Veröffentlichungen des Landesarchivs Schleswig-Holstein 21).

Abt. 127.2 Drage, Gut

- Schuld- und Pfandprotokolle ab 1703; Kontrakte ab 1667; Gerichtsprotokolle ab 1729; Prozessakten ab 1739; Rechnungen ab 1668; Hauptbücher ab 1779; Gutswirtschaft; Landwesen; Kirchen.
- 24 lfm
- 1571–1893
- Der Bestand ist durch ein separates Findbuch erschlossen.

Abt. 127.11 Erfrade, Gut

- Urkunden (8 Nrn.): Verpfändung und Verkauf des Gutes Erfrade; Dörfer Erfrade und Rickling.

- Akten: Schuld- und Pfandprotokolle ab 1788; Gerichtsprotokolle ab 1835; Akten aus dem Archiv der Herrschaft Breitenburg ab 1533; Grenzstreitigkeiten mit dem Herzoghaus Schleswig-Holstein-Gottorf 1600–1602.
- 1 lfm
- 1521–1883

Abt. 127.25 Grabau, Gut

- Schuld- und Pfandprotokolle ab 1834; Gerichtsprotokolle ab 1807.
- 0,5 lfm
- 1807–1884

Abt. 127.10 Groß-Kollmar, Gut

- Urkunden (4 Nrn.): Verkauf des Gutes und einzelner Ländereien.
- Akten: Besitzverhältnisse; Bausachen und Inventare des Herrenhauses; Steuern und Pacht; Mühlen; Deiche; Brandversicherung; Armen-, Kirchen- und Schulsachen; Wege; Gewerbe; Strand- und Zollsachen; Militär; Polizei- und Gerichtssachen; Schuld- und Pfandprotokolle ab 18. Jh.; Cai Rantzau 18. Jh.; Kontrakte ab 1740; Vormünderbuch ab 1806; Papiere zum Wegestreit zwischen Panker und Neverstorf.
- 5 lfm
- 1597–1885
- Der Bestand ist durch ein separates Findbuch erschlossen.

Abt. 127.14 Haselau, Gut

- Schuld- und Pfandprotokolle ab 18. Jh.; Kontrakte ab 1789.
- 1 lfm
- 1789–1884

Abt. 127.7 Haseldorf, Gut

Das Archiv befindet sich als Depositum im Landesarchiv.

- Urkunden (270 Nrn.): Erb- und Eheangelegenheiten; Lehen; Obligationen; Verkauf des Gutes Bossee und sonstige Besitzveränderungen; Ritterschaft; Prozesse; Deichsachen.

- Akten: Landessachen (dabei Papiere zur Geschichte Europas und des dänischen Königshauses); Ritterschaft; Klöster; Materialsammlung über Adelsgeschlechter und Adlige; Familien v. Ahlefeldt und v. Reventlow; Güter Haseldorf, Haselau, Hetlingen und Heustaken; Kirchen-, Schul- und Armensachen; Deiche, Wasser und Wege; Justizsachen; Militär; Steuer- und Rechnungssachen; Anhang mit verschiedensten Akten, vor allem Rechnungen. – Nicht zum Depositum gehörig: Schuld- und Pfandprotokolle ab 18. Jh.; Kontrakte ab 1759; Gerichtsprotokolle ab 1787; Testamente.
- 103 lfm
- 1422–1922
- Der Bestand ist durch ein separates Findbuch erschlossen.
- Unterlagen zu den Familien v. Schilden, v. Friccius und zu Schönaich-Carolath sind auf Haseldorf verblieben. Filme befinden in Abt. 415 Nr. 5548–5609 (siehe Bestandsgruppe „Sammlungen“).

Abt. 127.13 Heiligenstedten, Gut

- Urkunden (55 Nrn.): Besitzkauf und -verkauf; Erb- und Eheangelegenheiten; Streitigkeiten; Urfehden; Verkauf der Güter Drage, Bahrenfleth; Heiligenstedten. Gutsarchiv: Schul- und Kirchensachen; Gerichtssachen; Wasser, Brücken und Mühlen; Steuern und Pacht; Militär; Armensachen; Bau- und Eisenbahnsachen.
- Akten: Fideikommisssachen. – Protokolle: Schuld- und Pfandprotokolle ab 1705; Kontrakte ab 1782; Gerichtsprotokolle ab 1854. – Rechnungen des Meierhofs Julianka: Vorhanden ab 1851. – Familienarchiv v. Blome-Heiligenstedten. – Weitere Guts- und Familienarchivalien: Dabei Rechnungen ab 1841, auch der Güter Bekmünde, Bekhof, Kampen, Bahrenfleth und der Blomeschen Wildnis.
- 16 lfm
- 1348–1930
- Der Bestand ist durch ein separates Findbuch erschlossen.

Abt. 127.15 Hetlingen, Gut

- Schuld- und Pfandprotokolle ab 18. Jh.
- 1 lfm
- 1782–1884

Abt. 127.26 Höltenklinken (Klinken), Gut

- Kontrakte ab 1798; Gerichtsprotokolle ab 1806.
- 0,1 lfm
- 1798–1883

Abt. 127.28 Hohenholz, Gut

- Nur ein Nebenbuch.
- 0,1 lfm
- 1881–1885
- Gerichtsprotokolle befinden sich im Bestand des Kombinierten adligen Gutsgerichts zu Oldesloe (Abt. 127.32).

Abt. 127.4 Hoisbüttel, Gut

- Schuld- und Pfandprotokolle ab 1809; Kirchen- und Wegesachen.
- 0,5 lfm
- 1797–1884
- Gerichtsprotokolle befinden sich im Bestand des Kombinierten adligen Gutsgerichts zu Oldesloe (Abt. 127.32).

Abt. 127.29 Jersbek und Stegen, Güter

Das Archiv befindet sich als Depositum im Landesarchiv.

- Urkunden (35 Nrn.): Erb- und Eheangelegenheiten; Obligationen; Kanalbau; Güter Kaden und Borstel; Wege- und Holzrechte.
- Akten: Das Gut und seine Besitzer; Alster; Grenz- und Wegesachen; An- und Verkauf einzelner Stellen; Pachtsachen; Gutsbedienstete und Untergehörige; Ablösungen und Auseinandersetzungen; Wasserlösungssachen; Jagd-, Forst- und Moorsachen; Rechnungen; Güter Mönkenbrook und Wulksfelde; Justiz; Kirchensachen; Armensachen; Polizei; Brandsachen; Medizinalsachen; Gewerbe; Communesachen; Post; Zoll und Steuern; Militär; Wahlsachen; Beziehungen zu Nachbarjurisdiktionen; Akten der Güter Ahrensburg und Hoisbüttel, des Johannisklosters in Hamburg und der Domkapitelsdörfer Poppenbüttel und Spitzerdorf; Landesherrschaft und Ritterschaft; Archivverzeichnisse.
- 20 lfm
- 1496–1984
- Der Bestand ist durch ein separates Findbuch erschlossen.

Abt. 127.9 Kaden, Gut

- Urkunden (1 Nr.): Grenzvergleich.
- Akten: Schuld- und Pfandprotokolle ab 1781; Kontrakte ab 1784; Gerichtsprotokolle ab 1763; Vormünderbuch ab 1748; Dokumente über Besitzverhältnisse des Gutes.
- 4 lfm
- 1496–1890

Abt. 127.31 Klein-Kollmar, Gut

- Schuld- und Pfandprotokolle ab 1800; Kontrakte ab 1734; Gerichtsprotokolle ab 1837; Vormünderbuch ab 1806; Testaments- und Nachlasssachen.
- 2 lfm
- 1734–1885

Abt. 127.27 Krummbek, Gut

- Nur ein Gerichtsprotokoll.
- 0,1 lfm
- 1806–1830

Abt. 127.8 Krummendiek, Kampen und Rahde, Güter

- Schuld- und Pfandprotokolle von Krummendiek ab 1800, von Kampen ab 1799, von Rahde ab 1810; Kontrakte von Krummendiek und Kampen ab 1789, von Rahde ab 1810; Gerichtsprotokolle ab 1821; Vormünderbuch ab 1822; Kauf-, Erb- und Eheverträge; Steuern; Schulsachen; Mühlen; Nachlasssachen.
- 3 lfm
- 1789–1886
- Steuer- und Mühlensachen von Kampen befinden sich im Bestand Heiligenstedten (Abt. 127.13).

Abt. 127.17 Mehlbek, Gut

Das Archiv befindet sich als Depositum im Landesarchiv.

- Urkunden (33 Nrn.): Besitzabrundungen vorwiegend durch Heinrich Rantzau; Verkauf des Gutes.
- Akten: Verschiedene Gutsakten; Kirchen- und Schulsachen; Steuern; Polizei- und Gerichtsakten; Gerichtsprotokolle ab 1748; Kontrakte ab 1746. –

Nicht zum Depositum gehörig: Schuld- und Pfandprotokolle ab 1800; Kontrakte ab 1766; Gerichtsprotokolle ab 1780; Vormünderbuch ab 1806.
- 6 lfm
- 1528–1889
- Der Bestand ist durch ein separates Findbuch erschlossen.

Abt. 127.6 Mönkenbrook, Gut

- Pacht- und Kaufverträge; Steuern; Kirchensachen; Forst- und Jagdsachen; Wege; Gewerbesachen.
- 0,5 lfm
- 1699–1838

Abt. 127.5 Neuendorf, Gut

- Urkunden (2 Nrn.): Entwässerung von Feldern; Verkauf des Hofes Moorhusen.
- Akten: Schuld- und Pfandprotokolle ab 1587; Kontrakte ab 1649; Gerichtsprotokolle ab 1637; Vormünderbuch ab 1755; Diarien ab 1663; Angelegenheiten der Gutsherrschaft und Gutsverwaltung; Gerichtssachen; Kirchen- und Schulsachen; Armensachen; Deiche und Schleusen; Wasserlösungssachen; Wege; Prozesssachen; Rechnungssachen; Steuern; Brandsachen; Testamentssachen.
- 12 lfm
- 1494–1907
- Der Bestand ist durch ein separates Findbuch erschlossen.

Abt. 127.32 Oldesloe, Kombiniertes adliges Gutsgericht

- Gemeinsame Gerichtsprotokolle 1806–1867 für die Güter Fresenburg mit Schadehorn, Hohenholz, Hoisbüttel, Nütschau und Tralau mit Neverstaven sowie die Lübschen Stadtstiftsdörfer Barkhorst, Frauenholz, Pölitz und Westerau.
- 2 lfm
- 1806–1867

Abt. 127.30 Sarlhusen, Gut

- Schuld- und Pfandprotokolle ab 1730; Kontrakte ab 1676; Nachlasssachen.
- 1 lfm
- 1676–1884
- Die Rechnungen der Jahre 1602–1610 befinden sich in Abt. 104 Nr. 684a (siehe Bestandsgruppe „Herzogtum Holstein").

Abt. 127.24 Schulenburg, Gut

- Schuld- und Pfandprotokolle ab 1801; Kontrakte ab 1801; Gerichtsprotokolle ab 1806.
- 1 lfm
- 1801–1885

Abt. 127.16 Seestermühe, Gut

- Urkunden (1 Nr.): Gildebrief der Seestermüher Brandgilde.
- Akten: Schuld- und Pfandprotokolle ab 18. Jh.; Kontrakte ab 1791.
- 1 lfm
- 1695–1884

Abt. 128 Großherzoglich-Oldenburgische (Schleswig-Holsteinische) Fideikommissgüter

Der Bischof Abt. von Lübeck, der seit 1586 aus dem Hause der Herzöge von Schleswig-Holstein-Gottorf kam, erwarb 1639–1650 drei an das Amt Eutin grenzende Güter (Lensahn, Mönchneversdorf und Stendorf), die sogenannten älteren Fideikommissgüter, und 1768 im Zusammenhang mit dem bevorstehenden Austauschvertrag ursprüngliche Domänen des ehemaligen gottorfischen Amtes Oldenburg, die sogenannten jüngeren Fideikommissgüter. Diese bischöflichen Güter kamen später in den Besitz der Großherzöge von Oldenburg, der jüngeren Linie der Gottorfer Herzöge. Sie unterschieden sich ihrer Verfassung nach nicht von den sonstigen adligen Gütern, bildeten einen besonderen Distrikt und wurden von den Eutiner Behörden verwaltet.

- Schuld- und Pfandprotokoll ab 1757; Kontrakte ab 1822; Gerichtsprotokolle ab 1844; Lageregister der Güter Bollbrügge, Koselau, Kremsdorf, Lensahn, Lübbersdorf, Mönchneversdorf, Selent, Sieverhagen, Stendorf und des

Dorfes Sütel; Kirchenbaurechnung von Lensahn 1654; Inventar von Lensahn und Stendorf 1669; Nachlass- und Forstsachen.
- 2 lfm
- 1654–1899

Abt. 129 Holsteinische Kanzleigüter und Lübsche Güter

Die holsteinischen Kanzleigüter gehörten, anders als die adligen Güter, nicht zum von König und Herzog gemeinschaftlich verwalteten Anteil und unterstanden daher nicht dem Adligen Landgericht, sondern den Regierungskanzleien der Landesherren. Die Lübschen Güter lagen zwar in den Herzogtümern Holstein und Lauenburg, gehörten jedoch Bürgern der Freien Reichsstadt Lübeck. Daher unterstanden sie nicht dem jeweiligen Landesherrn, sondern dem Reichsgericht. Der Bestand ist nach Einzelprovenienzen geordnet.

Abt. 129.6 Bekdorf, Kanzleigut

Das Kanzleigut Bekdorf war ursprünglich ein Dorf im Gut Bekmünde, von dem es 1639 getrennt und an den König verkauft wurde, der es 1669 als Gut weiterverkaufte.
- Ein Schuld- und Pfandprotokoll und zwei Kontraktenprotokolle ab 1741.
- 0,5 lfm
- 1741–1885

Abt. 129.7 Dunkelsdorf, Lübsches Gut

Aus dem Besitz der Familie von Reventlow kam das Gut Dunkelsdorf in die Hände von Lübecker Patriziern. 1953 wurde es aufgesiedelt.
- Schuld- und Pfandprotokoll ab 1765; Nebenbücher ab 1826; Gerichtsprotokoll ab 1822; Kauf- und Pachtsachen; Justizsachen.
- 2 lfm
- 1749–1937

Abt. 129.8 Eckhorst, Lübsches Gut

Das Gut Eckhorst teilte seine Geschichte und die entsprechenden Besitzerwechsel seit 1306 mit dem Gut Steinrade, ab 1697 über die Jahrhunderte hinweg mit dem Gut Mori.

- Schuld- und Pfandprotokolle ab 1765; Nebenbücher ab 1799; Gerichtsprotokolle ab 1785; Kauf- und Pachtsachen; Justizsachen.
- 4 lfm
- 1764–1891

Abt. 129.3 Groß Steinrade, Lübsches Gut

Nach häufigem Besitzerwechsel gehörte das Gut Steinrade 1732 der Familie von Rumohr, bis diese 1961 ausstarb und das Gut abgetragen wurde.

- Urkunden (7 Nrn.): Verkauf und Übertragung des Gutes und Dorfes Groß Steinrade.
- Akten: Akten des Justitiariats; Schuld- und Pfandprotokolle und Nebenbücher ab 1795; Gerichtsprotokolle ab 1749; Gutsherrschaft; Gutsbeamte und Dienstleute; Verpachtung; Abgaben und Steuern; Armensachen; Versicherung; Bausachen; Forst- und Jagdsachen; Gewerbesachen; Grenz- und Wegesachen; Justizsachen; Kirchen- und Schulsachen; Polizeisachen; Rechnungen.
- 12 lfm
- 1306–1954

Abt. 129.1 Hanerau, Kanzleigut

Der Bezirk der mittelalterlichen Burg Hanerau wurde auf dem Wege über landesherrliches Amt und adliges Gut zum Kanzleigut. Der Aktenbestand gliedert sich in einen staatlichen und in einen privaten Teil. Letzterer, der Großteil des eigentlichen Hanerauer Gutsarchivs, wurde 1957 als Depositum dem Landesarchiv übergeben.

- Urkunden (8 Nrn.): Besitzabrundungen; Verkauf des Gutes.
- Akten: Amtsrechnungen 1614–1664; Gerichtsprotokolle ab 1803; Schuld- und Pfandprotokolle ab 1728; Kontraktenprotokolle ab 1760.
- 27 lfm
- 1531–1930

Abt. 129.2 Kuhlen, Kanzleigut

Das Kanzleigut Kuhlen gründete sich aus einem Dorf, das eine Zeit lang im Besitz des Segeberger Klosters war. Der einige hundert Jahre später angelegte Hof durchlief eine wechselvolle Besitzerfolge. 1906 wurde das Gut vom Landesverein für Innere Mission in Schleswig-Holstein erworben.

↘ Gerichtsprotokoll.
↘ 0,1 lfm
↘ 1816–1860

Abt. 129.9 Mori, Lübsches Gut

Mori war zuerst ein Meierhof des Gutes Stockelsdorf. Als Gut erlebte es eine Reihe von Besitzerwechseln und gelangte bei seiner Auflösung 1934 in das Eigentum der Provinz Schleswig-Holstein.

↘ Schuld- und Pfandprotokolle ab 1780; Nebenbücher ab 1800; Gerichtsprotokolle ab 1785; Kauf- und Pachtsachen; Justizsachen; Polizeisachen.
↘ 5 lfm
↘ 1764–1891

Abt. 129.10 Stockelsdorf, Lübsches Gut

Das Gut Stockelsdorf stand bis zu seiner Auflösung im Jahr 1925 in häufig wechselndem Besitz.

↘ Schuld- und Pfandprotokolle ab 1772; Nebenbücher ab 1799; Gerichtsprotokolle ab 1753; Kauf- und Pachtsachen; Justizsachen.
↘ 7 lfm
↘ 1704–1891

Abt. 129.5 Tangstedt, Kanzleigut

Das Kanzleigut Tangstedt ist aus einem Vorwerk des gottorfischen Gutes bzw. Amtes Tremsbüttel entstanden.

↘ Gerichtsprotokolle 1776–1785 und ab 1851; Schuld- und Pfandprotokolle ab 1800; Kontraktenprotokolle ab 1808.
↘ 3 lfm
↘ 1776–1887

Abt. 129.4 Trenthorst mit Wulmenau, Lübsches Gut

Das Gut Wulmenau kam durch Heirat mit dem Gut Trenthorst zusammen. 1594 wurden beide Güter dem Schutz des Lübecker Rates unterstellt. Nach zahlreichen Besitzerwechseln war das Gut Trenthorst zeitweise Hauptquartier der Deutschen Friedensgesellschaft. 1936 wurde der große Landbesitz aufgeteilt und veräußert.

- Schuld- und Pfandprotokoll und Nebenbücher ab 1801.
- 0,1 lfm
- 1609–1866

Abt. 130 Lübsche Stadtstiftsdörfer und Wildnisse

Geistliche Einrichtungen bzw. Stiftungen Lübecks erwarben vom 13. bis zum 16. Jahrhundert aus landesherrlichem oder sonstigem adligem Besitz die sogenannten Lübschen Stadtstiftsdörfer. Dieser Streubesitz lag zumeist in Ostholstein oder Mecklenburg. Die meisten Dörfer gingen im Zeitraum 1802–1806 herrschaftlich verloren. Lübeck trat seine letzten Rechte an den Stadtstiftsdörfern mit dem Anschluss an Preußen 1937 ab. – Die sogenannten Wildnisse waren in Privatbesitz gelangte und mit den Privilegien adliger Güter ausgestattete Köge in der Elbmarsch. Wie die Kanzleigüter unterstanden sie nicht dem Adligen Landgericht, sondern der Regierungskanzlei in Glückstadt. Der Bestand ist nach Einzelprovenienzen geordnet. Gerichtsprotokolle befinden sich auch im Bestand Kombiniertes Adliges Gutsgericht (Abt. 127.32).

Abt. 130.1 St.-Clemens-Kaland zu Lübeck

Dieser 1383 begründete, geistlich und karitativ tätige Zusammenschluss von Geistlichen und Laien war der bedeutendste Kaland der Stadt. Er erwarb 1474 und 1528 insgesamt vier Dörfer in Holstein. 1920 und 1950 gelangte jeweils etwa eine Hälfte des heutigen Bestandes durch Amtsgerichtsabgaben an das Staats- bzw. Landesarchiv.

- Protokollbände des 19. Jh. und Schriftstücke zu Einzelverträgen.
- 2 lfm
- 1792–1884

Abt. 130.2 St.-Johannis-Kloster zu Lübeck

Dieser Zisterzienserinnenkonvent erwarb im 13. und 14. Jahrhundert zahlreiche Dörfer insbesondere in Holstein, aber auch im Herzogtum Lauenburg und in Mecklenburg. Nach der Reformation wurde St. Johannis ein evangelisches Stift für ledige Frauen. Im

Zeitraum von 1920 bis 1965 wurde der Bestand überwiegend aus Amtsgerichten und teilweise aus Abgaben des Niedersächsischen Staatsarchivs Oldenburg übernommen.

- Protokollbände; Akten einzelner Rechtsfälle; Militärangelegenheiten zu den 1806 an Holstein gefallenen Dörfern.
- 6 lfm
- 1695–1884

Abt. 130.3 Heiligen-Geist-Hospital zu Lübeck

Dieses im 13. Jahrhundert entstandene und bald wohlhabende Spital konnte bereits früh Besitzungen sowohl in Lübeck wie auch in Holstein, Mecklenburg und im Herzogtum Lauenburg erwerben. Das Gros des Bestandes wurde von der Regierung zu Eutin abgegeben, kleinere Ergänzungen kamen vor allem vom Amtsgericht Oldenburg in Holstein.

- Urkunden (9 Nrn.): Verheuerung des Hofes Scharbeutz. – Akten: Verträge und Protokolle zu den im frühen 19. Jahrhundert an das Fürstentum Lübeck gefallenen Dörfern.
- 3 lfm
- 1357–1884

Abt. 130.5 Westerauer Stiftung zu Lübeck

Zwei Lübecker Kaufleute erwarben 1461 das Dorf Westerau und ließen es in eine karitative Stiftung einfließen, deren Verwaltung infolge der Reformation durch die Stadt Lübeck übernommen wurde. 1802 ging das Dorf verloren, die Stiftung bestand jedoch fort. Der Bestand stammt aus Abgaben des Amtsgerichts Reinfeld.

- Protokollbände.
- 0,5 lfm
- 1771–1886

Abt. 130.6 Blomesche Wildnis

1615/16 durch den König eingedeicht, wurde diese „Wildnis“ nach Abtrennung des Areals für Glückstadt im Jahr 1667 in adligen Besitz verkauft.

- Relativ vollständiges „Gutsarchiv“ Blomesche Wildnis; Rechnungen 1735–1851; Zertenprotokolle und Schuld- und Pfandprotokolle ab 1668, Nebenbücher ab 1807.
- 7 lfm
- 1647–1883

Abt. 130.7 St.-Petri-Kirche zu Lübeck

Im Zeitraum 1494 bis 1802 besaß die St.-Petri-Kirche das Dorf Röbel zu Eigentum. Es fiel anschließend an das Fürstentum Lübeck. Der kleine Bestand wurde von der Regierung Eutin abgegeben.

- Einzelfallakten.
- 0,1 lfm
- 1494–1803

Abt. 130.8 Engelbrechtsche Wildnis

1615/16 durch den Grafen von Holstein-Schauenburg eingedeicht und 1614 an den König gefallen, wurde diese „Wildnis" im Jahr 1667 durch den König in adligen Besitz verkauft und gelangte 1860 in die Hand der Familie Engelbrecht.

- Urkunden (1 Nr.): Schenkung von Außendeichsland.
- Akten: Relativ vollständiges „Gutsarchiv" Engelbrechtsche Wildnis; Hebungsregister 1641/42 und ab 1671; Gerichtsprotokolle ab 1820; Zertenprotokolle und Schuld- und Pfandprotokolle ab 1744, Nebenbücher ab 1803.
- 10 lfm
- 1587–1884

Abt. 152 Steuerkommission für die adligen Güter und Klöster im Herzogtum Holstein

Die Steuerkommission für die adligen Güter und Klöster in Holstein wurde eingerichtet zur Erhebung der am 15. Dezember 1802 eingeführten Grund- und Benutzungssteuer, die auch als Land- und Haussteuer bezeichnet wurde, sowie der am 8. Februar 1810 eingeführten sogenannten Einkünftesteuer. Die Unterlagen zur Grund- und Benutzungssteuer wurden 1930 dem Bestand der Schleswig-Holsteinischen Landkommission entnommen, diejenigen zur Einkünftesteuer 1989 dem Bestand der Rentekammer zu Kopenhagen.

- Korrespondenzen, Verzeichnisse über Ländereien.
- 4 lfm
- 1799–1833
- Die Bestände der Schleswig-Holsteinischen Landkommission (Abt. 25) und der Rentekammer zu Kopenhagen (Abt. 66) gehören zur Bestandsgruppe „Schleswig-Holstein insgesamt".

Abt. 175 Rudekloster

Um 1190 wurde das in ein Zisterzienserkloster umgewandelte Benediktinerkloster St. Michael bei Schleswig zunächst nach Guldholm verlegt, bevor es 1210 seinen endgültigen Sitz auf dem Gebiet des dänischen Königs, dem „rus regis" – dem heutigen Glücksburg – fand. Das Kloster erwarb in der Folgezeit umfangreichen Besitz und gelangte zu nicht geringem Einfluss, wurde jedoch immer wieder in Machtkämpfe um den dänischen Königsthron verwickelt. Zwischen 1538 und 1541 wurde das Kloster säkularisiert und in eine Schule umgewandelt. Bei der Landesteilung 1544 fiel diese mit allen Besitzungen an Herzog Johann den Älteren von Schleswig-Holstein. Nach dessen Tod 1581 erbte den gesamten Besitz König Friedrich II. von Dänemark, der alles Herzog Johann dem Jüngeren von Schleswig-Holstein-Sonderburg übereignete. Dieser ließ das Klostergebäude abreißen und an dessen Stelle das Wasserschloss Glücksburg errichten. Der Bestand umfasst ausschließlich Urkunden. Diese wurden vom vorpreußischen Amt Flensburg an das damalige Staatsarchiv Schleswig abgegeben.

- Urkunden (18 Nrn.): Besitz- und Rentenschenkungen und -käufe; Verpfändungen; Privilegien; Dingswinden.
- 18 Nrn.
- 1306, 1433–1565

Abt. 176 Kloster Mohrkirchen

Im Jahr 1391 erhielt der Antoniterkonvent Tempsin (Mecklenburg) den Edelhof „Morker", um dort ein weiteres Antoniterkloster zu gründen. Das Kloster Mohrkirchen erwarb in der Folgezeit stattlichen Grundbesitz. Nach der Reformation fiel das Kloster im Jahr 1544 den Herzögen von Schleswig-Holstein-Gottorf zu. Es wurde aufgelöst und in das Amt Mohrkirchen umgewandelt. Die Urkunden des Klosters kamen 1773 mit den gottorfischen Archiven an den dänischen Gesamtstaat. Sie wurden 1876 auf der Grundlage eines Archivalienaustauschvertrages zwischen Dänemark und Preußen aus dem königlichen Geheimarchiv in Kopenhagen an das damalige Staatsarchiv Schleswig gegeben.

- Urkunden (20 Nrn.): Übertragung des Edelhofes Mohrkirchen an den Antoniterorden; Besitzungen; Rentenschenkungen; Privilegien.
- 20 Nrn.
- 1391–1527
- Weitere Urkunden befinden sich im Reichsarchiv, Lesesaal Kopenhagen.

Abt. 178 Hospital und Kloster zum Heiligen Geist in Flensburg

Das in der zweiten Hälfte des 13. Jahrhunderts gegründete Heilig-Geist-Hospital in Flensburg stand den Armen, Alten, Kranken und Hilfsbedürftigen als Hospital ebenso zur Verfügung wie als Herberge den Pilgern und Fremden. Es gehörte im Mittelalter zu den reichsten wohltätigen Einrichtungen Flensburgs. Im Zuge der Reformation wurde das Hospital 1530 von einer kirchlichen in eine städtische Einrichtung umgewandelt und zusätzlich mit dem Besitz des aufgelösten Franziskanerklosters ausgestattet. 1545 wurde es zusammen mit dem Hospital St. Jürgen als eine Gesamtstiftung neu errichtet, wandelte sich aber bis zum 19. Jahrhundert allmählich zu einem Altersruhesitz für städtische Bürger und besteht als modernes Seniorenwohnheim noch heute.

- Urkunden (4 Nrn.): Obligation und Stiftungen.
- 4 Nrn.
- 1400–1597
- Die Urkunden liegen als Depositum des Landesarchivs im Stadtarchiv Flensburg, das weitere Urkunden des Hospitals ab 1325 besitzt.

Abt. 179 Klöster in der Stadt Schleswig

Diese Abteilung enthält die beiden getrennt erschlossenen Bestände des Grauklosters zu Schleswig und des adligen St. Johannisklosters vor Schleswig. Das St. Johanniskloster wurde nach der Reformation in ein adliges Damenstift wie die Klöster Preetz, Itzehoe und Uetersen umgewandelt, das bis heute der Versorgung von Töchtern des Adels dient. Vom Graukloster liegen nur Protokolle vor, das Archiv des St. Johannisklosters befindet sich als Depositum im Landesarchiv. In älteren Verzeichnissen sind die beiden Unterabteilungen mit den Bestandsbezeichnungen Abt. 179a und Abt. 179b erfasst.

Abt. 179.1 Graukloster zu Schleswig

- Schuld- und Pfandprotokolle ab 1734; Rechnungen 1598/99 und 1661/62.
- 0,5 lfm
- 1598–1887

Abt. 179.2 Adliges St. Johanniskloster vor Schleswig

- Urkunden (86 Nrn.): Privilegien; Schenkungen und Käufe; Rentensachen; Patronat über die Marienkapelle zu Kahleby; Vikarienstiftungen und -besetzungen; Ordenszeichen; Rangfestsetzung; Einnahmen- und Ausgabenregister.
- Akten: Klosterordnung und -verwaltung; Priörinnen und Konventualinnen; Pröpste; Verhältnis zum Staat und zum Landesherrn; Klosterbedienstete; Gebäude, Grundbesitz und Vermögenssachen; Jurisdiktion; Abgaben und Leistungen; Kirchen-, Schul-, Forst-, Jagd-, Rechnungs-, Steuer-, Fischerei-, Fähr- und Mühlensachen; Gerichtsprotokolle ab 1709; Rechnungen ab 1575. – Nicht zum Depositum gehörend: Schuld- und Pfandprotokolle ab 1787; Gerichtsprotokolle ab 1844; Vormünderprotokoll ab 1774.
- 22 lfm
- 1250–1934

Abt. 189 Königlicher Kommissar für die adligen Güterdistrikte Dänischwohld und Schwansen

1713 teilte die Ritterschaft die Gebiete der adligen Güter in Distrikte ein. Im Herzogtum Schleswig entstanden so der Angler, der Dänischwohlder und der Schwansener Güterdistrikt. Die Güterdistrikte bildeten eine Schnittstelle zwischen den Gutsbesitzern und der Landesherrschaft, bis sie mit dem Patent vom 3. Juni 1853 aufgehoben wurden. Die Güter der ehemaligen Distrikte Schwansen und Dänischwohld wurden dann zur Eckernförder Harde zusammengefasst. Die Zuständigkeit für diese Güter übertrug man einem königlichen Kommissar, der fortan das staatliche Gegenstück zu den von der Ritterschaft gewählten Deputierten in der Güterverwaltung darstellte. Der Bestand wurde 1921 aus Akten der Eckernförder Harde gebildet. Er ist durch einzelne Akten aus den Ämtern Gottorf und Hütten ergänzt worden.

- Beamte; Militär und Politisches; Polizei; Arme; Stiftungen; Wege; Gewerbe und Mühlen; Medizinalsachen; Wasserlösung; Steuern und Abgaben; Post; Schule; Zoll; Jagd, Fischerei und Landwirtschaft; Sparkassen und Gilden; Stempelpapier; Justiz; Altertümer.
- 3 lfm
- 1848–1868

Abt. 190 Deputierter für den Dänischwohlder Güterdistrikt

1713 teilte die Ritterschaft die Gebiete der adligen Güter in Distrikte ein. Im Herzogtum Schleswig entstanden so der Angler, der Dänischwohlder und der Schwansener Güterdistrikt. Die Güterdistrikte bildeten eine Schnittstelle zwischen den Gutsbesitzern und der Landesherrschaft, bis sie mit dem Patent vom 3. Juni 1853 aufgehoben wurden. Der Dänischwohlder Güterdistrikt wurde außerdem in einen ersten und einen zweiten Distrikt unterteilt. 1838 hob man diese Teilung wieder auf. Die Vorsteher der Distrikte waren die aus der Ritterschaft gewählten Distriktsdeputierten, die ursprünglich Privatbevollmächtigte der Ritterschaft im Rahmen der gutsherrlichen Selbstverwaltung darstellten. Mit der Einführung der preußischen Landkreise vom 20. April 1868 wurden die Aufgaben des Distriktsdeputierten an den Landrat übergeben. Der Bestand wurde 1921 aus Akten der Eckernförder Harde gebildet. Er ist durch einzelne Akten aus den Ämtern Gottorf und Hütten ergänzt worden.

- ↘ Journale, Geschäftsgang und Archiv; Militär und Politisches; Wege; Steuern und Kasse; Gewerbe und Konzessionen; Arme und Stiftungen; Postangelegenheiten.
- ↘ 1 lfm
- ↘ 1806–1889

Abt. 191 Deputierter für den Schwansener Güterdistrikt

1713 teilte die Ritterschaft die Gebiete der adligen Güter in Distrikte ein. Im Herzogtum Schleswig entstanden so der Angler, der Dänischwohlder und der Schwansener Güterdistrikt. Die Güterdistrikte bildeten eine Schnittstelle zwischen den Gutsbesitzern und der Landesherrschaft, bis sie mit dem Patent vom 3. Juni 1853 aufgehoben wurden. Die Vorsteher der Distrikte waren die aus der Ritterschaft gewählten Distriktsdeputierten, die ursprünglich Privatbevollmächtigte der Ritterschaft im Rahmen der gutsherrlichen Selbstverwaltung darstellten. Mit der Einführung der preußischen Landkreise vom 20. April 1868 wurden die Aufgaben des Distriktsdeputierten an den Landrat übergeben. Der Bestand wurde 1921 aus Akten der Eckernförder Harde gebildet.

- ↘ Journale, Geschäftsgang und Archiv; Militär und Politisches; Wege; Steuern; Gewerbe und Konzessionen; Spar- und Krankenkassen.
- ↘ 2 lfm
- ↘ 1809–1867

Abt. 192 Deputierter für den Ersten Angler Güterdistrikt

1713 teilte die Ritterschaft die Gebiete der adligen Güter in Distrikte ein. Im Herzogtum Schleswig entstanden so der Angler, der Dänischwohlder und der Schwansener Güterdistrikt. Die Güterdistrikte bildeten eine Schnittstelle zwischen den Gutsbesitzern und der Landesherrschaft, bis sie mit dem Patent vom 3. Juni 1853 aufgehoben wurden. Der Angler Güterdistrikt wurde in einen ersten und einen zweiten Distrikt unterteilt. Die Vorsteher der Distrikte waren die aus der Ritterschaft gewählten Distriktsdeputierten, die ursprünglich Privatbevollmächtigte der Ritterschaft im Rahmen der gutsherrlichen Selbstverwaltung darstellten. Mit der Einführung der preußischen Landkreise vom 20. April 1868 wurden die Aufgaben des Distriktsdeputierten an den Landrat übergeben. Der Bestand wurde 1921 aus einer Akte der Kappelner Harde gebildet.

↘ Haussteuerregister.

↘ 0,1 lfm

↘ 1857

Abt. 193 Deputierter für den Zweiten Angler Güterdistrikt

1713 teilte die Ritterschaft die Gebiete der adligen Güter in Distrikte ein. Im Herzogtum Schleswig entstanden so der Angler, der Dänischwohlder und der Schwansener Güterdistrikt. Die Güterdistrikte bildeten eine Schnittstelle zwischen den Gutsbesitzern und der Landesherrschaft, bis sie mit dem Patent vom 3. Juni 1853 aufgehoben wurden. Der Angler Güterdistrikt wurde in einen ersten und einen zweiten Distrikt unterteilt. Die Vorsteher der Distrikte waren die aus der Ritterschaft gewählten Distriktsdeputierten, die ursprünglich Privatbevollmächtigte der Ritterschaft im Rahmen der gutsherrlichen Selbstverwaltung darstellten. Mit der Einführung der preußischen Landkreise vom 20. April 1868 wurden die Aufgaben des Distriktsdeputierten an den Landrat übergeben. Der Bestand wurde 1921 aus zwei Akten der Kappelner Harde gebildet.

↘ Domänenverzeichnis; Haussteuerregister.

↘ 0,1 lfm

↘ 1800–1857

Abt. 194 Schleswigsche Kanzleigüter

Die schleswigschen Kanzleigüter gehörten, anders als die adligen Güter, nicht zu dem vom König und Herzog gemeinschaftlich verwalteten Anteil und unterstanden daher nicht dem Adligen Landgericht, sondern den Regierungskanzleien der Landesherren. Sie besaßen zwar Privilegien ähnlich den adligen Gütern, unterstanden jedoch in Verwaltungsangelegenheiten auch dem Amt Gottorf. Der Bestand ist nach den drei Einzelprovenienzen geordnet. Die Unterlagen des Kanzleiguts Grumby wurden aus dem Bestand Abt. 25, Schleswig-Holsteinische Landkommission und Landkommissare, ausgesondert. Die Akten des Kanzleiguts Winning stammen aus einer Schenkung.

- 0,5 lfm
- 1671–1903
- Unterlagen zu den Kanzleigütern befinden sich auch in Abt. 168 (siehe Bestandsgruppe „Herzogtum Schleswig“).

Abt. 194.1 Kanzleigut Grumby

- Steuer-, Polizei-, Jagd-, Militär-, Nachlass-, Bau-, Wasserlösungs- und Rechnungssachen.
- 0,1 lfm
- 1838–1852

Abt. 194.2 Kanzleigut Tolkschuby

- Eine Drucksache über die Parzellierung.
- 0,1 lfm
- 1786

Abt. 194.3 Kanzleigut Winning

- Kaufverträge; Steuer-, Bau-, Feste-, Kirchen-, Kommunal-, Kriegs-, Pacht-, Mühlen-, Fischerei-, Schul- und Wegesachen.
- 0,1 lfm
- 1671–1903

Abt. 195 Schleswigsche adlige Güter

Die Güter im Gebiet des alten Herzogtums Schleswig liegen vorwiegend im Osten des Landes. Bis 1853 gab es vier nach den Landschaften benannte Verwaltungsorganisationen: Dänischwohlder, Schwansener, Erster Angler und Zweiter Angler Güterdistrikt. Ihnen stand jeweils ein Distriktsdeputierter vor. Die Distrikte waren Ausdruck der rechtlich eigenständigen Stellung der adligen Besitzungen, denn diese gehörten nicht zu den Lokalverwaltungsbereichen der landesherrlichen Ämter.

In dieser Abteilung sind die überlieferten Bestände von Gütern im Herzogtum Schleswig zusammengefasst; auch das Archiv des Herzoglich Glücksburgischen Güterfideikommisses, das die Bestände von zwölf zugehörigen Gütern enthält, ist hier eingeordnet. Die Unterlagen der Güterdistrikte sind hingegen in eigenen Abteilungen verzeichnet. – Zu fast allen schleswigschen Gütern wird zumindest ein kleiner Bestand verwahrt, teilweise als Depositum mit Eigentumsvorbehalt. Manche Bestände betreffen mehrere Güter. Man findet also Grönwohld unter Noer, Großkönigsförde unter Lindau sowie Schinkel unter seinem späteren Namen Rosenkranz. – Einige wenige – noch nicht vollständig verzeichnete – Bestände der Abt. 195 sowie die staatlichen, frei benutzbaren Teile des Bestandes Abt. 195.1 sind in einem gemeinsamen Findmittel verzeichnet.

Unterlagen zu den Gütern Lindewitt, Norgaard, Nübel und Unewatt befinden sich in Abt.167 (siehe Bestandsgruppe „Herzogtum Schleswig“). Die Bestände der vier Güterdistrikte bilden die Abteilungen 190 bis 193.

Abt. 195.1 Herzoglich Glücksburgisches Güterfideikommiss (Buckhagen, Dollrott, Karlsburg [früher Gereby], Loitmark, Louisenlund, Olpenitz, Roest, Staun, Toestorf)

Der größte Teil des Bestandes ist ein Depositum im Eigentum der Herzöge von Schleswig-Holstein-Sonderburg-Glücksburg. – Vorhanden sind Überlieferungen aus den schleswigschen Gütern (nicht aber des Schlosses Glücksburg) der jüngeren Linie der Glücksburger Herzöge, insbesondere zu Bienebek, Buckhagen, Dollrott, Grünholz, Hoffnungstal, Karlsburg (früher Gereby), Loitmark, Louisenlund, Olpenitz, Roest, Staun und Toestorf. Im Jahr 1854 richteten die Herzöge ein Güterfideikommiss ein, aus dessen Verwaltung die meisten Archivalien stammen.

- ↘ Urkunden: Gut Karlsburg (27 Nrn.): Verkauf der Güter Gereby, Windemark, Bienebek, Espenis und Loitmark; Gut Louisenlund (1 Nr.): Gärtnerlehrbrief.
- ↘ Akten: Kauf; Pacht; Baumaßnahmen; Fürsorge; Kirche; Militär; Streitigkeiten. – Nicht zum Depositum gehörig: Schuld- und Pfandprotokolle ab 1789; Nebenbücher ab 1778.

- 25 lfm
- 1539–1934
- Karten befinden sich als Teil des Depositums in Abt. 402 A 26 (siehe Bestandsgruppe „Karten und Bilder“).

Abt. 195.3 Altenhof, Gut

- Schuld- und Pfandprotokolle ab 1797; Gerichtsprotokolle ab 1835; Aufhebung der Leibeigenschaft.
- 0,1 lfm
- 1777–1883

Abt. 195.5 Augustenhof, Gut

- Schuld- und Pfandprotokolle ab 1868; Gerichtsprotokolle ab 1841.
- 0,1 lfm
- 1841–1883

Abt. 195.7 Behrensbrook, Gut

- Grundbuchsachen; Besitzer des Gutes; Steuern; Kirchen- und Schulsachen; Wege; Wasserlösungssachen; Armensachen; Polizei- und Gerichtssachen; Militär; Kauf-, Pacht-, Bau-, Jagd- und Forstsachen; Kontrakte.
- 6 lfm
- 1796–1919
- Der Bestand ist mit dem der Güter Noer und Grönwohld durch ein gemeinsames Findbuch erschlossen.

Abt. 195.9 Birkenmoor, Gut

- Zirkularbücher der amtlichen Mitteilungen ab 1805; Gerichtsprotokolle ab 1806; Rechnungen ab 1841; Kauf-, Pacht-, Armen-, Steuer-, Lage-, Schul- und Untergehörigensachen.
- 2 lfm
- 1669–1928

Abt. 195.10 Borghorst, Gut

- Schuld- und Pfandprotokolle ab 1813; Kontrakte ab 1772.
- 0,5 lfm
- 1772–1883

Abt. 195.11 Boverstedt, Gut

- Schuld- und Pfandprotokolle sowie Kontrakte ab 1811; Gerichtsprotokolle ab 1832; Hypothekenbuch ab 1711.
- 0,1 lfm
- 1811–1886
- Kontrakte ab 1797 siehe Abt. 201.

Abt. 195.13 Brunsholm, Gut

- Schuld- und Pfandprotokolle ab 1798; Kontrakte ab 1782.
- 0,5 lfm
- 1782–1884

Abt. 195.16 Büllsbüll, Gut

- Schuld- und Pfandprotokolle ab 1811; Kontrakte ab 1820; Gerichtsprotokolle und Vormünderprotokolle ab 1820.
- 0,1 lfm
- 1811–1858
- Kontrakte ab 1797 siehe Abt. 201.

Abt. 195.17 Büstorf, Gut

- Urkunden (5 Nrn.): Verkauf des Gutes Stubbe.
- Akten: Schuld- und Pfandprotokolle ab 1813; Kontrakte ab 1810; Gerichtsprotokolle ab 1814; Testamente; Vermessungsprotokoll; Rechnungen ab 1806.
- 8 lfm
- 1650–1891

Abt. 195.18 Damp, Gut

- Schuld- und Pfandprotokolle sowie Kontrakte ab 1818; Familienpapiere von Qualen; von Ahlefeld'sches Fideikommiss.
- 1 lfm
- 1799–1885

Abt. 195.20 Dörphof, Gut

- Schuld- und Pfandprotokolle sowie Kontrakte ab 1812.
- 0,5 lfm
- 1812–1885

Abt. 195.21 Düttebüll, Gut

- Schuld- und Pfandprotokolle ab 1814; Kontrakte ab 1837; Parzellierungssachen 1784–1797; Nachlass des Gutsbesitzers Stüve.
- 1 lfm
- 1784–1886

Abt. 195.22 Eckhof, Gut

- Schuld- und Pfandprotokolle ab 1734; Kontrakte ab 1837; Gerichtsprotokoll ab 1831; Fideikommiss; Gutsverwaltung; Staatliche Verwaltung; Dörfer Dänischenhagen, Freidorf, Scharnhagen und Strande; Papiere der Familie Bruun von Neergaard.
- 2 lfm
- 1734–1935

Abt. 195.23 Eschelsmark, Gut

- Schuld- und Pfandprotokolle ab 1792; Kontrakte ab 1794.
- 0,5 lfm
- 1792–1889

Abt. 195.24 Fahrenstedt, Gut

- Urkunden (16 Nrn.): Angelegenheiten der Struxdorfharde; Besitzabrundungen.
- Akten: Schuld- und Pfandprotokolle ab 1792; Kontrakte ab 1779; Gerichtsprotokolle ab 1817; Vormünderprotokolle ab 1838.
- 0,5 lfm
- 1599–1886

Abt. 195.25 Falkenberg, Gut

- Das Gutsarchiv befindet sich als Depositum im Landesarchiv.
- Kaufverträge; Erdbuch; Protokolle; Verpachtung; Steuern; Wege; Forsten; Bausachen; Brandwesen; Reproduktionen.
- 0,1 lfm
- 1663–1913

Abt. 195.26 Fresenhagen, Gut

- Urkunden (3 Nrn.): Verkauf der Güter Fresenhagen und Lütjenhorn.
- Akten: Erbvergleiche; Kaufverträge; Pacht-, Wege-, Wasser-, Steuer-, Untergehörigen-, Kirchen- und Schulsachen; Schuld- und Pfandprotokolle sowie Kontrakte ab 1797; Gerichtsprotokolle ab 1750.
- 0,5 lfm
- 1534–1955
- Kontrakte ab 1797 siehe Abt. 201.

Abt. 195.27 Gaarde, Gut

- Schuld- und Pfandprotokolle sowie Kontrakte ab 1811; Gerichtsprotokolle ab 1837; Vormünderprotokolle ab 1848; Hypothekenbuch ab 1811.
- 0,5 lfm
- 1811–1886
- Kontrakte ab 1797 siehe Abt. 201.

Abt. 195.28 Gammelbygaard, Hof

- Der Hof Gammelbygaard war ursprünglich eine Domkapitels-Vollhufe und nach der Rückgabe an den Herzog der sogenannte Vogtspflug.
- Hofpapiere 1560–1899; Hoftagebücher 1813–1921; Rechnungs- und Versicherungssachen 1817–1872.
- 1 lfm
- 1560–1921

Abt. 195.29 Gelting, Gut

- Schuld- und Pfandprotokolle sowie Kontrakte ab 1789.
- 2 lfm
- 1788–1886

Abt. 195.32 Grünhorst, Gut

- Schuld- und Pfandprotokolle sowie Kontrakte ab 1834; Gerichtsprotokolle ab 1807; Kaufverträge; Inventar; Vermessungssachen; Steuern; Grenzsachen; Kirchen und Schulen; Handwerker; Militär; Armensachen.
- 0,5 lfm
- 1734–1896

Abt. 195.34 Harzhof, Gut

- Gerichtsprotokolle ab 1819; Vormündersachen.
- 0,1 lfm
- 1799–1828

Abt. 195.35 Hemmelmark, Gut

- Das Gutsarchiv befindet sich als Depositum im Landesarchiv.
- Das Gut und seine Besitzer; Rechnungssachen; Steuern; Untergehörige; Gutswirtschaft; Jagd- und Forstsachen; Versicherungssachen; Gerichts- und Polizeisachen; Gewerbe; Wasserwesen; Kirchen-, Schul- und Armensachen; Militär; Meierhof- und Statistiksachen. – Nicht zum Depositum gehörig: Schuld- und Pfandprotokolle ab 1813; Kontrakte ab 1787.
- 6 lfm
- 1735–1952

Abt. 195.37 Hogelund, Gut

- Gerichtsprotokolle ab 1830.
- 0,1 lfm
- 1830–1858
- Kontrakte ab 1797 siehe Abt. 201.

Abt. 195.38 Hohenhain, Gut

- Gerichtsprotokolle ab 1832.
- 0,1 lfm
- 1832–1853

Abt. 195.39 Hohenlieth, Gut

- Schuld- und Pfandprotokolle sowie Kontrakte ab 1813; Abschriften und Regesten von Urkunden.
- 0,5 lfm
- 1813–1927

Abt. 195.40 Kaltenhof, Gut

- Schuld- und Pfandprotokolle ab 1813; Kontrakte ab 1758.
- 0,1 lfm
- 1758–1889

Abt. 195.42 Karrharde, Gut

- Gerichtsprotokolle ab 1760; Festeprotokolle ab 1831; Schuld- und Pfandprotokolle ab 1811; Kontrakte ab 1790; Vormünderprotokolle ab 1824; Steuersachen; Statistik; Militär; Schul- und Armensachen; Medizinalsachen; Landwesen; Gutswirtschaftliche Sachen; Ländliche Hökereisachen ab 1885; Familienpapiere ab 1825.
- 3 lfm
- 1760–1953
- Kontrakte ab 1797 siehe Abt. 201.

Abt. 195.43 Kasmark, Gut

- Schuld- und Pfandprotokolle ab 1849; Kontrakte ab 1803.
- 0,1 lfm
- 1803–1885

Abt. 195.44 Klixbüllhof, Gut

- Schuld- und Pfandprotokolle ab 1792; Kontrakte ab 1735; Gerichtsprotokolle ab 1837; Vormünderprotokolle ab 1842.
- 0,5 lfm
- 1735–1887
- Vormünderprotokolle ab 1805 siehe Abt. 195.53; Kontrakte ab 1797 siehe Abt. 201.

Abt. 195.45 Knoop, Gut

- Schuld- und Pfandprotokolle ab 1855; Kontrakte ab 1853.
- 0,1 lfm
- 1853–1887

Abt. 195.46 Krieseby, Gut

- Schuld- und Pfandprotokolle ab 1736; Kontrakte ab 1804; Testamente.
- 0,5 lfm
- 1736–1885

Abt. 195.47 Lindau und Großkönigsförde, Güter

- Beide Gutsarchive befinden sich als Depositum im Landesarchiv.
- Urkunden (25 Nrn.): Gerichtsbarkeit; Besitzveränderungen; Erb- und Eheangelegenheiten; Grenzangelegenheiten; Obligationen.
- Akten: Armensachen; Justiz und Polizei; Brandwesen; Militär; Steuern; Kirchen- und Schulsachen; Kanalsachen; Ständesachen und Ritterschaft; Familienpapiere v. Ahlefeldt; Verwaltung fremder Güter und Vermögen. – Nicht zum Depositum gehörig: Schuld- und Pfandprotokolle ab 1810; Kontrakte ab 1806; Gerichtsprotokolle; Vormünderprotokolle ab 1828.
- 6 lfm
- 1460–1927

Abt. 195.50 Ludwigsburg, Gut

- Schuld- und Pfandprotokolle ab 1812; Kontrakte ab 1808; Nachlassverzeichnis 1855.
- 4 lfm
- (1801–) 1808–1884

Abt. 195.53 Lütjenhorn, Gut

- Schuld- und Pfandprotokolle sowie Kontrakte ab 1781; Gerichtsprotokolle ab 1820; Vormünderprotokolle ab 1805; Übertragung Bohlstellen zu Knorrburg 1653; Hoftagebücher ab 1813; Hofpapiere; Kaufverträge; Landwesen; Rechnungswesen; Brandversicherung.
- 0,5 lfm
- 1560–1955
- Kontrakte ab 1797 siehe Abt. 201.

Abt. 195.51 Lundsgaard, Gut

- Schuld- und Pfandprotokolle und Kontrakte ab 1787; Erdbuch ab 1787; Steuer-, Wege-, Pacht-, Vieh- und Militärsachen.
- 2 lfm
- 1758–1931

Abt. 195.54 Maasleben, Gut

- Schuld- und Pfandprotokolle ab 1794; Kontrakte ab 1792; Testamente; Kaufverträge.
- 2 lfm
- 1792–1896

Abt. 195.55 Marienhof, Gut

- Steuer- und Rechnungssachen.
- 0,1 lfm
- 1829–1887

Abt. 195.56 Marienthal, Gut

- Schuld- und Pfandprotokolle sowie Kontrakte ab 1804.
- 0,1 lfm
- 1804–1885

Abt. 195.57 Mirebüll, Gut

- Schuld- und Pfandprotokolle ab 1790; Kontrakte ab 1779; Gerichtsprotokolle ab 1831; Erdbuch für Mirebüll, Klixbüll und Boverstedt 1710.
- 0,5 lfm
- 1710–1886

Abt. 195.58 Mohrberg, Gut

- Schuld- und Pfandprotokolle sowie Kontrakte ab 1821.
- 0,1 lfm
- 1812–1885

Abt. 195.59 Noer und Grönwohld, Güter

- Kontrakte ab 1872; Gerichtsprotokolle ab 1845; Vormünderprotokolle ab 1807; Landaufteilungssachen; Inventare; Beschreibungen; Hypotheken; Rechnungssachen; Rechtliche Verhältnisse; Kaufverträge; Steuer-, Brandgilde-, Polizei-, Armen-, Wege, Wasserlösungs-, Bau-, Kirchen-, Schul-, Militär-, Gerichts-, Gewerbe-, Pacht-, Forst- und Jagdsachen.
- 5 lfm
- 1765–1919
- Der Bestand ist mit dem des Gutes Behrensbrook durch ein gemeinsames Findbuch erschlossen.

Abt. 195.60 Oehe, Gut

- Schuld- und Pfandprotokolle sowie Kontrakte ab 1791.
- 1 lfm
- 1790–1913

Abt. 195.61 Oestergaard, Gut

- Urkunden (3 Nrn.): Verkauf des Gutes.
- Akten: Schuld- und Pfandprotokolle ab 1817; Kontrakte ab 1818; Gerichtsprotokolle ab 1804; Vormünderprotokolle ab 1813.
- 0,5 lfm
- 1723–1884

Abt. 195.62 Ohrfeld, Gut

- Schuld- und Pfandprotokolle ab 1780; Kontrakte ab 1806.
- 0,5 lfm
- 1770–1886

Abt. 195.63 Ornum, Gut

- Schuld- und Pfandprotokolle ab 1831; Kontrakte ab 1785; Verpachtung der Wassermühle.
- 0,1 lfm
- 1785–1885

Abt. 195.65 Priesholz, Gut

- Schuld- und Pfandprotokolle und Kontrakte ab 1796.
- 0,5 lfm
- 1796–1885

Abt. 195.66 Rathmannsdorf, Gut

- Schuld- und Pfandprotokolle ab 1843; Kontrakte ab 1842; Gerichtsangelegenheiten ab 1822.
- 0,1 lfm
- 1822–1882

Abt. 195.67 Rögen, Gut

- Schuld- und Pfandprotokolle ab 1797; Kontrakte ab 1812.
- 0,1 lfm
- 1797–1884

Abt. 195.68 Rosenkrantz/Rosenkranz (bis 1828 Schinkel), Gut

- Schuld- und Pfandprotokolle sowie Kontrakte ab 1787; Gerichtsprotokolle ab 1807.
- 0,5 lfm
- 1787–1882

Abt. 195.69 Rundhof, Gut

- Schuld- und Pfandprotokolle ab 1802; Kontrakte ab 1800.
- 2 lfm
- 1800–1886

Abt. 195.71 Sandbek, Gut

- Schuld- und Pfandprotokolle sowie Kontrakte ab 1813; Kopialbuch ab 1799.
- 0,1 lfm
- 1738–1886

Abt. 195.72 Sandberg, Gut

- Grafschaft Reventlow-Sandberg auf Sundewitt.
- 0,1 lfm
- (1565–) 1667–1761

Abt. 195.73 Saxtorf, Gut

- Schuld- und Pfandprotokolle ab 1804; Kontrakte ab 1797; Gutsarchivverzeichnis 18. Jh.
- 1 lfm
- (1499–) 1730–1978

Abt. 195.74 Schirnau, Gut

- Urkunden (1 Nr.): Verkauf der Mühle.
- Akten: Schuld- und Pfandprotokolle ab 1818; Kontrakte ab 1817; Gerichtsprotokolle ab 1828; Eigentums- und Grundbesitzverhältnisse; Nutzung der Gewässer.
- 0,5 lfm
- 1665, 1754–1952

Abt. 195.75 Schönhagen, Gut

- Schuld- und Pfandprotokolle sowie Kontrakte ab 1804.
- 0,5 lfm
- 1804–1925

Abt. 195.76 Seegaard/Seegard, Gut

- Schuld- und Pfandprotokolle sowie Kontrakte ab 1799.
- 0,1 lfm
- 1799–1879

Abt. 195.77 Seekamp, Gut

- Schuld- und Pfandprotokolle sowie Kontrakte ab 1791; Gerichtsprotokolle ab 1847; Vormünderprotokolle ab 1807.
- 0,5 lfm
- 1791–1886

Abt. 195.78 Sehestedt, Gut

- Schuld- und Pfandprotokolle ab 1813; Kontrakte ab 1801; Gerichtsprotokolle ab 1807; Vormünderprotokolle ab 1825.
- 0,5 lfm
- 1689–1922

Abt. 195.80 Stoltelund, Gut

- Administrationsrechnungen.
- 0,5 lfm
- 1726–1738

Abt. 195.81 Stubbe, Gut

- Schuld- und Pfandprotokolle ab 1805; Kontrakte ab 1823.
- 0,5 lfm
- 1805–1881

Abt. 195.82 Warleberg, Gut

- Urkunden (5 Nrn.): Verkauf des Gutes.
- Akten: Schuld- und Pfandprotokolle ab 1845; Nebenbücher ab 1831; Gerichtsprotokolle ab 1819; Vormundschaftsverzeichnisse ab 1796.
- 1 lfm
- 1605–1686, 1796–1883

Abt. 195.83 Windeby, Gut

- Das Gutsarchiv befindet sich als Depositum im Landesarchiv.
- Urkunden (5 Nrn.): Kauf des Gutes; Erbangelegenheiten.
- Akten: Gutsverwaltung; Steuern; Grundbesitz; Verpachtung; Rechnungen; Landwirtschaft; Forst und Jagd; Militär; Kirche; Schule; Armenwesen; Familienarchiv. - Nicht zum Depositum gehörig: Schuld- und Pfandprotokoll ab 1813; Kontrakte ab 1808; Gerichtsprotokolle ab 1655.
- 10 lfm
- 1554–2003

Abt. 195.84 Wulfshagen, Gut

- Justizprotokolle ab 1834.
- 0,1 lfm
- 1834–1853

Abt. 195.85 Wulfshagenerhütten, Gut

- Schuld- und Pfandprotokolle sowie Kontrakte ab 1796; Gerichtsprotokolle ab 1838.
- 0,5 lfm
- nach 1618–1882

Abt. 199 Steuerkommission für die adligen Güter und Klöster im Herzogtum Schleswig

Die Steuerkommission für die adligen Güter und Klöster in Holstein wurde eingerichtet zur Erhebung der am 15. Dezember 1802 eingeführten Grund- und Benutzungssteuer, die auch als Land- und Haussteuer bezeichnet wurde, und der am 8. Februar 1810 eingeführten sogenannten Einkünftesteuer. Die Unterlagen zur Grund- und Benutzungssteuer wurden 1930 dem Bestand der Schleswig-Holsteinischen Landkommission entnommen, diejenigen zur Einkünftesteuer 1989 dem Bestand der Rentekammer zu Kopenhagen.

- Korrespondenzen; Verzeichnisse über Ländereien; Rechnungen und Belege.
- 2 lfm
- 1739–1817
- Gedrucktes Findbuch: Als Teil des Findbuchs zum Bestand der Rentekammer zu Kopenhagen in: Veröffentlichungen des Schleswig-Holsteinischen Landesarchivs Nr. 33, S. 889–891 und 940f.
- Die Bestände der Schleswig-Holsteinischen Landkommission (Abt. 25) und der Rentekammer zu Kopenhagen (Abt. 66) gehören zur Bestandsgruppe „Schleswig-Holstein insgesamt“.

Abt. 239 Adlige Güter im Herzogtum Lauenburg

Im Allgemeinen handelt es sich um Akten der Gutsgerichtsbarkeit, die bei deren Aufhebung 1870 an die Amtsgerichte abgegeben wurden. – Das Gericht Lanken ist unter Wotersen zu suchen.

Abt. 239.1 Basthorst, Gut

- Hypotheken- und Depositensachen.
- 0,1 lfm
- 1804–1867

Abt. 239.3 Bliestorf, Gut

- Hypotheken- und Depositensachen; Nachlass-, Vormundschafts-, Konkurs- und Zivilprozesssachen.
- 0,5 lfm
- 1815–1870

Abt. 239.4 Dalldorf, Gut

- Hypotheken- und Depositensachen; Vormundschaftssachen; Kontrakte; Gutsrechnungen.
- 0,5 lfm
- 1812–1867

Abt. 239.5 Grinau, Gut

- Hypotheken- und Depositensachen; Zivilprozesssachen.
- 0,1 lfm
- 1815–1870

Abt. 239.15 Groß Schenkenberg, Gut

- Hypotheken- und Depositensachen; Nachlass-, Zivilprozess-, Kriminal- und Polizeisachen.
- 0,5 lfm
- 1760–1870

Abt. 239.6 Gudow, Gut

- Hypotheken- und Depositensachen; Nachlass- und Vormundschaftssachen; Kontrakte; Gutsrechnung.
- 4 lfm
- 1795–1870

Abt. 239.7 Gülzow, Gut

- Hypotheken- und Depositensachen; Höfesachen; Gutsrechnung.
- 2 lfm
- 1652–1875

Abt. 239.8 Kastorf, Gut

- Hypotheken- und Depositensachen; Nachlass-, Vormundschafts- und Zivilprozesssachen.
- 0,5 lfm
- 1815–1868

Abt. 239.9 Kogel, Gut

- Hypotheken- und Depositensachen; Ehestiftungen.
- 0,1 lfm
- (1744–) 1813–1870

Abt. 239.10 Kulpin, Gut

- Hypotheken- und Depositensachen.
- 0,1 lfm
- 1824–1870

Abt. 239.11 Müssen, Gut

- Hypotheken- und Depositensachen.
- 0,1 lfm
- 1807–1861

Abt. 239.13 Niendorf an der Stecknitz, Gut

- Hypotheken- und Depositensachen; Nachlass-, Vormundschafts-, Zivilprozesssachen.
- 0,1 lfm
- 1810–1870

Abt. 239.14 Rondeshagen, Gut

- Hypotheken- und Depositensachen; Nachlass-, Vormundschafts-, Zivilprozess- und Höfesachen.
- 1 lfm
- 1748–1870

Abt. 239.17 Stintenburg, Gut

- Hypotheken- und Depositensachen.
- 0,1 lfm
- 1815–1870

Abt. 239.20 Wotersen und Lanken, Güter

- Hypotheken- und Depositensachen; Höfesachen.
- 0,5 lfm
- 1801–1870

Abt. 277 Gutsherrschaft ehemaliger Lübscher Stadtstiftsdörfer

Die Lübschen Stadtstiftsdörfer Gleschendorf, Kesdorf, Röbel und Scharbeutz sowie eine Hufe in Wulfsdorf gingen 1804 auf das Fürstentum Lübeck über. Dieses übte jedoch bis zu einer erneuten Gebietsbereinigung 1843 nur die gutsherrlichen Rechte aus, denn die Dorfschaften standen nach wie vor gemeinsam unter holsteinischer Landeshoheit und wurden deshalb durch einen besonderen Justitiar und einen besonderen Kameralbeamten des Fürstentums verwaltet. Die Überlieferung ist nur unvollständig erhalten.

- Personalia; Armensachen; Polizeisachen; Gerichtsprotokolle; Testamente und Nachlasssachen.
- 3 lfm
- (1634–) 1701–1865
- Die Schuld- und Pfandprotokolle für Kesdorf befinden sich in Abt. 108 (siehe Bestandsgruppe „Herzogtum Holstein“), für Röbel in Abt. 275, für die anderen Orte in Abt. 278 (siehe Bestandsgruppe „Landesteil Lübeck“). Die Stellakten über einzelne Höfe liegen in Abt. 355.1 und 355.11 (siehe Bestandsgruppe „Justiz“).

Herzogtum Lauenburg bis 1876

Nach dem Tode des letzten Herzogs aus dem askanischen Hause 1689 wurde das Herzogtum Lauenburg mit Hannover, 1816 mit Dänemark und 1865 mit Preußen verbunden. 1876 folgte die förmliche Einverleibung in den preußischen Staat und die Zuteilung zur Provinz Schleswig-Holstein. 1937 wurden die lübeckischen, hamburgischen und mecklenburgischen Enklaven wieder mit Lauenburg verbunden. Der weit überwiegende Teil der lauenburgischen Archive liegt im Landesarchiv. Doch stets sind auch das Kreisarchiv Ratzeburg und das Niedersächsische Hauptstaatsarchiv Hannover zu beachten. So befindet sich im Kreisarchiv Ratzeburg unter anderem das Archiv der Ritter- und Landschaft. Für die Enklaven behalten das Archiv der Hansestadt Lübeck, das Staatsarchiv Hamburg und das Mecklenburgische Landeshauptarchiv Schwerin ihre besondere Bedeutung. Für die 1816 bei Hannover verbliebenen südelbischen Landesteile und das Amt Neuhaus ist das Hauptstaatsarchiv Hannover zuständig, für das Land Hadeln das Niedersächsische Staatsarchiv Stade sowie das Kreisarchiv Otterndorf. Zu beachten ist, dass auf Lauenburg bezogene Bestände des Landesarchivs Schleswig-Holstein auch in der Ordnungsgruppe „Schleswig-Holstein insgesamt oder größere Landesteile bis 1867" zu suchen sind (Deutsche Kanzlei, Abt. 65.3) und in der Ordnungsgruppe „Preußische Verwaltung 1867 bis 1946" (landrätlicher Teil der Kreisüberlieferung, Abt. 320 Ratzeburg).

Abt. 210 Lauenburgische Regierung zu Ratzeburg

Die Regierung, mit der zugehörigen Kammer und Justizkanzlei, war bis 1689 die oberste Zentralbehörde des Herzogtums Lauenburg. Danach bestand sie als Mittelbehörde fort bis 1872. In großem Umfang erhalten sind die Urkunden und Verwaltungsakten. Die Justizakten sind nur vereinzelt überliefert. Der vorhandene Bestand ist vorwiegend in den 1870er- und 1880er-Jahren über das Geheime Staatsarchiv Berlin und das Staatsarchiv Hannover, zum Teil auch über den Landrat in Ratzeburg nach Schleswig gelangt.

- Urkunden (1131 Nrn.): Päpstliche Bullen; Erzbischöfe, Bischöfe und Domkapitel; Klöster; Kaiser und Reich; Fürsten und Grafen; Dänemark, Schweden und andere europäische Herrschaften; Ritterschaft und Stände; Kurwürde; Verkauf und Tausch von Gütern; Schuldbriefe, Heiraten und Testamente.
- Akten: Das alte sachsen-lauenburgische Haus; Landesherren aus dem braunschweig-lüneburgischen, dem dänischen, dem preußischen Hause; Beziehungen zum Deutschen Reich; Grenzstreitigkeiten sowie auch Beziehungen zu benachbarten Staaten: Braunschweig-Lüneburg, Lübeck, Hamburg, Mecklenburg, Schleswig-Holstein; Beziehungen zu anderen deutschen sowie zu auswärtigen Staaten; Staatsverfassung und Landesvertretung; Titel, Wappen, Orden, Rang, Uniformen; Behörden und Beamte; Justizsachen; Kirchensachen; Schulsachen; Litteraria; Armen- und Nebenanlagesachen, dabei Steuern, Zoll, Forst, Jagd, Münzsachen; Landwirtschaftliche Sachen, dabei Verkoppelung, auch der adligen Güter; Meiersachen; Gewerbe; Handel; Schifffahrt; Post und Telegrafie; Polizeisachen, dabei Medizinalia; Pensionen und Unterstützungen; Wege und Chausseen; Eisenbahnen; Stiftungen; Sparkassen; Militaria und Kriegssachen; Ämter; Landgemeinden; Städte; Adlige Güter und Lehnssachen; Dörfer.
- 156 lfm
- (1158–) 1497–1872 (–1915)
- Gedrucktes Findbuch: Veröffentlichungen des Schleswig-Holsteinischen Landesarchivs Nr. 13.
- Akten der Regierung befinden sich auch in Abt. 65.3 (siehe Bestandsgruppe „Schleswig-Holstein insgesamt") und Abt. 213, Akten einzelner Rechtssachen in Abt. 217 sowie als Vorakten in Abt. 216 und 390 (siehe Bestandsgruppe „Sammlungen"). Akten über das 1873 vom Staat auf den Landeskommunalverband übergegangene Domanialvermögen liegen im Kreisarchiv Ratzeburg.

Abt. 211 Geheimer Rat zu Hannover

Als Lauenburg 1689 seine Selbstständigkeit verlor, wurde es auf höchster Ebene auswärtigen Behörden unterstellt. Dieses waren von 1689 bis 1816 die Hannoverschen Behörden. Der dortige Geheime Rat war damit auch die oberste Behörde für die Verwaltung des Herzogtums Lauenburg. Dieser Bestand gehört zu den Akten, die nach 1816 mit der Abtretung Lauenburgs an Dänemark ausgeliefert wurden. Es handelt sich in dieser Abteilung um Kammersachen und einzelne Justizsachen. Die Hauptmasse der abgegebenen Akten liegt in Abt. 65.3, einige Teile auch in Abt. 212 und Abt. 213.

- Beamte; Forst- und Jagdsachen; Münzsachen; Deich- und Wasserbausachen; Wege und Brücken; Domanial- und Vorwerkssachen; Verschiedene Amts- und Höfesachen; Justiz-, besonders Kriminalsachen.
- 3 lfm
- 1689–1815

Abt. 212 Kammer zu Hannover

Als Lauenburg 1689 seine Selbstständigkeit verlor, wurde es auf höchster Ebene auswärtigen Behörden unterstellt. Dieses waren von 1689 bis 1816 die Hannoverschen Behörden. Die Hannoversche Kammer verwaltete im weitesten Sinne die Steuer-, Domänen- und Forstsachen einschließlich des örtlichen zugehörigen Personals. Die lauenburgischen Akten der hannoverschen Kammer wurden als besondere Gruppe geführt und für sich verzeichnet. Einbezogen sind Akten der Rentekammer zu Kopenhagen aus den Jahren von 1816 bis um 1820. Die Akten der Kammer über die Verkoppelung befinden sich im Kreisarchiv Ratzeburg. Teile der das Amt Schwarzenbek betreffenden Akten (Abt. 212c) sind im Jahr 1875 an die Bismarck'sche Fideikommissherrschaft Friedrichsruh abgegeben worden.

- Der Bestand ist regional gegliedert: Das Herzogtum Lauenburg insgesamt (Abt. 212a); Amt Lauenburg (Abt. 212b); Amt Ratzeburg (Abt. 212c); Amt Schwarzenbek (Abt. 212d); Amt Steinhorst (Abt. 212e); Kontributionswesen im Herzogtum Lauenburg (Abt. 212f). – Schwerpunkte bei den jeweils einzelnen Ämtern: Beamte; Kautionen; Jagd und Forst; Torfmoore; Bausachen; Inventare herrschaftlicher Gebäude; Krugnahrung, Hökerei und Handel; Akzise; Dienstsachen; Erbenzinssachen; Zoll und Wegegeld; Mühlen; Fischerei; Pachtsachen; Zehntsachen; Ziegeleisachen; Höfesachen; Gemeinheitsteilung; Landgerichtssachen; Prozesse; Haushaltspachtsachen der Vorwerke; Schäfereien; Vermessungs- und Grenzsachen; Ratifikation verschiedener Ausgaben und Einnahmen. – Beim Amt Lauenburg auch vorhanden: Fähren, Wasserbau und Deiche.
- 59 lfm
- 1598–1816 (–1839)

Abt. 213 Lauenburgisches Landzollwesen; Elb- und Stecknitzschifffahrt

Es handelt sich um einen themenbezogenen Sammelbestand aus verschiedenen Provenienzen. Die Akten sind erwachsen bei der Regierung zu Ratzeburg, dem Geheimen Rat und der Kammer zu Hannover sowie beim General-Zollkammer- und Kommerzkollegium, dem General-Zoll-Direktorium und dem Finanzministerium zu Kopenhagen.

- Landzollwesen: Generalia; Personalia; Einzelne Zölle und Zollrollen; Dienstgebäude. – Elb- und Stecknitzschifffahrt: Schifffahrt; Zollsachen; Zoll- und andere Beamte; Deich-, Wasser- und Zollbausachen; Dienstgebäude; Elb-Schifffahrts-Revisions-Kommission.
- 24 lfm
- 1601–1863

Abt. 215 Ministerium für Lauenburg

Nach dem Krieg gegen Dänemark 1864 übten Preußen und Österreich die Verwaltung über die Herzogtümer Schleswig, Holstein und Lauenburg anfänglich gemeinsam aus. Im August 1865 einigten sich beide Mächte in der Konvention von Gastein über eine administrative Aufteilung: Preußen übernahm das Herzogtum Schleswig, während sich Österreich Holstein vorbehielt, seine Ansprüche auf das Herzogtum Lauenburg aber an Preußen gegen eine Entschädigungszahlung abtrat. Mit dem Besitzergreifungspatent vom 13. September 1865 übernahm der preußische König Wilhelm I. als Herzog von Lauenburg die Herrschaft. Zur Verwaltung des Territoriums richtete man in Berlin ein eigenes Ministerium ein, dessen Leitung der preußische Ministerpräsident Otto von Bismarck übernahm. Die Ausübung der Geschäfte lag allerdings weitgehend in den Händen des Oberregierungsrats Hugo Freiherr von Landsberg. Nach der Eingliederung des Herzogtums Lauenburg in die preußische Provinz Schleswig-Holstein als „Kreis Herzogtum Lauenburg“ im Jahr 1876 wurde das Ministerium aufgehoben. Die Akten gelangten mit Abgaben der Regierung zu Schleswig ins Landesarchiv und bildeten ursprünglich den Bestand Abt. 210a. Infolge einer elektronischen Titelaufnahme im Jahr 2015 wurde der Bestand in Abt. 215 umbenannt.

- Der Bestand umfasst nur wenige Aktensprengstücke zu Kommunal- und Medizinalangelegeneiten.
- 0,1 lfm
- 1864–1874 (1942)

- Die Hauptüberlieferung des Ministeriums befindet sich im Geheimen Staatsarchiv Preußischer Kulturbesitz in Berlin und bildet dort den Bestand I. HA Rep. 135.

Abt. 216 Höchste Gerichte für das Herzogtum Lauenburg

Es handelt sich um einen Mischbestand aus unterschiedlichen Provenienzen. Die Akten sind erwachsen beim Braunschweig-Lüneburgischen Oberappellationsgericht zu Celle 1748–1816, beim Holstein-Lauenburgischen Obergericht zu Glückstadt 1816–1834 und beim Schleswig-Holstein-Lauenburgischen Oberappellationsgericht zu Kiel 1834–1867. Wenige Generalakten aus Glückstadt und Kiel; Prozessakten in einheitlicher Reihe alphabetisch nach den Namen der Kläger, dabei gelegentlich als Vorakten Rechtssachen von Regierung, Hofgericht und Konsistorium zu Ratzeburg sowie vereinzelt von Ämtern und Städten.

- 26 lfm
- 1735–1867
- Gedrucktes Findbuch: Veröffentlichungen des Schleswig-Holsteinischen Landesarchivs Nr. 29.

Abt. 217 Lauenburgisches Hofgericht zu Ratzeburg

Das Hofgericht wurde 1578 eingesetzt als zweite Instanz über den Gerichten von Städten und adligen Gütern sowie als erste Instanz für diese selbst; es bestand bis 1870. Angeschlossen sind Rechtssachen der Regierung, des Konsistoriums und vereinzelt von Ämtern, Städten und einem adligen Gut.

- Landeshoheit; Ritter- und Landschaft; Appellation; Gerichtskompetenz; Justitiariate; Erbfolge; Vormundschaft; Beamte; Standeserhöhungen; Fideikommisse und Stiftungen; Testamente; Lehns-, Domanial- und Meiersachen; Zivil-, Kriminal- und Untersuchungssachen; Hypothekenwesen; Einzelne adlige Güter.
- 6 lfm
- 1545–1870 (–1872)
- Gedrucktes Findbuch: Veröffentlichungen des Schleswig-Holsteinischen Landesarchivs Nr. 29.
- Akten des Hofgerichts befinden sich als Vorakten auch in Abt. 216 und Abt. 390.

Abt. 218 Lauenburgisches Konsistorium zu Ratzeburg

Das Konsistorium wurde aufgrund der Lauenburgischen Kirchenordnung von 1585 errichtet. Es war für Kirchen-, Schul- und Ehesachen zuständig und bestand bis 1876. Die Aufsichts- und Verwaltungstätigkeit des Konsistoriums in Kirchen- und Schulsachen ist gut überliefert, seine gerichtliche Tätigkeit in geistlichen und Ehesachen nur vereinzelt.

- Äußere Verwaltung: Landeshoheit; Konsistorium; Superintendentur; Kandidaten; Kirchen-, Pfarr- und Schulgebäude; Kirchen-, Pfarr- und Schulländereien; Kirchen- und Schulvisitationen; Milde Stiftungen; Pensionen und Unterstützungen. – Geistliche Verwaltung: Kirchenverfassung und Patronat; Bibel und Gesangbuch; Gottesdienst; Kircheneinkünfte; Pfarren; Kirchenbücher; Kirchenrechnungssachen; Kollekten; Prediger- und Predigerwitwenkassen; Legate; Protokolle; Einkünfte und Besitzungen der Kirchen, Pfarren und Schulen; Wohltätigkeitsanstalten. – Unterrichtsverwaltung: Gelehrtenschulen; Schullehrer-Präparanden-Institut; Stadtschulen; Landschulen; Katechismus; Militaria; Königliches Gnadengeschenk; Schullehrerwitwenkasse; Legate. – Einzelne Rechtssachen.
- 52 lfm
- 1581–1876 (–1941)
- Gedrucktes Findbuch: Veröffentlichungen des Schleswig-Holsteinischen Landesarchivs Nr. 7.
- Rechtssachen des Konsistoriums befinden sich auch in Abt. 217 sowie als Vorakten in Abt. 216 und Abt. 390.

Abt. 220 Lauenburgische Forstbehörden

Es handelt sich um einen Mischbestand, der insbesondere die örtlichen Forstakten aus vorpreußischer und preußischer Zeit zusammenfasst. Im Bestand überliefert sind Akten des Forst- und Jagdamtes des Herzogtums Lauenburg sowie aus preußischer Zeit des Forstmeisters im Kreis Herzogtum Lauenburg.

- Allgemeines; Forstbeamte; Förster-, Holzvogts- und Holzwärterstellen; Ruhegehälter und Unterstützungen; Forstbetriebsregulierung; Hochbau, Patronatsleistungen; Domänenverwaltung; Jagdsachen.
- 15 lfm
- 1788–1898

Abt. 231 Amt und Landvogtei Lauenburg

Die Ämter führten Verwaltung und Rechtspflege in den unmittelbar dem Landesherrn unterstehenden, nicht zu den adligen Gütern oder Städten gehörenden Distrikten. Die Rechtspflege ging 1870 auf die Amtsgerichte über; Schuld- und Pfandprotokolle, Höfeakten, Testaments- und Nachlasssachen wurden von diesen fortgeführt. Zum Jahresbeginn 1873 wurden die Ämter aufgehoben und durch Landvogteien mit vornehmlich polizeilichen Befugnissen ersetzt. Diese bestanden bis 1889. Da die Landvogteien weithin die Akten der Ämter fortgeführt haben, bilden die Archive jeweils eine Einheit. Die Akten der Ämter über das 1873 auf den Landeskommunalverband übergegangene Domanialvermögen liegen im Kreisarchiv Ratzeburg. Die 1690 einsetzenden Amtsrechnungen sind jeweils einen um den anderen Jahrgang wechselnd zwischen dem Landesarchiv und dem Kreisarchiv geteilt.

- Regierendes Haus; Hoheitssachen; Grenzsachen; Wahlen; Behörden und Beamte; Justizsachen; Kirchen- und Schulsachen; Kammersachen; Landwirtschaftliche Sachen, dabei Verkoppelung und Meiersachen; Handel und Gewerbe; Postsachen; Polizeisachen, dabei Medizinalsachen; Gemeindeverwaltung; Armensachen; Militärsachen; Land- und Wasserbau; Elbfähre und Brücken; Vermessungen; Amtsrechnungen.
- 69 lfm
- 1600–1889 (–1899)
- Gedrucktes Findbuch: Veröffentlichungen des Schleswig-Holsteinischen Landesarchivs Nr. 12.

Abt. 232 Amt und Landvogtei Ratzeburg

Die Ämter führten Verwaltung und Rechtspflege in den unmittelbar dem Landesherrn unterstehenden, nicht zu den adligen Gütern oder Städten gehörenden Distrikten. Die Rechtspflege ging 1870 auf die Amtsgerichte über; Schuld- und Pfandprotokolle, Höfeakten, Testaments- und Nachlasssachen wurden von diesen fortgeführt. Zum Jahresbeginn 1873 wurden die Ämter aufgehoben und durch Landvogteien mit vornehmlich polizeilichen Befugnissen ersetzt. Diese bestanden bis 1889. Da die Landvogteien weithin die Akten der Ämter fortgeführt haben, bilden die Archive jeweils eine Einheit. Die Akten der Ämter über das 1873 auf den Landeskommunalverband übergegangene Domanialvermögen liegen im Kreisarchiv Ratzeburg. Die 1690 einsetzenden Amtsrechnungen sind jeweils einen um den anderen Jahrgang wechselnd zwischen dem Landesarchiv und dem Kreisarchiv geteilt.

- Regierendes Haus; Hoheitssachen; Grenzsachen; Wahlen; Behörden und Beamte; Justizsachen; Kirchen- und Schulsachen; Kammersachen; Landwirtschaftliche Sachen, dabei Verkoppelung und Meiersachen; Handel und Gewerbe; Postsachen; Polizeisachen, dabei Medizinalsachen; Gemeindeverwaltung; Armensachen; Militärsachen; Amtsrechnungen.
- 78 lfm
- (1244–) 1601–1889 (–1899)
- Gedrucktes Findbuch: Veröffentlichungen des Schleswig-Holsteinischen Landesarchivs Nr. 12.

Abt. 233 Amt und Landvogtei Schwarzenbek

Die Ämter führten Verwaltung und Rechtspflege in den unmittelbar dem Landesherrn unterstehenden, nicht zu den adligen Gütern oder Städten gehörenden Distrikten. Die Rechtspflege ging 1870 auf die Amtsgerichte über; Schuld- und Pfandprotokolle, Höfeakten, Testaments- und Nachlasssachen wurden von diesen fortgeführt. Zum Jahresbeginn 1873 wurden die Ämter aufgehoben und durch Landvogteien mit vornehmlich polizeilichen Befugnissen ersetzt. Diese bestanden bis 1889. Da die Landvogteien weithin die Akten der Ämter fortgeführt haben, bilden die Archive jeweils eine Einheit. Die Akten der Ämter über das 1873 auf den Landeskommunalverband übergegangene Domanialvermögen liegen im Kreisarchiv Ratzeburg. Die 1690 einsetzenden Amtsrechnungen sind jeweils einen um den anderen Jahrgang wechselnd zwischen dem Landesarchiv und dem Kreisarchiv geteilt.

- Regierendes Haus; Hoheitssachen; Grenzsachen; Wahlen; Behörden und Beamte; Justizsachen; Kirchen- und Schulsachen; Kammersachen; Landwirtschaftliche Sachen, dabei Verkoppelung und Meiersachen; Handel und Gewerbe; Postsachen; Polizeisachen, dabei Medizinalsachen; Gemeindeverwaltung; Armensachen; Militärsachen; Zivilstandsregister der Franzosenzeit; Amtsrechnungen.
- 30 lfm
- (1470–) 1608–1889 (–1912)
- Gedrucktes Findbuch: Veröffentlichungen des Schleswig-Holsteinischen Landesarchivs Nr. 12.

Abt. 234 Amt und Landvogtei Steinhorst

Die Ämter führten Verwaltung und Rechtspflege in den unmittelbar dem Landesherrn unterstehenden, nicht zu den adligen Gütern oder Städten gehörenden Distrikten. Die Rechtspflege ging 1870 auf die Amtsgerichte über; Schuld- und Pfandprotokolle, Höfeakten, Testaments- und Nachlasssachen wurden von diesen fortgeführt. Zum Jahresbeginn 1873 wurden die Ämter aufgehoben und durch Landvogteien mit vornehmlich polizeilichen Befugnissen ersetzt. Diese bestanden bis 1889. Da die Landvogteien weithin die Akten der Ämter fortgeführt haben, bilden die Archive jeweils eine Einheit. Die Akten der Ämter über das 1873 auf den Landeskommunalverband übergegangene Domanialvermögen liegen im Kreisarchiv Ratzeburg. Die 1690 einsetzenden Amtsrechnungen sind jeweils einen um den anderen Jahrgang wechselnd zwischen dem Landesarchiv und dem Kreisarchiv geteilt.

- Regierendes Haus; Hoheitssachen; Grenzsachen; Wahlen; Behörden und Beamte; Justizsachen; Kirchen- und Schulsachen; Kammersachen; Landwirtschaftliche Sachen, dabei Verkoppelung und Meiersachen; Handel und Gewerbe; Postsachen; Polizeisachen, dabei Medizinalsachen; Gemeindeverwaltung; Armensachen; Militärsachen; Zivilstandsregister der Franzosenzeit; Regimentssachen; Amtsrechnungen.
- 55 lfm
- 1626–1889 (–1900)
- Gedrucktes Findbuch: Veröffentlichungen des Schleswig-Holsteinischen Landesarchivs Nr. 12.

Abt. 235 Stadt Lauenburg

Die Stadt Lauenburg hat sich aus einer Schiffersiedlung entwickelt und wurde im 13. Jahrhundert zur Stadt erhoben. Das eigentliche Stadtarchiv befindet sich in Lauenburg selbst. Im Landesarchiv liegt nur eine kleine Protokollüberlieferung aus gerichtlicher Provenienz. Der Urkundenbestand wurde zum Teil als Depositum der Stadt Lauenburg 1877 im damaligen Staatsarchiv Schleswig hinterlegt, stammt zum Teil aber auch aus der 1876 erfolgten Abgabe des Königlichen Geheimarchivs in Kopenhagen.

- Urkunden (31 Nrn.): Privilegien; Stadtrecht; Herzogliche Verordnungen; Käufe und Verkäufe; Schule; Gilden.
- Akten: Nur ein Kontrakten- und Hypothekenbuch.
- 0,1 lfm
- 1455–1861

Abt. 236 Stadt Mölln

Die Stadt Mölln wurde als „Molne“ um 1220 erstmals erwähnt. Die erste Erwähnung der Stadtrechte ist für das Jahr 1262 nachweisbar. Die Akten liegen als Depositum des Landesarchivs im Stadtarchiv Mölln. Bei den im Landesarchiv verwahrten Urkunden handelt es sich zum einen um solche, die aus dem Bestand der Lauenburgischen Regierung zu Ratzeburg entnommen sind und zum anderen um solche, die aus der 1876 erfolgten Abgabe des Königlichen Geheimarchivs Kopenhagen stammen. Diese Stücke wurden in einem eigenständigen Urkundenbestand zusammengeführt. Weitere städtische Urkunden befinden sich im Stadtarchiv Mölln.

- Urkunden (72 Nrn.): Verpfändung der Stadt Mölln an Lübeck und daraus entstandene Rechtsstreitigkeiten; Land- und Rentenkäufe; Drüsensee; Zoll; Gilden; Vikarienstiftung; Verpfändungen des Schlosses Ritzerau und anderer Liegenschaften.
- Akten: Testamente; Vormundschaften; Konkurse; Hypotheken; Justizuntersuchungssachen. – Die Akten sind überwiegend nach Personen alphabetisch geordnet.
- 1277–1870

Abt. 237 Stadt Ratzeburg

Ratzeburg erhielt im 13. Jahrhundert Stadtrecht. Der eigentliche städtische Archivbestand einschließlich der städtischen Urkunden befindet sich im Stadtarchiv Ratzeburg. Im Landesarchiv liegen nur vereinzelte Splitter. Die Urkunden im Landesarchiv stammen aus der 1876 erfolgten Abgabe des Königlichen Geheimarchivs in Kopenhagen an das damalige Staatsarchiv Schleswig.

- Urkunden (22 Nrn.): Privilegien; Grenzangelegenheiten; städtische Angelegenheiten; herzogliche Verordnungen; Gilden.
- Akten: Ratsbuch; Hypothekenbücher.
- 1 lfm
- 1569–1870

Abt. 241 Bistum Ratzeburg

Das Bistum Ratzeburg wurde erstmals 1062 gegründet, bestand aber nur bis 1066, ohne dass der ernannte Bischof Aristo sein Amt antrat. Im Zuge der Neuordnung Nordelbiens durch Heinrich den Löwen erfolgte im Jahre 1154 die Neugründung des Bistums. Es reichte im Westen von Bergedorf bis in den Osten nach Wismar, wo das Bistum Schwerin begann. Im Norden wurde es durch die Trave und im Süden durch die Elbe bei Boizenburg begrenzt. Erster Bischof war Evermod, ehemals Propst des Prämonstratenserstiftes St. Marien in Magdeburg, der mehr als zwanzig Jahre im Amt blieb und 1178 starb. Das Bistum bestand als reichsunmittelbares Stift bis zur Zeit der Reformation. Der letzte Ratzeburger Bischof, Christoph von der Schulenburg, konvertierte 1554 zum Protestantismus und verkaufte das Bistum für 10.000 Taler an den Mecklenburger Herzog. Die Herzöge von Mecklenburg verwalteten es fortan im Wechsel mit den Herzögen von Braunschweig-Lüneburg. Der Westfälische Friede von 1648 brachte das Ende des Bistums Ratzeburg. Aus dem früheren Domland der Ratzeburger Bischöfe entstand das weltliche Fürstentum Ratzeburg. Das frühere Stiftsland wurde allerdings nicht nach Mecklenburg eingegliedert, sondern war mit dem Herzogtum Mecklenburg durch die Person des Herzogs Adolf Friedrich verbunden. Zum neuen Fürstentum zählten die früher bischöflichen Dörfer Mannhagen, Panten, Hammer, Walksfelde und Horst und der Domhof von Ratzeburg. Auf ihm bezog die Verwaltung des Fürstentums ihren Sitz. Nach Erbstreitigkeiten unter den mecklenburgischen Herzögen wurde 1701 der „Hamburger Vergleich" geschlossen und das Land zwischen den Linien Mecklenburg-Schwerin und Mecklenburg-Strelitz aufgeteilt. Im Rahmen des Groß-Hamburg-Gesetzes fielen Dom und Domhof 1937 an Preußen, das Patronatsrecht ging auf den preußischen Staat über, später auf dessen Nachfolger, das Land Schleswig-Holstein. Kirchlich blieb der Dom mecklenburgisch, seit 1961 in Verbindung mit der Nordelbischen Kirche.

Die Aktenüberlieferung des Bistums Ratzeburg ist Teil des sogenannten Strelitzer Archivs, das sich im Landesarchiv Schwerin befindet. Im Landesarchiv Schleswig-Holstein werden lediglich die Urkunden verwahrt.

- Urkunden: Landverkäufe; Dotationen; Vikarien und Präbenden; Privilegien; Einkünfte; Investitionsrecht; Erbstreitigkeiten.
- 16 Nrn.
- 1351–1654

Abt. 242 Lauenburgische Kirchen- und Pfarrarchive

Die Kirchen haben ihre eigenen Archive. Im Landesarchiv sind daher nur zufällige Einzelstücke überliefert.

- Gülzow, 1747–1782; Lütau, meist Schulsachen (1702) 1745–1898.
- 0,1 lfm
- (1702) 1745–1798

Abt. 243 Lauenburgische genossenschaftliche Verbände

Es handelt sich um einen Mischbestand, der unterschiedliche kleinere Provenienzen enthält.

- Urkunden (1 Nr.): Gildebrief der Grobschmiede zu Lauenburg.
- Akten: Handwerkersachen, besonders der Maurer in Mölln sowie der Maurer, Zimmerer und anderer in Lauenburg.
- 0,5 lfm
- 1699–1899

Abt. 255 Behörden der Freien und Hansestadt Hamburg

Die Abteilung enthält Akten hamburgischer Behörden über die infolge des Groß-Hamburg-Gesetzes 1937 auf Preußen übergegangenen Enklaven in Stormarn und Lauenburg. Die Akten wurden nach 1937 ausgeliefert, aber von den preußischen Behörden nicht fortgeführt. Fortgeführte Akten sind in die Bestände der Behörden eingeordnet, die sie jeweils fortgeführt haben.

- Finanzdeputation: Beimoor bei Groß Hansdorf; Heinrichshof in Geesthacht. – Hanseatisches Oberlandesgericht: Partikularrecht Lübecks betreffend Personal. – Medizinalkollegium: Apotheke in Geesthacht.
- 0,5 lfm
- 1730–1937

Abt. 257 Behörden des Großherzogtums Mecklenburg-Strelitz

Die Abteilung enthält Akten mecklenburg-strelitzischer Behörden über die infolge des Groß-Hamburg-Gesetzes 1937 auf Preußen übergegangenen Enklaven in Lauenburg. Die Akten wurden nach 1937 ausgeliefert, aber von den preußischen Behörden nicht fortgeführt. Fortgeführte Akten sind in die Bestände der Behörden eingeordnet, die sie jeweils fortgeführt haben.

- Domänensachen; Einzelne Bauernstellen und Grundstücke; Apotheke in Ratzeburg; Hypothekenbücher; Teile des Archivs des adligen Gutes Horst 1687–1868.
- 3 lfm
- (1687–) 1768–1937
- Grundbücher befinden sich in Abt. 355.33 (siehe Bestandsgruppe „Justiz").

Landesteil Lübeck bis 1937

Das Hochstift Lübeck umfasste drei geistliche Institutionen: Bischof von Lübeck, Lübecker Domkapitel und Kollegiatstift Eutin. Die Bischöfe kamen seit 1586 aus dem gottorfischen Hause und waren seit 1773 zugleich Herzöge – später Großherzöge – von Oldenburg. Durch die Säkularisation erhielten sie 1803 das Hochstift als weltliches Fürstentum Lübeck. Nach 1918 bildete dieses den Landesteil Lübeck im Freistaat Oldenburg und wurde 1937 als Kreis Eutin der preußischen Provinz Schleswig-Holstein zugeschlagen. Die territorialen und lokalen Archive liegen im Landesarchiv, die Archive der Zentralbehörden aus der Zeit der Verbindung mit Oldenburg im Niedersächsischen Staatsarchiv Oldenburg. Dort befindet sich auch die bis um 1600 zurückreichende Kabinettsregistratur der Bischöfe.

Abt. 260 Regierung des Bistums/Fürstentums/Landesteils Lübeck zu Eutin

Die drei Kollegien Regierung, Konsistorium, Rentekammer sowie das 1791 errichtete Generaldirektorium des Armenwesens, zunächst nur für das bischöfliche Gebiet, seit 1804 für das ganze Fürstentum zuständig, wurden 1844 unter der Bezeichnung Regierung zusammengelegt. Seitdem und bis 1937 war die Regierung die einzige obere Verwaltungsbehörde.

Um 1860 ließ die Regierung den größten Teil des Aktenbestandes neu ordnen und dann in diesem System fortführen. 1908 wurde eine neue Registratur begonnen; in diesem Zusammenhang kam es zu umfangreichen Aktenvernichtungen. Die älteren Urkunden des Bischofs von Lübeck gelangten bereits 1586 an das Lübecker Domkapitel, wo sie verblieben. Die jüngeren bischöflichen Urkunden kamen über unterschiedliche Stationen (Regierung Eutin, oldenburgisches Ministerium der Finanzen, Kreisverwaltung Eutin) zunächst zum Archiv in Oldenburg/Oldenburg, von wo sie an das Landesarchiv abgegeben wurden.

- Urkunden (42 Nrn.): Höfe Benz, Liensfeld, Nüchel; Krughaus Schwartau; Zoll- und Grenzangelegenheiten; Staatsgut-Kapitalienkasse.
- Akten: Alte Registratur bis 1908: Regentenhaus; Domkapitel; Kollegiatstift; Landtag; Reichstag; Provinzialrat; Orden und Ehrenzeichen; Hof; Organisation und innere Landesverfassung; Hoheitssachen, dabei Gebietsveränderungen; Stadt Eutin; Einzelne Gemeinden; Kirchensachen; Schulsachen; Armensachen; Polizeisachen; Medizinalia; Bau-, Straßen- und Wegesachen; Volkszählungen; Juden; Handel und Gewerbe, dabei Privilegien und Konzessionen; Schifffahrt und Strandsachen; Landwirtschaft; Domanialvermögen und Staatsgut; Krongut; Forsten und Moore; Steuern und Abgaben; Forderungen und Schulden der Landeskasse; Hebungs- und Rechnungswesen; Entschädigungs-, Ablösungs- und Weideaufteilungssachen; Regalien; Bauwesen; Vermessungswesen; Militaria; Gerichtswesen. – Neue Registratur ab 1908: Departements des Inneren, der Finanzen, der Kirchen und Schulen, der Justiz, dabei Militärangelegenheiten. – Außerhalb beider Registraturen: Regentenhaus; Auswärtige Beziehungen; Protokolle: Regierung 1705–1892, Konsistorium 1695–1844, Rentekammer 1705–1844, Generaldirektorium des Armenwesens 1820–1842; Ersatzkommission des Aushebungsbezirks Eutin; Rechnungen: Rentekammer 1673–1845, Landeskasse 1845–1937, Ostseebäderfonds 1900–1930, Amtskassen Eutin und Schwartau 1879–1908, Hospitalkasse Eutin 1679–1830, Hofarmenkasse 1714–1792, Generalfonds des Armenwesens 1792–1815, Sustentationsrechnung (für Domherren und Vikare nach der Säkularisation) 1805–1831, Bauhof und Beutinerhof 1840–1858.
- 484 lfm
- 1476–1949
- Gedrucktes Findbuch: Veröffentlichungen des Schleswig-Holsteinischen Landesarchivs Nr. 50–53.
- Die Urkunden des Lübecker Domkapitels befinden sich in Abt. 268.

Abt. 261 Justizkanzlei und Obergericht zu Eutin

Die seit dem 17. Jahrhundert nachweisbare bischöfliche Justizkanzlei war seit 1836 einzige obere Justizbehörde im Fürstentum und bestand bis 1861. An ihre Stelle trat das Obergericht, das 1879 durch das gemeinschaftliche Landgericht des Fürstentums und der Freien und Hansestadt Lübeck abgelöst wurde.

- Protokolle der Justizkanzlei 1669–1840; Generalakten; Vormundschaftsakten; Zivilprozessakten; Kriminalprozessakten (nur Sache v. Qualen 1830–1838; Aktenverzeichnisse. – Obergericht: Generalakten, auch betreffend die abgetretenen holsteinischen Gebietsteile Amt Ahrensbök, Lübsche Güter und Stadtstiftsdörfer; Zivilprozessakten; Register der Zivilprozessakten.
- 14 lfm
- (1639–) 1669–1881

Abt. 262 Ablösungskommission für das Fürstentum/den Landesteil Lübeck 1851–1937

Die Ablösungskommission wurde 1851 errichtet und bestand bis 1937. Sie war zuständig für die Feststellung der Entschädigung bei der Ablösung von Grundlasten, besonders von Diensten und Naturalleistungen. Die Akten sind nur unvollständig erhalten.

- Generalakten; Spezialakten, alphabetisch nach antragstellenden Personen, Behörden und Ortschaften.
- 1 lfm
- 1831–1944

Abt. 263 Verwaltungsgericht für das Fürstentum/den Landesteil Lübeck

Das Verwaltungsgericht wurde 1906 errichtet und hat bis 1937 bestanden.

- Generalakten; Streitsachen.
- 5 lfm
- 1905–1937

Abt. 265 Provinzialrat des Fürstentums Lübeck

Der Provinzialrat wurde 1852 als Vertretung des Fürstentums Lübeck errichtet. Er hatte beratende Stimme in Gesetzgebung und Finanzverwaltung und Antragsrecht in allen das Fürstentum betreffenden Angelegenheiten. Seit 1908 war der Provinzialrat die Vertretung des Landesverbandes und führte in dieser Funktion die Bezeichnung „Landesausschuss“. Die Akten des Landesausschusses sind im Bestand des Landesverbandes (Abt. 266) überliefert.

- Verhandlungen des Provinzialrats des Fürstentums Lübeck 1858–1913 (mit Lücken).
- 0,5 lfm
- 1858–1913
- Akten des Provinzialrats, darunter Verhandlungsprotokolle, befinden sich auch im Bestand der Regierung des Bistums/Fürstentums/Landesteils Lübeck zu Eutin (Abt. 260). Die Verhandlungen des Provinzialrats von 1854 bis 1919 liegen im Druck vor (Bibliothek des Landesarchivs, Signatur A 337).

Abt. 266 Landesverband des Fürstentums/Landesteils Lübeck

Der Landesverband wurde 1908 als kommunale Körperschaft errichtet, die das Fürstentum insgesamt umfasste. Er war zuständig für allgemeine und gemeinnützige Anliegen, Einrichtungen und Maßregeln, besonders im Armen- und Wegewesen. Vertreten wurde der Landesverband durch den Provinzialrat, der in dieser Funktion die Bezeichnung Landesausschuss führte. Die Verwaltungsarbeit lag beim Landesvorstand. Der Landesverband bestand bis zum 31. März 1937; Nachfolger wurde der Kreis Eutin. Die Akten sind zusammen mit denen der Regierung Eutin seit 1952 in das Landesarchiv gelangt.

- Landesausschuss und Landesvorstand; Finanzen; Verpachtungen; Wohlfahrt und Fürsorge; Bausachen; Verschiedenes; Wege und Chausseen; Grandgruben; Wasserläufe; Brücken und Siele; Kanalisation und Entwässerung; Gas-, Wasser- und Kabelleitungen; Personalakten.
- 8 lfm
- 1827–1952
- Die Akten des Provinzialrats befinden sich in Abt. 265.

Abt. 268 Lübecker Domkapitel

Das Domkapitel wurde 1160 errichtet und nach der Säkularisation 1804 aufgehoben. Die Akten des Domkapitels sind ebenso wie die Urkunden in großem Umfang erhalten geblieben. Letztere wurden 1938 vom Großherzoglichen Haus- und Zentralarchiv in Oldenburg, in dem sie seit 1850 lagen, an das damalige Staatsarchiv Kiel übergeben. Im Urkundenbestand befinden sich auch die älteren Urkunden des Bischofs von Lübeck bis 1586.

- Urkunden (1942 Nrn.): Fundation; Präbenden; Privilegien; Päpstliche Bullen; Lehen; Besitzungen; Rentenkäufe; Prozesse; Verträge; Vikarienstiftungen; Inkorporationen; Schulen; Grenzen und auswärtige Beziehungen; Obligationen; Lüneburger Salinen.
- Akten: Das Domkapitel; Prälaturen und Ämter; Vikarien; Kommenden; Kaland; Äußere Beziehungen, dabei Kaiser und Reich; Bischof; Holstein; Stadt Lübeck; Grenzsachen; Beamte; Kapitelsprotokolle ab 1523; Justizsachen; Abgetane Sachen (das sind Rechtssachen in erster Instanz von Domherren und Vikaren, in zweiter von den Untertanen, alphabetisch nach Klägern); Kirchen-, Schul-, Armensachen; Stipendien und Legate; Polizeisachen; Kriegs- und Militärsachen; Einkünfte und Rechnungswesen; Lüneburger Salinensachen; Kurien und andere Kapitelshäuser; Forst- und Jagdsachen; Leistungen der Untertanen; Untertanenprozesse; Aufhebung des Domkapitels. – Rechnungen: Distributor maior ab 1545; Distributor minor ab 1519; Thesaurus ab 1537; Salinenrechnung ab 1533; Kontribution (Bede, Pflugschatz) ab 1539; Heuer ab 1534.
- 65 lfm
- 1154–1806
- Gedrucktes Findbuch: Veröffentlichungen des Schleswig-Holsteinischen Landesarchivs Nr. 1.
- Die Handschriften von Bischof und Domkapitel liegen in Abt. 400.4. Zahlreiche Urkunden des Domkapitels, besonders aus der Zeit nach 1586, waren in Oldenburg herausgenommen und in das dortige Hausarchiv überführt worden. Sie liegen heute im Landesarchiv unter Urk.-Abt. 8 (siehe Bestandsgruppe „Schleswig-Holstein insgesamt“). Akten über die 1804 an die Stadt Lübeck gefallenen Dörfer und Besitzungen befinden sich im Archiv der Hansestadt Lübeck.

Abt. 269 Kollegiatstift Eutin

Das Stift wurde 1309 errichtet und nach der Säkularisation 1804 aufgehoben. Die Akten des Stifts wurden versprengt und sind nur bruchstückhaft erhalten. Die Urkunden wurden 1938 vom Großherzoglichen Haus- und Centralarchiv in Oldenburg, in dem sie seit 1850 lagen, an das damalige Staatsarchiv Kiel übergeben.

- Urkunden (70 Nrn.): Privilegien; Vikarienstiftungen; Besitz- und Rentenschenkungen und -käufe; Statuten; Prozesse.
- Akten: Das Kollegiatstift; Äußere Beziehungen; Archiv; Protokolle; Kirche zu Eutin; Kurien; Häuser und Ländereien in Eutin; Beziehungen zur Stadt;

Dörfer Altgalendorf, Nanndorf, Neuratjensdorf; Geldsachen; Armensachen; Hospital zu Eutin; Rechnungen.

- 3 lfm
- 1240–1804
- Einzelne fortgeführte Akten befinden sich in Abt. 286.

Abt. 275 Amt Eutin

Das Amt Eutin bestand bis 1879. Seine Befugnisse wurden von der Regierung Eutin übernommen, nachdem die gerichtlichen Funktionen schon 1861 auf das Amtsgericht Eutin übergegangen waren.

- Archivsachen; Beziehungen nach außen; Grenzsachen; Militärsachen; Krongut; Staatsgut; Forstsachen; Steuern und Abgaben; Verwaltungskosten; Naturalleistungen und Dienste sowie deren Ablösung; Weideablösungssachen; Armensachen; Dorfschaftssachen; Aufenthalts-, Heimat- und Staatsangehörigkeitssachen; Polizeisachen; Volkszählung; Handels- und Gewerbepolizei; Landwirtschaft; Ent- und Bewässerungssachen; Sicherheits-, Medizinal-, Feuerpolizei; Justizsachen; Testamente (mit Index); Gut Benz; Amtsprotokolle ab 1639; Protokolle der Hausbriefe und Kaufkontrakte ab 1703, der Trau- und Heimatscheine 1845–1869; Gerichtsprotokolle ab 1713; Schuld- und Pfandprotokolle 1717–1891; Amtsrechnungen 1608 und ab 1648; Hebammenrechnung 1805–1855.
- 35 lfm
- 1608–1891
- Die Stellakten über einzelne Höfe befinden sich in Abt. 355.11 (siehe Bestandsgruppe „Justiz").

Abt. 276 Amt Kaltenhof

Das Amt Kaltenhof bestand bis 1842 und ging dann im Amt Schwartau auf. Sitz der Verwaltung war zunächst der Kaltenhof an der Einmündung der Schwartau in die Trave, später der Flecken Schwartau.

Der überwiegende Teil der Akten wurde 1842 an das Amt Schwartau weitergegeben, dort zum Teil weitergeführt, und gelangte über das 1861 errichtete Amtsgericht Schwartau und das Staatsarchiv Oldenburg an das Landesarchiv.

- Ortsweise und namentlich erfasste Fälle; Justiz; Polizei; Kriminalwesen; Amts- und Gerichtsprotokolle 1660–1826; Hausbriefe und Schuld- und Pfandprotokoll 1745–1842; Amtsrechnungen 1630–1800.
- 17 lfm
- 1602–1863
- Die Überlieferung des Amtes Schwartau befindet sich in Abt. 278; dort sind auch die Schuld- und Pfandprotokolle zu suchen. Die Stellakten über einzelne Höfe liegen in Abt. 355.53 (siehe Bestandsgruppe „Justiz").

Abt. 278 Amt Schwartau

Das Amt Schwartau wurde 1843 durch Zusammenlegung der Ämter Kaltenhof und Großvogtei gebildet und bestand bis 1879. Seine Befugnisse wurden von der Regierung Eutin übernommen, nachdem die gerichtlichen Funktionen schon 1861 auf das Amtsgericht Schwartau übergegangen waren.

Verwaltungssachen haben sich in nur geringem Umfang erhalten; sofern das der Fall ist, handelt es sich vielfach um fortgeführte Akten der Vorgängerbehörden. Vorhanden ist in erster Linie Justiz- und Protokollüberlieferung.

- Justizsachen: Nachlass-, Vormundschafts-, Konkurs-, Konvokations- und Zivilprozesssachen (jeweils alphabetisch); Schuld- und Pfandprotokolle 1729–1891. – Rechnungen der Schwartauer Amtskasse für den älteren Amtsdistrikt 1850–1878.
- 12 lfm
- (1225–) 1695–1892
- Stellakten über einzelne Höfe befinden sich in Abt. 355.53 (siehe Bestandsgruppe „Justiz").

Abt. 279 Stadt Eutin

1156/57 wurde die Holländersiedlung Eutin Marktort und erhielt 1257 vom Bischof von Lübeck das Lübische Stadtrecht. Nachdem 1309 das Eutiner Kollegiatstift gegründet worden war, verlegte der Lübecker Bischof seinen Sitz Anfang des 14. Jahrhunderts nach Eutin. In der Folge war Eutin erst Residenzstadt der Bischöfe und Fürstbischöfe von Lübeck, dann der Herzöge und Großherzöge von Oldenburg. Seit dem Reichsdeputationshauptschluss von 1803 gehörte Eutin als Teil des Fürstentums Lübeck zum (Groß-)Herzogtum Oldenburg, ab 1918 Freistaat

Oldenburg genannt. Mit dem Groß-Hamburg-Gesetz von 1937 wurde Eutin Kreisstadt des neu gegründeten preußischen Kreises Eutin und nach der Zusammenlegung der Kreise Eutin und Oldenburg 1970 des neuen Kreises Ostholstein.

Das eigentliche Stadtarchiv befindet sich – unter anderem mit wesentlichen Teilen der Protokollüberlieferung – in Eutin. Der Bestand enthält vor allem die gerichtlichen Akten, die nach dem Ende der städtischen Gerichtsbarkeit 1854 und 1861 auf das Amtsgericht übergegangen waren und über verschiedene Stationen an das Landesarchiv gelangt sind.

- ↘ Justizsachen; Testamente (mit Index); Schuld- und Pfandprotokolle 1761–1891; Personalakten.
- ↘ 3 lfm
- ↘ 1722–1935

Abt. 280 Dorfschaften und Gemeinden im Landesteil Lübeck

In diesem Bestand sind Archivalien von Dorfschaften und Gemeinden im Fürstentum und nachfolgend im Landesteil Lübeck zusammengefasst. Dorfschaften bildeten die kleinsten Einheiten des Gemeinwesens, Gemeinden seit der Gemeindeordnung von 1857 die nächstgrößeren, die wiederum mehrere Dorfschaften umfassten. Diese Gliederung hat sich auch noch im Land Schleswig-Holstein als Besonderheit erhalten.

Dieser Bestand setzt sich ganz überwiegend aus einzelnen Abgaben von Privatpersonen zusammen. Die Überlieferung hat daher einen fragmentarischen und eher zufälligen Charakter.

- ↘ Gemeinde Ahrensbök; Dorfschaft Hemmelsdorf; Gemeinde Malente; Dorfschaft Pansdorf; Dorfschaft Sarkwitz; Dorfschaft Schulendorf; Dorfschaft Wulfsdorf.
- ↘ 0,1 lfm
- ↘ 1735–1964

Abt. 285 Großvogtei und Vikarien; Amt Großvogtei

Die Großvogtei umfasste die dem Lübecker Domkapitel unmittelbar unterstehenden 26 Dörfer und wurde jeweils von einem Domherrn als Großvogt, seit 1719 von einem förmlichen Großvogteigericht verwaltet; Hebungswesen und Rechnungsführung blieben jedoch in der Hand des Kapitels. Das Kollegium der Domvikare und die einzelnen

Vikarien verwalteten ihre 16 Dörfer selbst. Nach der Säkularisation wurde 1804 der gesamte Besitz als Amt Goßvogtei zusammengefasst, 1843 ging das Amt Großvogtei im Amt Schwartau auf. Verwaltungsakten des Amtes Großvogtei sind nur in geringen Resten erhalten. Die Überlieferung besteht vorwiegend aus Justizsachen.

- Großvogtei mit Protokoll ab 1560; Vogtei Hobbersdorf ab 1586; Kollegium der Domvikare ab (1389) 1515; Vikare und Kommendisten in St. Petri ab 1616; Kalendisten ab 1649; Marientiden im Dom ab 1498; Einzelne Vikarien ab 1584. – Amt Großvogtei: Rechtssachen der Großvogtei, der Vogtei Hobbersdorf, der Vikarien und des Amtes Großvogtei; Zivilprozess- und Nachlasssachen ab (1673–) 1728; Vormundschaftssachen ab 1787 (jeweils alphabetisch); Untersuchungssachen ab 1787 (chronologisch).
- 20 lfm
- (1389–) 1498–1843
- Gedrucktes Findbuch: Veröffentlichungen des Schleswig-Holsteinischen Landesarchivs Nr. 1.
- Schuld- und Pfandprotokolle ab 1799 befinden sich in Abt. 278. Fortgeführte Akten des Amtes Goßvogtei ebenda und in Abt. 355.53; Stellakten über einzelne Höfe liegen in Abt. 355.1, 355.11 und 355.53 (siehe Bestandsgruppe „Justiz“).

Abt. 286 Amt Kollegiatstift

Der Besitz des 1804 aufgehobenen Kollegiatstifts Eutin (Altgalendorf, Nanndorf, Neuratjensdorf im Land Oldenburg) wurde durch einen besonderen Beamten verwaltet und 1825 mit den im Land Oldenburg gelegenen Dörfern des Amtes Großvogtei (Techelwitz, Teschendorf, Klein Wessek und zum Teil Rellin) zum Amt Kollegiatstift vereinigt. Dieses fiel 1843 an Holstein und kam zum Amt Cismar. Die Akten sind nur bruchstückhaft erhalten.

- Generalia; Beziehungen nach außen; Kirche zu Eutin; Kurien und Häuser in Eutin; Beziehungen zur Stadt; Nachlasssachen; Stellakten; Zivilprozesssachen; Rechnungen 1803–1840.
- 1 lfm
- (1566–) 1569–1842
- Die Schuld- und Pfandprotokolle befinden sich in Abt. 107 (siehe Bestandsgruppe „Herzogtum Holstein“).

Abt. 287 Ortsschulinspektorate im Fürstentum Lübeck

Die Ortsschulinspektorate im Fürstentum Lübeck führten die Dienstaufsicht über die Lehrkräfte, den Unterricht und die Schulzucht. Das Amt des Ortsschulinspektors hatten die jeweiligen Pastoren zu bekleiden. 1912 wurden die Ortsschulinspektorate aufgehoben; die Fachaufsicht über die Elementarschulen des Fürstentums Lübeck wurde dem neu eingesetzten Kreisschulinspektor übertragen. Die Schulen der Gemeinden Ahrensbök, Barghorst, Haarberg (Grebenhagen), Holstendorf und Schwochel gehörten zum Ortsschulinspektorat der Fleckens- und Landgemeinde Ahrensbök, die Schulen der Gemeinden Bockholt, Braak, Fissau, Gothendorf, Klenzau, Meinsdorf, Neudorf, Sibbersdorf und Zarnekau zum Ortsschulinspektorat der Landgemeinde Eutin. Die Archivalien kamen mit Ablieferungen der Regierung zu Eutin in das Landesarchiv.

- Schulverordnungen; Schulverfügungen; Schulinspektionen; Lehrerkonferenzen; Einzelne Schulen.
- 0,5 lfm
- 1732–1918

Abt. 289 Forschungsstelle für Heimatgeschichte und Sippenkunde Eutin

Die 1935 gegründete und bis 1945 bestehende, vor allem von der NS-Lehrerschaft getragene Forschungsstelle arbeitete im Bereich des Landesteils Lübeck bzw. des Kreises Eutin. Sie veröffentlichte die „Berichte aus der Heimatgeschichte des Eutiner Landes".

- Forschungsstelle; Arbeitsmaterialien; Abschriften und Ausarbeitungen; Ahnentafeln und Urkunden; Namentliche Auswertungen von Amtsrechnungen und der Volkszählung 1819; Archivalien privater Herkunft.
- 3 lfm
- 1741–1945

Preußische Verwaltung 1867 bis 1946

Nach den kriegerischen Auseinandersetzungen von 1864 und 1866 mit den damit verbundenen politischen Umwälzungen wurde Schleswig-Holstein durch ein Patent vom 12. Januar 1867 dem preußischen Staat einverleibt. Dieses führte zu einer grundlegenden Veränderung der bisherigen Verwaltungsstrukturen, die in den Beständen des Landesarchivs ihren Niederschlag gefunden hat. Oberster Repräsentant der neuen preußischen Provinz wurde der Oberpräsident, der von 1866 bis 1879 seinen Sitz in Kiel hatte, anschließend in Schleswig und ab 1917 wieder in Kiel. Die eigentliche Verwaltung lag jetzt bei der Bezirksregierung mit Sitz in Schleswig. Im Unterschied zu anderen preußischen Provinzen gab es nur eine einzige Bezirksregierung mit Zuständigkeit für die ganze Provinz Schleswig-Holstein. Die neue Provinzialverfassung von 1867 schuf einen Provinziallandtag mit begrenzten Selbstverwaltungsfunktionen, die im Rahmen eines Provinzialverbandes wahrgenommen wurden. Im lokalen Bereich kam es zur Zusammenfassung der zahlreichen Distrikte zu neu gebildeten Landkreisen mit jeweils einem Landrat an der Spitze und einem für die Selbstverwaltung des Kreises zuständigen Kreisausschuss. Auch die Behördenstruktur und das Gerichtswesen unterlagen in der preußischen Zeit starken Veränderungen. Die damals eingerichteten Behörden sind in dieser Gruppe der Beständeübersicht zu suchen; das Gerichtswesen der preußischen und nachpreußischen Zeit ist in einer eigenen Gruppe zusammengefasst. Nach dem Ende der preußischen Zeit im Jahre 1946 und der Herausbildung eines eigenen Bundeslandes Schleswig-Holstein in der Bundesrepublik Deutschland entwickelten sich neue Verwaltungsstrukturen. Die Überlieferung der Landkreise, bis ca. 1950 in den Beständen des Landesarchivs zu suchen, befindet sich für die Folgezeit im Rahmen eines stärkeren kommunalen Anteils bei den Kreisen selbst, die größtenteils eigene Kreisarchive eingerichtet haben.

Abt. 299 Rentenbank zu Stettin (für die Provinzen Pommern und Schleswig-Holstein)

Der Zuständigkeitsbereich der Bank ging über die Provinz Pommern hinaus und umfasste auch die neue preußische Provinz Schleswig-Holstein. Die Einrichtung hatte die Aufgabe, die Ablösung der Reallasten zwischen den Berechtigten und den Verpflichteten zu vermitteln.

- Ablösungsakten, geordnet nach Kreisen und Gemeinden.
- 54 lfm
- 1874–1936

Abt. 301 Oberpräsidium

Das Oberpräsidium für die Provinz Schleswig-Holstein wurde 1866 in Kiel eingerichtet, 1879 nach Schleswig verlegt und 1917 wieder in Kiel angesiedelt. Es war eine preußische Mittelbehörde, zuständig für die Oberaufsicht über die Behörden der Provinz und die Stellvertretung der obersten Staatsbehörden in besonderen Angelegenheiten, insbesondere im Kriegsfall und bei Gefahr im Verzuge sowie für die Verwaltung der die Gesamtheit der Provinz betreffenden Angelegenheiten. Hierzu gehörten auch die Provinzialkrankenanstalten und der überregionale Straßenbau. Zunächst hatte der Oberpräsident nur beobachtende und koordinierende Funktion, seit der Verwaltungsreform der Siebziger- und Achtzigerjahre war er auch in bestimmten Fällen letzte Beschwerdeinstanz. Er hatte den Vorsitz im Provinzialschul- und -medizinalkollegium und dem für Beschwerden über Beschlüsse der Bezirksausschüsse zuständigen Provinzialrat, der 1883 eingerichtet wurde. Ab 1933 war das Amt des Oberpräsidenten eng mit der nationalsozialistischen Partei verbunden; der Oberpräsident war zugleich NSDAP-Gauleiter. 1946 wurde mit dem Ende des Landes Preußen das Oberpräsidium aufgelöst.

Für die Zeit ab 1933 ist die Überlieferung, die zu der Zeit noch nicht an das damalige Staatsarchiv Kiel abgegeben war, durch Kriegseinwirkungen in der Stadt Kiel größtenteils verlorengegangen.

- Akten des Oberpräsidiums: Angelegenheiten des Staatsarchivs; Armen- und Heimatwesen; Waisenangelegenheiten; Auswanderungssachen; Bauangelegenheiten; Baubeamte; Wohnungswesen; Baupolizei; Beamtenangelegenheiten (insbesondere in den Kreisen); Brandwesen; Zivilstandssachen; Kommunal- und Kreissachen; Eichwesen; Eisenbahnsachen; Geld- und

Kreditwesen; Geistliche und Kirchensachen; Geschäftsverwaltung Oberpräsidium und Regierung; Gewerbe- und Industrieangelegenheiten; Handel; Märkte; Schifffahrt; Gnaden- und Zeremonialsachen; Kunst und Wissenschaft; Natur- und Heimatschutz; Meliorations-, Deich- und Wassersachen; Landwirtschaft; Fischerei; Lotterien; Medizinalsachen; Jugendpflege; Wohlfahrt; Militaria, vor allem Erster Weltkrieg und Berichte über Luftangriffe aus dem Zweiten Weltkrieg; Orden und Titel; Personalakten; Polizei; Politische Polizei; Politische Verbände; Provinziallandtag; Provinzialausschuss; Provinzialständische Verwaltung; Stiftungen; Strafanstalten; Unterrichtswesen; Untertanenverhältnisse; Ein- und Ausbürgerungen; Staatsangehörigkeit; Wegewesen; Kraftfahrzeugverkehr; Luftschifffahrt: Zeitungsausschnittssammlung. – Akten des Provinzialrates: Mitglieder; Sitzungsprotokolle; Kreisangelegenheiten; Angelegenheiten der Stadtgemeinden; Schulangelegenheiten; Märkte; Baupolizei; Umgemeindungen; Beiträge der Gemeinden zu den Kosten der Polizeiverwaltung.

- 257 lfm
- (1866–) 1868–1946
- Gedrucktes Findbuch: Veröffentlichungen des Schleswig-Holsteinischen Landesarchivs Nr. 87.
- Die Überlieferung aus der Zeit von 1866 bis 1868 befindet sich in Abt. 59.3 (siehe Bestandsgruppe „Schleswig-Holstein insgesamt").

Abt. 302 Provinzialschulkollegium

Das Provinzialschulkollegium wurde 1870 eingerichtet als selbstständige kollegiale Behörde der preußischen Provinz Schleswig-Holstein für die Beaufsichtigung und Verwaltung der höheren Lehranstalten, Lehrerseminare sowie Blinden- und Taubstummenanstalten. Für das Volksschulwesen war die Abteilung für Kirchen und Schulen der Regierung zuständig. Vorsitzender des Provinzialschulkollegiums war der Oberpräsident. Mitglieder des Kollegiums waren die bei der Regierung angestellten Schulräte. Sitz des Provinzialschulkollegiums war Kiel. Das Kollegium wurde 1933 aufgelöst, und die höheren Schulen wurden dem Oberpräsidenten unterstellt, der über eine eigene Abteilung für höheres Schulwesen verfügte, zusammengesetzt aus Oberschulräten. Der Bestand gliedert sich in die Akten zur Geschäftsverwaltung des Provinzialschulkollegiums und die Aufsichtsakten über die Lehranstalten.

- Schulwesen und Verfassung; Disziplin; Ökonomie; Personal; Höhere Lehranstalten im Allgemeinen (auch Schulamtsprüfungen); Realschulen im Allgemeinen; Höhere Mädchenschulen im Allgemeinen (auch Lehrer-/Lehrerinnenprüfungen); Gymnasien in Flensburg, Glückstadt, Hadersleben, Husum, Kiel, Meldorf, Plön, Ratzeburg, Rendsburg, Schleswig; Präparandenanstalten im Allgemeinen; Präparanden-/Präparandinnen-Anstalten Apenrade, Augustenburg (nur eine Jahresrechnung), Barmstedt, Eckernförde (nur eine Akte über Turnwesen), Hadersleben, Kappeln, Kiel, Lunden, Oldesloe, Ratzeburg, Rendsburg, Risum (nur eine Akte über Präparandenwesen), Segeberg, Schleswig (nur Akten über Ökonomie), Tondern und Uetersen; Seminare im Allgemeinen; Lehrer-/Lehrerinnen-Seminare Augustenburg, Eckernförde, Flensburg, Hadersleben, Kiel, Ratzeburg, Rendsburg, Schleswig, Segeberg, Tondern und Uetersen; Oberrealschulen, Realgymnasien, Realschulen und höhere Bürgerschulen in Apenrade, Burg auf Fehmarn, Eckernförde, Elmshorn, Flensburg, Heide, Itzehoe, Kiel, Lauenburg, Marne, Neumünster, Oldesloe, Reinbek, Segeberg, Sonderburg; Tondern, Wyk auf Föhr; Nordseepädagogium Südstrand auf Föhr; Höhere Mädchenschulen, Oberlyzeen, Lyzeen und Frauenschulen in Elmshorn, Flensburg, Hadersleben, Itzehoe, Kiel, Neumünster, Plön (nur eine Akte über Umwandlung in eine Rektoratsschule), Rendsburg und Schleswig; Martineum Breklum (nur eine Akte); Garnisonsschule Friedrichsort; Blinden- und Taubstummenanstalten; Städtisches Kindergärtnerinnen-Hortnerinnen-Seminar Kiel.
- 72 lfm
- (1819–) 1870–1933 (–1939)
- Akten einzelner Schulen und Lehranstalten befinden sich in Abt. 153 (siehe Bestandsgruppe „Herzogtum Holstein“) und Abt. 200 (siehe Bestandsgruppe „Herzogtum Schleswig“), Akten aus Blinden- und Taubstummenanstalten in Abt. 64.2 (siehe Bestandsgruppe „Schleswig-Holstein insgesamt“). Akten über das Volksschulwesen befinden sich in Abt. 309, Akten über den Oberpräsidenten als Vorsitzenden des Provinzialschulkollegiums in Abt. 301.

Abt. 303 Provinzial-Medizinalkollegium

Das Provinzial-Medizinalkollegium wurde am 16. August 1869 aufgrund einer Verordnung vom 22. September 1867 mit Sitz in Kiel eingerichtet und trat die Nachfolge des am 25. Mai 1804 gegründeten Sanitätskollegiums an. Es hatte die Aufgabe, Regierung und Gerichte in allen Fragen der polizeilichen Medizin und der Gerichtsmedizin zu beraten. Das Provinzial-Medizinalkollegium unterstand unmittelbar dem Preußischen

Minister der geistlichen, Unterrichts- und Medizinalangelegenheiten in Berlin; seine Mitglieder wurden auf Vorschlag des Kollegiums vom Minister ernannt. Durch Beschluss des Staatsministeriums vom 30. April 1921 wurde das Provinzial-Medizinalkollegium zum 1. Juli 1921 aufgelöst. Seine Aufgaben übernahm ein gerichtsärztlicher Ausschuss.

- Gründung des Kollegiums; Personalangelegenheiten; Kassen- und Rechnungswesen; Gerichtsärztliche Gutachten und Beurteilungen; Apothekenangelegenheiten; Gesundheitsfürsorge; Einzelne Krankheiten.
- 2 lfm
- 1844–1921
- Akten des Provinzial-Medizinalkollegiums befinden sich auch in Abt. 42 (siehe Bestandsgruppe „Schleswig-Holstein insgesamt").

Abt. 305 Landeskulturbehörden

Für die Landeskultur – also Siedlung, Agrar- und Bodenordnung – waren seit 1873 nacheinander verschiedene Behörden zuständig: die Generalkommission in Hannover, das Landeskulturamt in Schleswig, die Landeskulturabteilung beim Oberpräsidenten in Kiel und die Landeskulturabteilung des Ministeriums für Ernährung, Landwirtschaft und Forsten. Letzterem unterstellt waren die Spezialkommission in Neumünster und danach die Kulturämter, die zuletzt in Flensburg, Heide, Itzehoe, Kiel und Lübeck ihren Sitz hatten.

Der Bestand gliedert sich in die Generalakten der Landeskulturabteilung und ihrer Vorgänger sowie in die nach Kreisen geordneten Spezialakten, die wiederum nach Sachgruppen unterteilt sind.

- Rentengutssachen; Siedlungssachen; Gemeinheitsteilungen; Zusammenlegungs- und Umlegungssachen; Reallastenablösungen.
- 334 lfm
- 1732–1982
- Die zugehörigen Karten befinden sich in Abt. 402 A 47 (siehe Bestandsgruppe „Karten und Bilder").

Abt. 306 Provinzial-Steuerdirektion/Oberzolldirektion

Die Provinzial-Steuerdirektion ist am 15. September 1867 nach Abschluss des Zolleinigungsvertrages vom 8. Juli 1867 errichtet worden und hat bis zur Gründung des Landesfinanzamtes Schleswig-Holstein in Kiel im Jahre 1919 bestanden. Ihre

Zuständigkeit umfasste die Verwaltung der Zölle und indirekten Steuern; dazu unterstanden ihr die Hauptzoll- und Hauptsteuerämter sowie die Lehranstalt für Zoll- und Steuerbeamte. Geleitet wurde die Behörde von einem Provinzial-Steuerdirektor, der dem Oberpräsidenten unterstellt war. Von ihrem Gründungssitz in Glückstadt wurde die Steuerdirektion im August 1872 nach Altona verlegt. Mit Wirkung vom 1. April 1908 wurde sie umstrukturiert und firmierte seitdem unter der neuen Bezeichnung Oberzolldirektion.

Teile der Akten, die bei der Provinzial-Steuerdirektion erwachsen sind, gelangten nach Einrichtung der Reichsfinanzverwaltung an das Reichsarchiv Potsdam. Sie wurden 1925 von dort an das damalige Staatsarchiv Kiel abgegeben und bilden jetzt zusammen mit den in der Provinz Schleswig-Holstein verbliebenen Akten den vorliegenden Bestand.

- Zoll- und Handelspolitik; Zollgrenzen und Schmuggelei; Zollordnungen; Dienstgebäude; Brücken- und Chausseegelder; Warenverkehr auf Wasserstraßen, Eisenbahn und in Häfen; Statistiken; Einzelne Zollpositionen und Steuern; Tarifierung von Waren; Überwachung des Verkehrs mit Giften und Sprengstoffen; Viehseuchen.
- 13 lfm
- 1818–1921
- Die Akten des 1919 als Nachfolgebehörde gegründeten Landesfinanzamts Kiel befinden sich in Abt. 510 (siehe Bestandsgruppe „Reichs- und Bundesbehörden“).

Abt. 307 Eisenbahndirektion Altona

Im staatlichen Eisenbahnwesen Preußens unterstanden die Eisenbahndirektionen direkt dem Ministerialbereich, genossen aber eine große Selbstständigkeit. 1884 wurde die Königlich Preußische Eisenbahndirektion Altona begründet, in einer Zeit zunehmender Verstaatlichung von Eisenbahnen. Ihr Zuständigkeitsbereich umfasste weite Teile Norddeutschlands, darunter die Bahnstrecken der Provinz Schleswig-Holstein, nicht jedoch die des Landesteils Lübeck. 1922 änderte sich der Name in Reichsbahndirektion Altona, 1937 in Reichsbahndirektion Hamburg (später Bundesbahndirektion Hamburg bis 1994).

1922 gab die Eisenbahndirektion Altona drei Akten unter dem Oberbegriff „Eisenbahnkonzessionen“ an das damalige Staatsarchiv Schleswig ab. Sie begründeten den Splitterbestand Abt. 307; ein Einzelstück kam 2008 hinzu. Die Entstehung dieser Akten liegt vor der Einrichtung der Eisenbahndirektion Altona.

- Eisenbahn Klosterkrug–Schleswig; Statuten der Altona-Kieler-Eisenbahn.
- 0,1 lfm
- 1857–1915
- Die eigentliche Überlieferung der Eisenbahndirektion Altona und ihrer Nachfolger befindet sich im Staatsarchiv Hamburg. Die dortigen Akten und Pläne sind die wichtigsten Quellen zur Eisenbahngeschichte in Schleswig-Holstein.

Abt. 309 Regierung zu Schleswig

Die Regierung Schleswig mit dem Regierungspräsidenten an der Spitze war die oberste Verwaltungsbehörde der preußischen Provinz Schleswig-Holstein. Sie war für die gesamte Provinz zuständig, da diese – abweichend von der normalen preußischen Verwaltungsgliederung – aus politischen Gründen aus nur einem Regierungsbezirk bestand. Die Regierung wurde am 20. Juni 1868 errichtet und im Zuge der schrittweisen Beseitigung des preußischen Staates am 16. November 1945 durch die damalige Besatzungsmacht mit Wirkung vom 1. Dezember 1945 aufgehoben. Die Regierung gliederte sich in drei Abteilungen: die Präsidial- oder Innere Abteilung mit den Unterabteilungen Bauverwaltung und Militärverwaltung, die Abteilung für Kirchen und Schulen und die Abteilung für direkte Steuern, Domänen und Forsten. Die erste Abteilung leitete der Regierungspräsident seit der Verwaltungsreform der Siebziger- und Achtzigerjahre des 19. Jahrhunderts in unmittelbarer Zuständigkeit, die beiden anderen als Vorsitzender des Regierungskollegiums.

Der umfassenden Zuständigkeit dieser Behörde entsprechend spiegeln die Regierungsakten fast alle Bereiche der öffentlichen Verwaltung. Trotz seines großen Umfangs von beinahe 45.000 Bänden ist der Aktenbestand gleichwohl nur sehr unvollständig überliefert. Von den Lücken betroffen ist – namentlich infolge planmäßiger Aktenvernichtungen unmittelbar vor Ende des Zweiten Weltkriegs – die jüngste Aktenschicht der Dreißiger- und Vierzigerjahre des 20. Jahrhunderts. Der Bestand enthält zahlreiche Vorakten aus vorpreußischer Zeit und wird auch heute noch durch Aktenabgaben aus den Landesministerien ergänzt. Neben den Verwaltungsakten gehören zum Bestand mehrere umfangreiche Spezialregistraturen, die teilweise abweichend signiert sind: Dazu gehören vor allem Einzelfallakten über die Staatsangehörigkeit von Personen, Flurbücher der Katasterverwaltung (Abt. 309 Flb.), Gebäudesteuerunterlagen von 1867 (Abt. 309 GebSt.), Planfeststellungen des Nordostseekanals, Personalakten und Reallastenablösungsrezesse.

- Präsidial- oder Innere Abteilung: Präsidialbüro; Staatsgebiet; Auswärtige Staaten; Provinzialselbstverwaltung; Beamte; Wahlen; Kommunalaufsicht; Steuern; Juden; Medizinal- und Veterinärangelegenheiten; Landwirtschaft, Forst, Jagd und Fischerei; Justiz; Personenstandswesen; Stiftungen und Nachlässe; Armenwesen, Wohlfahrt und Fürsorge; Kranken- und Unterstützungskassen; Versicherungen; Gilden; Ordnungspolizei; Fremdenpolizei mit Aus- und Einwanderung; Vereinsaufsicht, politische Verhältnisse und staatsfeindliche Organisationen; Nordschleswig; Maße und Gewichte; Sparkassen; Genossenschaften; Statistik; Post und Zoll; Konsularische Vertretungen; Ausstellungen; Meeresforschung; Presse; Theater; Militaria: Mobilmachung, Kriegszwangswirtschaft, Arbeiter- und Soldatenräte, Einwohnerwehren; Gewerbeordnung und -aufsicht; Tarifwesen; Streiks; Handels- und Gewerbekammern und -gerichte; Gewerbliche Aus- und Fortbildung; Zünfte und Innungen; Handel und Schifffahrt; Elektrizität; Verkehr; Baubehörden und -beamte; Staatsbauten; Straßen und Wege; Brücken und Fähren; Eisenbahnen; Bau- und Feuerpolizei; Schifffahrtswege; Strandungssachen; Deiche, Dünen und Uferschutz; Wasserlösung und Melioration; Wasserversorgung und Abwasser; Wohnungsbau und Siedlungswesen; Militärverwaltung, insbesondere Gendarmerie, Auswanderung und Staatsangehörigkeit, Krieger- und Marinevereine. – Abteilung für Kirchen und Schulen: Evangelisch-lutherische Kirche; Pastoren; Kirchenvermögen; Patronatswesen; Führung der Kirchenbücher; Einzelne Propsteien und Kirchengemeinden; Nichtlutherische Gemeinden; Allgemeine Schulsachen; Lehrer; Öffentliche und private Schulen; Schulverhältnisse der dänischen Minderheit; Wissenschafts- und Kulturpflege; Stipendien, Stiftungen und Schulfonds. – Abteilung für direkte Steuern, Domänen und Forsten: Steuern und Abgaben; Domänenverwaltung; Reallastenablösung; Forstverwaltung; Katasterverwaltung.
- 1525 lfm
- (1864–) 1868–1946

Abt. 310 Forstinspektionen

Die drei Forstinspektionen Trittau, Schleswig-Kiel und Schleswig-Schleswig stellten die Mittelbehörden dar zwischen der Regierung zu Schleswig mit dem Chef der Forstverwaltung einerseits und den Oberförstereien andererseits. Die Forstinspektionen existierten bis ca. 1890, als ihre Geschäfte auf die drei Forstmeisterbezirke übergingen, welche de facto ein Teil der Regierung, Abt. III, waren.

- Nur wenige Überlieferungssplitter.
- 0,1 lfm
- 1867–1877

Abt. 311 Bezirksausschuss zu Schleswig

Der Bezirksausschuss für den Regierungsbezirk Schleswig wurde am 10. September 1889 aufgrund des preußischen Verwaltungsgesetzes vom 30. Juli 1883 als Kollegialbehörde errichtet. Vorsitzender war der Regierungspräsident. Der Bezirksausschuss hatte bestimmte Aufgaben im Rahmen der Landesverwaltung zu erfüllen, war aber in der Hauptsache als Bezirksverwaltungsgericht tätig.

- Verwaltungsstreitverfahren; Kommunalaufsichtsangelegenheiten; Planfeststellungen und Enteignungen zum Erweiterungsbau des Nord-Ostsee-Kanals; Theaterkonzessionen.
- 25 lfm
- 1870–1943

Abt. 312 Dienststrafkammer bei der Regierung zu Schleswig

Die Dienststrafkammer bei der Regierung zu Schleswig wurde aufgrund des preußischen Gesetzes zur Umgestaltung des Dienststrafrechts für nichtrichterliche Beamte vom 11. Januar 1932 als Dienststrafgericht für den Regierungsbezirk Schleswig eingerichtet. Sie trat an die Stelle der bisherigen Dienststrafkollegien der Verwaltungen. Berufungsinstanz wurde der Dienststrafhof in Berlin. Durch die Gesetzesnovelle vom 18. August 1934 wurde dieser beseitigt; Berufungsinstanz wurden an seiner Stelle die Dienststrafsenate der Oberverwaltungsgerichte. Gemäß dem Reichsbeamtengesetz vom 26. Januar 1937 wurden alle Beamten mittelbare oder unmittelbare Reichsbeamte, sodass für sie die Reichsdienstrafordnung vom 26. Januar 1937 galt. Mit dieser wurden die Dienststrafkammern bei den Verwaltungsgerichten und der Reichsdienststrafhof beim Reichsverwaltungsgericht eingerichtet. Der Bestand wurde 1975 vom Schleswig-Holsteinischen Verwaltungsgericht abgegeben.

- Urteile der Dienstrafkammer; Urteilsabschriften der für Reichsbeamte in der Provinz Schleswig-Holstein und der Freien und Hansestadt Hamburg zuständigen Reichsdisziplinarkammer Schleswig; Einzelne Dienstrafverfahren.
- 2 lfm
- 1923–1961

Abt. 313 Fischereibehörden

Das Amt des Oberfischmeisters für die Provinz Schleswig-Holstein mit Sitz in Schleswig wurde 1874 begründet. Seit 1888 gab es zwei Oberfischmeister in Schleswig und Altona; sie unterstanden unmittelbar dem Oberpräsidenten. Den Oberfischmeistern nachgeordnet waren drei Fischmeister für die Aufsichtsbezirke Flensburg, Eckernförde/später Kiel und Blankenese/später Altona. 1885 kam ein Fischmeister für die Binnenfischerei mit Sitz in Altmühlendorf/später Nortorf hinzu. 1939 gab es drei Fischmeisterbezirke an der Ostseeküste (Langballigholz, Kiel, Heiligenhafen) und drei an der Westküste (Altona, Glückstadt, Büsum) sowie einen eigenen Oberfischmeister für die Binnengewässer. 1940 wurden die drei Oberfischmeister in Fischereiämter umbenannt. Nach Kriegsende gab es zwei Fischereiämter in Altona und Kiel, die dem Minister für Ernährung, Landwirtschaft und Forsten unterstanden, mit insgesamt neun Fischmeisterämtern. 1956 wurden die beiden Fischereiämter zum neuen Fischereiamt des Landes Schleswig-Holstein mit Sitz in Kiel und sechs Außenstellen vereinigt. 1998 wurde die erst kurz zuvor zum Landesamt für Fischerei aufgewertete Behörde aufgelöst. Ihre Aufgaben – vor allem Fischereiaufsicht, Fischereiförderung und Erstellung von Gutachten – gingen auf das Amt für ländliche Räume in Kiel über.

↘ Generalia; Berichte des Oberfischmeisters; Berichte der Fischmeister; See- und Binnenfischerei.

↘ 27 lfm

↘ 1852–1993

Abt. 314 Oberversicherungsamt

Das Oberversicherungsamt in Schleswig wurde auf der Grundlage der Reichsversicherungsordnung vom 11. Juli 1911 eingerichtet, die die drei Zweige der Kranken-, Unfall- und Invalidenversicherung zusammenfasste. Es trat an die Stelle des Schiedsgerichtes für Arbeiterversicherung und nahm, angegliedert an das Regierungspräsidium, die Geschäfte der Reichsversicherung als höhere Spruch-, Beschluss- und Aufsichtsbehörde wahr. Das Oberversicherungsamt entschied in Spruch- und Beschlusskammern; seine Mitglieder wurden aus dem Personal des Regierungspräsidiums berufen. Das Oberversicherungsamt in Schleswig wurde zum Ende des Jahres 1953 aufgelöst. Seine Zuständigkeit übernahmen die nach dem Sozialgerichtsgesetz zum 1. Januar 1954 als eigenständiger Gerichtszweig aufgestellten Sozialgerichte.

Der im Landesarchiv überlieferte Bestand des Oberversicherungsamtes wurde im Jahre 1996 vom Sozialgericht Schleswig abgegeben. Er enthält auch die beim Regierungspräsidenten angelegten Vorakten.

- Gesetzliche Grundlagen des Kranken-, Alters- und Unfallversicherungswesens; Personalangelegenheiten; Beschwerdeverfahren der Spruchkammern; Aufsicht über Krankenkassen, Berufsgenossenschaften und Unfallversicherungskassen.
- 15 lfm
- 1869–1949
- Gedrucktes Findbuch: Veröffentlichungen des Schleswig-Holsteinischen Landesarchivs Nr. 85.
- Die Akten der Sozialgerichte befinden sich in Abt. 794 (siehe Bestandsgruppe „Justiz").

Abt. 315 Prüfungskommissionen für Schifffahrt und Lotsendienst

Die Ausbildung zum See- und Steuermann wurde in der preußischen Provinz Schleswig-Holstein an verschiedenen Seemanns- und Navigationsschulen (z. B. Apenrade, Kiel, Wyk/Föhr) durchgeführt. Die Abschlussprüfungen erfolgten jeweils durch die Prüfungskommission für Schifffahrt und Lotsendienst.

- Protokolle von Navigationsexamen.
- 0,5 lfm
- 1864–1918

Abt. 317 Ausschuss zur Feststellung von Kriegs- und Aufruhrschäden

Für den Regierungsbezirk Schleswig wurde auf der Grundlage des Reichsgesetzes vom 3. Juli 1916 ein Ausschuss zur Feststellung von Kriegsschäden gebildet. Die Erhebungen sollten als Grundlage für spätere Entschädigungsregelungen dienen.

Abt. 317.1 Ausschuss zur Feststellung von Kriegsschäden

- Der Bestand umfasst lediglich eine Akte, die seit den 1970er-Jahren vermisst wird.
- Handakte des Ausschussvorsitzenden.
- 1917–1922

Abt. 317.2 Ausschuss zur Feststellung der Entschädigung von Aufruhrschäden

Aufgrund des Gesetzes über die durch die inneren Unruhen verursachten Schäden vom 12. Mai 1920 (Reichsgesetzblatt 1920, S. 241) ordnete die Reichsregierung am 15. September 1920 die Einrichtung von „Ausschüssen zur Feststellung der Entschädigung von Aufruhrschäden" an. Diese Ausschüsse ressortierten im Reichswirtschaftsministerium und waren dem Reichswirtschaftsgericht direkt unterstellt. Einzurichten waren sie durch die Landeszentralbehörden. Der schleswig-holsteinische Ausschuss hatte seinen Sitz in Kiel, Fleethörn 25. Besetzt war er größtenteils durch städtische Beamte. Die Akten sind im Jahr 1992 vom Stadtarchiv Kiel an das Landesarchiv abgegeben worden.

- ↘ Entschädigungsakten von: Einzelpersonen; Israelitische Gemeinde Altona; Sozialdemokratische Partei Eckernförde; verschiedene Arbeiterverbände.
- ↘ 0,5 lfm
- ↘ 1931–1933

Abt. 319 Oberpostdirektion für Schleswig-Holstein 1866–1867

Nach den kriegerischen Auseinandersetzungen mit Dänemark bildeten sich in der Übergangszeit zur preußischen Verwaltung auch im Postwesen neue Strukturen heraus. Am 21. Juni 1866 wurde in Schleswig – bisher Sitz der Postdirektion für das Herzogtum Schleswig – die Oberpostdirektion für Schleswig-Holstein, später auch für Lauenburg, eingerichtet. Ihre Geschichte endete bereits zum 1. Januar 1867, als man die Vereinigung des schleswig-holsteinischen Postwesens mit dem des übrigen Preußen durch Einrichtung einer Oberpostdirektion in Kiel vollzog.

- ↘ Postamt Altona; Beförderung von Fahrpostsendungen; Postverwaltung im Fürstentum Lübeck.
- ↘ 0,1 lfm
- ↘ 1845–1870
- ↘ Die jüngeren Akten der Oberpostdirektion Kiel und der Postämter befinden sich in Abt. 520 und 521 (siehe Bestandsgruppe „Reichs- und Bundesbehörden"). Akten des Oberpostamtes Hamburg liegen im dortigen Staatsarchiv.

Abt. 320 Landratsämter und Kreisausschüsse

Mit dem Übergang Schleswig-Holsteins an den Staat Preußen im Jahre 1867 traten grundlegende Änderungen in der Verwaltungsstruktur ein. Hierzu gehörte auch die Einrichtung von Landkreisen, die im weiteren Sinne als die Nachfolger der bis dahin als untere Verwaltungsebene fungierenden schleswig-holsteinischen Ämter und Landschaften angesehen werden können. Die preußischen Landkreise waren stets gleichzeitig untere staatliche Verwaltungsinstanz, vertreten durch den Landrat, und Einrichtungen der kommunalen Selbstverwaltung, vertreten durch den jeweiligen Kreisausschuss. Beide Seiten waren eng miteinander verbunden, was sich auch in einer mitunter starken Verzahnung der jeweiligen Registraturen spiegelte. Je nach der überlieferten Registraturführung sind daher die Bestände von Landrat und Kreissausschüssen archivisch getrennt oder auch als Einheit belassen worden. Zu suchen sind sie aber stets, von begründeten und erläuterten Ausnahmen abgesehen, in der jeweiligen Abteilung 320. Für die ab 1946 beginnende nachpreußische Zeit, in der insbesondere durch eine neue Kreisordnung von 1950 der kommunale Anteil der Kreisverwaltungen den überwiegenden Schwerpunkt bildet, sind die Akten der Kreise nicht mehr im Landesarchiv zu suchen, sondern in den nun zuständigen Kreisarchiven. Die Archive der Landratsämter und Kreisausschüsse sind im Wesentlichen nach einem einheitlichen Schema geordnet. Dieses ergab sich aus den Zuständigkeiten der Kreisverwaltung. Man findet daher in den Findbüchern der einzelnen Landkreise – oft sowohl für die landrätlichen Akten als auch für die des Kreisausschusses – in der Regel die folgenden Rubriken, die in den Beschreibungen der einzelnen Unterabteilungen nicht eigens wiederholt werden: Allgemeine Verwaltung; Steuern; Staatsangehörigkeits- und Ausländerangelegenheiten; Polizeisachen; Bauwesen; Medizinal- und Fürsorgewesen; Handel und Gewerbe; Banken und Versicherungen; Land- und Forstwirtschaft; Landeskultur und Wasserwirtschaft; Wege und Verkehrswesen; Kirchen- und Schulsachen; Militärsachen; Angelegenheiten der Städte, Landgemeinden und Gutsbezirke. Die Überlieferung der einzelnen Landkreise ist nach Einzelprovenienzen geordnet.

Abt. 320.1 Apenrade

Der Kreis Apenrade bestand nur in der Zeit von 1867 bis 1920. Mit der Volksabstimmung von 1920 wurde das gesamte Kreisgebiet an Dänemark abgetreten. Die Hauptüberlieferung des Kreises Apenrade befindet sich im dänischen Reichsarchiv, Lesesaal Apenrade. Summarische Angaben zum Inhalt der Kreisüberlieferungen siehe oben. Der im Landesarchiv verwahrte Bestand des Kreises Apenrade besteht vorwiegend aus Staatsangehörigkeitssachen sowie politischen und Vereinsangelegenheiten.

- ↘ 3 lfm
- ↘ 1865–1919

Abt. 320.2 Bordesholm

Der Kreis Bordesholm hieß bis zu seiner Umbenennung 1907 Kreis Kiel. Bereits 1932 wurde er aufgelöst. Das Kreisgebiet fiel an die Kreise Rendsburg, Plön und Segeberg. Summarische Angaben zum Inhalt der Kreisüberlieferungen siehe oben. Aufgrund der frühen Auflösung des Kreises sind viele bei den Nachfolgekreisen weitergeführte Akten in die dortigen Bestände eingeflossen.

- ↘ 50 lfm
- ↘ 1830–1932
- ↘ Gedrucktes Findbuch: Veröffentlichungen des Schleswig-Holsteinischen Landesarchivs Nr. 34.

Abt. 320.3 Eckernförde

Im Jahr 1878 kam es zu einer kleineren Gebietsveränderung, als die Hohner Harde an den Kreis Rendsburg abgegeben wurde. 1970 erfolgte im Zuge der allgemeinen Kreisreform die Zusammenlegung mit dem Kreis Rendsburg zum Kreis Rendsburg-Eckernförde. Summarische Angaben zum Inhalt der Kreisüberlieferungen siehe oben.

- ↘ 126 lfm
- ↘ 1869–1968
- ↘ Gedrucktes Findbuch: Veröffentlichungen des Schleswig-Holsteinischen Landesarchivs Nr. 44.

Abt. 320.4 Eiderstedt

Der Kreis Eiderstedt wurde 1867 aus der Landschaft Eiderstedt mit den Städten Tönning und Garding, dem adligen Gut Hoyerswort und dem Grothusen-, Alt- und Neuaugustenkoog sowie dem Süder- und Norderfriedrichskoog gebildet. Durch die Verordnung über die Neugliederung von Landkreisen vom 1. August 1932 wurden die Landkreise Husum und Eiderstedt zu einem neuen Landkreis Husum zusammengeschlossen. Dieser Schritt wurde zum 1. Oktober 1933 durch das Gesetz über die Wiederherstellung aufgelöster Landkreise vom 17. Juli 1933 wieder rückgängig gemacht. Der Kreis Eiderstedt wurde durch das Zweite Gesetz einer Neuordnung von Gemeinde- und Kreisgrenzen sowie Gerichtsbezirken vom 23. Dezember 1969 aufgehoben und bildet seit dem 26. April 1970 zusammen mit den aufgelösten Kreisen Husum und Südtondern und einigen Gemeinden des aufgelösten Kreises Schleswig den Kreis Nordfriesland. Summarische Angaben zum Inhalt der Kreisüberlieferungen siehe oben.

- 65 lfm
- 1661–1959
- Gedrucktes Findbuch: Veröffentlichungen des schleswig-holsteinischen Landesarchivs Nr. 62.

Abt. 320.5 Eutin

Als der oldenburgische Landesteil Lübeck, das ehemalige Bistum Lübeck, im Jahr 1937 durch das Groß-Hamburg-Gesetz aufgelöst wurde, entstand daraus der Kreis Eutin als Teil der preußischen Provinz Schleswig-Holstein. Die Kreisverwaltung befand sich in Eutin. Im Zuge der Kreisreform von 1970 wurden die Kreise Eutin und Oldenburg zu einem neuen Kreis Ostholstein zusammengelegt. Der Sitz der Kreisverwaltung blieb Eutin. Summarische Angaben zum Inhalt der Kreisüberlieferungen siehe oben. Einen Überlieferungsschwerpunkt bilden die Übergangsjahre nach dem Zweiten Weltkrieg.

- 13 lfm
- 1901–1980
- Für die Zeit vor 1937 ist insbesondere der Bestand Abt. 260 heranzuziehen (siehe Bestandsgruppe „Landesteil Lübeck bis 1937“).

Abt. 320.6 Flensburg-Land

Der Landkreis Flensburg-Land wurde 1867 aus dem ehemaligen Amt Flensburg mit seinen Gütern, der Stadt Flensburg, dem Flecken Glücksburg, dem geschlossenen Ersten Angler Güterdistrikt sowie den enklavierten zum St. Johanniskloster gehörenden Landstellen gegründet. Durch die Kreisordnung vom 26. Mai 1888 schied die Stadt Flensburg aus dem Landkreis aus und wurde dadurch kreisfrei. 1910 verlor der Kreis vier im Kirchspiel Adelby gelegene Gemeinden an die Stadt Flensburg. Durch die Volksabstimmung im Jahr 1920 wurden die Landgemeinden Bau, Fröslee, Hoenschnap, Kollund, Krusau, Kragelund, Norderschmedeby und Weibek an Dänemark abgetreten. Im Jahr 1974 führte eine Gebietsreform zur Auflösung des Landkreises und zur Bildung des Kreises Schleswig-Flensburg.

Der Bestand gelangte im Wesentlichen zwischen 1920 und 1944 in das damalige Staatsarchiv Kiel. Es gab durch kriegsbedingte Auslagerung nur unbedeutende Verluste. Im Jahr 1966 wurde der Bestand kontrolliert und neu geordnet. Durch eine Abgabe des Kreisarchivs Schleswig-Flensburg wurde der Bestand im Frühjahr 2007 erheblich vergrößert. Summarische Angaben zum Inhalt der Kreisüberlieferungen siehe oben.

- 65 lfm
- 1867–1968
- Gedrucktes Findbuch: Veröffentlichungen des Landesarchivs Schleswig-Holstein Nr. 111: Online open access: https://dx.doi.org/10.15460/HUP.LASH.111.165

Abt. 320.7 Hadersleben

Der Kreis Hadersleben war der nördlichste Landkreis der preußischen Provinz Schleswig-Holstein. Er bestand in der Zeit von 1867 bis 1920. Nach der Volksabstimmung von 1920 wurde das gesamte Kreisgebiet an Dänemark abgetreten. Die Hauptüberlieferung des Kreises Hadersleben befindet sich im dänischen Reichsarchiv, Lesesaal Apenrade. Summarische Angaben zum Inhalt der Kreisüberlieferungen siehe oben. – Einen Überlieferungsschwerpunkt bilden Niederlassungs- und Staatsangehörigkeitssachen; besonders hinzuweisen ist auch auf Grenz- und Beamtenangelegenheiten.

- 5 lfm
- 1864–1919

Abt. 320.22 Helgoland

Die Insel Helgoland war durch den deutsch-britischen Kolonialvertrag vom 1. Juli 1890 in den Besitz des Deutschen Reiches gelangt und ein Jahr später als Landgemeinde dem Kreis Süderdithmarschen angegliedert worden. 1922 wurde die Gemeinde Helgoland unter dem Eindruck der schwierigen Wirtschaftslage nach dem Ersten Weltkrieg zu einem eigenständigen Inselkreis erhoben, den man jedoch schon zehn Jahre später im Zuge preußischer Sparverordnungen wieder auflöste. Seit dem 1. Oktober 1932 bildet die Insel eine Landgemeinde im Kreis Pinneberg.

- Erhalten sind nur 113 Aktenbände, etwa die Hälfte davon Vorakten der Kreisverwaltung Süderdithmarschen. – Überlieferungsschwerpunkte: Rechtsverhältnisse der Insel; Steuern und Zölle; Polizei; öffentliche Ordnung und Sicherheit, Strandungen; Seebad; Schankkonzessionen.
- 2 lfm

- 1828–1933
- Gedrucktes Findbuch: Veröffentlichungen des Schleswig-Holsteinischen Landesarchivs Nr. 70.
- Helgoländer Akten nach 1932 befinden sich im Bestand des Kreises Pinneberg (Abt. 320.12).

Abt. 320.8 Herzogtum Lauenburg

Das Herzogtum Lauenburg war seit 1865 durch Personalunion mit Preußen verbunden. Erst 1876 wurde das Gebiet als preußischer Landkreis der Provinz Schleswig-Holstein angegliedert. Somit beginnt die Geschichte dieses Kreises nicht 1867, sondern erst neun Jahre später. Die Trennung zwischen staatlicher und Selbstverwaltung war im Kreis Herzogtum Lauenburg durch die historische Entwicklung besonders stark ausgeprägt und ließ sich auch an einer räumlichen Distanz ablesen. So residierte die landrätliche Verwaltung im Ratzeburger Stadtteil St. Georgsberg, während der für die Selbstverwaltung zuständige Kreisausschuss einer eigenen Tradition folgend im Ständehaus am Ratzeburger Marktplatz untergebracht war.

Der besonderen politischen Entwicklung des Kreises Herzogtum Lauenburg folgend, befinden sich heute nur die landrätlichen Akten im Landesarchiv. Die Kreisausschussakten liegen im Kreisarchiv in Ratzeburg. Summarische Angaben zum Inhalt der Kreisüberlieferungen siehe oben.

- 38 lfm
- 1870–1946
- Gedrucktes Findbuch: Veröffentlichungen des schleswig-holsteinischen Landesarchivs Nr. 61. – Das Findbuch wurde gemeinsam vom Landesarchiv Schleswig-Holstein und dem Kreisarchiv Ratzeburg erarbeitet und weist auch die in Ratzeburg überlieferten Kreisausschussakten nach.
- Für die Zeit vor 1876 sind insbesondere die Bestände Abt. 210 sowie Abt. 231 bis 234 heranzuziehen (siehe Bestandsgruppe „Herzogtum Lauenburg bis 1876").

Abt. 320.9 Husum

Der Kreis Husum wurde 1867 gegründet und setzte sich aus den früheren Ämtern Husum und Bredstedt, der Stadt Husum, dem Flecken Bredstedt, den eingeschlossenen adligen Gütern und den oktroyierten Kögen sowie den Inseln Nordstrand und Pellworm mit sämtlichen Halligen zusammen. Durch die Verordnung über die Neugliederung von Landkreisen vom 1. August 1932 wurden die bis dahin bestehenden Kreise Husum und Eiderstedt zu einem neuen Kreis Husum zusammengeschlossen. Dieser Schritt wurde zum 1. Oktober 1933 durch das Gesetz über die Wiederherstellung aufgelöster Landkreise vom 17. Juli 1933 wieder rückgängig gemacht. Der Kreis Husum bestand bis zur Kreisreform des Jahres 1970 und ging dann im neuen Kreis Nordfriesland auf. Summarische Angaben zum Inhalt der Kreisüberlieferungen siehe oben.

- ↘ 41 lfm
- ↘ 1844–1971
- ↘ Gedrucktes Findbuch: Veröffentlichungen des schleswig-holsteinischen Landesarchivs Nr. 48.

Abt. 320.10 Norderdithmarschen

Der Kreis Norderdithmarschen ging nach 1864 aus der gleichnamigen Landschaft hervor und bestand bis zur Kreisreform des Jahres 1970, als er mit dem Kreis Süderdithmarschen zum neuen Kreis Dithmarschen zusammengelegt wurde. Sitz der Kreisverwaltung blieb Heide. Summarische Angaben zum Inhalt der Kreisüberlieferungen siehe oben.

- ↘ 142 lfm
- ↘ 1804–1979

Abt. 320.11 Oldenburg

Der Kreis Oldenburg bestand bis zur Kreisreform des Jahres 1970, als er mit dem Kreis Eutin zum neuen Kreis Ostholstein zusammengelegt wurde. Summarische Angaben zum Inhalt der Kreisüberlieferungen siehe oben. – Als Besonderheit sind Kreistags- und Kreisausschussprotokolle der Jahre 1964 bis 1970 zu nennen sowie Gildesachen, die bis 1973 reichen.

- ↘ 30 lfm
- ↘ 1827–1973
- ↘ Gedrucktes Findbuch: Veröffentlichungen des schleswig-holsteinischen Landesarchivs Nr. 84.

Abt. 320.12 Pinneberg

Das Gebiet des Kreises Pinneberg wurde seit 1867 durch mehrere Umgemeindungen erheblich verkleinert: 1890 wurden die Gemeinden Bahrenfeld, Oevelgönne und Othmarschen in den Stadtkreis Altona eingegliedert, 1927 die Gemeinden Blankenese, Eidelstedt, Groß Flottbek, Klein Flottbek, Lurup, Nienstedten, Osdorf, Rissen, Stellingen-Langenfelde und Sülldorf. Schließlich wurde 1937 im Zuge des Groß-Hamburg-Gesetzes die Großgemeinde Lokstedt mit Niendorf und Schnelsen an das Land Hamburg angegliedert. Als einzigen Gebietszuwachs erhielt der Kreis Pinneberg 1932 die Insel Helgoland. Sitz der Kreisverwaltung ist die Stadt Pinneberg. Summarische Angaben zum Inhalt der Kreisüberlieferung siehe oben. – Die Gesamtüberlieferung ist recht dürftig. Die von 1867 bis 1965 erwachsenen Kommunalaufsichtsakten sind nicht im Original, sondern nur auf Mikrofilm erhalten. Einen der Überlieferungsschwerpunkte bilden die Akten über den Wiederaufbau Helgolands nach 1952.

- 52 lfm
- 1814–1970
- Gedrucktes Findbuch: Veröffentlichungen des Schleswig-Holsteinischen Landesarchivs Nr. 81.
- Pläne und Karten zum Wiederaufbau der Insel Helgoland nach 1952 befinden sich im Schleswig-Holsteinischen Archiv für Architektur und Ingenieurbaukunst, Schleswig.

Abt. 320.13 Plön

Der preußische Landkreis Plön wurde durch Verordnung vom 22. September 1867 gebildet. Er setzte sich zusammen aus dem Amt Plön mit Ausnahme der nach Bornhöved eingepfarrten Dörfer, aus den Städten Plön und Lütjenburg, dem Distrikt des Klosters Preetz mit dem Flecken Preetz (Stadtrecht 1870) ohne Gadeland und Tasdorf, den Gebieten der adligen Güter Ascheberg, Bockhorn, Bredeneek, Bundhorst, Depenau, Doberstorf, Freudenholm, Futterkamp, Hagen, Helmstorf, Hohenfelde, Klamp, Kühren, Lehmkuhlen, Nehmten, Neudorf, Neuhaus, Panker, Perdöl, Rantzau, Rastorf, Schönweide, Sophienhof, Wahlstorf, Waterneverstorf, Wittenberg, Wittmoldt und dem lübschen Stadtstiftsdorf Kaköhl. Das Kreisgebiet änderte sich im Laufe der Zeit mehrmals. Am 1. April 1901 wurde die Gemeinde Gaarden und am 1. April 1910 die Gemeinde Ellerbek aus dem Kreis Plön ausgegliedert und der Stadt Kiel zugelegt. Als am 1. Oktober 1932 der Kreis Bordesholm aufgelöst wurde, erhielt der Kreis Plön die Gemeinden Bönebüttel, Boksee, Bothkamp, Großharrie, Heikendorf, Kitzeberg, Kleinbarkau, Mönkeberg, Rendswühren, Schillsdorf, Schönkirchen und Tungendorf. Am 1. April 1938 wurden die Gemeinde Brachenfeld und Teile der Gemeinde Tungendorf der Stadt Neumünster angegliedert, am 1. April 1939 die Gemeinde Elmschenhagen nach Kiel eingemeindet. Danach blieb das Kreisgebiet – mit Ausnahme der Eingemeindung von Teilen der Gemeinde Oppendorf nach Kiel am 1. Juli 1963 – bis zur Gebietsreform von 1970 unverändert. Sitz der Kreisverwaltung war die Stadt Plön.

Die Akten gelangten in mehreren Ablieferungen zwischen 1926 und 1980 in das Landesarchiv. Der weitaus größte Teil der Akten wurde im Herbst 1980 übernommen. Die Aussonderungsarbeiten für diese letzte Abgabe wurden 1979 und 1980 vor Ort auf den Aktenböden und in den Aktenkellern des Kreishauses durchgeführt. Summarische Angaben zum Inhalt der Kreisüberlieferungen siehe oben.

↘ 103 lfm

↘ 1550–1978

Abt. 320.14 Rendsburg

Im Jahr 1878 wurde der bestehende Kreis Rendsburg um die Hohner Harde erweitert, die vom Kreis Eckernförde abgetrennt worden war. 1932 kam der Westteil des aufgelösten Kreises Bordesholm hinzu. 1970 erfolgte im Zuge der allgemeinen Kreisreform die Zusammenlegung des Kreises Rendsburg mit dem Kreis Eckernförde zum Kreis Rendsburg-Eckernförde. Summarische Angaben zum Inhalt der Kreisüberlieferungen siehe oben. – Besonders hinzuweisen ist auf eine umfangreiche Überlieferung im Bereich der Kleinbahnen.

↘ 143 lfm

↘ 1867–1950

Abt. 320.15 Schleswig

Zum Kreis Schleswig gehörten neben ehemaligen ländlichen Amtsbezirken auch die Städte Schleswig, Kappeln und Friedrichstadt sowie der Flecken Arnis. Bis 1974 konnte der Kreis Schleswig seinen Gebietsstand weitgehend bewahren, bis die Stadt Friedrichstadt 1970 bei der Bildung des Kreises Nordfriesland aus dem Kreisverband ausschied. 1974 wurde aus den Kreisen Schleswig und Flensburg-Land der Kreis Schleswig-Flensburg gebildet, einer der größten Flächenkreise in Deutschland. Summarische Angaben zum Inhalt der Kreisüberlieferungen siehe oben.

↘ 58 lfm

↘ 1844–1953

Abt. 320.16 Segeberg

Im Jahr 1932 wurde der Kreis Segeberg um den südlichen Teil des aufgelösten Kreises Bordesholm erweitert. 1970 wurde die aus je zwei Gemeinden der Kreise Pinneberg und Stormarn neu gebildete Stadt Norderstedt dem Kreis Segeberg angegliedert. Sitz der Kreisverwaltung ist die Stadt Bad Segeberg. Summarische Angaben zum Inhalt der Kreisüberlieferung siehe oben. – Als Besonderheit enthält der Bestand über das Grenzjahr 1950 hinaus die Akten über diejenigen Schulen, die 1968–1978 im Zuge der Bildung von Dörfergemeinschaftsschulen aufgehoben worden sind.

- 81 lfm
- 1754–1978
- Gedrucktes Findbuch: Veröffentlichungen des Schleswig-Holsteinischen Landesarchivs Nr. 14.

Abt. 320.17 Sonderburg

Der Kreis Sonderburg bestand in der Zeit von 1867 bis 1920. Mit der Volksabstimmung von 1920 fiel das gesamte Kreisgebiet an Dänemark. Die Hauptüberlieferung des Kreises Sonderburg befindet sich im dänischen Reichsarchiv, Lesesaal Apenrade. Summarische Angaben zum Inhalt der Kreisüberlieferungen siehe oben. – Besonders hinzuweisen ist auf Staatsangehörigkeitssachen sowie politische und Vereinsangelegenheiten.

- 2 lfm
- 1866–1919

Abt. 320.18 Steinburg

Die Grenzen des Kreises Steinburg sind seit seiner Einrichtung 1867 über hundert Jahre unverändert geblieben. Bei der Gebietsreform von 1970 wurden die südwestlichen Gemeinden des aufgelösten Kreises Rendsburg dem Kreis Steinburg zugeschlagen. Sitz der Kreisverwaltung ist die Stadt Itzehoe. Summarische Angaben zum Inhalt der Kreisüberlieferung siehe oben.

- 163 lfm
- 1804–1969
- Gedrucktes Findbuch: Veröffentlichungen des Schleswig-Holsteinischen Landesarchivs Nr. 8.

Abt. 320.19 Stormarn

Erster Verwaltungssitz des Kreises Stormarn war bis 1873 das Schloss Reinbek. Danach wurde die Kreisverwaltung nach Wandsbek verlegt. Im Anschluss an die 1943 erfolgte Zerstörung des Verwaltungsgebäudes durch Bombenangriff kam es 1944 zur Verlegung der Kreisverwaltung nach Bad Oldesloe.

Durch den Bombenabgriff auf Wandsbek im Jahr 1943 sind die Akten der Kreisverwaltung fast vollständig vernichtet worden, und eine Überlieferung liegt – von kleinen Splittern abgesehen – nicht vor. Erhalten sind nur wenige Akten zur Demobilmachung und zur Zwangswirtschaft nach dem Ersten Weltkrieg.

↘ 6 lfm

↘ 1854–1920

Abt. 320.20 Süderdithmarschen

Der Kreis Süderdithmarschen ging nach 1867 aus der gleichnamigen Landschaft hervor und bestand bis zur Kreisreform des Jahres 1970, als er mit dem Kreis Norderdithmarschen zum neuen Kreis Dithmarschen zusammengelegt wurde. Kreisstadt war Meldorf, Sitz der Kreisverwaltung Dithmarschens wurde Heide. Summarische Angaben zum Inhalt der Kreisüberlieferungen siehe oben.

↘ 102 lfm

↘ 1559–1970

Abt. 320.21 Südtondern

Der Kreis Südtondern ging nach der Volksabstimmung 1920 aus dem Kreis Tondern hervor. Die neue Grenzziehung zwischen dem Deutschen Reich und dem Königreich Dänemark durchschnitt das Kreisgebiet in zwei fast gleich große Teile. Der geografisch etwas größere, nördliche Teil fiel an Dänemark, der südliche mit einem etwas größeren Bevölkerungsanteil verblieb als Kreis Südtondern bei Deutschland. Neuer Sitz der Kreisverwaltung wurde Niebüll. 1970 bildete der Kreis Südtondern zusammen mit den Kreisen Husum und Eiderstedt sowie einigen Gemeinden des Kreises Schleswig den Kreis Nordfriesland.

Durch die veränderte Grenzsituation 1920 wurde eine Bereinigung der Überlieferungslage notwendig. Vertraglich wurde 1922 geregelt, dass die den gesamten Kreis betreffenden Akten dort bleiben sollten, wo sie sich am 20. Mai 1920 befanden. Daher sind die meisten Generalakten aus der Zeit vor 1920 heute im Reichsarchiv, Lesesaal Apenrade, zu finden. Alle anderen Akten wurden nach topografischen Gesichtspunkten zwischen Deutschland und Dänemark aufgeteilt. Summarische Angaben zum Inhalt der Kreisüberlieferungen siehe oben.

↘ 51 lfm

↘ 1843–1966

- Gedrucktes Findbuch: Veröffentlichungen des schleswig-holsteinischen Landesarchivs Nr. 65. – Das Findbuch wurde gemeinsam vom Landesarchiv und dem Landsarkiv for Sønderjylland herausgegeben und weist auch die in Apenrade überlieferten Akten des Kreises Tondern nach.

Abt. 321 Hardes- und Kirchspielvogteibezirke

Die schleswigschen Hardesvogteibezirke und die holsteinischen Kirchspielvogteibezirke wurden 1868 als Untergliederungen der neuen preußischen Kreise gebildet. Die Bezirke erhielten diese Bezeichnungen, die an die vorpreußischen Namen „Hardesvogteien" und „Kirchspielvogteien" anknüpften, um der Bevölkerung zumindest auf der Lokalebene ein Gefühl der Verwaltungskontinuität zu vermitteln. Der Umfang der Bezirke, an deren Spitze wie vorher ein Hardes- oder Kirchspielvogt – nun als Vertreter des Landrats – stand, umfasste jeweils meist mehrere der früheren Hardes- und Kirchspielvogteien. Im Gegensatz zu den bisherigen Vogteien hatten die Hardes- und Kirchspielvogteibezirke nur Verwaltungs- und Polizeiaufgaben, besaßen jedoch keine Gerichtsbarkeit mehr. Mit der Kreisordnung von 1888 wurden die Hardes- und Kirchspielvogteibezirke aufgelöst und gingen in Amtsbezirken deutlich kleineren Zuschnitts auf. Die Überlieferungsverluste der meisten Bezirke sind so erheblich, dass von einer nur splitterhaften Gesamtüberlieferung gesprochen werden kann. Der Bestand der Hardes- und Kirchspielvogteibezirke ist nach Einzelprovenienzen geordnet.

Abt. 321.1 Apenrade, Hardesvogteibezirk

- Steuern.
- 0,1 lfm
- 1874

Abt. 321.2 Bargteheide, Kirchspielvogteibezirk

- Lagerbücher.
- 0,5 lfm
- 1868–1877

Abt. 321.3 Blankenese, Kirchspielvogteibezirk

- Lagerbuch.
- 1 lfm
- 1868–1880

Abt. 321.4 Bordesholm, Kirchspielvogteibezirk

- Steuern; Lagerbuch; Ablösung.
- 2 lfm
- 1819–1889

Abt. 321.5 Bramstedt, Kirchspielvogteibezirk

- Lagerbuch; Ablösung; Grenzen; Grundstücke; Wege; Wasserlösung; Sozialdemokratie.
- 3 lfm
- 1863–1889

Abt. 321.6 Bredstedt, Hardesvogteibezirk

- Lagerbuch.
- 0,5 lfm
- 1867–1890

Abt. 321.7 Cismar, Kirchspielvogteibezirk

- Steuern; Lagerbuch; Landveräußerung.
- 0,5 lfm
- 1780–1888

Abt. 321.8 Eiderstedt, Hardesvogteibezirk

- Bezirksverein für Bienenzucht.
- 0,1 lfm
- 1876

Abt. 321.9 Elmshorn, Kirchspielvogteibezirk

- Lagerbuch; Hetlinger Schanze.
- 0,1 lfm
- 1869–1876

Abt. 321.10 Fehmarn, Kirchspielvogteibezirk

- Domänen; Ablösung; Lasten; Gewässer; Fischerei.
- 1 lfm
- 1852–1891

Abt. 321.11 Flensburg I, Hardesvogteibezirk

- Lagerbuch; Hauptbuch.
- 1 lfm
- 1867–1891

Abt. 321.12 Flensburg II, Hardesvogteibezirk

- Landumsatz.
- 0,1 lfm
- 1867–1887

Abt. 321.13 Friedrichstadt, Hardesvogteibezirk

- Lagerbuch; Steuern.
- 0,1 lfm
- 1868–1879

Abt. 321.14 Heide, Kirchspielvogteibezirk

- Politische Polizei.
- 0,1 lfm
- 1869–1889

Abt. 321.15 Hohn, Kirchspielvogteibezirk

- Polizei.
- 0,1 lfm
- 1869–1887

Abt. 321.17 Hütten, Hardesvogteibezirk

- Lagerbuch; Steuern; Rechnungen; Polizei.
- 2 lfm
- 1859–1897

Abt. 321.16 Husum, Hardesvogteibezirk

- Polizei.
- 0,1 lfm
- 1865–1889

Abt. 321.18 Kappeln, Hardesvogteibezirk

- Verwaltung.
- 0,1 lfm
- 1865–1889

Abt. 321.19 Kellinghusen, Kirchspielvogteibezirk

- Steuern; Grundstücke.
- 0,1 lfm
- 1769–1888

Abt. 321.20 Kiel, Kirchspielvogteibezirk

- Steuern; Lagerbuch; Ablösung; Polizei.
- 1 lfm
- 1708–1889

Abt. 321.21 Krempe, Kirchspielvogteibezirk

- Verwaltung.
- 0,1 lfm
- 1888–1889

Abt. 321.22 Leck, Hardesvogteibezirk

- Rechnungen; Wege; Fischerei.
- 0,1 lfm
- 1848–1889

Abt. 321.23 Lügumkloster, Hardesvogteibezirk

- Lagerbuch; Festeregister.
- 0,1 lfm
- 1869–1884

Abt. 321.24 Meldorf I, Kirchspielvogteibezirk

- Polizei.
- 0,1 lfm
- 1867–1889

Abt. 321.25 Meldorf II, Kirchspielvogteibezirk

- Verwaltung; Kommünen.
- 0,1 lfm
- 1868–1889

Abt. 321.26 Neumünster, Kirchspielvogteibezirk

- Ländereien; Steuern; Polizei; Gemeinden.
- 1 lfm
- 1847–1889

Abt. 321.27 Niebüll, Hardesvogteibezirk

- Verwaltung; Steuern; Rechnungen; Militär; Polizei.
- 1 lfm
- 1790–1906

Abt. 321.28 Nortorf, Kirchspielvogteibezirk

- Ablösung.
- 0,1 lfm
- 1869–1883

Abt. 321.29 Reinfeld, Kirchspielvogteibezirk

- Lagerbuch.
- 0,1 lfm
- 1868–1889

Abt. 321.30 Rendsburg, Kirchspielvogteibezirk

- Verwaltung; Steuern; Lagerbuch; Ablösungen; Militär; Polizei.
- 2 lfm
- 1821–1903

Abt. 321.31 Sankt Margarethen, Kirchspielvogteibezirk

- Verwaltung; Lagerbuch.
- 0,1 lfm
- 1869–1889

Abt. 321.32 Schenefeld, Kirchspielvogteibezirk

- Lagerbuch.
- 0,1 lfm
- 1868–1879

Abt. 321.33 Schleswig I, Hardesvogteibezirk

- Steuern; Ablösung.
- 0,5 lfm
- 1855–1889

Abt. 321.34 Schleswig II, Hardesvogteibezirk

- Grundstücke; Polizei.
- 0,5 lfm
- 1840–1889

Abt. 321.35 Segeberg, Kirchspielvogteibezirk

- Verwaltung; Steuern; Lagerbuch; Ablösung; Polizei.
- 1 lfm
- 1846–1889

Abt. 321.36 Sylt, Landvogteibezirk

- Ablösung; Lagerbuch.
- 0,1 lfm
- 1867–1888

Abt. 321.37 Trittau, Kirchspielvogteibezirk

- Lagerbuch; Wasserlösung.
- 0,1 lfm
- 1868–1887

Abt. 321.38 Wiesby, Hardesvogteibezirk

- Festeregister; Steuern.
- 0,1 lfm
- 1700–1885

Abt. 322 Amtsbezirke

Mit der Kreisordnung von 1888 wurden die Kirchspiel- und Hardesvogteibezirke durch die neu geschaffenen, wesentlich zahlreicheren Amtsbezirke abgelöst, die auf ältere Verwaltungsgrenzen Rücksicht nahmen. Ihre ehrenamtlichen Organe waren der vom Landrat ernannte Amtsvorsteher und der aus je mindestens einem Vertreter der zugehörigen Gemeinden bestehende Amtsausschuss. Der Amtsvorsteher hatte im Wesentlichen die Aufgaben einer Ortspolizeibehörde, während der Amtsausschuss die Ausgaben des Amtes kontrollierte und bewilligte. 1947 wurden die Amtsbezirke aufgelöst, und die ehrenamtlich verwalteten Gemeinden wurden zu Ämtern zusammengefasst, die als Verwaltungsgemeinschaften fungierten.

Die Unterlagen sind vor allem mit Abgaben der Kreise ins Landesarchiv gekommen oder wurden von den Amtsverwaltungen abgegeben. Der Gesamtbestand sollte ursprünglich nur die Überlieferung der Amtsbezirke umfassen. Er wurde jedoch um Akten erweitert, die aus dem Amt Jevenstedt mit Westerrönfeld – als Musterüberlieferung eines großen Amtes – stammen. Die Bestände aus den Amtsbezirken Herrschaft Hessenstein, Wahlstorf und Westensee enthalten auch Unterlagen aus ihrer Zeit als Gutsbezirke. Die Überlieferung der einzelnen Amtsbezirke und Ämter ist nach Einzelprovenienzen geordnet.

Abt. 322.1 Ascheberg, Amtsbezirk

- Verwaltung; Wege-, Wasser- und Fischereipolizei.
- 0,1 lfm
- 1875–1942

Abt. 322.2 Bovenau, Amtsbezirk

- Verwaltung; Baupolizei.
- 0,1 lfm
- 1891–1948

Abt. 322.3 Dobersdorf, Amtsbezirk

- Verwaltung; Sicherheitspolizei; Gewerbepolizei; Baupolizei; Kirche und Schule; Versicherungen.
- 1 lfm
- 1867–1954

Abt. 322.4 Gettorf, Amtsbezirk

- Verwaltung; Polizei; Fürsorge; Versicherungen; Gesundheits- und Veterinärpolizei; Gewerbepolizei; Vereine; Gewässer- und Wegepolizei; Baupolizei und Feuerlöschwesen.
- 2 lfm
- 1854–1936

Abt. 322.5 Hemmelmark, Amtsbezirk

- Verwaltung; Kriegsangelegenheiten; Ausländerpolizei; Baupolizei; Sicherheitspolizei.
- 0,5 lfm
- 1898–1924

Abt. 322.6 Herrschaft Hessenstein, Amtsbezirk

- Verwaltung; Grenzen; Stiftungen; Militär; Landwirtschaft; Wasserlösung; Krankenkassen und Versicherungen; Fürsorge; Sicherheitspolizei; Politische Polizei; Gesundheits- und Veterinärpolizei; Feuerlöschwesen; Wege; Schiffahrts-, Hafen- und Flusspolizei; Forst- und Jagdpolizei; Gewerbepolizei; Zählungen; Schulpatronat.
- 3 lfm
- 1815–1933

Abt. 322.7 Horst, Amtsbezirk

- Fremdarbeiterpolizei.
- 0,1 lfm
- 1928–1945

Abt. 322.8 Hütten, Amtsbezirk

- Wege- und Wasserpolizei.
- 0,1 lfm
- 1866–1949

Abt. 322.9 Jevenstedt, Amt

- Amtsbezirk Jevenstedt: Verwaltung; Steuern und Finanzen; Ordnung und Sicherheit; Fürsorge; Bauverwaltung; Wege; Wasserlösung; Deiche; Landwirtschaft; Gewerbe; Jagd und Fischerei; Standeswesen. – Amt Jevenstedt und Amt Westerrönfeld: Verwaltung; Vertretung; Steuern und Finanzen; Haushalt; Ordnung und Sicherheit; Soziales; Standes- und Meldewesen; Bauverwaltung; Zweckverbände; Wege und Verkehr; Ver- und Entsorgung; Wasserlösung; Flurbereinigung; Schulen; Gewerbe; Vereine, Verbände und Genossenschaften.
- 141 lfm
- 1724–2004

Abt. 322.10 Remmels, Amtsbezirk

- Verwaltung.
- 0,5 lfm
- 1903–1908

Abt. 322.11 Schwabstedt, Amtsbezirk

- Fürsorgepolizei.
- 0,1 lfm
- 1885–1917

Abt. 322.12 Siggen, Amtsbezirk

- Verwaltung; Ausländerpolizei.
- 0,1 lfm
- 1884–1901

Abt. 322.13 Südermeldorf-Geest, Amtsbezirk

- Baupolizei.
- 0,1 lfm
- 1889–1902

Abt. 322.14 Wahlstorf, Amtsbezirk

- Verwaltung; Rekrutierung; Baupolizei.
- 0,5 lfm
- 1867–1919

Abt. 322.15 Westensee, Amtsbezirk

- Verwaltung.
- 0,1 lfm
- 1864–1899

Abt. 323 Einkommensteuer-Veranlagungskommissionen

Am 28. April 1867 wurde die Einführung der direkten Steuern entsprechend preußischer Gesetzgebung in Schleswig-Holstein per Verordnung geregelt. Danach sollte in beiden Herzogtümern ab dem 1. Juli 1867 wie im übrigen Preußen eine klassifizierte Einkommensteuer erhoben werden. Dazu wurde in jedem Kreis eine Einkommensteuer-Veranlagungskommission gebildet, die dem bei der Provinzialregierung ressortierenden Bezirkskommissar für die Regelung der direkten Steuern unterstand. Der Vorsitz in den Veranlagungskommissionen wurde den Landräten übertragen, die übrigen Mitglieder berief die Regierung direkt. Der Veranlagung ging eine Voreinschätzung der Steuerpflichtigen durch eine besonders gebildete Voreinschätzungskommission voraus. Die Anzahl der Mitglieder dieser Kommission richtete sich nach der Einwohnerzahl der jeweiligen Gemeinde. Die Einkommensteuerveranlagungskommissionen hatten die von den Voreinschätzungskommissionen vorgelegten Steuerbescheide zu prüfen und die Steuerschuld rechtskräftig festzusetzen. Mit dem Einkommensteuergesetz vom 24. Juni 1891 wurde die Besetzung der Kommissionen dahingehend geändert, dass die Kommissionsmitglieder zu gleichen Teilen direkt von der Regierung ernannt und von der Kreisvertretung für die Dauer von sechs Jahren gewählt wurden. Nach Verkündung des Gesetzes über die Errichtung der Reichsfinanzverwaltung am 10. September 1919 ging die Aufgabe der Veranlagungskommissionen zusammen mit der Verwaltung der Umsatz- und Gewerbesteuer auf die zum 1. April 1920 eingerichteten Finanzämter über.

Der im Landesarchiv überlieferte Bestand der Einkommensteuer-Veranlagungskommissionen wurde in den Jahren 1925, 1928 und 1937 vom Geheimen Staatsarchiv Preußischer Kulturbesitz in Berlin-Dahlem und vom Reichsarchiv in Potsdam an das Landesarchiv abgegeben.

- Einkommensteuerveranlagungen in den Kreisen Eckernförde, Norderdithmarschen, Plön, Rendsburg, Steinburg und Stormarn sowie in den Städten Kiel und Neumünster.
- 3 lfm
- 1883–1920
- Akten des Bezirkskommissars zur Regelung der direkten Steuern befinden sich im Bestand der Regierung zu Schleswig (Abt. 309). Einige Kommissionsakten liegen in den Beständen der Landratsämter und Kreisausschüsse (Abt. 320). Einzelfälle der Einkommensteuerveranlagungen sind auch bei den Finanzämtern überliefert (Abt. 511, siehe Bestandsgruppe „Landesverwaltung“).

Abt. 324 Katasterämter

Nach Einverleibung Schleswig-Holsteins in den preußischen Staat wurde die preußische Grund- und Gebäudesteuergesetzgebung auf die neue Provinz ausgedehnt. Am 1. Januar 1876 nahmen 22 Katasterämter als preußische Behörden ihre Arbeit auf. Später kam das Katasteramt Ratzeburg für den neu geschaffenen Kreis Herzogtum Lauenburg hinzu. Nach der Abstimmung von 1920 und Abtretung Nordschleswigs an Dänemark wurden die dortigen Katasterämter als „Amtslandinspektørkontor“ zunächst weitergeführt. Soweit die neue Grenze Gemeinden und damit auch einzelne Kartenblätter durchschnitt, wurden von den betroffenen Katasterbüchern und -karten Abschriften gefertigt und ausgetauscht. Zwischenzeitlich waren mehrere neue Katasterämter, wie beispielsweise Hohenwestedt und Kappeln, hinzugekommen. Diese wurden jedoch später wieder aufgelöst, bis auf das Katasteramt Niebüll, welches für den neu gebildeten Kreis Südtondern anstelle des Katasteramtes Leck zuständig war. Mit dem Gesetz über die Neuordnung des Vermessungswesens von 1934 wurde das Liegenschaftskataster Reichsangelegenheit. Die Katasterämter unterstanden zunächst aber weiterhin dem preußischen Finanzminister. Erst 1944 wurden sie der Hauptvermessungsabteilung VI in Hamburg unterstellt. Mit dem Groß-Hamburg-Gesetz von 1937 gingen die Katasterämter Altona und Wandsbek auf das Land Hamburg über; für den Kreis Stormarn wurde ein Katasteramt in Bad Oldesloe errichtet. In diesem Zusammenhang gingen das Land Lübeck als Stadtkreis Lübeck und der oldenburgische Landesteil Lübeck als Landkreis Eutin mit den jeweiligen Katasterämtern auf die preußische Provinz Schleswig-Holstein über. Der Landkreis Eiderstedt verlor gleichzeitig sein Katasteramt Tönning. Nach dem Zweiten Weltkrieg wurde das Katasterwesen Ländersache, und die schleswig-holsteinischen Katasterämter unterstanden fortan unterschiedlichen Abteilungen des Innenministeriums. Im Zuge der Kreisgebietsreform wurden die Katasterämter Eckernförde und Heide Ende 1974 aufgelöst. Es folgten 1999 Eutin, mit Oldenburg unter dem neuen Namen Katasteramt Ostholstein verschmolzen, und Niebüll, mit Husum im Katasteramt Nordfriesland aufgegangen, und 2003 Schleswig, mit Flensburg zum Katasteramt Flensburg/Schleswig verschmolzen. Als Auswirkung der angestrebten Verwaltungsstruktur- und Funktionalreform wurden 2005 die Katasterämter Bad Oldesloe, Ratzeburg, Rendsburg und Neumünster aufgelöst sowie Itzehoe und Pinneberg zum neuen Katasteramt Elmshorn verschmolzen.

Die im Landesarchiv überlieferten Aktenbestände der einzelnen Katasterämter haben sehr unterschiedlichen Umfang. Während preußische Gebäudesteuerrollen und Grundsteuermutterrollen vielfach abgeliefert wurden, sind Karten und sonstige Akten in der Regel nur nach einer Neuvermessung von Gemeinden mit Flurbereinigung abgegeben worden.

- Karten; Katasterbuchwerk; Verwaltungsakten; Preußisches Grundsteuerkataster; Lübsches Kataster; Oldenburgisches Kataster; Hamburgisches Kataster; Mecklenburgisches Kataster; Neues Liegenschaftskataster (sogenanntes Reichskataster); Flurbereinigungskataster; Erneuertes Liegenschaftskataster.
- 742 lfm
- 1874–2007
- Die Gebäudesteuerveranlagung 1867 (teilweise auch für Nordschleswig) und die Originalflurbücher und Originalmutterrollen von 1876 befinden sich in der Überlieferung der Regierung zu Schleswig (Abt. 309).

Abt. 325 Staatliche Kreiskassen und Steuerkassen

Mit der 1895 in Kraft getretenen Veränderung des Erhebungswesens im Bereich der direkten Staatssteuern wurden die bisherigen königlichen Steuerkassen durch 17 königliche Kreiskassen ersetzt, die ab 1918 Staatliche Kreiskassen hießen. Sie waren die für einen oder mehrere Kreise zuständigen, allen Verwaltungszweigen dienenden Kassen der allgemeinen Verwaltung und der Finanzverwaltung.

Der Bestand ist nach Einzelprovenienzen geordnet, die in der Regel deutlich weniger als einen laufenden Meter Umfang haben und vorwiegend Besoldungs- und Pensionssachen sowie Journale und Rechnungsbücher enthalten.

- Folgende Provenienzen sind vorhanden: Kreis- bzw. Steuerkassen Burg auf Fehmarn; Föhr; Niebüll (vorher Leck); Sylt; Eckernförde; Hadersleben; Lunden; Pinneberg; Tondern; Plön; Tönning; Rendsburg II; Süderstapel.
- 5 lfm
- 1883–1943

Abt. 326 Domänen-Rent- und Bauämter

Durch die preußische Verwaltungsreform wurde ein Teil der Aufgaben der bisherigen Deichinspektorate den Domänen-Rent- und Bauämtern übertragen. Der Domänen-Rent- und Bauinspektor zu Husum hatte seinen Dienstsitz kontinuierlich dort. Die Behörde des für die Süderdithmarscher Domänengrundstücke zuständigen Domäneninspektors hieß bis 1902 „Domäneninspektorat bei Marne im Friedrichskoog", danach „Domänen-Rentamt bei Marne" (im Friedrichskoog). Dieses wurde 1908 nach Marne verlegt. Bis zur Aufhebung der Gutsbezirke 1928 war der dortige Domäneninspektor bzw. Domänenrentmeister auch gleichzeitig Gutsvorsteher der domänenfiskalischen Gutsbezirke „Marner Vorlande" und „Meldorfer Vorlande" im Friedrichskoog. 1929 wurde das Domänen-Rent- und Bauamt von Marne nach Meldorf verlegt und war seitdem zusätzlich für die Elbsande im Kreis Pinneberg zuständig. 1936 wurden die beiden Dienststellen in Husum und Meldorf in die neu errichteten Marschenbauämter Husum und Heide eingegliedert.

Der Domänen-Rent- und Bauinspektor in Husum nahm bereits 1925 die ersten Aussonderungen für das damalige Staatsarchiv Schleswig vor; 1989 gab es eine einzelne Nachlieferung. Die Unterlagen des Domänen-Rent- und Bauamts Marne/Meldorf, zwischenzeitlich über die Regierung in Schleswig an das Landwirtschaftsministerium gelangt, kamen 1963 ins Landesarchiv. Weitere Teile dieses Bestandes wurden 1973 und 1985 abgegeben.

Abt. 326.1 Domänen-Rent- und Bauamt Husum

- Bausachen, u. a. Schloss vor Husum; Fiskalische Vorlande; Landgewinnung; Deichsachen.
- 2 lfm
- 1738–1920

Abt. 326.2 Domänen-Rent- und Bauamt Marne/Meldorf

- Domänen-, Rechnungs- und Kassemwesen; Amts- und Gutsvorsteher.
- 5 lfm
- 1841–1934

Abt. 327 Oberförstereien/Forstämter

1867 wurde in der neuen Provinz Schleswig-Holstein das preußische „Oberförster-System" eingeführt. Aus den alten Hegereiter-Beritten entstanden 16 Oberförstereien, die ihrerseits in mehrere Revierförstereien unterteilt waren. 1934 wurden die Oberförstereien in Forstämter umbenannt; aus den Oberförstern wurden Forstmeister. Nachdem bis 1936 die Anzahl der Forstämter durch Zusammenlegung zunächst auf neun sank, steigerte sie sich im Laufe der Jahrzehnte wieder auf elf, um bis 2004 schließlich auf sechs reduziert zu werden. Hauptaufgaben der Oberförstereien und der Forstämter waren die Bewirtschaftung und Pflege sowie die forstliche und jagdliche Nutzung der Staats- bzw. Landesforsten und der fiskalischen Moore. Mit Inkrafttreten des Gesetzes über die Anstalt Schleswig-Holsteinische Landesforsten am 1. Januar 2008 gingen die Aufgaben der zum Jahresende 2007 aufgelösten Forstämter auf die drei neuen Forstbehörden Nord, Mitte und Süd über. Hierdurch wurde eine konsequente Trennung der hoheitlichen von den forstbetrieblichen Aufgaben, die seitdem von der Anstalt Schleswig-Holsteinische Landesforsten wahrgenommen wurden, vollzogen. Der Bestand ist nach Einzelprovenienzen geordnet. Karten befinden sich in Abt. 402 A 29 (siehe Bestandsgruppe „Karten und Bilder").

Abt. 327.1 Oberförsterei Kiel/Bordesholm, Forstamt Bordesholm

- Forstverwaltung; Dienstgebäude; Verpachtung; Wasserbau; Waldbau.
- 1 lfm
- 1844–1938

Abt. 327.2 Oberförsterei Kattenberg

- Forstverwaltung; Wasserbau.
- 0,1 lfm
- 1866–1905

Abt. 327.3 Oberförsterei/Forstamt Barlohe

- Forstverwaltung; Areal; Grenzen; Bau; Forstwirtschaft; Forstkultur; Jagd; Fischerei; Polizei; Wasserwirtschaft.
- 20 lfm
- 1780–1986

Abt. 327.4 Oberförsterei Drage

- Forstverwaltung; Areal; Grenzen; Bau; Forstwirtschaft; Forstkultur; Jagd; Fischerei; Polizei.
- 2 lfm
- 1867–1926

Abt. 327.5 Oberförsterei Segeberg

- Grenzen; Dienststelle Todesfelde.
- 0,1 lfm
- 1872–1922

Abt. 327.6 Oberförsterei Hadersleben

- Dienststelle Pamhoel.
- 0,1 lfm
- 1895–1901

Abt. 327.7 Oberförsterei/Forstamt Schleswig

- Forstverwaltung; Areal; Grenzen; Bau; Forstwirtschaft; Forstkultur; Jagd; Fischerei; Polizei.
- 21 lfm
- 1838–2000

Abt. 327.8 Oberförstereien Glücksburg und Flensburg/Forstamt Flensburg

- Forstverwaltung; Areal; Grenzen; Bau; Forstwirtschaft; Forstkultur; Jagd; Fischerei; Polizei.
- 3 lfm
- 1867–1983

Abt. 327.9 Oberförsterei/Forstamt Rendsburg

- Forstverwaltung; Areal; Grenzen; Bau; Forstwirtschaft; Forstkultur; Jagd; Fischerei; Polizei.
- 10 lfm
- 1868–2000

Abt. 327.10 Oberförsterei/Forstamt Neumünster

- Forstwirtschaftliche Buchführung; Forstkultur; Vermessung.
- 0,5 lfm
- 1841–1979

Abt. 327.11 Oberförsterei/Forstamt Reinfeld

- Ausarbeitung der Forstamtsgeschichte.
- 0,1 lfm
- 1998

Abt. 327.12 Oberförsterei/Forstamt Eutin

- Aktenpläne.
- 0,1 lfm
- 1980er-/1990er-Jahre

Abt. 329 Gesundheitsämter

Den Gesundheitsämtern kam eine zentrale Rolle bei der Durchführung des „Gesetzes zur Verhütung erbkranken Nachwuchses" vom 14. Juli 1933 zu. Die dabei im Bereich mehrerer Ämter entstandenen Akten sind in diesem Bestand zusammengefasst.

Einige wenige Akten des Plöner Kreisarztes von 1869–1922 zur Geschäftsführung und mit Jahresberichten bildeten ursprünglich die Abt. 329. Sie wurden mit den alten Signaturen in diesem Bestand belassen, der heute durch die sehr geschlossene und umfangreiche Überlieferung der Erbgesundheitsakten geprägt wird. Der Bestand ist aufgrund seines besonders sensiblen Charakters nur bedingt benutzbar.

- Akten des Plöner Kreisarztes 1869–1922; Verzeichnisse von Erbkranken; Sippentafeln; Einzelfallakten über Zwangssterilisationen der staatlichen Gesundheitsämter Kiel, Oldenburg, Pinneberg, Rendsburg, Schleswig, Segeberg, Stormarn und Süderdithmarschen.
- 22 lfm
- 1869–1951
- Die Akten des Erbgesundheitsgerichts Kiel befinden sich in Abt. 355.25 Nr. 2053–2094 und Nr. 2279–2458; Einige Generalakten des Erbgesundheitsgerichts Flensburg sind in Abt. 355.12 Nr.1021–1031 (siehe Bestandsgruppe „Justiz“).

Abt. 331 Kreis- und Ortsschulinspektionen

Im Zuge der Einführung der preußischen Verwaltung wurden auch die Kreis- und Ortsschulinspektionen eingerichtet. Sie wurden der Regierung unterstellt zur Beaufsichtigung der Elementar-, Bürger- und Privatschulen in einem Bezirk von mehreren Schulgemeinden (Kreisschulspektionen) oder auch einer einzelnen Schulgemeinde (Ortsschulinspektionen). Die Ortsschulinspektionen wurden von den Ortsgeistlichen wahrgenommen. 1919 wurden sie aufgehoben; die Aufgaben der Ortsschulinspektionen übernahmen die Schulräte der Kreise.

- Ortsschulinspektionen Albersdorf, Bad Bramstedt und Segeberg; Schulräte des Kreises Segeberg und des Bezirks Neumünster; Schulinspektion Münsterdorf.
- 1 lfm
- (1813–) 1867–1935
- Weitere Akten der Schulinspektion Münsterdorf befinden sich in Abt. 103 (siehe Bestandsgruppe „Herzogtum Holstein“).

Abt. 332 Städte aus preußischer Zeit

Es handelt sich um einen Sammelbestand für die Überlieferung von Städten, die jeweils erst zu preußischer Zeit das Stadtrecht erhielten. Der Bestand ist nach Einzelprovenienzen geordnet.

Abt. 332.4 Bramstedt

Bramstedt wird 1274 zum ersten Mal urkundlich erwähnt. Der Flecken erhielt 1910 das Stadtrecht und gleichzeitig die Anerkennung als Moorheilbad.

- Der Bestand umfasst nur einige Urkunden, die 1874 von der Fleckensverwaltung im damaligen Staatsarchiv Schleswig als Depositum hinterlegt wurden.
- Privilegien; städtische Angelegenheiten.
- 7 Nrn.
- 1533–1652

Abt. 332.1 Neumünster

Der aus einem Kloster des 12. Jahrhunderts hervorgegangene Flecken erhielt 1870 das Stadtrecht. Zunächst gehörte die Stadt Neumünster zum Landkreis Kiel, dem späteren Kreis Bordesholm; 1901 wurde sie kreisfrei.

Die Akten dieses Bestandes wurden 1931 von der Stadt selbst an das damalige Staatsarchiv Kiel abgegeben. Die eigentliche Überlieferung der Stadt Neumünster befindet sich im Stadtarchiv.

- Polizeiangelegenheiten.
- 0,5 lfm
- 1869–1922

Abt. 332.2 Westerland

Westerland wurde nach der Allerheiligenflut 1436, die den Ort Eidum vollständig zerstörte, von den Überlebenden als Neusiedlung gegründet. 1855 wurde Westerland zum Seebad und dadurch nach und nach zum Hauptort der Insel. 1905 wurde das Stadtrecht verliehen, 1949 erfolgte die Anerkennung als Seeheilbad. Zum 1. Januar 2009 schloss sich die Stadt mit den Gemeinden Sylt-Ost und Rantum zur Gemeinde Sylt zusammen. Der vorliegende Aktenbestand aus der Zeit des Ersten Weltkriegs wurde vom Landrat des Kreises Südtondern an das damalige Staatsarchiv Kiel abgegeben. Die eigentliche Überlieferung der Stadt Westerland befindet sich im Sylter Archiv in Westerland.

- Kriegszwangswirtschaft.
- 0,5 lfm
- 1888–1919

Abt. 332.3 Wyk auf Föhr

1704 wurde dem Ort Wyk die Hafen- und 1706 die Fleckengerechtigkeit zugesprochen. Im Jahr 1819 wurde in Wyk ein Seebad – das erste seiner Art in Schleswig-Holstein – errichtet. Das Stadtrecht erhielt Wyk im Jahr 1910.

Die Unterlagen wurden in den 1950er-Jahren vom Magistrat der Stadt an das Landesarchiv abgegeben. Das Inselarchiv Föhr, zu dem die eigentliche Wyker Überlieferung gehört, wird heute als Teil des Amtsarchivs Föhr-Amrum in der Ferring-Stiftung in Alkersum auf Föhr verwahrt.

↘ Wirtschaftsprüfungen der Hafen- und Kurverwaltung.

↘ 0,1 lfm

↘ 1932–1955

Abt. 333 Hoch- und Wasserbauämter

Nach der 1867 erfolgten Eingliederung der Herzogtümer Schleswig und Holstein in den preußischen Staat kam es am 1. Mai 1870 zur Neugliederung der Bauverwaltung. Die bisherigen Landbauinspektorate in Kiel und Flensburg, die sechs Wegebauinspektionen in Preetz, Itzehoe, Altona, Husum, Schleswig und Hadersleben sowie die Posten der vier schleswig-holsteinischen Deich- und Wasserbaukondukteure wurden aufgelöst. An ihre Stelle traten siebzehn Baukreise („Königliche Bauinspektionen", ab 1884 „Königliche Kreisbauinspektionen"), die jeweils von einem Kreisbaubeamten geleitet wurden. Die Baukreise unterstanden der Schleswiger Provinzialregierung. Anzahl und Zuschnitt der Baubezirke unterlagen im Verlauf der Zeit zahlreichen Änderungen. 1895 erfolgte die organisatorische Trennung der Hochbauverwaltung von der Wasserbauverwaltung. 1911 wurden die Kreisbauinspektionen in „Königliche Hochbauämter" umbenannt, von 1919 bis 1930 firmierten sie unter der Bezeichnung „Preußische Hochbauämter" und ab 1931 als „Preußische Staatshochbauämter". Entsprechende Namensänderungen erfolgten bei den Wasserbaubehörden. Die Wasserbauämter waren zuständig für die Verwaltung der Wasserstraßen und Seegebiete der Provinz Schleswig-Holstein. Mit dem Übergang der dem allgemeinen Verkehr dienenden Wasserstraßen in das Eigentum des Reiches 1921 oblag den Wasserbauämtern die Auftragsverwaltung der übernommenen Wasserstraßen. Küstenschutzaufgaben und staatliche Deichaufsicht gingen 1936 an die neu gegründeten Marschenbauämter über. Der Provinzialverband verfügte für die in seinen Zuständigkeitsbereich fallende Bauten über ein eigenes Bauamt. Aufgaben der Reichsbauverwaltung in der Provinz Schleswig-Holstein nahmen ab 1919 die dem Landesfinanzamt unterstellten Reichsvermögensstellen (ab 1922 Reichsbauämter) wahr. Militärische Bauten fielen in die Verantwortung der Heeres-, Marine- und Luftwaffenbauverwaltung. Die Aufgaben der verschiedenen Hochbaubehörden übernahm nach dem Zweiten Weltkrieg die Landesbauverwaltung, die der Wasserbauämter wurden von der Wasser- und Schiffahrtsdirektion mit den einzelnen Ämtern fortgeführt.

Der Bestand fasst die Überlieferung von Behörden der preußischen staatlichen Bauverwaltung sowie der Provinzial-, Reichs- und Heeresbauverwaltung zusammen. Die Akten gelangten zwischen 1895 und 1993 in mehreren Ablieferungen ins Staats- bzw. Landesarchiv und wurden dort chronologisch nach Zugang verzeichnet. 2016 wurde der Bestand grundlegend neu geordnet. Eine umfangreichere Überlieferung, die teilweise bis ins 17. Jahrhundert zurückreichende Vorakten enthält, liegt aus dem Hochbaukreis Schleswig sowie den Wasserbaukreisen Plön und Rendsburg vor.

- ↘ Regierungs- und Oberpräsidialgebäude in Schleswig; Schloss Gottorf; Dom in Schleswig; Seminargebäude in Eckernförde; Domäne Kaltenhof; Domschule und Lornsenschule in Schleswig; Schulen im Kreis Eckernförde, Justizbauten; Finanz- und Zollbauten; Krankenhäuser und Heime; Forst- und Jagdgebäude; Schleswig-Holsteinischer-Kanal; Kaiser-Wilhelm-Kanal; Fähren; Elbsande; Mühlen; Bauvorhaben Westküste (1930er-Jahre); Wege- und Brückenbauten; Heeresbauten.
- ↘ 34 lfm
- ↘ 1672–1952
- ↘ Bauakten aus preußischer Zeit befinden sich auch in Abt. 309. Die Überlieferung der nachfolgenden Landesbauämter wird in Abt. 663 verwahrt (siehe Bestandsgruppe „Landesverwaltung“). Akten aus der Zeit vor 1867 sind in Abt. 32 (siehe Bestandsgruppe „Schleswig-Holstein insgesamt“) zu suchen. Weitere Akten der Wasserbauverwaltung liegen in Abt. 545 und Abt. 548. Baupläne und -zeichnungen sind in Abt. 402 A 27 und 402 A 53 (siehe Bestandsgruppe „Karten und Bilder“) abgelegt.

Abt. 340 Seemannsämter

Schon seit 1868 gab es in Flensburg ein Seemannsamt. Aber erst durch die Seemannsordnung von 1872 wurden diese Behörden reichsweit eingeführt. Zunächst waren sie vor allem als Musterungsbehörden tätig. Sie stellten die zur Anmusterung im Deutschen Reich geforderten Seefahrtsbücher aus und gingen Beschwerden hinsichtlich der Seetüchtigkeit von Schiffen nach. Weiterhin oblag ihnen die Verfolgung von Ordnungswidrigkeiten und Straftaten, die durch Schiffspersonal begangen wurden. Bis zu den Gebietsabtretungen 1920 gab es Seemannsämter in Flensburg, Kiel, Altona, Eckernförde, Schleswig, Arnis, Kappeln, Ekensund, Sonderburg, Apenrade und Hadersleben.

- Verzeichnisse über ausgestellte Seefahrtsbücher; Statistiken.
- 0,5 lfm
- 1869–1904

Abt. 343 Staatliche Studienseminare für das Lehramt an höheren Schulen

Die Staatlichen Studienseminare für das Lehramt an höheren Schulen dienten der Ausbildung der Studienreferendare. In Schleswig-Holstein bestanden Studienseminare in Flensburg, Kiel, Neumünster und Lübeck (bis 1937 Altona). 1972 wurden sie als Regionalseminare in das neu gegründete Landesinstitut Schleswig-Holstein für Praxis und Theorie der Schule (IPTS) eingegliedert.

- Verwaltungs- und Referendarpersonalakten des Studienseminars Altona/Lübeck.
- 1 lfm
- 1926–1966

Abt. 344 Forschungs-, Bildungs- und Lehranstalten von überörtlicher Bedeutung

Es handelt sich um einen Mischbestand, der Unterlagen kleinerer Bildungseinrichtungen unterschiedlichen Charakters zusammenfasst.

- (Heim-)Volkshochschule Leck: Verwaltungsakten 1925–1933. – Pädagogischer Lehrgang Burg/Dithmarschen: Semesterarbeiten mit heimatkundlichem Bezug 1947–1950.
- 0,5 lfm
- 1925–1950
- Akten von Bildungsanstalten befinden sich auch in Abt. 153 (siehe Bestandsgruppe „Herzogtum Holstein“) sowie in Abt. 200 (siehe Bestandsgruppe „Herzogtum Schleswig“).

Abt. 345 Höhere Schulen/Gymnasien

Der Bestand fasst Unterlagen zusammen, die in einzelnen höheren Schulen Schleswig-Holsteins entstanden sind. Die unterschiedlichen Provenienzen sind durch ein gemeinsames Findbuch erschlossen.

- Hebbelschule in Kiel: Reifeprüfungsarbeiten 1947–1957. – Lauenburgische Gelehrtenschule in Ratzeburg: Klassenaufsätze aus der Oberstufe 1922. – Ricarda-Huch-Schule in Kiel: Schul- und Hausordnung 1956–1964.
- 0,5 lfm
- 1922, 1947–1964
- Akten der Domschule zu Schleswig befinden sich in Abt. 200 (siehe Bestandsgruppe „Herzogtum Schleswig").

Abt. 346 Volks- und Realschulen, gewerbliche Fortbildungsschulen, Berufsschulen

Der Bestand fasst Unterlagen zusammen, die in einzelnen Schulen Schleswig-Holsteins entstanden sind. Die unterschiedlichen Provenienzen sind durch ein gemeinsames Findbuch erschlossen.

- Schulchroniken, Schulordnungen, Protokolle und Rechnungen von: Realschule in Gettorf; gewerbliche Fortbildungsschule in Albersdorf; Marien-Volksschule in Lübeck; Schulen in Albersdorf, Fehrenbötel, Halstenbek, Kremperheide, Kreuzkamp-Offendorf, Luhnstedt, Melsdorf, Neuberend, Reinfeld, Röst, Schönwohld, Stocksee und Wakendorf II. – Schule in Stolk: Schuldistriktsrechnung; Schulbau; Schulvorstand; Schülerverzeichnis.
- 0,5 lfm
- 1744, 1818–1979
- Akten holsteinischer Schulen und Lehranstalten befinden sich in Abt. 153 (siehe Bestandsgruppe „Herzogtum Holstein"), Akten schleswigscher Schulen und Lehranstalten in Abt. 200 (siehe Bestandsgruppe „Herzogtum Schleswig").

Abt. 347 Schlichtungsausschüsse

Die Einrichtung von Schlichtungsausschüssen beruht auf dem Gesetz über den Vaterländischen Hilfsdienst vom 5. Dezember 1916, in dem eine allgemeine Arbeitspflicht für alle nicht kriegsdienstfähigen Männer zwischen dem vollendeten 16. und 60. Lebensjahr festgeschrieben wurde. Die Befugnisse der Ausschüsse reichten von der Einstufung der Betriebe als kriegswichtig über die Entscheidung, wer zum Hilfsdienst herangezogen werden sollte, bis zur Vertretung der Arbeitnehmerinteressen bei Lohnverhandlungen. Dadurch erfolgte erstmalig eine Anerkennung der wirtschafts- und sozialpolitischen Rolle der Gewerkschaften als Interessenvertreter der Arbeitnehmer. Mit dem zwischen den Unternehmerverbänden und den Gewerkschaften geschlossenen Abkommen über die Zentralarbeitsgemeinschaft der industriellen und gewerblichen Arbeitgeber und Arbeitnehmer Deutschlands (Stinnes-Legien-Pakt) vom 15. November 1918 und der Verordnung über Tarifverträge, Arbeiter- und Angestelltenausschüsse und die Schlichtung von Arbeitsstreitigkeiten vom 23. Dezember 1918 wurden die Schlichtungsausschüsse des Hilfsdienstes nach Kriegsende zunächst beibehalten. Die weiteren Verordnungen über die Einstellung und Entlassung von Militärpersonen vom 4. und 24. Januar 1919 sahen bereits eine Verbindlichkeit von Schiedssprüchen vor, die mit der neuen Schlichtungsordnung vom 30. Oktober 1923 gesetzlich verankert wurde. An die Stelle der bisherigen Schlichtungsausschüsse traten von der obersten Landesbehörde in Abstimmung mit dem Reichsarbeitsminister einberufene Ausschüsse aus Arbeitgeber- und Arbeitnehmervertretern. Für größere Wirtschaftsbetriebe bestellte der Reichsarbeitsminister in Fällen, die für das Wirtschaftsleben von besonderer Bedeutung waren, eigene Schlichter. Kam vor den Schlichtungsausschüssen keine Einigung zustande, konnte der staatlich bestellte Schlichter seinen eigenen Einigungsvorschlag für verbindlich erklären. Diese Verbindlichkeitserklärung ersetzte die Annahme eines Schiedsspruchs durch die beteiligten Parteien. Mit dem Gesetz über den Treuhänder der Arbeit vom 19. Mai 1933 und dem Gesetz zur Ordnung der nationalen Arbeit vom 20. Januar 1934 verloren die Schlichtungsausschüsse endgültig ihre Funktion.

- Schlichtungsverfahren des Schlichtungsausschusses Kiel.
- 0,5 lfm
- 1920–1923
- Schiedssprüche für einzelne Schlichtungsausschüsse befinden sich in Abt. 309 (siehe Bestandsgruppe „Preußische Verwaltung“).

Abt. 348 Kreislandwirtschaftsbehörden

Die 1933 als Unterorganisationen der neu geschaffenen Landesbauernschaft (Reichsnährstand) gegründeten halbstaatlichen Kreisbauernschaften dienten während des Zweiten Weltkrieges als Ernährungsämter. 1947 entstanden aus ihnen die Kreislandwirtschaftsämter zur Wahrnehmung der staatlichen Aufgaben auf den Gebieten der Erzeugung und Ernährung. 1950 erfolgte eine Umbenennung in Kreislandwirtschaftsbehörden, die 1973 in den sechs neu gegründeten Ämtern für Land- und Wasserwirtschaft aufgingen.

Die Unterlagen der Kreislandwirtschaftsbehörde Husum sind 1964 durch Überschwemmung dort vernichtet worden; Unterlagen aus den Kreisen Plön, Rendsburg, Segeberg und Steinburg sind nicht überliefert.

Abt. 348.1 Eckernförde

- Marktleistungskartei; Hofkartei; Pachtverträge.
- 8 lfm
- 1941–1956

Abt. 348.2 Eiderstedt

- Marktleistungskartei; Hofkartei; Verwaltungssachen.
- 7 lfm
- 1934–1949

Abt. 348.3 Eutin

- Marktleistungskartei; Hofkartei; Akten des Reichsnährstandes; Verwaltungssachen.
- 11 lfm
- 1933–1952

Abt. 348.4 Flensburg

- Marktleistungskartei.
- 1 lfm
- 1935–1956

Abt. 348.5 Herzogtum Lauenburg

- Verwaltungssachen.
- 0,1 lfm
- 1945–1968

Abt. 348.6 Kiel

- Hofkartei; Betriebszulassungen.
- 1 lfm
- 1945–1953

Abt. 348.7 Lübeck

- Hofkartei.
- 0,5 lfm
- 1941–1945

Abt. 348.8 Norderdithmarschen

- Marktleistungskartei; Verwaltungssachen; Landwirtschaftssachen; Erbhofsachen; Erbhofakten.
- 12 lfm
- 1931–1965

Abt. 348.9 Oldenburg

- Hofkartei; Wasser- und Bodenverbände.
- 4 lfm
- 1935–1952

Abt. 348.10 Pinneberg

- Marktleistungskartei.
- 4 lfm
- 1947–1950

Abt. 348.11 Schleswig

- Marktleistungs- und Hofkartei.
- 4 lfm
- 1945–1948

Abt. 348.12 Stormarn

- Hofkartei.
- 2 lfm
- 1949–1953

Abt. 348.13 Süderdithmarschen

- Marktleistungs- und Hofkartei; Verwaltungssachen; Ortsbauernschaften; Adolf-Hitler-Koog.
- 10 lfm
- 1933–1960

Abt. 348.14 Südtondern

- Hofkartei; Wiegelisten.
- 2 lfm
- 1945–1950

Abt. 371 Provinzialverband der Provinz Schleswig-Holstein

Gemäß Provinzialordnung für die östlichen Provinzen vom 29. Juni 1875 bildeten die preußischen Provinzen zur Wahrnehmung von Selbstverwaltungsaufgaben Kommunalverbände. Der schleswig-holsteinische Provinzialverband wurde erst 1888 aufgrund der Provinzialordnung vom 27. Mai des Jahres errichtet. Er trat an die Stelle der bisherigen Provinzialstände und übernahm deren Verwaltungsaufgaben, allerdings ohne den politischen Anspruch. Seine Organe waren der Provinziallandtag, der Provinzialausschuss (1871–1888 provinzialständischer Ausschuss) und der Landeshauptmann (bis 1902 Landesdirektor). Der Kreis Herzogtum Lauenburg war nicht in den Provinzialverband eingegliedert. 1934 ging die Provinzialverwaltung im Zuge der nationalsozialistischen Gleichschaltung auf den Oberpräsidenten über; Provinziallandtag und -ausschuss wurden beseitigt. Mit der Aufhebung des preußischen Staates kam es nach dem Zweiten Weltkrieg auch zur Auflösung des Provinzialverbandes; seine Funktionen übernahm das Land Schleswig-Holstein. Der Selbstverwaltung der Provinz überlassen waren im Wesentlichen Aufgaben auf dem Gebiet der Landeskultur, des Straßenbaus, der Armenpflege, der Kranken- und Behindertenfürsorge sowie der Kulturförderung, nach 1918 auch der Arbeitsbeschaffung und der Kriegsopferfürsorge.

Der Bestand, der auch die Überlieferung der provinzialständischen Vertretung und Verwaltung 1867–1888 einschließt, ist durch die Kriegszerstörung des früheren „Landeshauses" in Kiel 1944 nur unvollständig überliefert. Es fehlen insbesondere die jüngeren Akten nach 1930.

- Protokolle des Provinziallandtages, des ständischen Verwaltungsausschusses und des Provinzialausschusses 1872–1933; Wahlen; Allgemeine Verwaltung; Jahresberichte; Personalangelegenheiten; Haushalt; Mustergut Bokelholm; Landeskultur, Land- und Forstwirtschaft; Öffentliche Fürsorge: Landesarmenverband, Anstalten für geistig Behinderte, Blinde, Taubstumme und zur Besserung Straffälliger; Provinzialsteuern; Provinzial- und Kommunalkreditwesen; Landesarbeitsamt; Hauptfürsorgestelle für Kriegsbeschädigte; Landesbrandkasse; Landesbank und Girozentrale; Provinzial-Lebensversicherungsanstalt; Landesversicherungsanstalt; Landwirtschaftliches Fortbildungs-Schulwesen; Museen; Landesbibliothek; Denkmalpflege; Landessippenamt; Meliorationswesen und Gewässerregulierung; Deichbauten und Sturmflutschäden; Straßen, Eisenbahnen, Schiff- und Luftfahrt. – Eingegliederte Sonderregistratur: Der Gebiets- bzw. Gaubeauftragte für die Regelung der Bauwirtschaft in Schleswig-Holstein 1940–1945 mit zahlreichen Kriegszwangswirtschaftsakten.
- 52 lfm
- 1872–1946
- Die Verhandlungen des 1.-74. Schleswig-Holsteinischen Provinziallandtages 1868–1933 sowie die Provinzialausschussprotokolle 1872–1932 liegen in gedruckter Form in der Bibliothek des Landesarchivs vor (Signatur E II 27 und E II 27a).

Abt. 372 Korrektionsanstalt Glückstadt

Die Korrektionsanstalt Glückstadt wurde 1874 eingerichtet. Sie sollte die bis dahin als eigene Gruppe im Zuchthaus Glückstadt untergebrachten sogenannten „Corrigenden" – das waren Außenseiter der Gesellschaft wie Landstreicher, Trinker, säumige Unterhaltspflichtige, Bettler oder Prostituierte – durch Arbeit an ein geregeltes Leben heranführen. 1925 wurde die Einrichtung in „Landesarbeitsanstalt Glückstadt" umbenannt und auch zur Aufnahme von Straftätern genutzt. Ab 1933 diente sie überdies zur Unterbringung von politischen Häftlingen des nationalsozialistischen Regimes, den sogenannten Schutzhäftlingen. Nach Schließung des Strafgefängnisses Glückstadt im Jahr 1927 wurde der Anstalt außerdem ein Untersuchungsgefängnis für die Amtsgerichtsbezirke Glückstadt und Krempe angegliedert. Darüber hinaus diente sie als Landesversorgungsheim zur Unterbringung von anstaltspflegebedürftigen alten bzw. kranken Männern. Ab 1945 wurde die Einrichtung als Landesfürsorgeheim für schwer erziehbare oder straffällig gewordene Jugendliche genutzt. Zusätzlich erhielt die Anstalt eine neue Strafvollzugsabteilung für männliche und weibliche Strafgefangene. Die Heimleitung besaß auch die Dienstaufsicht über das Landesblindenheim und die Blindenwerkstätten. Das Landesfürsorgeheim Glückstadt wurde 1974 aufgelöst.

Der ältere Teil der überlieferten Akten wurde vom Sozialministerium abgegeben, die jüngere Schicht der Fürsorgeakten übernahm das Landesarchiv aus einem zentralen Aktenlager der aufgelösten Landesjugendheime im ehemaligen Schleswiger Landesjugendheim Paulihof.

- Gesetze und Rechtsgrundlagen; Haushaltssachen; Liegenschaftsverwaltung; Personalangelegenheiten; Dienstbetrieb; Erzieherische Maßnahmen und Krankenbetreuung; Verzeichnis der Schutzhäftlinge 1933; Anfragen und Bescheinigungen politischer Häftlinge 1943–1950; Fürsorgeerziehungsakten (Einzelfälle).
- 40 lfm
- 1872–1978

Abt. 373 Landesbrandkasse

Die Gründung der Landesbrandkasse beruht auf dem preußischen Gesetz vom 23. März 1872, das der Provinz die Verwaltung der drei bisher nebeneinander bestehenden Gebäudezwangsversicherungsanstalten für die Städte, für die Ämter und Landschaften sowie für die Landkirchen zum 1. Januar 1873 übertrug. Zum 1. Februar 1874 nahm diese neue Versicherungsanstalt ihre Tätigkeit unter der Bezeichnung „Provinzialständische Brandversicherungsanstalt der Provinz Schleswig-Holstein" auf. Ab 1899 galt die neue Bezeichnung „Landesbrandkasse". Das Geschäftsgebiet der Landesbrandkasse veränderte sich im Laufe der Jahre mit den Gebietsgewinnen und -verlusten der Provinz Schleswig-Holstein. Seit 1990 umfasst es das Land Schleswig-Holstein, die Freie und Hansestadt Hamburg und das Land Mecklenburg-Vorpommern. 1973 wurde die Landesbrandkasse mit der Provinzial Leben Versicherungsanstalt in Form einer Organ- und Verwaltungsgemeinschaft mit gemeinsamer Satzung und gemeinsamem Verwaltungsrat verbunden.

- ↘ Einzelne Schadensfälle; Jahresstatistiken; Ausbau des Feuerlöschwesens; Brandschutz.
- ↘ 14 lfm
- ↘ 1873–1957
- ↘ Aufsichtsakten des Oberpräsidiums liegen in Abt. 301 und des Wirtschaftsministeriums in Abt. 691 (siehe Bestandsgruppe „Landesverwaltung").

Abt. 374 Landesversicherungsanstalt Schleswig-Holstein

Bis zum Jahre 1937 gab es auf dem Gebiet des heutigen Bundeslandes Schleswig-Holstein zwei Landesversicherungsanstalten. Beide wurden im Jahr 1890 als regional gegliederte Versicherungsträger nach dem Gesetz über die Invaliditäts- und Altersversicherung vom 22. Juni 1889 gegründet. Die Hansestädte Bremen, Hamburg und Lübeck hatten sich zur „Hanseatischen Versicherungsanstalt" mit Sitz in Lübeck zusammengeschlossen. Seit dem 1. Januar 1900 führte diese die Bezeichnung „Landesversicherungsanstalt der Hansestädte". Die zweite Anstalt mit Sitz in Kiel entstand als gemeinsame „Invaliditäts- und Altersversicherungsanstalt Schleswig-Holstein" für die Provinz Schleswig-Holstein und das Fürstentum Lübeck ohne das Stadtgebiet der Hansestadt Lübeck. Seit dem 1. Januar 1912 führte die Kieler Versicherungsanstalt den Namen „Landesversicherungsanstalt Schleswig-Holstein". Ihrer Aufsicht war das zum 1. Juli 1912 eingerichtete Oberversicherungsamt Schleswig unterstellt. Die Landesversicherungsanstalten waren ursprünglich nur für die Invaliditäts- und Altersversicherung zuständig. 1895 kam die Fürsorge für erkrankte Versicherte hinzu. Als Träger der gesetzlichen Rentenversicherung waren sie auch mit der Aufklärung und Beratung der Versicherten befasst sowie mit der Gewährung von Maßnahmen zur Wiederherstellung der Erwerbsfähigkeit und zur Sicherung des Arbeitsplatzes durch medizinische und berufsfördernde Rehabilitation. Das Groß-Hamburg-Gesetz vom 26. Januar 1937 hatte eine Änderung der Bezirke zur Folge: Die Hansestadt Lübeck schied zum 1. Januar 1939 aus der „Landesversicherungsanstalt der Hansestädte" aus und kam in den Bezirk der „LVA Schleswig-Holstein". Als Entschädigung für den Verlust der „LVA der Hansestädte", die ihren Sitz von Lübeck nach Hamburg verlegte, setzte Lübeck den Umzug der Landesversicherungsanstalt Schleswig-Holstein von Kiel nach Lübeck zum 1. Februar 1939 durch. Sowohl die bezirkliche Gliederung als auch die Zuständigkeit für die Arbeiterrenten- und die Krankenversicherung blieben in der Zeit von 1945 bis 1998 bestehen. Die „Abteilung Krankenversicherung" wurde mit der Bildung des „Medizinischen Dienstes der Krankenversicherung" am 1. September 1998 aufgelöst. Zum 1. Oktober 2005 erfolgte der Zusammenschluss der drei Landesversicherungsanstalten Freie und Hansestadt Hamburg, Mecklenburg-Vorpommern und Schleswig-Holstein zur Deutschen Rentenversicherung Nord mit Hauptsitz in Lübeck und Außenstellen in Hamburg und Neubrandenburg.

- Satzungen; Vorstand, Beirat und Ausschüsse; Personalangelegenheiten; Bezirkliche Gliederung; Verwaltungsberichte und Statistik; Gesetzliche Grundlagen des Sozialversicherungswesens; Zusammenarbeit mit anderen Versicherungsträgern; Aufsicht über das Oberversicherungsamt; Invalidenversicherung; Beitrageinzug; Heilverfahren und Gesundheitsfürsorge; Bekämpfung besonderer Krankheiten; Betrieb eigener Heilstätten und Fürsorgestellen; Maßnahmen zur Hebung der Volksgesundheit; Krankenversicherung.
- 58 lfm
- 1890–1999
- Die Akten des Oberversicherungsamtes befinden sich in Abt. 314.

Abt. 375 Versorgungskasse für Beamtentöchter

Die Versorgungskasse für Beamtentöchter ist aus der 1764 von Katharina der Großen in Kiel eingerichteten Großfürstlichen Witwen- und Waisenkasse hervorgegangen. Ihr ursprünglicher Zweck war es, unverheirateten Beamtentöchtern nach dem Tode ihres Vaters ein Anrecht auf eine lebenslange Versorgung zu verschaffen. Die Töchter wurden dazu im Kindesalter unter bestimmten Konditionen in die Kasse eingekauft. Tod oder Heirat der Tochter bedingten ihr Ausscheiden aus der Kasse. Mit der Satzungsänderung vom 1. April 1889 wurde die Zuständigkeit der Versorgungskasse um die Aufgaben einer Unterstützungskasse für geistig behinderte Kinder erweitert. Ihre offizielle Bezeichnung lautete jetzt „Versorgungskasse für unverheiratete Töchter von unmittelbaren und mittelbaren Staatsbeamten in der Provinz Schleswig-Holstein". Die Kasse blieb in Kiel angesiedelt und wurde der

Aufsicht des Oberpräsidenten der Provinz unterstellt. Ihre Verwaltung erfolgte durch den Landeshauptmann. Seit der Satzungsänderung vom 6. Juli 1903 wurden im Falle des Austritts die bisher geleisteten Einzahlungen zinslos zurückerstattet, sodass die Kasse seitdem auch den Zweck einer Aussteuerkasse erfüllte. Mit Wirkung vom 20. März 1985 wurde die Einrichtung als Töchterversorgungskasse Kiel in die Rechtsform einer Anstalt des öffentlichen Rechts mit Sitz in Kiel überführt. Die Mitglieder des Verwaltungsrats wurden vom Finanzminsterium ernannt, die Aufsicht über die Kasse lag beim Wirtschaftsministerium. Im Jahre 2003 betreute die Töchterkasse Kiel noch insgesamt fünf Versorgungsempfängerinnen.

- ↘ Nachweis laufender Versicherungszahlungen; Übersicht über bestehende Versicherungen.
- ↘ 0,5 lfm
- ↘ 1889–1922
- ↘ Akten der Großfürstlichen Witwen- und Waisenkasse liegen in Abt. 27.2 (siehe Bestandsgruppe „Schleswig-Holstein insgesamt"). Aufsichtsakten befinden sich in Abt. 301, Abt. 371 sowie in Abt. 691 (siehe Bestandsgruppe „Schleswig-Holsteinische Landesverwaltung").

Abt. 376 Kreditinstitute

Das Banken- und Sparkassenwesen entwickelte sich erst im 19. Jahrhundert. Der Gedanke, „Gelder der nicht verbrauchten Einkommensteile einzusammeln und zu verzinsen", hatte allerdings schon im Jahr 1778 zur Gründung der Hamburger Sparkasse geführt. Frühe Gründungen waren auch die städtische private Diskonten- und Darlehns-Casse in Lübeck im Jahr 1819 und das private Bankhaus Wilhelm Ahlmann in Kiel 1852. Durch die Industrialisierung und Entstehung von Großbetrieben kam es dann in der Mitte des 19. Jahrhunderts zur Gründung von Aktienbanken, wie z. B. der Handelsbank in Lübeck 1856 oder der Vereinsbank in Kiel im Jahr 1865.

- ↘ Gewährung von Tilgungshypotheken; Hypothekenbücher; Finanzierung von Siedlungsbauten; Rechnungsbücher; Aufsichtsratssitzungen.
- ↘ 64 lfm
- ↘ 1788–1997

Abt. 376.1 Schleswig-Holsteinische Landschaft; Hypo-Bank

1895 beschloss die Direktion des gemeinschaftlichen Fonds der Schleswig-Holsteinischen adeligen Klöster und Güter die Gründung eines landwirtschaftlichen Bodenkreditinstituts. Am 1. Mai 1896 erfolgte die Eröffnung des „Bureaus“ der Schleswig-Holsteinischen Landschaft. Ziel der Einrichtung war es, die Landwirtschaft in der Provinz von „unberechenbaren Kreditgebern“ unabhängig zu machen. Im Jahr 1918 wurde für die Direktion die Bezeichnung „Generallandschaftsdirektion“ eingeführt. 1953 schloss die Schleswig-Holsteinische Landschaft mit der Landschaftlichen Bank Schleswig-Holstein einen Organvertrag. Am 24. November 1970 kam es zur Umwandlung der Landschaftlichen Bank Schleswig-Holstein in eine Aktiengesellschaft und zu einer Namensänderung in Bank Compagnie Nord. Aus einem reinen Anbieter von Agrarkrediten wurde so eine Einrichtung, die ihr Angebot um Baufinanzierungen und Kommunaldarlehen erweiterte. Bis 1995 war die Schleswig-Holsteinische Landschaft eine der Aufsicht des Landes Schleswig-Holstein unterstehende Körperschaft des öffentlichen Rechts, am 2. März 1995 erfolgte die Umwandlung in eine Aktiengesellschaft.

- Statuten; Geschäftsverkehr; Personalakten; Gewährung von Tilgungshypotheken; Hypothekenbücher.
- 84 lfm
- 1788–1997

Abt. 376.2 Wohnungsbaukreditanstalt Schleswig-Holstein

Der nach dem Ersten Weltkrieg festgestellte hohe Bedarf an bezahlbarem Wohnraum führte am 2. Dezember 1919 zur Gründung der Heimstätte Schleswig-Holstein. 1937 wurde die Forschungsstelle für Siedlungsgestaltung ein Bestandteil; sie existierte bis 1990. Nach dem Zweiten Weltkrieg erfolgte ein großer Zustrom von Flüchtlingen. Die daraus resultierte Wohnungsnot machte es notwendig, die Wohnungsbauförderung zu reformieren. Aus der Heimstätte Schleswig-Holstein wurde im Jahr 1947 die Landestreuhandstelle für Wohnungs- und Kleinsiedlungswesen. Letztlich entstand dann 1960 per Gesetz und mit einer Satzung aus dem Jahr 1961 die Wohnungsbaukreditanstalt, eine Anstalt des öffentlichen Rechts. Mit Wirkung vom 1. Januar 1991 wurde die Wohnungsbaukreditanstalt schließlich in die neu gegründete Investitionsbank Schleswig-Holstein überführt.

- Studien; Stellungnahmen; Vorträge; Wettbewerbsunterlagen; Chronikmaterialien; Veröffentlichungen zum Thema Haus- und Städtebau.
- 4 lfm
- 1919–1995

Abt. 376.3 Gold-Girobank Schleswig-Holstein AG

Die Gold-Girobank Schleswig-Holstein AG ist in Übereinstimmung mit der Provinzialverwaltung von sämtlichen Wirtschaftskreisen der Provinz Schleswig-Holstein, insbesondere von der Landesbank, am 6. November 1923 gegründet worden. Ihr Zweck bestand in erster Linie darin, ein wertbeständiges Zahlungsmittel zur Entlohnung der Arbeiterschaft und zur Bezahlung der landwirtschaftlichen Produkte in der Provinz zu schaffen und zugleich die Verbreitung der dänischen Währung zu verhindern. Nach Regelung der Währungsverhältnisse durch den Dawes-Plan wurde der Bank im Oktober 1924 vorgeschrieben, die im Verkehr befindlichen Verrechnungsscheine bis zum 30. September 1925 zur Einlösung aufzurufen.

- Journale; Sorten- und Devisenbücher; Aufsichtsratssitzungen.
- 1 lfm
- 1923–1931

Abt. 376.4 Sparkassen und Genossenschaftsbanken

Die Spar- und Darlehnskasse Neuberend wurde 1906 gegründet und war Mitglied des Verbandes der schleswig-holsteinischen landwirtschaftlichen Genossenschaften e. V. mit Sitz in Kiel. Am 22. März 1972 wurde die Kasse aufgelöst und das Vermögen auf die Landeskreditbank Schleswig-Holstein übertragen.

- Protokollbücher.
- 0,5 lfm
- 1906–1972

Abt. 377 Provinzial-Pflegeanstalt bei Neustadt in Holstein

Die Gründung der Provinzial-Pflegeanstalt bei Neustadt in Holstein resultierte aus dem preußischen Gesetz über den Unterstützungswohnsitz vom 11. Juli 1893. Danach waren die Landarmenverbände der preußischen Provinzen verpflichtet, zur Pflege und Behandlung geistig Behinderter geeignete Anstalten einzurichten. Da die Kapazität der sogenannten Irrenanstalt zu Schleswig erschöpft war, erwarb der Provinzialausschuss auf Anregung des Provinzial-Landtagsabgeordneten und Cismarer Landrats von Dewitz das Gelände der in Konkurs gegangenen Neustädter Zuckerfabrik, wo am 1. Oktober 1893 der Neubau der Provinzial-Pflegeanstalt eröffnet werden konnte. Bereits in den Jahren 1897 bis 1900 wurde die Kapazität der Pflegeanstalt erheblich ausgeweitet. So entwickelte sich die als Schleswiger Filiale konzipierte Neustädter Pflegeanstalt zur zweiten großen Anstalt in der Provinz. Deren Umbenennung in „Provinzial-Irrenanstalt" im Frühjahr 1905 betonte diesen Status. Am 27. März 1914 verfügte der Provinzial-Landtag die Umbenennung der Neustädter Anstalt in „Provinzial-Heil- und Pflegeanstalt". Im Jahr 1941 wurde die Neustädter Landesheilanstalt als Ausweichkrankenhaus für den norddeutschen Raum hergerichtet, nachdem ein großer Teil der Patienten nach Verlegung in andere Anstalten durch die nationalsozialistischen Euthanasiemaßnahmen ums Leben gekommen war. Nach dem Ende des Zweiten Weltkriegs erfolgte der Ausbau der Neustädter Anstalt zu einem Fachkrankenhaus für Psychiatrie und Neurologie, das seit dem 1. Juni 1978 auch für die Behandlung von Suchtkranken genutzt wurde. Nach dem Gesetz über die Errichtung öffentlich-rechtlicher Fachkliniken änderte sich die Rechtsform zum 1. Januar 1996 in die einer Anstalt des öffentlichen Rechts. Diese wurde zum 1. November 1998 umbenannt in Ostseezentrum für seelische Gesundheit. Im Jahre 2003 fusionierte das Ostseezentrum mit dem ehemaligen Landeskrankenhaus Heiligenhafen zum sogenannten Psychiatrium Neustadt, welches 2004 durch Verkauf an die Schweizer Ameos-Gruppe privatisiert wurde.

- Akten einzelner Patienten; Verlegungslisten von Patienten in andere Anstalten während des Jahres 1941.
- 10 lfm
- 1893–1958
- Akten der sogenannten Irrenanstalt zu Schleswig befinden sich in Abt. 64.1 (siehe Bestandsgruppe „Schleswig-Holstein insgesamt").

Abt. 379 Schleswig-Holsteinische Höfebank/Landgesellschaft Schleswig-Holstein

Die Schleswig-Holsteinische Höfebank GmbH wurde 1913 als gemeinnützige ländliche Siedlungsgesellschaft in Kiel gegründet. 1936 entstand aus ihr die Schleswig-Holsteinische Landgesellschaft mbH, da der Name „Bank" laut Reichsgesetz vom 5. Dezember 1934 nur noch für die eigentlichen Kreditinstitute verwendet werden durfte. Zweck der Landgesellschaft war die Schaffung neuer Bauernhöfe und Landarbeitersiedlungen sowie die Vergrößerung landwirtschaftlicher Betriebe durch die Bereitstellung von Land und Kapital in Zusammenarbeit mit der staatlichen Landeskulturverwaltung. Nach 1945 trat als weiterer Schwerpunkt die Schaffung von Voll- und Nebenerwerbsstellen für heimatvertriebene Bauern hinzu und später die Mitwirkung an Flurbereinigungsverfahren und an der Agrarstrukturverbesserung. Die 1950 gegründete Schleswiger Landsiedlung GmbH in Rendsburg ging bereits 1959 in der Landgesellschaft auf, die 1947 gegründete Ostholsteinische Landsiedlung GmbH in Eutin folgte 1972. Die Landgesellschaft wurde 1996 ein Teil der Landesentwicklungsgesellschaft (LEG) des Landes Schleswig-Holstein. Seit 2001 veräußerte man die Landesanteile und privatisierte die Landgesellschaft Schleswig-Holstein. Sie gehörte seit 2004 – nach wie vor mit Sitz in Kiel – zur Deutsche Grundvermögen AG (DGAG) in Kiel und Hamburg, welche 2007 wiederum an die Pirelli & C. Real Estate Deutschland GmbH kam.

Die Akten der Landgesellschaft – nur wenig durch Kassation geschmälert – wurden zwischen 1977 und 1988 an das Landesarchiv abgegeben.

- ↘ Höfebank: Protokollbände und Akten der Nordschleswigschen Bodenkreditgesellschaft. – Landgesellschaft: Einzelmaßnahmen, vor allem Siedlungs- und Rentengutsverfahren der 1920er- und 1930er-Jahre; Siedlungs- und Flurbereinigungsverfahren der 1950er- bis 1970er-Jahre; Eingliederungsmaßnahmen; 30.000-ha-Programm der 1950er- bis 1970er-Jahre; Geschäftsberichte 1948 bis 1975.
- ↘ 78 lfm
- ↘ (1776–) 1874–1999
- ↘ Akten von Einzelmaßnahmen befinden sich auch in der Überlieferung der Ämter für Land- und Wasserwirtschaft (Abt. 734, siehe Bestandsgruppe „Schleswig-Holsteinische Landesverwaltung seit 1946“). Karten liegen in Abt. 402 A 66 (siehe Bestandsgruppe „Karten und Bilder“).

Abt. 380 Landwirtschaftskammer Schleswig-Holstein/Landesbauernschaft Schleswig-Holstein

Seit 1834 bestand der Schleswig-Holsteinische Landwirtschaftliche Generalverein. Er löste sich 1896 auf und brachte Vermögen, Personal und Einrichtungen in die im März 1896 gegründete Landwirtschaftskammer für die Provinz Schleswig-Holstein ein. Zeitgleich entstanden in den anderen preußischen Provinzen Landwirtschaftskammern als berufsständische Selbstverwaltungskörperschaften. 1933 wurde die Landwirtschaftskammer zur Landesbauernschaft gleichgeschaltet und dem Reichsnährstand eingegliedert. Auch die Landwirtschaftskammern von Landesteil und Stadt Lübeck sowie später auch die Hamburgs gingen in der Landesbauernschaft Schleswig-Holstein auf. Die britischen Besatzungsbehörden ließen die Landesbauernschaft im Hinblick auf eine geordnete Versorgung der Bevölkerung bestehen und gaben sie 1947 in die Hände der neuen schleswig-holsteinischen Landesregierung. Nun schuf man als Ersatz zunächst eine Landesbauernkammer, mit Gesetz vom 19. Mai 1953 aber wieder eine Landwirtschaftskammer. Sie soll im „Grünen Bereich“ Landwirtschaft und Fischerei mit den dort tätigen Menschen durch Beratung und Förderung von Aus- und Fortbildung sowie als Interessenvertretung wirken.

Die erste Abgabe von Karten und Bauplänen durch die Landesbauernschaft an das damalige Staatsarchiv Kiel im Jahr 1940 muss als Kriegsverlust gelten. Auch Akten ihres Vorgängers, des Generalvereins, die 1942 an das Dokumentenarchiv des Reichsbauernführers in Berlin gegangen waren, sind offensichtlich bis auf einige wenige Unterlagen, die 2002 vom Geheimen Staatsarchiv Preußischer Kulturbesitz abgegeben wurden, verloren. So setzt sich der heutige Aktenbestand im Landesarchiv vor allem aus Abgaben von 1944, 1996 und 2000 zusammen.

- Allgemeine Verwaltung; Fischerei; Dolmetscherbüro (Besatzungszeit); Ausbildung: Landwirtschaftsschule Kiel und Landfrauenschule Glücksburg.
- 31 lfm
- 1870–1988
- Akten der Kreislandwirtschaftsbehörden befinden sich in Abt. 348, Akten des Beauftragten für das in den Ländern Schleswig-Holstein und Hamburg belegene Reichsnährstandsvermögen in Abt. 529 (siehe Bestandsgruppe „Reichs- und Bundesbehörden“). In Abt. 422 werden auch Bestände landwirtschaftlicher Vereine verwahrt (siehe Bestandsgruppe „Sammlungen“).

Abt. 381 Schleswig-Holsteinische Ärztekammer

Durch Verordnung vom 25. Mai 1887 wurde jeder preußischen Provinz die Bildung einer Ärztekammer vorgeschrieben. Aufgabe der als Standesvertretung konzipierten Kammern sollte die Erörterung aller Angelegenheiten sein, die den ärztlichen Beruf oder das Interesse der öffentlichen Gesundheitspflege betrafen. Vertreter der Ärztekammer nahmen als Berater an den Sitzungen des Provinzial-Medizinal-Kollegiums teil. In Schleswig-Holstein fand die erste Wahl der zwölf Kammermitglieder am 25. November 1887 statt; auf der 1. Kammersitzung am 18. Januar 1888 in Kiel wurde der Altonaer Sanitätsrat Wallichs zum Vorsitzenden gewählt. Angesiedelt war die Ärztekammer beim Oberpräsidium in Kiel, das auch die staatliche Aufsicht über die Kammer ausübte. Durch die Reichsärzteordnung vom 13. Dezember 1933 wurden die Ärztekammern zum 1. April 1936 grundlegend umorganisiert und der Reichsärztekammer direkt unterstellt; Sitz der Kammer wurde der Wohnort des jeweiligen Vorsitzenden.

Die Unterlagen der Ärztekammer wurden von deren Vorsitzendem, dem Kieler Sanitätsrat Dr. Lubinus, im Oktober 1934 an das Landesarchiv abgegeben.

- ↘ Mitgliederlisten; Kammerwahlen; Sitzungsprotokolle; Tätigkeitsberichte; Journale; Korrespondenz mit Versicherungen und Krankenkassen; Steuererklärungen einzelner Ärzte; Standesangelegenheiten; Beihilfen für Kammerangehörige.
- ↘ 3 lfm
- ↘ 1887–1926
- ↘ Aufsichtsakten befinden sich im Bestand des Oberpräsidiums und Provinzialrats der Provinz Schleswig-Holstein (Abt. 301). Kammerangelegenheiten sind auch in den Geschäftsakten des Provinzial-Medizinal-Kollegiums überliefert (Abt. 303).

Abt. 389 Militärbehörden

In dem Mischbestand ist Schriftgut geringen Umfangs von Dienststellen der Seestreitkräfte aus der Zeit des Deutschen Kaiserreichs zusammengefasst. Bei den Dienststellen handelt es sich um die Fortifikation Friedrichsort und die Intendantur der Marinestation der Ostsee in Kiel. Die Fortifikation Friedrichsort war zuständig für die Unterhaltung der Festungs- und Artilleriebauten in Friedrichsort und Umgebung. Der Marine-Intendantur Kiel oblag die gesamte Verwaltung und die Versorgung der örtlichen Marinegarnison.

- ↘ Liegenschaften in Kiel und Umgebung: Marine-Garnisonsfriedhof in Kiel; Beschreibungen und Pläne der Festung Friedrichsort, der Hafenbefestigungen in Kiel, der Forts Falckenstein und Herwarth sowie der Befestigungsanlagen an den Schleusen des Nord-Ostsee-Kanals in Holtenau und an den Kanalbrücken Grünental und Levensau.
- ↘ 0,1 lfm
- ↘ 1904–1918

Abt. 395 Hofmarschallamt Prinz Heinrich von Preußen

Prinz Heinrich von Preußen (1862–1929) war der Bruder Kaiser Wilhelms II. Er trat 1877 in die Kaiserliche Marine ein und war seit 1909 Großadmiral und Generalinspekteur der Marine. Seit seiner Heirat mit Prinzessin Irene von Hessen-Darmstadt im Jahr 1888 hatte Prinz Heinrich einen eigenen Hofhaushalt und einen Hofmarschall. Das Hofmarschallamt (ab 1918 Verwaltungsamt des Prinzen Heinrich von Preußen) war die ihm persönlich zugeordnete kleine Behörde, die für die Organisation, die Verwaltung, den Haushalt und den offiziellen Schriftverkehr Prinz Heinrichs zuständig war. Gemäß organisatorischen Vorschriften von 1904 war sie in die beiden Abteilungen Hofmarschallamtsgeschäfte einschließlich Hofmarschallamtskasse und Güterverwaltung untergliedert. Der Bestand befindet sich als Depositum im Landesarchiv.

↘ Zeremonialangelegenheiten des Prinzen Heinrich von Preußen; Hofhaltung der Prinzen Waldemar und Sigismund; Vermögens- und Personalsachen; Verwaltung des Kieler Schlosses (Dienstsitz des Prinzen Heinrich); Verwaltung der brandenburgischen Allodialrittergüter Paretz, Falkenrehde und Uetz im Kreis Osthavelland; Fideikommissherrschaft Opatow in der Provinz Posen.

↘ 47 lfm

↘ 1701–1952

↘ Karten befinden sich in Abt. 402 A 37 (siehe Bestandsgruppe „Karten und Bilder“).

Justiz seit 1867

Abt. 350 Schleswig-Holsteinisches Oberlandesgericht

Das heutige Oberlandesgericht wurde 1867 als Appellationsgericht in Kiel eingerichtet. Es war Rechtsmittelinstanz für Entscheidungen in bürgerlichen Rechtssachen und Strafsachen; hinzu kam die Zuständigkeit für Entscheidungen in Kompetenzkonflikten zwischen Kreis- und Amtsgerichten, für Justizaufsichtsangelegenheiten sowie für Fideikommiss- und Familienstiftungssachen. Fideikommiss war eine Einrichtung des deutschen Rechts, wonach ein Familienvermögen für unveräußerlich erklärt werden konnte. Die späteren Generationen waren daran gebunden. Das Fideikommiss blieb ungeteilt in der Hand eines Familiengliedes. Aufgelöst wurde die Einrichtung des Fideikommisses 1919 durch die Weimarer Verfassung, die Abwicklung zieht sich bis heute hin. Das Appellationsgericht wurde 1879 umbenannt in Oberlandesgericht. Nach 1918 gab es Veränderungen in der Zuständigkeit. So kam ab 1924 die Bearbeitung von Landesverratsfällen hinzu, später auch von Hochverratsfällen. 1948 wurde das Gericht von Kiel nach Schleswig verlegt.

- ↘ Justizverwaltung: Rechtsordnung und Rechtspflege; Gerichtsorganisation; Geschäftsverteilung; Justizgebäude und -grundstücke; Haushalt; Freiwillige Gerichtsbarkeit; Schwur- und Schöffengerichte; Grundbuchsachen; Kassenwesen; Personalangelegenheiten; Verfassung und Verwaltung; Rechts- und Dienstverhältnisse der Staatsbediensteten; Zivilrecht und Zivilrechtsgang einschließlich Gerichtsverfassung; Strafrecht, Strafrechtsgang, Strafvollzug und Polizei; Finanzwesen; Wohlfahrtspflege; Wirtschaftsangelegenheiten; Land- und Forstwirtschaft; Verteidigung und auswärtige Angelegenheiten. – Akten der Senate: Generalakten; Zivil- und Strafsachen; Verwaltung von unter feindlichem Einfluss stehenden Unternehmen aus der Zeit des Zweiten Weltkrieges; Vertragshilfe in Energiewirtschaftssachen. – Fideikommissakten (bis ins 17. Jh. zurückgehend): Generalakten; Schleswig-holsteinische Fideikommisse; Lauenburgische Fideikommisse; Lehnsgrafschaften; Sonstige Fideikommisse; Deponierte Testamente und Nachlasssachen; Deponierung von Wertpapieren.
- ↘ 189 lfm
- ↘ 1661–1979

Abt. 351 Der Generalstaatsanwalt des Landes Schleswig-Holstein

Staatsanwaltschaften als Strafverfolgungs- und Strafvollstreckungsbehörden sind in Schleswig-Holstein 1867 im Rahmen der preußischen Justizreformen eingerichtet worden. Sie führten zugleich von 1867 bis 1923 und von 1933 bis 1970 die Aufsicht über die Strafvollzugsanstalten. Beim Oberappellationsgericht bzw. ab 1879 beim Oberlandesgericht Kiel war ein Oberstaatsanwalt tätig. Durch das preußische Gesetz betreffend das Diensteinkommen der unmittelbaren Staatsbeamten vom 7. Mai 1920 wurde den Oberstaatsanwälten beim Oberlandesgericht der Titel Generalstaatsanwalt verliehen. Die Aufsicht über die Strafvollzugsanstalten war von 1923 bis 1933 einem eigenständigen Strafvollzugsamt übertragen worden, als dessen nebenamtlicher Präsident der Generalstaatsanwalt fungierte. Die erhaltenen Akten des Strafvollzugsamtes sind in den vorliegenden Bestand eingeordnet worden. Die Hauptaufgabe der Generalstaatsanwaltschaft besteht in der Anklagevertretung bei erstinstanzlich oder in Revision vor dem Oberlandesgericht verhandelten Strafsachen. Nur bei den erstinstanzlichen Strafsachen, in der Regel Staatsschutzangelegenheiten, ist die Generalstaatsanwaltschaft auch aktenführende Behörde. Zuständig ist sie auch in Rechtshilfe- und Auslieferungsverfahren, vertritt das Land in Zivilprozessen und ist an anwaltsgerichtlichen Verfahren beteiligt. Daneben obliegt dem Generalstaatsanwalt die Dienst- und Fachaufsicht für die Staatsanwälte beim Oberlandesgericht und die Staatsanwälte seines Bezirks (Staatsanwaltschaften Flensburg, Kiel, Lübeck und Itzehoe).

- ↘ Justizverwaltung; Akten über den Strafvollzug; Personalakten; Berichte der Staatsanwaltschaften in Strafsachen von besonderer Bedeutung (vor allem Verfahren wegen Verbrechens gegen die Menschlichkeit und Verfahren mit politischem Einschlag); Akten der Zentralstelle zur Bekämpfung jugendgefährdender Schriften; Handakten in Zivilsachen; Aus- und Durchlieferungssachen; Innerdeutsche Rechts- und Amtshilfe in Strafsachen; Dienststrafsachen; Ehrengerichtssachen; Erstinstanzliche Hoch- und Landesverratsverfahren sowie Verfahren wegen Bildung terroristischer Vereinigungen.
- ↘ 180 lfm
- ↘ 1867–2000

Abt. 352 Landgerichte und Staatsanwaltschaften

Bei der Neugliederung des Gerichtswesens in der preußischen Provinz Schleswig-Holstein wurden 1879 anstelle der aufgelösten Kreisgerichte Altona, Itzehoe, Kiel, Ratzeburg sowie Flensburg und Schleswig die drei Landgerichte Altona, Kiel und Flensburg mit je einer Staatsanwaltschaft eingerichtet. Eine einschneidende Änderung erfuhr die Gerichtsgliederung 1937 als Folge des Groß-Hamburg-Gesetzes: Das Landgericht Altona wurde aufgehoben, die damals bei Schleswig-Holstein verbleibenden Teile des Gerichtsbezirks dem zum 1. April 1937 neu eingerichteten Landgericht Itzehoe und dem Landgericht Lübeck zugeschlagen. Das Landgericht Lübeck war 1879 für die Gebiete der Freien und Hansestadt Lübeck und des oldenburgischen Fürstentums Lübeck eingerichtet worden. Es ging zum 1. April 1937 aus dem Bezirk des Hanseatischen Oberlandesgerichts Hamburg in den Oberlandesgerichtsbezirk Kiel über. Der Landgerichtsbezirk Altona umfasste die Amtsgerichtsbezirke in den Kreisen Norder- und Süderdithmarschen, Herzogtum Lauenburg, Pinneberg, Steinburg und Stormarn. Der Landgerichtsbezirk Itzehoe umfasste in der Zeit nach dem Zweiten Weltkrieg die Amtsgerichtsbezirke Elmshorn, Itzehoe, Meldorf und Pinneberg, der Landgerichtsbezirk Kiel die Amtsgerichtsbezirke Bad Segeberg, Eckernförde, Kiel, Neumünster, Norderstedt, Plön und Rendsburg und der Landgerichtsbezirk Lübeck die Amtsgerichtsbezirke Ahrensburg, Bad Oldesloe, Bad Schwartau, Eutin, Lübeck, Oldenburg in Holstein, Ratzeburg, Reinbek und Schwarzenbek. Das einzige Landgericht des Landesteils Schleswig bildet zusammen mit seiner Staatsanwaltschaft Flensburg den Bestand Abt. 354.

Abt. 352.1 Landgericht und Staatsanwaltschaft Altona

- Landgericht: Justizverwaltung; Personalakten; Zivilsachen; Berufungsurteile in Zivilsachen. – Staatsanwaltschaft: Strafsachen; Verfahrensregister und Strafprozesslisten. – Kreisgericht Itzehoe: Strafsachen. – Kreisgericht Altona: Zivilsachen.
- 87 lfm
- 1862–1975

Abt. 352.2 Landgericht und Staatsanwaltschaft Itzehoe

- Landgericht: Justizverwaltung; Personalakten; Zivilsachen. – Staatsanwaltschaft: Justizverwaltung; Personalakten; Strafsachen.
- 79 lfm
- 1880–2003

Abt. 352.3 Landgericht und Staatsanwaltschaft Kiel

- Landgericht: Justizverwaltung; Personalakten; Zivilsachen; Akten der Wiedergutmachungsämter bei den Landgerichten Flensburg, Kiel, Itzehoe, Lübeck, Kiel und der Entschädigungskammern beim Landgericht Kiel. – Staatsanwaltschaft: Justizverwaltung; Personalakten; Strafsachen; Verfahrensregister. – Kreisgericht Kiel: Zivilsachen. – Kreisgericht Itzehoe: Zivilsachen; Strafsachen.
- 508 lfm
- 1867–2005

Abt. 352.4 Landgericht und Staatsanwaltschaft Lübeck

- Landgericht: Justizverwaltung; Personalakten; Zivilsachen; Ehescheidungen und Ehelichkeitsanfechtungen mit medizinischen bzw. erbbiologischen Gutachten; Akten des Schiedsgerichts „Calmette-Prozess" 1932–1957. – Staatsanwaltschaft: Justizverwaltung; Personalakten; Strafsachen.
- 182 lfm
- 1830–2013

Abt. 353 Kreisgerichte

1867 wurden fünf Kreisgerichte in Altona, Itzehoe, Kiel, Flensburg und Schleswig eingerichtet. 1876 kam mit der Angliederung des Kreises Herzogtum Lauenburg an die Provinz Schleswig-Holstein das Kreisgericht Ratzeburg hinzu. 1879 wurden die Kreisgerichte wieder aufgehoben. Für die Akten der Kreisgerichte Kiel, Flensburg und Schleswig wurden keine gesonderten Abteilungen eingerichtet.

- Kreisgericht Altona (Abt. 353 Altona): Justizverwaltung. – Kreisgericht Itzehoe (Abt. 353 Itzehoe): Justizverwaltung; Adoptionen; Bestätigung von Annahmen an Kindesstatt. – Kreisgericht Ratzeburg (Abt. 353 Ratzeburg): Justizverwaltung; Berichtigung von Standesamtsregistern; Strafsachen.
- 2 lfm
- (1843) 1867–1879
- Zivil- und Strafsachen der Kreisgerichte Flensburg und Schleswig befinden sich in Abt. 354, Zivil- und Strafsachen des Kreisgerichts Itzehoe in Abt. 352 Altona und Abt. 352 Kiel, Zivilsachen der Kreisgerichte Altona und Kiel in Abt. 352 Altona und Abt. 352 Kiel.

Abt. 354 Landgericht und Staatsanwaltschaft Flensburg

Das Landgericht und die Staatsanwaltschaft Flensburg wurden am 1. Oktober 1879 eingerichtet. Das Landgericht trat an die Stelle der am 1. September 1867 entstandenen Kreisgerichte Schleswig und Flensburg. Sein Sprengel umfasste die Kreise Flensburg, Apenrade, Hadersleben, Sonderburg, Schleswig, Eiderstedt, Husum und Tondern. Infolge der Abtretung Nordschleswigs an Dänemark am 15. Juni 1920 schieden die Kreise Apenrade, Hadersleben und Sonderburg, der nördliche Teil des Kreises Tondern sowie ein kleiner Teil des Kreises Flensburg aus dem Landgerichtsbezirk aus. Vom 9. August 1932 bis zum 19. Dezember 1932 war die Staatsanwaltschaft auch Ermittlungsbehörde beim Sondergericht Flensburg. Im Jahre 2008 umfasste der Bezirk die kreisfreie Stadt Flensburg, die Kreise Nordfriesland und Schleswig-Flensburg sowie einen Teil des Kreises Rendsburg-Eckernförde. Amtsgerichte befanden sich zu diesem Zeitpunkt in Flensburg, Husum, Niebüll und Schleswig.

Der Sprengel des Landgerichts Flensburg war mit den Sprengeln der 1879 wieder aufgehobenen Kreisgerichte Schleswig und Flensburg fast deckungsgleich. Die wenigen überlieferten Akten dieser Kreisgerichte wurden daher in den Archivbestand des Landgerichts Flensburg integriert.

- Landgericht: Justizverwaltung, Personalakten, Zivilsachen. – Staatsanwaltschaft: Justizverwaltung; Personalakten; Strafsachen (auch Sondergerichtsakten der Ermittlungsbehörde beim Sondergericht Flensburg). – Kreisgerichte Flensburg und Schleswig: Zivil- und Strafsachen.
- 250 lfm
- 1853–2006
- Die Landgerichte und Staatsanwaltschaften des Landesteils Holstein sind zu Unterabteilungen von Abt. 352 zusammengefasst.

Abt. 355 Amtsgerichte

1867 wurden in Schleswig-Holstein 86, im Herzogtum Lauenburg fünf erstinstanzliche Amtsgerichte eingerichtet. Sie waren damals die ersten Gerichte dieser Art in Preußen. 1879 wurden sie im Zuge der Neugliederung des Gerichtswesens aufgelöst und siebzig Amtsgerichte neu begründet. Die Amtsgerichte Eutin und Schwartau im Fürstentum Lübeck gab es bereits seit 1861. Durch wiederholte Zusammenlegungen kleinerer Gerichtsbezirke kam es zu einer Verringerung der Amtsgerichtszahl in Schleswig-Holstein bis zum Jahr 1995 auf dreißig. Die Überlieferung der einzelnen Amtsgerichte ist nach Art und Umfang unterschiedlich. Nachstehend sind nur die Überlieferungsschwerpunkte und die Besonderheiten aufgeführt. Die Schuld- und Pfandprotokolle, die 1867 insbesondere von den Ämtern übernommen und bis zur Einführung der Grundbücher 1884/86 in alter Form und nach überkommener Distriktseinteilung fortgeführt wurden, sind in die Bestände der Ämter und Landschaften (Abt. 100ff) eingeordnet worden und dort zu suchen. Die erst 1860/61 in Lauenburg eingerichteten Schuld- und Pfandprotokolle befinden sich hingegen in Abt. 355. Das Amtsgericht Lübeck gehört nach einer Vereinbarung von 1948 zum Sprengel des Archivs der Hansestadt Lübeck.

Abt. 355.1 Ahrensbök

Das Amtsgericht Ahrensbök wurde 1867 eingerichtet und 1933 aufgelöst.

- Strafsachen; Handelsregisterakten B; Vereins- und Genossenschaftsregisterakten; Testamente und Nachlassakten; Justizverwaltung; Stellakten (Akten über die Hufen- und Katenstellen in den einzelnen Dörfern; sie wurden seit dem ausgehenden 18. Jh. beim Amt, seit der Errichtung des Amtsgerichts bei diesem geführt und reichen bis zur Anlegung der Grundbücher 1891).
- 17 lfm
- (18. Jh.–) 1867–1933 (–1942)
- Notariatsakten aus dem Amtsgerichtsbezirk Ahrensbök befinden sich in Abt. 360 (siehe Bestandsgruppe „Preußische Verwaltung“).

Abt. 355.2 Ahrensburg

Das Amtsgericht Ahrensburg wurde 1867 eingerichtet.

- Konkursakten; Handelsregisterakten A; Todeserklärungen; Stiftungsakten; Justizverwaltung; Personalakten.
- 2 lfm
- 1876–1971

Abt. 355.6 Bad Bramstedt

Das Amtsgericht Bramstedt wurde 1867 eingerichtet und 1983 aufgelöst.

- Genossenschaftsregisterakten; Testamente und Nachlassakten; Erbhofakten.
- 16 lfm
- 1868–1968

Abt. 355.53 Bad Schwartau

Das Amtsgericht Schwartau wurde 1861 eingerichtet.

- Zivilsachen; Zivilprozessregister; Konvokationssachen; Konkursakten; Strafsachen; Strafprozessregister; Stellakten, teils bis Ende des 17. Jh. zurückreichend (vgl. Abt. 355.1); getilgte Dokumente zum Schuld- und Pfandprotokoll; Handelsregisterakten B; Testamentenbücher; Nachlassakten; Vormundschaftssachen; Adoptionen; Erbhofakten; Justizverwaltungsakten; Personalakten; Gefangenenregister des Gerichtsgefängnisses Schwartau.
- 36 lfm
- (17. Jh.–) 1861–1954

Abt. 355.3 Bargteheide

Das Amtsgericht Bargteheide wurde 1867 eingerichtet und 1970 aufgelöst.

- Grundakten; Vereins- und Genossenschaftsregisterakten; Testamente und Nachlassakten; Erbhöferollen und Erbhofakten; Realrepertorien; Gebäudesteuerrollen und Flurbücher.
- 15 lfm
- (18. Jh.–) 1867–1967

Abt. 355.4 Bordesholm

Das Amtsgericht Bordesholm wurde 1867 eingerichtet und 1975 aufgelöst.

- Testamente und Nachlassakten.
- 3 lfm
- (1841–) 1867–1943
- Notariatsakten aus dem Amtsgerichtsbezirk Bordesholm befinden sich in Abt. 360 (siehe Bestandsgruppe „Preußische Verwaltung").

Abt. 355.5 Bornhöved

Das Amtsgericht Bornhöved wurde 1867 eingerichtet und 1871 aufgelöst.

- Testamente und Nachlassakten.
- 0,1 lfm
- 1868–1871 (–1874)

Abt. 355.7 Bredstedt

Das Amtsgericht Bredstedt wurde 1867 eingerichtet und 1975 aufgelöst.

- Strafsachen; Todeserklärungen; Vormundschafts-, Pflegschafts- und Beistandsakten; Unterbringungssachen.
- 2 lfm
- 1885–1975 (–2000)

Abt. 355.8 Burg auf Fehmarn

Das Amtsgericht Burg auf Fehmarn wurde 1867 eingerichtet und 1976 aufgelöst.

- Vormundschaftsregister; Schiedsmannsprotokoll; Erbhofakten; Justizverwaltung; Kirchenaustritte; Arrestbuch der Jugendstrafanstalt; Flurbücher; Gebäudesteuerrollen; Namensregister von Grundeigentümern.
- 5 lfm
- (1860) 1867–1963
- Notariatsakten aus dem Amtsgerichtsbezirk Burg auf Fehmarn befinden sich in Abt. 360 (siehe Bestandsgruppe „Preußische Verwaltung“).

Abt. 355.9 Eckernförde

Das Amtsgericht Eckernförde wurde 1867 eingerichtet.

- Zivilsachen; Testamente; Erbhofakten; Landwirtschaftsakten; Justizverwaltung.
- 18 lfm
- 1868–1999

Abt. 355.10 Elmshorn

Das Amtsgericht Elmshorn wurde 1867 eingerichtet.

- Konkursakten; Handelsregisterakten A und B; Vereins- und Genossenschaftsregisterakten; Todeserklärungen; Certenprotokolle (Nebenbücher zu den beim Amtsgericht fortgeführten Schuld- und Pfandprotokollen) des Klosters Uetersen und des Fleckens Elmshorn.
- 44 lfm
- 1867–2009

Abt. 355.11 Eutin

Das Amtsgericht Eutin wurde 1861 eingerichtet.

- Strafsachen; Handelsregisterakten A und B; Vereins- und Genossenschaftsregisterakten; Nachlassakten; Nachlasspflegschaften und Testamente; Justizverwaltung; Gefangenenverzeichnisse des Gerichtsgefängnisses 1930–1937; Stellakten (vgl. Abt. 355.1); Extrakte aus den Schuld- und Pfandprotokollen zur Vorbereitung der Grundbücher.
- 25 lfm
- (18. Jh.–) 1861–1967

Abt. 355.12 Flensburg

Das Amtsgericht Flensburg wurde 1867 eingerichtet.

- Zivilsachen; Zwangsversteigerungs- und Konkursakten; Strafsachen; Handelsregisterakten A und B; Vereins- und Genossenschaftsregisterakten; Gesellschaftsregisterakten; Seeschiffsregisterakten; Schiffsbauregisterakten; Todeserklärungen; Vormünderprotokolle; Adoptionen; Entmündigungen; Stiftungsakten; Erbhofakten; Generalakten und Streitsachen des Anerbengerichts; Generalakten des Erbgesundheitsgerichts.
- 137 lfm
- 1867–2009

Abt. 355.13 Friedrichstadt

Das Amtsgericht Friedrichstadt wurde 1867 eingerichtet und 1975 aufgelöst.

- Strafsachen; Todeserklärungen; Erbhöferollen und Erbhofakten; Realrepertorien; Unterbringungssachen.
- 9 lfm
- 1869–1975

Abt. 355.14 Garding

Das Amtsgericht Garding wurde 1867 eingerichtet und 1959 aufgelöst.

- Zivilsachen; Handelsregisterakten A und B; Vereinsregisterakten; Todeserklärungen; Vormundschafts- und Pflegschaftsakten; Erbhofakten.
- 4 lfm
- 1889–1959

Abt. 355.15 Geesthacht

Das Amtsgericht Geesthacht wurde 1957 eingerichtet.

- ↘ Grundbücher von Geesthacht und Düneberg, geschlossen 1937; Aufwertungsakten.
- ↘ 7 lfm
- ↘ 1885–1937

Abt. 355.16 Glückstadt

Das Amtsgericht Glückstadt wurde 1867 eingerichtet und 1982 aufgelöst.

- ↘ Todeserklärungen; Testamente und Nachlassakten; Justizverwaltung.
- ↘ 4 lfm
- ↘ (1864–) 1867–1980

Abt. 355.17 Hadersleben

Das Amtsgericht Hadersleben wurde 1867 eingerichtet und 1920 bei der Abtretung Nordschleswigs an Dänemark aufgelöst.

- ↘ Strafsachen.
- ↘ 1 lfm
- ↘ 1884–1912

Abt. 355.18 Heide

Das Amtsgericht Heide wurde 1867 eingerichtet und 1971 aufgelöst.

- ↘ Erbhofakten.
- ↘ 7 lfm
- ↘ 1934–1943

Abt. 355.19 Heiligenhafen

Das Amtsgericht Heiligenhafen wurde 1867 eingerichtet und 1975 aufgelöst.

- ↘ Justizverwaltung.
- ↘ 0,5 lfm
- ↘ 1879–1963

Abt. 355.20 Hohenwestedt

Das Amtsgericht Hohenwestedt wurde 1867 eingerichtet und 1975 aufgelöst.
- Strafsachen; Testamente; Vormundschafts- und Pflegschaftsakten.
- 3 lfm
- 1867–1961
- Notariatsakten aus dem Amtsgerichtsbezirk Hohenwestedt befinden sich in Abt. 360 (siehe Bestandsgruppe „Preußische Verwaltung").

Abt. 355.21 Husum

Das Amtsgericht Husum wurde 1867 eingerichtet.
- Zivilsachen; Strafsachen; Todeserklärungen; Unterbringungssachen; Vereinsregisterakten; Handelsregisterakten B.
- 20 lfm
- 1874–1993

Abt. 355.22 Itzehoe

Das Amtsgericht Itzehoe wurde 1867 eingerichtet.
- Zeichen-, Formen-, Gesellschafts- und Prokurenregister; Handelsregisterakten A und B; Vereins- und Genossenschaftsregisterakten; Seeschiffsregisterakten; Todeserklärungen; Kirchenaustritte; Nachlassakten; Vormundschafts-, Pflegschafts- und Beistandsakten; Fürsorgeerziehungs- und Schutzaufsichtsakten.
- 66 lfm
- 1867–2009

Abt. 355.23 Kappeln

Das Amtsgericht Kappeln wurde 1867 eingerichtet.
- Zivilsachen; Nachlassakten; Personalakten.
- 1 lfm
- 1868–1991

Abt. 355.24 Kellinghusen

Das Amtsgericht Kellinghusen wurde 1867 eingerichtet und 1982 aufgelöst.

- Todeserklärungen.
- 1 lfm
- 1951–1969

Abt. 355.25 Kiel

Das Amtsgericht Kiel wurde 1867 eingerichtet.

- Strafsachen; Generalakten betreffend Schiedsmänner; Grundakten zum Schuld- und Pfandprotokoll des Obergerichts Schleswig (Abt. 50.3, siehe Bestandsgruppe „Schleswig-Holstein insgesamt“); Handelsregisterakten A und B; Vereinsregisterakten; Seeschiffsregisterakten; Schiffbauregisterakten; Todeserklärungen; Kirchenaustritte; Testamente; Vormundschaftsakten; Fürsorge- und Schutzaufsichtsakten; Erbhofakten; Personalakten; Akten des Erbgesundheitsgerichts Kiel.
- 77 lfm
- 1868–1998
- Notariatsakten aus dem Amtsgerichtsbezirk Kiel befinden sich in Abt. 360 (siehe Bestandsgruppe „Preußische Verwaltung“).

Abt. 355.26 Krempe

Das Amtsgericht Krempe wurde 1867 eingerichtet und 1982 aufgelöst.

- Todeserklärungen; Testamente und Nachlassakten; Erbhofakten; Grundeigentümerverzeichnisse und Realrepertorien.
- 8 lfm
- 1867–1970

Abt. 355.27 Lauenburg

Das Amtsgericht Lauenburg wurde 1870 eingerichtet.

- Zivilsachen; Handelsregister; Testamente und Nachlassakten; Vormundschafts-, Pflegschafts- und Beistandschaftsakten; Stiftungsakten; Erbhofakten; Schuld- und Pfandprotokolle.
- 18 lfm
- (18. Jh.–) 1870–1950
- Notariatsakten aus dem Amtsgerichtsbezirk Lauenburg befinden sich in Abt. 360 (siehe Bestandsgruppe „Preußische Verwaltung“).

Abt. 355.28 Leck

Das Amtsgericht Leck wurde 1867 eingerichtet und 1974 aufgelöst.

- Konkursakten; Handelsregisterakten A; Todeserklärungen; Testamente; Erbhofakten und Anerbenstreitsachen; Justizverwaltung; Schiedsmannsprotokolle.
- 7 lfm
- 1867–1973

Abt. 355.29 Lütjenburg

Das Amtsgericht Lütjenburg wurde 1867 eingerichtet und 1975 aufgelöst.

- Handelsregisterakten A und B; Vereins- und Genossenschaftsregisterakten; Erbteilungen; Nachlass- und Vormundschaftsakten.
- 1 lfm
- 1869–1967

Abt. 355.30 Lunden

Das Amtsgericht Lunden wurde 1867 eingerichtet und 1932 aufgelöst.

- Testamente; Standesregisterberichtigungen; Aufwertungsakten.
- 0,5 lfm
- (1709–) 1867–1932

Abt. 355.31 Marne

Das Amtsgericht Marne wurde 1867 eingerichtet und 1971 aufgelöst.

- Kirchenaustritte; Erbhofakten.
- 3 lfm
- 1893–1955

Abt. 355.32 Meldorf

Das Amtsgericht Meldorf wurde 1867 eingerichtet.

- Handelsregister A; Handelsregister B; Handelsregisterakten B; Vereinsregister; Vereinsregisterakten; Genossenschaftsregister; Erbhofakten; Gefangenenbuch des Gerichtsgefängnisses.
- 13 lfm
- 1870–1881, 1934–2014

Abt. 355.33 Mölln

Das Amtsgericht Mölln wurde 1870 eingerichtet.

- Grundbücher der mecklenburgischen und lübeckischen Enklaven bis 1937; Testamente und Nachlassakten; Vormundschaftsakten; Erbhofakten; Schuld- und Pfandprotokolle; Genossenschaftsregisterakten; Vereinsregisterakten; Höfeakten (sie wurden seit dem 18. Jh. beim Amt, seit der Errichtung des Amtsgerichts bei diesem geführt und reichen bis zur Anlegung der Grundbücher).
- 30 lfm
- (18. Jh.–) 1870–2005

Abt. 355.34 Neumünster

Das Amtsgericht Neumünster wurde 1867 eingerichtet.

- Strafsachen; Testamente; Justizverwaltung; Personalakten; Schiedsmannsprotokollbücher.
- 5 lfm
- 1867–1965

Abt. 355.35 Neustadt in Holstein

Das Amtsgericht Neustadt wurde 1867 eingerichtet und 1975 aufgelöst.

- Strafsachen; Vereinsregisterakten; Kirchenaustritte; Testamente; Fürsorgeerziehungsakten; Justizverwaltung; Personalakten.
- 6 lfm
- 1867–1973

Abt. 355.36 Niebüll

Das Amtsgericht Niebüll wurde 1867 eingerichtet.

- Konkursakten; Handelsregisterakten A und B; Vereinsregisterakten; Todeserklärungen; Nachlassakte von Emil Nolde; Unterbringungsakten; Erbhofakten; Personalakten.
- 11 lfm
- 1888–2004

Abt. 355.37 Norderstedt

Das Amtsgericht Norderstedt wurde 1970 eingerichtet.
- Erbhofakten derjenigen Gemeinden, aus denen 1970 der Amtsgerichtsbezirk Norderstedt gebildet worden ist.
- 2 lfm
- 1933–1943

Abt. 355.38 Nortorf

Das Amtsgericht Nortorf wurde 1867 eingerichtet und 1975 aufgelöst.
- Konkursakten; Schuld- und Pfandprotokolle; Handelsregisterakten A und B; Vereins- und Genossenschaftsregisterakten; Testamente; Erbhofakten.
- 6 lfm
- 1868–1971

Abt. 355.39 Oldenburg in Holstein

Das Amtsgericht Oldenburg wurde 1867 eingerichtet.
- Handelsregisterakten B; Vereinsregisterakten; Kirchenaustritte.
- 7 lfm
- 1907–2008

Abt. 355.40 Oldesloe

Das Amtsgericht Oldesloe wurde 1867 eingerichtet.
- Eine Grundbuchabschrift des Gutes Nütschau; Eine Zivilsache.
- 0,1 lfm
- 1916, 1940

Abt. 355.41 Pinneberg

Das Amtsgericht Pinneberg wurde 1867 eingerichtet.
- Zivilsachen; Konkursakten; Strafsachen; Handelsregisterakten A und B; Vereinsregisterakten; Genossenschaftsregister; Todeserklärungen; Testamente; Vormundschafts-, Pflegschafts- und Beistandschaftsakten; Fürsorgeerziehungsakten; Unterbringungsakten.
- 36 lfm
- (1844–) 1867–2009

Abt. 355.42 Plön

Das Amtsgericht Plön wurde 1867 eingerichtet.
- Justizverwaltung.
- 0,1 lfm
- 1870–1881

Abt. 355.43 Preetz

Das Amtsgericht Preetz wurde 1867 eingerichtet und 1975 aufgelöst.
- Kirchenaustritte; Testamente und Nachlassakten; Erbhofakten; Reallasten und Eigentumsverhältnisse; Grundakten; Justizverwaltung; Personalakten.
- 3 lfm
- 1867–1961

Abt. 355.44 Rantzau

Das Amtsgericht Rantzau wurde 1867 eingerichtet und 1976 aufgelöst.
- Handelsregisterakten A und B; Vereinsregisterakten; Todeserklärungen; Vormundschafts- und Pflegschaftsakten; Fürsorgeerziehungsakten.
- 8 lfm
- 1873–1996

Abt. 355.45 Ratzeburg

Das Amtsgericht Ratzeburg wurde 1870 eingerichtet.
- Zivilsachen; Testamente und Nachlassakten; Akten über die Stedingschen Stiftungen; Schuld- und Pfandprotokolle; Vereinsregisterakten; Testamente und Nachlassakten; Depositen-, Procuren- und Vormundschaftsregister; Personalakten; Höfeakten (vgl. Abt. 355.33).
- 36 lfm
- (17. Jh.–) 1870–2004

Abt. 355.46 Reinbek

Das Amtsgericht Reinbek wurde 1867 eingerichtet.
- Handelsregisterakten A und B; Vereinsregisterakten; Todeserklärungen; Kirchenaustritte; Erbhofakten; Unterbringungssachen; Justizverwaltung.
- 37 lfm
- 1871–2001

Abt. 355.47 Reinfeld

Das Amtsgericht Reinfeld wurde 1867 eingerichtet und 1970 aufgelöst.

- Konkursakten; Handelsregisterakten A; Erbhofakten; Flurbücher und Gebäudesteuerrollen.
- 4 lfm
- 1876–1961

Abt. 355.48 Rendsburg

Das Amtsgericht Rendsburg wurde 1867 eingerichtet.

- Kirchenaustritte; Testamente und Nachlassakten; Vormundschafts-, Pflegschafts- und Beistandschaftsakten; Erbhofakten; Aufwertungsakten; Justizverwaltung; Personalakten.
- 22 lfm
- 1867–1957
- Notariatsakten aus dem Amtsgerichtsbezirk Rendsburg befinden sich in Abt. 360 (siehe Bestandsgruppe „Preußische Verwaltung“).

Abt. 355.49 Rödding

Das Amtsgericht Rödding wurde 1867 eingerichtet und 1920 bei der Abtretung Nordschleswigs an Dänemark aufgelöst.

- Strafsachen.
- 0,1 lfm
- 1884–1888

Abt. 355.50 Schenefeld

Das Amtsgericht Schenefeld wurde 1867 eingerichtet und 1970 aufgelöst.

- Handelsregisterakten A; Genossenschaftsregisterakten; Testamente; Todeserklärungen; Personalakten.
- 2 lfm
- (1841–) 1867–1970

Abt. 355.51 Schleswig

Das Amtsgericht Schleswig wurde 1867 eingerichtet.

- Zivilsachen; Zwangsversteigerungsakten; Strafsachen; Handelsregisterakten A und B; Vereins- und Genossenschaftsregisterakten; Seeschiffs- und Binnenschiffsregisterakten; Todeserklärungen; Nachlassakten; Erbenlegitimationsverfahren; Vormundschafts- und Pflegschaftsakten; Fürsorgeerziehungs- und Schutzaufsichtsakten; Stiftungsakten (auch ältere, bis ins 18. Jh. zurück reichende Akten des Gottorfer Obergerichts, des Appellationsgerichts und des Oberlandesgerichts); Rezesse und Realablösungssachen; Expeditionsprotokolle und Nebenbücher; Justizverwaltung; Schiedsmannsprotokollbücher; landwirtschaftliche Entschuldungsverfahren.
- 71 lfm
- (18. Jh.–) 1867–2004

Abt. 355.52 Schönberg

Das Amtsgericht Schönberg wurde 1867 eingerichtet und 1975 aufgelöst.

- Repertorium über General- und Personalakten; Nebenbuch zum Vormünderbuch.
- 0,1 lfm
- 1867–1872

Abt. 355.54 Schwarzenbek

Das Amtsgericht Schwarzenbek wurde 1870 eingerichtet.

- Schuld- und Pfandprotokolle; Höfeakten; Grundbücher von Tramm, Groß- und Klein-Schretstaken (geschlossen 1938, 1940); Genossenschaftsregisterakten; Testamente und Nachlassakten; Depositenbücher; Stiftungsakten.
- 28 lfm
- (17. Jh.–) 1870–2006

Abt. 355.55 Segeberg

Das Amtsgericht Segeberg wurde 1867 eingerichtet.

- Nebenbücher zu Schuld- und Pfandprotokollen; Volljährigkeitserklärungen; Vorrechtsregister; Namensverzeichnisse zu Erbschaftssachen; Register der Generalakten; Nebenbuch zum Korrespondenzprotokoll.
- 0,5 lfm
- (1840–) 1867–1906

Abt. 355.56 Sonderburg

Das Amtsgericht Sonderburg wurde 1867 eingerichtet und 1920 bei der Abtretung Nordschleswigs an Dänemark aufgelöst.

- Strafsachen.
- 0,1 lfm
- 1867–1897

Abt. 355.57 Steinhorst

Das Amtsgericht Steinhorst wurde 1867 eingerichtet und 1955 aufgelöst.

- Obligationen und Tilgungen; Schuld- und Pfandprotokolle; Testamente und Nachlassakten; Vormundschaftssachen; Ehestiftungen und Häuslingsbriefe; Höfeakten (vgl. Abt. 355.33); Ablösung des Meierrechts.
- 15 lfm
- (1721–) 1867–1899

Abt. 355.58 Tönning

Das Amtsgericht Tönning wurde 1867 eingerichtet und 1974 aufgelöst.

- Zivilsachen; Strafsachen; Vereinsregisterakten; Todeserklärungen; Erbhofakten.
- 5 lfm
- 1872–1974 (–1976)

Abt. 355.59 Toftlund

Das Amtsgericht Toftlund wurde 1867 eingerichtet und 1920 bei der Abtretung Nordschleswigs an Dänemark aufgelöst.

- Eine Beweisaufnahme und eine Strafsache.
- 0,1 lfm
- 1869–1892

Abt. 355.60 Trittau

Das Amtsgericht Trittau wurde 1867 eingerichtet.

- Grundbücher von Franzdorf, Linau, Schönberg, Sirksfelde, Wentorf (1950–1952 geschlossen); Liste der Konsum- und Spargenossenschaft.
- 2 lfm
- 1919–1952

Abt. 355.61 Uetersen

Das Amtsgericht Uetersen wurde 1867 eingerichtet und 1982 aufgelöst.

- Zwangsverwaltungs- und Zwangsversteigerungsakten; Handelsregisterakten A und B; Vereins- und Genossenschaftsregisterakten; Todeserklärungen; Testamente und Nachlassakten; Vormundschafts-, Pflegschafts- und Beistandschaftakten; Erbhofakten; Personalakten.
- 10 lfm
- 1867–1996
- Notariatsakten aus dem Amtsgerichtsbezirk Uetersen in Abt. 360 (siehe Bestandsgruppe „Preußische Verwaltung“).

Abt. 355.62 Wesselburen

Das Amtsgericht Wesselburen wurde 1867 eingerichtet und 1971 aufgelöst.

- Gebäudesteuerrollen; Flurbücher; Erbhofakten; Erbhöfeverzeichnisse.
- 2 lfm
- 1878–1946

Abt. 355.63 Westerland

Das Amtsgericht Westerland wurde 1867 eingerichtet und 1974 aufgelöst.

- Konkursakten; Handelsregisterakten A und B; Todeserklärungen; Stiftungsakten; Erbhofakten; Personalakten.
- 2 lfm
- 1867–1974 (–1995)

Abt. 355.64 Wilster

Das Amtsgericht Wilster wurde 1867 eingerichtet und 1975 aufgelöst.

- Handelsregisterakten A; Vereins- und Genossenschaftsregisterakten; Todeserklärungen; Justizverwaltung.
- 3 lfm
- 1868–1973

Abt. 355.65 Wyk auf Föhr

Das Amtsgericht Wyk auf Föhr wurde 1867 eingerichtet und 1974 aufgelöst.

- Konkursakten; Handelsregisterakten A und B; Vereinsregisterakten; Todeserklärungen; Erbhofakten; Personalakten.
- 3 lfm
- 1883–1995

Abt. 356 Grundbuchämter

Die bei den jeweils zuständigen Amtsgerichten geführten Grundbücher sind Register, in denen die Eigentumsverhältnisse, Rechte und Belastungen an Grundstücken festgehalten werden. Die Grundbücher wurden 1886 angelegt. Ab 1961 wurden die bis dahin geführten Bände geschlossen, und es begann eine Umstellung auf Grundbuchblätter im Loseblattsystem. 2001 ist in Schleswig-Holstein mit der Digitalisierung der Grundbücher begonnen worden, die ein durchgängig elektronisch geführtes Grundbuch zum Ziel hat.

Die ebenfalls seit 1886 ergänzend zu den Grundbüchern geführten Grundakten sind bisher nicht an das Landesarchiv abgegeben worden, sondern werden weiterhin bei den Amtsgerichten verwahrt.

- Grundbücher der Amtsgerichte Eckernförde, Elmshorn, Eutin, Flensburg, Itzehoe, Kappeln, Kiel, Norderstedt, Reinbek, Rendsburg, Schleswig und Trittau.
- 2713 lfm
- 1886–1975
- Folgende Grundbücher liegen in den Beständen einzelner Amtsgerichte: Geesthacht und Düneberg (Abt. 355.15); Hammer, Horst, Neu Horst, Mannhagen, Panten, Walksfelde, Nusse, Poggensee und Ritzerau (Abt. 355.33); Tramm, Groß- und Klein-Schretstaken (Abt. 355.54); Franzdorf, Linau, Schönberg, Sirksfelde, Wentorf (Abt. 355.60).

Abt. 357 Justizvollzugsanstalten

Die Justizvollzugsanstalten in Schleswig-Holstein haben eine jeweils sehr unterschiedliche Geschichte und Bestandsgeschichte. Beides ergibt sich aus den speziellen Angaben in den folgenden Unterabteilungen.

Abt. 357.1 Justizvollzugsanstalt Flensburg

Die Justizvollzugsanstalt Flensburg wurde 1882 als Landesgerichtsgefängnis erbaut und ist seit dem 1. September 1971 selbstständige Justizvollzugsanstalt. Zunächst als reine Haftanstalt für Untersuchungsgefangene konzipiert, erhielt die Justizvollzugsanstalt Flensburg später auch die Zuständigkeit für den Vollzug der Freiheitsstrafe.

Der Bestand enthält die Überlieferung des Gerichtsgefängnisses Flensburg, die 1987 von der Justizvollzugsanstalt Flensburg übernommen wurden.

- ↘ Gefangenenbücher 1941–1948; Gefangenenpersonalakten der Entlassungsjahrgänge 1933–1946.
- ↘ 12 lfm
- ↘ 1930–1948

Abt. 357.2 Justizvollzugsanstalt Kiel

1878 wurde in Kiel ein Amtsgerichtsgefängnis eröffnet, und von 1914 bis 1919 erfolgte der Neubau eines wesentlich größeren Strafgefängnisses mit Untersuchungshaftanstalt.

- ↘ Verwaltung der Strafanstalt; Personalakten von Bediensteten; Strafvollzug; Behandlung der Gefangenen; Grundstücks- und Bausachen; Gefangenenbücher und -karteien 1932–1995 (lückenhaft); Gefangenenpersonalakten der Entlassungsjahrgänge 1929–1960 (lückenhaft).
- ↘ 115 lfm
- ↘ 1865–1995

Abt. 357.3 Justizvollzugsanstalt Lübeck

Die Gefangenenanstalten Lübeck-Lauerhof mit der Frauenstrafanstalt für weibliche Zuchthausgefangene und Sicherungsverwahrte und dem Männerstrafgefängnis sowie das Untersuchungs- und Marstallgefängnis Lübeck-Stadt kamen 1937 nach dem Verlust der Eigenstaatlichkeit Lübecks zum Vollzugsbereich des Oberlandesgerichtsbezirks Kiel. Das Untersuchungsgefängnis war 1894 bis 1896 zusammen mit dem Gerichtshaus zur Entlastung des alten Marstall-Gefängnisses erbaut worden. 1906 bis 1908 folgte die Errichtung der Anstalten Lübeck-Lauerhof. 1953 wurde das Marstall-Gefängnis aufgegeben, und nach Fertigstellung eines neuen Gerichtsgebäudes konnte das Untersuchungsgefängnis Lübeck-Stadt 1962 ebenfalls aufgelöst werden.

- Personalakten der Bediensteten; Gefangenenbücher 1941–1955 (lückenhaft); Gefangenenkartei 1939–1945 (Frauen), 1939–1959 (Männer, lückenhaft); Gefangenenpersonalakten der Entlassungsjahrgänge 1936–1946 und 2004–2007 (Männer) sowie der Entlassungsjahrgänge 1927–1948 (Frauen).
- 58 lfm
- 1892–2007

Abt. 357.4 Justizvollzugsanstalt Neumünster

Die Justizvollzugsanstalt Neumünster wurde von 1901 bis 1905 als Zentralgefängnis Neumünster errichtet. Es erhielt die Zuständigkeit sowohl für Untersuchungshaft als auch für den Vollzug der Freiheitsstrafe bei männlichen Erwachsenen.

- Personalakte eines Bediensteten; Gefangenenbücher und -verzeichnisse 1925–1995; Gefangenenkarteien 1977–1995; Einige Gefangenenpersonalakten.
- 11 lfm
- 1925–1995
- Sehr viele Gefangenenpersonalakten sind nach Ende des Zweiten Weltkriegs in den Besitz des Internationalen Suchdienstes Arolsen gelangt und befinden sich in dessen Archiv.

Abt. 357.5 Justizvollzugsanstalt Rendsburg

Die Strafanstalt Rendsburg wurde in den Jahren 1871 bis 1875 zur Aufnahme männlicher Zuchthausgefangener errichtet. 1931 erfolgte die Angliederung des Rendsburger Gerichtsgefängnisses. Von 1937 bis 1942 diente sie als Sicherungsanstalt, dann wieder als Zuchthaus. 1956 wurde die Strafanstalt aufgelöst. Während des Zweiten Weltkriegs saßen in Rendsburg viele norwegische Häftlinge ein, die nach den „Richtlinien für die Verfolgung von Straftaten gegen das Reich oder die Besatzungsmacht in den besetzten Gebieten" vom 7. Dezember 1941 („Nacht-und-Nebel-Erlass") abgeurteilt worden waren.

- Verwaltung der Strafanstalt; Personalakten von Bediensteten; Strafvollstreckung und Strafvollzug; Behandlung der Gefangenen; Grundstücks- und Bauangelegenheiten; Gefangenenbücher und -verzeichnisse 1871–1956; Verzeichnisse ausländischer Gefangener 1945–1949; Gefangenenkartei 1932–1955; Gefangenenpersonalakten. – Gerichtsgefängnis: Verwaltung; Gefangenenbücher 1927–1941; Gefangenenkartei 1932–1941 und 1946; Kartei von Jugendarrestanten 1945–1946.

- 42 lfm
- 1860–1956
- Einige Gefangenenpersonalakten sind nach Ende des Zweiten Weltkriegs in den Besitz des Internationalen Suchdienstes Arolsen gelangt und befinden sich in dessen Archiv.

Abt. 357.6 Jugendanstalt Schleswig

Die Jugendanstalt Schleswig wurde 2000 eingerichtet mit der Zuständigkeit für die Vollstreckung von Jugendstrafen und Untersuchungshaft für Jugendliche bis zum 21. Lebensjahr. Bis 2000 war die Anstalt eine Außenstelle der Jugendanstalt Neumünster.

- Gefangenenpersonalakten Buchstabe „D“ der Außenstelle Schleswig der Jugendanstalt Neumünster.
- 1 lfm
- 1992–2007

Abt. 358 Staatsanwaltschaft beim Sondergericht Altona/Kiel

Nach Beginn der nationalsozialistischen Herrschaft 1933 wurden für jeden Oberlandesgerichtsbezirk im Reichsgebiet Sondergerichte eingerichtet. Im Oberlandesgerichtsbezirk Kiel erfolgte die Einrichtung des Sondergerichts beim Landgericht Altona, das ab 1937 im Zuge des Groß-Hamburg-Gesetzes zum Landgericht Kiel verlegt wurde. Die Sondergerichte waren zuständig für Delikte nach der „Reichstagsbrandverordnung“ vom 28. Februar 1933 und der „Heimtückeverordnung“ vom 21. März 1933 (ab 30. Dezember 1934: „Heimtückegesetz“). Durch Verordnung vom 20. November 1938 erweiterte sich die Zuständigkeit der Sondergerichte auf fast alle Straftatbestände. Mit Kriegsbeginn wurden weitere Verordnungen und Gesetze erlassen, die in den Zuständigkeitsbereich des Sondergerichts fielen, unter anderem die „Volksschädlingsverordnung“, die „Kriegswirtschaftsverordnung“, die „Verordnung über den Umgang mit Kriegsgefangenen“ und die „Polenstrafrechtsverordnung“. Der Bestand enthält außerdem die Akten der Staatsanwaltschaft des von August bis November 1932 beim Landgericht Altona eingerichteten Sondergerichts.

- Verfahrensakten und Register.
- 100 lfm
- 1930–1985
- Die Akten der Staatsanwaltschaft bei dem Sondergericht Flensburg aus dem Jahre 1932 befinden sich in Abt. 354.

Abt. 360 Notare

Notare sind unabhängige Träger eines öffentlichen Amtes (des Notariats), die zur Beurkundung und zur Beglaubigung von Rechtsvorgängen von den LandesJustizverwaltungen bestellt werden. Sie sind vornehmlich in den Bereichen des Grundstücks-, Familien- und Erbrechts tätig. In Schleswig-Holstein sind Anwalts-Notare üblich, die das Notariat nicht hauptberuflich, sondern neben dem Beruf des Rechtsanwalts betreiben.

Es handelt sich um einen Sammelbestand mit Schriftgut einzelner Notare, das von Amtsgerichten an das Landesarchiv abgegeben worden ist.

- ↘ Urkundenrollen und Urkundsregister von 59 Notaren. Ahrensbök: Burmeister. – Bordesholm: Buchholtz, Cruse, Hinze, Schütt II, Weilandt. – Burg auf Fehmarn: Clausen, Jordt. – Hohenwestedt: Boysen, Hamkens, Rohwer. – Kiel: Brandt, Brode, Brinkmann, Burmeister, Castagne, Daltropp, Feddersen, Frahm, Francke, Franzen, Harries, Horn, Jeschke, Jessen, Krauss, Lange, von der Lieth, Lund, Möller, Müllenhof, Müller, Mundt, Nitsch, Rauert, Reese, Roth, Sachs, Vöge, Werlein. – Lauenburg: Meyer. – Nortorf: Becker, Pfau, Schlichting. – Rendsburg: Dörffer, Helmcke, Hems, Mehrens, Paap, Sinn, Wandt, Wiggers, Wille, Ziese. – Uetersen: Dahms, Huwald.
- ↘ 102 lfm
- ↘ 1848–1969

Abt. 771 Landesarbeitsgericht

Mit der Verabschiedung der Weimarer Verfassung setzten Bemühungen ein, die Zersplitterung der überkommenen arbeitsrechtlichen Zuständigkeiten in Form der ordentlichen Gerichtsbarkeit, der Kaufmanns- und Gewerbegerichte sowie der Organe der Innungen zu beseitigen. Eine grundsätzliche Neuregelung des Aufbaus und der Verfahrensweise der künftig für alle Rechtsstreitigkeiten aus einem Arbeitsverhältnis zuständigen Arbeitsgerichtsbarkeit brachte das Arbeitsgerichtsgesetz vom 23. Dezember 1926. Als Erstinstanz wurden Arbeitsgerichte gebildet, als zweite Instanz Landesarbeitsgerichte, die den Landgerichten angegliedert waren. Eine Revisionsinstanz bildete das Reichsarbeitsgericht am Reichsgericht. Schleswig-Holstein erhielt zwei Landesarbeitsgerichte, eins am Sitz des Landgerichts Altona und eins am Sitz des Landgerichts Kiel. Das Groß-Hamburg-Gesetz vom 26. Januar 1937 führte zu einem Neuzuschnitt der Arbeitsgerichtsbezirke: Das Landesarbeitsgericht Kiel erhielt die Zuständigkeit für sieben Arbeitsgerichte in Elmshorn, Flensburg, Husum, Itzehoe, Kiel, Neumünster und Rendsburg. Der

Sitz des zweiten Landesarbeitsgerichts wurde von Altona nach Lübeck verlegt, dessen Bezirk die vier Arbeitsgerichte in Ahrensburg, Lübeck, Oldenburg und Ratzeburg umfasste. Unmittelbar nach dem Zweiten Weltkrieg übernahmen zunächst die ordentlichen Gerichte die Aufgaben der Arbeitsgerichte. Das Kontrollratsgesetz Nr. 21 vom 30. März 1946, das auf das Arbeitsgerichtsgesetz von 1926 in seiner ursprünglichen Fassung zurückgriff, leitete den Wiederaufbau der Arbeitsgerichtsbarkeit ein. Das Gesetz über die Einrichtung von Arbeitsgerichten hob im Juni 1946 die noch bestehende Verbindung der Landesarbeitsgerichte mit den Landgerichten auf und löste die Arbeitsgerichtsbarkeit aus der ordentlichen Gerichtsbarkeit heraus. Für eine kurze Übergangszeit unterstand sie der Dienstaufsicht durch das Landesarbeitsamt. Am 1. August 1947 gab es eine Neuorganisation der ab dann dem Sozialministerium zugeordneten Arbeitsgerichtsbarkeit mit einem Landesarbeitsgericht in Rendsburg, später Kiel. Die zunächst fehlende Revisionsinstanz wurde mit dem zum 1. Januar 1954 errichteten Bundesarbeitsgericht geschaffen. Mit Wirkung vom 1. Mai 2006 wurde die Arbeitsgerichtsbarkeit, wie alle anderen Gerichtszweige auch, in das Justizministerium eingegliedert.

- ↘ Konferenzen der Landesarbeitsgerichtspräsidenten; Stellungnahmen zu Gesetzentwürfen; Statistiken zur Tätigkeit des Landesarbeitsgerichts und der Arbeitsgerichte.
- ↘ 1 lfm
- ↘ 1981–2005
- ↘ Verfahrensakten befinden sich in der Überlieferung der Arbeitsgerichte (Abt. 772), zum Teil auch in den Akten des Landesarbeitsamtes (Abt. 580, siehe Bestandsgruppe „Reichs- und Bundesbehörden“); Schöffen- und Geschworenenwahlen sind in der Überlieferung der Landkreise vorhanden (Abt. 320, siehe Bestandsgruppe „Preußische Verwaltung“); Organisationsakten, Tätigkeitsberichte und Jahresstatistiken liegen auch bei den Landgerichten (Abt. 352, siehe Bestandsgruppe „Preußische Verwaltung“); Personalangelegenheiten und Tätigkeitsberichte sind in den Unterlagen des Sozialministeriums zu suchen (Abt. 761, siehe Bestandsgruppe „Landesverwaltung“).

Abt. 772 Arbeitsgerichte

Die Einrichtung von Arbeitsgerichten beruht auf dem Arbeitsgerichtsgesetz vom 23. Dezember 1926, welches erstmalig Aufbau und Verfahrensweisen dieser neuen Gerichtsorganisation festlegte. In Schleswig-Holstein wurden 1927 zwei Landesarbeitsgerichte eingerichtet, eines am Sitz des Landgerichts Altona mit Zuständigkeit für sechs Arbeitsgerichte in Altona, Heide, Itzehoe, Pinneberg, Ratzeburg und

Wandsbek und ein Landesarbeitsgericht am Sitz des Landgerichts Kiel mit Zuständigkeit für die acht Arbeitsgerichte in Flensburg, Husum, Kiel, Oldenburg, Neumünster, Rendsburg, Westerland und Wyk auf Föhr. Das Groß-Hamburg-Gesetz vom 26. Januar 1937 führte zu einem Neuzuschnitt der Arbeitsgerichtsbezirke: Das Landesarbeitsgericht Kiel erhielt die Zuständigkeit für sieben Arbeitsgerichte in Elmshorn, Flensburg, Husum, Itzehoe, Kiel, Neumünster und Rendsburg; der Sitz des zweiten Landesarbeitsgerichts wurde von Altona nach Lübeck verlegt, dessen Bezirk die vier Arbeitsgerichte in Ahrensburg, Lübeck, Oldenburg und Ratzeburg umfasste. Nach Ende der NS-Diktatur und Erlass des Alliierten Kontrollratsgesetzes Nr. 21 vom 30. März 1946 nahmen die schleswig-holsteinischen Arbeitsgerichte am 23. August 1946 ihre Arbeit mit einem Landesarbeitsgericht in Rendsburg (später Kiel) und neun Arbeitsgerichten in Ahrensburg, Elmshorn, Flensburg, Heide, Kiel, Lübeck, Neumünster, Rendsburg und Schleswig wieder auf. Im Jahre 2007 unterstanden dem Landesarbeitsgericht Schleswig-Holstein in Kiel noch fünf Arbeitsgerichte in Elmshorn, Flensburg, Kiel, Lübeck und Neumünster.

Die Überlieferung der einzelnen Arbeitsgerichte ist nach Art und Umfang unterschiedlich. Vorhanden sind vor allem Prozessakten, während allgemeine Vorgänge zur Arbeitsgerichtsbarkeit vorwiegend im Bestand des Landesarbeitsgerichts zu suchen sind. Die Akten des Landesarbeitsgerichts befinden sich in Abt. 771.

Abt. 772.1 Elmshorn

- Prozessakten.
- 0,5 lfm
- 1938–1972

Abt. 772.2 Flensburg

- Arbeitsrecht und Arbeitsgerichtsverfassung; Prozessakten.
- 6 lfm
- 1958–1982

Abt. 772.3 Heide

- Organisation und Verwaltung; Statistiken; Personalia; Haushalts- und Finanzwesen; Liegenschaftsverwaltung; Prozessakten; Urteilssammlungen.
- 4 lfm
- 1946–1976

Abt. 772.4 Husum

- Organisation und Verwaltung; Statistiken; Personalia; Haushalts- und Finanzwesen; Liegenschaftsverwaltung; Arbeitsrecht und Arbeitsgerichtsverfassung; Prozessakten; Urteilssammlungen.
- 7 lfm
- 1949–1994

Abt. 772.5 Kiel

- Prozessakten; Urteilssammlungen.
- 4 lfm
- 1942–1963

Abt. 772.6 Lübeck

- Prozessakten; Urteilssammlungen.
- 8 lfm
- 1988–2005

Abt. 772.7 Neumünster

- Prozessakten; Urteilssammlungen.
- 8 lfm
- 1950–1999

Abt. 772.8 Rendsburg

- Organisation und Verwaltung; Statistiken; Personalia; Haushalts- und Finanzwesen; Liegenschaftsverwaltung; Prozessakten; Urteilssammlungen.
- 3 lfm
- 1945–1975

Abt. 789 Oberverwaltungsgericht in Lüneburg/Schleswig-Holsteinisches Oberverwaltungsgericht in Schleswig

Das gemeinschaftliche Oberverwaltungsgericht der Länder Niedersachsen und Schleswig-Holstein mit Sitz in Lüneburg war 1949 durch einen Staatsvertrag eingerichtet worden. 1989 wurde der Staatsvertrag durch Schleswig-Holstein aufgekündigt und zwei Jahre später ein eigenes Schleswig-Holsteinisches Oberverwaltungsgericht in Schleswig ins Leben gerufen. Das Oberverwaltungsgericht ist die Berufungsinstanz für das Schleswig-Holsteinische Verwaltungsgericht.

↘ Geschäftsverteilungspläne; Wahlanfechtungsklagen; Flurbereinigungsverfahren.
↘ 1 lfm
↘ 1950–1975, 2009

Abt. 791 Schleswig-Holsteinisches Verwaltungsgericht

Anstelle des beim Regierungspräsidenten in Schleswig angesiedelten Bezirksausschusses wurde 1946 in Schleswig-Holstein als verwaltungsgerichtliche Instanz ein Landesverwaltungsgericht mit Sitz in Schleswig eingerichtet. Nach der Einführung einer bundeseinheitlichen Verwaltungsgerichtsordnung im Jahre 1960 erhielt es die Bezeichnung Schleswig-Holsteinisches Verwaltungsgericht. Es ist erstinstanzlich zuständig für die Rechtsprechung in allen Angelegenheiten der öffentlichen Verwaltung, soweit sie nicht verfassungsrechtlicher Art oder besonderen Fachgerichten (Finanzgericht, Sozialgericht) zugewiesen sind.

↘ Generalakten; Prozessakten.
↘ 69 lfm
↘ 1946–2003

Abt. 792 Dienststrafkammer Schleswig

Die Dienststrafkammer wurde 1948 errichtet und dem Landesverwaltungsgericht zugeordnet. Sie war zuständig für Untersuchungen von Dienstvergehen von Beamten. Durch die 1971 erlassene Landesdisziplinarordnung wurde das Disziplinargericht vollständig in das Verwaltungsgericht eingegliedert und die Dienststrafkammer damit aufgehoben.

↘ Dienststrafsachen.
↘ 0,5 lfm
↘ 1942–1969

Abt. 793 Schleswig-Holsteinisches Landessozialgericht

Mit Beginn der Bismarckschen Sozialgesetzgebung wurden Rechtsstreitigkeiten über Leistungsansprüche der Versicherten zunächst von Schiedsämtern (1884–1911) und später im behördlichen Instanzenweg der Versicherungsbehörden, der Versicherungsämter, der Oberversicherungsämter, der Landesversicherungsanstalten (1912–1953) und des Reichsversicherungsamtes entschieden. Das Reichsversicherungsamt stellte nach Kriegsende im Jahr 1945 seine Tätigkeit ein. Die Britische Militärregierung zog die Gesetzgebungsbefugnisse in Angelegenheiten der Sozialversicherung an sich und legte deren Umsetzung ab 1946 in die Hände des Zentralamtes für Arbeit in Lemgo. Sie führte das im Dritten Reich ausgesetzte Beschluss- und Spruchverfahren in der Sozialversicherung wieder ein und erweiterte es um die neue Aufgabe der Kriegsopferversorgung. Gleichzeitig ließ sie die Zuständigkeit der Versicherungsämter und der Oberversicherungsämter, in deren Bereich die Spruchkammern angesiedelt waren, wieder aufleben, indem sie die Rechtsverfahren in Fragen der Kriegsopferversorgung übergangsweise – wie vor 1945 – bei den Beschwerdeausschüssen der Landesversicherungsanstalten (ab 1951 Landesversorgungsämter) und den Spruchkammern der Oberversicherungsämter ansiedelte. Mit dem Inkrafttreten des Sozialgerichtsgesetzes vom 3. September 1953 wurde in der Bundesrepublik Deutschland am 1. Januar 1954 eine unabhängige und von den Verwaltungsbehörden getrennte Sozialgerichtsbarkeit begründet. Damit trat im Sozialrecht an die Stelle des behördlich-administrativen Spruchverfahrens der Oberversicherungsämter das öffentliche Gerichtsverfahren. In Schleswig-Holstein wurde als erste Berufungsinstanz das Landessozialgericht mit Sitz in Schleswig eingerichtet, dem als erste Instanz die vier Sozialgerichte in Itzehoe, Kiel, Lübeck und Schleswig unterstanden.

- ↘ Dienststellenorganisation; Sozialgesetzgebungsangelegenheiten; Statistiken zur Tätigkeit des Landessozialgerichts und der Sozialgerichte; Personalangelegenheiten; Protokolle der Arbeitsgemeinschaft der Landessozialgerichtspräsidenten.
- ↘ 5 lfm
- ↘ 1945–2003

Abt. 794 Sozialgerichte

Die Einrichtung von Sozialgerichten beruht auf dem Sozialgerichtsgesetz vom 3. September 1953, mit dem erstmals eine unabhängige und von den Verwaltungsbehörden getrennte Sozialgerichtsbarkeit begründet wurde (weitere Einzelheiten zur Geschichte der Sozialgerichtsbarkeit siehe Abt. 793). Zum 1. Januar 1954 traten an die Stelle des

Oberversicherungsamtes Schleswig als erste sozialgerichtliche Instanz die neu errichteten Sozialgerichte in Lübeck und Schleswig, in den Jahren 1959 und 1966 kamen die beiden Sozialgerichte in Itzehoe und Kiel dazu. Die sachliche Zuständigkeit der Gerichte der Sozialgerichtsbarkeit deckte fast den gesamten Bereich des Systems der sozialen Sicherheit in der Bundesrepublik Deutschland ab. In Schleswig-Holstein war das Sozialgericht Itzehoe zuständig für die Kreise Dithmarschen, Pinneberg und Steinburg. Seit dem 1. Juli 2007 kam für diesen Bereich als Spezialaufgabe auch die Rechtsprechung in Verfahren der Grundsicherung für Arbeitsuchende, der Sozialhilfe und des Asylbewerberleistungsgesetzes hinzu. Das Sozialgericht Kiel war zuständig für die Städte Kiel und Neumünster sowie für die Kreise Rendsburg-Eckernförde und Plön. Hier erfolgte in eigenen Kammern im ersten Rechtszug auch die landesweite Rechtsprechung in Angelegenheiten des Kassenarzt- und Kassenzahnarztrechts sowie der Knappschaftsversicherung und der Bergbau-Unfallversicherung. Das Sozialgericht Lübeck war zuständig für die Hansestadt Lübeck und die Kreise Herzogtum Lauenburg, Ostholstein, Segeberg und Stormarn. Beim Sozialgericht Schleswig, der ersten Instanz für die Stadt Flensburg sowie für die Kreise Schleswig-Flensburg und Nordfriesland, lag seit dem 1. Januar 2005 auch die spezielle Zuständigkeit für Klagen und einstweiligen Rechtsschutz bei der Grundsicherung für Arbeitslose, bei der Sozialhilfe sowie bei Angelegenheiten des Asylbewerberleistungsgesetzes. Die Akten des Landessozialgerichts befinden sich in Abt. 793.

Abt. 794.1 Itzehoe

- Prozessakten.
- 3 lfm
- 1960–1995

Abt. 794.2 Kiel

- Kammerstatistiken; Personalangelegenheiten ehrenamtlicher Richter; Prozessakten.
- 4 lfm
- 1974–1996

Abt. 794.3 Lübeck

- Prozessakten.
- 62 lfm
- 1955–1999

Abt. 794.4 Schleswig

- Prozessakten.
- 3 lfm
- 1954–1985

Abt. 795 Schleswig-Holsteinisches Finanzgericht

Das Schleswig-Holsteinische Finanzgericht entstand aufgrund der Verordnung der Britischen Militärregierung Nr. 156 vom 16. August 1949. Es trat die Nachfolge des 1921 im Landesfinanzamt Schleswig-Holstein eingerichteten Finanzgerichtes an und stand unter der Aufsicht des Finanzministeriums als oberster Dienstaufsichtsbehörde. Das Schleswig-Holsteinische Finanzgericht nahm mit der Wahl der ehrenamtlichen Richter bereits 1949 seine Tätigkeit in Kiel auf. Zum 1. Januar 1966 wechselte die Aufsicht über das Finanzgericht vom Finanzministerium in das Justizministerium. Das Finanzgericht entscheidet unter anderem über die Rechtmäßigkeit von Steuer- und Kindergeldbescheiden. Örtlich zuständig ist es, wenn die beklagte Behörde ihren Sitz in Schleswig-Holstein hat. Nicht zuständig ist das Finanzgericht für Steuerstraftaten oder Steuerordnungswidrigkeiten. Dieses sind Angelegenheiten der Strafgerichte.

- Prozessakten.
- 12 lfm
- 1951–1996

Reichs- und Bundesbehörden seit 1871

Seit 1937 werden die archivreifen Akten der mittleren und unteren Reichsbehörden an die Landes- bzw. Provinzialarchive abgegeben. Diese Regelung wurde nach 1945 in Absprache mit dem Bundesarchiv beibehalten. Zu den älteren Beständen dieser Art gehören beispielsweise die Akten des Reichskanalamts über den Bau des Kaiser-Wilhelm-Kanals, des heutigen Nord-Ostsee-Kanals, die in den Bestand des späteren Wasser- und Schifffahrtsamts Holtenau eingegliedert wurden. Die Akten der 1918 verreichlichten Finanzverwaltung sind allerdings nicht hier, sondern in der Gruppe der nach 1945 eingerichteten Landesbehörden zusammengefasst, da der Landesanteil der Finanzverwaltung nach 1945 wieder verstärkt wurde und die Überlieferung in einer einheitlichen Zuordnung verbleiben sollte. Der Schwerpunkt der im Landesarchiv vorhandenen Überlieferung aus den mittleren und unteren Bundesbehörden mit örtlicher Zuständigkeit liegt in der Zeit nach 1945.

Abt. 316 Seeämter

Die Seeämter des Deutschen Reiches wurden durch Gesetz vom 27. Juli 1877 eingerichtet. In der preußischen Provinz Schleswig-Holstein gab es zunächst Seeämter in Flensburg, Lübeck und Tönning. Sie hatten die Aufgabe, Seeunfälle zu untersuchen, bei denen Schiffe unter deutscher Flagge oder in deutschen Hoheitsgewässern betroffen waren. In einem gerichtsähnlichen Verfahren mit einer mündlichen Verhandlung wurden neben der Unfallursache auch die Verhaltensweisen der Beteiligten überprüft. Darüber hinaus erfüllten die Seeamtssprüche gutachterliche Funktionen. Schuldfeststellungen hatten keine unmittelbaren Auswirkungen für die Beteiligten, wurden aber in eventuell folgenden Zivil- oder Strafprozessen herangezogen. Widerspruchsinstanz war das Reichs- bzw. seit 1950 das Bundesoberseeamt mit Sitz in Hamburg. Das Gesetz zur Einrichtung der Seeämter galt – nach seiner Novellierung im Jahre 1935 – bis zum 30. September 1986 fort, als das Seeamtswesen neu organisiert wurde.

- Ermittlungs- und Verfahrensakten der Seeämter Flensburg, Kiel, Lübeck, Rostock und Tönning; Seeamtssprüche; Chronologische Register von Schiffsunfällen.
- 105 lfm
- 1875–1986

Abt. 451 Statistisches Bundesamt – Zweigstelle Berlin

Als Zweigstelle des Statistischen Bundesamtes Wiesbaden war die Berliner Stelle unter anderem zuständig für die statistische Verwendung der Feststellungsbescheide im Bereich der Kriegssachschäden. Die Unterlagen, die die schleswig-holsteinischen Landkreise betreffen, wurden seit 1959 an das Landesarchiv abgegeben.

- Kreisweise geführte Schadensfeststellungsbescheide.
- 5 lfm
- 1956–1975

Abt. 465 Seedisziplinarkammer Flensburg

Durch Verordnung des Ministerrats für die Reichsverteidigung vom 10. Januar 1941 wurden die Seedisziplinarkammern eingerichtet, wobei die Kammer in Flensburg für die Verfahren in den Bezirken der Seeämter Flensburg, Lübeck und Rostock zuständig war. Die Einführung der Disziplinargerichtsbarkeit für Kapitäne und Offiziere der Handelsmarine hatte zum Ziel, „verantwortungsbewusstes, achtbares und einsatzbereites“ Verhalten zu fordern. Verstöße dagegen konnten unter anderem mit dem Ausschluss aus dem Offiziersstand oder mit dem lebenslänglichen Entzug des Patents bestraft werden.

- Kammersprüche; Verfahren wegen Brandstiftung.
- 0,5 lfm
- 1941–1944
- Die Unterlagen der Seeämter befinden sich in Abt. 316.

Abt. 501 Reichsbevollmächtigter für Zölle und Steuern in Altona

Die Finanzen des Deutschen Reiches nach 1871 wurden anfangs im Reichskanzleramt verwaltet, in dem man zu diesem Zweck im Jahre 1877 eine separate Finanzabteilung bildete. Aus ihr entstand mit Erlass vom 14. Juli 1879 eine besondere, dem Reichskanzler unmittelbar unterstellte Zentralbehörde mit der Bezeichnung Reichsschatzamt, die im Rahmen der Erzberger'schen Finanzreform des Jahres 1919 in Reichsfinanzministerium umbenannt wurde und unter dieser Bezeichnung bis 1945 bestand. Da es im Kaiserreich nicht gelungen war, unterhalb der Ministerialinstanz eine eigene reichseigene Finanzverwaltung zu errichten, blieb dieses Feld in der Hand der einzelnen Bundesstaaten. Jedes Land erließ seine eigenen Steuergesetze und regelte Behördenaufbau und Verfahrensabläufe nach eigenem Ermessen. Auch die Rechtsverhältnisse der Steuerbeamten waren von Land zu Land unterschiedlich. Die oberste Aufsicht über die Zoll- und Steuerverwaltung der einzelnen Länder lag beim Bundesrat, die Umsetzung erfolgte durch das Reichsschatzamt. Zu diesem Zweck war dem Kaiser in der Reichsverfassung das Recht eingeräumt worden, den Zoll- und Steuerbehörden der einzelnen Länder sogenannte Reichsbevollmächtigte beizuordnen. Diese hatten das Recht, an allen Sitzungen und Beratungen der Direktivbehörden teilzunehmen. Jeder Verwaltungserlass, der die gemeinschaftlichen Zölle und Steuern betraf, war ihnen vor der Bekanntgabe vorzulegen. Darüber hinaus hatten sie die jährlichen Zoll- und Steuereinnahmeübersichten zu prüfen. Als lokale Hilfsbeamte waren den Reichsbevollmächtigten sogenannte Stationskontrolleure unterstellt, die den Hauptzoll- und Steuerämtern auf Bezirksebene zugeordnet waren. Der Reichsbevollmächtigte für Zölle und Steuern in der Provinz Schleswig-Holstein hatte seinen Sitz in Altona.

Der im Jahre 1937 vom Reichsarchiv Potsdam an das Landesarchiv abgegebene Bestand enthält auch Vorakten des in Glückstadt angesiedelten Zollvereinsbevollmächtigten.

- ↘ Personalia; Reichssteueraufstellungen; Zollverwaltungskosten; Zolltarif und -strafen; Zuckersteuer.
- ↘ 0,5 lfm
- ↘ 1844–1902

Abt. 504 Reichsdisziplinarkammern Schleswig und Lübeck

Die Kaiserlichen Disziplinarkammern wurden 1873 eingerichtet und waren für Disziplinarangelegenheiten der Reichsbeamten in der ersten Instanz zuständig. In zweiter Instanz entschied der Kaiserliche bzw. Reichsdisziplinarhof. Die Disziplinarkammer Schleswig mit Sitz in Kiel war für die Provinz Schleswig-Holstein und bis 1924 auch für Hamburg zuständig, die Reichsdisziplinarkammer Lübeck deckte räumlich den Bereich Stadt und Fürstentum Lübeck sowie das Herzogtum Lauenburg ab. Aufgrund der 1937 erlassenen Reichsdienststrafordnung und deren Durchführungsverordnung wurde ab 1937 die beim Bezirksverwaltungsgericht gebildete Dienststrafkammer Schleswig für die Provinz Schleswig-Holstein zuständig.

- Generalakten; Entscheidungen des Reichsdisziplinarhofs; Urteile der Reichsdisziplinarkammer Lübeck.
- 0,5 lfm
- 1873–1937
- Urteilsabschriften der Reichsdisziplinarkammer Schleswig 1923–1933 befinden sich in Abt. 312 Nr. 2–3 (siehe Bestandsgruppe „Preußische Verwaltung").

Abt. 508 Reichsvermögensamt III in Kiel

Eine einheitliche Reichsfinanzverwaltung wurde in Deutschland erst infolge der starken steuerlichen Belastung durch den Versailler Vertrag errichtet. Die Zuständigkeit für den Bau und die Unterhaltung der reichseigenen Gebäude sowie für den beschlagnahmten Grundbesitz lag bei den Reichsvermögensämtern. Zum 1. Oktober 1919 eingerichtet, unterstanden sie der Oberfinanzdirektion Kiel. Durch die Verordnung zur Umgestaltung der Reichsschatzverwaltung wurden die Reichsvermögensämter mit Wirkung vom 1. April 1922 bereits wieder aufgehoben. An ihre Stelle traten die Reichsbauämter. Soweit die Verwaltung bisher von örtlichen Dienststellen der Reichsschatzverwaltung ausgeführt worden war, wurde sie nun den Finanzämtern übertragen.

- Grundstücksangelegenheiten in Kiel und Umgebung; Privatanschlussbahn Suchsdorf–Wik.
- 0,1 lfm
- 1919–1922
- Weitere Akten zur Vermögensverwaltung befinden sich in Abt. 510 (siehe Bestandsgruppe „Landesverwaltung").

Abt. 513 Hauptzollämter und Zollämter

Mit der 1867 erfolgten Eingliederung der Herzogtümer Schleswig und Holstein in den preußischen Staat kam es auch hier zur Übernahme des preußischen Zollrechts. Oberste Zollbehörde wurde die Provinzial-Steuerdirektion mit Sitz in Glückstadt, ab 1873 in Altona. Ihr unterstanden bis zur Gründung des Landesfinanzamtes Schleswig-Holstein im Jahre 1919 sowohl die neu geschaffenen Hauptzoll- und Hauptsteuerämter als auch die Lehranstalt für Zoll- und Steuerbeamte.

Die Zahl der Hauptzoll- und Hauptsteuerämter war laufenden Schwankungen unterworfen. Das Staatshandbuch von 1872 nennt für die Provinz Schleswig-Holstein sechs Hauptzollämter (Hadersleben, Itzehoe, Neustadt, Ottensen, Tönning und Wandsbek) und sechs Hauptsteuerämter (Flensburg, Heide, Kiel, Rendsburg, Schleswig und Tondern). Im Jahre 1909 gab man die Unterscheidung zwischen Hauptsteuer- und Hauptzollämtern auf. Ihre Funktionen wurden künftig von neun Hauptzollämtern mit Sitz in Altona, Ottensen, Flensburg, Hadersleben, Itzehoe, Kiel, Neustadt, Tönning und Wandsbek wahrgenommen. Nach der Finanzreform von 1919 wurde die deutsche Zollverwaltung dreistufig organisiert mit dem Bundesministerium der Finanzen an der Spitze. Mittelbehörde war die Oberfinanzdirektion Kiel. In deren Zoll- und Verbrauchsteuerabteilung lag die Aufsicht über die nachgeordneten örtlichen Zollbehörden. Die Hauptzollämter und die Zollämter verwalteten die Zölle, die bundesgesetzlich geregelten Verbrauchsteuern sowie die Abgaben im Rahmen der Europäischen Union. Sie waren außerdem zuständig für die zollamtliche Überwachung des Warenverkehrs über die Grenze und für die Grenzaufsicht. Eine Besonderheit unter den vier schleswig-holsteinischen Hauptzollämtern stellte das Kieler Hauptzollamt mit seiner Zuständigkeit für den Zollfreihafen Kiel dar.

Der Bestand ist nach Unterprovenienzen geordnet, die vom Überlieferungsumfang her jeweils weniger als einen laufenden Meter umfassen und hier zusammengefasst sind. Von den Hauptzollämtern Itzehoe und Kiel liegt eine umfangreichere Überlieferung vor, die auch bis 1844 zurückreichende Vorakten enthält.

- ↘ Sitzungen und Tagungen; Personalangelegenheiten; Zollbegünstigungen; Verbrauchsteueraufsicht; Betriebsprüfungen; Bekämpfung von Schwarzarbeit; Überwachung der Fischereizonen; Hafen- und Fährsachen; Grenzaufsicht; Zollkommissariat Ostsee. – Vorhanden sind Unterlagen aus folgenden Hauptzollämtern: Altona-Ottensen; Flensburg; Hadersleben; Husum; Itzehoe; Kiel; Lübeck; Neustadt; Tönning; Wandsbek.
- ↘ 15 lfm
- ↘ (1844) 1867–2001
- ↘ Vorakten befinden sich in Abt. 68 (siehe Bestandsgruppe „Schleswig-Holstein insgesamt"). Aufsichtsakten liegen in Abt. 306 (siehe Bestandsgruppe „Preußische Verwaltung"), außerdem in Abt. 510 (siehe Bestandsgruppe „Landesverwaltung").

Abt. 514 Zollinspektionen, Bezirkszollkommissare, Nebenzollämter

Mit dem Abschluss des Zolleinigungsvertrages vom 8. Juli 1867 wurde die Provinz Schleswig-Holstein Mitglied des Deutschen Zollvereins. Oberste Zollbehörde wurde die Provinzial-Steuerdirektion mit Sitz in Glückstadt, ab 1873 in Altona. Ihr unterstanden bis zur Gründung des Landesfinanzamtes Schleswig-Holstein im Jahre 1919 unter anderem die neu geschaffenen Hauptzoll- und Hauptsteuerämter. Für Einzug und Verwaltung der Ein- und Ausfuhrzölle sowie die Überwachung der neuen Zollgrenze sah das Zollvereinsgesetz vom 1. Juli 1869 die Errichtung neuer Zollämter vor, die der Aufsicht durch die Hauptzollämter unterstanden.

Der Bestand ist nach Unterprovenienzen geordnet, die vom Überlieferungsumfang her jeweils deutlich weniger als einen laufenden Meter umfassen. Überliefert sind Akten aus den Zollamtsbezirken Brunsbüttelkoog, Flensburg-Weiche, Glückstadt, Meldorf, Oldesloe, Tönning und Wedel.

- ↘ Dienststellenorganisation; Geschäftsverteilungspläne; Rechnungen und Kassenbücher; Steuerlager; Privatteilungslager; Schiffseingangs- und -ausgangsbücher.
- ↘ 2 lfm
- ↘ 1918–1927

Abt. 516 Bezirkszollkommissariat (G) Flensburg

Mit der Finanzreform von 1919 wurde auch die deutsche Zollverwaltung neu organisiert. Die damals geschaffenen Hauptzollämter und die Zollämter verwalteten die Zölle, außerdem waren sie zuständig für die zollamtliche Überwachung des Warenverkehrs über die Grenze und für die Grenzaufsicht. Ihnen unterstanden auch die Zollkommissariate. Einen gewissen Sonderfall stellte das Bezirkszollkommissariat (G) in Flensburg dar. Das Kürzel (G) stand für Grenze. Diese Einrichtung entstand aus dem nach der Volksabstimmung des Jahres 1920 am 15. Juni 1920 von Christiansfeld in Nordschleswig an die neue Staatsgrenze verlegten Zollkommissariat. Am 1. November 1937 wurde das Bezirkszollkommissariat (G) Flensburg aufgelöst und sein Bezirk in die Bezirke Flensburg-Land und Flensburg-Wasser (später: -Förde) aufgeteilt, die beide jeweils eigene, neu eingerichtete Zollkommissariate bildeten.

- ↘ Zoll-Fahndungslisten; Kapitalflucht; Schmuggel; Postschiffkontrolle.
- ↘ 0,5 lfm
- ↘ 1920–1928

Abt. 520 Oberpostdirektion Kiel

Die Einrichtung erfolgte 1867 als preußische Behörde. In den Folgejahren kam es immer wieder zu Änderungen des Zugehörigkeitsbereichs und zu Umbenennungen: nach 1868 Zugehörigkeit zur Postverwaltung des Norddeutschen Bundes, ab 1871 Provinzialverwaltungsbehörde der Reichspost, ab 1953 mittlere Bundesbehörde, nach 1991 untergliedert in Oberpostdirektion Kiel Bereich Postdienst und Oberpostdirektion Kiel Telekom, nach 1993 Deutsche Bundespost Postdienst Direktion Kiel und Deutsche Bundespost Telekom Direktion Kiel.

Das Gros der Akten wurde in den 1930er-Jahren abgegeben. Kleinere Abgaben erfolgten 1980 bis 1993 und 2005 bis 2011, darunter auch zahlreiche Unterlagen aus der postgeschichtlichen Sammlung der OPD Kiel.

- Organisation und Öffentlichkeitsarbeit; Post- und Kraftfahrwesen; Fernmeldewesen; Personalwesen; Kassen- und Rechungswesen; Bauwesen und Liegenschaften.
- 63 lfm
- (1653–) 1750–1997
- Die Akten der Postämter liegen in Abt. 521, die Akten des kurzlebigen Vorgängers der OPD Kiel in Abt. 319 (siehe Bestandsgruppe „Preußische Verwaltung“), Pläne in Abt. 402 A 77 (siehe Bestandsgruppe „Karten und Bilder“).

Abt. 521 Postämter

Zum 1. Januar 1867 wurde die in Preußen übliche Poststruktur auch auf die neue Provinz Schleswig-Holstein übertragen mit Kiel als Sitz einer Oberpostdirektion. 1868 bestanden bei der Oberpostdirektion Kiel 15 Postämter I. Klasse, 24 Postämter II. Klasse, 29 Postexpeditionen sowie 121 Briefsammelstellen. Auch als die Post nach der Reichsgründung 1871 in die Zuständigkeit des Reiches kam, blieb Kiel Sitz der Oberpostdirektion. Im Kaiserreich unterschied man dann Postämter I., II. und III. Klasse. Die Zahl der Postämter erhöhte sich mehr und mehr. 5000 bis 10.000 Menschen sollte schließlich jedes Postamt bedienen, wobei sich der Sprengel oft an den Gemeindeeinteilungen der Kommunen orientierte. 1965 gab es im Bereich der Oberpostdirektion Kiel 200 Postämter und 960 Poststellen bzw. Posthilfsstellen. Die wichtigsten Aufgaben lagen im Brief- und Paketdienst, im Finanzdienst (Postbank, Bargeldübermittlung) sowie im Fernmeldewesen. Im Zuge der Umstrukturierung des Postwesens Ende des 20. Jahrhunderts (Deutsche Post AG) schrumpfte die Zahl dieser Einrichtungen beträchtlich, und man schuf die Begriffe Postfilialen und Postagenturen.

Das Gros der Akten wurde in den 1930er-Jahren abgegeben, kleinere Teilbestände zu einzelnen Postämtern kamen 1979, 1980, 2005, 2009 und 2011 hinzu. Die Überlieferung der einzelnen Postämter fällt in Menge und Qualität sehr unterschiedlich aus.

- ↘ Postämter Bad Oldesloe, Bad Segeberg, Burg auf Fehmarn, Eckernförde, Elmshorn, Eutin, Flensburg, Geesthacht, Glückstadt, Hadersleben, Heide, Husum, Itzehoe, Kaltenkirchen, Kappeln, Kiel, Lauenburg, Lübeck-Travemünde, Neumünster, Neustadt, Niebüll, Oldenburg, Pinneberg, Plön, Preetz, Ratzeburg, Reinbek, Rendsburg, Sankt Michaelisdonn (Amtsstellen), Schleswig, Timmendorfer Strand, Trittau, Uetersen, Westerland, Wyk auf Föhr.
- ↘ 35 lfm
- ↘ (1504–) 1712–2003
- ↘ Die Akten der Oberpostdirektion Kiel liegen in Abt. 520, die Akten von dessen kurzlebigem Vorgänger in Abt. 319 (siehe Bestandsgruppe „Preußische Verwaltung"), Pläne in Abt. 402 A 77 (siehe Bestandsgruppe „Karten und Bilder").

Abt. 528 Wetteramt Schleswig mit den Wetterstationen Helgoland, Kiel, List, Lübeck

Beim Wetteramt Schleswig mit den Wetterstationen Helgoland, Kiel, List und Lübeck handelt es sich um eine 1952 eingerichtete, dem Bund unmittelbar unterstellte Forschungsanstalt des Deutschen Wetterdienstes. Überliefert sind bisher lediglich Unterlagen der Wetterstation Lübeck sowie des Wetteramtes Schleswig.

- ↘ Wind-, Hydrographen-, Thermographen-, Erdbodentemperatur- und Barographenregistrierungen.
- ↘ 4 lfm
- ↘ 1946–1983
- ↘ Karten, Pläne und Wetterdiagramme des Wetteramtes Schleswig liegen in Abt. 402 A 127 (siehe Bestandsgruppe „Karten und Bilder").

Abt. 529 Beauftragter für das in den Ländern Schleswig-Holstein und Hamburg belegene Reichsnährstandsvermögen

Der Reichsnährstand war während der Zeit des Nationalsozialismus die öffentlich-rechtliche Gesamtkörperschaft, die alle in der Land- und Ernährungswirtschaft tätigen Personen, Betriebe und Verbände zwangsweise erfasste. Der Reichsnährstand wurde

1949 per Gesetz aufgelöst. Gemäß den Durchführungsverordnungen zu diesem Gesetz wurden Treuhänder eingesetzt, die die Rechte und Pflichten des früheren Reichsnährstands als Vermögensträger wahrnahmen. Dem Haupttreuhänder unterstanden die jeweiligen Landestreuhänder, die als seine Vertreter auf Landesebene fungierten. 1961 trat schließlich das Reichsnährstands-Abwicklungsgesetz in Kraft. Erster Landestreuhänder in Schleswig-Holstein war seit Februar 1949 Regierungsdirektor Dr. Gustav Witzel, später Staatssekretär Peter Werner Witt im Landwirtschaftsministerium.

- Vermögensangelegenheiten; Einzelne Grundstücke; Kassen- und Rechnungssachen.
- 3 lfm
- 1954–1968

Abt. 532 Bundesbahn-Betriebsämter

Die Bundesbahn-Betriebsämter gingen auf die preußische Zeit vor dem Ersten Weltkrieg zurück. Die schleswig-holsteinischen Betriebsämter unterstanden zunächst der Eisenbahndirektion Altona, der späteren Bundesbahndirektion Hamburg. Die Betriebsämter standen wiederum den Dienststellen vor. Die Hauptaufgaben der Betriebsämter bestanden in der Verwaltung des Grundeigentums der Bahn, der Unterhaltung der Bahnanlagen und der Überwachung der Dienststellen. Für die Lokomotiven gab es Maschinenämter. 1986 wurden die Betriebsämter aufgelöst und mit anderen Ämtern durch Regionalabteilungen (später Regionalbereiche) ersetzt. Die Deutsche Bahn AG strukturierte ab 1994 ihre Verwaltung völlig neu. Für die Bundesbahnstrecken in Schleswig-Holstein bestanden Betriebsämter in Husum, Flensburg, Kiel, Neumünster, Glückstadt, Altona, Hamburg und Lübeck.

Die Akten sind 1996 von der Deutschen Bahn AG, Geschäftsbereich Netz, Niederlassung Husum, abgegeben worden und betreffen die Betriebsämter Husum und Flensburg. 1999 kamen die Gleispläne der einzelnen Betriebsämter hinzu, die ursprünglich aus dem Bestand der Bundesbahndirektion Hamburg stammen.

- Bauliche Maßnahmen an Gleisanlagen, Gebäuden und Brücken; Gleispläne.
- 3 lfm
- 1887–1993
- Im Kreisarchiv Nordfriesland befindet sich ein größerer Teil Akten des Betriebsamtes Husum aus dem Zeitraum 1882–1960, der vor allem den Bau des Hindenburgdamms nach Sylt betrifft. Im Landesarchiv enthält Abt. 402 A 95 viele weitere Gleispläne und Bauzeichnungen aus dem Bereich Husum/Flensburg (siehe Bestandsgruppe „Karten und Bilder"). Das Staatsarchiv Hamburg verwahrt die Akten der Bundesbahndirektion Hamburg.

Abt. 539 Gesellschaft Reichsautobahnen/Oberste Bauleitung Altona

Die Gesellschaft Reichsautobahnen wurde aufgrund des Reichsgesetzes vom 27. Juni 1933 als Zweigunternehmen der Deutschen Reichsbahn-Gesellschaft am 25. August 1933 zum Bau und Betrieb eines Netzes von Kraftfahrbahnen gegründet. Gemäß Gesetz zur Neuregelung der Verhältnisse der Reichsautobahn vom 1. Juni 1938 erhielt sie eine neue Satzung; auch fiel die Bezeichnung der Reichsautobahnen als Gesellschaft weg. Die Oberste Bauleitung Altona der Gesellschaft Reichsautobahnen hatte ihren Sitz in der Museumsstraße in Altona und wurde von Reichsbahnoberrat Scheunemann geleitet; ihr unterstanden Bauleitungen in Bad Oldesloe und Wandsbek. Im Bau befanden sich 1936 die Reichsautobahnen Hamburg-Lübeck, Hamburg-Bremen und Hamburg-Harburg; in Planung waren die Autobahnen Hamburg-Berlin und Hamburg-Flensburg mit Abzweigung nach Kiel. Der Bestand wurde 1964 durch das Landesamt für Straßenbau abgegeben.

- Grabungsberichte und frühgeschichtliche Funde an der Reichsautobahn Hamburg-Berlin mit Fotos.
- 0,5 lfm
- 1938

Abt. 545 Wasser- und Schifffahrtsdirektion Nord

Durch eine Verwaltungsreform wurde am 1. April 1939 die Wasserstraßendirektion – später Wasser- und Schifffahrtsdirektion – in Kiel gebildet. Sie übernahm die Aufgaben des aufgelösten Reichskanalamtes sowie alle bisher von der Freien und Hansestadt Lübeck und dem Regierungspräsidenten in Schleswig wahrgenommenen einschlägigen Zuständigkeiten. Nach Ende des Zweiten Weltkriegs wurde die Wasser- und Schifffahrtsdirektion Kiel eine Mittelbehörde des Bundesverkehrsministeriums in Bonn. Zur Aufgabenwahrnehmung als Bundesbehörde gehörte die Verwaltung und Unterhaltung von Seewasserstraßen und Kanälen. Es wurden aber auch Auftragsarbeiten für das Land Schleswig-Holstein durchgeführt, wie beispielsweise der Betrieb landeseigener Häfen oder die verwaltungsmäßige Betreuung der Seemannsämter. Der Wasser- und Schifffahrtsdirektion unterstellt waren die Wasser- und Schifffahrtsämter in Brunsbüttel, Kiel-Holtenau, Lübeck und Lauenburg sowie das Wasserstraßen-Maschinenamt Rendsburg und das Neubauamt Rendsburg. Die Aufgaben des aufgelösten Wasser- und Schifffahrtsamtes Glückstadt übernahm das Wasser- und Schifffahrtsamt Hamburg.

- Allgemeine Verwaltung; Organisation; Haushaltssachen; Rechtsverhältnisse; Bausachen; Unterhaltung; Grunderwerb; Grundstücksverkauf; Vermietungen; Verpachtungen; Fahrzeuge.
- 87 lfm
- 1880–1975
- Akten über den Nord-Ostsee-Kanal sind auch in Abt. 548.1 und 548.3 vorhanden.

Abt. 548 Wasser- und Schifffahrtsämter

Die Wasser- und Schifffahrtsämter sind Teil der Organisationsstruktur der Wasser- und Schifffahrtsverwaltung des Bundes. Sie sind als Unterinstanz Ortsbehörden und seit 2013 der Generaldirektion Wasserstraßen und Schifffahrt nachgeordnet. Hervorgegangen sind sie aus den 1884 gebildeten königlich-preußischen Wasserbauinspektionen und wurden 1910 in Wasserbauämter, 1939 in Wasserstraßenämter und schließlich 1949 in Wasser- und Schifffahrtsämter umbenannt. Sie sind unter anderem zuständig für den bundeseigenen Nord-Ostsee-Kanal einschließlich seiner Bauwerke, die wasserbauliche Unterhaltung der im Einflussbereich liegenden Flüsse, den Betrieb der Seezeichen in den Küstengewässern, für die strom- und schifffahrtspolizeilichen Aufgaben in diesen Gewässern sowie für die Verwaltung und die Erhaltung der Bundeswasserstraßen mit ihren Anlagen.

Abt. 548.1 Wasser- und Schifffahrtsamt Brunsbüttel

Nach Auflösung der für den Bau des Kaiser-Wilhelm-Kanals zuständigen Kaiserlichen Kanalkommission wurde am 21. Juni 1895 unter anderem die Wasserbauinspektion Brunsbüttel gegründet, die die Verwaltung des westlichen Kanalabschnitts zwischen Brunsbüttel und Rendsburg wahrnahm. Zwischenzeitlich in Wasserstraßenamt und Preußisches Wasserbauamt umbenannt, wurde 1949 das Wasser- und Schifffahrtsamt Brunsbüttel eingerichtet.

- Unterhaltung der Schleusen und Schöpfwerke; Uferschutzmaßnahmen; Stromversorgung; Betriebsberichte.
- 60 lfm
- 1895–1964

Abt. 548.2 Wasser- und Schifffahrtsamt Glückstadt

Das Amt wurde als Aufsichtsbezirk Glückstadt aus dem Wasser- und Schifffahrtsamt ausgegliedert. Ihm oblag die Aufsicht über die schiffbaren Gewässer der Elbe von Wedel bis Brunsbüttel, der Stör, der Krückau und der Pinnau.

- ↘ Haushaltssachen; Personalakten; Grundstücksverkehr; Dienstwohnungen; Fährsachen; Hafensachen; Wasserstandsbeobachtungen.
- ↘ 40 lfm
- ↘ 1872–1950

Abt. 548.3 Wasser- und Schifffahrtsamt Kiel-Holtenau

Hervorgegangen aus der 1895 aufgelösten Kaiserlichen Kanalkommission, wurde 1921 aus der Wasserbauinspektion das Wasserstraßenamt Kiel-Holtenau. Durch eine Verwaltungsreform 1950 wurde es in Wasserbauamt Kiel-Holtenau, später in Wasser- und Schifffahrtsamt umbenannt. Das ihm angeschlossene Kanalamt Holtenau wurde 1978 aufgelöst. Bis dahin war es als Verkehrsamt zuständig für den gesamten Kanalbereich in Sachen Lenkung und Verkehrsbeaufsichtigung. Bau und Unterhaltung für die östliche Kanalstrecke lag in der Verantwortung des Wasserbauamtes bzw. des Wasser- und Schifffahrtsamtes.

- ↘ Allgemeine Verwaltung; Personalakten; Verpachtungen; Dienstwohnungen; Schifffahrtsstatistik; Instandsetzungen; Grundstücksverkehr; Gewässereinleitungen; Unterhaltung von Schleusen und Hochbrücken.
- ↘ 92 lfm
- ↘ 1892–1973

Abt. 548.4 Wasser- und Schifffahrtsamt Lauenburg

Nach der Eingliederung des Herzogtums Lauenburg in das Königreich Preußen 1876 und der Bildung des Landkreises Herzogtum Lauenburg am 1. Juli 1876 wurde der lauenburgische Abschnitt der Elbe der Strombauverwaltung beim preußischen Oberpräsidenten der Provinz Sachsen zugewiesen. Am 1. Oktober 1878 wurde dann die am 1. April 1871 eingerichtete Wasserbauinspektion Lüneburg II aufgelöst, nach Lauenburg verlegt und mit der dort bestehenden Inspektion zusammengelegt. Die Wasserbauinspektion Hitzacker, zuständig für den hannoverschen Abschnitt der Elbe, wurde am 13. April 1868 der Elbstrombauverwaltung in Magdeburg zugewiesen. Mit der Verlegung der Wasserbauinspektion Lüneburg II nach Lauenburg und der Zusammenlegung beider Ämter erhielt die Wasserbauinspektion Lauenburg am 1. Oktober 1878 provinz- und stromübergreifende Zuständigkeiten. 1978 wurde das Wasser- und

Schifffahrtsamt Hitzacker aufgelöst; die Aufgaben übernahm zum großen Teil das Wasser- und Schifffahrtsamt Lauenburg. Für das Amt in Lauenburg galten nacheinander folgende Bezeichnungen: 1878 Wasserbauinspektion, 1910 Königliches Wasserbauamt, 1919 Wasserbauamt, 1935 Preußisches Wasserbauamt, 1939 Wasserstraßenamt, 1949 Wasser- und Schifffahrtsamt.

- Organisation; Personalangelegenheiten; Grundstücksverkehr; Flussregulierungsmaßnahmen; Fahrzeuge; Eisbrecherdienst; Hochwasserschutzmaßnahmen; Schleusen; Lösch- und Ladeplätze; Verpachtungen.
- 67 lfm
- 1858–1964

Abt. 548.5 Wasser- und Schifffahrtsamt Lübeck

Für die Wasserbauaufgaben einschließlich des Seezeichenwesens an der Ostseeküste waren zunächst die Wasserbauinspektionen Flensburg, Rendsburg und Plön, die Oldenburgische Verwaltung in Eutin sowie die Freie und Hansestadt Lübeck zuständig. 1921 wurden die Wasserbauinspektionen aufgelöst und durch das Wasserbauamt Kiel abgelöst. Die untere Trave wurde bis 1934 von der Freien und Hansestadt Lübeck durch die dortige Wasserbauverwaltung beaufsichtigt. Am 1. Juli 1934 wurde das Reichswasserstraßenamt Lübeck eingerichtet, das dann auch den Oldenburger Teil mitverwaltete. 1949 wurden das Wasserbauamt Kiel und das Reichswasserstraßenamt zum Wasser- und Schiffahrtsamt Lübeck zusammengelegt.

- Allgemeine Verwaltung; Personalangelegenheiten; Haushaltssachen; Schleusenunterhaltung; Brückenaufsicht; Fahrzeuge; Geräte; Betonnung; Leuchtfeuer.
- 42 lfm
- 1892–2005

Abt. 548.6 Wasserstraßen-Maschinenamt und Neubauamt Rendsburg

1895 wurde in Rendsburg die Maschinenbauinspektion Rendsburg mit der Staatswerft Saatsee eingerichtet, die für die Reparaturen bzw. Neubauten der staatseigenen und für die Kanalunterhaltung notwendigen Maschinen und Fahrzeuge zuständig war. 1921 wurde es in Wasserstraßen-Maschinenamt Rendsburg umbenannt.

- Allgemeine Verwaltung; Personalangelegenheiten; Haushaltssachen; Werftunterhaltung; Schiffsneubauten; Fahrzeuge.
- 39 lfm
- 1893–1986

Abt. 548.7 Wasser- und Schifffahrtsamt Tönning

Das Wasser- und Schifffahrtsamt Tönning ist hervorgegangen aus der am 1. Mai 1884 gegründeten Wasserbauinspektion. Zuständig war es für die Unterhaltung der Eider unterhalb der Hohner Fähre und der Außeneider einschließlich der Häfen Tönning und Friedrichstadt sowie für das Tonnen- und Bakenwesen auf den Seewasserstraßen vor Eiderstedt und Dithmarschen. Betreut wurden zunächst außerdem die Deiche und Vorländereien in den Kreisen Eiderstedt, Norder- und Süderdithmarschen und in der Landschaft Stapelholm einschließlich der kommunalen Häfen. Einige Zuständigkeiten wurden später mit dem Amt für Land- und Wasserwirtschaft in Husum ausgetauscht.

- Allgemeine Verwaltung; Personalangelegenheiten; Personalakten; Grundstücksverkehr; Lotsenwesen; Häfen; Leuchtfeuer; Schleusenunterhaltung; Seezeichen und Tonnenwesen; Fahrzeuge.
- 113 lfm
- 1774–2007

Abt. 560 Bundespolizeipräsidium Nord

Am 15. Februar 1951 wurde der Bundesgrenzschutz per Gesetz gegründet. Er wurde dem Bundesinnenministerium unterstellt und sollte „gefährliche Störungen der öffentlichen Ordnung", die gegen die Sicherheit der Grenze gerichtet waren, verhindern. In Norddeutschland wurden das Grenzschutzkommando (GSK) See und das Grenzschutzkommando Nord gebildet. 1954 entstand das Grenzschutzkommando Küste. Mit dem zweiten Gesetz zum Bundesgrenzschutz aus dem Jahr 1956 wurde der Aufbau der Bundeswehr vorbereitet. Mehr als die Hälfte des Stammpersonals wechselte zur neu gegründeten Bundeswehr. Seit 1964 haben das Grenzschutzkommando Küste und das Grenzschutzkommando Nord ihren Dienstsitz in Bad Bramstedt. Am 1. April 1992 kam es zur Auflösung der Grenzschutzkommandos Küste und Nord; an deren Stelle trat das Grenzschutzpräsidium Nord. Zu dessen Schwerpunktaufgaben gehören in den Bereichen der Bundesländer Bremen, Hamburg, Mecklenburg-Vorpommern, Niedersachsen und Schleswig-Holstein die Sicherung der anliegenden Grenzen, Aufgaben der Bahnpolizei, Sicherung des Luftverkehrs, Aufgaben auf Nord- und Ostsee und Unterstützung der Länderpolizeien. Am 1. Juni 2005 wurde der Bundesgrenzschutz seiner neu definierten Aufgaben gemäß in Bundespolizei umbenannt.

In den Bestand integriert wurden Akten der Grenzkommission, die auf der Basis des Grundlagenvertrages von 1972 aus Beauftragten beider deutscher Regierungen gebildet wurde und für die Überprüfung und Ergänzung von Grenzmarkierungen sowie die Erstellung einer Grenzdokumentation zuständig war.

↘ Grenzverlauf; Grenzanlagen; Fotos und Luftbildaufnahmen; Grenzzwischenfälle; Flüchtlingsangelegenheiten.

↘ 12 lfm

↘ 1951–1993

Abt. 580 Landesarbeitsamt

Das Landesarbeitsamt entstand durch das Gesetz über Arbeitsvermittlung und Arbeitslosenversicherung vom 16. Juli 1927 als „Landesarbeitsamt Nordmark" mit Sitz in Hamburg. In seinem Zuständigkeitsbereich lagen Schleswig-Holstein, Hamburg, Mecklenburg, die Kreise Stade und Cuxhaven, das Land Hadeln und ab Februar 1943 auch Helgoland. Im Jahre 1939 wurden die Landesarbeitsämter als unmittelbare Reichsbehörden dem „Reichsarbeitsministerium" unterstellt. Durch Verordnung vom 19. Mai 1943 wurde aus dem Bezirk des „Landesarbeitsamtes Nordmark" das neu geschaffene „Landesarbeitsamt Schleswig-Holstein und der Reichstreuhänder der Arbeit für das Wirtschaftsgebiet Schleswig-Holstein" mit Sitz in Kiel ausgegliedert und zum 1. November 1943 in ein „Gauarbeitsamt" umgewandelt. Von Juni 1945 bis September 1948 unterstand das Landesarbeitsamt unter der Bezeichnung „Landesarbeitsamt Schleswig-Holstein" dem in Lemgo angesiedelten „Zentralamt für Arbeit in der britischen Zone", danach bis zum Jahr 1952 der „Verwaltung für Arbeit des vereinigten Wirtschaftsgebietes" mit Sitz in Frankfurt. Der am 10. März 1952 neu errichteten „Bundesanstalt für Arbeitsvermittlung und Arbeitslosenversicherung" wurde auch das „Landesarbeitsamt Schleswig-Holstein" unterstellt. Ab dem 1. Oktober 1964 erweiterte sich die Zuständigkeit des Landesarbeitsamtes zum „Landesarbeitsamt Schleswig-Holstein-Hamburg". Eine erneute Erweiterung seines Bezirks erfuhr das Landesarbeitsamt ab 11. März 1992 mit der Zuständigkeit für das Bundesland Mecklenburg-Vorpommern; die neue Behördenbezeichnung lautete nun „Landesarbeitsamt Nord". Eine grundlegende Umstrukturierung der Arbeitsverwaltung erfolgte zum 1. Januar 2004 mit der Umwandlung der Arbeitsverwaltung in Agenturen für Arbeit.

Die Überlieferung des Landesarbeitsamts im Landesarchiv beginnt, von wenigen Ausnahmen abgesehen, erst für die Zeit nach 1945. Der größere Teil der Unterlagen gelangte mit den ab Ende der 1980er-Jahre einsetzenden regelmäßigen Aktenabgaben ins Archiv.

- Innerer Dienstbetrieb; Geschäftsverteilungspläne; Geschäftsberichte; Ausschussprotokolle, dabei Wertschaffende Arbeitslosenhilfe (WAH); Direktorentagungen; Liegenschaftsverwaltung; Personalangelegenheiten; Haushalts-, Kassen- und Rechnungswesen; Ämterprüfungen; Statistik und Arbeitsmarktberichterstattung; Arbeitsvermittlung; Arbeits- und Berufsförderung; Wirtschaftsförderung; Wohnungsbauförderung; Berufsberatung; Psychologischer und Ärztlicher Dienst; Leistungsgewährung; Einzelne Maßnahmen.
- 129 lfm
- 1919–1996
- Die Akten der Arbeitsämter finden sich in Abt. 581.

Abt. 581 Arbeitsämter

Die Einrichtung von Arbeitsämtern beruht auf dem Gesetz über Arbeitsvermittlung und Arbeitslosenversicherung vom 16. Juli 1927. An die Stelle der bisherigen öffentlichen Arbeitsnachweise traten im Oktober 1927 die neu geschaffenen Arbeitsämter in Bad Oldesloe, Elmshorn, Flensburg, Heide, Kiel, Lübeck, Neumünster, Rendsburg und Schleswig. Sie unterstanden dem Landesarbeitsamt Nordmark in Hamburg. Die einzige wesentliche Neuabgrenzung der 1927 eingerichteten schleswig-holsteinischen Arbeitsamtsbezirke erfolgte zum 1. Juli 1963, als die Bezirke Rendsburg und Schleswig aufgelöst wurden. Das selbstständige Schleswiger Amt wurde eine Nebenstelle des Arbeitsamtes Flensburg, das Rendsburger Amt eine Nebenstelle des Arbeitsamtes Neumünster. Diese bezirkliche Gliederung überdauerte auch die Umstrukturierung der Arbeitsverwaltung im Jahre 2004, mit der die Umwandlung der Arbeitsämter in öffentlich-rechtliche Agenturen für Arbeit erfolgte. Seitdem unterstanden der Regionaldirektion Nord in Kiel die sieben Agenturen für Arbeit in Bad Oldesloe, Elmshorn, Flensburg, Heide, Kiel, Lübeck und Neumünster.

Da die Akten in den einzelnen Arbeitsämtern nur partiell unterschiedlich sind, wurde eine Musterüberlieferung aus dem Arbeitsamt Neumünster gebildet. Aus den übrigen Ämtern sind nur einzelne Spezifika ins Landesarchiv übernommen worden. Akten des Landesarbeitsamtes Nordmark in Hamburg befinden sich in Abt. 580.

Abt. 581.1 Bad Oldesloe

- Dienststellenorganisation; Ausschussprotokolle; Direktorentagungen; Dienstbesprechungen; Liegenschaftsverwaltung; Bezirklicher Aufbau; Personalangelegenheiten; Haushalts-, Kassen- und Rechnungswesen; Statistik

und Arbeitsmarktberichterstattung; Arbeitsvermittlung; Arbeits- und Berufsförderung; Betriebsakten; Berufsberatung; Psychologischer und Ärztlicher Dienst; Leistungsgewährung; Einzelne Arbeitsmaßnahmen (ABM); Arbeits- und Sozialgerichtsbarkeit.
- 8 lfm
- 1928–2006

Abt. 581.2 Elmshorn

- Dienststellenorganisation; Personalangelegenheiten; Statistik und Arbeitsmarktberichterstattung; Psychologischer Dienst; Zahlung von Konkursausfallgeld; Einzelne Arbeitsbeschaffungsmaßnahmen (ABM).
- 3 lfm
- 1918–1999

Abt. 581.3 Flensburg

- Ausschussprotokolle; Personalangelegenheiten; Statistik und Arbeitsmarktberichterstattung; Arbeits- und Berufsförderung; Betriebsakten; Einzelne Maßnahmen der Wertschaffenden Arbeitslosenhilfe (WAH).
- 24 lfm
- 1928–2006

Abt. 581.4 Heide

- Liegenschaftsverwaltung; Personalangelegenheiten; Arbeitsvermittlung; Betriebsakten; Einzelne Maßnahmen des Freiwilligen Arbeitsdienstes und des Reichsarbeitsdienstes; Maßnahmen der Wertschaffenden Arbeitslosenhilfe (WAH).
- 8 lfm
- 1918–1993

Abt. 581.5 Kiel

- Personalangelegenheiten.
- 1 lfm
- 1922–1993

Abt. 581.6 Lübeck

- Ausschussprotokolle; Direktorentagungen; Dienstbesprechungen; Liegenschaftsverwaltung; Personalangelegenheiten; Haushalts-, Kassen- und Rechnungswesen; Statistik und Arbeitsmarktberichterstattung; Arbeitsvermittlung; Arbeits- und Berufsförderung; Betriebsakten; Ärztlicher Dienst; Leistungsgewährung; Einzelne Arbeitsbeschaffungsmaßnahmen (ABM).
- 6 lfm
- 1931–1984

Abt. 581.7 Neumünster

- Dienststellenorganisation; Ausschussprotokolle; Direktorentagungen; Dienstbesprechungen; Liegenschaftsverwaltung; Bezirklicher Aufbau; Personalangelegenheiten; Haushalts-, Kassen- und Rechnungswesen; Statistik und Arbeitsmarktberichterstattung; Arbeitsvermittlung; Arbeits- und Berufsförderung; Wirtschaftsförderung; Wohnungsbauförderung; Berufsberatung; Psychologischer und Ärztlicher Dienst; Leistungsgewährung; Betriebsakten; Einzelne Maßnahmen der Wertschaffenden Arbeitslosenhilfe (WAH) und der Arbeitsbeschaffung (ABM).
- 50 lfm
- 1928–2006

Abt. 581.8 Rendsburg

- Dienststellenorganisation; Ausschussprotokolle; Direktorentagungen; Liegenschaftsverwaltung; Bezirklicher Aufbau; Personalangelegenheiten; Haushalts-, Kassen- und Rechnungswesen; Statistik und Arbeitsmarktberichterstattung; Arbeitsvermittlung; Arbeits- und Berufsförderung; Betriebsakten.
- 2 lfm
- 1925–1970

Abt. 581.9 Schleswig

- Ausschussprotokolle; Personalangelegenheiten.
- 0,5 lfm
- 1926–1961

Nationalsozialismus und Besatzungszeit

In der Gruppe „Nationalsozialismus und Besatzungszeit“ sind diejenigen Bestände zusammengefasst, die in der Zeit von 1933 bis 1949 neben der staatlichen Verwaltung standen. Für die NS-Zeit sind das die Parteiakten, aber auch Akten zeitspezifischer, in besonderem Maße parteigeprägter staatlicher Institutionen wie der Gestapo. Für die Nachkriegszeit sind das insbesondere die Entnazifizierungsakten. Zu beachten ist, dass die Akten der staatlichen Verwaltung in der Gruppe „Preußische Verwaltung bis 1946“ zu suchen sind bzw. in der Gruppe „Reichs- und Bundesbehörden ab 1871“. Das Schriftgut der NSDAP in Schleswig-Holstein und ihrer Gliederungen ist bis auf geringfügige Reste planmäßig vernichtet worden oder durch Kriegs- bzw. Nachkriegseinwirkungen verloren gegangen. Der noch vorhandene Restbestand – meist Einzelvorgänge vom Schreibtisch der jeweiligen Sachbearbeiter oder auch nur Fragmente von Vorgängen – wurde von der Besatzungsmacht 1945 sichergestellt, zusammen mit anderen Beutearchivalien in der Library of Congress in Washington verfilmt und über das Bundesarchiv in den Sechzigerjahren nach Deutschland zurückgegeben. Die britischen Akten der Besatzungszeit befinden sich heute in den National Archives, London. Ein sachthematisches Inventar dieser Akten kann im Landesarchiv eingesehen werden.

Abt. 454 NSDAP/Gauleitung Schleswig-Holstein

Die sogenannten Gaue als NSDAP-Gebietsorganisationen sind ab 1925 eingerichtet worden. Gauleiter des Gaues Schleswig-Holstein war seit dessen Gründung am 1. März 1925 bis zum Ende der NS-Herrschaft Hinrich Lohse, der von 1933 bis 1945 auch als Oberpräsident der Provinz Schleswig-Holstein amtierte.

Der Bestand enthält Unterlagen, die zwischen 1968 und 1988 vom Bundesarchiv abgegeben worden sind. Das Bundesarchiv selbst hatte diese Unterlagen im Zusammenhang mit umfangreicheren Aktenrückgaben der Besatzungsmächte aus amerikanischer Hand erhalten. Es handelt sich um einen bruchstückhaften Restbestand verschiedensten Inhalts. Das meiste Schriftgut ist als verloren anzusehen.

- Akten über einzelne Personen aus dem Parteibereich; Rundschreiben; Propaganda- und Presseangelegenheiten; Hitlerjugend und Bund Deutscher Mädel; Sprengstofffabrik Krümmel.
- 1 lfm
- 1933–1945
- Unterlagen aus dem persönlichen Bereich des Gauleiters Hinrich Lohse befinden sich in dessen Nachlass (Abt. 399.65, siehe Bestandsgruppe „Nachlässe").

Abt. 455 Staatspolizeistelle für den Regierungsbezirk Schleswig in Kiel

Im Zuge der Neuorganisation der Politischen Polizei in Preußen nach der Machtübernahme durch die NSDAP wurde im April 1933 in Berlin das Geheime Staatspolizeiamt (Gestapa) errichtet. Als dessen Hilfsorgane sollten Außenstellen in den einzelnen Regierungsbezirken dienen, die als Staatspolizeistellen bezeichnet wurden. Als Staatspolizeistelle im Regierungsbezirk Schleswig fungierte zunächst die für politische Straftaten zuständige Abteilung der staatlichen Polizeiverwaltung in Kiel. Bereits im August 1933 wurden die Zuständigkeiten der Staatspolizeistelle jedoch an die staatliche Polizeiverwaltung in Altona übertragen. Im Februar 1935 erfolgte die Rückverlegung nach Kiel, wo nun eine selbstständige Staatspolizeistelle errichtet wurde, die dem Berliner Geheimen Staatspolizeiamt direkt unterstellt war.

Die vorliegenden Unterlagen sind zwischen 1968 und 1988 vom Bundesarchiv abgegeben worden. Das Bundesarchiv selbst hatte sie im Zusammenhang mit umfangreicheren Aktenrückgaben der Besatzungsmächte aus amerikanischer Hand erhalten. Es sind nur wenige, bruchstückhafte Akten und Schriftstücke überliefert.

- Organisation und Personal; Werkschutz in Rüstungsbetrieben; Ausländische Arbeiter; Staatspolizeinebenstelle Oldenburg in Holstein; Einzelne Ermittlungsvorgänge.
- 1 lfm
- 1930–1945 (–1948)
- Politische Lageberichte der Staatspolizeistelle Kiel an den Reichs- und Preußischen Innenminister für die Monate Februar, März, Mai, September und Oktober 1935 sowie Januar und Februar 1936 befinden sich in Abt. 410 Nr. 290 (siehe Bestandsgruppe „Sammlungen").

Abt. 456 NSDAP/Verschiedene Dienststellen

Es handelt sich um einen Sammelbestand mit einigen Überlieferungssplittern verschiedener Dienststellen und Organisationen der NSDAP. Die vorliegenden Unterlagen sind zwischen 1968 und 1988 vom Bundesarchiv abgegeben worden. Das Bundesarchiv selbst hatte die Unterlagen im Zusammenhang mit umfangreicheren Aktenrückgaben der Besatzungsmächte aus amerikanischer Hand erhalten.

- Akten der Kreisleitung des oldenburgischen Landesteils Lübeck und der Ortsgruppe Eutin; Akten des Vorsitzenden der NSDAP-Fraktion in der Lübecker Bürgerschaft und Senators Emil Bannemann; NS-Studentenorganisationen; SA-Einheiten.
- 1 lfm
- 1930–1945

Abt. 458 Sub Area Intelligence Office der britischen Militärregierung

Der Bestand setzt sich hauptsächlich aus Formularen zusammen, auf denen die für Lübeck zuständige Einheit des britischen Militärgeheimdienstes nach dem Zweiten Weltkrieg die Festnahme ehemaliger Nationalsozialisten in den „Automatic Arrest" dokumentiert hat. Teilweise liegen zur Ergänzung dieser Dokumente Personalunterlagen vor, die vermutlich aus der Mitgliederverwaltung der Gauleitung der NSDAP stammen. Die Akten wurden 1967 vom Landesamt für Verfassungsschutz an das Landesarchiv abgegeben.

- Personalformulare.
- 6 lfm
- 1937–1948

Abt. 460 Entnazifizierungsakten

Die Entnazifizierung gehörte nach dem Zweiten Weltkrieg zu den Kernelementen des Potsdamer Abkommens. Die Alliierten wollten in Deutschland eine tief greifende politische Säuberung durchführen. Schon gleich nach Kriegsende begannen die Verfahren in der britischen Zone, zu der auch Schleswig-Holstein gehörte. Zunächst ging es um Entlassung oder Weiterbeschäftigung im öffentlichen Dienst, der Kreis der Betroffenen wurde aber darüber hinaus erweitert. Die zu Beginn des

Jahres 1946 eingerichteten deutschen Entnazifizierungsausschüsse waren einstweilen nur beratend tätig und gaben Empfehlungen. Die Entscheidung über Entlassung oder Weiterbeschäftigung traf die britische Militärregierung. Die deutschen Entnazifizierungsausschüsse wurden auf Kreisebene gebildet, auf dem Instanzenweg gab es später Ausschüsse auf der Bezirks- und Landesebene. Erst ab Herbst 1946 galt auch in der britischen Zone die ursprünglich amerikanische Einteilung in fünf Kategorien: I. Hauptschuldige, II. Belastete, III. Minderbelastete, IV. Mitläufer und V. Entlastete. Im Oktober 1947 übertrug die Militärregierung den deutschen Ausschüssen die alleinige Verantwortung für die Entnazifizierung, allerdings nur für die Kategorien III bis V. Die Zuständigkeit für die Kategorien I und II verblieb bei den Briten. Seit 1948 gab es in Schleswig-Holstein – einzigartig in Deutschland – die Möglichkeit einer geringeren Neueinstufung nach einem Jahr. 1951 wurde dann die Entnazifizierung in Schleswig-Holstein per Landesgesetz beendet. Die Entnazifizierungspraxis, über einen Fragenkatalog die individuelle Schuld bzw. Unschuld festzustellen, ist stark umstritten gewesen. In dem letztendlich gescheiterten Massenverfahren wurden bis 1951 in Schleswig-Holstein ungefähr 400.000 Menschen entnazifiziert. Davon wurden lediglich etwa 2000 in die Kategorie III eingestuft, zum Teil verbunden mit Sanktionen wie etwa Geldstrafe, Herabstufungen, Pensionskürzungen oder Entlassung. Die Übrigen kamen in die Kategorie IV (etwa 65.000), in die Kategorie V (etwa 200.000) oder wurde als vom Gesetz nicht betroffen eingestuft (etwa 130.000).

Die Entnazifizierungsakten wurden mit Abschluss der Entnazifizierung seit 1951 jahrzehntelang unter Verschluss gehalten und sind erst mit der Verabschiedung des Landesarchivgesetzes 1992 Archivgut geworden. Seitdem sind sie – nach Ablauf der Schutzfristen für personenbezogenes Archivgut – frei zugänglich. Unabhängig von ihrem Entstehungszweck ist schon jetzt absehbar, dass die Entnazifizierungsakten vor allem auch für die Familienforschung eine äußerst wichtige und viel frequentierte Quelle darstellen werden, da hier – zumindest – alle „Haushaltsvorstände" mit relativ vielen persönlichen Daten fast flächendeckend für das gesamte Bundesland Schleswig-Holstein erfasst worden sind. Die im Landesarchiv verwahrten Entnazifizierungsakten sind nach Kreisen beziehungsweise kreisfreien Städten geordnet. In der Regel haben die Entnazifizierungsverfahren am Wohnort der Betroffenen stattgefunden. Das heißt, für eine gezielte und Erfolg versprechende Suche nach einer Entnazifizierungsakte muss man wissen, in welchem Ort die gesuchte Person im fraglichen Zeitraum von 1945 bis ungefähr 1951 gewohnt hat. In Abt. 460 werden die Verfahren verwahrt, die bis Oktober 1947 unter britischer Verantwortung durchgeführt worden sind, sowie die Verfahren, die daran anschließend vor dem Entnazifizierungshauptausschuss des Landes

Schleswig-Holstein als letzter Instanz verhandelt wurden. In den Unterabteilungen Abt. 460.1 und folgende befinden sich die Unterlagen der deutschen Entnazifizierungsausschüsse auf Ebene der Kreise.

- Verwaltungsakten; Karteien; Einzelne Entnazifizierungsverfahren.
- 118 lfm
- 1945–1951

Abt. 460.1 Entnazifizierungshauptausschuss des Kreises Eckernförde

- Verwaltungsakten; Karteien; Einzelne Entnazifizierungsverfahren.
- 25 lfm
- 1945–1951

Abt. 460.2 Entnazifizierungshauptausschuss des Kreises Eiderstedt

Aus dem Kreis Eiderstedt sind keine Entnazifizierungsverfahren überliefert.

- Verwaltungsakten.
- 1 lfm
- 1945–1951

Abt. 460.3 Entnazifizierungshauptausschuss des Kreises Eutin

- Verwaltungsakten; Karteien; Einzelne Entnazifizierungsverfahren.
- 17 lfm
- 1945–1951

Abt. 460.4 Entnazifizierungshauptausschuss des Kreises Flensburg-Land

- Verwaltungsakten; Karteien; Einzelne Entnazifizierungsverfahren.
- 16 lfm
- 1945–1951

Abt. 460.5 Entnazifizierungshauptausschuss des Kreises Herzogtum Lauenburg

- Karteien; Einzelne Entnazifizierungsverfahren.
- 22 lfm
- 1945–1951

Abt. 460.6 Entnazifizierungshauptausschuss des Kreises Husum

- Verwaltungsakten; Karteien; Einzelne Entnazifizierungsverfahren.
- 15 lfm
- 1945–1951

Abt. 460.7 Entnazifizierungshauptausschuss des Kreises Norderdithmarschen

- Verwaltungsakten; Karteien; Einzelne Entnazifizierungsverfahren.
- 33 lfm
- 1945–1951

Abt. 460.8 Entnazifizierungshauptausschuss des Kreises Oldenburg

- Verwaltungsakten; Karteien; Einzelne Entnazifizierungsverfahren.
- 50 lfm
- 1945–1951

Abt. 460.9 Entnazifizierungshauptausschuss des Kreises Pinneberg

- Verwaltungsakten; Karteien; Einzelne Entnazifizierungsverfahren.
- 29 lfm
- 1945–1951

Abt. 460.10 Entnazifizierungshauptausschuss des Kreises Plön

- Verwaltungsakten; Karteien; Einzelne Entnazifizierungsverfahren.
- 22 lfm
- 1945–1951

Abt. 460.11 Entnazifizierungshauptausschuss des Kreises Rendsburg

- Verwaltungsakten; Karteien; Einzelne Entnazifizierungsverfahren.
- 49 lfm
- 1945–1951

Abt. 460.12 Entnazifizierungshauptausschuss des Kreises Schleswig

- Karteien; Einzelne Entnazifizierungsverfahren.
- 38 lfm
- 1945–1951

Abt. 460.13 Entnazifizierungshauptausschuss des Kreises Segeberg

- Karteien; Einzelne Entnazifizierungsverfahren.
- 30 lfm
- 1945–1951

Abt. 460.14 Entnazifizierungshauptausschuss des Kreises Steinburg

- Verwaltungsakten; Karteien; Einzelne Entnazifizierungsverfahren.
- 31 lfm
- 1945–1951

Abt. 460.15 Entnazifizierungshauptausschuss des Kreises Stormarn

- Verwaltungsakten; Karteien; Einzelne Entnazifizierungsverfahren.
- 28 lfm
- 1945–1951

Abt. 460.16 Entnazifizierungshauptausschuss des Kreises Süderdithmarschen

- Verwaltungsakten; Karteien; Einzelne Entnazifizierungsverfahren.
- 18 lfm
- 1945–1951

Abt. 460.17 Entnazifizierungshauptausschuss des Kreises Südtondern

- Karteien; Einzelne Entnazifizierungsverfahren.
- 18 lfm
- 1945–1951

Abt. 460.18 Entnazifizierungshauptausschuss der Stadt Flensburg

- Verwaltungsakten; Karteien; Einzelne Entnazifizierungsverfahren.
- 33 lfm
- 1945–1951

Abt. 460.19 Entnazifizierungshauptausschuss der Stadt Kiel

- Verwaltungsakten; Karteien; Einzelne Entnazifizierungsverfahren.
- 70 lfm
- 1945–1951

Abt. 460.20 Entnazifizierungshauptausschuss der Stadt Lübeck

Die Akten zu den in Lübeck durchgeführten Entnazifizierungsverfahren werden im Archiv der Hansestadt Lübeck verwahrt.

Abt. 460.21 Entnazifizierungshauptausschuss der Stadt Neumünster

- Verwaltungsakten; Karteien; Einzelne Entnazifizierungsverfahren.
- 70 lfm
- 1945–1951

Landesverwaltung seit 1946

Mit der Auflösung des Landes Preußen im Jahre 1947 veränderte sich auch der Status der bis dahin bestehenden preußischen Provinz Schleswig-Holstein. In den Jahren nach 1946 bildete sich unter maßgeblicher Beteiligung der britischen Besatzungsmacht das Land Schleswig-Holstein mit Landtag und Landesverwaltung heraus. Während die preußische Provinzialregierung in der Stadt Schleswig angesiedelt war, wurde jetzt Kiel zur Landeshauptstadt und Sitz von Parlament und Ministerien. Die Verwaltungsstruktur änderte sich grundlegend und damit auch die Struktur der dort entstandenen schriftlichen Überlieferung. Für die preußische Zeit befindet sich nur die auf Provinzialebene entstandene Überlieferung im Landesarchiv, während die Akten der in Berlin angesiedelten preußischen Landesministerien im Geheimen Staatsarchiv preußischer Kulturbesitz zu suchen sind. Für die Zeit nach der Gründung eines eigenen Bundeslandes Schleswig-Holstein und der Einrichtung fachlich ausdifferenzierter Ministerialressorts befindet sich die Überlieferung der Ministerien und die der jeweils nachgeordneten Behörden im Landesarchiv. Bei der Recherche in dieser Bestandsgruppe ist zu beachten, dass Einrichtungen des Landes zuweilen auf ältere Traditionen zurückgehen, sodass der entsprechende Archivbestand dann in einer der zeitlich vorausgehenden Bestandsgruppen zu suchen ist.

Abt. 510

Landesfinanzamt/Oberfinanzpräsident/Oberfinanzdirektion

Durch die Erzberger'sche Finanzreform von 1919 kam es zu einer reichseinheitlichen Organisation der Finanzverwaltung. Für die Provinz Schleswig-Holstein wurde in Kiel ein Landesfinanzamt eingerichtet mit den Abteilungen für Besitz- und Verkehrssteuern sowie für Zölle und Verbrauchssteuern. Das Landesfinanzamt Kiel hatte auch die Aufsicht über die Finanz-, Hauptzoll- und Zollämter. Zugleich wurde ihm die Reichsvermögensverwaltung in seinem Bezirk übertragen und damit auch Aufgaben der Bau- und Liegenschaftsverwaltung. Durch Reichsgesetz vom 27. Februar 1934 wurden die Landesfinanzämter Schleswig-Holstein und Mecklenburg-Lübeck aufgehoben; an ihre Stelle trat ein neues Landesfinanzamt für beide Bezirke mit Sitz in Kiel. 1937 wurde dessen Behördenbezeichnung in die personalisierte Form Oberfinanzpräsident Nordmark geändert. Die deutsche Teilung beendete die Zuständigkeit für Mecklenburg. Nach 1950 kam es zu einer Umwandlung der Behördenbezeichnung in Oberfinanzpräsidium und schließlich in Oberfinanzdirektion. Dabei wurde die Finanzverfassung geändert. Die Oberfinanzdirektion war mit Bundes- und Landesabteilungen gewissermaßen Bundes- und Landesbehörde gleichermaßen. In den Jahren zwischen 1999 und 2003 kam es zu grundlegenden Umstrukturierungen der OFD Kiel. Die Landesvermögens- und Bauabteilung der OFD Kiel wurde zum 1. Juli 1999 einer Anstalt des öffentlichen Rechts, dem „Gebäudemanagement Schleswig-Holstein" (GMSH), übertragen. Die Bundesvermögensabteilung für den Zuständigkeitsbereich Schleswig-Holstein wurde in die OFD Rostock eingegliedert mit einer in Kiel verbleibenden Außenstelle; die Zoll- und Verbrauchssteuerabteilung kam zur OFD Hamburg. Zum 1. September 2003 wurde die Oberfinanzdirektion Kiel aufgelöst. Die dort noch bestehenden Landesaufgaben gingen an das Finanzministerium über.

Die Überlieferung der Oberfinanzdirektion bzw. ihrer Vorgängerbehörden wurde zum überwiegenden Teil in den Jahren zwischen 1995 und 2002 ins Landesarchiv übernommen. Dabei waren auch in größerem Umfang Akten aus der Zeit vor 1945 erhalten.

- Haushalts- und Personalangelegenheiten; Geschäftsberichte; Steuern und Zölle; Einzelfallakten der Devisenstelle; Besatzungsschäden, dabei Härteausgleich und Internierungsschäden; Rückerstattung von Vermögenswerten an NS-Opfer; Manöverschäden; Fiskalerbschaften; Liegenschafts- und Bauverwaltung, dabei Olympiabauten in Kiel (1972) und Kunst am Bau.
- 147 lfm
- (1903–) 1919–1999

Abt. 511 Finanzämter

Die Einrichtung von Finanzämtern als Steuererhebungsbehörden geht auf das im Rahmen der Erzberger'schen Finanzreform erlassene Gesetz über die Reichsfinanzverwaltung vom 10. September 1919 zurück. In Schleswig-Holstein wurden zwanzig Finanzämter eingerichtet, und zwar in Altona, Bad Oldesloe (zeitweise mit Wandsbek zusammengelegt), Bad Segeberg, Blankenese, Eckernförde, Elmshorn, Flensburg, Heide, Husum, Itzehoe, Kiel, Leck, Meldorf, Neumünster, Oldenburg, Plön, Ratzeburg, Rendsburg, Schleswig und Wandsbek. Sie unterstanden der Abteilung für Besitz- und Verkehrssteuern im Landesfinanzamt Schleswig-Holstein mit Sitz in Kiel. Mit der Entstehung des Landes Schleswig-Holstein erhielt das neu eingerichtete Finanzministerium mit der Oberfinanzdirektion als

Mittelbehörde die Zuständigkeit für die zwanzig Finanzämter in Bad Oldesloe, Bad Segeberg, Eckernförde, Elmshorn, Eutin, Flensburg, Heide, Husum, Itzehoe, Kiel-Nord, Kiel-Süd, Leck, Lübeck, Meldorf, Neumünster, Oldenburg, Plön, Ratzeburg, Rendsburg und Schleswig. Nach einigen Umstrukturierungen hatte Schleswig-Holstein im Jahr 2007 noch siebzehn Finanzämter.

Die Bestände der einzelnen Finanzämter sind nach Art und Umfang unterschiedlich. Von den Finanzämtern Eckernförde, Husum und Leck ist neben den Einzelfallakten eine umfangreichere Sachaktenüberlieferung vorhanden mit Angelegenheiten der Dienststellenverwaltung und des Steuerrechts. Von den übrigen Finanzämtern wurden vorwiegend Akten einzelner Steuerpflichtiger übernommen, wobei Bilanz- und Betriebsprüfungsakten von Gewerbebetrieben den Schwerpunkt bilden.

Die Vorgänger der Finanzämter in der Zeit bis 1919 waren die Einkommensteuer-Veranlagungskommissionen, deren Akten in Abt. 323 zu suchen sind (siehe Bestandsgruppe „Preußische Verwaltung“).

Abt. 511.1 Altona

- Überwachungslisten Vermögenssteuerpflichtiger; Steuerakten einzelner Privatpersonen und Betriebe.
- 1 lfm
- 1906–1933

Abt. 511.2 Bad Oldesloe

- Haushaltsangelegenheiten; Überwachungslisten Vermögenssteuerpflichtiger; Steuerakten einzelner Privatpersonen.
- 1 lfm
- 1882–1934

Abt. 511.3 Bad Segeberg

- Dienststellenorganisation; Überwachungslisten Vermögenssteuerpflichtiger; Steuerakten einzelner Privatpersonen und Betriebe.
- 30 lfm
- 1868–2001

Abt. 511.4 Eckernförde

- Dienststellenorganisation; Liegenschaftsverwaltung; Personalangelegenheiten; Haushaltsangelegenheiten; Kassen- und Rechnungswesen; Steuergesetzgebung; Überwachungslisten Vermögenssteuerpflichtiger; Lastenausgleichsakten; Steuerakten einzelner Privatpersonen und Betriebe.
- 48 lfm
- 1928–2000

Abt. 511.5 Elmshorn

- Haushaltsangelegenheiten; Überwachungslisten Vermögenssteuerpflichtiger; Steuerakten einzelner Privatpersonen und Betriebe.
- 6 lfm
- 1922–2001

Abt. 511.6 Eutin

- Dienststellenorganisation; Liegenschaftsverwaltung; Haushaltsangelegenheiten; Steuergesetzgebung; Überwachungslisten Vermögenssteuerpflichtiger; Steuerakten einzelner Privatpersonen und Betriebe.
- 5 lfm
- 1914–1995

Abt. 511.7 Flensburg

- Haushaltsangelegenheiten; Steuerakten einzelner Privatpersonen und Betriebe.
- 42 lfm
- 1916–1999

Abt. 511.23 Heide

- Steuerakten einzelner Privatpersonen und Betriebe.
- 5 lfm
- 1925–1986

Abt. 511.8 Husum

- Dienststellenorganisation; Liegenschaftsverwaltung; Personalangelegenheiten; Haushaltswesen; Kassen- und Rechnungswesen; Steuergesetzgebung; Überwachungslisten Vermögenssteuerpflichtiger; Steuerakten einzelner Privatpersonen und Betriebe.
- 33 lfm
- 1914–2000

Abt. 511.9 Itzehoe

- Personalangelegenheiten; Haushaltswesen; Steuergesetzgebung; Überwachungslisten Vermögenssteuerpflichtiger; Lastenausgleichsakten; Steuerakten einzelner Privatpersonen und Betriebe.
- 33 lfm
- 1921–1999

Abt. 511.10 Kiel

- Liegenschaftsverwaltung.
- 1 lfm
- 1916–1934

Abt. 511.11 Kiel-Nord

- Haushaltswesen; Steuergesetzgebung; Steuerakten einzelner Privatpersonen und Betriebe.
- 30 lfm
- 1926–2000

Abt. 511.12 Kiel-Süd

- Kassen- und Rechnungswesen.
- 0,5 lfm
- 1937

Abt. 511.13 Leck

- Dienststellenorganisation; Liegenschaftsverwaltung; Personalangelegenheiten; Kassen- und Rechnungswesen; Steuergesetzgebung; Gewerbesteuerbemessung; Überwachungslisten Vermögenssteuerpflichtiger; Steuerakten einzelner Privatpersonen und Betriebe.
- 18 lfm
- 1921–2003

Abt. 511.14 Lübeck

- Dienststellenorganisation; Haushaltswesen; Steuerakten einzelner Privatpersonen und Betriebe.
- 23 lfm
- 1914–2003

Abt. 511.15 Meldorf

- Steuerlisten; Steuerakten einzelner Privatpersonen und Betriebe.
- 5 lfm
- 1921–2000

Abt. 511.16 Neumünster

- Steuerakten einzelner Privatpersonen und Betriebe.
- 11 lfm
- 1907–1991

Abt. 511.17 Oldenburg

- Überwachungslisten Vermögenssteuerpflichtiger; Steuerakten einzelner Privatpersonen und Betriebe.
- 5 lfm
- 1867–1998

Abt. 511.18 Plön

- Steuerakten einzelner Privatpersonen und Betriebe.
- 0,5 lfm
- 1920–1926

Abt. 511.19 Ratzeburg

- Liegenschaftsverwaltung; Personalangelegenheiten; Steuerakten einzelner Privatpersonen und Betriebe.
- 8 lfm
- 1908–1982

Abt. 511.20 Rendsburg

- Steuergesetzgebung; Überwachungslisten Vermögenssteuerpflichtiger; Steuerakten einzelner Privatpersonen und Betriebe.
- 2 lfm
- 1914–1981

Abt. 511.24 Schleswig

- Steuerakten einzelner Privatpersonen und Betriebe.
- 5 lfm
- 1933–1999

Abt. 511.21 Stormarn

- Überwachungslisten Vermögenssteuerpflichtiger; Steuerakten einzelner Privatpersonen und Betriebe.
- 8 lfm
- 1921–1986

Abt. 511.22 Wandsbek

Die Akten befinden sich im Staatsarchiv Hamburg.

Abt. 601 Schleswig-Holsteinischer Landtag

Der Schleswig-Holsteinische Landtag ist das gesetzgebende Organ des Landes Schleswig-Holstein. Seine Aufgaben werden durch Artikel 16 der Landesverfassung geregelt. Der erste von der britischen Militärregierung ernannte Provinziallandtag, der sich ab Mai 1946 Landtag nannte, tagte nach dem Zweiten Weltkrieg im Februar 1946 im Neuen Stadttheater in Kiel. Nach den ersten Gemeinde- und Kreiswahlen im September und Oktober wurde von der britischen Militärregierung im Dezember 1946 ein zweiter Landtag ernannt, der die Kommunalwahlergebnisse widerspiegelte. Am 20. April 1947 wurde der erste Landtag gewählt, der symbolträchtig genau zwei Jahre nach der Kapitulation am 8. Mai 1947 zusammentrat. Sitz des Landtages ist seit Mai 1950 das Landeshaus Kiel. Der Südschleswigsche Wählerverband (SSW) ist als Partei der dänischen Minderheit seit den Bonn-Kopenhagener Erklärungen von der Fünf-Prozent-Hürde ausgenommen. Der Schleswig-Holsteinische Landtag wird seit 2000 für fünf Jahre gewählt. Die Landtagsverwaltung ist unter der Leitung der Landtagspräsidentin beziehungsweise des Landtagspräsidenten als Oberste Landesbehörde von der Regierung unabhängig und organisatorisch vollständig getrennt.

- ↘ Landessatzung; Angelegenheiten des Landtagspräsidenten; Petitionen; Drucksachen; Ausschusssachen.
- ↘ 251 lfm
- ↘ 1947–1999

Abt. 605 Ministerpräsident und Staatskanzlei

Ab Dezember 1945 wurde die Präsidialkanzlei als unmittelbar dem Oberpräsidenten Theodor Steltzer unterstehende Behörde aufgebaut. Am 23. August 1946 erhielten die bis dahin bestehenden preußischen Provinzen in der Britischen Zone gemäß Verordnung Nr. 46 der Militärregierung vorläufig die staatsrechtliche Stellung von Ländern. Seitdem führte der bisherige Oberpräsident die Amtsbezeichnung Ministerpräsident. Dessen Dienststelle behielt ihren Namen „Präsidialkanzlei“ zunächst bei, seit Februar 1948 lautete ihre Bezeichnung „Landeskanzlei“. Mit Erlass des Ministerpräsidenten vom 24. Juli 1964 wurde mit Rücksicht auf die Bezeichnungsform in den anderen Bundesländern die Benennung „Staatskanzlei“ eingeführt. Die Staatskanzlei ist dem Ministerpräsidenten bzw. der Ministerpräsidentin direkt zugeordnet; der Aufgabenbereich der Behörde bestimmt sich daher nach den Befugnissen des Ministerpräsidentenamtes, wie etwa Koordinierung der Ressorts, Vertretung des Landes, Staatsverträge, Begnadigungen und andere zentrale Angelegenheiten. Die Staatskanzlei ist kein Ministerium und hat keine Exekutivverwaltung. Neben der Staatskanzlei selbst können auch andere Einrichtungen organisatorisch beim Ministerpräsidenten bzw. bei der Ministerpräsidentin angesiedelt sein, wie zum Beispiel der Verständigungsausschuss für den Landesteil Schleswig.

Die Aktenüberlieferung der organisatorisch hier angesiedelten Einrichtungen befindet sich ebenfalls im Bestand Staatskanzlei. Eine eigene Bestandsgruppe sind die Kabinettsprotokolle, die ab 1946 vorhanden sind. Die Benutzung der Kabinettsprotokolle bedarf einer besonderen Genehmigung. Ebenfalls eine eigene Bestandsgruppe bilden die Sammlungen der Pressestelle (vor 1950 Nachrichtenstelle) der Landesregierung.

- Urkunden (2 Nrn.): Blankoformulare von Verleihungs-und Dankesurkunden; Dank- und Anerkennungsurkunde Gedenkstätte Yad Vashem.
- Akten: Besatzungsangelegenheiten; Vertretung des Landes; Reden, Grußworte sowie Einladungen und Besuche des Ministerpräsidenten/der Ministerpräsidentin; Landesplanung; Personalakten; Auslandsdienstreisen; Kabinettsangelegenheiten; Zuwendungen aus dem Dispositionsfonds; Haushalt; Eingaben; Orden und Ehrenzeichen; Gnadensachen; Kieler Woche; Schleswig-Holstein-Tag; Grenzlandangelegenheiten; Gesamtdeutsche Fragen; Einzelne Ressorts der Landesregierung; Rundfunk und andere Medien; Frauenpolitik; Bundesrat; Beratender Presseausschuss; Landesbeauftragter für Schleswig; Grenzlandbeauftragter; Kinderbeauftragter; Verständigungsausschuss für den Landesteil Schleswig; Europapolitik und Ostseekooperation; Denkfabrik. – Kabinettsprotokolle 1946–2007. – Pressestelle: Pressemitteilungen; Pressesammlung; Funkauswertung; Landespressekonferenz.
- 1156 lfm
- 1945–2015

Abt. 608 Vertretung des Landes Schleswig-Holstein beim Bund

1947 wurde die Dienststelle mit der Bezeichnung „Der Bevollmächtigte des Landes Schleswig-Holstein bei der Verwaltung des Vereinigten Wirtschaftsgebietes“ mit Sitz in Frankfurt eingerichtet. Erster Amtsinhaber war Landesdirektor Dr. Franz Suchan. 1950 wurde der Dienstsitz des „Bevollmächtigten des Landes Schleswig-Holstein bei der Bunderegierung“ nach Bonn verlegt. Die heutige Landesvertretung in Berlin, deren Gebäude gemeinsam mit der Landesvertretung Niedersachsens genutzt wird, wurde 2001 eröffnet. Die Vertretung des Landes Schleswig-

Holstein beim Bund ist organisatorischer Teil der schleswig-holsteinischen Staatskanzlei mit Sitz in Berlin und wird von dem Bevollmächtigten geleitet. Über sie werden die Belange Schleswig-Holsteins bei der Bundesregierung vertreten und die Mitarbeit des Landes im Bundesrat koordiniert. Daneben ist sie auch als Schaufenster des Landes in Berlin konzipiert und wirbt unter anderem durch Veranstaltungen, Ausstellungen und Präsentationen für den Standort Schleswig-Holstein.

↘ Europaangelegenheiten.
↘ 4 lfm
↘ 1982–2010

Abt. 609 Unabhängiges Landeszentrum für den Datenschutz

Das Unabhängige Landeszentrum für den Datenschutz ist zum 1. Juli 2000 als Anstalt des öffentlichen Rechts mit Sitz in Kiel eingerichtet worden. Die Institution der oder des Datenschutzbeauftragten besteht in Schleswig-Holstein seit 1978, war von 1978 bis 1988 beim Innenministerium und seitdem bis zum 30. Juni 2000 bei der Präsidentin oder bei dem Präsidenten des Schleswig-Holsteinischen Landtages angesiedelt. Bis zum 30. Juni 2000 war der Landesbeauftragte für den Datenschutz ausschließlich für den öffentlichen Bereich zuständig, während die Zuständigkeit für die Datenschutzaufsicht im nicht öffentlichen Bereich beim Innenministerium lag. Gesetzliche Grundlage war bis 1991 das Gesetz zum Schutz vor Missbrauch personenbezogener Daten bei der Datenverarbeitung vom 1. Juni 1978, seit dem 1. Januar 1992 das Schleswig-Holsteinische Gesetz zum Schutz personenbezogener Informationen vom 30. Oktober 1991 und ist seit dem 1. Juli 2000 das Schleswig-Holsteinische Gesetz zum Schutz personenbezogener Informationen (Landesdatenschutzgesetz) vom 9. Februar 2000.

↘ Vorwiegend Tätigkeitsberichte und Akten über berichtsrelevante Fälle.
↘ 10 lfm
↘ 1974–1999

Abt. 610 Originalausfertigungen der Gesetze und Verordnungen

Die Originalausfertigungen der Gesetze und Verordnungen, unterschrieben durch die Ressortminister, werden seit Landesgründung jahrgangsweise an das Landesarchiv übermittelt und dort verwahrt.

- ↘ 8 lfm
- ↘ 1945–2007
- ↘ Das Gesetz- und Verordnungsblatt für Schleswig-Holstein liegt in gedruckter Form in der Bibliothek des Landesarchivs vor (Sigel A 220).

Abt. 611 Innenministerium

Das Innenministerium des Landes Schleswig-Holstein entstand nach dem Zweiten Weltkrieg mit der Bildung des neuen Bundeslandes Schleswig-Holstein und hieß Ende 1946 zunächst Ministerium des Innern und für Entnazifizierung. Seit Abschluss der Entnazifizierung im Jahr 1951 ist die Organisationsstruktur des Innenministeriums relativ stabil geblieben. Zu seinen Aufgaben gehört die Wahrung der inneren Sicherheit mit Polizei, Katastrophenschutz und Verfassungsschutz. Außerdem war das Innenministerium im Laufe der Jahre für die Durchführung von Wahlen, für kommunale Angelegenheiten, Ausländer- und Asylpolitik zuständig, für Beamtenrecht, Organisation der öffentlichen Verwaltung, Verfassungsrecht, Landesplanung und Vermessung, Städteplanung und Wohnungsbau sowie Sport.

- ↘ Personalwirtschaft; Organisation; Verfassung; Gesetzgebung; Dienstrecht; Wahlen; Entnazifizierung; Ordnungs-, Datenschutz-, Personenstandsrecht; Sonn- und Feiertagsregelungen; Stiftungswesen, Glücksspiele; Kommunale Angelegenheiten; Sport; Polizei; Ausländerangelegenheiten; Städtebau und Ortsplanung; Bauwesen; Grenzkommission; Gesundheitswesen; Städtebauförderung und Wohnungswesen; Namensänderungen; Einbürgerungen.
- ↘ 550 lfm
- ↘ 1825, 1945–2005
- ↘ Die Einzelfälle aus dem Bereich der Entnazifizierung sind in den Aktenbeständen der Entnazifizierungshauptausschüsse überliefert (Abt. 460, siehe Bestandsgruppe „Nationalsozialismus und Besatzungszeit“).

Abt. 615 Pensionsamt/Landesbesoldungsamt Schleswig-Holstein

Zur Regelung der Rechtsverhältnisse der unter den Artikel 131 des Grundgesetzes fallenden Personen wurde zum 1. Januar 1952 das „Pensionsamt für verdrängte Angehörige des öffentlichen Dienstes und der Wehrmacht“ mit Sitz in Kiel errichtet. Das dem Finanzministerium unterstellte Pensionsamt mit seinen vier Außenstellen in Flensburg, Heide, Lübeck und Schleswig übernahm die Aufgaben der bis dahin an die Versorgungsämter angegliederten Pensionsabteilungen. Am 1. Juli 1955 wurden dem Pensionsamt Kiel zusätzlich die Aufgaben der vorher in der Allgemeinen Abteilung des Innenministeriums angesiedelten Pensionsregelungsstelle für die Angehörigen des öffentlichen Dienstes übertragen. Ab dem 18. Mai 1962 führte das Pensionsamt Kiel die Bezeichnung „Pensionsamt Schleswig-Holstein“. Zum 1. April 1969 ging das Pensionsamt Schleswig-Holstein in dem neu errichteten „Landesbesoldungsamt Schleswig-Holstein“ auf, dem jetzt auch die Zuständigkeit für die Festsetzung und Anweisung der beamtenrechtlichen Leistungen an Beamte, Richter und Versorgungsempfänger und der tarifrechtlichen Leistungen an die Beschäftigten des Landes Schleswig-Holstein übertragen wurde.

- ↘ Versorgungsakten; Auszahlungsanordnungen; Nettolisten.
- ↘ 28 lfm
- ↘ 1952–1975

Abt. 616 Statistisches Landesamt

Am 20. Januar 1947 wurde das Statistische Landesamt Schleswig-Holstein mit Sitz in Kiel gegründet. Aufgabe des Amtes war die Information und Analyse für Politik und Administration des Landes sowie für die allgemeine Öffentlichkeit. Anfang 2004 wurde das Statistische Landesamt Schleswig-Holstein mit dem entsprechenden Amt in Hamburg zum Statistikamt Nord zusammengelegt, wobei Standorte in Hamburg und Kiel verblieben.

- ↘ Arbeitsstättenzählungen; Haushaltsbücher und -listen; Gebäude- und Wohnungszählungen; Landwirtschaftliche Betriebszählungen; Preisstatistiken; Verschiedene andere Statistiken.
- ↘ 645 lfm
- ↘ 1947–2004

Abt. 617 Amt für Katastrophenschutz

Das zum Geschäftsbereich des Innenministeriums gehörende Amt für Katastrophenschutz ist die oberste Katastrophenschutzbehörde des Landes. Ihm angegliedert ist der Kampfmittelräumdienst. Der Katastrophenschutz umfasst alle staatlichen Maßnahmen zur Vorbereitung und Abwehr von außergewöhnlich großen Schadensereignissen oder Katastrophenlagen mit dem Ziel, das Leben und die Gesundheit von Menschen zu schützen und die lebensnotwendige Versorgung zu gewährleisten. Darüber hinaus erstrecken sich die Maßnahmen des Katastrophenschutzes auf den Schutz bedeutender Sach- und Kulturgüter sowie der Umwelt. Damit unterscheidet sich das Aufgabenprofil von den täglichen Einsatzlagen, die im Regelfall durch die Feuerwehren, durch private Hilfsorganisationen und die Polizei bewältigt werden. Der dem Amt für Katastrophenschutz angegliederte Kampfmittelräumdienst des Landes Schleswig-Holstein war und ist zuständig für die Bergung und Beseitigung von Kampfmitteln und sonstigen Sprengstoffen sowie für das Unterhalten und Führen eines Munitionszerlegebetriebes.

- Munitions- und Waffenmeldungen des Kampfmittelräumdienstes.
- 15 lfm
- 1946–1969

Abt. 618 Landesamt für Ausländerangelegenheiten

Das Landesamt für Ausländerangelegenheiten wurde 1993 als Behörde des Innenministeriums mit Sitz in Neumünster gegründet. Es bekam die Zuständigkeit für die Aufnahme von Flüchtlingen, Asylsuchenden, Aussiedlern und jüdischen Übersiedlern übertragen sowie Abschiebungen im Auftrag anderer Bundesländer, ohne vorgesetzte Stelle für die Ausländerbehörden der Kreise zu sein, die jeweils erst nach der Verteilung der genannten Personengruppen durch das Landesamt zuständig wurden. Ferner wurde eine Erstaufnahmeeinrichtung in Lübeck für einen dreimonatigen Aufenthalt eintreffender Asylsuchender geschaffen sowie eine Landesunterkunft in der Scholz-Kaserne Neumünster für die sich daran anschließenden acht Monate. Für Kriegsflüchtlinge, Aussiedler und jüdische Kontingentflüchtlinge wurde die Unterkunft in Neumünster als zentrale Aufnahmestelle bestimmt.

- Allgemeine Bestimmungen; Jahrgangsweise Erfassung von Asylbewerbern.
- 10 lfm
- 1989–1993

Abt. 621 Polizeiverwaltungsamt

Bereits 1953 erfolgte eine erste Zusammenlegung zentraler Aufgaben im Bereich der Polizeiverwaltung, indem ein Zentralbeschaffungsamt für Bekleidung, Ausrüstung und Bedarfsgegenstände eingerichtet wurde, das jedoch im Jahre 1956 als selbstständige Dienststelle wieder aufgelöst wurde. Mit dem Polizeiverwaltungsgesetz vom 3. März 1994 wurde das Polizeiverwaltungsamt als dem Innenministerium zugeordnete Behörde ins Leben gerufen. Es nimmt zentrale Verwaltungsaufgaben wahr, versorgt die Landespolizei mit Sach- und Dienstleistungen und gewährleistet die Wirtschaftlichkeit der Aufgabenerfüllung. Das Polizeiverwaltungsamt wurde damit auch zur personalführenden Stelle der Polizei, in der die Personalakten aller Polizeidienststellen zentral zusammengeführt wurden. Mit dem Polizeiorganisationsgesetz vom 12. November 2004 wurde das Polizeiverwaltungsamt in das Landespolizeiamt umgewandelt, ohne dass eine Veränderung seiner gesetzlichen Aufgaben erfolgte.

Ein Teil der vorliegenden Unterlagen war vor seiner Abgabe an das Landesarchiv in einem Sammlungsbestand des polizeilichen „Landesarchivs" im Polizeiverwaltungsamt in Kiel zusammengeführt worden und ist im Bestand der abgebenden Provenienz verblieben.

- ↘ Generalakten; Personalakten; Personalkarten; Personalbögen; Nachversicherungsunterlagen von Polizeibeamten; Disziplinarsachen; Schriftverkehr mit Polizeidienststellen; Dienstanweisungen; Mitteilungsblätter; Öffentlichkeitsarbeit; Presse; Einsätze; Statistiken; Dienstbücher; Organisationsunterlagen.
- ↘ 62 lfm
- ↘ 1900–1993

Abt. 623 Polizeiinspektionen

Nachdem bereits in der Weimarer Republik die Schutzpolizei eingeführt und ihr auch die Aufgaben der kommunalen Polizei übertragen worden waren, wurde nach dem Zweiten Weltkrieg mit der Übernahme der Polizeigewalt durch den Landesminister des Inneren am 1. Januar 1947 die Schutzpolizei in Schleswig-Holstein in vier Gruppen aufgeteilt, die seit 1969 von Polizeidirektionen geleitet wurden: die Direktion Nord mit Sitz in Flensburg, die Direktion Mitte mit Sitz in Kiel, die Direktion West mit Sitz in Itzehoe und die Direktion Süd mit Sitz in Lübeck. Ihnen nachgeordnet waren Polizeiinspektionen, deren Zuständigkeitsbereiche dem jeweiligen Kreis beziehungsweise der jeweiligen kreisfreien Stadt entsprachen. Die ihnen unterstehenden Polizeireviere, -stationen und -posten waren vor Ort mit der Ausübung der Polizeigewalt betraut. 2004 wurden die unteren Polizeidienststellen in die Polizeidirektionen integriert, deren Zahl auf sieben erhöht wurde.

Ein großer Teil der vorliegenden Unterlagen war vor seiner Abgabe an das Landesarchiv in einem Sammlungsbestand des polizeilichen „Landesarchivs" im Polizeiverwaltungsamt in Kiel zusammengeführt worden.

↘ Polizeidirektion Mitte: Generalakten, Öffentlichkeitsarbeit, Presse, Einsätze. – Polizeidirektion Nord: Generalakten, Einsätze, Dienstanweisungen, Mitteilungsblätter, Öffentlichkeitsarbeit, Presse. – Polizeidirektion Süd: Dienstanweisungen, Mitteilungsblätter, Einsätze, Dienstbücher, Generalakten. – Polizeidirektion West: Einsätze. – Polizeiposten Alt Duvenstedt: Generalakten, Schriftverkehr mit dem Innenministerium, Einsätze, Dienstanweisungen, Mitteilungsblätter. – Polizeistation Bad Oldesloe: Dienstbücher, Generalakten, Dienstanweisungen, Mitteilungsblätter, Öffentlichkeitsarbeit, Presse, Einsätze. – Polizeiinspektion Bad Segeberg: Generalakten, Einsätze, Öffentlichkeitsarbeit, Presse, Dienstanweisungen, Mitteilungsblätter. – Polizeizentralstation Bargteheide: Gewerbepolizei, Dienstanweisungen, Mitteilungsblätter, Dienstbücher, Ordnungsbuchablage. – Polizeiinspektion Eutin: Öffentlichkeitsarbeit, Presse. – Polizeiinspektion Flensburg: Dienstbücher, Generalakten, Dienstanweisungen, Mitteilungsblätter. – Polizeiinspektion Heide: Dienstbücher, Generalakten, Öffentlichkeitsarbeit, Presse, Chroniken, Jahresberichte. – Polizeiinspektion Husum: Dienstbücher, Öffentlichkeitsarbeit, Presse. – Polizeiinspektion Itzehoe: Öffentlichkeitsarbeit, Presse, Chroniken, Jahresberichte. – Polizeiposten Kaköhl: Dienstbücher. – Polizeiinspektion Kiel: Polizeigefängnis, Dienstanweisungen, Mitteilungsblätter, Luftkrieg, Feldjäger, Dienstbücher, Generalakten, Einsätze, Chroniken, Jahresberichte, Öffentlichkeitsarbeit, Presse. – Polizeipräsident Kiel: Nachrichtenblätter und Kommandobefehle, polizeiliche Maßnahmen. – Polizeistation Laboe: Dienstbücher. – Polizeiinspektion Lübeck: Einsätze, Öffentlichkeitsarbeit, Presse. – Polizeiinspektion Lütjenburg: Dienstbücher. – Polizeiinspektion Neumünster: Dienstbücher, Chroniken, Jahresberichte, Öffentlichkeitsarbeit, Presse. – Polizeiinspektion Pinneberg: Generalakten, Einsätze, Chroniken, Jahresberichte, Öffentlichkeitsarbeit, Presse. – Polizeiinspektion Plön: Öffentlichkeitsarbeit, Presse, Einsätze. – Polizeiinspektion Ratzeburg: Öffentlichkeitsarbeit, Presse. – Polizeiinspektion Rendsburg: Öffentlichkeitsarbeit, Presse. – Polizeiinspektion Schleswig: Dienstbücher, Organisationsunterlagen, Generalakten, Einsätze, Dienstanweisungen, Mitteilungsblätter, Öffentlichkeitsarbeit, Presse, Polizeistationen, Waffen und waffentechnisches Gerät, Dienstfahrzeuge.

↘ 18 lfm

↘ 1927–1996

Abt. 625 Verkehrspolizeidirektion

Am 1. Mai 1952 nahm die Motorisierte Verkehrsbereitschaft als dritte Hundertschaft der damaligen Bereitschaftsabteilung in Kiel ihren Dienst auf. Ihre Aufgabe war die überörtliche Verkehrsüberwachung. Bereits 1952 wurde sie nach Neumünster verlegt und erhielt 1954 den Status einer selbstständigen Dienststelle. 1969 erfolgte die Umbenennung in Verkehrsüberwachungsbereitschaft und 1994 in Verkehrspolizeidirektion Schleswig-Holstein.

↘ Generalakten; Organisationsunterlagen; Amtsdrucksachen; Dienstbücher; Einsätze; Presse und Öffentlichkeitsarbeit; Personalrat; Chronikalisches.
↘ 2 lfm
↘ 1930–1993

Abt. 626 Wasserschutzpolizei

Mit dem Übergang der Polizeihoheit von der Britischen Militärregierung auf das Land Schleswig-Holstein im Jahre 1947 wurde die bis dahin bestehende Wasserschutzpolizeigruppe Kiel zur Wasserschutzpolizeigruppe Schleswig-Holstein. 1952 erfolgte dann die Gliederung in das Wasserschutzpolizeiamt mit vier Wasserschutzpolizeiinspektionen (Nordsee, Ostsee, Lübeck und Kanal), denen wiederum Wasserschutzpolizeireviere nachgeordnet waren. 1968 erfolgte die Umwandlung des Amtes in die Wasserschutzpolizeidirektion, und den Revieren wurden Wasserschutzpolizeistellen zugeordnet.

↘ Organisation; Boote; Chroniken; Jahresberichte; Jubiläen; Schriftverkehr mit dem Innenministerium; Mitteilungsblätter; Einsätze; Sportbootunfallstatistik; Presseberichte; Materialien über die DDR.
↘ 1 lfm
↘ 1952–1994

Abt. 627 Kriminalpolizei

Während in der Zeit nach dem Zweiten Weltkrieg die Kriminalpolizei mit ihren Dienststellen den vier Polizeigruppen des Landes unterstellt war, erhielt sie 1952 den Status einer selbstständigen Gliederung der Polizei, bestehend aus dem Landeskriminalpolizeiamt, vier Bezirkskriminalpolizeistellen – ab 1968 Kriminalpolizeidirektionen –, denen wiederum Kriminalpolizeistellen nachgeordnet waren. Die Überlieferung der Kriminalpolizei reicht zumeist bis in die preußische Zeit zurück.

- Kriminalpolizeistelle Schleswig: Tagebücher; Asservatenbücher; Verbrechensbücher; Ermittlungen und Verhaftungen. – Kriminalpolizeistelle Lübeck: Kriminalakten. – Kriminalpolizeidirektion Nord: Ermittlungen; Organisationsunterlagen; Dienstbücher; Dienstanweisungen; Mitteilungsblätter; Generalakten; Kriminalakten; Chroniken und Jahresberichte; Öffentlichkeitsarbeit; Presse; Statistiken. – Kriminalpolizeistelle Kiel: Generalakten; Personalakten; Kriminalakten; Ermittlungen. – Kriminalpolizeistelle Husum: Tagebücher; Kriminalakten. – Landeskriminalamt: Staatsschutz; Fahndung; Ermittlungen; Nationalsozialistische Gewaltverbrechen (NSG). – Kriminalpolizeistelle Pinneberg: Dienstbücher; Kriminalakten.
- 37 lfm
- 1887–1997

Abt. 628 Landespolizeischule und Bereitschaftspolizeiabteilung

Bereits 1945 wurde auf Befehl der Britischen Besatzungsmacht die Polizeischule der Provinz Schleswig-Holstein ins Leben gerufen. Nach Stationen in Flensburg, Eckernförde und Kiel hat sie seit 1957 ihren Sitz in Eutin, wo sie zusammen mit der Bereitschaftspolizeiabteilung untergebracht ist. 1950 wurden die ersten geschlossen untergebrachten Polizeieinheiten aufgestellt. Sie firmierten als Fortbildungsabteilungen, in denen primär die jungen schulentlassenen Polizisten in den praktischen Dienst eingeführt werden sollten. 1951 wurde dann die Bereitschaftspolizeiabteilung eingerichtet, in die die Fortbildungsabteilungen als Hundertschaften integriert wurden. Sie war zuerst in Kiel und Lübeck und dann in Eckernförde stationiert, bis sie bereits 1956 nach Eutin verlegt wurde.

- Organisation; Ausbildung; Chroniken; Jahresberichte; Presse; Amtsdrucksachen; Einsätze.
- 1 lfm
- 1950–1994

Abt. 661 Finanzministerium

Mit der Entstehung des Landes Schleswig-Holstein ist das Finanzministerium im Dezember 1946 als eigenes Ministerialressort eingerichtet worden. Vorausgegangen war nach der Auflösung der preußischen Provinzialverwaltung eine kurze Aufbauphase als sogenanntes Landesamt für Finanzen. In dem neu gebildeten Ministerium lag die Zuständigkeit für die Verwaltung des Landeshaushalts, für Grundsatzfragen des Steuerwesens und der Finanzwirtschaft sowie für Besoldungs- und Tarifangelegenheiten. Viele Einzelaufgaben aus diesem Umfeld sind aus der preußischen Provinzialverwaltung in das Finanzministerium übernommen worden. In den ersten Nachkriegsjahren war das Finanzministerium auch für die Bearbeitung finanzieller Folgen der NS-Zeit zuständig. Dazu gehörten die Vermögensabwicklung von NS-Organisationen, die Rückerstattung enteigneter Vermögen, der Lastenausgleich und die Besatzungsschäden. Diese Aufgaben wurden teilweise von eigenen Ämtern wahrgenommen, die dem Finanzministerium angegliedert waren. Dem Ministerium für Finanzen unterstellt waren auch die Landeshauptkasse in Kiel, die Landesbezirkskassen sowie weitere kleinere Kassen und Zahlstellen. Die Organisationsstruktur des Ministeriums blieb über lange Zeit relativ stabil. Ende der Fünfzigerjahre kam die Bauabteilung hinzu, deren Aufgabe die Planung und Betreuung der Landesbauten war. 1993 wurden die Reaktorsicherheit und die Energiewirtschaft aus dem Sozialministerium in das Finanzministerium übernommen, was zu einer Änderung der Ressortbezeichnung in Minister für Finanzen und Energie führte. Einen größeren Einschnitt bedeutete die Einrichtung der GMSH (Gebäudemanagement Schleswig-Holstein) als Anstalt des öffentlichen Rechts mit Wirkung vom 15. Juni 1999, die in mehreren Schritten bis zum 1. Juni 2003 bisher staatliche Aufgaben der Bau- und Liegenschaftsverwaltung übernahm.

Der Aktenbestand des Finanzministeriums ist aufgrund der besonderen Struktur der Finanzverwaltung eng mit dem Bestand Landesfinanzamt/Oberfinanzpräsident/Oberfinanzdirektion verzahnt. Dort liegt für viele der im Bestand Finanzministerium überlieferten Aktengruppen eine direkte Ergänzung vor.

↘ Dienststellenorganisation und Personalangelegenheiten; Haushaltspläne und Haushaltsrechnungen des Landes; Steuergesetzgebung; Statistik; Steuerfahndung; Finanz- und Wirtschaftsberichte; Finanzverfassungsrecht; Bundesstaatlicher und kommunaler Finanzausgleich; Investitionsplanung; Vermögens- und Liegenschaftsverwaltung; Landesbürgschaften; Abwicklung von Reichs- und NSDAP-Vermögen; Abwicklung von Vermögen des Landes Preußen; Kasernenräumung; Währungsreform; Kriegsfolgelasten und Wiedergutmachung; Besatzungskosten; Flüchtlinge und Vertriebene; Lastenausgleich; Kriegsschäden und Trümmerbeseitigung; Spielbanken und Lotterien; Banken und Versicherungswesen; Einzelne Förderprogramme; Olympische Spiele in Kiel 1972; Besoldung im öffentlichen Dienst des Landes und der Kommunen; Unfallschäden mit Landesbeteiligung; Verteidigungslasten; Baumaßnahmen des Landes; Bebauungs- und Flächennutzungspläne; Denkmalschutz; Kernergie.

↘ 269 lfm

↘ (1921–) 1945–2005

↘ Vorakten befinden sich in der Überlieferung der Regierung zu Schleswig (Abt. 309) und des Provinzialverbandes (Abt. 371, siehe Bestandsgruppe „Preußische Verwaltung"). Vorakten zum Bereich Energie liegen bei den Unterlagen des Sozialministeriums (Abt. 761). Einzelfälle zum Bereich Rückerstattung und Besatzungsschäden sind bei den Akten der Oberfinanzdirektion zu suchen (Abt. 510).

Abt. 663 Landesbauämter

Nach dem Zweiten Weltkrieg erfolgte eine Neuordnung der Bauverwaltung. 1946 entstanden als neue Ortsbaudienststellen die Bezirkskontrollbauämter, die nach Bildung des Landes Schleswig-Holstein die Bezeichnung Landesbezirksbauämter trugen und 1948 in Landesbauämter umbenannt wurden. Sie unterstanden anfänglich dem Ministerium für Aufbau und Arbeit, wurden 1951 dem Geschäftsbereich des Finanzministeriums zugeordnet und waren fortan der Abteilung für Landesvermögens- und Bauverwaltung der Oberfinanzdirektion in Kiel unterstellt. Zu dieser Zeit bestanden die Landesbauämter Kiel, Lübeck I, Lübeck II (ab 1956 Landesbauamt Eutin), Itzehoe, Schleswig und Flensburg. Hinzu kamen die beiden Landesneubauämter „Alte Universität" und „Neue Universität" in Kiel sowie das Landesneubauamt in Schleswig für Bauten der Besatzungsmacht. 1952 wurden erstere in das Landesbauamt Kiel II umgewandelt, während die Zuständigkeiten des letzteren auf die Bauämter Schleswig, Flensburg und Itzehoe verteilt wurden. Eine wesentliche Änderung im Aufgabenbereich vollzog sich 1954, als die Landesbauverwaltung zusätzlich noch die Planung und Durchführung von Baumaßnahmen des Bundes sowie die bauliche Unterhaltung von Bundesliegenschaften übernahm. Beim Landesbauamt Kiel II entstand 1973 die „Zentrale Planungsstelle der Landesbauverwaltung Schleswig-Holstein", die zuständig zeichnete für Grundsatz- und Programmplanung sowie für Sonderaufgaben der Landesbauverwaltung. 1999 gingen die Aufgabenbereiche der Landesbauämter an das als

Anstalt des öffentlichen Rechts neu gegründete „Gebäudemanagement Schleswig-Holstein“ (GMSH) über.

Der Bestand ist nach Unterprovenienzen gegliedert und umfasst die Überlieferung der Landesbauämter Itzehoe, Kiel II, Lübeck und Schleswig. Ein größerer Aktenkorpus liegt dabei nur für das Landesbauamt Kiel II vor.

Akten aus preußischer Zeit befinden sich in Abt. 333 und in Abt. 309 (siehe Bestandsgruppe „Preußische Verwaltung“). Die Überlieferung der zur Oberfinanzdirektion gehörigen Bauverwaltung wird in Abt. 510 verwahrt, die des Finanzministeriums in Abt. 661. Baupläne und -zeichnungen sind in Abt. 402 A 110, 402 A 111, 402 A 138, 402 A 139 und 402 A 140 abgelegt (siehe Bestandsgruppe „Karten und Bilder“).

Abt. 663.3 Landesbauamt Itzehoe

- Allgemeine Verwaltung; Personal; Baumaßnahmen.
- 1 lfm
- 1891–1996

Abt. 663.5 Landesbauamt Kiel II

- Erlasse; Universitätsbauten; Sonstige Baumaßnahmen.
- 23 lfm
- 1945–1982

Abt. 663.6 Landesbauamt Lübeck

- Baubestandsbücher von Domänen; Grenzkontrollstellen und Grenzübergänge.
- 3 lfm
- 1910–1991

Abt. 663.7 Landesbauamt Schleswig

- Allgemeine Verwaltung; Landesarchiv; Schloss Gottorf; Dom in Schleswig; NATO-Flugplatz Hohn; Marinestützpunkt Olpenitz.
- 3 lfm
- 1961–1992

Abt. 664 Landeshaupt- und Landesbezirkskassen

Die Einrichtung der im Finanzministerium angesiedelten Landeshauptkasse und der über das Land verteilten Landesbezirkskassen beruht auf der Landesschuldbuchordnung vom 4. Juli 1949. Die Kassen waren danach zuständig für die Abwicklung des Zahlungsverkehrs für die Dienststellen des Landes, für die Führung der Konten bei Kreditinstituten, für die Abrechnung der täglichen Einnahmen und Ausgaben der Finanzämter sowie der Zahlstellen der Landesregierung und für die Vollstreckung der öffentlich-rechtlichen Forderungen des Landes. Zahl und Standorte der Landesbezirkskassen variierten bis zu deren Auflösung im Jahre 2003 stark. Von den 14 im Jahre 1949 eingerichteten Landesbezirkskassen in Bad Oldesloe, Eckernförde, Eutin, Flensburg, Husum, Itzehoe, Kiel I und Kiel II, Lübeck, Meldorf, Pinneberg, Plön, Rendsburg und Segeberg existierten im Jahre 2002 noch die Kassen in Itzehoe, Kiel und Lübeck. Sie wurden zum 1. Mai 2003 zu einer einzigen Landeskasse zusammengeführt, nachdem die Landeshauptkasse bereits zum 1. Februar 2003 aufgelöst und ihre Aufgaben auf die Landesbezirkskasse Kiel übertragen worden waren. Aus der Zusammenlegung der neuen Landeskasse mit dem bisherigen Landesbesoldungsamt entstand am 1. April 2009 das Finanzverwaltungsamt Schleswig-Holstein mit Sitz in Kiel.

Von der Landeshauptkasse gibt es nur wenige Unterlagen zu Versorgungsbezügen von Beamten aus dem Jahr 1945 im Umfang von 0,1 lfm. Diese Unterlagen sind ohne Unterprovenienz in Abt. 664 abgelegt. Der übrige Bestand ist nach den einzelnen Landesbezirkskassen in Unterprovenienzen geordnet. Eine umfangreichere Überlieferung liegt aus den längerfristig bestehenden fünf Landesbezirkskassen Eckernförde, Itzehoe, Kiel II, Meldorf und Pinneberg vor.

Abt. 664.1 Landesbezirkskasse Eckernförde

- ↘ Siedlerleistungen.
- ↘ 0,1 lfm
- ↘ 1947

Abt. 664.3 Landesbezirkskasse Itzehoe

- ↘ Bauausgabebücher, Bautagebücher.
- ↘ 0,5 lfm
- ↘ 1966–1987

Abt. 664.5 Landesbezirkskasse Kiel II

- Titelbücher der Landesrentenbank und der Siedlerleistungen.
- 0,1 lfm
- 1952

Abt. 664.7 Landesbezirkskasse Meldorf

- Jahresbesoldungslisten, Versorgungsbezüge, Rechnungsbelege der Lehrerbildungsanstalt Lunden.
- 0,5 lfm
- 1945–1950

Abt. 664.8 Landesbezirkskasse Pinneberg

- Verwahr- und Vorschussbücher der preußischen Regierungskasse, Vorschusszahlungen, Besoldungslisten.
- 0,5 lfm
- 1913–1947

Abt. 666 Ausgleichsämter

Die Arbeit der Ausgleichsämter beruhte auf dem Gesetz über den Lastenausgleich vom 14. August 1952. Dieses sogenannte Lastenausgleichsgesetz hatte das Ziel, materielle Folgen von Krieg und Kriegsfolgen für die Betroffenen durch ein System der Umverteilung zu mildern. Danach wurden verbliebene Vermögen, insbesondere Immobilien, nach einem bestimmten Schlüssel belastet. Der Erlös sollte der wirtschaftlichen Eingliederung von Personen helfen, die durch den Krieg bzw. die Kriegsfolgen ihr Vermögen verloren hatten. Die Aufgaben im Lastenausgleich wurden teils vom Bund über das Bundesausgleichsamt, teils im Auftrag des Bundes von den Ländern in Auftragsverwaltung erledigt. Zu diesem Zweck wurde in Schleswig-Holstein zum 1. August 1952 ein Landesausgleichsamt als Abteilung „Lastenausgleich und Landesausgleichsamt" im Finanzministerium eingerichtet. Es war zunächst zuständig für die wirtschaftliche und soziale Eingliederung der Vertriebenen, Flüchtlinge und Kriegsgeschädigten sowie für ihre angemessene Entschädigung nach dem Lastenausgleichsgesetz. Diese Aufgaben liefen Mitte der 1990er-Jahre aus; an ihre Stelle trat die Zuständigkeit für die Integration von Flüchtlingen aus der ehemaligen DDR und von Aussiedlern.

Seit der deutschen Wiedervereinigung kam als neue Aufgabe die Leistungsrückforderung hinzu, die sich aus der Rückgabe von Eigentum in den ostdeutschen Bundesländern ergaben. Die Durchführung der Schadensfeststellung erfolgte in Ausgleichsämtern, die in wechselnder Zahl in jedem Stadt- und Landkreis eingerichtet waren. Beschwerden über Entscheidungen in Fragen des Lastenausgleichs konnten bei den sechs im Oktober 1952 gebildeten Beschwerdeauschüssen eingereicht werden. Sie hatten ihren Sitz in Elmshorn, Husum, Kiel, Lübeck, Neumünster und Schleswig. Die Beschwerdeausschüsse wurden im Januar 1994 aufgelöst, ihre Aufgaben übernahm das Landesausgleichsamt. Mit Wirkung vom 1. Januar 2006 wurde das Landesausgleichsamt in die Allgemeine Abteilung des Finanzministeriums integriert. Im Jahr 2007 bestanden in Schleswig-Holstein noch vier Ausgleichsämter in Itzehoe, Lübeck, Neumünster und Rendsburg. Ihre Hauptaufgabe war die Berechnung der Kriegsschadenrenten sowie die Durchführung von Rückforderungsverfahren bei nachträglichem Schadensausgleich.

Nach dem Gesetz über die zentrale Archivierung von Unterlagen aus dem Bereich des Kriegsfolgenrechts vom 6. Januar 1988 nahm im Juni 1989 das Lastenausgleichsarchiv in Bayreuth als bundesweit zentrale Einrichtung seine Arbeit auf. Es ist eine Außenstelle des Bundesarchivs. Die zentrale Lastenausgleichsüberlieferung ist hier zu suchen. In Schleswig liegen nur kleine Überlieferungssplitter mit Schadensangelegenheiten der Nachkriegszeit.

- Schadensakten.
- 1 lfm
- 1962–1964
- Lastenausgleichsangelegenheiten befinden sich auch im Bestand der Finanzämter (Abt. 511).

Abt. 691 Wirtschaftsministerium

Das Wirtschaftsministerium des Landes Schleswig-Holstein entstand nach dem Zweiten Weltkrieg mit der Bildung des neuen Bundeslandes Schleswig-Holstein. Zunächst als Landeswirtschaftsamt bezeichnet, kam es Ende 1946 zur Einrichtung des Landesministeriums für Wirtschaft. Wenig später wurde daraus das Ministerium für Wirtschaft und Verkehr. Über vierzig Jahre wechselte immer wieder die Behördenbezeichnung zwischen Wirtschaftsministerium und Ministerium für Wirtschaft und Verkehr. Die Organisationsstruktur blieb von 1950 bis 1988 relativ unverändert. Ab 1988 lautete dann die Bezeichnung Ministerium für Wirtschaft, Technik und Verkehr. 1996 erfolgte die Umbenennung in Ministerium für Wirtschaft, Technologie und Verkehr. Seit 2003 wurde der beim Sozialministerium ressortierende Bereich „Arbeit“ dort ausgegliedert und in das neue Ministerium für Wirtschaft, Arbeit und Verkehr eingegliedert. Etwa ein Viertel des im Landesarchiv verwahrten Aktenbestands des Wirtschaftsministeriums wurde bereits in den 1950er-Jahren übernommen. Regelmäßige Abgaben erfolgten erst wieder seit etwa 1986. Das vorliegende Ordnungssystem ist im Laufe der Jahre aus verschiedenen Aktenplanschichten entwickelt und jeweils ergänzt worden.

- ↘ Ministerbüro; Organisations- und Personalangelegenheiten; Ordensangelegenheiten; Nachkriegswirtschaft; Demontage und Wiederaufbau; Preisüberwachung; Strukturpolitik und Regionalprogramme; Bank- und Kreditwesen; Betriebliche Förderungen; Existenzgründungsprogramme; Mittelstandskreditprogramme; Industrieförderung; Außenwirtschaftspolitik; Maritime Wirtschaft; Schiffbau; Handwerk und Gewerbe; Schornsteinfeger; Fahrlehrer; Fremdenverkehr; Krankenkassen und Versicherungen; Gilden; Verkehrsangelegenheiten; Öffentlicher Personennahverkehr; Straßen- und Brückenbau.
- ↘ 725 lfm
- ↘ 1878, 1945–2003
- ↘ Ordensangelegenheiten sind auch im Aktenbestand des Ministerpräsidenten und der Staatskanzlei überliefert (Abt. 605).

Abt. 694 Amt für das Eichwesen

Eine staatliche Eichaufsicht gab es im Herzogtum Holstein seit 1859, im Herzogtum Schleswig seit 1860. In diesem Jahr erließ der dänische König Friedrich VII. ein Gesetz, mit dem in den Herzogtümern Schleswig und Holstein das metrische System eingeführt wurde. Gleichzeitig wurde die Einrichtung eines Haupteichamtes in Kiel angeordnet. Dieses sollte die bereits bestehenden und noch zu errichtenden kommunalen Eichämter beaufsichtigen. Seit 1871 unterlag das Eichwesen der deutschen Gesetzgebung. Das Nebeneinander von staatlichen und kommunalen Eichbehörden wurde 1912 mit der generellen Verstaatlichung des Eichwesens beendet. Seit 1949 liegt die Gesetzgebungskompetenz in Fragen des Messwesens beim Bund, während die Ausführung der gesetzlichen Vorschriften Aufgabe der Länder ist. Bis zum Jahr 2003 gehörte die Landeseichverwaltung zum Geschäftsbereich des Wirtschaftsministeriums. Sie bestand aus dem Amt für das Eichwesen in Kiel als Aufsichtsbehörde und den Eichämtern Elmshorn, Flensburg, Kiel und Lübeck. Mit dem Staatsvertrag vom 27. August 2003 zwischen den Ländern Hamburg und Schleswig-Holstein gelang es erstmals, die Aufgaben des gesetzlichen Eich- und Messwesens in einer rechtsfähigen, länderübergreifenden Anstalt des öffentlichen Rechts zusammenzuführen. Am 1. Januar 2004 nahm somit die neu gegründete Eichdirektion Nord die Arbeit auf.

- Allgemeine Eichangelegenheiten; Einzelne Eichämter; Eichnebenstellen; Gemeindeeichungsämter.
- 9 lfm
- 1863–1989

Abt. 695 Eichämter

Eichämter überwachen alle Messgeräte im geschäftlichen Verkehr, im Gesundheitsschutz, im Verkehrswesen, im Verbraucherschutz und Handel, im Arbeits- und Umweltschutz und im Beschusswesen. Nachdem Schleswig-Holstein 1867 preußische Provinz geworden war, gab es zunächst neben dem Haupteichamt Kiel vierzehn lokale Eichämter in Flensburg, Friedrichstadt, Hadersleben, Husum, Schleswig, Tondern, Altona, Heide, Itzehoe, Neustadt, Rendsburg, Lauenburg, Mölln und Ratzeburg. Bis zum Jahr 1899 stieg die Zahl der Eichämter in Schleswig-Holstein auf 26. Im Jahr 1942 trat eine neue Eichordnung in Kraft. Die Eichdirektion Nord führte jetzt die Aufsicht über das Eichwesen. In den Jahren 1969/1970 wurde ein neues Eichgesetz verkündet, mit dem das Gesetz von 1935 abgelöst wurde. Nach dem Zweiten Weltkrieg reduzierte man die Zahl der Eichämter nach und nach. Im Jahr 2008 gab es noch Eichämter in Kiel, Lübeck, Elmshorn und Flensburg sowie eine Beschussstelle in Eckernförde.

Von den Eichämtern Elmshorn (Abt. 695.1), Flensburg (Abt. 695.2) und Kiel (Abt. 695.3) sind keine Akten überliefert. Lediglich vom Eichamt Lübeck (Abt. 695.4) liegt ein kleiner Bestand vor.

- Angelegenheiten verschiedene Eichämter; Provinzialverein der Eichbeamten; Verband der Eichbeamten.
- 0,5 lfm
- 1912–2007

Abt. 701 Landesamt für Straßenbau

Durch ministeriellen Erlass vom 6. Januar 1955 wurde das Landesamt für Straßenbau als angegliederte Behörde des Ministeriums für Wirtschaft und Verkehr gebildet. 1965 kam es zu einer Herauslösung der ministeriellen Straßenbauaufgaben aus dem Landesamt und zu ihrer Übertragung auf die Abteilung Verkehrsentwicklung im Ministerium. Das Landesamt für Straßenbau und Verkehr Schleswig-Holstein wurde für den Bereich des Landes Schleswig-Holstein als Landesoberbehörde errichtet. Es trug ab dem 1. Januar 2005 die Bezeichnung Landesbetrieb

Straßenbau und Verkehr Schleswig-Holstein. Der Landesbetrieb erfüllte öffentliche und hoheitliche Aufgaben im Bereich des Straßenbaus und Verkehrs und unterhielt Niederlassungen in Flensburg, Rendsburg, Itzehoe und Lübeck, die im Wesentlichen den ehemaligen Straßenbauämtern entsprachen.

- ↘ Vorschriftensammlung; Rundverfügungen; Brückenbau; Grunderwerbsakten.
- ↘ 15 lfm
- ↘ 1938–2004

Abt. 702 Straßenbauämter

Mit der Bildung des Bundeslandes Schleswig-Holstein wurde aus der ehemaligen preußischen Provinzialwegebauverwaltung die Abteilung Straßenbau im Ministerium für Wirtschaft, Arbeit und Verkehr. Durch Erlass vom 6. Januar 1955 wurde das Landesamt für Straßenbau als angegliederte Behörde des Ministeriums gebildet. 1965 kam es zu einer Herauslösung der ministeriellen Straßenbauaufgaben aus dem Landesamt und zu ihrer Übertragung auf die Abteilung Verkehrsentwicklung im Ministerium. Ausführende Behörden waren die aus den ehemaligen preußischen Wegebauinspektoraten hervorgegangenen Straßenbauämter, die zunächst in Eutin, Flensburg, Heide, Itzehoe, Lübeck und Rendsburg ihren Sitz hatten. Den einzelnen Straßenbauämtern waren die Straßenmeistereien zugeordnet. Autobahnen und Bundesstraßen werden durch den Bund, Ortsdurchfahrten in der Regel durch die Städte gebaut und unterhalten. Landesstraßen erster Ordnung stehen in der Baulast des Landes, Landesstraßen zweiter Ordnung (Kreisstraßen) werden durch die Kreise gebaut, jedoch vom Land verwaltet. Die Ortsdurchfahrten von Landes- und Kreisstraßen in Städten mit mehr als 20.000 Einwohnern stehen in der Baulast und Verwaltung der Städte. Die Verwaltungsmodernisierung in Schleswig-Holstein führte auch in der Straßenbauverwaltung des Landes zu organisatorischen Veränderungen. So wurden mit Verordnung vom 1. Januar 2005 die Aufgaben der Straßenbauämter sowie des Landesamtes für Straßenbau und Verkehr Schleswig-Holstein auf den neu gegründeten Landesbetrieb Straßenbau und Verkehr Schleswig-Holstein (LBV-SH) übertragen. Der Landesbetrieb erfüllt öffentliche und hoheitliche Aufgaben im Bereich des Straßenbaus und Verkehrs und unterhält Niederlassungen, die den ehemaligen Straßenbauämtern entsprechen, in Flensburg, Rendsburg, Itzehoe und Lübeck.

Abt. 702.2 Flensburg

- Verwaltung; Organisation; Straßenbaumaßnahmen; Radwegebau; Brückenbau; Grunderwerbsakten. – In der Überlieferung hervorzuheben sind die Unterlagen zur ehemaligen Drehbrücke über die Schlei bei Kappeln.
- 45 lfm
- 1876–2003
- Weitere Akten über Straßen- und Brückenbaumaßnahmen sind in der Überlieferung des Wirtschaftsministeriums (Abt. 691) vorhanden. Karten und Pläne zur Drehbrücke in Kappeln liegen in der Kartenabteilung Abt. 402 A 100 (siehe Bestandsgruppe „Karten und Bilder“).

Abt. 702.7 Rendsburg

- Verwaltung; Organisation; Bau und Unterhaltung von Straßen, Radwegen und Brücken; Grunderwerbsakten.
- 40 lfm
- 1935–1998
- Weitere Akten über Straßen- und Brückenbaumaßnahmen sind im Bestand des Wirtschaftsministeriums (Abt. 691) vorhanden.

Abt. 704 Geologisches Landesamt

Die frühere „Arbeitsstelle Kiel des Reichsamtes für Bodenforschung“, die am 10. Juli 1941 eingerichtet worden war, wurde gemäß Beschluss der schleswig-holsteinischen Landesregierung am 1. Juli 1946 als „Landesanstalt für angewandte Geologie“ durch das Land Schleswig-Holstein übernommen und am 10. März 1947 als eigenständige Behörde dem Ministerium für Ernährung, Landwirtschaft und Forsten unterstellt. Seit dem 18. September 1953 lautete die Amtsbezeichnung „Geologisches Landesamt“. Am 1. Januar 1962 wurde das Geologische Landesamt dem Ministerium für Wirtschaft und Verkehr, am 15. Juli 1988 dem Ministerium für Natur, Umwelt und Landesplanung unterstellt. Seit dem 1. Januar 1996 kam es zur Integration des Geologischen Landesamtes in das neu geschaffene Landesamt für Natur und Umwelt (LANU). Die Aufgaben blieben weiterhin vor allem die geologische Forschung und Kartierung, die hydrogeologische und bodenkundliche Arbeit sowie die Aufnahme und Herausgabe des geologischen Kartenwerks sowie die Führung des schleswig-holsteinischen Bohr- und Montanarchivs.

Seit 1985 wurde das sogenannte Bohrarchiv, das die systematische Erfassung entnommener Bodenproben beinhaltet, an das Landesarchiv abgegeben. Die Struktur des Bestandes unterscheidet sich grundlegend von derjenigen anderer Archivabteilungen und lässt daher die Angabe einer Laufzeit nicht zu. Um diese Bestandsstruktur als Ganzes zu erhalten, werden auch die Zugänge ab 1996 in Abt. 704 statt in den Bestand des LANU eingeordnet.

↘ Bohrarchiv.

↘ 107 lfm

Abt. 721 Landwirtschaftsministerium

Auf der Grundlage des 1945 eingerichteten Amtes für Ernährung, Landwirtschaft und Forsten wurde in der Gründungsphase des neuen Bundeslandes Schleswig-Holstein 1947 das Landwirtschaftsministerium geschaffen. Sein Aufgabenkreis umfasste bis 1988 Landwirtschaft, Ernährungswirtschaft, Verbesserung der Agrarstruktur, ländliche Siedlung und Flurbereinigung, Wasserwirtschaft, Küstenschutz, Fischereiwesen, Forst- und Holzwirtschaft, Veterinärwesen, Landschaftspflege, Umweltschutz und Abfallbeseitigung. 1988 gingen die Bereiche Wasserwirtschaft, Umweltschutz und Abfallbeseitigung an das neu gegründete Umweltministerium über, 1996 dazu noch die Forstabteilung. Im Jahre 2000 wurde wiederum die Abteilung Landesplanung in das Landwirtschaftsministerium eingegliedert. Der größte Einschnitt war die zwischenzeitliche Auflösung des Landw-irtschaftsministeriums zugunsten des Umweltressorts im Jahr 2003. Dieser Schritt wurde im Jahr 2005 jedoch rückgängig gemacht, indem nun das gesamte Umweltministerium wieder zu einem Landwirtschaftsministerium umgewidmet wurde. Zu dessen Aufgabengebieten gehörten seitdem Landwirtschaft, Fischerei und ländliche Räume, Lebensmittelsicherheit und Lebensmittelqualität, Wasserwirtschaft, Meeres- und Küstenschutz, Naturschutz, Forstwirtschaft und Jagd sowie technischer Umweltschutz. Im Jahr 2012 kamen die Bereiche Energie, Klima- und Ressourcenschutz sowie Reaktorsicherheit und Strahlenschutz hinzu, 2017 die Digitalisierung.

↘ Personalverwaltung; Domänen; Verpachtung ab 1679; Wasser- und Bodenverbände; Deich- und Sielverbände; Landesfischereiverwaltung; Landwirtschaftsförderung; Agrarreform und Treuhand; Siedlung und Rentengüter; Flurbereinigung; Kleingärten; Naturschutz.

↘ 424 lfm

↘ 1679–2011

↘ Karten befinden sich in Abt. 402 A 50 (siehe Bestandsgruppe „Karten und Bilder").

Abt. 725 Landeslabor

Das Landeslabor ist eine obere Landesbehörde mit Sitz in Neumünster und für den gesundheitlichen Verbraucherschutz in Schleswig-Holstein verantwortlich. Seine Ursprünge liegen im 1949 geschaffenen, von Anfang an in Neumünster ansässigen Landestierseuchenamt, seit ca. 1958 Veterinäruntersuchungsamt, sowie den Nahrungsmitteluntersuchungsämtern der kreisfreien Städte. Während das Veterinäruntersuchungsamt durchgängig dem Landwirtschaftsministerium nachgeordnet war, wurden 1971 die städtischen, seitdem als Lebensmitteluntersuchungsämter bezeichneten Behörden dem Sozialministerium unterstellt. Seit der Zusammenlegung aller Untersuchungsämter im Jahr 1987 zum Lebensmittel- und -untersuchungsamt unterstand dieses für kurze Zeit dem Landwirtschaftsministerium, seit 1988 dann durchgängig in geteilter Verantwortung sowohl dem Landwirtschaftsministerium (Fachaufsicht Veterinärbereich) als auch dem in jenem Jahr gegründeten Umweltministerium (Fachaufsicht Lebensmittelbereich, gesamte Dienstaufsicht). Diese Phase währte bis 2003, als das Lebensmittel- und Veterinäruntersuchungsamt vorübergehend dem Sozialministerium zugeschlagen wurde, bis es 2005 zum neu aufgestellten, nun sowohl für Landwirtschaft als auch für Umwelt verantwortlichen Ministerium quasi zurückkam. Mit Erweiterung seiner Zuständigkeit um die Aufgabe der Umweltuntersuchung wurde das Amt 2002 unter dem Namen Landeslabor in einen Landesbetrieb umgewandelt. Zwischen 2000 und 2011 wurden nach und nach die Außenstellen Flensburg, Kiel und Lübeck geschlossen und alle Aufgabenbereiche in Neumünster zusammengeführt.

- Verwaltung; Veterinärwesen; Lebensmittelüberwachung; Laboruntersuchungen; Jahresberichte.
- 4 lfm
- 1948–2005

Abt. 730 Landesamt für Wasserhaushalt und Küsten

Die Behörde wurde 1952 als Landesamt für Wasserwirtschaft gegründet und unterstand der Abteilung Wasserwirtschaft im Landwirtschaftsministerium. Im Zuge der Neuordnung der Wasser- und Landwirtschaftsverwaltung 1970 wurde sie als obere Landesbehörde in Landesamt für Wasserhaushalt und Küsten umbenannt. Die Zuständigkeit des Landesamtes lag in der Erarbeitung der technischen und naturwissenschaftlichen Grundlagen für die Ordnung des Wasserhaushalts, für das Küsteningenieurwesen und für die Abfallwirtschaft. 1996 ging das Landesamt für Wasserhaushalt und Küsten im Landesamt für Natur und Umwelt (LANU) auf.

- Wasserwerke; Wasserversorgung; Kläranlagen; Ortsentwässerung.
- 5 lfm
- 1946–1995

Abt. 733 Pflanzenschutzamt

Mit der Gründung der Landwirtschaftskammer für die Provinz Schleswig-Holstein als berufsständische Selbstverwaltungskörperschaft der Landwirtschaft 1896 wurde der 1834 entstandene Schleswig-Holsteinische Landwirtschaftliche Generalverein aufgelöst. Die Förderung der Pflanzenzucht als eines der Hauptziele ging vom Generalverein nun auf die Landwirtschaftskammer über. 1908 wurde das Pflanzenschutzwesen in der Provinz Schleswig-Holstein auf nachdrückliche Veranlassung des Ministeriums für Landwirtschaft, Domänen und Forsten in Berlin (MLDF) neu organisiert. 1935 wurde mit Umbenennung der Landwirtschaftskammer in „Landesbauernschaft im Reichsnährstand" die Bezeichnung auf „Hauptstelle für Pflanzenschutz (Pflanzengesundheitsamt) – Landesbauernschaft Schleswig-Holstein" erweitert. Auch in den folgenden Jahren wechselte der Name noch mehrfach. 1946 musste das Pflanzenschutzamt aufgrund von Kriegsschäden in Kiel seinen Sitz für mehr als zehn Jahre in Kronshagen nehmen. 1948 übernahm die Landesbauernkammer die Geschäfte der Landesbauernschaft; mit dem Pflanzenschutzamt Schleswig-Holstein verbunden war nun die zuvor unabhängig existierende „Anstalt für Pflanzenschutz" der Landesbauernkammer (ab 1953 wieder Landwirtschaftskammer). In den Folgejahren mäandrierten die Bezeichnungen für die Einrichtung weiter von „Anstalt für Pflanzenschutz" über „Pflanzenschutzamt Kiel" und „Pflanzenschutzamt Schleswig-Holstein (Anstalt für Pflanzenschutz), Kronshagen" bis zu „Anstalt für Pflanzenschutz (Pflanzenschutzamt)". Erst 1955 wurde für eine lange Zeit Klarheit geschaffen, als die Anstalt von der Landwirtschaftskammer als „Pflanzenschutzamt des Landes Schleswig-Holstein" mit Wirkung vom 1. April durch das Ministerium für Ernährung, Landwirtschaft und Forsten des Landes Schleswig-Holstein übernommen wurde. 1958 konnte das Pflanzenschutzamt seinen Sitz wieder in Kiel beziehen. Zum 1. Januar 1998 wurde es im Zuge einer durchgreifenden Strukturreform aufgelöst und zusammen mit der Abteilung Pflanzenschutz des Amtes für Land- und Wasserwirtschaft Kiel als Abteilung 3 in das neu geschaffene Amt für ländliche Räume Kiel eingegliedert. 2008 kehrte der gesamte Pflanzenschutz zur Landwirtschaftskammer und somit zu seinen Wurzeln zurück.

- Fachtagungen; Ausbildung; Rechtsvorschriften; Pflanzenschutz; Schädlingsbekämpfung; Bienen.
- 4 lfm
- 1930–1991

Abt. 734 Behörden für Land- und Wasserwirtschaft 1919–2008

Bis zur Gründung der Kulturämter 1919 und der Marschenbauämter 1936 verlief gerade seit Beginn der preußischer Zeit 1867 die behördliche Strukturgeschichte sowohl der Landeskultur als auch der Wasserwirtschaft und des Küstenschutzes extrem kleinteilig. Bei der Landeskultur waren nacheinander Spezialkommissare, eine Spezialkommission bzw. mehrere (ständige) Spezialkommissionen sowie die Generalkommission in Hannover am Werk; bei der Wasserwirtschaft gab es erst Deichkondukteure, danach Wasserbaukreise, -inspektionen und -bezirke in wechselnder Anzahl sowie zuletzt Wasserbau- und Meliorationsbauämter. 1973 wurden als untere Landesbehörden sechs Ämter für Land- und Wasserwirtschaft geschaffen. Die Tätigkeitsfelder der bisherigen Marschenbauämter Husum, Heide und Itzehoe, der Wasserwirtschaftsämter Schleswig und Lübeck, der Kulturämter Flensburg, Heide, Itzehoe, Kiel und Lübeck sowie auch noch der neunzehn Kreislandwirtschaftsbehörden wurden auf die neuen Ämter verteilt. Zu deren wichtigsten Aufgaben gehörten Küstenschutz, Ausbau und Unterhaltung der Wasserläufe, Wasserversorgung, Abwasser- und Abfallbeseitigung, Verbesserung der Agrarstruktur – beispielsweise durch Flurbereinigung –, Entwicklung des ländlichen Raumes, Förderungsmaßnahmen für Einzelbetriebe und amtlicher Pflanzenschutz. 1998 wurden landwirtschaftliche und wasserwirtschaftliche Aufgaben unter Aufteilung der Küstenschutzaufgaben zunächst wieder voneinander getrennt, indem zum einen drei Ämter für ländliche Räume in Husum (mit Außenstellen in Flensburg und Heide), Kiel und Lübeck (mit Außenstelle in Itzehoe) sowie drei Staatliche Umweltämter in Itzehoe (mit Außenstelle in Lübeck), Kiel und Schleswig errichtet wurden. Allerdings wurden diese Ämter bereits nach zehn Jahren ihres Bestehens wieder aufgelöst, nachdem genau ein Jahr zuvor schon der Küstenschutz in den neu gebildeten Landesbetrieb für Küstenschutz, Nationalpark und Meeresschutz Schleswig-Holstein ausgegliedert worden war. Die Ämter für ländliche Räume und die Staatlichen Umweltämter gingen – zusammen mit dem Landesamt für Natur und Umwelt – mit Beginn des Jahres 2009 im neu errichteten, allumfassenden Landesamt für Landwirtschaft, Umwelt und ländliche Räume auf.

Der Bestand ist nach Einzelprovenienzen geordnet. Die Unterlagen der jeweiligen Vorgängerbehörden (Marschenbauämter, Wasserwirtschaftsämter, Kulturämter) bilden – bis auf die Kreislandwirtschaftsbehörden – keine eigenen Bestände, sondern sind an den entsprechenden Orten integriert. Die Unterlagen der Kreislandwirtschaftsbehörden befinden sich in Abt. 348 (siehe Bestandsgruppe „Preußische Verwaltung").

Abt. 734.1 Flensburg

- Kulturbau; Wasserwirtschaft; Küstenschutz; Wasser- und Bodenverbände; Agrarreform; Flurneuordnung; Dorfentwicklung; Landwirtschaftliche Förderung; Immissionsschutz; Naturschutz.
- 180 lfm
- 1869–2010
- Karten befinden sich in Abt. 402 A 61 (siehe Bestandsgruppe „Karten und Bilder“).

Abt. 734.2 Heide

- Wasserbau; Küstenschutz; Wasserschutz; Kulturbau; Wasserwirtschaft; Wasser- und Bodenverbände; Agrarreform; Flurneuordnung; Dorfentwicklung; Landwirtschaftliche Förderung; Ernährungswirtschaft; Naturschutz.
- 225 lfm
- 1800–2011
- Karten befinden sich in Abt. 402 A 65 (siehe Bestandsgruppe „Karten und Bilder“).

Abt. 734.3 Husum

- Wasserbau; Küstenschutz; Wasserschutz; Kulturbau; Wasserwirtschaft; Flurneuordnung; Dorfentwicklung; Naturschutz.
- 98 lfm
- 1702–2010
- Karten befinden sich in Abt. 402 A 82 (siehe Bestandsgruppe „Karten und Bilder“).

Abt. 734.4 Itzehoe

- Wasserbau; Küstenschutz; Wasserschutz; Kulturbau; Domänen; Wasserwirtschaft; Wasser- und Bodenverbände; Agrarreform; Flurneuordnung; Dorfentwicklung; Landwirtschaftliche Förderung; Pflanzenschutz.
- 222 lfm
- 1801–2012
- Karten befinden sich in Abt. 402 A 89 (siehe Bestandsgruppe „Karten und Bilder“).

Abt. 734.5 Kiel

- Kulturbau; Wasserwirtschaft; Küstenschutz; Wasser- und Bodenverbände; Flurneuordnung; Dorfentwicklung; Einzelne Höfe; Landwirtschaftliche Förderung.
- 223 lfm
- 1850–2010
- Karten befinden sich in Abt. 402 A 84 (siehe Bestandsgruppe „Karten und Bilder").

Abt. 734.6 Lübeck

- Kulturbau; Wasserwirtschaft; Küstenschutz; Wasser- und Bodenverbände; Agrarreform; Flurneuordnung; Dorfentwicklung; Landwirtschaftliche Förderung.
- 101 lfm
- 1836–2008
- Karten befinden sich in Abt. 402 A 60 (siehe Bestandsgruppe „Karten und Bilder").

Abt. 735 Landesamt für Landwirtschaft, Umwelt und ländliche Räume

Am 1. Januar 2009 wurde das Landesamt für Landwirtschaft, Umwelt und ländliche Räume errichtet. Aus sieben aufgelösten Behörden – dem Landesamt für Natur und Umwelt, den Ämtern für ländliche Räume in Husum (mit Außenstellen in Flensburg und Heide), Kiel und Lübeck (mit Außenstelle in Itzehoe) sowie den Staatliche Umweltämtern in Itzehoe (mit Außenstelle in Lübeck), Kiel und Schleswig – wurden die Aufgabenbereiche Landwirtschaft, Fischerei, Entwicklung der ländlichen Räume, Gewässer, Naturschutz, technischer Umweltschutz sowie Geologie und Boden übernommen. Zunächst gab es einen Hauptsitz in Flintbek sowie Außenstellen in Flensburg, Heide, Itzehoe und Lübeck. 2011 kam es zu weiteren Konzentrationen mit nachfolgenden Umbenennungen in „Standort Mitte" für den Hauptsitz in Flintbek, „Standort Nord" in Flensburg, „Standort Südwest" in Itzehoe und „Standort Südost" in Lübeck. Dazu gehörten wiederum einige kleinere Außenstellen, die jedoch ebenfalls in ihrer Anzahl reduziert wurden.

- Bisher nur einige Verfahren über Freiwilligen Landtausch.
- 0,5 lfm
- 1992–2012
- Die Unterlagen der Vorgängerbehörden befinden sich vor allem in Abt. 734.

Abt. 761 Sozialministerium

Das Sozialministerium des Landes Schleswig-Holstein ist mit der Herausbildung sachlich gegliederter Ressorts der neuen Landesregierung entstanden. Nach kurzer Übergangszeit als Landesamt für Volkswohlfahrt kam es im Dezember 1946 zur Einrichtung des Landesministeriums für Volkswohlfahrt, das kurze Zeit später in Ministerium für Wohlfahrt und Gesundheit umbenannt wurde. Mit der Angliederung dieses Ministeriums für Wohlfahrt und Gesundheit an das Ministerium für Umsiedlung und Aufbau durch Erlass des Ministerpräsidenten vom 10. März 1949 erfolgte die Bildung des – jetzt auch so benannten – Sozialministeriums. Mit demselben Erlass wurde das Gesundheitswesen vorübergehend und zunächst vertretungsweise dem Innenministerium unterstellt; zur Rückgliederung der Gesundheitsabteilung ins Sozialministerium kam es jedoch erst am 14. Juni 1971. Die Behördenbezeichnung wechselte in den Jahrzehnten zwischen 1949 und 1995 immer wieder zwischen dem zusammenfassenden Begriff Sozialministerium und einer differenzierenden Zuständigkeitsbezeichnung. Nachdem im September 1950 durch Kabinettsbeschluss die Abteilung Arbeit in das jetzt als „Ministerium für Arbeit, Soziales und Vertriebene" benannte Haus eingezogen war, blieb die Organisationsstruktur bis in die frühen Siebzigerjahre relativ stabil. Einen größeren Einschnitt bildete erst die am 14. Juni 1971 veranlasste Ausgliederung des Bau- und Wohnungswesens in das Innenministerium und die gleichzeitige Übernahme der Gesundheitsabteilung von dort. Zum Jahreswechsel 1978/79 wurde die ursprünglich als Landesentschädigungsamt beim Finanzministerium ressortierende Behörde für Wiedergutmachung in das Sozialministerium integriert.

Der im Landesarchiv überlieferte Aktenbestand des Sozialministeriums wurde zum größten Teil im Rahmen eines umfassenden Aussonderungsprojektes zwischen 1993 und 1996 übernommen. Zeitlicher Angelpunkt war dabei der im Herbst 1994 durchgeführte Umzug des Sozialministeriums in sein neues Gebäude an der Hörn, was Anlass zu einer umfassenden Sichtung der in den Kellern des alten Dienstgebäudes in der Brunswiker Straße noch erhaltenen Altregistraturen war. Das neue Ordnungssystem ist angelehnt an die Organisationsstruktur der Abteilungen unter zusammenfassender Berücksichtigung der im Laufe der Zeit erfolgten Aufgabenverschiebungen.

↘ Ministerbüro; Staatssekretärbüro; Organisations-, Liegenschafts- und Personalangelegenheiten; Arbeitsmarkt; Arbeitsrecht; Sozialversicherung; Angelegenheiten der Gastarbeiter; Technischer und sozialer Arbeitsschutz; Arbeitsmedizin; Energie einschließlich Kernenergie und Reaktorsicherheit; Siedlungsplanung; Bau- und Wohnungswesen; Krankenhausplanung und -aufsicht; Psychiatrie und Drogenbekämpfung; Krankenpflegewesen;

Gesundheitsförderung und Seuchenbekämpfung; Lebensmittelüberwachung; Apotheken- und Arzneimittelwesen; Kammern und Ärzte; Fürsorge und Sozialhilfe; Familienangelegenheiten und Jugendpflege; Betreuung von Alten, Kranken und Behinderten; Angelegenheiten der Vertriebenen einschließlich Lageraufsicht; Evakuierung und Umsiedlung; Kriegsopferfürsorge; Entschädigung von NS-Verfolgten; Zonengrenze, Häftlingshilfe und Notaufnahme aus der SBZ; Förderung der Vertriebenenverbände und ostdeutsche Kulturarbeit; Spätaussiedler und Asylbewerber.

↘ 754 lfm

↘ 1865, 1945–1998

↘ Einzelfälle der Kriegsopferversorgung sind auch bei den Versorgungsämtern überliefert (Abt. 765).

Abt. 765 Versorgungsämter

Die Versorgungsämter sind zuständig für die Anerkennung und Gewährung von Ansprüchen nach dem Bundesversorgungsgesetz (BVG) von 1950 und dem Bundesseuchengesetz von 1961. Anspruchsberechtigt sind danach alle Personen, die eine gesundheitliche Schädigung durch eine militärische oder militärähnliche Dienstverrichtung (BVG) oder durch eine gesetzlich vorgeschriebene Schutzimpfung (Bundesseuchengesetz) erlitten haben. Die Versorgung kriegsbeschädigter Soldaten und ihrer Hinterbliebenen durch Gewährung von Sachleistungen, Unterbringung im Staatsdienst und durch Geldleistungen wurde im Kaiserreich auf dem Militärpensionsgesetz des Jahres 1871 begründet. Das Versorgungsverfahren spielte sich bis 1918 ausschließlich vor militärischen Dienststellen ab. Nach 1918 wurden beim Kriegsministerium, später beim Reichsarbeitministerium angesiedelte Versorgungsämter zur Abwicklung der großen Zahl von Versorgungsanträgen der Kriegsteilnehmer eingerichtet. Damit verlagerte sich die Versorgung vom militärischen Bereich in den Arbeits- und Sozialbereich. Nach 1933 kam es in der Provinz Schleswig-Holstein nach mehrfachen Umstrukturierungen zu einer zahlenmäßigen Reduzierung der Versorgungsämter auf drei, die in Kiel, Flensburg und Altona ansässig waren. Sie unterstanden bis zu ihrer Auflösung nach dem Kriegsende im Jahre 1945 dem Hauptversorgungsamt Niedersachsen-Nordmark in Hannover-Linden. Die seit dem Kriegsende unterbrochene reichseinheitliche Kriegsopferversorgung wurde durch das Gesetz über die Versorgung der Opfer des Krieges (BVG) vom 20. Dezember 1950 wieder aufgenommen. Das Land Schleswig-Holstein kam der Pflicht zur Errichtung von Versorgungsbehörden mit der Eröffnung des Landesversorgungsamtes Neumünster am 19. September 1951 nach. Dem neu gegründeten Landesversorgungsamt Neumünster wurden die Versorgungsärztliche Untersuchungsstelle Neumünster, die Orthopädische Versorgungsstelle Neumünster und die fünf Versorgungsämter in Flensburg, Heide, Kiel, Lübeck und Schleswig unterstellt.

Eine umfangreiche Musterüberlieferung insbesondere mit Einzelfallakten über Kriegsbeschädigte des Zweiten Weltkrieges wurde aus den Beständen des Versorgungsamts Schleswig gebildet. Das Versorgungsamt Schleswig hat über die übliche regionale Zuständigkeit hinaus eine zentrale Zuständigkeit für die skandinavischen und nordosteuropäischen SS-Freiwilligen. Überliefert sind außerdem wenige Akten des Versorgungsamts Flensburg.

- 48 lfm
- 1884–1991

Abt. 765.1 Flensburg

- Organisation des inneren Dienstes; Versorgungsakten.
- 1910–1963

Abt. 765.5 Schleswig

- Innerer Dienst; Liegenschaft des Versorgungsamtes; Personal; Ärztlicher Dienst; Statistik; Versorgungsakten zu allen Versorgungsansprüchen nach dem Bundesversorgungs- und dem Bundesseuchengesetz; Versorgungsakten der nordosteuropäischen SS-Freiwilligen.
- 1884–1991

Abt. 769 Gewerbeaufsichtsämter

Zur Vorgeschichte der Gewerbeaufsichtsämter gehören die Bemühungen in Preußen, Kinderarbeit in Bergbau und Industrie einzudämmen sowie die Arbeitssicherheit zu erhöhen. Die Gewerbeverordnung vom 9. Februar 1849 legte die Überwachung der Arbeitssicherheit in die Hände von Fabrikinspektoren. Diese waren die Vorgänger der späteren Gewerberäte. Erste länderübergreifende Arbeitsschutzvorschriften enthielt die Neufassung der Reichsgewerbeordnung vom 21. Juni 1869. Mit ihrer Novellierung im Jahre 1878 wurden für einzelne Gewerbezweige verbindliche Betriebsschutzauflagen festgelegt, und die Beschäftigung von Frauen und Jugendlichen in Fabriken wurde beschränkt. Technische Räte in den Provinzialregierungen hatten die Einhaltung der

Gewerbeordnung zu kontrollieren. Zum 1. April 1893 wurde die praktische Durchführung der Gewerbeaufsicht aus den Provinzialregierungen ausgegliedert. Für die Provinz Schleswig-Holstein übernahmen Gewerberäte in den vier neu eingerichteten Gewerbeaufsichtsbezirken Schleswig, Flensburg, Neumünster und Altona die Durchführung der Gewerbeinspektionen und die Aufsicht über Dampfkesselanlagen vor Ort. Die Dienstaufsicht lag bei den technischen Räten in der Provinzialregierung. Im Rahmen des Groß-Hamburg-Gesetzes fasste man die damaligen Gewerbeaufsichtsämter in Altona, Flensburg, Kiel, Neumünster, Itzehoe, Schleswig und Wandsbek zum 1. Juli 1937 zu drei Großämtern mit Sitz in Kiel, Lübeck und Schleswig zusammen. Mit dem Aufbau einer schleswig-holsteinischen Landesverwaltung nach Kriegsende wurde die Gewerbeaufsicht im Jahr 1947 als Abteilung Arbeitsschutz innerhalb der Hauptabteilung Arbeit zunächst in das Ministerium für Arbeit, Wirtschaft und Verkehr, im September 1950 dann in das neu gebildete Ministerium für Arbeit, Soziales und Vertriebene eingegliedert. Die drei dem Ministerium unterstellten Gewerbeaufsichtsämter blieben zunächst unverändert in der Organisationsform des Jahres 1937 bestehen. Zum 1. August 1958 trat ein neues Gewerbeaufsichtsamt in Itzehoe hinzu. Alle vier Gewerbeaufsichtsämter wurden zum 1. Januar 1998 aufgelöst und zusammen mit der Arzneimittelüberwachungsstelle und dem Landesamt für Gesundheitsberufe in das als Landesoberbehörde neu errichtete Landesamt für Gesundheit und Arbeitssicherheit in Kiel überführt. Die Standorte in Itzehoe und Lübeck blieben als unselbstständige Außenstellen erhalten.

Die Überlieferung der einzelnen Ämter ist sehr unterschiedlich. Für die Zeit von der Verselbstständigung der Gewerbeaufsichtsämter im Jahr 1893 bis zum Ende des Zweiten Weltkrieges ist ein relativ geschlossener Aktenkorpus lediglich im Bestand des Gewerbeaufsichtsamts Schleswig vorhanden, während Gewerbeaufsichtsakten aus den anderen Bezirken vorwiegend im Bestand der Regierung zu Schleswig überliefert sind. Gewerbeaufsichtsakten finden sich auch bei den Unterlagen der Regierung zu Schleswig (Abt. 309, siehe Bestandsgruppe „Preußische Verwaltung").

Abt. 769.1 Itzehoe

- ↘ Betriebsakten zum technischen und sozialen Arbeitsschutz.
- ↘ 4 lfm
- ↘ 1945–1998

Abt. 769.2 Lübeck

- Gesetze und Vorschriften; Organisation; Statistiken und Tätigkeitsberichte; Haushaltsangelegenheiten; Personalia; Betriebsakten zum technischen und sozialen Arbeitsschutz.
- 5 lfm
- 1927–1994

Abt. 769.4 Schleswig

- Gesetze und Vorschriften; Organisation; Statistiken und Tätigkeitsberichte; Haushaltsangelegenheiten; Personalia; Kinder- und Jugendarbeit; Kriegsbeschädigte und andere spezielle Gruppen; Betriebsakten zum technischen und sozialen Arbeitsschutz.
- 15 lfm
- 1893–1994

Abt. 774 Aufsichtsamt für Sozialversicherung Schleswig-Holstein

Das Aufsichtsamt für Sozialversicherung Schleswig-Holstein ist zum 1. August 1958 errichtet worden. Rechtsgrundlage war das Gesetz über die Aufsichtsführung in der Sozialversicherung vom 16. Juni 1958. Das dem Sozialministerium unterstehende Amt übte die Rechts- und Fachaufsicht über die landesunmittelbaren Träger der Sozialversicherung aus und nahm damit einen Teil der Aufsichtsaufgaben des zum 1. Januar 1954 aufgelösten Oberversicherungsamtes Schleswig wahr. Seit dem 5. Februar 1972 war das Amt außerdem für Sozialversicherungsaufgaben nach dem Berufsbildungsgesetz zuständig. Der unmittelbaren Aufsicht des Amtes unterstanden die Landesversicherungsanstalt Schleswig-Holstein, der Gemeindeunfallversicherungsverband Schleswig-Holstein, die Feuerwehrunfallkasse Schleswig-Holstein sowie alle Orts-, Innungs- und Betriebskrankenkassen im Lande. Mit dem Haushaltsbegleitgesetz des Jahres 1994 hob die Landesregierung das Gesetz über die Aufsichtsführung in der Sozialversicherung auf. Dementsprechend wurde das Amt zum 30. Juni 1994 aufgelöst, und seine Funktionen wurden der Gesundheitsabteilung des schleswig-holsteinischen Sozialministeriums übertragen.

- Aufsicht über Krankenkassen: Satzungen; Organisation des Dienstbetriebs; Jahresschlussrechnungen; Prüfberichte.
- 3 lfm
- 1954–1974
- Die Akten des Oberversicherungsamtes befinden sich in Abt. 314, die Akten der Landesversicherungsanstalt in Abt. 374 (siehe Bestandsgruppe „Preußische Verwaltung“).

Abt. 781 Frauenministerium

Das schleswig-holsteinische Frauenministerium wurde am 1. Oktober 1988 eingerichtet. Seine Aufgabe bestand in der Frauenförderung, also dem Abbau der Benachteiligungen von Frauen, sowie der Stärkung und Unterstützung von Frauen und ihren Rechten. Seit 1993 war es integriert in das Ministerium für Frauen, Bildung, Weiterbildung und Sport, ab 1996 im Ministerium für Frauen, Jugend, Wohnungs- und Städtebau. Seit 2000 bildete das Frauenressort im Ministerium für Justiz, Frauen, Jugend und Familie die Abteilung „Frauenpolitik, Kinder, Jugend und Familie, Landesjugendamt“. Von 2005 bis 2009 bestand das Ministerium für Frauen und Bildung, in dem die Aufgaben des Frauenressorts von der Abteilung „Gleichstellung von Frauen und Männern, Kindertagesstätten, Schule und soziales Umfeld“ wahrgenommen wurden. Im Jahr 2009 wanderte das Frauenressort in das Ministerium für Justiz, Gleichstellung und Integration, im Mai 2012 dann an das Ministerium für Soziales, Gesundheit, Familie und Gleichstellung. Seit 2014 befasste sich die Abteilung „Kinder, Jugend, Familie und Gleichstellung; Landesjugendamt“ im Ministerium für Soziales, Gesundheit, Wissenschaft und Gleichstellung unter anderem mit der Gleichstellung der Geschlechter. Seit 2017 wird die Aufgabe der Gleichstellung durch das Referat „Gleichstellung der Geschlechter; Schutz von Frauen vor Gewalt“ im Ministerium für Justiz, Europa, Verbraucherschutz und Gleichstellung wahrgenommen.

- Allgemeine Verwaltung; Personalangelegenheiten; Frauenpolitik des Landes; Rechtsordnung; Justiz; Inneres; Sicherheit; Bildung und Kultur; Soziales; Umwelt; Wirtschaft und Verkehr; Landwirtschaft; Ernährung; Forsten; Europaangelegenheiten; Internationales; Ministerinnenbüro.
- 42 lfm
- (1978–) 1988–2006

Abt. 786 Justizministerium

Das Justizministerium des Landes Schleswig-Holstein ist am 2. Dezember 1946 eingerichtet worden. In seinen Zuständigkeiten und seiner Organisationsstruktur blieb es fünfzig Jahre lang recht stabil. Seit 1996 werden ihm zeitweilig andere Ressorts angegliedert: Von 1996 bis 2000 fungierte es als Ministerium für Justiz, Bundes- und Europaangelegenheiten, von 2000 bis 2005 als Ministerium für Justiz, Frauen, Jugend und Familie, von 2005 bis 2009 als Ministerium für Justiz, Arbeit und Europa und von 2009 bis 2012 dann als Ministerium für Justiz, Gleichstellung und Integration. Das Justizministerium ist im Wesentlichen zuständig für die Organisation des Justizwesens im Lande, für die Rechtspflege in sämtlichen Rechtsbereichen, für den Justizvollzug, für das Justizpersonal, für die Juristenausbildung und für Angelegenheiten der Rechtsanwälte und Notare.

- ↘ General- und Sammelakten der Justizverwaltung: Verfassung und Verwaltung; Personal, Zivil- und Strafrecht; Gerichtsverfassung und Gerichtsorganisation; Justizvollzug; Finanz- und Bauwesen; Kultur, Wohlfahrtspflege; Umweltschutz; Verteidigung und auswärtige Angelegenheiten. – Vorgänge über NSG-Verfahren (Nationalsozialistische Gewaltverbrechen) und besondere Strafverfahren. – Urteile aus besonderen Verfahren vor dem Verwaltungsgericht.
- ↘ 740 lfm
- ↘ 1945–2009

Abt. 811 Kultusministerium

Das Kultusministerium entstand nach dem Zweiten Weltkrieg mit der Bildung des neuen Bundeslandes Schleswig-Holstein. Aus dem Amt für Volksbildung der 1945 eingerichteten Landesverwaltung wurde 1946 das Ministerium für Volksbildung, das 1951 die Bezeichnung Kultusministerium erhielt. Die Zuständigkeiten des Ministeriums erstreckten sich auf das gesamte Schulwesen, auf Hochschulen und Wissenschaft, auf Kultur- und Kirchenangelegenheiten, auf die Erwachsenenbildung, die Jugend und den Sport. In dieser Struktur blieb das Ministerium bis 1993 im Wesentlichen unverändert, wurde allerdings zweimal umbenannt: 1988 in Ministerium für Bildung, Wissenschaft, Jugend und Kultur, 1992 nach Abgang des Jugendressorts zum Sozialministerium in Ministerium für Bildung, Wissenschaft, Kultur und Sport. 1993 wurde das Ministerium dann geteilt: Das gesamte Schulwesen, die Erwachsenenbildung und der Sport wurden zusammen mit dem Frauenressort in einem Ministerium für Frauen, Bildung, Weiterbildung und Sport zusammengefasst, während die übrigen Sachgebiete in einem Ministerium für Wissenschaft, Forschung und Kultur verblieben. Drei Jahre später kam es wieder zur Vereinigung der klassischen Kultusressorts in einem Ministerium für Bildung, Wissenschaft, Forschung und Kultur; einzig der Sport wurde damals an das Innenministerium abgegeben. Diese Regelung hatte bis 2005 Bestand, als das Ministerium abermals aufgeteilt wurde. Die Abteilung Wissenschaft und Hochschulen wechselte nun zum Wirtschaftsministerium und die Kulturpflege zur Staatskanzlei, während das Schulwesen wieder mit dem Frauenressort zu einem Ministerium für Bildung und Frauen zusammengefasst wurde. 2009 wurde die Ressorts Bildung und Kultur im gleichlautenden Ministerium zusammengeführt, während die Abteilung Wissenschaft beim Ministerium für Wissenschaft, Wirtschaft und Verkehr angesiedelt wurde. Die Aufgaben der oberen Schulaufsicht waren 1971 aus dem Ministerium herausgelöst und einem neu eingerichteten Landesschulamt übertragen worden. Beim Ministerium verblieb damals die oberste Schulaufsicht. Dieses Landesschulamt wurde bereits 1979 wieder aufgelöst, und die obere Schulaufsicht wird seitdem allein vom Ministerium wahrgenommen.

Bei zwei Bränden im Kultusministerium zwischen 1974 und 1975 sind erhebliche Teile der Registratur verloren gegangen, vor allem aus der Allgemeinen Abteilung sowie aus dem Gymnasialbereich und der Kulturpflege. Die Akten des Landesschulamtes, das nur acht Jahre Bestand hatte, sind nach dessen Auflösung größtenteils im Ministerium weitergeführt und daher auch im Archivbestand des Ministeriums belassen worden. In der Abteilung Berufsbildende Schulen sowie bei den Personalakten befinden sich zahlreiche im Ministerium fortgeführte Akten des Regierungspräsidenten zu Schleswig.

↘ Kultusministerkonferenz; Personalwesen; Allgemeine schulrechtliche Angelegenheiten; Schulbauten; Volks- und Mittelschulen; Grund-, Haupt-, Sonder- und Realschulen; Höhere Schulen; Gesamtschulen; Berufsbildende Schulen; Ingenieur-, Bau- und Seefahrtschulen; Hochschulangelegenheiten; Wissenschafts- und Forschungsförderung; Universitäten Kiel und Lübeck; Wissenschaftliche Institute; Pädagogische Lehrgänge und Hochschulen; Musikhochschule Lübeck; Fachhochschulen; Kunst-, Kultur- und Denkmalpflege; Museen, Bibliotheken und Archive; Musik-, Film- und Theaterförderung; Jugendrecht, Jugendschutz und Jugendwohlfahrt; Jugendheime; Vorschulische Erziehung; Sport; Erwachsenenbildung und Volkshochschulen.

↘ 1287 lfm

↘ 1945–2018

Abt. 815 Schulen

Der Bestand umfasst Unterlagen einzelner Schulen in Schleswig-Holstein.

Abt. 815.1 Staatliches Internat Schloss Plön

Im Jahre 1946 wurde die „Internatsoberschule Schloss Plön" gegründet, eine Doppeleinrichtung, die aus dem Internat im Schloss Plön und dem auch von ortsansässigen Schülern besuchten Gymnasium bestand. 1955 wurde die Schule in „Internatsgymnasium Schloss Plön" umbenannt. 2001 kam es zur Auflösung des Internats. Die weiterhin existierende Schule heißt seit 2002 „Gymnasium Schloss Plön".

- Internatsverwaltung; Schülerpersonalakten (nur Namen mit dem Anfangsbuchstaben „D").
- 2 lfm
- 1947–2001

Abt. 815.2 Heimschule Wentorf, Volksschulinternat für Heimatvertriebene und Spätaussiedler

Die „Heimschule Wentorf" in Wentorf bei Hamburg wurde 1952 vom Kultusministerium als Internats-Volksschule für Kinder aus Heimatvertriebenen- oder Spätaussiedlerfamilien eingerichtet, die aufgrund der Kriegs- und Nachkriegsereignisse über nur unzureichende Schulkenntnisse verfügten und in den Regelschulen nicht genügend gefördert werden konnten. 1960 wurde die Heimschule wegen Unterbelegung geschlossen, und die restlichen Schüler wurden auf andere Schulen in Schleswig-Holstein verteilt.

- Schul- und Internatsverwaltung; Personalangelegenheiten; Schülerangelegenheiten; Schülerverzeichnisse; Einzelne Schüler.
- 2 lfm
- 1952–1960

Abt. 816 Landesinstitut für Praxis und Theorie der Schule

Das Institut für Qualitätsentwicklung an Schulen Schleswig-Holstein (IQSH) ist 1971 als Landesinstitut Schleswig-Holstein für Praxis und Theorie der Schule (IPTS) eingerichtet worden und erhielt 2003 seine neue Bezeichnung. Das Institut steht unter der Aufsicht des Kultusministeriums und hat seinen Sitz in Kronshagen bei Kiel. Es ist zuständig für die Aus-, Fort- und Weiterbildung der Lehrkräfte sowie für Lehrplanarbeiten und Unterrichtsfachberatung.

- ↘ Schulbuchprüfungsakten.
- ↘ 1 lfm
- ↘ 1976–1998

Abt. 819 Stiftung Pommern

Die Stiftung Pommern wurde am 16. Dezember 1966 durch ein Landesgesetz als Stiftung öffentlichen Rechts errichtet. Sitz der Stiftung war der Rantzaubau des Kieler Schlosses. Durch Ausstellungen und Publikationen sollte das Kulturerbe der preußischen Provinz Pommern der Öffentlichkeit zugänglich gemacht werden. Den Gründungsbestand der Stiftung bildeten im Zweiten Weltkrieg nach Coburg ausgelagerte Exponate des ehemaligen Städtischen Museum in Stettin. Neben den Stettiner Kunstbeständen baute die Stiftung eine umfangreiche kulturgeschichtliche Sammlung und Bibliothek zu Pommern auf. Mit der Gründung der Stiftung Pommersches Landesmuseum in Greifswald im Jahr 1996 sollten die Bestände der Stiftung Pommern wieder in Vorpommern präsent sein. Die im Eigentum der Stiftung Pommern stehenden Sammlungsgegenstände gingen auf die Stiftung Pommersches Landesmuseum über und nach der Eröffnung des Pommerschen Landesmuseums in Greifswald wurde die Stiftung Pommern durch Gesetz zum 31. Dezember 2000 aufgelöst.

- ↘ Satzungsunterlagen; Tätigkeitsberichte; Veranstaltungen und Ausstellungen; Haushaltsunterlagen; Auflösung und Abwicklung der Stiftung.
- ↘ 10 lfm
- ↘ 1945–2003

Abt. 825 Originalausfertigungen der Satzungen der Hoch- und Fachhochschulen

Gemäß dem Hochschulgesetz von 2007 sind die Hoch- und Fachhochschulen in Schleswig-Holstein verpflichtet, eine Originalausfertigung ihrer Satzungen zur Rechtswahrung an das Landesarchiv zu übergeben.

Der Bestand verwahrt Satzungen folgender Hoch- und Fachhochschulen: Christian-Albrechts-Universität zu Kiel, Universität zu Lübeck, Europa-Universität Flensburg, Muthesius Kunsthochschule, Musikhochschule Lübeck, Fachhochschule Kiel, Hochschule Flensburg, Fachhochschule/Technische Hochschule Lübeck, Fachhochschule Westküste, Fachhochschule Wedel, Nordakademie-Hochschule der Wirtschaft.

↘ 2 lfm
↘ 2007–2017

Abt. 826 Pädagogische Hochschulen

Die beiden pädagogischen Hochschulen Schleswig-Holsteins wurden 1946 auf Veranlassung der Britischen Militärregierung zur Ausbildung von Volksschullehrern in Flensburg und Kiel eröffnet. Erste Schritte zur Umwandlung in wissenschaftliche Hochschulen erfolgten ab 1957 mit der Einführung der Rektoratsverfassung und 1962 durch Verlängerung des Studiums auf sechs Semester. 1967 wurden beide Einrichtungen als eigenständige wissenschaftliche Hochschulen per Gesetz anerkannt. 1973 erhielten sie durch das Landeshochschulgesetz auch das Promotionsrecht.

Abt. 826.1 Pädagogische Hochschule (PH) Flensburg

Am 21. März 1946 wurde die PH Flensburg in einem ehemaligen Gebäude der Marineakademie Mürwik eröffnet. 1959 zog sie in einen Neubau an der Mürwiker Straße und Ende der Siebzigerjahre auf das Hochschulgelände Sandberg. Nachdem die Studienanfängerzahlen sanken, reagierte die Hochschule darauf Mitte 1978 mit der Einrichtung eines erziehungswissenschaftlichen Diplomstudienganges und 1984/85 mit der Einführung von Ergänzungsstudiengängen. Die PH wurde 1994 in „Bildungswissenschaftliche Hochschule (Universität) Flensburg“ umbenannt, nachdem die Studienplätze im Landeshochschulplan verdoppelt und die Verlagerung von Fächern von der PH Kiel nach Flensburg angekündigt worden waren. Hinzu treten sollten Studienangebote außerhalb der Lehramtsausbildung. 1997 entschied die Landesregierung, dass die Ausbildung für das Lehramt an Grund- und Hauptschulen in Flensburg konzentriert werden sollte. Gleichzeitig sollte dort auch ein neuer Studiengang für Lehrkräfte an beruflichen Schulen eingerichtet werden. Daneben wurde der Ausbau des wirtschafts- und kulturpolitischen Bereichs vorangetrieben. Seit 2000 trägt die Hochschule die Bezeichnung Universität Flensburg als Folge der Verwissenschaftlichung und Verbreiterung des Lehr- und Forschungsspektrums.

- Rektorat, Senat, Konvent und Ausschüsse. – Personalangelegenheiten; Haushaltssachen; Bauangelegenheiten. – Rechtsnormen und Prüfungsordnungen; Lehre und Studium; Forschungsangelegenheiten; Promotionen; Auslandsangelegenheiten.
- 33 lfm
- 1946–1993

Abt. 826.2 Pädagogische Hochschule (PH) Kiel

Bereits 1781 ist in Kiel eine Lehrerbildungsanstalt gegründet worden. Nach deren Schließung im Jahr 1823 wurde erst wieder 1911 ein preußisches Lehrerseminar in der Stadt eröffnet. Nach verschiedenen Reformbemühungen führte der Preußische Kulturminister schließlich 1926 im Rahmen eines erneuerten Bildungskonzepts die Institution der sogenannten „Pädagogischen Akademien" ein, mit denen erstmalig Hochschulniveau angestrebt werden sollte. In Kiel wurde diese Einrichtung im Gebäude des ehemaligen Lehrerseminars in der Diesterwegstraße eröffnet. Nach der Machtergreifung durch die Nationalsozialisten im Jahr 1933 kam es zur Verreichlichung der Akademien und einheitlich zu deren Umbenennung in Hochschulen für Lehrerbildung. Mit Kriegsbeginn wurde das Hochschulgebäude in Kiel unter Einstellung des Schulbetriebs geräumt und als Marinelazarett vorgesehen. Die 1946 eröffnete PH Kiel sollte an die Arbeit der früheren Pädagogischen Akademien anschließen. 1970 wurde der Neubau an der unteren Olshausenstraße bezogen. Nach fast fünfzigjährigem Bestehen als eigenständige Hochschule wurde die PH im Jahr 1994 als Erziehungswissenschaftliche Fakultät in die Christian-Albrechts-Universität eingegliedert. Die Fakultät wurde zum Wintersemester 2002/2003 aufgelöst und damit die Konzentration der Lehramtsausbildung für die Grund- und Hauptschulen am Standort Flensburg vollendet.

- Rektorat, Senat, Konvent und Ausschüsse. – Personalangelegenheiten; Matrikel; Haushaltssachen; Bauangelegenheiten. – Rechtsnormen und Prüfungsordnungen; Lehre und Studium; Prüfungsakten; Forschungsangelegenheiten; Promotionen und Habilitationen; Auslandspartnerschaften; Tätigkeitsberichte; Presseangelegenheiten; Frauenförderung; Fördervereine.
- 69 lfm
- 1927–2003

Abt. 848 Landeszentrale für politische Bildung

Die Landeszentrale für politische Bildung wurde 1956 unter der Bezeichnung „Der Landesbeauftragte für staatsbürgerliche Bildung" eingerichtet. Zweck der Landeszentrale ist die politische Bildung der Bevölkerung zur Förderung des demokratischen Staatswesens. 1968 erfolgte eine Umbenennung in „Amt für politische Bildung", 1984 erhielt die Behörde ihren heutigen Namen. Die Landeszentrale hat ihren Sitz in Kiel. Bis 2005 ressortierte sie beim Kultusministerium. Von 2005 bis 2009 war die Landeszentrale für politische Bildung bei der Staatskanzlei angesiedelt, dann wanderte sie mit der übrigen Kulturpflege ins Ministerium für Bildung und Kultur. Anfang 2011 wurde die Einrichtung dem Landtag Schleswig-Holstein zugeordnet und bildete dort eine unabhängige Stabsstelle. 2015 veränderte sich die Rechtsstellung der Einrichtung erneut. Die Landeszentrale wurde zum Amt der beziehungsweise des Landesbeauftragten für politische Bildung.

- Grundsatzfragen der politischen Bildung; Ost-West-Seminare in Berlin; Bonner Seminare; Staatsbürgerliche Studientagungen in der Grenzakademie Sankelmark; Schülerseminare; Studientagungen und Seminare des Landfrauenverbandes; Seminare des Deutschen Frauenrings; Kieler Reden zur Politik; Studienfahrten; Politische Arbeitskreise an Schulen und Schülermitverantwortung; Schriftenreihe „Gegenwartsfragen"; Anschaffung von Publikationen und Filmmaterial.
- 9 lfm
- 1958–2009

Abt. 851 Landesjugendamt

Die staatlichen Aufgaben im Bereich der Jugendwohlfahrt wurden erstmals 1922 im Reichsjugendwohlfahrtsgesetz geregelt, das den preußischen Provinzialverbänden die Wahrnehmung der Jugendwohlfahrt übertrug. Hierzu gehörte insbesondere die Unterbringung von Fürsorgezöglingen. Mit der Gründung des Landes Schleswig-Holstein wurden die öffentliche Erziehungshilfe in Form der Fürsorgeerziehung, die Freiwillige Erziehungshilfe, das Adoptionswesen, die Förderung der außerschulischen Jugendbildung und der Jugendschutz von dem neu geschaffenen Landesjugendamt ausgeübt. Das Kinder- und Jugendhilfegesetz von 1991 führte zur Verlagerung der öffentlichen Erziehungshilfe vom Land auf die Kommunen. Das Landesjugendamt verlor 1993 seinen Status als Landesoberbehörde und wurde in das Ministerium für Arbeit, Soziales, Jugend und Gesundheit integriert. Von hier wechselte es im Jahr 2000 in das Ministerium für Justiz, Frauen,

Jugend und Familie. Im Jahr 2005 wurde es in das Ministerium für Soziales, Gesundheit, Familie, Jugend und Senioren eingegliedert.

Die Überlieferung des Landesjugendamtes wurde zum überwiegenden Teil in den Jahren zwischen 1994 und 2009 ins Landesarchiv übernommen. Dabei waren auch in größerem Umfang Akten aus der Zeit vor 1945 erhalten.

- ↘ Organisation und Verwaltung; Landesjugendwohlfahrtsausschuss; Zusammenarbeit mit anderen Jugendbehörden in Schleswig-Holstein und außerhalb Schleswig-Holsteins; Rechtsgrundlagen der Jugendarbeit; Suchaktionen; Außerschulische Jugendpflege und Bildung; Kinder und Familie; Erzieherausbildung und Erzieherfortbildung; Vormundschaftswesen; Adoptionswesen; Jugendfürsorge; Jugendhilfe; Einzelfallakten über Fürsorgeerziehungsmaßnahmen.
- ↘ 125 lfm
- ↘ 1925–1999
- ↘ Die Überlieferung des 1951 neu errichteten Landesfürsorgeheims in Glückstadt, das in der dort bereits 1874 gegründeten Korrektionsanstalt untergebracht wurde, befindet sich in Abt. 372 (siehe Bestandsgruppe „Preußische Verwaltung"), die Überlieferung der übrigen nach 1946 errichteten schleswig-holsteinischen Landesfürsorgeheime in Abt. 852.

Abt. 852 Landesjugendheime

In Schleswig-Holstein wurden nach Ende des Zweiten Weltkriegs ergänzend zu dem bereits seit 1927 betriebenen Landesjugendheim in Selent sieben neue Heime zur Durchführung der sogenannten Fürsorgeerziehung eingerichtet. Die Standorte dieser Heime waren Alt-Bülk, Glückstadt, Großenbrode, Heiligenstedten, Nütschau, Oelixdorf und Schleswig. Neben diesen Heimen gab es außerdem eine Reihe von Einrichtungen in freier Trägerschaft, die je nach Bedarf ebenfalls für Zwecke der Fürsorgeerziehung genutzt wurden.

Der Bestand ist nach den einzelnen Landesfürsorgeheimen als Unterprovenienzen geordnet. Eine umfangreiche Überlieferung liegt aus den längerfristig bestehenden fünf Landesfürsorgeheimen in Glückstadt, Heiligenstedten, Oelixdorf, Selent und Schleswig vor. Aus den Heimen, die lediglich in den Jahren von 1947 bis 1951 kurzfristig genutzt wurden, sind nur vereinzelte Splitter erhalten.

Das 1951 neu errichtete Landesfürsorgeheim in Glückstadt wurde in der dort bereits 1874 gegründeten Korrektionsanstalt untergebracht. Die nach 1951 entstandenen Unterlagen befinden sich daher in Abt. 372 (siehe Bestandsgruppe „Preußische Verwaltung").

Abt. 852.1 Landesjugendheim Heiligenstedten

Das Landesjugendheim Heiligenstedten wurde in dem 1926 von der Familie Blome erworbenen Schloss Heiligenstedten eingerichtet. Bis 1939 wurde das Haus als Heim für schwer erziehbare Jugendliche genutzt. Zu Beginn des Zweiten Weltkrieges wurde es vorübergehend zum Lazarett umfunktioniert, diente aber während des Krieges wieder als Erziehungsheim. Nach Kriegsende nahm es, wie viele andere Landschlösser in Schleswig-Holstein, Flüchtlinge aus den deutschen Ostgebieten auf, bevor 1958 dort ein Altersheim untergebracht wurde.

- Verwaltungs- und Bewirtschaftungsakten; Fürsorgeerziehungsakten.
- 11 lfm
- 1931–1970

Abt. 852.2 Landesjugendheim Oelixdorf

Das Landesjugendheim Oelixdorf wurde 1966 in dem zuvor von der Landesversicherungsanstalt Schleswig-Holstein als Lungenheilstätte genutzten „Haus Kaiserberg“ eingerichtet. Dieses Landesjugendheim diente bis 1981 als Außenstelle des Landesjugendheims Selent zur geschlossenen Unterbringung von Mädchen und jungen Frauen.

- Fürsorgeerziehungsakten.
- 14 lfm
- 1956–1992

Abt. 852.3 Landesjugendheim Schleswig

Das Landesjugendheim Schleswig wurde 1952 in einem 1851 gebauten Reservelazarett untergebracht. Dieses Landesjugendheim war zunächst ein offenes Jungenheim, das 1977/78 um eine geschlossene sonderpädagogische Abteilung zur Abwendung von Untersuchungshaft und Haft erweitert wurde. Das Landesjugendheim Schleswig bestand bis 1993.

- Fürsorgeerziehungsakten.
- 49 lfm
- 1930–1977

Abt. 852.4 Landesjugendheim Selent

Das Landesjugendheim Selent nahm 1927 in der von der Familie Blome erworbenen Blomenburg bei Selent seinen Betrieb auf. Die Provinzialverwaltung brachte dort – wie auch in Heiligenstedten – zentral die bis dahin auf mehr als fünfzig Heime und Anstalten in unterschiedlicher Trägerschaft verteilten sogenannten Fürsorgezöglinge unter. Mit einer kurzen Unterbrechung in der Zeit von 1933 bis 1936 bestand das Landesjugendheim Selent bis 1993, ab 1975 als offenes Mädchenheim. Dem Landesjugendheim Selent war das Landesjugendheim in Oelixdorf als Außenstelle angegliedert. Nach der Schließung der Außenstelle Oelixdorf im Jahr 1981 erhielt Selent eine geschlossene sonderpädagogische Abteilung zur Abwendung von Untersuchungshaft und Haft mit sechzehn Plätzen.

↘ Fürsorgeerziehungsakten.
↘ 61 lfm
↘ 1923–1991

Abt. 852.5 Sonstige Jugend- und Kinderheime

↘ Fürsorgeerziehungsakten aus verschiedenen Heimen.
↘ 1 lfm
↘ 1936–1969

Abt. 911 Städteverband Schleswig-Holstein

Der Städteverband Schleswig-Holstein ist der Dachverband des Städtebundes Schleswig-Holstein und des Städtetages Schleswig-Holstein. Beide arbeiten seit 1972 auf vertraglicher Grundlage im Städteverband Schleswig-Holstein zusammen. Im Jahr 1996 wurden die Geschäftsstellen des Städtebundes und des Städtetages Schleswig-Holstein zu einer gemeinsamen Geschäftsstelle zusammengeführt. Durch Beschlüsse beider Vorstände wurde im Jahr 2003 mit entsprechenden Satzungsänderungen die Gründung des Städteverbandes Schleswig-Holstein beschlossen. Der Städteverband Schleswig-Holstein vertritt die Interessen aller Städte im Land sowie der Gemeinden Halstenbek, Sylt und Rellingen. Die Mitglieder der Vorstände der beiden kommunalen Landesverbände Städtebund und Städtetag und der gemeinsamen Fachausschüsse des Städteverbandes werden nach den Kommunalwahlen durch die Delegierten der Städte in den Mitgliederversammlungen gewählt, die von den Ratsversammlungen bestimmt werden. Die Unterlagen des Städteverbandes gelangten im Jahr 2006 in das Landesarchiv.

↘ Städtetag und Städtebund; Allgemeine Verwaltung; Personalverwaltung; Finanzen; Öffentliche Sicherheit und Ordnung; Schule und Kultur; Soziales, Jugend und Gesundheit; Bauwesen; Wirtschaft und Verkehr.
↘ 36 lfm
↘ 1956–2001

Sammlungen

Bei den Sonderarchiven handelt es sich um Bestände, die nicht zu den großen tektonischen Gruppen der schleswig-holsteinischen Verwaltungsgeschichte gehören und die durch besondere archivgeschichtliche Entwicklungen zum Teil splitterhaft ins Landesarchiv gelangt sind. Beispielhaft sind der auf Schleswig-Holstein bezogene Teilbestand des Reichskammergerichts zu Speyer bzw. Wetzlar zu nennen (Abt. 390) oder die in Schleswig-Holstein erlassenen gedruckten Einzelverordnungen (Abt. 401). Begrifflich manchmal schwer davon zu trennen ist das archivische Sammlungsgut, das hier zu suchen ist, soweit es nicht der Übersichtlichkeit halber in eigene Gruppen gefasst wurde, wie das bei Bildern, Filmen oder Nachlässen geschehen ist. Sammlungsgut ist nicht durch Behördenabgaben aufgrund einer geregelten Zuständigkeit ins Archiv gelangt, sondern durch Kauf oder Schenkung.

Abt. 384 Politische Parteien

Es handelt sich um einen Sammelbestand für die Überlieferung von politischen Parteien, die ab der preußischen Zeit gegründet wurden. Die im Landesarchiv verwahrte Überlieferung der einzelnen politischen Parteien umfasst vornehmlich Akten und Drucksachen der in Schleswig-Holstein aktiven Organisationseinheiten dieser Parteien. Der Bestand ist nach Einzelprovenienzen geordnet.

Die Überlieferung der NSDAP, der einzelnen NSDAP-Dienststellen sowie der Gauleitung für Schleswig-Holstein befindet sich in den Beständen Abt. 454 und Abt. 456 (siehe Bestandsgruppe „Nationalsozialismus und Besatzungszeit").

Abt. 384.1 Sozialdemokratische Partei Deutschlands

Der Allgemeine Deutsche Arbeiterverein und die Sozialdemokratische Arbeiterpartei schlossen sich 1875 zur Sozialistischen Arbeiterpartei Deutschlands zusammen. Im Jahr 1890 erfolgte die Umbenennung in „Sozialdemokratische Partei Deutschland" (SPD). Im Zusammenhang mit der Abschaffung des demokratischen

Rechtsstaates durch die Nationalsozialisten wurde die SPD 1933 verboten. Nach dem Ende des Zweiten Weltkrieges wurde die SPD im Oktober 1945 neu gegründet. Der Bestand ist im Zusammenhang mit der staatlichen Beschlagnahmung des Parteibesitzes der SPD in das damalige Staatsarchiv Kiel gelangt.

- ↘ SPD-Bezirksverband für Schleswig-Holstein; Gauvorstand und Gaugesellschaft des Reichsbanners Schwarz-Rot-Gold; SPD-Ortsvereine Husum, Kiel, Preetz und Tungendorf.
- ↘ 2 lfm
- ↘ 1900-1933
- ↘ Filme der Protokolle des sozialdemokratischen Ortsvereins Schleswig, Band 1 (1891-1894), Band 2 (1912-1921) in: Abt. 415 Nr. 455.3

Abt. 384.2 Deutschnationale Volkspartei (DNVP)

Die Deutschnationale Volkspartei (DNVP) wurde am 24. November 1918 als Nachfolgerin verschiedener nationalkonservativer Parteien gegründet. Noch 1933 erfolgte die Umbenennung der Partei in „Deutschnationale Front“, bevor sie sich am 27. Juni 1933 schließlich selbst auflöste.

Die Unterlagen des Landesverbands Schleswig-Holstein der Deutschnationalen Volkspartei (DNVP) wurden 1935 vom ehemaligen Vorsitzenden des Landesverbands, Vizeadmiral Hugo Meurer, Kiel, an das damalige Staatsarchiv Kiel abgegeben.

- ↘ Landesverband Schleswig-Holstein der DNVP; Parteizentrale der DNVP.
- ↘ 0,1 lfm
- ↘ 1928–1931

Abt. 384.3 Kommunistische Partei Deutschlands (KPD)

Die Kommunistische Partei Deutschlands (KPD) wurde im Januar 1919 gegründet. Teile der Unabhängigen Sozialdemokratischen Partei Deutschlands (USPD) schlossen sich 1920 der KPD an. Mit der „Verordnung des Reichspräsidenten zum Schutz von Volk und Staat“ (der sogenannten Reichstagsbrandverordnung) 1933 wurde die KPD verboten. Nach dem Ende des Zweiten Weltkrieges 1945 erfolgte der Wiederaufbau der KPD. Nachdem die KPD seit 1945 auch in Westdeutschland als politische Partei bestanden hatte, wurde sie im August 1956 verboten.

Die Unterlagen der Kommunistischen Partei Deutschlands (KPD) wurden 2009 vom ehemaligen Akademischen Direktor am früheren Zentrum für kontinentale Agrar- und Wirtschaftsforschung der Justus-Liebig-Universität Gießen an das Landesarchiv abgegeben.

- ↘ Landesvorstand der KPD Schleswig-Holstein; Drucksachen.
- ↘ 0,1 lfm
- ↘ 1943–1950

Abt. 384.4 Gesamtdeutsche Partei (GDP)

Die Gesamtdeutsche Partei (GDP) entstand 1961 aus dem Zusammenschluss aus dem Gesamtdeutschen Block und dem Bund der Heimatvertriebenen und Entrechteten (GB/BHE). 1965 erfolgte die Umbenennung in „Gesamtdeutsche Partei Deutschlands" (GPD). Die Unterlagen der Gesamtdeutschen Partei (GDP) sind im Jahr 2016 an das Landesarchiv abgegeben worden.

- ↘ Mitgliederlisten.
- ↘ 0,1 lfm
- ↘ 1962–1965

Abt. 392 Regierung des Hoch- und Deutschmeisters zu Mergentheim

Der Deutsche Orden wurde 1190 während des Dritten Kreuzzuges als Krankenpflegeorden gegründet und 1198 in einen geistlichen Ritterorden umgewandelt. Mit der Säkularisierung des Ordensstaates Preußen im Jahr 1525 wurde der Orden auf seine stark zerstreuten und zersplitterten Besitzungen im Deutschen Reich reduziert. Mergentheim war jetzt der neue Sitz des Hochmeisters. Die Splitterbesitzungen wurden durch ein dreistufiges Verwaltungssystem regiert unter Zusammenfassung eines Herrschaftsbezirkes zu einer Kommende und den Zusammenschluss mehrerer Kommenden zu einer Ballei. 1809 kam es zum Verbot des Ordens außerhalb Österreichs durch Napoleon und zur Säkularisierung seines Besitzes.

Das Archiv des 1809 außerhalb Österreichs aufgehobenen Deutschen Ordens wurde 1812 aufgelöst. Die deutschen Nachfolgestaaten erhielten nach dem Grundsatz der lokalen Pertinenz die auf ihr Staatsgebiet bezogenen Akten. Diesem Grundsatz gemäß erhielt die Preußische Archivverwaltung 1908 von der Württembergischen Archivverwaltung im Austauschwege mehrere die Herzogtümer

Schleswig, Holstein und Lauenburg betreffende Akten, die dem damaligen Staatsarchiv Schleswig überwiesen wurden.

- Angebliche Lehnsabhängigkeit Holsteins von Dänemark; Gottorfische Hilfeersuchen an den Reichstag während des Nordischen Krieges; Erbansprüche Schleswig-Holstein-Norburgs an das Herzogtum Plön; Ansprüche des Hauses Anhalt auf die Lauenburger Sukzession; Von Holstein beanspruchtes Privilegium de non appellando; Rechtsstreit zwischen dem Hamburger Domkapitel und der Stadt Hamburg um Wiederherstellung der Rechte des Kapitels und andere Hamburg betreffende Akten; Rückzahlung eines Lübecker Kredits an den Deutschen Orden und andere Lübeck betreffende Akten; Akten abweichender Pertinenz, darunter solche betreffend die Freie und Hansestadt Bremen.
- 0,1 lfm
- 1521–1773

Abt. 393 Stiftungen und Kollekten

Es handelt sich um einen Sammelbestand mit Schriftstücken über zweckgebundene Geldsammlungen oder Stiftungen sowie deren Verwendung.

- Landes-Bazar-Fonds für die Invalidenstiftung der Herzogtümer; Sammlung für den Bau der Gedächtniskirche in Idstedt; Schachtsches Legat.
- 0,5 lfm
- 1730–1925

Abt. 397 Gesellschaft für Schleswig-Holsteinische Geschichte

Die Gesellschaft für Schleswig-Holsteinische Geschichte wurde 1833 gegründet. Sie fördert die Erforschung und Vermittlung der Landesgeschichte durch umfangreiche wissenschaftliche Publikationstätigkeit, Vortragsreihen und Exkursionen. Das Archiv des Vereins ist nicht ganz vollständig erhalten. Verluste sind besonders auch durch den Zweiten Weltkrieg eingetreten.

- Protokollbücher; Jubiläen; Mitgliederverzeichnisse; Rechnungssachen; Beziehungen zu anderen Geschichtsvereinen; Redaktionsunterlagen; Mitgliederversammlungen; Exkursionen; Schriftentausch und -verkauf.
- 22 lfm
- 1828–1989

Abt. 400 Handschriften

Die in dieser Abteilung verzeichneten Archivalien bilden keinen einheitlichen Bestand, sondern sind verschiedenster Art und Herkunft. Es handelt sich zumeist um Einzelstücke, die von mittelalterlichen Rechtshandschriften oder Stadtbüchern bis zu maschinenschriftlichen „Manuskripten“ mit Lebenserinnerungen einzelner Personen aus dem späten 20. Jahrhundert reichen. Das Wort „Handschrift“ ist in diesem Sinne also nicht wörtlich zu nehmen. Die Abteilung ist in Untergruppen gegliedert, die zum Teil regionalen Gesichtspunkten folgen, zum Teil aber auch gewachsene Bestände zusammenfassen, wie beispielsweise eine größere Abgabe der Universitätsbibliothek Kiel.

Abt. 400.1 Schleswig-holsteinische Handschriften

Diese Unterabteilung fasst als zentraler schleswig-holsteinischer Sammlungsbestand solche Handschriften zusammen, die nicht einer genauer definierten regionalen oder sachlichen Gruppe zuzuordnen sind und die vor allem als Einzelstücke ins Archiv kamen.

- ↘ Kopial-, Amts- und Briefbücher von einzelnen Klöstern, Städten und Distrikten; Rechtshandschriften wie Landrechte und Stadtrechte; Chronikalische Aufzeichnungen von Städten; Statistische Beschreibungen und Übersichten der einzelnen Ämter, Landschaften, Güterdistrikte und Städte; Sammlung von Verordnungen und Akten zur Kirchen- und Schulgeschichte des Landes und der einzelnen Propsteien; Wissenschaftliche und heimatkundliche Sammlungen; Lebenserinnerungen und private Aufzeichnungen von Einzelpersonen.
- ↘ 27 lfm
- ↘ (13.–) 14.–20. Jh.

Abt. 400.2 Lauenburgische Handschriften

Die Unterabteilung fasst die auf das Herzogtum Lauenburg bezogenen Handschriften zusammen. Es handelt sich zum Teil um Sprengstücke aus der herzoglichen Registratur der Lauenburger aus dem 16. und 17. Jahrhundert, aber auch um Sammlungen zur lauenburgischen Geschichte, die von Privatpersonen im 18. und 19. Jahrhundert angelegt wurden, sowie um Archivalien, die als Einzelstücke in das Archiv gelangt sind.

- Kopiare des 16. Jh. aus der landesherrlichen Kanzlei; Sammlungen lauenburgischer Verordnungen, angelegt im 18. und 19. Jh.; Exzerpte und Manuskripte zur lauenburgischen Geschichte.
- 8 lfm
- 1315–1860

Abt. 400.3 Handschriften von Städten und der Insel Fehmarn

Die Unterabteilung ist aus eher zufällig entstandenen Abgabeprovenienzen zusammengesetzt.

- Kopialbücher, Stadtbücher oder Protokolle aus den Städten: Bad Bramstedt, Heiligenhafen, Krempe, Oldenburg und Rendsburg sowie von der Insel Fehmarn.
- 0,5 lfm
- (1326–) 1377–1772

Abt. 400.4 Handschriften des Bistums/Fürstentums/Landesteils Lübeck

Diese Unterabteilung mit regionalem Bezug ist in ihrem Grundstock bereits aus dem Mittelalter als geschlossene Sammlung überkommen und später ergänzt worden.

Der Grundstock der Unterabteilung ist 1838 in Eutin von Wilhelm Leverkus aus den Archiven des Lübecker Domkapitels, des darin aufgegangenen älteren Bischofsarchivs sowie aus Archivalien des Vikarskollegiums und des Kollegiatstifts Eutin zusammengetragen worden. Im Jahr 1850 wurde der Bestand aus Eutin nach Oldenburg in das Haus- und Centralarchiv überführt. Nach dem Groß-Hamburg-Gesetz von 1937 gingen die Handschriften zusammen mit den übrigen Archivalien des Bistums/Fürstentums/Landesteils Lübeck vom Landesarchiv Oldenburg auf das damalige Staatsarchiv Kiel über.

- Kopialbücher, Protokolle, Inventare und Sammelhandschriften des Bischofs von Lübeck und des Lübecker Domkapitels; Kopiare und Rechnungsbücher des Kollegiatstifts Eutin; Sammelhandschriften, Inventare und Hausbeschreibungen der Stadt Eutin; Aufzeichnungen über das Amt Kaltenhof und die Stadt Lübeck.
- 9 lfm
- 13.–20. Jh.

Abt. 400.5 Von der Universitätsbibliothek Kiel übernommene Handschriften

Vor der Gründung des Staatsarchivs Schleswig 1870 ist vielfach Archivgut, das sicher bewahrt, im Lande erhalten und der Benutzung zugänglich gemacht werden sollte, in die Universitätsbibliothek Kiel gelangt. Soweit es sich dabei um eigentliche Archivalien handelt – Akten, Amtsbücher, Urkunden und Urkundenabschriften –, sind sie 1974 an das Landesarchiv abgegeben worden. Die Gliederung ist nur locker systematisch. Angeschlossen ist eine Reihe 1975 von der Landesbibliothek Kiel übernommener Handschriften.

↘ Repertorien; Privilegien; Landtagsakten; Ritterschaft; Gottorf; Kirchensachen; Universität; Hamburg; Einzelne Distrikte; Güter; Adel; Ritterschaft; Verordnungen, allgemein und für einzelne Distrikte; Landgericht; Responsen; Verordnungen in Kirchensachen; Urkunden; Lauenburg; Brandversicherungsregister der einzelnen Distrikte 1766–1821; Zeremonialbücher.
↘ 63 lfm
↘ 14.–19. Jh.
↘ Gedrucktes Findbuch: Veröffentlichungen des Schleswig-Holsteinischen Landesarchivs Nr. 2.

Abt. 400.6 Abgelöste Pergamentblätter

Die Unterabteilung enthält Pergamentblätter, die als Umschläge und zum Einband von Akten oder Protokollen verwendet und, namentlich bei Restaurierungsarbeiten, abgelöst worden sind. Sie sind nur in kurzen Stichworten beschrieben.

↘ Fragmente und Einzelblätter aus bzw. von folgenden Stücken: Schuldbriefe; Rechnungen; Medizinische und theologische Schriften; Corpus Iuris Canonici; Corpus Iuris Civilis; Urkunden; Bibel; Predigten; Gebete; Hymnen; Psalmenkommentare; Notenblätter (Missale); Wörterbücher.
↘ 2 lfm
↘ 13.–17. Jh.

Abt. 401 Gedruckte Einzelverordnungen

Den Landesherren dienten gedruckte Verordnungen, Patente, Plakate, Zirkulare, Reskripte oder Bekanntmachungen seit dem 16. Jahrhundert zur raschen Verbreitung ihrer politischen, administrativen und juristischen Entscheidungen durch Verkündung und Aushang. Auch in den Umbrüchen der Erhebungsjahre ab 1848 hatten sie ihre Bedeutung.

Bereits kurz nach Einrichtung des Staatsarchivs Schleswig erreichte dessen Leiter Georg Hille am 26. August 1873 eine Verfügung zur Sicherung gedruckter Verordnungen ehemaliger Landesherren. Preußische Behörden der Provinz Schleswig-Holstein hatten fortan bei Aktenaussonderungen aufgefundene Drucke dieser Art in das Staatsarchiv zu überführen. So erwuchs schnell eine größere Sammlung, die auch der Verwaltung als wichtiges Hilfsmittel diente. Einige handschriftliche Verordnungen fanden ebenfalls Eingang in die Sammlung. Der Bestand wurde in sieben provenienzorientierten Gruppen zusammengefasst. Innerhalb dieser Gruppen sind die Verordnungen chronologisch geordnet.

- Gemeinschaftliche Verordnungen 1516–1772; Königliche Verordnungen 1565–1864; Gottorfische Verordnungen 1572–1773; Plönische Verordnungen 1685–1762; Verordnungen des Lübecker Domkapitels 1574–1800; Lauenburgische Verordnungen 1591–1816; Verordnungen der Erhebungszeit 1848–1852.
- 16 lfm
- 1516–1864

Abt. 403 Siegelsammlungen

Siegel dienen vorrangig zur Beglaubigung von Urkunden oder zur Sicherstellung der Unversehrtheit von Behältnissen, zum Beispiel beim Verschluss von Briefumschlägen. Sie werden mit Hilfe eines Siegelstempels, eines sogenannten Typars, in eine weiche, erhärtende Masse gedrückt. Siegel sind in unzähligen Exemplaren in den Archiven überliefert und geben authentisch Zeugnis zu Genealogie und Heraldik, zu Orts- und Verfassungsgeschichte sowie vielen anderen Fragestellungen.

Die in dieser Abteilung verzeichneten Siegel und Siegelstempel bilden keinen einheitlichen Bestand, sondern sind verschiedenster Art und Herkunft. Sie wurden nach formalen Kriterien in Sammlungen gegliedert.

Abt. 403.2 Abgefallene Originalsiegel

In dieser während des 19. Jahrhunderts angelegten Sammlung des Landesarchivs Schleswig-Holstein befinden sich von Urkunden abgefallene Originalsiegel, die sich keiner bestimmten Urkunde mehr zuordnen lassen.

- ↘ Fürsten; Geistliche; Städte; Landschaften und Kirchspiele; Adlige; Bürger.
- ↘ 95 Stück
- ↘ 13.–17. Jh.

Abt. 403.3 Siegel- und Prägestempelsammlung

Anders als Siegelabdrücke sind Siegelstempel wesentlich seltener überliefert. Der Grund liegt besonders in der hohen Rechtsqualität vieler Stempel. Starb der Siegelführer oder änderte die siegelnde Institution ihren Status, so machte man die Stempel unbrauchbar oder vernichtete sie, um Missbrauch vorzubeugen. Stempel unterteilen sich in zwei Arten: Zum einen in die Siegelstempel mit negativem Relief, auch Typar oder Petschaft genannt, mit denen in einer formbaren Masse ein positiver Abdruck hinterlassen wird; zum anderen gibt es die Prägestempel aus Metall oder Gummi mit positivem Relief. Gerade bei den modernen Gummistempeln handelt es sich immer um Prägestempel. Klar davon zu unterscheiden ist die Funktion der Stempel. Eine der Funktionen ist die Beglaubigung insbesondere von Rechtsgeschäften, also das Siegeln von Urkunden. Dieses kann sowohl durch einen Siegelstempel als auch durch einen Prägestempel erfolgen. Funktional wird hier vom Beglaubigungsstempel gesprochen. Die Führung der Beglaubigungsstempel war stets eigens geregelt, der Kreis der Personen, der Zugang zu ihnen hatte, war begrenzt und ebenso wie der Aufenthaltsort genau festgelegt. Da jeder Beglaubigungsstempel zur Wahrung der Rechtssicherung einzigartig sein musste, wurden solche Stempel ursprünglich bevorzugt aus Metall hergestellt, seit dem Ende des 19. Jahrhunderts auch aus Gummi. Stempel dienten jedoch nicht nur der Siegelfunktion. Sie wurden auch zur Vereinfachung des Geschäftsgangs für Vermerke oder Adressen verwendet. Zur Unterscheidung von den Beglaubigungsstempeln gilt hier der Begriff der Bürostempel. Ihr Gebrauch erreichte in der zweiten Hälfte des 20. Jahrhunderts seinen Höhepunkt. Mit dem Aufkommen der Computer wurden Bürostempel aus vielen Arbeitsbereichen verdrängt. Damit sind sie zu einem lebendigen Zeugnis einer im Schwinden begriffenen Arbeitswelt geworden.

- ↘ Landesherren; Behörden und Institutionen; Städte; Güter; Köge; Notare; Firmen; Vereine und Vereinigungen; Privatpersonen.
- ↘ 770 Stück
- ↘ 1617–2006

Abt. 403.5 Siegelmarken

Ab 1867 wurden in Deutschland die bereits seit Mitte des 19. Jahrhunderts vereinzelt verwendeten Papiersiegelmarken als Briefverschlussmarken eingeführt. Sie lösten die bis dahin gebräuchlichen Wachssiegel ab. Grund für die Einführung war der Wegfall der Portofreiheit für die Länder, die sich im Norddeutschen Bund zusammengeschlossen hatten. Für jeden Brief musste nun eine Gebühr gezahlt werden. Um für Behörden den Postverkehr zu erleichtern, konnten die Einzelgebühren für Briefe durch eine Pauschalsumme abgegolten werden. Briefe, die durch solch eine Pauschalsumme abgedeckt waren, mussten mit einer Aversionalnummer versehen und durch eine Siegelmarke der absendenden Behörde verschlossen werden. Die Siegelmarken wurden zwar vor allem von Behörden benutzt, doch wurden sie bald auch von Firmen, Vereinen und anderen Institutionen übernommen. Die Hauptverwendungszeit der Siegelmarken lag zwischen 1870 und 1918, doch kam auch eine gelegentliche Verwendung bis in die 1950er-Jahre vor.

- In die Siegelmarkensammlung sind vor allem zwei große Privatsammlungen eingegangen: Die Sammlung von Dr. med. Johannes Harting (1863–1957), der dem Landesarchiv 1957 über 6000 Siegelmarken vermachte, und die Sammlung von Fritz Tannert mit über 1100 Siegelmarken, die 1969 erworben wurde. Kleinere Schenkungen kamen später hinzu.
- Zivil- und Militärbehörden vor allem der ehemals preußischen Provinzen mit Schwerpunkt Schleswig-Holstein, Königreich Sachsen, Städte, Adel, Firmen, Vereine, Versicherungen.
- 8177 Stück
- 1870–1950

Abt. 403.6 Orden, Ehrenzeichen und Plaketten

Für besondere Leistungen verleiht der Ministerpräsident oder die Ministerpräsidentin Auszeichnungen an Bürgerinnen und Bürger. Dazu gehören beispielsweise der Verdienstorden des Landes, in den die 1978 gestiftete Schleswig-Holstein-Medaille überging, sowie die Rettungsmedaille und die Ehrennadel des Landes.

- Lebensrettungsmedaillen und zugehörige Erinnerungsplaketten; Gipsabgüsse; Gipsmodelle und Entwürfe zu verschiedenen Auszeichnungen; Jubiläumsplakette Stadt Lauenburg.
- 17 Stück
- 1949–1960

Abt. 403.7 Siegelabgüsse und Gussformen

Diese Abteilung enthält Reproduktionen, die in der Restaurierungswerkstatt des Landesarchivs für Ausstellungen oder zu Verkaufszwecken hergestellt wurden. Darüber hinaus sind hier aber auch Siegelabgüsse fremder Provenienz enthalten, die als Schenkungen oder durch Ausstellungen ins Landesarchiv gelangten.

- Abgüsse von Siegeln nicht nur schleswig-holsteinischer Herkunft; Medaillen; Gilde- und Zunftsiegel; Stadt- und Klostersiegel; Siegel der Kaiser, Könige und Adligen; geistliche Siegel; Bürgersiegel.
- 273 Stück
- 9.–20. Jh.

Abt. 404 Genealogische Arbeiten

Bei dem Bestand handelt es sich um eine Sammlung handschriftlicher oder mechanisch vervielfältigter genealogischer Tafeln und Listen von schleswig-holsteinischen Familien. Der Bestand ist durch viele kleinere Schenkungen aus privater Hand ins Landesarchiv gelangt.

- Stammtafeln, Nachfahrentafeln, Ahnentafeln und Listen für folgende Familien: Aegidius; v. Ahlefeldt; v. Aken; Alsen; Andersen (Ambders); Askanier; Bahrharren; Banér; Bartelsen; Bauser; Beck/Beeck; Berholtz; Berling; Bluhme; Bockwoldt; Bollow; Bolten; v. Borries; Brandorff; Brandt-Junghohann; Bredtfeldt; Brüggemann; Brunken; Bryhl; v. Bülow; Bunk; Burchardi; Büßen; Carstens; Christiansen; Clasen; Cöln; Dahlmann; Delius; Dithmer; v. Dören; Dohrn; Dreyer; Eichner; v. Eitzen vom Bären; Engelbrecht; Erich/Ehrich; Erichsen; v. Essen; Flor/Flohr; Franck; Franzen; Freytag; Friederici; Godbersen; Greiersen; Greiff; Gronemann; Groth; Grotmaack; Grünfeld; Guth; Hamann/Hammerich; Hamann-Nielsen; Hanefeld; Hansen; Harkensee; Haussner; Havemann; Heide; Hein; Hennings; Hilmers; Hinkelmann; Hinsen/Hinzen/Hintzen; Holck; Holländer im Gut Schönweide; Holm; v. Hoyer; Hübsch; Ivers; Jacobs; Jansen; Jenkel; Jessiens; Johannsen; Jöns; zu Jührden; v. Kerberg; Kieckbusch; Klerk; Knust; Koedt; Korff; Kortum; Kramer; Krostewitz; Kruse; Lange; Levsen; Liebich; Lorentzen; Lorenzen; Maes; Magnussen; Matfeld; Mau; v. Mevius; Mewes; Naeve; Neve; Nielsen; Nielsen-Hamann; Oelrich; Overbeck; Pape; Pauls; Peschke; Petersen; Petri; Piepgras; Plöhn; Raabe; Rabe; Rampton; Ratlau; Rehder; Reinecke; Rohwedder; Rohwer; Rönnenkamp; Rühden; v. Rumohr; v. Saldern; Sass; Schaefer; Schirmer; Schlabitz; Schmidt; Schöell; Schulz; Schulze; Schwark; Sehmsen; Sievers; Siverts; Solterbeck; Sommer; v. Soosten; Spanjer; Stamp;

Suadicani; Tantau; Theet; Thods/Todsen; Thomsen; Thomsen; Thun; Timmermann; Todsen; Tralau; Vette; Volquardts; Voß; Weber; Wehrkamp; Wieck; Wiencke; Wilde; Willrodt; Wilms; v. Witzendorf; Wolp; v. Würtzen; Wulff.
- 157 Stück
- 1734–2008

Abt. 405 Reproduktionen von Archivalien des Landesarchivs

Der Bestand enthält Fotografien und Fotokopien überwiegend aus den Jahren 1930–1965 von Aktenstücken, Protokollen, Karten, Siegeln, Urkunden und Wappen. Die Vorlagen befinden sich zumeist in den Beständen des Landesarchivs. Der Bestand wird seit 1970 nicht mehr fortgeführt. Sämtliche Reproduktionen, ob aus den Beständen des Landesarchivs oder aus anderen Archiven, werden in Abt. 410 eingeordnet.
- Reproduktionen historisch bedeutsamer Akten, Protokolle, Karten, Siegel, Urkunden und Wappen.
- 2 lfm
- 11.–20. Jh.
- Reproduktionen aus anderen Archiven siehe Abt. 410, Verfilmungen schriftlicher Quellen siehe Abt. 415.

Abt. 407 Postgeschichtliche Sammlung

Es handelt sich um einen Sammelbestand mit posthistorischen Archivalien unterschiedlicher Herkunft.
- Verordnungen der Generalpostdirektion Kopenhagen.
- 0,5 lfm
- 1798–1868
- Ein kleinerer Aktenbestand der Generalpostdirektion Kopenhagen bildet die Abt. 74 (siehe Bestandsgruppe „Schleswig-Holstein insgesamt“). Filme weiterer im Reichsarchiv, Lesesaal Kopenhagen befindlicher Postverordnungen in Abt. 415 Nr. 6289–6291.

Abt. 408 Provinzialverband gegen den Alkoholismus

Der Provinzialverband gegen den Alkoholismus wurde am 19. Januar 1885 als Provinzialvertretung des Deutschen Vereins gegen den Missbrauch geistiger Getränke in Rendsburg gegründet. Dem ersten Vorstand gehörten der Kieler Regierungsrat Prof. Dr. Bockendahl, der Neumünsteraner Pastor Braun, der Altonaer Senator Dr. Giese, der Osterlügumer Pastor Kjer und der Kieler Landgerichtsrat Reiche an. Seine Hauptaufgaben sah der Verein in der Koordination der einzelnen Provinzialbezirksvereine und der Herausgabe aufklärender Schriften. Der Provinzialverband gegen den Alkoholismus wurde 1945 aufgelöst, seine Aufgaben übernahm die neu gegründete Landesstelle gegen die Suchtgefahren mit Sitz in Kiel.

- ↘ Organisation; Angelegenheiten der Bezirksvereine; Jahresberichte und -versammlungen; Herausgabe aufklärender Schriften; Eingaben.
- ↘ 3 lfm
- ↘ 1884–1935

Abt. 409 Korrespondenz Nordschleswig

Bei der „Korrespondenz Nordschleswig“ handelt es sich um hektografierte Rundbriefe mit Nachrichten und Kommentaren über Nordschleswig. Sie wurden von März 1922 bis Oktober 1943 vom „Korrespondenzbüro Nordschleswig“ in Flensburg herausgegeben. Die Unterlagen sind Ende 1943 von dem damaligen Leiter des Korrespondenzbüros Ernst Schröder abgegeben worden.

- ↘ Persönlichkeiten des schleswig-holsteinischen Geisteslebens; Geschichtliche Gedenktage; Schleswig-Holsteinische Geschichtsforschung und Familienforschung; Staats- und Grenzpolitik; Staatsarchiv; Archivalienaustausch und Archivpflege; Städte; Kirche und Schule; Heimatkundliches; Brauchtum.
- ↘ 8 lfm
- ↘ 1922–1945

Abt. 410 Reproduktionen aus Archiven

Der Bestand enthält Fotografien und Fotokopien von Archivalien aus anderen Archiven als dem Landesarchiv. Reproduktionen von Archivalien aus den eigenen Beständen werden seit 1970 gleichfalls hier eingeordnet.

- Hervorzuheben sind Archivalien aus dem Reichsarchiv, Lesesaal Kopenhagen: Egeskabsager; Sønderjyske Fyrstearkiver; Tyske Kancelli – Indenrigske Afdeling; Siegelaufnahmen.
- 12 lfm
- Reproduktionen von Archivalien des Landesarchivs siehe Abt. 405, Verfilmungen schriftlicher Quellen siehe Abt. 415.

Abt. 411 Druckmanuskripte der amtlichen Verkündungsblätter

Seit 1946 werden die beim Innenminister des Landes Schleswig-Holstein entstandenen und druckreif gefertigten Verkündungsblätter, im Wesentlichen also das Gesetz- und Verordnungsblatt sowie das Amtsblatt, regelmäßig in der letzten vor der Publikation angefertigten Form an das Landesarchiv abgegeben.

- Gesetz- und Verordnungsblatt; Amtsblatt; Nachrichtenblatt des Kultusministers; Ernährungswirtschaftliches Verkündungsblatt; Steuerblatt.
- 30 lfm
- 1946–2008

Abt. 412 Volkszähllisten

In dieser Abteilung sind vorwiegend die Zähllisten der vom dänischen Staat in Schleswig-Holstein, später auch im Herzogtum Lauenburg, während der Jahre 1803, 1845, 1860 und 1864 durchgeführten Volkszählungen zusammengefasst.

Die Listen der Zählung von 1803 sind mit der Überlieferung der Rentekammer ins Archiv gelangt. Die Listen der Zählung von 1860 stammen aus dem Statistischen Büro des dänischen Finanzministeriums, während die Listen der Zählung von 1864 wohl aus den Akten der herzoglich-holsteinischen Landesregierung in Kiel stammen.

- Volkszähllisten 1803 für Schleswig und Holstein; Volkszähllisten 1845 für die Karrharde (nur Kirchspiele Leck, Karlum, Medelby, Ladelund, Süderlügum, Humptrup, Braderup, Klixbüll, Enge, Stedesand und das Dorf Schafflund); Volkszähllisten 1860 für Holstein; Volkszähllisten 1864 für Holstein und Lauenburg; Tabellen zu den Volkszähllisten von 1860 und 1864; Haushaltungs- und Gebäudelisten sowie Wohnungsbögen der Volkszählung von 1950.
- 30 lfm
- 1803–1950

- Die Listen der Volkszählungen in Schleswig und Holstein von 1835, 1840, 1845 und 1855 sowie für Schleswig von 1860 befinden sich im Reichsarchiv, Lesesaal Kopenhagen. Sie sind im Landesarchiv auf Mikrofilm vorhanden (Abt. 415). Die Akten der Rentekammer befinden sich in Abt. 66, die Akten des dänischen Finanzministeriums in Abt. 77 und die der herzoglich-holsteinischen Landesregierung in Abt. 60 (siehe Bestandsgruppe „Schleswig-Holstein insgesamt").

Abt. 415 Verfilmungen schriftlicher Quellen

Der 1962 eingerichtete Bestand enthält Negative (Platten, Planfilme, Mikrofilme, Mikrofiche) von Archivalien aus anderen Archiven oder aus Privatbesitz. Negative von Archivalien aus den eigenen Beständen werden gleichfalls hier eingeordnet.

- Guts- und Familienarchive: Alt-Bülk; Ascheberg; Baudissin-Zinzendorf; Breitenburg; Brodersby; Damp; Depenau; Deutsch-Nienhof; Eckhof; Haseldorf; Helmstorf; Hoyerswort; Kletkamp; Kühren; Pronstorf; Rantzau; Rundhof; Schierensee; Sierhagen; Tesdorf; Wittenberg; Wotersen-Lanken. – Volkszählungslisten und andere Archivalien aus dem Reichsarchiv, Lesesaal Kopenhagen. – Sammlung Hirsch; Kirchenbücher; jüdische Zivilstands- und Friedhofsregister; Mannzahlregister; Karten; Urkunden; Siegel; Wappen; Wenker-Bögen Deutscher Sprachatlas.
- 24 lfm
- 11.–20. Jh.
- Reproduktionen von Archivalien des Landesarchivs siehe Abt. 405, Reproduktionen aus Archiven siehe Abt. 410.

Abt. 417 Schleswig-Holsteiner-Bund

Der Schleswig-Holsteiner-Bund wurde 1919 von nationalistisch-konservativ gesinnten Personen als Reaktion auf die Grenz- und Volksabstimmungsregelungen des Versailler Vertrages gegründet. Hauptanliegen war seit 1920 die Revision der Grenze zu Dänemark. Nachdem von 38.000 Mitgliedern im Jahr 1920 die Zahl der Vereinsmitglieder 1932 auf 5000 gesunken war, begann mit der Wahl eines nationalsozialistischen Vorsitzenden Anfang 1933 die Gleichschaltung, die im Sommer 1933 durch den Zusammenschluss mit dem Verein für das Deutschtum im Ausland (VDA) abgeschlossen war. Die vom Schleswig-Holsteiner-Bund herausgegebene Zeitschrift „Der Schleswig-Holsteiner" stellte sich in den folgenden Jahren bis 1944 in den Dienst nationalsozialistischer Propaganda. Der Bestand wurde 1950 vom

Landesbeauftragten für den Landesteil Schleswig, Landesdirektor Jens Nydahl, an das Landesarchiv gegeben. Die Unterlagen stammen vermutlich aus dem Nachlass des Schriftstellers und Redakteurs Jakob Bödewadt (1883–1946), der Geschäftsführer des Schleswig-Holsteiner-Bundes gewesen war, und wurden zusammen mit dessen Bibliothek durch Jens Nydahl aufgekauft. Der eigentliche Nachlass von Jakob Bödewadt befindet sich in der Schleswig-Holsteinischen Landesbibliothek.

- ↘ Gründung; Satzung; Landesvorstand; Landesbeirat; Landesversammlungen; Landschaftsbezirke; Schleswig-Holstein-Tage; Grenzlandkundgebung; Minderheiten-Schulverhältnisse; Reichsreform; Zusammenschluss mit dem VDA.
- ↘ 3 lfm
- ↘ (1910) 1918–1936

Abt. 418 Seminaristen-, Lehrer-, Schüler- und Elternverbände

Es handelt sich um einen Mischbestand, der Unterlagen kleinerer Verbände unterschiedlichen Charakters zusammenfasst.

- ↘ Klassenprotokolle und -bücher; Seminaristenverzeichnisse; Fotografien; Poesiealben; Briefe; Klassenzeitungen und andere Erinnerungsstücke der Seminaristenverbände der Lehrerseminare Eckernförde, Kiel, Ratzeburg, Segeberg, Schleswig, Tondern und Uetersen; Protokolle der Lehrervereine Südangeln und Süderbrarup; Unterlagen des Allgemeinen Schleswig-Holsteinischen Elternbundes.
- ↘ 3 lfm
- ↘ 1781–1978

Abt. 419 Kommunale Wappen und Flaggen in Schleswig-Holstein

Wappen sind farbige, ursprünglich militärische Sichtzeichen. In ihrer Ursprungszeit waren sie dazu bestimmt, den Ritter, also einen durch die Rüstung verhüllten, berittenen Kämpfer, im Bewegungskampf auf weite Distanz schnell und einwandfrei erkennbar zu machen. Im Mittelalter waren grundsätzlich nur die Städte, die als militärische Verteidigungsplätze oder als Hafenplätze an Nord- oder Ostsee dienten, wappenberechtigt. Im 16. und 17. Jahrhundert wurden dann durch die Landesherren bei Stadterhebungen an die neuen Städte ebenfalls Wappen verliehen. Die Beschränkung der

Wappenführung auf Städte blieb bis 1920 (Auflösung des Heroldsamtes in Berlin) in Kraft, erst danach wurden auch die anderen Kommunalkörperschaften (Kreise 1927, Ämter 1947 und Gemeinden 1925/27) wappenfähig. Bis 1953 wurden die Wappen verliehen, bis 1920 vom preußischen Heroldsamt in Berlin, dann vom preußischen Innenministerium. In der Nachkriegszeit wurden die Wappen durch die britische Militärbesatzung genehmigt, ab 1947 war die Führung eines Wappens an die Genehmigung des schleswig-holsteinischen Innenministeriums geknüpft. Seit 2005/2007 haben sich die Kommunen über die Gestaltung von Wappen und Flagge ausschließlich mit dem Landesarchiv ins Benehmen zu setzen.

Seit 1925 ist das Landesarchiv bzw. seine Vorgängerinstitution offiziell durch Beratung und Begutachtung an der Wappengestaltung beteiligt, allerdings wurde es bereits seit 1871 bei Wappenfindungen zurate gezogen. Dies gilt nicht nur für Kommunen, sondern auch für wappenfähige Institutionen und Körperschaften ohne Gebietshoheit, wie z. B. die Universitäten. Der vorliegende Bestand umfasst daher alle Verfahren, die vor dem Jahr 2000 abgeschlossen wurden. Dazu gehören auch Flaggen, da diese ihrer Bestimmung nach nur das Wappen in anderer Gestalt sind. Auch inzwischen erloschene Wappen sowie Wappen, die über ein Planungsstadium nicht hinaus kamen, sind im Bestand enthalten.

- ↘ Kommunale Wappen- und Flaggengenehmigungen und -annahmen; Dienstsiegel; Siegel und Wappen von Institutionen und Körperschaften ohne Gebietshoheit.
- ↘ 6 lfm
- ↘ 1871–2005

Abt. 420 Sicherungsverfilmung

Seit 1962 wird im Landesarchiv im Auftrag des Bundes gemäß der Haager Konvention zum Schutz von Kulturgut bei bewaffneten Konflikten vom 14. Mai 1954 die Sicherungsverfilmung auf Mikrofilm von Archivbeständen des Landesarchivs und anderer Archive im Land komplett oder in repräsentativer Auswahl durchgeführt.

- ↘ Duplikatfilme von verfilmten Archivbeständen des Landesarchivs und von Einzeldokumenten oder Teilen der Stadtarchive Eutin, Glückstadt, Kiel, Lübeck, Flensburg, Mölln, Neumünster, Neustadt, Oldesloe, Rendsburg, Schleswig und Wilster, des Kreisarchivs Ratzeburg, der Gutsarchive Alt-Bülk, Basthorst, Breitenburg, Buckhagen, Büstorf, Damp, Depenau, Deutsch-Nienhof, Gelting, Gudow, Hasselburg, Helmstorf, Hoyersworth, Kaden, Kletkamp, Krieseby, Kühren, Neudorf, Neuhaus, Petersdorf, Pronstorf, Rundhof, Saxtorf, Schierensee, Sierhagen, Testorf, Wittenberg und Wotersen, der Klosterarchive

Itzehoe und Preetz, der Kirchenarchive Büchen, Lütau und Mölln, des Archivs des Sönke-Nissen-Kooges, des Inselarchivs Pellworm, des Kreisarchivs Ratzeburg, Teile der Unterlagen des Städtebunds Schleswig-Holstein sowie der Gemeinden Weding und Neuhaus.

↘ 107 lfm
↘ 1962–2018

Abt. 421 Haushaltspläne und -satzungen

Verwahrt werden im Landesarchiv die gedruckten Haushaltspläne der preußischen Provinz Schleswig-Holstein, des Landes Schleswig-Holstein sowie der Kreise und einiger Kommunen.

↘ Haushaltspläne.
↘ 42 lfm
↘ 1880–2019

Abt. 422 Vereine und Verbände

Ein Verein ist ein Zusammenschluss von Personen zur Verfolgung eines gemeinsamen, nicht nur vorübergehenden Zwecks. Er hat eine den Zweck und die Willensbildung der Gemeinschaft regelnde Satzung. Das Grundgesetz garantiert das Recht der freien Vereinsbildung. Das Vereinsrecht ist im Bürgerlichen Gesetzbuch geregelt. Ein eingetragener Verein (e. V.) ist ein Verein, der in das Vereinsregister des jeweils zuständigen Amtsgerichts eingetragen ist. Mit der Eintragung in das Vereinsregister erhält der Name des Vereins den Zusatz „eingetragener Verein". Er soll aus mindestens sieben Mitgliedern bestehen. Eingetragene Vereine sind durch staatliche Verleihung rechtsfähig als juristische Personen des Privatrechts; sie werden durch einen Vorstand nach außen vertreten. Altrechtliche Vereine bestanden bereits vor dem Inkrafttreten des Bürgerlichen Gesetzbuchs. Sie nehmen eine Sonderstellung ein, da sie nicht im Vereinsregister des jeweils zuständigen Amtsgerichts eingetragen, aber dennoch juristische Personen sind. Ein nicht rechtsfähiger Verein tritt als Gesellschaft bürgerlichen Rechts auf, nicht jedoch als juristische Person. Die Mitglieder erklären schriftlich in Statuten, dass sie ein gemeinsames Ziel verfolgen. Dieser Vereinstyp muss keine Organe bestellen und hat mindestens drei Mitglieder. Ein nicht rechtsfähiger Verein ist die Urform des Vereins.

Abt. 422.1 Landwirtschaftlicher Verein für das Gut Bothkamp und Umgebung

Der Verein wurde am 1. Februar 1888 auf Veranlassung des Hofpächters Hilmers, Gut Schönhagen gegründet. Seine Aufgabe war es, den Mitgliedern Vorträge und Ratschläge in landwirtschaftlichen Fragen zu vermitteln. Zudem wurde 1895 eine Spar- und Darlehenskasse für das Gut durch den Verein gegründet. Dieser war auch dem „Generalverein" angeschlossen, der 1896 in die Landwirtschaftskammer überführt wurde. Der Verein wurde im Jahr 1984 aufgelöst. Der Bestand wurde 1971 von dem Heimatforscher Heinrich Pöhls aus Bordesholm sowie 1984 von Protokollführer Hans Luther aus Kiel an das Landesarchiv gegeben.

- Versammlungsprotokolle; Mitgliederverzeichnisse.
- 0,1 lfm
- 1888–1969

Abt. 422.2 Bund Schleswig-Holsteinischer Ostseefischer

Der Bund Schleswig-Holsteinischer Ostseefischer wurde am 4. März 1911 in Lübeck als selbstständige Abteilung des Central-Fischerei-Vereins Schleswig-Holstein gegründet. 1919 löste sich der Bund vom Central-Verein und erhielt eine neue Satzung. Er setzte sich vor allem für Maßnahmen zur Regelung der Ostseeküstenfischerei und zum Schutz der Plattfischbestände an der Ostseeküste ein.

- Lage der Fischereiwirtschaft; Tätigkeitsberichte und Protokolle des Bundes und einzelner Fischereivereine.
- 0,5 lfm
- 1913–1930

Abt. 422.3 Schleswig-Holsteinische Patriotische Gesellschaft

Die Gesellschaft wurde auf Veranlassung des Altonaer Fabrikanten Johann Daniel Lawaetz im Jahre 1812 als philanthropischer Verein gegen die Zunahme der Armut in Schleswig-Holstein gegründet und fand schnell Mitglieder vor allem aus dem Bürgertum beider Herzogtümer. Die in verschiedene Sektionen und Distrikte eingeteilte Gesellschaft entfaltete zu Lebzeiten von Lawaetz eine rege und weit ausgebreitete Tätigkeit. Ihr Geist war gesamtstaatlich-königstreu geprägt, der Schwerpunkt lag in der Stadt Altona. Nach jahrelangem Niedergang wurde die Gesellschaft 1858 aufgelöst.

- Berichte aus verschiedenen Gebieten Schleswig-Holsteins über das dortige Armenwesen.
- 0,1 lfm
- 1817–1819

Abt. 422.4 Verband der Vereine der heimattreuen deutschen Nordschleswiger

Der Verband wurde 1922 in Neumünster gegründet und wollte sämtliche in Schleswig-Holstein bestehende Vereine und Landsmannschaften der deutschen Nordschleswiger zusammenschließen. Erklärtes Ziel war satzungsgemäß „die Abwehr der dänischen Umtriebe südlich der jetzigen Gewaltgrenze und Wiedergewinnung der verlorenen nordschleswigschen Heimat“. 1933 ging der Verband im Schleswig-Holsteiner-Bund auf.

- Verbandsangelegenheiten; Finanzen; Verein der Nordschleswiger; Korrespondenzen mit anderen Gruppen; Unterstützung von Mitgliedern und sonstigen Anliegen.
- 1 lfm
- (1917) 1920–1933

Abt. 422.5 Wagrischer landwirtschaftlicher Verein

Der Verein wurde am 20. Juni 1828 in Lensahn zur Beförderung und Verbesserung des Ackerbaus sowie jedes landwirtschaftlichen Betriebes gegründet. Seine Einzugsgebiete waren der Oldenburger Güterdistrikt, die Herzoglichen Fideikommissgüter und das Fürstentum Lübeck. Mit dem Gesetz zur Bildung des Reichsnährstandes wurde der Verein 1933 aufgelöst. Der Bestand wurde 1983 von der Witwe des letzten Vereinsdirektors Maria v. Abercron, Testorf, an das Landesarchiv gegeben.

- Versammlungsprotokolle und Akten über die vielfältigen Vereinsaktivitäten sowie Handakten des Direktors v. Abercron.
- 1 lfm
- 1828–1948

Abt. 422.6 Gesellschaft Museum e. V. Schleswig

Die Gesellschaft Museum war ein sehr exklusiver Lese- und Geselligkeitsverein, der die Mitgliedsbeiträge für eine Bibliothek ausschließlich zur Benutzung durch die Mitglieder verwendete. Später wurde die Gesellschaft in ihrer Mitgliederstruktur etwas offener und wandte sich mehr und mehr der Geselligkeit anstelle den Büchern zu. Die Gesellschaft war 1828 oder 1830 gegründet worden, die erste Satzung stammt aus dem Jahre 1835. Nachdem die Tätigkeit in den Kriegsjahren nach

1848 geruht hatte, kam es im Oktober 1852 zu einer erneuten Aktivierung des Vereins. 1903 wurde die Verschmelzung mit dem sich dadurch auflösenden Akademischen Verein durchgeführt.

- Protokolle; Schriftwechsel; Rechnungssachen; Druckschriften.
- 0,5 lfm
- 1852–1988

Abt. 422.7 Verein der Bürgermeister in Schleswig-Holstein und Lauenburg und Arbeitsgemeinschaft der kleineren Städte und größeren Landgemeinden in Schleswig-Holstein und Lauenburg

Der Verein der Bürgermeister in Schleswig-Holstein und Lauenburg wurde am 7. Dezember 1912 in Neumünster als Provinzialverein des Preußischen Bürgermeister-Verbandes zur Förderung der beruflichen und persönlichen Interessen der Bürgermeister gegründet. Seit 1923 wurde auf Beschluss des Vereins regelmäßig eine Arbeitsgemeinschaft der kleineren Städte und größeren Landgemeinden zur Besprechung und Förderung kommunaler Angelegenheiten einberufen.

- Satzungen und Protokolle des Vereins der Bürgermeister; Handakten des Bürgermeisters Brandes.
- 0,1 lfm
- 1909–1932

Abt. 422.8 Der Stahlhelm – Bund der Frontsoldaten; Nationalsozialistischer deutscher Frontkämpferbund

Der Stahlhelm – Bund der Frontsoldaten wurde Ende 1918 von F. Seldte als Vereinigung von Frontkämpfern des Ersten Weltkrieges gegründet und umfasste – ab 1924 auch für Nichtfrontkämpfer zugänglich – 1925 reichsweit bereits 400.000 Mitglieder. Auch in Schleswig-Holstein entwickelte sich der Stahlhelm zum stärksten politischen Wehrverband. Die Ortsgruppe Elmshorn wurde im September 1923 als erste Ortsgruppe im Kreis Pinneberg gegründet und hatte schon im November 1923 unter ihrem Führer Dr. Karl Petersen etwa 350 Mitglieder. Im März 1934 wurde der Stahlhelm als Nationalsozialistischer Deutscher Frontkämpferbund gleichgeschaltet und Ende 1935 endgültig aufgelöst.

- Protokollbuch der Ortsgruppe Elmshorn mit Schriftwechsel über die Auflösung.
- 0,1 lfm
- 1924–1936

Abt. 422.9 Kreisgruppe Süderdithmarschen im Schleswig-Holsteinischen Bauernverein; Kreisbauernbund Süderdithmarschen

Aus der Zusammenarbeit der deutschen und der dänischen Landbevölkerung im nordschleswigschen Grenzgebiet entstand eine gemeinsame schleswig-holsteinische Bewegung, die sich unter dem wirtschaftlichen Druck des Ersten Weltkriegs zu einem betont unpolitischen Bund zur Wahrung des Berufsinteresses zusammenschlossen. Dieser Bund nannte sich zunächst „Schleswigscher Bauernverein", mit seiner raschen Ausdehnung nach Süden kurz darauf „Bauernverein des Nordens". Im Herbst 1918 schieden die nordschleswigschen Vertreter aufgrund des Kriegsverlaufs aus dem Verein aus, was zu einer erneuten Namensänderung in „Schleswig-Holsteinischer Bauernverein" führte. Dessen Geschichte verlief bis zu seiner Auflösung 1933 äußerst vielgestaltig und wechselhaft, die nicht ohne gleichzeitige Betrachtung der Entwicklung der zeitgenössischen landwirtschaftlichen Organisationen – vor allem des Schleswig-Holsteinischen Land- und Bauernbundes – zu verstehen ist. Die Gründung einer Süderdithmarscher Kreisgruppe geht auf das Ergebnis der Bauernvereinsversammlung am 22. Juli 1918 in Meldorf zurück. Die Kreisgruppe gehörte folglich zunächst dem Bauernverein des Nordens, mit dessen Umbenennung dann dem Schleswig-Holsteinischen Bauernverein an. 1928 verstand man sich als „landwirtschaftliche Einheitsorganisation" unter der Bezeichnung Kreisbauernbund Süderdithmarschen und war somit dem Schleswig-Holsteinischen Land- und Bauernbund zugehörig. Der Kreisbauernbund Süderdithmarschen wurde 1933 gleitend zu einer Bezirksbauernführergruppe im Reichsnährstand.

- Protokollbücher.
- 0,1 lfm
- 1919–1934

Abt. 422.10 Lollfußer Schützengilde e. V., Schleswig

Die Lollfußer Schützengilde wurde am 20. Juli 1699 als Schützenbruderschaft der Bürger aus dem Lollfuß – seit 1711 ein Schleswiger Stadtteil – gegründet und ist somit die jüngste der drei Schützengilden der Stadt Schleswig. Ihre landesherrliche Bestätigung erfolge 1705 als Schützen- und Brandgilde. Im Jahre 1732 schenkte König Christian VI. der Gilde die Schützenkoppel, die bis heute im Besitz der Gilde ist und auf der alle drei Jahre das Schützenfest stattfindet. Durch zahlreiche Stiftungen gelangte ein reichhaltiger Silber- und Zinnschatz in den Besitz der Gilde.

Die alte Lollfußer Schützengilde wurde auf Anweisung der Britischen Militärregierung aufgelöst und am 4. Oktober 1946 in Anlehnung an die Tradition als Lollfußer Gilde neu gegründet. Seit der neuen Gildesatzung von 1961 lautet der Name wieder Lollfußer Schützengilde.

- Versammlungsprotokolle; Mitgliederlisten; Satzungen; Inventare.
- 1 lfm
- 1699–1991

Abt. 422.11 Schleswiger Gesangverein von 1839 e. V.

Der Schleswiger Gesangverein von 1839 ist der älteste Männerchor des Landes. Historische Bedeutung gewann der Gesangverein durch die Ausrichtung des ersten schleswig-holsteinischen Sängerfestes in Schleswig 1844, bei dem auch erstmals das Schleswig-Holstein-Lied von Carl Gottlieb Bellmann, der seit 1842 die künstlerische Leitung des Chores innehatte, erklang und das blau-weiß-rote Banner der Landesfarben gezeigt wurde.

- Chorliteratur und Festschriften; Programme; Verwaltungsschriftgut; Protokolle; Tonbänder und Fotos.
- 20 lfm
- (1816) 1939–1989

Abt. 422.12 Arbeitsgemeinschaft Schleswiger DSB-Chöre

Die Arbeitsgemeinschaft Schleswiger DSB-Chöre wurde 1913 als Vereinigung von örtlichen Chören des Deutschen Sängerbundes in Schleswig gegründet. Er umfasste zunächst den Schleswiger Gesangverein von 1839, den Gesangverein Germania und den Gesangverein Concordia und sollte satzungsgemäß den deutschen Männergesang und die Sangesbruderschaft insbesondere durch Beteiligung an Sängerfesten und ähnlichen Veranstaltungen pflegen. Die Arbeitsgemeinschaft wurde gemäß Beschluss der Delegiertenversammlung vom 11. März 1994 aufgelöst.

- Versammlungsprotokolle der Arbeitsgemeinschaft; Schriftwechsel; Schallplatte „Schleswig-Holstein musiziert“.
- 0,1 lfm
- 1913–1994

Abt. 422.13 Verband norddeutscher Wohnungsunternehmen e. V.

Der Verband wurde 1900 als Verband schleswig-holsteinischer Baugenossenschaften gegründet. 1934 änderte sich der Name in „Verband norddeutscher Wohnungsunternehmen“ und am 7. März 1949 in „Verband norddeutscher Wohnungsunternehmen mit Sitz in Hamburg“. Er ist die Vereinigung der genossenschaftlichen oder gemeinnützigen Wohnungsunternehmen in Schleswig-Holstein und Hamburg. Satzungsgemäß besteht sein Zweck in der Prüfung der angeschlossenen Wohnungsunternehmen, der Förderung von deren wirtschaftlichen Interessen und der Pflege des sozialen Wohnungsbaus.

↘ Rundschreiben; Jahresberichte.
↘ 1 lfm
↘ 1949–1961

Abt. 422.14 Deutsch-Dänische Gesellschaft e. V., Kiel

Die Gesellschaft wurde am 14. Oktober 1970 mit Sitz in Kiel gegründet. Sie gliedert sich in regionale Sektionen, die im Rahmen der Satzung selbstständig tätig sind. Ihr Ziel ist die Förderung und Vertiefung der Beziehung zwischen Deutschen und Dänen und die Vermittlung von Kenntnissen, die die geistigen, kulturellen, sozialen, politischen und wirtschaftlichen Verhältnisse Deutschlands und Dänemarks betreffen.

↘ Vorstand; Protokolle; Mitgliederlisten; Satzungen; Korrespondenzen; Kassenangelegenheiten; Veranstaltungen.
↘ 5 lfm
↘ 1969–1995

Abt. 422.15 Fehmarner Vetterschaft der Mackeprang, Witten, Ehler und Stück

Die seit dem Mittelalter bestehenden Vetterschaften der Insel Fehmarn waren geschlossene Sippenverbände zur gegenseitigen Hilfe und Unterstützung. Die Vetterschaft der Mackeprang, Witten, Ehler und Stück ist die einzige, die bis heute Bestand hat.

↘ Satzung; Protokollbücher.
↘ 0,1 lfm
↘ 1611–1911

Abt. 422.16 Ottendorfer Turn- und Sportverein von 1924

Der Verein wurde 1924 gegründet und 1956 aufgelöst.

- Kassenbuch.
- 0,1 lfm
- 1933–1939

Abt. 422.17 Schleswig-Holsteinischer Heimatbund e. V.

Der Schleswig-Holsteinische Heimatbund (SHHB) wurde 1947 als Rechtsnachfolger des „Heimatbundes für die Provinz Schleswig-Holstein" im Sinne eines überregionalen Zusammenschlusses von Vereinigungen der schleswig-holsteinischen Heimatpflege gegründet. Er hat sich folgende Ziele gesetzt: Entwicklung von Heimat- und Landesbewusstsein, Sicherung von Natur und Umwelt, Pflege deutscher Kultur schleswig-holsteinischer Prägung, Förderung der niederdeutschen und der friesischen Sprache, Mitwirkung an Denkmalpflege und Baugestaltung, Verbreitung von Kenntnissen der schleswig-holsteinischen Landesgeschichte, Unterstützung der deutschen Volksgruppe in Nordschleswig, Erhaltung des gesamtdeutschen Bewusstseins. Dem Verein angeschlossen war als wissenschaftliches Institut von 1980 bis 1997 die Zentralstelle für Landeskunde in Eckernförde.

- Handakten der Vorsitzenden; Schriftwechsel; Protokolle; Mitgliederlisten; Rundschreiben; Satzungen; Materialien zu Veröffentlichungen; Akten der Zentralstelle für Landeskunde in Eckernförde; Akten des Bezirksverbands der Buten-Schleswig-Holsteiner Hamburg, letztere auch aus der Zeit der Mitgliedschaft im Schleswig-Holsteiner-Bund ab 1919.
- 25 lfm
- (1919–) 1946–1979
- Siehe auch Abt. 422.23.

Abt. 422.18 Canal-Verein e. V.

Der Canal-Verein e. V. wurde 1980 in Westerrönfeld gegründet; seine satzungsgemäße Aufgabe liegt in der Wahrnehmung der kulturhistorischen Belange der schleswig-holsteinischen Kanäle, insbesondere des Eiderkanals. Dazu gehört sowohl die Pflege der Baudenkmäler selbst als auch die Förderung der historischen Forschung über diese Kanäle.

- Sitzungsprotokolle; Korrespondenzen; Vereinsaktivitäten; Bestandsanalysen und Sammlungen historischer Materialien, u. a. Karten, Pläne und Fotos von Schleusen und Kanälen.
- 3 lfm
- (1817–) 1980–1994

Abt. 422.19 Freundeskreis der ehemaligen Jugendgruppe im Schleswig-Holsteiner-Bund zu Berlin

Die Jugendgruppe Berlin des Schleswig-Holsteiner-Bundes wurde 1929 gegründet. Satzungsgemäß wollte die Gruppe eine Arbeitsgemeinschaft der jungen Generation für die bewusste Erhaltung und Förderung heimatlicher Art und für die Vertiefung des schleswig-holsteinischen Gedankens sein. Im Jahr 1993 verstarb die letzte Leiterin des Vereins.

- Satzung; Mitglieder- und Teilnehmerlisten; Programme; Schriftwechsel; Todesanzeigen und Kondolenzschreiben; Fotografien.
- 0,1 lfm
- 1929–1993

Abt. 422.20 Ortsgruppe Süderbrarup des Reichseinheitsverbands des Deutschen Gaststättengewerbes e. V. (REV) und dessen Nachfolgeeinrichtung Wirtschaftsgruppe Gaststätten- und Beherbergungsgewerbe (WGB)

Bereits 1909 wurde ein Wirteverein für Süderbrarup und Umgegend als Interessenverband der Gastwirte gegründet. Die Wirtevereine waren reichsweit im Deutschen Gastwirts-Verband organisiert. Im Jahr 1933 wurde der Reichseinheitsverband des Deutschen Gaststättengewerbes e. V. (REV) gegründet, in den die Ortsvereine integriert wurden, geführt als REV-Ortsgruppen. Mit der Neuordnung der gewerblichen Wirtschaft kam es 1934 zur Einrichtung von Reichsgruppen, die jeweils in Wirtschaftsgruppen unterteilt waren. Die Wirtschaftsgruppe Gaststätten- und Beherbergungsgewerbe (WGB) war eine Untergliederung der Reichsgruppe Handel. Sie war die alleinige Vertretung dieses Wirtschaftszweigs im Reichsgebiet. Alle Unternehmer und Unternehmungen, die Schank- oder Gastwirtschaft oder beides gemeinsam betrieben, waren ihr angeschlossen.

- Versammlungen; Personal im Gaststättengewerbe; Preisgestaltung; Protokollbuch (Fotokopie).
- 0,5 lfm
- 1909–1957

Abt. 422.21 Kyffhäuser-Kameradschaft ehemaliger Kaiser-Franz-Joseph-Husaren Nr. 16 zu Schleswig

Der „Verein ehemaliger Kameraden des Kaiser-Franz-Joseph-Husaren-Regiments (Schleswig-Holsteinisches) Nr. 16“ wurde 1883 in Schleswig gegründet. Als Regimentsverein war er die erste Gründung dieser Art in der Provinz Schleswig-Holstein. Die Wiederaufnahme der Vereinstätigkeit in den 1950er-Jahren geschah unter dem neuen Namen „Kameradschaft ehemaliges Kaiser-Franz-Joseph-Husaren-Regiment Nr. 16“.

- Vereinsinterner Schriftverkehr; Protokolle; Mitgliederverwaltung; Korrespondenz mit Vereinen, Verbänden und staatlichen Einrichtungen; Ehrenurkunden; Druckschriften; Sammlungsgut.
- 1 lfm
- 1870–1998

Abt. 422.22 Friedrichsberger Schützengilde vor Gottorp von 1653 e. V.

Im Jahr 1653 erhielten die Friedrichsberger die herzogliche Genehmigung zur Gründung einer Scheiben- und Vogelschützenbruderschaft zum Zweck der Übung in der Schießkunst. Gemäß den Gildeartikeln von 1655 war die Schützengilde gleichzeitig auch eine Brandgilde.

- Protokolle; Kassenbuch; Privilegien; Pachtverträge; Mitgliederverzeichnisse; Rechnungen; Korrespondenzen; Vereinschronik.
- 0,5 lfm
- 1653–1998

Abt. 422.23 Ortsverein Kiel im SHHB

Der „Ortsverein Kiel im Schleswig-Holsteinischen Heimatbund“ ist als Unterverband dem Schleswig-Holsteinischen Heimatbund e. V. (SHHB) angeschlossen; seine Mitglieder sind zugleich Mitglieder des SHHB.

- Vorstand und geschäftsführendes Vorstandsmitglied; Schriftführer; Patenschaftswart; Heimatfahrten; Finanzen, Schleswig-Holsteinischer Heimatbund e. V.; Landsmannschaften.
- 4 lfm
- 1955–2003
- Siehe auch Abt. 422.17.

Abt. 422.24 Rinderzuchtverbände

Seit den 1870er-Jahren entstanden in Schleswig-Holstein zahlreiche lokale Rinderzuchtvereine. Eine erste übergeordnete Organisation wurde 1885 mit dem Verband der schleswig-holsteinischen Viehzuchtvereine gebildet, den man aber schon 1890 wieder auflöste. 1886 erfolgte durch den Landwirtschaftlichen Generalverein eine Einteilung der Viehzuchtverbände in vier Viehzuchtgruppen, die sich aber nicht bewährte. Erst durch die 1896 gegründete Landwirtschaftskammer wurde 1898 eine dauerhafte Organisation der Rinderzucht in Schleswig-Holstein geschaffen. Die Rinderzuchtvereine aller in der Provinz vertretenen Rinderrassen fasste man in vier Rinderzuchtverbänden zusammen. Dies waren der Verband der Viehzuchtvereine für die Zucht des rotbunten holsteinischen Milchviehs, der Verband der Viehzuchtvereine für die Zucht des roten schleswigschen Milchviehs, der Verband der Shorthornzuchtvereine und der Verband der Viehzuchtvereine für die Zucht von schwarzbuntem Vieh. Im Jahr 1906 wurden die Verbandsnamen vereinfacht, und an die Stelle der Unterverbände traten Zuchtbezirke. Die vier Verbände hießen nun Verband Rotbunte Holsteiner, Verband Rote Schleswiger, Verband der Schleswigschen Shorthornzuchtvereine und Verband Schwarzbunte Holsteiner. 1921 wurde der Verband Schwarzbunte Holsteiner in Verband Schwarzbunte Schleswig-Holsteiner umbenannt. Der Verband Rotbunte Holsteiner erhielt 1930 den Namen Verband Rotbunte Schleswig-Holsteiner. 1933 blieben die Rinderzuchtverbände zwar als eigenständige Organisationen bestehen, wurden aber dem Reichsnährstand angegliedert. 1992 schlossen sich Rotbunte und Schwarzbunte Schleswig-Holsteiner sowie der Verband Angler Rinderzüchter zur Rinderzucht Schleswig-Holstein eG zusammen. Der Verband der Shorthornzüchter verlor nach dem Ersten Weltkrieg mit der Shorthornzucht an Bedeutung.

- Rotbunte Schleswig-Holsteiner: Herdbuchreihen Holsteinische Geest; Breitenburger Zucht; Elb- und Wilstermarsch; Dithmarschen und Angeln. – Shorthorns: Herdbuchreihen. – Schwarzbunte Schleswig-Holsteiner: Herdbuchreihen.
- 76 lfm
- 1879–1972

Abt. 422.25 St. Pantaleonsgilde zu Lunden

Die St. Pantaleonsgilde zu Lunden wurde im Jahr 1508 gegründet; der Stiftungsbrief stammt aus dem Jahr 1518. Aus den Einkünften der Gilde wurde eine Anzahl Armer unterstützt, auch sollte ein Armen- und Siechenhaus errichtet werden. Die St. Pantaleonsgilde zu Lunden löste sich im Jahr 1962 auf.

- Gildebücher; Protokollbuch der Stiftung Siechenhaus zu Lunden.
- 0,1 lfm
- 1740–1962

Abt. 422.26 Verein zur Förderung der Schweinehaltung e. V., Süderbrarup

Der Verein wurde als „Schlachttierverwertung e. V." im April 1956 gegründet und im Juni 1957 in „Verein zur Förderung der Schweinehaltung e. V." umbenannt. Zweck des Vereins war gemäß Satzung die Verbesserung der Qualität und Verwertung der Schlachtschweine. Dazu wurden im Rahmen des Vereins mehrere Kontrollringe gebildet, die regelmäßig Mast- und Leistungskontrollen in den Betrieben der Mitglieder durchführten.

- Satzung; Mitgliederversammlungen; Vorstandssitzungen; Korrespondenzen; Jahresabschlüsse; Rundschreiben.
- 0,5 lfm
- 1956–1965

Abt. 422.27 Altstädter St. Knudsgilde von 1449, Schleswig

Die Altstädter St. Knudsgilde von 1449 in Schleswig ist im Jahr 1449 als Papagoyengilde erstmals nachzuweisen. Die älteste erhaltene Gildesatzung wurde 1540 erlassen und seitdem mehrfach erneuert. Zweck der Gilde ist es nach der Satzung von 1971, den Gemeinschaftssinn und die Tradition zu pflegen. Alle drei Jahre feiern die Gildebrüder unter ihrem alten Wahlspruch „Frohsinn, Ordnung, Einigkeit" ein Schützenfest und bereiten den Einwohnern der Stadt ein Volksfest.

- Protokollbücher und Mitgliederlisten; Satzungen; Gildevermögen; Rechnungsbücher.
- 2 lfm
- 1526–1994

Abt. 422.29 Volkstanzkreis Schleswig

Der Verein „Volkstanzkreis Schleswig" ist im März 1967 als „Volkstanzgruppe der Pommerschen Jugend in Schleswig" gegründet worden. Zweck des Vereins war die Pflege und Erhaltung des pommerschen Kulturguts. Die Gruppe wurde im Juni 1967 Mitglied in der DJO (Deutsche Jugend des Ostens) und nannte sich dann „DJO

Schleswig, Tanz- und Spielgruppe der Pommerschen Jugend". Nach mehrmaliger Namensänderung hieß der Verein seit September 1979 „Volkstanzkreis Schleswig in der DJO – Deutsche Jugend in Europa". Von 1981 an wurde bei Auftritten die Mönchguter Fischertracht von der Insel Rügen getragen. Auf der Mitgliederversammlung vom 29. Mai 2001 ist der Verein „Volkstanzkreis Schleswig" per Beschluss aufgelöst worden. In der Auflösungsversammlung wurde die Abgabe des gesamten Schriftverkehrs an das Landesarchiv beschlossen.

- ↘ Vereinschronik; Mitgliederverwaltung; Korrespondenz; Protokolle; Kassenwesen; Gruppenaktivitäten; Druckschriften; Informationsmaterial; Zeitschriften.
- ↘ 3 lfm
- ↘ (1963–) 1967–2001

Abt. 422.30 Holmer Fischerzunft Schleswig

Bereits 1765 schlossen sich die Holmer Fischer zu einer Fischergesellschaft zusammen, aus der später die Holmer Fischerzunft hervorging. Sie ist eine Interessengemeinschaft der Fischer auf dem Holm und widmet sich insbesondere der Verteidigung ihres Monopols auf den Berufsfischfang im Bereich der oberen Schlei.

- ↘ Fischereiprivilegien und -ordnungen; Pachtkontrakte; Schleifischerei und Fischerei auf den Nooren; Prozesssachen; diverse Fischereiangelegenheiten.
- ↘ 2 lfm
- ↘ (1480–1647) 1712–1955

Abt. 422.31 Friedrichsberger Bürgerverein e. V., Schleswig

Der Friedrichsberger Bürgerverein wurde 1883 gegründet. Satzungsgemäßer Zweck war die Besprechung städtischer und allgemeiner Angelegenheiten sowie die Förderung des geistigen und geselligen Lebens der Mitglieder.

- ↘ Protokolle; Einladungen; Fotoalbum.
- ↘ 0,5 lfm
- ↘ 1883–1994

Abt. 422.32 Schleswiger Singvereinigung von 1927

Der Verein wurde 1927 zur Pflege des gemischten Chorgesangs in jeder Form gegründet. Er löste sich 1998 auf.

- Protokolle; Korrespondenz; Programme und Kritiken; Jubiläen; Kassenbücher und Rechnungssachen; Fotografien; Kassetten; Wimpel.
- 1 lfm
- 1927–2003

Abt. 422.33 Bund der Danziger, Ortsgruppe Rendsburg

Die Ortsstelle Rendsburg des Bundes der Danziger e. V. wurde 1948 gegründet und wohl 2001 aufgelöst.

- Mitgliederverwaltung; Satzungsangelegenheiten; Schriftverkehr; Versammlungen; Vereinstätigkeit; Postkarten und Fotos; Presseartikel.
- 1 lfm
- 1948–2001

Abt. 422.34 Freundeskreis der ehemaligen preußischen Regierungsreferendare

Der Freundeskreis der ehemaligen preußischen Regierungsreferendare wurde in den 1950er-Jahren gegründet und hat sich im Frühjahr 2004 aufgelöst. Der Freundeskreis traf sich zu halbjährlichen Stammtischen und veranstaltete Ausflüge.

- Korrespondenz mit Fotos und Pressesammlung; Gästebuch.
- 0,1 lfm
- 1951–2004

Abt. 422.35 Arbeitsgemeinschaft Schleswiger Sippenforscher

Die Arbeitsgemeinschaft Schleswiger Sippenforscher wurde vor dem Zweiten Weltkrieg gegründet. Sie ist heute nicht mehr aktiv.

- Ahnentafeln Schleswiger Bürger; Wappen Schleswiger Bürger.
- 0,1 lfm
- 1942–1944

Abt. 422.36 Lions-Club Schleswig

Der Lions-Club Schleswig wurde am 9. April 1956 gegründet. Gemäß dem Club-Motto „We serve – wir dienen" setzen sich die Mitglieder für die Spendenarbeit vor allem in den Bereichen Blindenhilfe, Jugendförderung, Umweltschutz und Behindertenarbeit sowie länderübergreifende Katastrophenhilfe ein. Der Bestand wurde 2005 als Depositum an das Landesarchiv gegeben.

- Mitglieder- und Clubkorrespondenz; Protokolle; Urkunden; Informationsmaterial; Vereinsangelegenheiten; Spendenarbeit.
- 4 lfm
- 1952–2005

Abt. 422.39 Kreisverein der Fleischbeschauer aus dem Raum Bordesholm–Plön–Kiel

Der Verein wurde nach der Einführung der allgemeinen Fleischbeschau 1903 gegründet. Ab dem 1. Januar 1938 wurde für alle Fleischbeschauer eine Mitgliedschaft Pflicht, und alle Vereine wiederum mussten dem Reichsverband der Fleischbeschauer beitreten.

- Abgabe vom Stadtarchiv Plön.
- Ein Protokollbuch.
- 0,1 lfm
- 1932–1937

Abt. 422.40 Feuerversicherungsverein auf Gegenseitigkeit für Treia und Umgebung von 1743

Der Feuerversicherungsverein auf Gegenseitigkeit für Treia und Umgegend wurde 1743 von König Christian VI. noch als „Mobiliengilde für das Kirchspiel Treya, Amt Gottorf" bestätigt – womöglich liegt seine Gründung noch hundert Jahre weiter zurück. Er ist in jedem Fall der älteste Verein in Treia. Im Jahr 1858 erfolgte die Umbenennung in Feuerversicherungsverein.

- Konfirmation; Statuten; Einnahme- und Ausgabebücher; Protokolle.
- 0,1 lfm
- 1743–1976

Abt. 422.41 Schleswig-Holsteinischer Richterverband

Der Richterverband gründete sich 1948 aus dem Zusammenschluss mehrerer lokaler Richtervereine, die aber organisatorisch selbstständig blieben. Er dient der Förderung der Rechtspflege sowie der berufsständischen Belange der Richter und Staatsanwälte. Der Verband ist Mitglied des Deutschen Richterbundes.

- ↘ Vorstandstätigkeit; Mitgliedervereine; Fachkommissionen; Gesetzesnovellierungen; Fortbildungen und Tagungen; Mitgliedschaft im Deutschen Richterbund.
- ↘ 30 lfm
- ↘ 1949–1993

Abt. 422.42 Landesarbeitsgemeinschaft der Personalräte Schleswig-Holstein

Die Landesarbeitsgemeinschaft der Personalräte Schleswig-Holstein (LAG) ist ein Zusammenschluss von Personal- und Gesamtpersonalräten von Gebietskörperschaften in Schleswig-Holstein auf der Grundlage von Paragraf 83 Abs. 3 des Mitbestimmungsgesetzes Schleswig-Holstein. Die LAG wurde 1947 gegründet und arbeitet seitdem kontinuierlich an aktuellen Themen, um so Einfluss auf Entscheidungen der Politik in den Kommunen und insbesondere im Land Schleswig-Holstein zu nehmen.

- ↘ Protokolle; Korrespondenz; Vorstand; Tagungen; Arbeitsgemeinschaft der Personalräte der Stadt- und Kreisverwaltungen in Schleswig-Holstein.
- ↘ 2 lfm
- ↘ 1968–2005

Abt. 422.43 Norddeutscher Anglerverein e. V.

Der Verein wurde am 2. März 1922 in Kiel gegründet und im Februar 1923 unter dem Namen „Norddeutscher Anglerverein e. V. Kiel“ ins Vereinsregister eingetragen. Die anschließende Beschaffung eines Motorbootes erlaubte es den Vereinsmitgliedern, auf der Ostsee zu angeln, was in den schwierigen Zeiten nach dem Ersten Weltkrieg eine nicht zu unterschätzende Selbstversorgungsmöglichkeit bedeutete. 1927 gelang es dem Verein, zusätzlich den „Alten Eiderkanal“ bei Kluvensiek zu pachten, dessen Pflege und Bewirtschaftung bis heute einen weiteren Schwerpunkt der Vereinstätigkeit darstellt.

- ↘ Protokolle.
- ↘ 1 lfm
- ↘ 1932–1978

Abt. 422.44 Knickverband zu Neuberend-Idstedt

Der Knickverein zu Neuberend-Idstedt hatte laut seiner Vereinssatzung vom 25. Februar 1900 die Aufgabe, „das Bepflanzen der Knicke und den Obstbau zu fördern sowie auch auf das Pflanzen zum Zwecke der Verschönerung und des Schutzes an Gebäuden und öffentlichen Wegen hinzuwirken". Der Verein umfasste die Gemeinden Neuberend und Idstedt. Er leistete langjährige Pionierarbeit in der Pflege des Knicknetzes seines Gebietes.

- Statuten.
- 0,1 lfm
- 1900

Abt. 422.45 Schleswig-Holsteinischer Bauernverein, Kreisgruppe Südtondern/Kreisbauernbund Südtondern

Der Schleswig-Holsteinische Bauernverein wurde 1918 in Tondern ins Leben gerufen und sah seinen Programmschwerpunkt darin, den Bauern der Provinz einen ihrer wirtschaftlichen Bedeutung entsprechenden Einfluss zu verschaffen. Er dehnte sich rasch aus und fand Anschluss bei der Reichsvereinigung Deutscher Bauernvereine. Im Gegensatz zum Landbund stand der eher kleinbäuerliche Bauernverein politisch der Deutschen Volkspartei nahe und dem Weimarer Staat bejahend gegenüber.

- Protokollband.
- 0,1 lfm
- 1924–1933

Abt. 422.46 Landwirtschaftlicher Verein für Leck und Umgegend

Der Landwirtschaftliche Verein für Leck und Umgegend wurde vor 1902 gegründet. Im Jahr 1933 löste sich der Verein selbst auf und überwies das Vereinsvermögen an die Kreisbauernschaft. Am 28. Februar 1946 erfolgte die Neugründung des Vereins.

- Protokollband.
- 0,1 lfm
- 1902–1949

Abt. 422.47 Arbeitskreis für Unfallverhütung im Lande Schleswig-Holstein e. V.

Der „Arbeitskreis für Unfallverhütung im Lande Schleswig-Holstein e. V." wurde am 14. Juni 1968 gegründet. In seiner Tätigkeit ergänzte sich der ehrenamtlich geführte Verein mit der Arbeit von Berufsgenossenschaften und staatlicher Gewerbeaufsicht und war mit seinem außerinstitutionellen Präventionsansatz landesweit aktiv. Im Dezember 2010 beschloss er seine Liquidation, die im Jahr 2012 vollzogen war. Gleich nach dem Auflösungsbeschluss wurden dem Landesarchiv die überlieferten Unterlagen zur Übernahme angeboten und Anfang 2013 übergeben.

- Konstituierung und Auflösung; Satzungen; Mitgliederlisten; Jubiläen; Vorstandssitzungen; Mitgliederversammlungen; Arbeitssicherheitswochen; Bilddokumentation.
- 0,5 lfm
- 1968–2012

Abt. 422.48 Wandervogel e. V., Ortsgruppe Rendsburg

Die deutsche Jugendbewegung war eine geistige und kulturelle Protest- und Erneuerungsbewegung von Jugendlichen, die um 1900 unter höheren Schülern und Studenten entstand. Sie basierte auf dem damaligen Streben der Jugendlichen nach Freiheit, Selbstständigkeit und eigener Lebensverantwortung. Der Wandervogel ist die früheste Form der deutschen Jugendbewegung. Zentrale Aktivitäten waren die Fahrten und Nestabende. Von den Nationalsozialisten wurden die Wandervogelbünde ebenso wie die anderen Gruppierungen der Bündischen Jugend verboten und in die Hitlerjugend überführt.

- Kriegsrundbriefe der Ortsgruppe Rendsburg des Wandervogel e. V. an Wandervogelsoldaten.
- 0,1 lfm
- 1914–1917

Abt. 422.49 Luftsportverband Schleswig-Holstein e. V.

Der Luftsportverband Schleswig-Holstein e. V. wurde im Jahr 1950 unter dem Namen Landesverband Schleswig-Holsteinischer Luftsportvereine e. V. gegründet. Die Namensänderung in die heutige Bezeichnung erfolgte im Jahr 1988. Geschäftsstellen waren zunächst in Kiel-Holtenau und ab 1998 in Schacht-Audorf. Dem Luftsportverband gehören 28 Luftsportvereine mit ungefähr dreitausend Mitgliedern und verschiedenen Flugplätzen in Schleswig-Holstein an. Er umfasst die Luftsportsparten Segel- und Motorflug, Ballonfahrt, Fallschirmsprung sowie Modell- und Ultraleichtflug. Weitere Aufgaben sind die Ausbildung von Motor- und Segelfliegern, die Förderung der Luftsportjugend sowie die Durchführung von Luftschutzmaßnahmen für den Natur- und Umweltschutz.

↘ Verwaltungsakten der einzelnen Luftsportvereine; Präsidialrats- und Vorstandssitzungen; Überwachungsflüge der Naturschutzgebiete Schleswig-Holsteins; Bewilligungen und Anträge von Fördermitteln; Sammlungen über Luftfahrtpioniere, zu Graf Zeppelin und zur Fliegergemeinschaft „Alte Adler".
↘ 17 lfm
↘ 1882–2008

Abt. 422.50 Kriegerverein Osterrönfeld

Der Kriegerverein Osterrönfeld wurde im Jahr 1919 gegründet, indem sich die aus dem Dorf Osterrönfeld stammenden Mitglieder des Kriegervereins für den Amtsbezirk Osterrönfeld von diesem abtrennten und einen eigenständigen Verein ins Leben riefen. Mit der Auflösung des NS-Kriegerbundes zum 30. Juni 1943 wurden sämtliche Kameradschaften „den örtlichen Hoheitsträgern zur Betreuung und Führung unterstellt", was mit Ablauf des Jahres 1943 das Ende des eigentlichen Kriegervereins bedeutete. Der Bestand umfasst nur ein Protokollbuch. Dieses wurde im Jahr 2013 als Dachbodenfund dem Landesarchiv zum Eigentum überlassen.

↘ Protokollbuch der Versammlungen.
↘ 0,1 lfm
↘ 1919–1943

Abt. 422.51 Männergesangverein Brekling von 1897 e. V.

Der Männergesangverein Brekling wurde 1897 in Brekling mit elf Sängern gegründet und sang vor allem altes deutsches Liedgut. Im Jahr 2019 löste sich der Verein auf. Der Bestand wurde 2014 an das Landesarchiv abgegeben.

↘ Noten und Liederbücher; Fotografien; Pressespiegel; Gegenständliches.
↘ 1 lfm
↘ 1897–2000

Abt. 422.52 Gauverein Schleswig-Holstein des Unterstützungsvereins Deutscher Buchdrucker

Der Unterstützungsverein Deutscher Buchdrucker, eine Vorläuferorganisation der späteren IG Druck, wurde 1867 gegründet. Die Vorstandsarbeit auf Gauebene in Schleswig-Holstein soll zunächst in Kiel gewesen, im Jahr 1876 jedoch auf den Flensburger Ortsverein übertragen worden sein.

- Protokollband.
- 0,1 lfm
- 1876–1892

Abt. 422.53 Verein für Schleswig-Holsteinische Kirchengeschichte

Der Verein für Schleswig-Holsteinische Kirchengeschichte wurde am 6. Juli 1896 in Kiel gegründet. Er widmet sich der Bearbeitung der Kirchengeschichte Schleswig-Holsteins und angrenzender Regionen und führt regelmäßig Vortragsveranstaltungen zu kirchlichen Themen durch; daneben besteht die Hauptaufgabe in der Publikation von Büchern und einer eigenen wissenschaftlichen Schriftenreihe.

- Vorstands- und Mitgliedsarbeit; Haushalt; Stiftungsarbeit; Stipendienvergaben; Korrespondenz; Sammlung Beuck; Publikationen.
- 5 lfm
- 1646–2014

Abt. 422.54 Landesarbeitsgemeinschaft der hauptamtlichen kommunalen Gleichstellungs- und Frauenbeauftragten Schleswig-Holsteins

Die Landesarbeitsgemeinschaft der hauptamtlichen kommunalen Gleichstellungsbeauftragten Schleswig-Holsteins besteht als Netzwerk seit September 1987. Die Landesarbeitsgemeinschaft vertritt die Position und Interessen der hauptamtlichen kommunalen Frauen- und Gleichstellungsbeauftragen auf der Ebene des Landes Schleswig-Holstein. Die Aufgaben der Beauftragten liegen in der Förderung der Chancengleichheit von Männern und Frauen, der Vertretung aktueller frauenpolitischer Themen gegenüber der Politik und Öffentlichkeit, dem Abbau der strukturellen Benachteiligung von Frauen und Mädchen, der Mitarbeit in der Netzwerkarbeit mit Fachverbänden zu gleichstellungspolitischen Themen und in der Durchführung von landesweiten Fachveranstaltungen und verschiedenen Kampagnen.

- Organisation; Satzung; Eingruppierungsfragen; Sitzungsprotokolle; Zusammenarbeit mit Fachverbänden und im kommunalen Netzwerk; Arbeitskreise; Stellungnahmen; Pressemitteilungen; Mitwirkung an Gesetzesgrundlagen.
- 2 lfm
- 1989–2012

Abt. 422.55 Landwirtschaftlicher Verein Stapelholm

Der am 12. November 1857 gegründete landwirtschaftliche Verein wurde zunächst unter dem Namen Landwirtschaftlicher Verein an der Eider mit seinen Statuten am 11. März 1858 von der Stapelholmer Landvogtei und dem Hüttener Amthaus genehmigt. Er umfasste die Kirchspiele Bergenhusen, Erfde, Ostenfeld, Schwabstedt und Süderstapel, die zugleich die einzelnen Vereinsdistrikte bildeten. Laut Statut von 1931 hieß der Verein spätestens seitdem Landwirtschaftlicher Verein Stapelholm mit dem Vereinsgebiet Stadt Friedrichstadt, Landschaft Stapelholm und den daran grenzenden Kögen. Durch Schreiben des Kreisbauernführers wurde der Verein am 11. September 1933 aufgelöst.

- Protokolle; Statut; Kassenbuch.
- 0,1 lfm
- 1857–1934

Abt. 422.56 Vogelschutzgruppe der Ev. Jugend Preetz

Die Vogelschutzgruppe Preetz wurde 1966 von Norbert Gregorzik unter dem Dach der Evangelischen Jugend Preetz gegründet. Die Arbeit der Gruppe reichte von theoretischer Bildung und Austausch mit Gleichgesinnten über verschiedene Vogelschutzthemen bis zu praktischer Vogelschutzarbeit, unter anderem Nistkastenbetreuung, Vogelzählungen, Brutvogelbestandsaufnahmen, Biotopkartierungen, Mitarbeit bei Naturschutz- und Biotop-Pflegemaßnahmen und Winterfütterung.

- Korrespondenz; Fotoalben; Exkursionstagebuch.
- 0,5 lfm
- 1966–2006

Abt. 422.57 Lehrerverein für Bornhöved und Umgegend

Der Lehrerverein für Bornhöved und Umgegend wurde 1871 gegründet. Gemäß Satzung vom 1. Januar 1899 hatte der Verein „die Aufgabe, [...] das Wohl der Schule und des Lehrerstandes zu fördern und das kollegialische Leben unter den Lehrern der hiesigen Gegend anzuregen und zu heben". Die etwa zehn regelmäßigen jährlichen Versammlungen fanden in Bornhöved statt. Die Arbeit des Vereins bestand in Vorträgen und Lehrproben. Die Reihenfolge der Referenten erfolgte nach dem Alphabet.

- ↘ Protokollbände.
- ↘ 0,1 lfm
- ↘ 1898–1933

Abt. 422.58 Lions Club Distrikt 111 Nord

Die Lions-Clubs in Deutschland sind im Multi-Distrikt 111 (MD111) zusammengeschlossen. Dieser hat neunzehn Einzeldistrikte, die jeweils durch einen Distrikt-Governor repräsentiert werden. Der Distrikt 111 Nord reicht von der dänischen Grenze bis südlich von Hamburg in die Nordheide. Er umfasst 110 Clubs und ist damit einer der größten Lions-Distrikte in Deutschland. Der Jugendorganisation Leo-Distrikt 111–Nord gehören elf Leo-Clubs aus Schleswig-Holstein, Hamburg und dem nördlichen Niedersachsen an. Gemäß dem Club-Motto „We serve – wir dienen" setzen sich die Mitglieder für die Spendenarbeit vor allem in den Bereichen Blindenhilfe, Jugendförderung, Umweltschutz und Behindertenarbeit sowie länderübergreifende Katastrophenhilfe ein.

- ↘ Vereinsangelegenheiten; Informationsmaterial; Schriftenreihe.
- ↘ 1 lfm
- ↘ 1950–2017

Abt. 422.59 Arbeitsgemeinschaft für Landesforschung

Die Arbeitsgemeinschaft für Landesforschung nahm 1949 ihren Anfang innerhalb der Dienststelle des Sonderbeauftragten für den Landesteil Schleswig. 1950 verselbstständigte sie sich als „Arbeitsgemeinschaft für Landes- und Volkstumsforschung". Ab 1953 wurde die Tätigkeit auf den Landesteil Holstein ausgeweitet. Seit 1970 standen die Wissensvermittlung und die Verbindung zwischen Wissenschaftlern und Heimatforschern durch Tagungen und Seminare im Vordergrund. Dies zeigte sich auch in der Namensänderung in „Arbeitsgemeinschaft für Landesforschung". Es handelte sich um eine lose Vereinigung ohne Satzung; der Leiter der Arbeitsgemeinschaft war in der Regel einer der Leiter der Kulturinstitute auf Schloss Gottorf; seit 1991 lag die Leitung der Arbeitsgemeinschaft bei der Leitung des Landesarchivs im Schleswiger Prinzenpalais.

- ↘ Tätigkeitsberichte; Heimatkundliche Arbeitsgemeinschaften; Gottorfer Schriften; Manuskripte; Korrespondenzen; Tagungen und Seminare.
- ↘ 8 lfm
- ↘ 1949–1992

Abt. 422.60 Landesfrauenrat Schleswig-Holstein e. V.

Der Landesfrauenrat Schleswig-Holstein e. V. wurde 1950 gegründet. Er ist ein unabhängiger, überparteilicher und überkonfessioneller Dachverband vor allem von Frauenorganisationen auf Landesebene. Er setzt sich für die gleichberechtigte Teilhabe von Frauen und Mädchen in Politik, Wirtschaft, Gesellschaft und Familie ein. Der Landesfrauenrat initiiert und organisiert Projekte, Kampagnen, Veranstaltungen und Workshops und macht die Arbeit seiner Mitglieder in der Öffentlichkeit sichtbar.

- Aktionen und Aktivitäten des Landesfrauenrats; Geschäftsführung.
- 11 lfm
- 2. Hälfte 20. Jh.

Abt. 424 Zeitgeschichtliche Sammlung

Als Ergänzung zum amtlichen Schriftgut sammelt das Landesarchiv Materialien, zumeist gedruckte Einzelstücke, die einen zeittypischen Quellenwert haben. Der Bestand ist durch viele kleinere Schenkungen aus privater Hand ins Landesarchiv gelangt.

- Druckschriften; Wurfzettel; Werbeträger aus Wirtschaft und Politik.
- 2 lfm
- 19.–20. Jh.

Abt. 425 Plakate

Plakate werden für unterschiedlichste Zwecke hergestellt, die von politischer Wählerwerbung über den Unfallschutz bis zur kommerziellen Produktwerbung reichen. In der Regel geht es bei Plakaten um die bildlich-anschauliche und zumeist mit Kurztext versehene Vermittlung einer Botschaft. Ins Landesarchiv gelangen solche Plakate eher zufällig. Manchmal sind sie in amtliche Akten eingefügt und werden über Behörden ans Archiv gegeben. Plakate zur Produktwerbung bleiben nur in relativ seltenen Fällen überhaupt erhalten, auch wenn es sich durchaus um zeitgeschichtliche Quellen handeln kann. Politische Plakate befinden sich zumeist in den Archiven der jeweiligen Parteien.

- Betriebliche Unfallverhütung; Sport- und Kulturveranstaltungen; Werbung; Wahlen.
- 241 Stück

Abt. 426 Brandschutzdokumentation der Provinzial-Versicherung

Am 1. Februar 1874 wurde in der Nachfolge von drei bisher nebeneinander bestehenden Gebäudezwangsversicherungsanstalten die Provinzialständische Brandversicherungsanstalt der Provinz Schleswig-Holstein gegründet, die ab 1899 die Bezeichnung Landesbrandkasse trug. 1973 wurde die Landesbrandkasse mit der Provinzial Leben Versicherungsanstalt in Form einer Organ- und Verwaltungsgemeinschaft mit gemeinsamer Satzung und gemeinsamem Verwaltungsrat verbunden. Der Name Provinzial wurde in den Folgejahren zur Dachmarke für eine größere Firmengruppe. Die alte Landesbrandkasse hatte sich seit den 1920er-Jahren nicht nur als reiner Versicherer gesehen, sie investierte auch in den vorbeugenden Schutz gegen Brandgefahren und eröffnete im Jahr 1929 ein Brandschutzmuseum in der Kieler Gartenstraße. Das Museum wurde Ende der 1990er-Jahre aufgelöst.

Nach der Auflösung des Brandschutzmuseums kam es zu einer Verteilung der Exponate sowie des schriftlichen, bildlichen und filmischen Dokumentationsmaterials. Während die musealen Exponate wie Feuerwehrspritzen oder Löschwagen an das Feuerwehrmuseum Schleswig-Holstein in Norderstedt und das Schleswig-Holsteinische Freilichtmuseum in Molfsee gegeben wurden, übernahm das Landesarchiv das schriftliche, bildliche und filmische Dokumentationsmaterial sowie die Spezialbibliothek zum Brandschutz. Das schriftliche und bildliche Dokumentationsmaterial ist jetzt in dieser Abteilung zusammengefasst. Die Filme werden aufgrund der hierfür erforderlichen besonderen archivischen Anforderungen im Landesfilmarchiv verwahrt, und die Brandschutzbibliothek bildet eine eigene Gruppe in der Bibliothek des Landesarchivs.

- Feuerschutzordnungen; Feuerwehrwesen; Brauchtum in Verbindung mit Feuer; Feuerversicherungswesen; Brandschäden.
- 22 lfm
- 1626–1998
- Akten der Landesbrandkasse befinden sich in Abt. 373 (siehe Bestandsgruppe „Preußische Verwaltung“). Filme befinden sich in Abt. 2002 (siehe Bestandsgruppe „Karten und Bilder“).

Abt. 430 Zahlungsmittel (Münzen, Geldscheine)

Die Rüstungskosten des Ersten Weltkriegs und die Reparationen, die die Siegermächte infolge des Versailler Vertrages vom Deutschen Reich forderten, hatten zum inflationären Verfall der einheitlichen Reichswährung geführt. Als Reaktion darauf hatte die Regierung über die Notenbanken immer mehr Geldscheine in Umlauf bringen lassen und so die Inflation angeheizt. Die Kommunen, also Städte und Gemeinden, reagierten bereits ab dem Ende des Ersten Weltkriegs auf den Verfall der Reichswährung durch die Ausgabe eigener Notgeldscheine. Auch Kreditinstitute und die Post beteiligten sich an der Emittierung von Notgeld in Form von Schecks und Platzanweisungen. Die Gültigkeit des Notgeldes war deswegen zumeist regional und zeitlich begrenzt. Auf diesem Weg waren Ende November 1923 über 700 Notgeld-Trillionen im Umlauf. Die Notgeldsammlung ist in den Jahren 1976 bis 2006 durch Ankäufe aus privater Hand in das Landesarchiv gelangt.

- ↘ 1000 Notgeldscheine einzelner Ortschaften in Schleswig-Holstein; Inflationsbanknoten der Weimarer Republik.
- ↘ 0,5 lfm
- ↘ 1920–1923

Abt. 431 Orden und Ehrenzeichen; Medaillen und Plaketten

Orden sind Verdienstauszeichnungen in Form tragbarer Abzeichen, die als Auszeichnung verliehen werden. Auch Medaillen und Plaketten können für besondere Verdienste verliehen werden. Medaillen sind auf der Vorder- und Rückseite mit Bildmotiven oder Schrift geprägt; Plaketten zeigen in der Regel eine einseitige Darstellung. Sie dienen meist der Dokumentation oder der Kennzeichnung.

Die bisherigen Bestände Abt. 403.6 und Abt. 427 wurden im Jahr 2014 im Zuge einer Beständebereinigung in diesem Bestand zusammengeführt.

- ↘ Lebensrettungsmedaillen und Erinnerungsplaketten; Gipsmodelle und Entwürfe; Jubiläumsplaketten; Brandschutzauszeichnungen; Ehejubiläumsmedaillen; Hamburger Medaillen; Medaille „Amicale de Neuengamme“; Medaille zum 40. Arbeitsjubiläum.
- ↘ 29 Stück
- ↘ 1895–2000
- ↘ Münzen befinden sich in Abt. 430.

Abt. 432 Sammelbilder

Der Bestand enthält Sammelbilder und Sammelbildserien, die aus Schenkungen an das Landesarchiv gekommen sind.

- Sammelbilder schleswig-holsteinischer Schlösser, Herrenhäuser und Höfe.
- 0,1 lfm
- [1933–1959]

Abt. 445 Landkreistag

Der Schleswig-Holsteinische Landkreistag fasst die Kreise Schleswig-Holsteins in einer Vereinigung zur Wahrung ihrer gemeinsamen Interessen zusammen. Er ist als eingetragener Verein organisiert und als Landesverband Mitglied im Deutschen Landkreistag. In Schleswig-Holstein fanden sich schon im Jahr 1945 die führenden Personen der Kreise zu einer „Landeskreisvereinigung der Provinz Schleswig-Holstein" zusammen, die bald den Namen „Landeskreisvereinigung Schleswig-Holstein" erhielt. 1946 wurde die Vereinigung dann durch eine Mitgliederversammlung in „Schleswig-Holsteinischer Landkreistag" umbenannt. Im gleichen Jahr wurde die erste Satzung beschlossen. 1947 erfolgte der Beitritt zum „Deutschen Landkreistag".

- Rundschreiben.
- 0,5 lfm
- 1950–1952

Abt. 746 Eiderverband

Der Eiderverband wurde 1934 per Regierungserlass durch Zusammenschluss von 186 örtlichen Gemeinschaften – wie Deich-, Siel-, Entwässerungs- oder Unterhaltungsverbänden – mit Sitz in Rendsburg gegründet. Im Gebiet der Eiderniederung zwischen Rendsburg und Friedrichstadt hatten sich bis dahin die betreuten Gebiete bis zu sechsfach überschnitten, wodurch die Arbeit deutlich erschwert war. Unter Führung des Eiderverbandes als Deich- und Oberverband mit Sitz in Pahlen fand eine Neugliederung des Verbandswesens in damals 28 Auftragsgebiete statt, aus denen nach dem Zweiten Weltkrieg eigenständige Sielverbände wurden. Im Jahr 2003 entstand aus dem Zusammenschluss von Eiderverband und Treenehauptverband der Eider-Treene-Verband. Der Verbandssitz blieb Pahlen.

- ↘ Organisation des Verbandes, der Verbandsmitglieder und der Auftragsgebiete; Unterhaltung der Verbandsanlagen; Wasserwirtschaftliche Maßnahmen; Sturmflutschäden.
- ↘ 9 lfm
- ↘ 1913–1976
- ↘ Karten befinden sich in Abt. 402 A 87 (siehe Bestandsgruppe „Karten und Bilder").

Nachlässe

Bei den Nachlässen handelt es sich um privates Schriftgut von Familien und Einzelpersonen. Die Nachlässe enthalten Briefe, Tagebücher oder andere Aufzeichnungen. Dabei kann es sich um Einzelstücke handeln oder auch um größere Bestände, die manchmal über mehrere Generationen in einer Familie bewahrt und schließlich dem Landesarchiv anvertraut wurden. Der zentrale Nachlassbestand ist Abt. 399. Nachlässe von Beamten aus dem Fürstentum Lübeck sind in einer gesonderten Abt. 288 zusammengefasst.

Abt. 288 Nachlässe von Beamten im Fürstentum Lübeck

Abt. 288.1 Boye, C. L.

C. L. Boye war Kammersekretär und Advokat zu Röbel.

- Alphabetisch geordnete Akten aus seiner Advokatur.
- 0,5 lfm
- 1800–1805

Abt. 288.2 Brandt, Johann Hinrich

Johann Hinrich Brandt war Justizrat und Amtsverwalter in Schwartau. Er verstarb 1780.

- Bericht über ein Duell; Korrespondenz.
- 0,1 lfm
- 1773–1779

Abt. 288.3 Brockes, Barthold Heinrich von

Barthold Heinrich von Brockes wurde am 15. Oktober 1715 in Hamburg geboren. Er war Geheimer Legationsrat und Kabinettssekretär. Er verstarb am 7. Dezember 1781 in Eutin.

- ↘ Persönliche und dienstliche Unterlagen; Druckschriften; Nachlassteile des Vaters, des Dichters B. H. Brockes; Korrespondenzen; Manuskripte.
- ↘ 1 lfm
- ↘ 1740–1781

Abt. 288.4 Bucholtz, Karl Franz Nikolaus von

Karl Franz Nikolaus von Bucholtz wurde am 9. November 1809 in Cloppenburg geboren. Er war Regierungspräsident in Eutin und verstarb dort am 27. Mai 1887.

- ↘ Handakten aus der dienstlichen Tätigkeit.
- ↘ 0,1 lfm
- ↘ 1803–1891

Abt. 288.5 Eschen, Jakob Hugo

Jacob Hugo Eschen wurde 1745 geboren und war Justizrat in Eutin. Er verstarb am 3. März 1814.

- ↘ Akten aus der dienstlichen Tätigkeit.
- ↘ 0,1 lfm
- ↘ 1762–1805

Abt. 288.6 Halem, Gerhard Anton von

Gerhard Anton von Halem wurde am 2. März 1752 in Oldenburg geboren. Er war Justizrat in Eutin und Schriftsteller. Er verstarb am 4. Januar 1819 in Eutin.

- ↘ Manuskripte.
- ↘ 0,1 lfm
- ↘ 1795

Abt. 288.7 Hansen, August Friedrich

August Friedrich Hansen war Kammerrat und Amtsinspektor in Schwartau.
- Testament und Nachlassangelegenheiten.
- 0,1 lfm
- 1736–1746

Abt. 288.8 Hase, Johann Otto

Johann Otto Hase wurde 1758 in Schwarzenbek geboren und war Oberförster auf den Gütern Manhagen und Benz.
- Dienstliche Unterlagen; Familienpapiere; Korrespondenzen.
- 1 lfm
- 1740–1805

Abt. 288.9 Heinze, Johann Georg

Johann Georg Heinze lebte von 1719 bis 1801 und war Justizrat und Leibmedikus.
- Testament; Nachlassangelegenheiten.
- 0,1 lfm
- 1801–1802

Abt. 288.10 Herbart, Gerhard Friedrich

Gerhard Friedrich Herbart lebte von 1778 bis 1836 und war Kammerrat in Eutin.
- Unterlagen zu einer Aufführung der „Schöpfung“ von Joseph Haydn.
- 0,1 lfm
- 1818–1819

Abt. 288.11 Langmack, Johann

Johann Langmack war Pupillenschreiber in Eutin.
- Vormundschaftsakten.
- 0,5 lfm
- 1816–1856

Abt. 288.12 Lorentzen, Johann Georg von

Johann Georg von Lorentzen war Senior des Kollegiums der Domvikare zu Lübeck und Herr auf Grünau. Er verstarb 1749.

- Familienunterlagen; Finanzangelegenheiten; Korrespondenzen.
- 0,5 lfm
- 1715–1749

Abt. 288.13 Maltzahn, Freiherr Hans Albrecht von

Hans Albrecht Freiherr von Maltzahn wurde am 13. Oktober 1754 geboren. Er war Regierungspräsident in Eutin und verstarb am 17. Dezember 1825.

- Korrespondenzen.
- 0,1 lfm
- 1811–1812

Abt. 288.14 Oppermann, Ernst Peter

Ernst Peter Oppermann war Amtmann in Landwürden. Er verstarb 1887 in Schwartau.

- Dienstliche Unterlagen.
- 0,1 lfm
- (1735–) 1810–1840

Abt. 288.15 Römer, Friedrich Wilhelm von

Friedrich Wilhelm von Römer war Regierungsrat in Eutin.

- Dienstliche Unterlagen.
- 0,1 lfm
- 1790–1835

Abt. 288.16 Schnoor, Friedrich Carl

Dr. Friedrich Carl Schnoor war Justizamtmann in Lübeck und Schwartau.

- Dienstliche Unterlagen; Finanzangelegenheiten.
- 0,5 lfm
- 1735–1821

Abt. 288.17 Slevogt, Johann Adolf

Johann Adolf Slevogt wurde im August 1754 in Eutin geboren. Er war Kanzleiassessor in Eutin und Rechnungsführer des St.-Georgs-Hospitals zu Eutin.

- ↘ Obligationen.
- ↘ 0,1 lfm
- ↘ 1700–1800

Abt. 288.18 Starkloff, Detlev Friedrich Georg

Detlev Friedrich Georg Starkloff wurde am 12. Juli 1788 in Oldenburg geboren. Er war Amtmann zu Schwartau und verstarb nach 1841 in England.

- ↘ Korrespondenzen.
- ↘ 0,1 lfm
- ↘ 1821–1829

Abt. 288.19 Taube, Hermann

Hermann Taube war Pupillenschreiber in Eutin und Gevollmächtigter des Justizamtmanns Dr. Schnoor in Lübeck.

- ↘ Vormundschaftsunterlagen; Finanzangelegenheiten.
- ↘ 1 lfm
- ↘ 1793–1823

Abt. 288.20 Wetken, Detlev Joachim von

Detlev Joachim von Wetken lebte von 1660 bis 1724 und war Erbherr auf Trenthorst.

- ↘ Familienpapiere; Korrespondenzen.
- ↘ 0,5 lfm
- ↘ 1700–1725

Abt. 399 Nachlässe: Familien und Einzelpersonen

Das Landesarchiv sammelt archivwürdiges Schriftgut von Familien und Einzelpersonen als Ergänzung seiner amtlichen Aktenbestände aus der Verwaltungsüberlieferung. Diese Privatarchive (archivische Nachlässe) ergänzen die Akten staatlicher Provenienz oder greifen Themen auf, die in amtlichen Unterlagen keine

Berücksichtigung finden. Die Privatarchive gelangen vor allem durch Schenkung, aber in Einzelfällen auch durch Ankauf oder früher als Depositum – also durch Besitzübertragung unter Eigentumsvorbehalt – in das Landesarchiv. Zur dauernden Rechtssicherung wird der Erwerb vertraglich geregelt. Bei Festlegung des Rechtsstatus und von Einzelregelungen werden die Wünsche der privaten Eigentümerinnen und Eigentümer berücksichtigt. Einzelne archivische Nachlässe können daher Zugangsbeschränkungen unterliegen.

Bei den Nachlässen handelt es sich um privates Schriftgut von Familien und Einzelpersonen. Die Nachlässe können unter anderem Korrespondenzen, Tagebücher, Erinnerungen, Sammlungen, persönliche und berufliche Dokumente, Haus- und Hofpapiere enthalten. Der Umfang der einzelnen Nachlässe und Privatarchive ist sehr unterschiedlich. Es kann sich um Einzelstücke handeln oder auch um umfangreiche Familienarchive. Der zentrale Nachlassbestand ist Abt. 399. Nachlässe von Beamten aus dem Fürstentum Lübeck sind im Bestand Abt. 288 gesondert zusammengefasst. In dieser Beständeübersicht werden die Vorlässe, also die Privatarchive noch lebender Personen, in der Regel nicht aufgeführt.

Urk.-Abt. 399 Urkundenbestand

Anders als der Aktenbestand Abt. 399 ist die Urkundenabteilung 399 nicht in Unterabteilungen nach Nachlassgebern unterteilt, sondern aufgrund ihres geringen Umfanges in einem Urkundenbestand zusammengefasst. Enthalten sind Urkunden einzelner Personen oder Familien, die entweder aus einem Nachlass stammen oder die sich keiner regionalen Provenienz zuordnen lassen.

- 9 Urkunden
- 1573–1871

Abt. 399.1201 Aaholm, Th.

Th. Aaholm lebte von 1889 bis 1965. Er war Pastor in Vojens und Jegerup.

- Tyske texter til en del numre i den danske Salmebog. – Maschinenschriftliche Vervielfältigung der deutschen Übersetzungen dänischer Kirchenlieder in vier Bänden.
- 0,1 lfm
- bearbeitet 1955–1965

Abt. 399.1429 Abel, A.

A. Abel war Obermaschinistenmaat unter anderem auf der SMS Sperber und in Lübeck beheimatet.

- Bilder und Fotografien vor allem aus der Einsatzzeit auf der SMS Sperber in Afrika.
- 0,1 lfm
- 1894–1915

Abt. 399.1001 Abercron, Christian Friedrich Julius Conrad von

Christian Friedrich Julius Konrad von Abercron wurde am 16. Juli 1830 in Rendsburg geboren. Er war Königlich Preußischer Major und Gendarmerieleutnant. Er verstarb am 18. März 1892 in Kiel.

- Personalakte der Provinzialsteuerdirektion.
- 0,1 lfm
- 1865–1869

Abt. 399.1 Achelis, Thomas Otto

Thomas Otto Achelis wurde am 23. Dezember 1887 in Bremen geboren. Er war Studienrat in Hadersleben und Rendsburg, Historiker und Genealoge. Er verstarb am 14. Juli 1967 in Kiel.

- Manuskripte und Material zu seinen historischen Forschungen, u. a. Schüler- und Studentenmatrikel der Stadt Hadersleben.
- 4 lfm
- 17.–20. Jh.

Abt. 399.1002 Adeler, Sophie Friederike von

Sophie Friederike von Adeler geb. Baronesse von Stieglitz-Brockdorff lebte von 1790 bis 1874.

- Ehescheidungssache mit dem Kammerjunker und Premierleutnant Johannes von Adeler in Pinneberg.
- 0,1 lfm
- 1806

Abt. 399.1170 Ahlefeldt, Charlotte von

Charlotte von Ahlefeldt geb. von Seebach wurde am 6. Dezember 1781 in Stedten bei Weimar geboren. Sie war Schriftstellerin, Dichterin und Übersetzerin in Schleswig und Weimar. Sie verstarb am 27. Juli 1849 in Teplitz.

- ↘ Manuskripte, Gedichte und Briefe.
- ↘ 0,1 lfm
- ↘ 1805–1846

Abt. 399.1003 Ahlefeld, Familie von

Familie von Ahlefeldt ist eine uradelige schleswig-holsteinische Familie.

- ↘ Vor allem genealogische Nachrichten; Prozesssachen; Personalakte Rudolph Jürgen Nicolaus v. Ahlefeld.
- ↘ 0,1 lfm
- ↘ 18.–19. Jh.

Abt. 399.2 Ahlefeld, Familie von, auf Lindau

Familie von Ahlefeld war eine auf Lindau ansässige Gutsbesitzerfamilie.

- ↘ Familienbibel mit Eintragungen.
- ↘ 0,1 lfm
- ↘ 1620–1970

Abt. 399.1004 Ahrens, Johann Friedrich

Johann Friedrich Ahrens war Porträtmaler.

- ↘ Bitte um eine Wohnung in Glücksburg.
- ↘ 0,1 lfm
- ↘ 1782

Abt. 399.1005 Aichelberg, Dorothea Christina Herzogin von

Dorothea Christina von Aichelberg wurde am 23. Januar 1674 in Plön geboren. Sie war die Ehefrau von Christian Karl von Schleswig-Holstein-Sonderburg-Plön-Norburg und verstarb am 22. Juni 1762 in Reinfeld.

- Korrespondenz mit dem Flensburger Amtmann über den in Steinberg lebenden Kammerjunker Philipp Ernst von Schleppegrel.
- 0,1 lfm
- 1752

Abt. 399.117 Albert, Richard

Richard Albert wurde am 22. Juli 1885 in Mehlby geboren. Er war Heimatforscher, Lehrer in Mehlby und Archivpfleger für das Kirchspiel Kappeln-Land. Er verstarb am 12. April 1978 in Kappeln.

- Heimatgeschichtliche Arbeiten mit umfangreicher Materialsammlung über Roest-Mehlby, Kirchspiel Kappeln-Land; Manuskripte; Familienpapiere der Familie Stiscola; Dienstakte als Archivpfleger.
- 2 lfm
- (1763–1967)

Abt. 399.223 Albrecht, Richard

Dr. Richard Albrecht wurde am 4. Mai 1945 in Apolda geboren. Er ist Wirtschafts-, Sozial- und Kulturwissenschaftler sowie Bürgerrechtler.

- Sammlungen zu Carlo Mierendorff und Carl Zuckmayer; Zukunftsforschung; Buch-, Lese- und Fernsehforschung; Medien; Der Flüsterwitz; Soziologie und Politik; Karikaturen; Völkermord an den Armeniern und Genozid allgemein.
- 4 lfm
- 1932–2016

Abt. 399.1006 Aller, Hans H. von

Hans H. von Aller war Hauptmann und Major in der schleswig-holsteinischen Armee und trat später in türkische Dienste. Er errichtete 1874 in Hannover eine militärische Vorbereitungsschule.

- Befehle; Meldungen; Gefechtsberichte; Dienst- und Schulungsaufgaben für Offiziere; Unterstützungsgesuche von Offizieren; Konkurssachen.
- 0,1 lfm
- 1850–1854

Abt. 399.1178 Alnor, Walter

Dr. Walter Alnor wurde am 29. Oktober 1892 in Kiel geboren. Er war Landrat von Eckernförde und von Segeberg. Er verstarb am 13. Dezember 1972.

- Besuch des Reichspräsidenten von Hindenburg in Schleswig; Episode des Grafen Brockdorff-Rantzau.
- 0,1 lfm
- 1927

Abt. 399.1396 Andersen, Familie von

Familie von Andersen war eine Hofbesitzerfamilie in Nordfriesland.

- Familienunterlagen.
- 0,1 lfm
- 1450–1938

Abt. 399.1007 Andersen, Familie von

Familie von Andersen war in Klixbüll in Nordfriesland ansässig.

- Handschrift von Claus Heinrich Möller (auch Moller) über die Familie.
- 0,1 lfm
- 1765

Abt. 399.203 Andresen, Familie

Familie Andresen war eine Lehrerfamilie aus Tondern.

- Erinnerungen von Karl Andresen, geb. 1881 in Tondern, an seine Kindheit und Jugend in Tondern; Handschriftliches Rezeptbuch; Hofunterlagen des Gardinenhofs in Hostrup; Haus- und Grundstücksunterlagen sowie persönliche Papiere von Martin Sörensen Andresen, geb. 1874.
- 0,1 lfm
- 1821–1945

Abt. 399.3 Andresen, Ludwig

Ludwig Andresen wurde am 10. Juni 1880 in Tondern geboren. Er war Dozent für schleswig-holsteinische Landesgeschichte an der Universität Kiel und verstarb am 16. Dezember 1940 in Tondern.

- Wissenschaftlicher Nachlass zur schleswig-holsteinischen Landesgeschichte, zu nordschleswigschen Volkstums- und Grenzfragen, zu Amt und Stadt Tondern.
- 3 lfm
- 16.–20. Jh.

Abt. 399.1382 Appuhn, Horst

Dr. Horst Appuhn wurde 1924 in Darmstadt geboren. Er war Kunsthistoriker und Direktor des Museums für Kunst- und Kulturgeschichte der Stadt Dortmund. Er verstarb 1990 in Lüneburg.

- Vorlesungsmitschriften; Notizen zu Referaten.
- 0,1 lfm
- 1946–1949 (1991)

Abt. 399.1008 Arnstedt, Theodor von

Theodor von Arnstedt war Vizefeldwebel und Steueraufseher.

- Personalakte der Provinzialsteuerdirektion in Glückstadt.
- 0,1 lfm
- 1868–1870

Abt. 399.163 Asbach, Hans-Adolf

Hans-Adolf Asbach wurde am 18. September 1904 in Demmin geboren. Er war Jurist und Politiker, schleswig-holsteinischer Landesminister für Arbeit, Soziales und Vertriebene, Landesvorstand des GB/BHE und Mitglied des Schleswig-Holsteinischen Landtags. Er verstarb am 31. März 1976 in Eutin.

- Unterlagen vor allem aus seinen politischen Ämtern.
- 10 lfm
- 1950–1974

Abt. 399.1385 Asbeck, Wilhelm Ernst

Wilhelm Ernst Asbeck wurde am 16. April 1881 in Hamburg geboren. Er war Schriftsteller und verstarb am 22. März 1947.

- Typoskript „Der Tommy setzt sich ein Denkmal. Zum Fliegerangriff auf Tönning Anfang November 1940“.
- 0,1 lfm
- [nach 1940]

Abt. 399.1292 Aurenhammer, Matthias

Matthias Aurenhammer (später Urhammer) wurde im 17. Jahrhundert in Mannheim geboren. Er war Gefreiter bei der Infanterie und später Gipser in Melsdorf im Gut Quarnbek.

- Militärentlassungsurkunde.
- 0,1 lfm
- 1715

Abt. 399.1340 Baggesen, Jens

Jens Baggesen wurde am 15. Februar 1764 in Korsør (Seeland) geboren. Er war Dichter und Schriftsteller und verstarb am 3. Oktober 1826 in Hamburg.

- Stamm-, Tage- und Rechnungsbuch; Ehekontrakt.
- 0,1 lfm
- 1787–1823 (–1859)

Abt. 399.1009 Balemann, Adolph Friedrich

Adolf Balemann wurde am 3. Mai 1806 in Reinfeld geboren. Er war Theologe und Propst in Oldenburg und Mitglied der Holsteinischen Ständeversammlung. Er war mit einer Tochter von Claus Harms verheiratet und verstarb am 2. Juni 1876 in Oldenburg.

- Vor allem Briefe von Claus Harms und dessen Frau über kirchliche und politische Verhältnisse in Schleswig-Holstein.
- 0,1 lfm
- 1819–1873

Abt. 399.149 Bandholt, Siegfried

Siegfried Bandholt wurde am 13. Januar 1925 in Kiel geboren. Er war Apotheker und Genealoge mit dem Spezialgebiet Helgoland.

- Genealogisches Material für die Insel Helgoland.
- 0,5 lfm
- 1609–1935

Abt. 399.1010 Baudissin, Heinrich Christoph Graf von

Heinrich Christoph Graf v. Baudissin wurde am 9. Juli 1709 in Schleswig geboren. Er war Kursächsischer Generalleutnant und Gouverneur in Dresden und verstarb am 4. Juni 1786 auf Rixdorf.

- Militärische Unterlagen.
- 0,1 lfm
- 1731–1753

Abt. 399.1011 Baudissin, Hermann Graf von

Hermann Graf v. Baudissin wurde am 2. Oktober 1798 in Kopenhagen geboren. Er war Hofjägermeister, Oldenburgischer Kammerherr und herzoglich Augustenburgischer Politiker. Er verstarb am 13. Mai 1891 in Freiburg im Breisgau.

- Politische Korrespondenz.
- 0,1 lfm
- 1798–1869

Abt. 399.1012 Baudissin, Klaus Graf von

Dr. Klaus Graf v. Baudissin wurde am 4. November 1891 in Metz geboren. Er war Kunsthistoriker und im Zweiten Weltkrieg SS-Hauptsturmführer und Ortskommandant von Drammen, Norwegen. Er verstarb am 24. April 1961 in Itzehoe.

- Band „Briefe eines Ortskommandanten“ (illustriertes Weihnachtsgeschenk der Kommandantur).
- 0,1 lfm
- 1940

Abt. 399.1347 Bayer, Elisabeth

Elisabeth Bayer lebte von 1913 bis 2004 und war Laborantin.
- ↘ Sammelalbum über die Insel Helgoland.
- ↘ 0,1 lfm
- ↘ 1933–1963

Abt. 399.108 Becker, Otto

Prof. Dr. Otto Becker wurde am 17. Juli 1885 in Malchow/Mecklenburg geboren. Er war Professor für Geschichte in Halle und Kiel und verstarb am 17. April 1955 in Kiel.
- ↘ Wissenschaftliche Werke; Manuskripte und Materialsammlungen insbesondere über den Fernen Osten, Ostasien sowie deutsche und europäische Geschichte des 19. und 20. Jahrhunderts; Unterlagen für Vorlesungen und Seminare sowie über Examensarbeiten; Dissertationen und Habilitationen von Studenten.
- ↘ 10 lfm
- ↘ 1907–1955 (–1985)

Abt. 399.182 Beckmann, Familie

Familie Beckmann war in Achterwehr ansässig.
- ↘ Familien- und Grundstückspapiere; Geschäftsunterlagen; Gaststätte und Fischfang.
- ↘ 1 lfm
- ↘ 1799–1973

Abt. 399.4 Beeck, Hans

Hans Beeck wurde am 24. November 1896 in Speersdiek geboren. Er war Bauer in Speersdiek, Kreisbauernführer des Kreises Süderdithmarschen, Gauredner sowie Mitglied des Schleswig-Holsteinischen Provinziallandtags und des Reichstags. Er verstarb am 18. Februar 1983 in Speersdiek.
- ↘ Erinnerungen; Tagebuch; Geschichte von Windbergen bei Meldorf.
- ↘ 3 lfm
- ↘ 1848–1974

Abt. 399.86 Beeck, Martha

Martha Beeck lebte von 1897 bis 1975/76. Sie war Angestellte im Kirchenbuchamt und Heimat- und Familienforscherin.

- Papiere der Müllerfamilie Beeck auf der Wassermühle zu Bollingstedt.
- 1 lfm
- 1664–1967

Abt. 399.1386 Behrens und Wittern, Familien

Die Familien Behrens und Wittern waren Erbpächter auf Grellenkamp.

- Hof- und Familienpapiere.
- 0,1 lfm
- 1850–2004

Abt. 399.1013 Behrens, Hugo

Hugo Behrens war Landmesser in Neumünster und Ingenieur an der Altona-Kieler Eisenbahn. Er verstarb 1874 in Ottensen.

- Unterlagen zu schleswig-holsteinischen Eisenbahnen und Planungsunterlagen zu Kanalbauten in Schleswig-Holstein.
- 0,1 lfm
- 1844–1874

Abt. 399.1291 Behrmann, Familie

Familie Behrmann war in Hamburg und Schleswig ansässig.

- Familien- und Hauspapiere.
- 0,1 lfm
- 1854–1927

Abt. 399.1321 Bennöhr, Familie

Familie Bennöhr stammt aus Mecklenburg.

- Dokumente und Erinnerungen von Willy Bennöhr (1898–1989) und Jürgen Bennöhr (1922–2017); Familienchronik Bennöhr; Unterlagen zu den Schleswiger Amateurfunkern.
- 0,5 lfm
- (1898–1998)

Abt. 399.79 Bente, Hermann

Prof. Dr. Hermann Bente wurde am 22. Juni 1896 geboren. Er war Professor für wirtschaftliche Staatswissenschaften an der Universität Kiel und lehrte ab 1942 in Berlin und ab 1947 in Köln. Er verstarb am 23. November 1970.

- Materialsammlung zur Geschichte der Sozial- und Wirtschaftswissenschaft an der Universität Kiel.
- 0,5 lfm
- 1775–1945

Abt. 399.180 Benthin, Familie

Familie Benthin war eine Lehrerfamilie in Westerrönfeld.

- Persönliche Unterlagen einzelner Familienmitglieder; Genealogisches Material.
- 0,5 lfm
- 1863–1975

Abt. 399.1014 Bergmann, Walter

Dr. Walter Bergmann wurde am 19. Mai 1896 geboren. Er war Senatspräsident am Schleswig-Holsteinischen Oberlandesgericht in Schleswig und Vorsitzender des Elternbeirats der Domschule in Schleswig.

- Unterlagen des Elternbeirats der Domschule Schleswig.
- 0,1 lfm
- 1948–1961

Abt. 399.195 Bertram, Max

Max Bertram lebte von 1925 bis 2010. Er war Lehrer und Schulrat in Dithmarschen.

- Vor allem Schulunterlagen Dithmarschen.
- 1 lfm
- 1875–1980

Abt. 399.1231 Besch, Hans

Prof. Hans Besch wurde am 15. Februar 1903 in Königsberg geboren. Er war Rektor an der Pädagogischen Hochschule in Flensburg und verstarb am 12. April 1968 in Flensburg.

- Manuskripte über den Friedrichshof am Bistensee; Schriftstück der Clara Prinzessin zu Hessen-Kassel geb. v. Brockdorff.
- 0,1 lfm
- (1822)

Abt. 399.1283 Bestmann, Frithjof

Frithjof Bestmann wurde 1898 in Mölln geboren. Er war Stiftspropst und Pfarrer in Bassum und verstarb 1990 in Wildeshausen.

- Auszüge aus den Kirchenbüchern von Trittau; Schriftwechsel zur Familienforschung; Auszüge und Abschriften aus Literatur zur schleswig-holsteinischen Orts- und Landesgeschichte.
- 0,1 lfm
- (17.–20. Jh.)

Abt. 399.250 Beutz, Familie

Familie Beutz war eine Familie von Postboten in Lübeck.

- Unterlagen der Familie Beutz und der angeheirateten Familien Mayborg und Arenz; u. a. Feldpost aus dem Zweiten Weltkrieg und Suche nach einem Vermissten.
- 0,1 lfm
- 1889–2000

Abt. 399.5 Beyer, Hans

Prof. Dr. Hans Beyer wurde am 14. Juni 1908 in Geesthacht geboren. Er war unter anderem Professor in Berlin und Posen, Direktor des Instituts für europäische Anthropologie und Volkspsychologie in Prag, Mitarbeiter im Reichssicherheitshauptamt, Professor für Volkslehre und Nationalitätenkunde Osteuropas an der Universität Prag, Pressesprecher der Landeskirche Schleswig-Holstein und Professor für Geschichte und ihre Didaktik an der Pädagogischen Hochschule Flensburg. Er verstarb am 25. August 1971 in Wedel.

- Berufliche, politische und persönliche Dokumente; Korrespondenzen; Materialsammlung zu Volkstumsfragen, zu Minderheitenrecht und -politik in Ost- und Mitteleuropa, Kirchengeschichte, schleswig-holsteinischem Landvolk.
- 6 lfm
- 1902–1971

Abt. 399.1203 Biehl, Daniel

Daniel Biehl war Hufner und Ziegeleibesitzer in Itzstedt.

- Wassermühle in Tangstedt, Kreis Stormarn.
- 0,1 lfm
- 1813, 1860–1889

Abt. 399.1015 Biehl, Familie

Familie Biehl war eine Landeigentümerfamilie in Wakendorf und Itzstedt.

- U. a. Erb- und Vormundschaftssachen; Landbesitz; Streitsachen.
- 0,1 lfm
- 1815–1918

Abt. 399.1016 Bielke, Lucie von

Lucie von Bielke wurde 1801 in Mecklenburg als Tochter des August v. Thomstorff und seiner Frau Isabelle geb. v. Meerheimb geboren. Sie war verheiratet mit Hermann v. Bielke und verstarb 1861 in Kieleng, Gemeinde Adelby.

- Gerichtliche Vollmacht.
- 0,1 lfm
- 1828

Abt. 399.1164 Bier, August

Prof. Dr. August Bier wurde am 24. November 1861 geboren. Er war Professor für Chirurgie an den Universitäten Kiel, Greifswald, Bonn und Berlin und verstarb am 12. März 1949.

- Karte mit Namen der Kieler Professoren verschiedener Fakultäten in Gedichtform.
- 0,1 lfm
- 1895–1899

Abt. 399.1236 Bier, Emil

Emil Bier lebte von 1842 bis 1874 und war Wachtmeister und Zahlmeisteraspirant beim Regiment Gardeducorps sowie Unteroffizier im kgl. Preußischen Garde-Husaren-Regiment.

- Tagebuch über den Feldzug gegen Dänemark.
- 0,1 lfm
- 1864

Abt. 399.1017 Biernatzki, Johannes

Dr. Johannes Biernatzki wurde am 31. Dezember 1849 in Friedrichstadt geboren. Er war Pastor in Largum und Hamberge und verstarb am 5. März 1935 in Hamburg.

- Schriftstücke über seine Gesundheit.
- 0,1 lfm
- 1928–1929

Abt. 399.1239 Billing, Dietrich

Dietrich Billing lebte von 1896 bis 1937 und war Architekt.

- Unterlagen über Architektenwettbewerbe; Pläne und Fotos eines Landhauses in Kiel.
- 0,1 lfm
- 1928–1935

Abt. 399.1383 Biner, Familie

Familie Biner war eine aus Pfalz-Neuburg stammende, seit dem 17. Jahrhundert in Schleswig-Holstein ansässige Pfarrersfamilie.

- Lebenslauf des Oswald Biner (1547–1605); Chronik der Pfarrersfamilie Biner; Briefe des Organisten Christiansen aus Riga an seine Eltern in Bredstedt; Stammbaum der Familie Biner.
- 0,1 lfm
- 1576–2009

Abt. 399.1018 Bischoff, Asmus

Asmus Bischoff war Halbhufner in Brekling.
- ↘ Testament.
- ↘ 0,1 lfm
- ↘ 1870

Abt. 399.1257 Biss, Adolf

Adolf Biss wurde vor 1895 geboren und war Gemeindevorsteher bzw. Bürgermeister von Gönnebek und Amtsvorsteher von Bornhöved sowie Heimatforscher.
- ↘ Kopien von Archivalien für die Chronik von Gönnebek, erschienen 1974.
- ↘ 0,1 lfm
- ↘ [vor 1974]

Abt. 399.1019 Blaunfeldt, Maximilian Franciscus

Maximilian Franciscus Blaunfeldt wurde am 26. April 1799 in Apenrade geboren. Er war Jurist und Hardesvogt der Hüttener Harde. Er verstarb am 29. Januar 1880 in Kopenhagen.
- ↘ Bericht des Apenrader Amtmanns über das Gesuch Blaunfeldts um eine Anleihe zur Fortsetzung seiner Studien.
- ↘ 0,1 lfm
- ↘ 1825

Abt. 399.1246 Block, Familie

Familie Block war eine Hofbesitzerfamilie in Boren-Akeby.
- ↘ Hof- und Familienpapiere; Aufzeichnungen über das Kirchspiel Boren von Heinrich Block.
- ↘ 0,1 lfm
- ↘ 1821–1976

Abt. 399.1020 Blöcker, Hans

Hans Blöcker war Heimatforscher.
- ↘ Klein Buchwalder Pachtverträge; Schulsachen betr. Nutteln, Gribbohm und Schipphorst.
- ↘ 0,1 lfm
- ↘ 1700–1856

Abt. 399.1371 Blohm, Georg Heinrich

Georg Heinrich Blohm lebte von 1835 bis 1909 und war Kaufmann.
- Testament.
- 0,1 lfm
- 1886–1909

Abt. 399.1021 Bluhm, J. N. C.

Dr. J. N. C. Bluhm war Eigentümer der Kronshagener Ziegelbrennerei.
- Konfirmation der Bestallung zum Agenten.
- 0,1 lfm
- 1838–1843

Abt. 399.1406 Bode, E.

E. Bode lebte in Hamburg.
- Kriegschronik.
- 0,1 lfm
- 1914–1920

Abt. 399.206 Boeck, Christian

Christian Boeck wurde am 10. März 1875 in Heiligenstedten geboren. Er war Pastor, Autor und Vorsitzender der Fehrs-Gilde e. V. Er verstarb am 21. Juli 1964 in Hamburg.
- Persönliches; Fehrs-Gilde; Eigene Fehrs-Forschung und plattdeutsche Sprachpflege; Bücher und Zeitungen; Fotografien.
- 6 lfm
- 1904–1972

Abt. 399.1022 Böhl, Johannes von

Johannes von Böhl lebte von 1889 bis 1970. Er war Lehrer in Süderlügum und Heimatforscher.
- Manuskripte und Beiträge zur Geschichte Süderlügums.
- 0,1 lfm
- (1613–1957)

Abt. 399.6 Böhmcker, Johann Heinrich Adolf

Johann Heinrich Böhmcker wurde am 2. Juli 1896 in Braak bei Eutin geboren. Er war Jurist, Regierungspräsident für den oldenburgischen Landesteil Eutin und von 1937 bis 1944 Regierender Bürgermeister in Bremen. Er verstarb am 16. Juni 1944 bei Hannover.

- ↘ Private und politische Papiere.
- ↘ 1 lfm
- ↘ 1858, 1888–1943

Abt. 399.111 Böhrnsen, Hermann

Hermann Böhrnsen wurde am 18. September 1900 in Rendsburg geboren. Er war Tischlermeister, Obermeister der Flensburger Tischlerinnung und Landesinnungsmeister, Vizepräsident der Handwerkskammer Flensburg, Mitglied des Landtags von Schleswig-Holstein und Minister für Wirtschaft und Verkehr des Landes Schleswig-Holstein. Er verstarb am 19. Mai 1976 in Rendsburg.

- ↘ Korrespondenz; Vortrags- und Redemanuskripte; Unterlagen und Druckschriften vor allem aus der politischen Tätigkeit.
- ↘ 6 lfm
- ↘ ca. 1950–1976

Abt. 399.201 Börnsen, Wolfgang

Wolfgang Börnsen (Bönstrup) wurde am 26. April 1942 in Flensburg geboren. Er war Mitglied des Deutschen Bundestags von 1987 bis 2013 und unter anderem Generalsekretär der CDU Schleswig-Holstein sowie 24 Jahre in der Kommunalpolitik, Kreis Schleswig-Flensburg, tätig.

- ↘ Unterlagen aus der politischen Tätigkeit.
- ↘ 3 lfm
- ↘ 1987–2013

Abt. 399.1352 Böteführ, Erna

Erna Böteführ geb. Buus wurde 1913 in Rendsburg geboren und war Familienforscherin.

- ↘ Genealogisches Material, Familienpapiere und Korrespondenzen Familie Böteführ.
- ↘ 0,1 lfm
- ↘ 1770–1970

Abt. 399.100 Bokelmann, Familie

Familie Bokelmann war eine in Schleswig-Holstein ansässige Familie.

- Familienpapiere; Genealogisches Material betr. Familien Bokelmann, Wallichs, Sillem und Stintzing.
- 1 lfm
- 1805–1978

Abt. 399.7 Bokelmann, Georg Wilhelm

Georg Wilhelm Bokelmann lebte von 1799 bis 1847 und war Dänischer Ministerresident und Generalkonsul in Hamburg.

- Schreiben des dänischen Außenministers Rosenkrantz.
- 0,5 lfm
- 1817–1823

Abt. 399.1220 Boller, Johannes

Johannes Boller war Bauunternehmer und um 1946 Kreisinnungsarchivpfleger in Heiligenhafen.

- Abschriften von Büchern und Dokumenten aus der Lade des Maureramtes in Oldenburg.
- 0,1 lfm
- 1750–ca. 1900

Abt. 399.8 Bonin, Eduard von

Eduar von Bonin wurde am 12. März 1793 in Stolp geboren. Er war Preußischer General der Infanterie, Kommandeur des VIII. Armeekorps und von 1852 bis 1854 Kriegsminister. Er verstarb am 13. März 1865 in Koblenz.

- Unterlagen aus Tätigkeit als Kommandierender General in Schleswig-Holstein.
- 0,5 lfm
- 1848–1858

Abt. 399.9 Boor, Familie de

Familie de Boor war überwiegend in Hamburg ansässig.

- Familienpapiere.
- 0,5 lfm
- 1702–1941

Abt. 399.107 Borzikowsky, Reinhold

Dr. Reinhold Borzikowsky wurde am 12. Juni 1913 in Sonderburg geboren. Er war Jurist, Landrat in Husum, Staatssekretär im schleswig-holsteinischen Kultusministerium, Präsident des Landesrechnungshofs Schleswig-Holstein und Direktor des Instituts für Regionale Forschung und Information im Deutschen Grenzverein e. V., Vorsitzender der Gesellschaft für schleswig-holsteinische Geschichte und Vorstandsmitglied im Deutschen Grenzverein. Er verstarb im Dezember 1998 in Strande.

- Vor allem Handakten und Materialsammlungen aus der Zeit als Staatssekretär im Kultusministerium.
- 1 lfm
- 1957–1985

Abt. 399.221 Braak, Johannes Edmund

Johannes Edmund (Ivo) Braak wurde am 12. September 1906 in Marne geboren. Er war Pädagoge, Rektor der Pädagogischen Hochschule Kiel, Autor und Hörspielsprecher. Ivo Braak verstarb am 10. August 1991 in Kiel.

- Korrespondenz; Autorentätigkeit; Materialsammlung; Werke; Rezensionen und Kritiken; Berufliche Tätigkeit; Druckschriften; Zeitschriften; Theateraufführungen und Theaterstücke.
- 1 lfm
- 1908–1979

Abt. 399.226 Bräuninger, Michaela

Dr. Michaela Bräuninger wurde 1974 in Heilbronn geboren. Sie ist Historikerin.

- Sammlungen und Forschungsunterlagen zur Kirchengemeinde Wellingsbüttel und zur Frauenkirchengeschichte.
- 1 lfm
- 1932–2018

Abt. 399.1359 Brammer, Conrad Friedrich

Conrad Friedrich Brammer lebte von 1795 bis 1836 und war Holzvogt auf Maasleben.
- Bestallungsurkunde; Totenschein; Abfindung der Witwe.
- 0,1 lfm
- 1820–1837

Abt. 399.199 Bredenkamp, Familie

Familie Bredenkamp war eine Meieristenfamilie in Schleswig-Holstein.
- Familienchronik mit zahlreichen Dokumenten, Fotos und Korrespondenzen.
- 0,5 lfm
- 19. Jh.-2008

Abt. 399.1355 Brinkmann, Familie

Familie Brinkmann war eine in Schleswig-Holstein ansässige Familie.
- Familienpapiere und genealogisches Material der Familie Brinkmann mit den Hauptlinien Schetelig, Poel, von Pustau, Menke und Bley.
- 0,5 lfm
- 1815–1997

Abt. 399.1023 Brockdorff, Familie von

Familie von Brockdorff ist eine Familie des schleswig-holsteinischen Uradels.
- Rechtssachen.
- 0,1 lfm
- 1714–1846

Abt. 399.1265 Brockdorff-Rantzau, Ulrich Graf von

Dr. Ulrich Graf v. Brockdorff-Rantzau wurde am 29. Mai 1869 in Schleswig geboren. Er war Reichsaußenminister und erster deutscher Botschafter in der Sowjetunion. Er verstarb am 8. September 1928 in Berlin.
- Vor allem Erbschaftsangelegenheit.
- 0,1 lfm
- 1861, 1900

Abt. 399.1253 Brockmann, Familie

Familie Brockmann war eine Gastwirtsfamilie in Fahren, Kirchspiel Probsteierhagen.

- Familienpapiere und Unterlagen über die Gastwirtschaft in Fahren.
- 0,1 lfm
- 1841–1958

Abt. 399.75 Brügmann, Friedrich

Friedrich Brügmann war Justizoberinspektor und verstarb 1968 in Kiel.

- Genealogisches Material zu den Familien Brügmann und Pöhls.
- 3 lfm
- undatiert

Abt. 399.1323 Brügmann, Joachim

Joachim Brügmann lebte von 1901 bis 1974. Er war Landwirt und Bürgermeister in Tetenhusen.

- Öffentliche Bekanntmachungen; Vordrucke für Lebensmittelkarten.
- 0,1 lfm
- 1945

Abt. 399.10 Brütt, Kurt Peter

Kurt Peter Brütt wurde am 14. September 1886 in Berlin geboren. Er war Buchhaltungschef bei der Firma Siemens und Genealoge. Er verstarb am 24. November 1969 in Mülheim.

- Genealogische Materialsammlung zu den Familien Brütt, Kromayer, Schillbach, Stockmann, Zenker; Nachlasssplitter seines Vaters Adolf Brütt.
- 4 lfm
- undatiert

Abt. 399.1024 Bülow, Gräfin von

Gräfin Bülow geb. von Schindel lebte in Flensburg.

- Beschwerde über Gewalttätigkeit ihres Sohnes.
- 0,1 lfm
- 1750

Abt. 399.1375 Bünz, Telse

Telse Bünz lebte von 1880 bis 1966. Sie war Diakonisse in Flensburg und Gemeindeschwester in Grünholz.

- Vor allem Fotografien und Karten der herzoglichen Familie.
- 0,5 lfm
- 1914–1966

Abt. 399.1025 Burchard, Georg Heinrich und Peter Anton

Georg Heinrich Burchard lebte von 1624 bis 1701. Er war Pastor und Propst in Heiligenhafen. Sein Sohn Peter Anton Burchard lebte von 1656 bis 1714 und war Pastor und Propst in Heiligenhafen und in Segeberg.

- Korrespondenzen mit den Theologiestudenten Peter Anton, Matthias Heinrich und Johannes Jacob Burchard.
- 0,1 lfm
- 1685–1714

Abt. 399.1395 Butenschön, Johann Friedrich

Johann Friedrich Butenschön wurde am 14. Juni 1764 in Bramstedt geboren. Er war Rektor der Akademie in Mainz, Schriftsteller, Regierungs- und Kreisschulrat in Speyer und weltliches Mitglied des protestantischen Konsistoriums. Er verstarb am 16. Mai 1842 in Speyer.

- Persönliche Reisedokumente.
- 0,1 lfm
- 1786–1806

Abt. 399.1365 Callsen, Familie

Familie Callsen war eine Landbesitzerfamilie in Neuberend.

- Familienunterlagen; Grundstückspapiere.
- 0,1 lfm
- 1877–1886

Abt. 399.120 Carsten, Rehder Heinz

Dr. Rehder Heinz Carsten wurde am 18. März 1910 in Hamburg geboren. Er war Leiter der Nordischen Abteilung der Universität Hamburg, Direktor des Deutschen Seminars und Leiter der geisteswissenschaftlichen Abteilung des Deutschen Wissenschaftlichen Instituts in Stockholm, Lehrbeauftragter für Friesisch an der Universität Hamburg und Gründer des Instituts für Heimat- und Volkstumsforschung auf Schloss Grabau. Er verstarb am 4. Oktober 1982 in Hamburg.

- Holsteinische Orts- und Flurnamenkartei.
- 3 lfm
- 1950er-/1960er-Jahre

Abt. 399.1225 Carstens, Werner

Dr. Werner Carstens wurde am 25. August 1899 in Harmsdorf geboren. Er war Landesarchivrat und verstarb am 25. Mai 1948 in Schleswig.

- Aufsätze zu Fragen der Landwirtschaftsgeschichte und zur dänischen und holsteinischen Schleswig-Holstein-Politik im 15. und 16. Jh.; Auszüge aus dem Urkundenbuch des Bistums Lübeck.
- 0,1 lfm
- [um 1945]

Abt. 399.179 Castagne, Fritz

Fritz Castagne wurde am 22. September 1909 in Kiel geboren. Er war Theologe, Unitarier und Bibliothekar am Institut für Weltwirtschaft in Kiel. Er verstarb am 6. September 1983 in Kiel.

- Persönliche Unterlagen; Schriften und Vorträge.
- 1 lfm
- 1932–1984

Abt. 399.11 Christiansen, Christian

Christian Christiansen wurde am 17. April 1878 geboren. Er war Lehrer und Heimatforscher in Rickling und verstarb am 18. Juli 1955.

- Sammlung von dorf-, hof- und familiengeschichtlichen Materialien vorwiegend für die Orte Schackendorf und Molfsee.
- 2 lfm
- (1692–1931)

Abt. 399.1026 Christiansen, Willy

Willy Christiansen wurde am 7. Mai 1878 geboren. Er war Tiefbauunternehmer, Stadtverordneter in Schleswig und Mitglied des Schleswiger Kreistags. Willy Christiansen verstarb am 7. April 1951 in Schleswig.

- Unterlagen aus seiner Tätigkeit als Stadtverordneter und Kreistagsmitglied; Sammlung von Flugblättern, Stimmscheinen und Zeitungsausschnitten zu verschiedenen Wahlen.
- 0,1 lfm
- 1925–1933

Abt. 399.1249 Claasen, Jan Ludwig

Jan Ludwig Claasen stammte vermutlich von Gut Oehe und lebte später in Surinam.

- Brief aus Surinam an seine Familie nach Oehe.
- 0,1 lfm
- 1751

Abt. 399.1027 Clasen, Martin

Martin Clasen wurde am 10. August 1882 in Reinfeld geboren. Er war Pastor in Reinfeld und verstarb dort am 9. November 1962.

- Sammlung zur Geschichte Schleswig-Holsteins, des Kreises Stormarn, Niedersachsens, Lübecks, Hamburgs und Zarpens.
- 0,1 lfm
- 1929–1962

Abt. 399.231 Clasen, Reinfried und Margarete

Reinfried Clasen wurde am 3. November 1911 in Neustadt geboren. Er war Theologe und zuletzt Militärdekan. Er verstarb am 6. Juli 2002. Seine Frau Margarete Clasen geb. Liebe wurde am 19. Februar 1912 geboren. Sie war Theologin und verstarb am 28. März 1987 in Kiel.

- Dienstliche Taschenkalender.
- 1 lfm
- 1924–2002

Abt. 399.1217 Clausen, Karl Friedrich

Karl Friedrich Clausen wurde am 9. Oktober 1916 in Hadersleben geboren und war seit 1842 mit Ingeborg Julie geb. Kölln verheiratet. Er war Admiral und verstarb wohl 2013.

- Typoskripte zur Geschichte der Familie Kölln, Neumünster und der Familie Clausen, Pellworm.
- 0,1 lfm
- [vor 1980]

Abt. 399.123 Clausen, Otto

Otto Clausen wurde am 14. Juli 1910 in Groß Rheide geboren. Er war Realschulkonrektor in Kropp und Heimatforscher, insbesondere Kolonistenforscher, und verstarb am 25. Januar 1992 in Kropp.

- Manuskripte und Materialien zur Heide- und Moorkolonisation sowie zur Orts- und Familiengeschichte im Herzogtum Schleswig.
- 5 lfm
- ca. 1935–1990

Abt. 399.1028 Clausen, Peter

Peter Clausen wurde am 3. Januar 1887 in Havetoft geboren. Er war Lehrer in Nordhackstedt und verstarb am 18. März 1963.

- Hofpapiere des Nordhackstedter Hofes; Landbuch der Gemeinde Karlum; Aufzeichnungen zur Familienchronik Jessen-Nicolaysen; Kriegstagebuch 1848–1849 des Thomas Peter Petersen aus Osterby (Karrharde); Übernachtungsprotokoll des Krugs zu Unaften.
- 0,1 lfm
- 1682–1867, 1663–1893

Abt. 399.1185 Claussen, Arnold

Arnold Claussen war während des Ersten Weltkriegs Vizewachtmeister im Husaren-Regiment Nr. 16.

- Tagebuch aus dem Ersten Weltkrieg (Typoskript).
- 0,1 lfm
- 1914–1918

Abt. 399.116 Claussen, Heinrich

Heinrich Claussen lebte von 1880 bis 1956. Er war Polizeioberinspektor in Hamburg und Heimatforscher.

- Kirchenbuchabschriften der St. Bartholomäuskirche zu Wesselburen 1644–1876; Armenkostenbuch 1579–1701; Zeitschriftenartikel zum 70. Geburtstag Claussens 1950.
- 1 lfm
- 1579–1950

Abt. 399.1029 Clement, Knud Jungbohn

Dr. Knud Jungbohn Clement wurde am 4. Dezember 1803 auf Amrum geboren. Er war Privatdozent für Geschichte an der Universität Kiel, Journalist sowie Publizist und verstarb am 9. Oktober 1873 in Jersey City/USA.

- Manuskripte; Briefe.
- 0,1 lfm
- 1821–1872

Abt. 399.1414 Cold, Eberhard

Dr. Eberhard Cold wurde am 29. September 1921 in Pinneberg geboren. Er war Historiker, Orientalist, Religionswissenschaftler, Kalligraf sowie Buchdrucker und Verleger. Er verstarb am 24. Dezember 1988 in Nidda.

- Flugblätter von Schüler- und Studentengruppen in Kiel.
- 0,1 lfm
- 1968–1974

Abt. 399.1299 Cord, Alix

Dr. Alix Cord wurde am 17. März 1934 in Hamburg geboren. Sie ist Historikerin.

- Unterlagen zu Familien Överdieck im Kirchspiel Oldenburg in Holstein
- 0,1 lfm
- 1675–1810

Abt. 399.1030 Dahlmann, Friedrich Christoph

Prof. Dr. Friedrich Christoph Dahlmann wurde am 13. Mai 1785 in Wismar geboren. Er war Historiker und Professor für deutsche Geschichte und Staatswissenschaften an den Universitäten Kiel, Göttingen und Bonn; außerdem war er Abgeordneter in der Frankfurter Nationalversammlung. Er verstarb am 5. Dezember 1860 in Bonn.

- ↘ Entwurf seiner Abschiedsrede an die Studenten beim Weggang aus Kiel.
- ↘ 0,1 lfm
- ↘ 1829

Abt. 399.1031 Dale, Joachim von

Joachim von Dale lebte von 1651 bis 1719. Er war Jurist und Resident in Lübeck.

- ↘ Adelsbrief Kaiser Leopolds I. für die Brüder Joachim und Dietrich von Dale (Kopie).
- ↘ 0,1 lfm
- ↘ 1677

Abt. 399.150 Dau-Schmidt, Detlef

Detlef Dau-Schmidt wurde 1925 in Norderstapel geboren. Er war Rektor der Friedrich-Ebert-Schule in Preetz und Heimatforscher.

- ↘ Materialien über Löwenstedt, Kreis Nordfriesland, und die Familie sowie den Hof Dau-Schmidt.
- ↘ 0,5 lfm
- ↘ (1626–) 1943–2002

Abt. 399.1032 David, Marianne

Marianne David wurde 1903 in Tingleff geboren. Sie war Realschullehrerin an der Ludwig-Andresen-Schule in Tondern.

- ↘ Brief über den Einmarsch deutscher Truppen in Dänemark.
- ↘ 0,1 lfm
- ↘ 1940

Abt. 399.1033 Delfs, Jasper und Engel

Das Ehepaar Jasper und Engel Delfs geb. Fock lebte in Wiedenborstel.
- Gegenseitiges Testament.
- 0,1 lfm
- 1775

Abt. 399.1354 Dethlefs, Familie

Familie Dethlefs war eine in Meggerholm ansässige Familie.
- Hof- und Familienpapiere.
- 0,1 lfm
- 1763–1959

Abt. 399.1423 Detlefsen, Familie

Familie Detlefsen war eine in Maasholm ansässige Schifferfamilie.
- Familienpapiere.
- 0,1 lfm
- 1876–1912 (1934–1938)

Abt. 399.227 Diedrichsen, Heinrich Detlef

Heinrich Detlef Diedrichsen wurde am 29. Juli 1879 in Struxdorf geboren und verstarb 1967 in Arup. Er war Hufner und Hofbesitzer.
- Kauf- und Überlassungsverträge, Musterschreiben und Musterformulare aus der Selbstverwaltung; Lebensbericht von Heinrich Detlef Diedrichsen.
- 0,5 lfm
- 1840–ca. 1960

Abt. 399.1362 Dittmann, Familie

Familie Dittmann war eine in Neuberend ansässige Familie.
- Familienunterlagen.
- 0,1 lfm
- 1944–1958

Abt. 399.1269 Doose, Luise

Luise Doose geb. von Wolters lebte von 1758 bis 1829.
- Testament mit einem Lebensbild, verfasst von Dr. Seidel.
- 0,1 lfm
- 1829–1831

Abt. 399.1247 Drews, Jacob

Jacob Drews lebte von 1845 bis 1910. Er war Lehrer in Reinbek, Barmissen, Wesselburener Koog und Altona.
- Lebenserinnerungen.
- 0,1 lfm
- 1908

Abt. 399.89 Dumont, Jakob Philipp

Jakob Philipp Dumont wurde am 4. Juli 1685 in Preetz geboren. Er war Schleswig-Holstein-Gottorfischer Konferenzrat sowie Gesandter in Paris und starb 1737 in Altona.
- Diplomatische Korrespondenz, ältere kaufmännische Korrespondenz und Rechnungssachen insbesondere des Vaters Nikolaus Dumont.
- 1 lfm
- (1628–) 1712–1737

Abt. 399.1204 Eckell, Johann Philipp

Johann Philipp Eckell lebte von 1766 bis 1839. Er war Amtsarzt in Cismar und Regimentschirurg in Larvig (Norwegen), Schleswig und Hadersleben.
- Lebensbeschreibung; Reisebeschreibungen; Gedichte, Lieder und Gebete.
- 0,1 lfm
- 1790–1839

Abt. 399.93 Eggers, Klaus

Klaus Eggers lebte von 1898 bis 1971. Er war Heimatforscher und Lehrer unter anderem in Lütau, Schönkirchen und Tolk.

- Lokal- und familiengeschichtliche Arbeiten und Aufzeichnungen vor allem über das Dorf und Kirchspiel Lütau, Kreis Herzogtum Lauenburg, Dorf und Kirchspiel Tolk des Kirchspiels Nübel, Kreis Schleswig-Flensburg.
- 2 lfm
- 1924–1966

Abt. 399.1184 Eggers, Nicolaus

Nicolaus Eggers wurde 1891 in Lüngerau geboren und war Hauptlehrer an der Schule in Oeversee.

- Hofpapiere des Hofes Augaard bei Oeversee.
- 0,1 lfm
- 1731–1906

Abt. 399.1416 Ehlers, Wilhelm

Wilhelm Ehlers wurde am 21. November 1905 in Pinneberg geboren. Er war Direktor der Landesbank Schleswig-Holstein.

- Fotos und Postkarten.
- 0,1 lfm
- 1962–1982

Abt. 399.1390 Ehrich, Otto

Otto Ehrich lebte von 1889 bis 1966 und war Volksschullehrer in Eutin.

- Private und dienstliche Dokumente; Glasplattennegative.
- 0,1 lfm
- 1889–1966

Abt. 399.1034 Eitzen, Familie

Familie Eitzen war im Raum Itzehoe ansässig.

- Familienpapiere (Kaufverträge, Heiratsvertrag, Nachlasssachen).
- 0,1 lfm
- 1793–1841

Abt. 399.1342 Enewaldsen, Carl

Carl Enewaldsen lebte von 1920 bis 1994 und war Landwirt und Heimatforscher in Tinningstedt.

- ↘ Maschinenschriftlicher Erlebnisbericht 1938–1945 mit Fotoalbum.
- ↘ 0,1 lfm
- ↘ aufgezeichnet 1985–1986

Abt. 399.177 Engel, Caspar Arnold Gotthold Johann

Caspar Arnold Gotthold Johann Engel lebte von 1799 bis 1863. Er war Jurist und Rat bei der Schleswig-Holsteinischen Regierung auf Gottorf.

- ↘ Sammlung zu Kirchen und Schulen.
- ↘ 3 lfm
- ↘ 1834 (–1935)

Abt. 399.1337 Engellandt, Familie

Familie Engellandt war eine seit 1865 in Luhnstedt ansässige Hofbesitzerfamilie.

- ↘ Hofpapiere von Hufenstellen zu Hamweddel und Luhnstedt.
- ↘ 0,1 lfm
- ↘ 1741–1939

Abt. 399.1409 Enkelmann, Paul

Paul Friedrich Enkelmann wurde am 27. Januar 1879 in Christiansfeld geboren. Er war Oberschullehrer. Er verstarb am 9. Juli 1945.

- ↘ Familienunterlagen.
- ↘ 0,1 lfm
- ↘ 1879–2016

Abt. 399.1241 Erichsen, Ernst

Dr. Ernst Erichsen lebte von 1899 bis 1966. Er war Historiker und Studienrat in Husum.

- ↘ Manuskript zur Geschichte der Stadt Schleswig.
- ↘ 0,1 lfm
- ↘ [vor 1966]

Abt. 399.1391 Ernst, Wilhelm

Wilhelm Ernst lebte von 1828 bis 1899 und war Forstmeister in Quickborn.

- Persönliche und dienstliche Dokumente.
- 0,1 lfm
- 1845–1917

Abt. 399.1176 Esmarch, Johann Philipp Ernst

Johann Philipp Ernst Esmarch lebte von 1794 bis 1874. Er war Bürgermeister von Segeberg und der Schwiegervater von Theodor Storm.

- Briefe des Propstes Karl Jensen (1796–1860) in Sonderburg an Esmarch.
- 0,1 lfm
- 1853

Abt. 399.1036 Esmarch, Johannes Friedrich August von

Prof. Dr. Johannes Friedrich August von Esmarch wurde am 9. Januar 1823 in Tönning geboren. Er war Generalarzt und Professor der Chirurgie und Augenheilkunde in Kiel. Esmarch wurde 1887 in den Adelsstand erhoben und war verheiratet mit Prinzessin Henriette von Schleswig-Holstein. Er verstarb am 23. Februar 1908 in Kiel.

- Briefe des Arztes Dr. A. Dose in Marne an Esmarch über persönliche und örtliche Angelegenheiten.
- 0,1 lfm
- 1903

Abt. 399.1037 Eyben, Familie von

Familie von Eyben war eine norddeutsche Juristenfamilie.

- Unterlagen verschiedener Familienmitglieder; Briefe; Besitz- und Erbschaftsangelegenheiten; Personalie; Ehesachen; Gedichte.
- 0,1 lfm
- 1650–1811

Abt. 399.1038 Falck, Niels Nikolaus

Prof. Dr. Niels Nikolaus Falck wurde am 25. November 1784 in Emmerleff geboren. Er war Professor für deutsches und schleswig-holsteinisches Recht an der Christian-Albrechts-Universität in Kiel und Mitglied und Präsident der Schleswigschen Ständeversammlung. Er verstarb am 5. Mai 1850 in Kiel.

- Briefe an seinen Buchhändler.
- 0,1 lfm
- 1817–1819

Abt. 399.170 Fehling, August Wilhelm

Dr. August Wilhelm Fehling lebte von 1896 bis 1964. Er war Repräsentant der Rockefeller-Foundation für Mittel- und Südosteuropa und Kurator der Universität Kiel.

- Allgemeine Hochschulpolitik Christian-Albrechts-Universität zu Kiel.
- 2 lfm
- 1920–1964

Abt. 399.1312 Feldhusen, Johannes Marcus

Prof. Johannes Marcus Feldhusen wurde am 1. April 1911 in Hamburg geboren. Er war Lehrer in Lütjenwestedt und später Professor an der Pädagogischen Hochschule Lüneburg.

- Typoskripte zur Familienforschung Feldhusen; Materialien aus seiner Zeit als Lehrer in Lütjenwestedt; Listen über Fliegergeschädigte und Flüchtlinge in Lütjenwestedt; Bericht über seine Tätigkeit im Flüchtlingshilfswerk in Lütjenwestedt.
- 0,1 lfm
- 1945–1981

Abt. 399.1211 Feldmann, Ludwig

Ludwig Feldmann war 1849 bis 1856 Jurastudent und zeitweise Unteroffizier im 3. Schleswigschen Linienbataillon.

- Briefe von Freunden Feldmanns.
- 0,1 lfm
- 1849–1856

Abt. 399.12 Finke, Johannes

Johannes Finke wurde am 26. April 1839 geboren. Er war Lehrer und Organist in Selent und verstarb am 19. Januar 1904.

- Genealogische Unterlagen; Familienchroniken; Fotografien; Stammbuchblätter.
- 0,5 lfm
- 1735–1905

Abt. 399.1224 Fintzen, Claus Hinrich

Claus Hinrich Fintzen lebte von 1841 bis 1928. Er war Landwirt in Brekling und auch Sandmann, Amtsvorsteher und Kreisausschussmitglied.

- Aufzeichnungen über sein Leben und seinem Wohnort Brekling.
- 0,1 lfm
- 1919–1920

Abt. 399.1215 Fischer, Fritz

Fritz Fischer wurde am 29. August 1903 in Stettin geboren. Er war Grafiker beim Schleswig-Holsteinischen Landesamt für Vor- und Frühgeschichte und verstarb am 18. März 1980 in Schleswig.

- Rechts- und Hochwerte sowie Erläuterungen zur Karte von Alt-Nordstrand um 1634; Korrespondenz mit Dr. Bantelmann; Wattgrundkarten.
- 0,1 lfm
- 1969–1978

Abt. 399.1039 Fischer-Benzon, Jacob Ludwig Heinrich Emil

Jacob Ludwig Heinrich Emil Fischer-Benzon war Forst- und Jagdjunker.

- Bestallungsurkunde.
- 0,1 lfm
- 1843

Abt. 399.1193 Fleischhauer, M.

M. Fleischhauer war Marineoberzahlmeister.

- Aufzeichnungen über persönliche Wirtschaftsführung.
- 0,1 lfm
- 1911–1969

Abt. 399.83 Fock, Adolf

Adolf Fock lebte von 1884 bis 1967. Er war Volksschullehrer in Hamburg und Genealoge.

- Manuskripte und Materialsammlung betreffend den Adel Nordelbingens im Mittelalter.
- 1 lfm
- undatiert

Abt. 399.1394 Frahm, Familie

Familie Frahm war eine Bauernfamilie in Ellingstedt.

- Hofpapiere.
- 0,1 lfm
- 1844–1914

Abt. 399.13 Francke, Karl Philipp

Karl Philipp Francke wurde am 17. Januar 1805 in Schleswig geboren. Er war Regierungspräsident der provisorischen Regierung Schleswig-Holsteins in Rendsburg, schleswig-holsteinischer Bevollmächtigter und Mitglied der Frankfurter Nationalversammlung und schleswig-holsteinischer Finanz- und Außenminister, Regierungspräsident in Coburg, Mitglied des Preußischen Abgeordnetenhauses und des Reichstags. Er verstarb am 23. Februar 1870 in Kiel.

- Dienstliche Tätigkeit und Ordensangelegenheiten; Korrespondenzen und Materialien vor allem als Bevollmächtigter der Gemeinsamen Regierung.
- 1 lfm
- 1839–1870

Abt. 399.1401 Franke, Otto

Otto Franke lebte von 1883 bis 1956. Er war Verkaufsvertreter für Bäckereimaschinen und im Ersten Weltkrieg Kraftfahrer beim 9. Reservekorps in Henin-Lietard.

- Vor allem Fotos und Feldpostkarten aus dem Ersten Weltkrieg.
- 0,1 lfm
- (1897) 1914–1918 (1944–1946)

Abt. 399.1306 Friederici, Adolf

Dr. Adolf Friederici wurde am 27. Mai 1922 in Kiel geboren. Er war Lehrer an der Meldorfer Gelehrtenschule und verstarb am 1. Dezember 2004 in Meldorf.

- Artikel über General Kazimierz Raszewski aus dem Polnischen Biographischen Wörterbuch (mit Übersetzung); Korrespondenz über den Verbleib der Fahnen des IX. Armeekorps.
- 0,1 lfm
- 1987–1996

Abt. 399.211 Friederici, Georg Roberto

Georg Roberto Friederici wurde 1944 geboren. Er ist Diplom-Ingenieur und Genealoge.

- Persönliche Unterlagen; genealogische Forschung zur Familie Friederici; Fotoalben; Karten
- 4 lfm
- (1575–) 2013

Abt. 399.103 Friedrich, Paul-M.

Dr. Paul-M. Friedrich wurde am 29. Juni 1913 in Calbe an der Saale geboren. Er war Philatelist, Postgeschichtler und Heimatforscher.

- Materialsammlung zur Postgeschichte Wandsbeks.
- 0,5 lfm
- 16.–20. Jh.

Abt. 399.127 Fülscher, Johann

Dr.-Ing. Johann Fülscher wurde am 28. Oktober 1831 in Kronsmoor geboren. Er war Bauingenieur, technischer Bauleiter des Kaiser-Wilhelm-Kanals/Nord-Ostsee-Kanals und vortragender Rat beim Ministerium für öffentliche Arbeiten in Berlin. Er verstarb am 20. Juni 1915 in Kiel.

- Vor allem Unterlagen zum beruflichen Werdegang; Festschriften und Feierlichkeiten anlässlich des Kanalbaus und der Kanaleinweihung.
- 1 lfm
- 1850–1911

Abt. 399.1040 Fürsen-Bachmann, Johann Nikolaus von

Johann Nikolaus von Fürsen-Bachmann lebte von 1798 bis 1894 und war dänischer Oberst in Schleswig.

- Briefe von Familienangehörigen, Offizieren und Politikern.
- 0,1 lfm
- 1848–1891

Abt. 399.14 Gabriel, Peter

Peter Gabriel war Gevollmächtigter und Sandmann der Kirchspielvogtei Ulsnis sowie Besitzer des Resthofs Kalkjergaard.

- Hofpapiere des Allodialguts Kalkjergaard; Private Papiere.
- 0,5 lfm
- (1664) 1722–1926

Abt. 399.1041 Gedde, Catharina Elisabeth von

Catharina Elisabeth von Gedde war die Frau des dänischen Generalmajors Salomon von Gedde und lebte von 1752 bis 1832.

- Benachrichtigung der Enkelkinder der verstorbenen Witwe von Gedde.
- 0,1 lfm
- 1832

Abt. 399.1042 Gersdorff, Familie von

Familie von Gersdorff war eine auf Fahrenstedt ansässige Gutsbesitzerfamilie.

- Familienunterlagen betreffend das adlige Gut Fahrenstedt; Fischereirechte des Gutes.
- 0,1 lfm
- 1602–1839

Abt. 399.124 Gesler, Waldemar

Dr. Waldemar Gesler lebte von 1906 bis 1964. Er war beteiligt an der Einrichtung der Bezirksabgabestellen für Gartenbauerzeugnisse GmbH und Syndikus des Bundes deutscher Baumschulen in Rellingen.

- Persönliche Unterlagen; Veröffentlichungen; Korrespondenzen.
- 0,5 lfm
- 1888–1965

Abt. 399.236 Glindemann, Familie

Familie Glindemann war eine in Groß Vollstedt ansässige Hufnerfamilie, der auch Gemeindevorsteher, Amtsvorsteher und Brandkommissare angehörten.

- Familienchronik; Kirchspielvogtei Nortorf.
- 0,5 lfm
- 1785–2003

Abt. 399.1043 Gluesing, Carl Detlef Friedrich

Carl Detlef Friedrich Gluesing lebte von 1808 bis 1878. Er war Zollverwalter und Zolleinnehmer.

- Personalakte der Provinzialsteuerdirektion.
- 0,1 lfm
- 1829–1878

Abt. 399.1397 Göttsche und Wiese, Familien

Die Familien Göttsche und Wiese waren Landbesitzer und Bauervögte in der Probstei.

↘ Hof- und Familienpapiere.
↘ 0,1 lfm
↘ 1664–1925

Abt. 399.173 Gondesen, Hans Werner

Hans Werner Gondesen wurde am 2. Januar 1921 in Bistoftholz geboren. Er war Schulleiter in Leck, Heimatforscher und Archivpfleger des Kirchenkreises Flensburg. Er verstarb 1998.

↘ Kirchliche Archivpflege; Eigene Forschungen; Vorträge und Veröffentlichungen; Heimatgeschichtliche Sammlung.
↘ 2 lfm
↘ (1571–) 1996

Abt. 399.1226 Gosau, Johanna

Johanna Gosau geb. Asmus lebte von 1844 bis 1901. Sie war die Ehefrau des Försters Hinrich Gosau in Hähnersal bei Kletkamp.

↘ Hausstandsbuch mit Buchführung über alle Ausgaben.
↘ 0,1 lfm
↘ 1874–1903

Abt. 399.1278 Graba, Jacob Andreas

Jacob Andreas Graba lebte von 1662 bis 1749. Er war Herzoglich Gottorfischer Kammerschreiber, Justiz- und Kanzleirat und Amtsverwalter in Pinneberg.

↘ Personalpapiere und Unterlagen aus seiner dienstlichen Tätigkeit; Haus- und Landbesitz; Unterlagen über andere Mitglieder der Familie Graba; Hof- und Häuserpapiere vom Hedwigenkoog.
↘ 0,1 lfm
↘ 1624, 1656–1874

Abt. 399.15 Grandt, Broder

Dr. Broder Grandt lebte von 1911 bis 1941 und war Flurnamenforscher.

- Vortragsmanuskripte; Materialsammlung zu schleswig-holsteinischen Orts- und Flurnamen; Korrespondenz.
- 0,5 lfm
- 1933–1940

Abt. 399.1044 Grauer, Christian Nikolai

Christian Nikolai Grauer lebte von 1815 bis 1844 und war Interimslehrer und Kollaborator in Glückstadt.

- Promotionsurkunde der Christian-Albrechts-Universität zu Kiel.
- 0,1 lfm
- 1840

Abt. 399.1186 Gravenhorst, Walter

Walter Gravenhorst war während des Ersten Weltkriegs Unteroffizier der I. Eskadron im Husaren-Regiment Nr. 16.

- Manuskript über seine Kriegserlebnisse.
- 0,1 lfm
- [nach 1918]

Abt. 399.1233 Groth, Klaus

Klaus Groth wurde 1906 in Frestedt geboren. Er war Landwirt im Dieksanderkoog und Heimatforscher.

- Chronikalische Aufzeichnungen und Quellenauszüge zur Geschichte des Dorfes Frestedt, Kirchspiel Süderhastedt.
- 0,1 lfm
- (17. Jh.–) 1982

Abt. 399.1174 Grothusen, Gehrd

Dr. Gehrd Grothusen wurde am 11. Juli 1913 in Kilwa-Kiwindji (Deutsch Ostafrika) geboren und war Ministerialdirigent im schleswig-holsteinischen Kultusministerium. Er verstarb am 16. August 2001 in Kiel.

- Leichenrede auf Wilhelm Siegel, Kultusminister a. D.
- 0,1 lfm
- 1977

Abt. 399.1045 Grumbkow, Eduard von

Eduard von Grumbkow war im Jahr 1849 Hauptmann beim Königlich Sächsischen Mobilen Corps in Schleswig.

- Brief an seinen Bruder Heinrich in Dresden.
- 0,1 lfm
- 1849

Abt. 399.1187 Grunwald, Robert

Robert Grunwald wurde um 1818 geboren. Er war im preußischen Militärdienst, Hauptmann im Generalstab der Schleswig-Holsteinischen Armee und beim Kaiserlich Ottomanischen Militär.

- Militärpapiere.
- 0,1 lfm
- 1849–1851

Abt. 399.1046 Gundlach, Johann Friedrich von

Johann Friedrich von Gundlach verstarb 1837. Er war Besitzer der Güter Rumpshagen, Leizen und Hinrichsberg in Mecklenburg.

- Protokolle verschiedener Gutsangelegenheiten; Erbteilungen; Teilung des Nachlasses von Carl Philipp Justus von Gundlach.
- 0,1 lfm
- 1747–1864

Abt. 399.1047 Gusmann, Georg Ernst Alphons von

Georg Ernst Alphons von Gusmann stammte aus Altona und war Jurist.
- Schuldschein.
- 0,1 lfm
- 1834

Abt. 399.1419 Gust-Allmendinger, Familie

Familie Gust-Allmendinger war eine ursprünglich aus Süddeutschland stammende, in Schleswig ansässige Familie.
- Unterlagen von Erika Elfriede Gust (1926–1946) und Dr. Johannes Allmendinger (1920–2010).
- 0,1 lfm
- 1938–1985

Abt. 399.1048 Gutthäter, Siegmund und Carl von

Siegmund und Carl von Gutthäter lebten in Heiligenhafen.
- Persönliche Schriftstücke.
- 0,1 lfm
- 1650

Abt. 399.1049 Gyldenfeldt, Caspar H. Wessel von

Caspar H. Wessel von Gyldenfeldt stammte aus Rendsburg und war Jurist.
- Karzerstrafe.
- 0,1 lfm
- 1843

Abt. 399.222 Hacker, Jürgen

Dr. Jürgen Hacker wurde am 13. Juni 1927 in Kiel geboren. Er war Rechtsanwalt, Notar und Justitiar des Schleswig-Holsteinischen Kunstvereins. Er verstarb am 10. Oktober 2015.
- Unterlagen zum Prozess gegen Kurt Asche.
- 0,5 lfm
- (1941–) 1980–1985

Abt. 399.232 Hähne, Hannelore

Hannelore Hähne wurde 1928 in Celle geboren. Sie war unter anderem Religionslehrerin an Grund-, Haupt- und Sonderschulen; Studienleiterin im Nebenamt für die Ausbildung von Religionslehrern an Sonderschulen am IPTS Kiel und brachte sich beim Frauenwerk Rendsburg ein.

- Vorbereitungsmaterialien für Theologische Seminare für Religionslehrer; Seminare und Tagungen „Theologie für Nichttheologen" für Frauen beim Frauenwerk Rendsburg; Gesprächskreis „Offene Gesprächsrunde" in St. Marien, Rendsburg; Ökumenische Bibelwochen
- 0,5 lfm
- 1973–2015

Abt. 399.102 Hagedorn, Jürgen

Dr. Jürgen Hagedorn wurde am 18. August 1910 in Schleswig geboren. Er war Rechtsanwalt und Notar in Kiel sowie Vorstandsmitglied der „Schutzgemeinschaft Deutscher Wald e. V." Er verstarb am 25. Januar 1981 in Schrevenborn.

- Handakten der Schutzgemeinschaft Deutscher Wald Landesverband Nord e. V.
- 0,5 lfm
- 1948–1979

Abt. 399.1266 Hagemann, Familie

Familie Hagemann stammte aus Seestermühe und war seit 1845 in Kalifornien/USA ansässig.

- Korrespondenzen von Familienmitgliedern; Fotos.
- 0,1 lfm
- 1853–1898

Abt. 399.1262 Hagen, Wilhelm

Wilhelm Hagen lebte von 1806 bis 1894. Er war Premierleutnant in der Schleswig-Holsteinischen Armee und später Zollkontrolleur in Uetersen.

- Personalpapiere.
- 0,1 lfm
- 1831–1894

Abt. 399.1050 Hager, Johann Wilhelm Friedrich Freiherr von

Johann Wilhelm Friedrich Freiherr von Hager lebte von 1728 bis 1799. Er war Forstwirt und Justizrat in Altona.

- Eid des Johann Wilhelm Friedrich Freiherr von Hager über die Abstammung von der freiherrlichen Familie von Hager aus dem Hause Altenstaig.
- 0,1 lfm
- 1785

Abt. 399.112 Hahn, Wilhelm

Dr. Wilhelm Hahn wurde am 8. Juni 1898 in Emden geboren. Er war Journalist und Archivar und verstarb am 18. Februar 1982 in Kiel.

- Manuskripte von Veröffentlichungen und Vorträgen sowie Materialien vor allem zur Papiermühlen- und Buchdruckgeschichte Schleswig-Holsteins und zu genealogischen und kirchlichen Themen.
- 1 lfm
- 1914–1987

Abt. 399.208 Hahne, Friedrich

Friedrich Hahne lebte von 1910 bis 1969. Er war Marineangehöriger, Berufsoffizier und Pharmazeut.

- Fotoalben und Logbücher von Fahrten mit der „Niobe“ und der „Emden II“.
- 0,5 lfm
- 1929–1940

Abt. 399.196 Hamkens, Familie

Familie Hamkens war eine Hofbesitzerfamilie in Ostenfeld.

- Persönliche Unterlagen von Familienmitgliedern; Stammbaum; Hofpapiere; Fotografien.
- 0,1 lfm
- 1768–2013

Abt. 399.1051 Hammerich, Dietrich

Familie Hammerich war eine in Satrup ansässige Familie.

- Hauspapiere; Grundstücksangelegenheiten; Ordensverleihungen.
- 0,1 lfm
- 1771–1906

Abt. 399.1052 Hammerstein, Hans Christian von

Hans Christian von Hammerstein lebte von 1741 bis 1771. Er war ein Sohn des Generalleutnants Christian Ludwig von Hammerstein-Loxten.

- Steckbrief.
- 0,1 lfm
- 1760

Abt. 399.189 Hansen, Andreas

Andreas Hansen lebte von 1875 bis 1952. Er war Kaufmann (Prokurist und Kohlenhändler) und Finanzamtsangestellter in Flensburg.

- Persönliche Dokumente; Familienunterlagen; Vereinsunterlagen; Postkarten.
- 0,1 lfm
- 1828–1958

Abt. 399.204 Hansen, Familie

Familie Hansen war die Besitzerfamilie des Hofes Harenburg bei Treia.

- Hofpapiere Harenburg.
- 0,1 lfm
- 1795–1990

Abt. 399.16 Hansen, Peter Brodersen

Peter Brodersen Hansen wurde am 7. September 1831 in Bredebro geboren. Er war Kreisgerichtsrat in Flensburg und Mitglied des preußischen Abgeordnetenhauses. Er verstarb am 21. März 1878 in Görbersdorf/Schlesien.

- Tagebücher und Korrespondenz.
- 1 lfm
- 1850–1916

Abt. 399.1298 Harder, Christel

Christel Harder wurde um 1900 geboren. Sie war Kreisfürsorgerin beim Kreiswohlfahrtsamt Eckernförde.

- Unterlagen aus der Zeit der Ausbildung als Erzieherin; Berichte; Vorträge und Notizen aus der Berufspraxis als Fürsorgerin; Unterlagen für die fürsorgliche Mütterberatung; Druckschriften.
- 0,1 lfm
- 1917–1947

Abt. 399.92 Hector, Kurt

Prof. Dr. Kurt Hector wurde am 20. Januar 1909 in Heide geboren. Er war Archivar am Staatsarchiv Kiel und Leiter des Landesarchivs Schleswig-Holstein. Er verstarb am 11. April 1981 in Schleswig.

- Manuskripte und Materialien von Aufsätzen zur Geschichte und zum Archivwesen Schleswig-Holsteins; Persönliche Papiere; Private und wissenschaftliche Korrespondenz; Studentische Druckschriften.
- 4 lfm
- 1915–1981

Abt. 399.1055 Hedemann, Ernst von

Ernst von Hedemann lebte von 1800 bis 1864 und war Königlich Hannoverscher Generalmajor und Hofmarschall.

- Unterlagen zum Selbsttötungsversuch.
- 0,1 lfm
- 1862

Abt. 399.63 Heidrich, Elisabeth Charlotte

Dr. Elisabeth Charlotte Heidrich geb. Zeim wurde am 22. Juni 1903 in Drognitz geboren. Sie war Historikerin, Lehrerin, Journalistin und Leiterin der Ortsgruppe Niebüll der Schleswig-Holsteinischen Universitätsgesellschaft. Sie verstarb am 4. Mai 1983.

- Presseberichte vor allem für den Flensburger Zeitungsverlag; Schleswig-Holsteinische Universitätsgesellschaft; Familienarchiv Familie Zeim; Un-

terlagen aus der Tätigkeit zur Sammlung der Besatzungsakten im Rheinland und zur wissenschaftlichen Vorbereitung der Volksabstimmung im Saarland; Anstalten Droyßig.
- 2 lfm
- 18.–20. Jh.

Abt. 399.17 Heintze-Weißenrode, Freiherren von

Die freiherrliche Familie von Heintze (Heintze-Weißenrode) stammte ursprünglich aus Langensalza und wurde 1805 nobilitiert.
- Familienarchiv mit Urkunden und Akten der Familie; Amtliche Schriftstücke.
- 3 lfm
- 1523–1898

Abt. 399.234 Hennings, Familie

Familie Hennings war eine schleswig-holsteinische Juristenfamilie.
- Handschriftliche Chronik der Familie Hennings und ihres Umfelds, insbesondere des Politikers, Aufklärers, Publizisten und Schriftstellers August von Hennings (19. Juli 1746–17. Mai 1826) sowie seiner Schwester, der Aufklärerin Sophie Reimarus geb. Hennings (14. April 1742–30. September 1817), verfasst von der Enkelin Sophie Wattenbach (28. Februar 1808–19. Januar 1866).
- 0,5 lfm
- (1864) 1907–1913

Abt. 399.147 Hennings, Hans Harald

Hans Harald Hennings lebte von 1913 bis 2000 und war Historiker.
- Persönliche Papiere; Korrespondenz und Materialien zur Familie Hennings und zur Geschichte Schleswig-Holsteins im Mittelalter und in der Frühen Neuzeit.
- 10 lfm
- 1930–1993

Abt. 399.191 Henningsen, Hans Werner

Hans Werner Henningsen wurde 1946 geboren. Er war Lehrer in Kropp und Erfde und verstarb 2007.

- Typoskripte der privaten Forschungsreihe „Preußische Spuren".
- 1 lfm
- 1976–2008

Abt. 399.18 Hoë, Josias

Josias Hoë wurde am 22. Juli 1739 in Flensburg geboren. Er war Advokat in Flensburg, Direktor des Hofgerichts in Glücksburg, Mitglied des Obergerichts auf Gottorf, Rentekammerdeputierter und Konferenzrat in Kopenhagen. Er verstarb am 20. Januar 1816 in Kiel.

- Finanz- und Nachlassangelegenheiten der herzoglichen Familie; Justiz- und Landwirtschaftsangelegenheiten.
- 0,5 lfm
- 1756–1810

Abt. 399.19 Höhnk, Helene

Helene Höhnk wurde am 3. Februar 1859 im Sophienkoog geboren. Sie war Bibliothekarin, Archivarin, Heimatforscherin, Genealogin und Frauenrechtlerin. Sie verstarb am 27. März 1944.

- Tagebücher; Memoiren; Genealogisches, heimatgeschichtliches und literarisches Material; Frauenbewegung.
- 7 lfm
- 1732–1975

Abt. 399.217 Höppner und Schmude, Familie

Familie Höppner war eine in Schleswig-Holstein ansässige Familie. Detlef Schmude (geb. 30. Januar 1886 in Kupferberg/Schlesien, gest. 15. Dezember 1940 in Berlin) war Hauptmann und Gründer eines Siedlungswerkes.

- Familienarchiv.
- 0,5 lfm
- 1864–2015

Abt. 399.96 Hoffmann, Gottfried Ernst

Prof. Dr. Gottfried Ernst Hoffmann wurde am 19. Februar 1898 in Niedercunnersdorf/Oberlausitz geboren. Er war Historiker und Archivdirektor beim Staatsarchiv Kiel bzw. Landesarchiv. Er verstarb am 1. März 1978 in Schleswig.

- Manuskripte und Materialien zur Geschichte und zum Archivwesen Schleswig-Holsteins; Lokal- und familiengeschichtliche Unterlagen; Private und wissenschaftliche Korrespondenz.
- 6 lfm
- 1931–1978

Abt. 399.1427 Hoffmann, Walther Gustav

Prof. Dr. Walter Gustav Hoffmann wurde am 8. Februar 1903 in Hartmannsdorf/Schlesien geboren. Er war unter anderem Professor für Wirtschaftliche Staatswissenschaften in Kiel und Münster, Leiter der Redaktionsabteilung des Instituts für Weltwirtschaft in Kiel, Mitglied des Wissenschaftlichen Beirats der Verwaltung für Wirtschaft (Bizone) bzw. des Bundeswirtschaftsministeriums, Direktor des Instituts für industriewirtschaftliche Forschung sowie Direktor der Forschungsstelle für allgemeine und textile Marktwirtschaft. Er starb am 2. Juli 1971.

- Korrespondenz.
- 0,1 lfm
- 1945–1946 (2017)

Abt. 399.20 Holmer, Familie Grafen von

Die Familie der Grafen von Holmer stammt ursprünglich aus der Landschaft Stapelholm.

- Familienarchiv.
- 0,5 lfm
- 17.–19. Jh.

Abt. 399.167 Holst, Detlef

Detlef Holst war ein Inste in Hummelfeld.

- Grundstücksverträge.
- 0,1 lfm
- 1843–1900

Abt. 399.132 Homfeldt, Familie

Familie Homfeldt war eine Hofbesitzerfamilie in Stellau.

- Hof- und Familienpapiere.
- 0,1 lfm
- 1722–1959

Abt. 399.121 Hucke, Karl

Dr. Karl Hucke wurde am 7. Juni 1911 in Berlin geboren. Er war Archäologe, Glasforscher und Leiter des Kreismuseums Plön. Er verstarb am 26. Oktober 1989 in Eutin.

- Korrespondenz, Manuskripte und Materialien zur Geschichte der Glashütten vor allem in Schleswig-Holstein.
- 2 lfm
- 1933–1987

Abt. 399.224 Hunzinger, Familie

Familie Hunzinger war eine ursprünglich aus Süddeutschland stammende schleswig-holsteinische Pastorenfamilie.

- Unterlagen von Prof. Dr. Dr. August Wilhelm Hunzinger (1871–1920), Ludwig Heinrich Hunzinger (1842–1900) und Abraham Hunzinger (1792–1859).
- 0,5 lfm
- 1829–2010

Abt. 399.1250 Ijewski, Emmy

Emmy Ijewski geb. Maßmann lebte von 1907 bis 1991.

- Briefbericht.
- 0,1 lfm
- 1945

Abt. 399.21 Ingwersen, Peter

Dr. Peter Ingwersen wurde am 6. Dezember 1885 in Flensburg geboren. Er war Lehrer, Oberregierungs- und -schulrat und verstarb am 15. Februar 1958 in Schleswig.

- Persönliche Unterlagen; Materialien zur Grenzland- und Minderheitenproblematik, Bildungsgeschichte und Heimatkunde Schleswig-Holsteins.
- 1 lfm
- 1920–1959

Abt. 399.1068 Itzke

Herr Itzke war Tischlermeister in Apenrade.

- Hof- und Familienpapiere für die Orte Oxbüll und Osterbargum sowie den Obbenskoog.
- 0,1 lfm
- 1856–1951

Abt. 399.184 Ivens, Heinrich Magnus und Familie

Heinrich Magnus Ivens wurde am 20. Juni 1878 in Itzehoe geboren. Er war Architekt und Baumeister und verstarb am 8. November 1966 in Kiel-Holtenau.

- Militärische und berufliche Unterlagen; Feldpostbriefe und Feldpostkarten aus dem Ersten Weltkrieg; Fotografien von Brücken, Feldbahnen, Bahnhöfen und anderen Bauwerken in Osteuropa im Ersten Weltkrieg.
- 0,5 lfm
- 1871–1999

Abt. 399.1309 Jacobsen, Jacob Detlef und Andreas

Jacob Detlef Jacobsen und sein Sohn Andreas Jacobsen waren Kirchspielvögte des Kirchspiels Medelby in der Karrharde.

- Unterlagen aus der amtlichen Tätigkeit als Kirchspielvögte.
- 0,1 lfm
- 1790–1837

Abt. 399.1069 Jacoby, Felix

Prof. Dr. Felix Jacoby wurde am 19. März 1876 in Magdeburg geboren. Er war Professor für Klassische Philologie und Alte Geschichte an der Universität Kiel, später Research Worker an der Universität Oxford/England und verstarb am 10. November 1959.

- Personalpapiere.
- 0,1 lfm
- 1887–1957

Abt. 399.233 Jäger, Familie

Familie Jäger ist eine schleswig-holsteinische Unternehmerfamilie.

- Unterlagen betreffend Familie Jacobsen in Böel, Familie Brix in Angeln und Hamburg, Dorette Jäger geb. Orts (1830–1914), Dora Nebel geb. Jäger, Zahnarzt Fritz Jungbluth, seine Frau Elise Jungbluth geb. Jäger verw. Jark; Unterlagen von Heinrich Jäger (1931–2016) zu seiner Publikation „Höfe und Häuser in Angeln“, Band 1 und 2; Haus- und Grundstücksunterlagen des Gastwirts Hauschildt in Gaarden.
- 0,5 lfm
- 1852–2012

Abt. 399.1384 Jaeger, Familie

Familie Jaeger war eine in Wesselburen ansässige Familie.

- Vor allem Tagebuch von Hedwig Rosenthal, 1899–1925; Hochzeitszeitung Gustav Jaeger und Annemarie Schlutius, 1949; Fotografien; Korrespondenzen; Stammbaum Familie Rosenthal-Greifswald.
- 0,1 lfm
- 1899–2005

Abt. 399.1304 Jähkel, Paul

Dr. Paul Jähkel wurde am 30. Juni 1887 geboren. Er war Studienrat an der Domschule in Schleswig.

- Kriegstagebuch.
- 0,1 lfm
- 1914–1918

Abt. 399.1234 Jansen, Familie

Familie Jansen war eine in Schleswig ansässige Familie.

- Familienpapiere.
- 0,1 lfm
- 1879–1916

Abt. 399.169 Jansen, Fred

Fred Jansen wurde am 31. Dezember 1919 in Sandbek geboren. Er war Ingenieur, Kommunalpolitiker und Heimatforscher und verstarb am 12. November 2006.

- Vor allem persönliche und Familien-Unterlagen; Wasser- und Kulturbau; heimatkundliche Arbeiten.
- 0,5 lfm
- (1643–) 1910–1995

Abt. 399.1182 Jansen, Karl

Prof. Dr. Karl Jansen wurde am 17. September 1823 in Seegalendorf geboren. Er war Historiker und Lehrer in Meldorf und Kiel. Er verstarb am 14. Juli 1894 in Kiel.

- Lebenserinnerungen; Tagebuch.
- 0,1 lfm
- 1839–1894

Abt. 399.1181 Jansen, Karl

Karl Jansen wurde am 31. Januar 1859 in Kiel geboren. Er war Pastor in Henstedt und Esingen und verstarb am 12. Februar 1946 in Wesendorf.

- Lebenserinnerungen.
- 0,1 lfm
- 1944

Abt. 399.1070 Jasper, Christian Friedrich

Dr. Christian Friedrich Jasper war Justizrat, Stempelpapierverwalter und Obersachwalter in Schleswig.

- Anzeige an die Schleswig-Holstein-Lauenburgische Kanzlei in Kopenhagen.
- 0,1 lfm
- 1836

Abt. 399.197 Jensen und Buchholz, Familien

Die Familien Jensen und Buchholz waren Landbesitzer, Seefahrer, Landschaftsärzte und Landvögte auf Sylt.

- Familienunterlagen.
- 1 lfm
- 1681–1873

Abt. 399.24 Jensen, Friedrich Heinrich Otto

Friedrich Heinrich Otto Jensen lebte von 1819 bis 1908. Er war Landvogt auf Föhr, Leiter der Sektion des Innern in der Regierung von Schleswig-Holstein, Landgerichtsdirektor in Aurich, Mitglied des Norddeutschen Reichstags und des Reichstags.

- Handakten und Korrespondenzen zur Schleswig-Holstein-Frage.
- 1 lfm
- 1838–1899

Abt. 399.246 Jensen, Heinrich Carstensen

Heinrich Carstensen Jensen wurde am 24. September 1789 in Flensburg geboren. Er war Kaufmann und Ratsherr dort, Inhaber zahlreicher Ehrenämter, Ständeabgeordneter, Mitglied des dänischen Reichsrats und Ritter vom Danebrog. Heinrich Carstensen Jensen verstarb am 4. Juli 1860 in Flensburg.

- Korrespondenzen auch aus dem Familienkreis.
- 0,1 lfm
- 1830–1925

Abt. 399.22 Jensen, Hugo

Hugo Jensen lebte von 1821 bis 1882. Er war Agent des Herzogs Friedrich von Augustenburg.

- Handakten, Niederschriften und Korrespondenzen zur Schleswig-Holstein-Frage.
- 0,1 lfm
- 1848–1866

Abt. 399.23 Jensen, Johann Friedrich

Johann Friedrich Jensen wurde am 27. April 1788 in Glückstadt geboren. Er war Deputierter in der schleswig-holsteinisch-lauenburgischen Kanzlei in Kopenhagen und Kurator der Universität Kiel. Er verstarb am 9. September 1848 in Kiel.

- Handakten und Korrespondenz zur politischen und Universitätsgeschichte Schleswig-Holsteins.
- 2 lfm
- 1823–1848

Abt. 399.1199 Jensen, Wilhelm

Dr. Wilhelm Jensen wurde am 12. September 1882 in Beken geboren. Er war Pfarrer in St. Margarethen und Wandsbek, stellvertretender Wehrkreispfarrer des 10. Armee-Korps sowie Landes- und Kirchenhistoriker. Er verstarb am 6. März 1960 in Wandsbek.

- Notizen zu Kirchenarchiven und Kirchenbibliotheken in Schleswig-Holstein.
- 0,1 lfm
- [vor 1960]

Abt. 399.1071 Jenssen, Hans Paul

Hans Paul Jenssen war Handwerker in Eutin.

- Gesuch um selbstständige Ausübung seines Handwerks.
- 0,1 lfm
- 1767

Abt. 399.1072 Jessen, Christian Peter

Christian Peter Jessen wurde am 22. Februar 1813 in Quars geboren. Er war Konrektor an der Gelehrtenschule in Hadersleben und Privatdozent für Klassische Philologie an der Universität Kiel. Er verstarb am 6. Oktober 1888 in Kiel.

- Personalpapiere und Korrespondenzen.
- 0,1 lfm
- 1833–1875

Abt. 399.1341 Jessen, Georg

Georg Jessen wurde am 12. Januar 1890 in Sollwig geboren. Er war Regierungsinspektor auf Helgoland, Bürgermeister bzw. Stadtdirektor in Wedel und Regierungsrat im Innenministerium. Er verstarb am 15. März 1967 in Schleswig.

- Persönliche Papiere; Materialsammlungen zu Helgoland und zum Hof Sollwig.
- 0,5 lfm
- 1891–1964

Abt. 399.1073 Jessen, Thomas Balthasar

Thomas Balthasar Jessen war Kanzleirat und Kammersekretär in Kopenhagen.
- Einladung zur Hochzeit mit Elisabeth Biermann.
- 0,1 lfm
- 1680

Abt. 399.154 Jessen-Klingenberg, Manfred

Prof. Dr. Manfred Jessen-Klingenberg wurde am 13. November 1933 in Norderstapel geboren. Er war Gymnasiallehrer sowie Hochschullehrer an der Universität Kiel. Er verstarb am 1. April 2009 in Kiel.
- Persönliche und berufliche Unterlagen; Veröffentlichungen; Vorträge und Ansprachen; Wissenschaftliche Vereinigungen und Einrichtungen; Historische Materialsammlung.
- 3 lfm
- 1971–2007

Abt. 399.1317 Jessien, Adam

Adam Jessien wurde am 4. August 1793 in Schönberg geboren. Er war Pastor in Schönberg und Elmschenhagen und Verfasser der Diplomatare der Klöster Preetz und Ahrensbök. Er verstarb am 9. Juni 1874 in Elmschenhagen.
- Zeugnisse aus seiner Studienzeit.
- 0,1 lfm
- 1812–1817

Abt. 399.1402 Joern, Rosa

Rosa Joern geb. Stütz wurde am 17. Juli 1927 in Flensburg geboren. Sie war Fernmeldebeamtin.
- Briefe aus der Landjahrzeit in Husbymühle.
- 0,1 lfm
- 1943–1944

Abt. 399.1074 John, Familie von

Familie von John wurde 1694 geadelt.

- Adelsdiplom; Erbangelegenheit.
- 0,1 lfm
- 1694, 1861

Abt. 399.1075 Johnsen, Familie

Familie Johnsen war eine in Uphusum bei Niebüll ansässige Familie.

- Familien- und Hauspapiere.
- 0,1 lfm
- 1590–1937

Abt. 399.1076 Jonas, Ludwig

Ludwig Jonas lebte von 1797 bis 1859. Er war Diakon an der St.-Nicolai-Kirche in Berlin.

- Aufzeichnungen und Korrespondenz.
- 0,1 lfm
- 1832–1846

Abt. 399.1322 Jost, Herbert

Herbert Jost wurde am 5. November 1912 geboren. Er war Studiendirektor in Flensburg und verstarb am 1. September 1998 in Flensburg.

- Kriegstagebuch aus dem Ostfeldzug im Zweiten Weltkrieg; Persönliche Unterlagen des Vaters Julius Jost.
- 0,1 lfm
- 1918–1945

Abt. 399.1077 Juel, Paul

Paul Juel lebte von 1675 bis 1723. Er war Amtmann von Lister und Mandahls, Norwegen.

- Prozess wegen Hochverrats.
- 0,1 lfm
- 1723

Abt. 399.1078 Jürgens, Familie

Familie Jürgens war eine in Nüchel ansässige Familie.
- Haus- und Grundstückspapiere.
- 0,1 lfm
- 1725–1854

Abt. 399.254 Jürgensen und Josten, Familien

Die Familien Jürgensen und Josten stammen aus Angeln.
- Grundstücks- und Hausunterlagen; berufliche und persönliche Unterlagen einzelner Familienmitglieder.
- 4 lfm
- 18.–20. Jh.

Abt. 399.1228 Jürgensen, August

August Jürgensen wurde am 27. Juni 1903 in Neuhof bei Havetoft geboren. Er war Lehrer und Heimatforscher und verstarb am 23. September 1941 im Lazarett Dorpat.
- Manuskript einer Chronik des Kirchspiels Havetoft.
- 0,1 lfm
- 1927

Abt. 399.145 Jürgensen, Kurt

Prof. Dr. Kurt Jürgensen wurde am 20. August 1929 in Flensburg geboren. Er war Historiker und Professor für Geschichte und Didaktik der Geschichte an den Pädagogischen Hochschulen Flensburg und Kiel. Er verstarb am 8. Oktober 1999 in Kronshagen.
- Wissenschaftliche Werke, Materialsammlung und Korrespondenz.
- 20 lfm
- 1907–2000

Abt. 399.25 Jürgensen, Thomas

Thomas Jürgensen wurde am 29. Juli 1865 in Jübek geboren. Er war Hofbesitzer und Gemeindevorsteher in Jübek sowie Gründer und Vorsitzender des Mergelverbands Jübek. Er verstarb am 20. November 1961 in Jübek.

- Biografisches; Rechnungstagebuch; Unterlagen des Mergelverbands Jübek.
- 0,1 lfm
- 1897–1939

Abt. 399.1079 Kaas, Conrad Friedrich von

Conrad Friedrich von Kaas war Kammerherr und Zollverwalter in Langenfelde.

- Gesuch um Legitimation seines vorehelichen Sohns.
- 0,1 lfm
- 1831

Abt. 399.1348 Kähler, Claus Friedrich Wilhelm

Claus Friedrich Wilhelm Kähler wurde am 16. März 1842 in Dunkelsdorf geboren. Er war Lehrer und Organist in Großenaspe und verstarb dort am 11. April 1874.

- Notizen und Exzerpte zu theologischen und musikalischen Themen.
- 0,1 lfm
- 19. Jh.

Abt. 399.99 Kähler, Otto

Dr. Otto Kähler wurde am 14. Juni 1875 in Altona-Ottensen geboren. Er war Rechtsanwalt, Syndikus des Klosters Itzehoe, Landsyndikus und Sekretär der fortwährenden Deputation der Schleswig-Holsteinischen Ritterschaft. Er verstarb am 26. Januar 1955 in Itzehoe.

- Private und berufliche Korrespondenz und Unterlagen; Manuskripte von Werken zu juristischen Fragen, zum schleswig-holsteinischen Landesrecht, zur Geschichte der schleswig-holsteinischen Ritterschaft und zur schleswig-holsteinischen Kirchengeschichte.
- 2 lfm
- 1893–1955 (–1975)

Abt. 399.76 Kaestner, Friedrich

Dr. Friedrich Kaestner wurde am 6. April 1890 in Bayreuth geboren. Er war Direktor des Amtes für Wirtschaft und Statistik der Stadt Altona. Er verstarb am 18. Mai 1957 in Hamburg.

- Druckmanuskript „Schleswig-Holstein in Wort, Zahl und Bild“, im Auftrag des Oberpräsidenten in Kiel, bearbeitet vom Amt für Wirtschaft und Statistik der Stadt Altona; mit zugehöriger Materialsammlung und Schriftwechsel.
- 1 lfm
- 1935

Abt. 399.26 Kamphövener, Familie von

Familie von Kamphövener war eine ursprünglich aus Herford stammende, in Schleswig-Holstein ansässige Familie, die 1905 nobilitiert wurde.

- Familienpapiere und Nachlass des in der Türkei als Militärberater tätig gewesenen Louis von Kamphövener-Pascha.
- 2 lfm
- 1843–1927

Abt. 399.1293 Kandelhardt, Paul

Paul Kandelhardt war königlich preußischer Offizier aus Berlin.

- Briefe aus dem Deutsch-Dänischen Krieg.
- 0,1 lfm
- 1863–1864

Abt. 399.27 Karstens, Gustav

Gustav Karstens lebte von 1877 bis 1951. Er war Pastor in Süderstapel.

- Sammlung von Personen- und Familienblättern für die Dörfer des Kirchspiels Süderstapel.
- 1 lfm
- (16.–19. Jh.)

Abt. 399.137 Karstens, Max

Max Karstens wurde am 16. August 1902 in Lunden geboren. Er war Realschuloberlehrer und Heimat- und Familienforscher. Er verstarb am 4. September 1987 in Pinneberg.

- Persönliche Unterlagen; Genealogisches Material; Fotografien.
- 0,5 lfm
- 1873–1985

Abt. 399.1080 Kartheuser, Karl Wilhelm

Dr. Karl Wilhelm Kartheuser stammte aus Halle-Magdeburg und war Arzt.
- Medizinisches Doktordiplom.
- 0,1 lfm
- 1754

Abt. 399.91 Kasch, Walter

Walter Kasch wurde am 3. April 1913 in Kiel geboren. Er war Stadtinspektor in Kiel und Bürgermeister in Bad Segeberg. Er verstarb am 18. Oktober 1989 in Bad Segeberg.
- Private und kommunalpolitische Korrespondenz; Tagebücher; Unterlagen aus der kommunalpolitischen Tätigkeit.
- 3 lfm
- 1919–1989

Abt. 399.28 Kellinghusen, Hans

Prof. Dr. Hans Kellinghusen wurde am 30. März 1885 in Bergedorf geboren. Er war Oberarchivrat und Professor für Geschichte in Hamburg. Er verstarb am 9. Januar 1971 in Bergedorf.
- Genealogische Sammlung zum Kirchspiel Kaltenkirchen, zu den Propsteien Rantzau, Pinneberg und Münsterdorf; Ahnentafeln.
- 1 lfm
- 20. Jh.

Abt. 399.153 Kiencke, Otto

Otto Kiencke wurde am 15. Mai 1934 in Dummersdorf bei Lübeck geboren. Er war Jurist, Prokurist bei der Landesbausparkasse Schleswig-Holstein und Genealoge. Otto Kiencke verstarb am 12. Januar 2017 in Reinbek.
- Genealogische Unterlagen.
- 4 lfm
- ohne Jahr

Abt. 399.1311 Kiene, Meno Georg Wilhelm

Meno Georg Wilhelm Kiene wurde am 3. September 1876 in Nienborstel geboren. Er war Vizefeldwebel in der deutschen Schutztruppe in Deutsch-Südwestafrika.

- Familienpapiere; Militärunterlagen.
- 0,1 lfm
- 1919–1963

Abt. 399.1081 Kikebusch, H.

H. Kikebusch war Einwohner in Guttau.

- Gesuch um ein Stück Damwild.
- 0,1 lfm
- 1770

Abt. 399.1272 Kinder, Johann Christian

Johann Christian Kinder wurde am 23. März 1843 in Lunden geboren. Er war Bürgermeister von Plön und Heimatforscher und verstarb am 23. August 1914 in Plön.

- Familienpapiere.
- 0,1 lfm
- 1793–1914

Abt. 399.1082 Kirchhoff, Johann Nikolaus Anton

Johann Nikolaus Anton Kirchhoff wurde am 19. August 1791 in Brunsbüttel geboren. Er war Advokat, Abgeordneter der holsteinischen Ständeversammlung, Mitglied des dänischen Reichsrates und Bürgermeister von Kiel. Er verstarb am 28. November 1873 in Kiel.

- Politische Papiere.
- 0,1 lfm
- 1840–1844

Abt. 399.84 Kirmis, Max

Prof. Dr. Max Kirmis wurde am 5. August 1851 in Wschowa (Fraustadt) geboren. Er war Studienrat in Neumünster und verstarb am 9. Januar 1926 in Neumünster.

- Zeitungsausschnittsammlung zu diversen schleswig-holsteinischen Themen.
- 0,5 lfm
- 19.–20. Jh.

Abt. 399.101 Kleberg, Ernst

Ernst Kleberg wurde am 8. November 1900 in Köln geboren. Er war Regierungsrat in Schleswig.

- Persönliche Unterlagen; Unterlagen aus der dienstlichen Tätigkeit als Regierungsrat.
- 1 lfm
- 1883–1937

Abt. 399.1223 Kleinert, Rudolf

Rudolf Kleinert war Pfarrer in Helmstedt.

- Beitrag zur Geschichte des Epitaphs für Friedrich Anton Schacht aus Schleswig in Helmstedt.
- 0,1 lfm
- 1980

Abt. 399.1273 Klincker, Familie

Familie Klincker war eine Hofbesitzerfamilie in Brekling.

- Hofpapiere.
- 0,1 lfm
- 1752–1914

Abt. 399.1327 Kloock, Heinz

Heinz Kloock lebte von 1916 bis 1938. Er war Fähnrich der Reichsmarine.

- Tagebuch.
- 0,1 lfm
- 1937

Abt. 399.1209 Klostermann, Petrus

Petrus Klostermann wurde am 26. August 1640 in Meldorf geboren. Er war Pastor in Friedrichsort und verstarb dort am 6. Juni 1722.

- Testament mit genealogischem Nachtrag.
- 0,1 lfm
- 1708, 1792

Abt. 399.1264 Knust, Claus Otto Heinrich

Claus Otto Heinrich Knust wurde am 28. April 1857 in Hasenkrug geboren. Er war Lehrer in Kaltenkirchen und verstarb am 18. Oktober 1928 in Kaltenkirchen.

- Personalpapiere; Fotos.
- 0,1 lfm
- 1873–1926

Abt. 399.1083 Knuth, Johann Heinrich Graf von

Johann Heinrich Graf von Knuth wurde am 21. August 1746 in Kopenhagen geboren. Er war Stiftsamtmann von Seelands Stift und verstarb am 12. Juli 1802 in Kopenhagen.

- Gutsangelegenheiten Hetels/Hetlingen bei Uetersen.
- 0,1 lfm
- 1802

Abt. 399.243 Koberg, Christian

Christian Koberg wurde am 20. Juni 1946 in Kiel geboren. Er war von Beruf Kaufmann und aktiv in der Gewerkschaftsarbeit, vor allem bei ver.di, und in der politischen Arbeit bei der DKP. Er verstarb am 22. Mai 2017 in Kiel.

- Deutscher Gewerkschaftsbund (DGB); Gewerkschaftsarbeit; Vereinte Dienstleistungsgewerkschaft e. V. (ver.di); Deutsche Kommunistische Partei (DKP); Sammlungen; Sozialistische Deutsche Arbeiterjugend (SDAJ); Nachlassteile Otto Pressler (1895–1891).
- 7 lfm
- (1847–) 1887–2017

Abt. 399.1084 Koch, Johann Christian

Johann Christian Koch wurde am 20. März 1829 in Grünholz geboren. Er war Lehrer in Oetjendorf und Hoisdorf und verstarb am 13. Januar 1867 in Hoisdorf.

- Lebensbeschreibung, zusammengestellt von seinem Enkel.
- 0,1 lfm
- 1927–1928

Abt. 399.1085 Köller-Banner, Georg Ludwig von

Georg Ludwig von Köller-Banner wurde am 1. März 1728 geboren. Er war königlich dänischer Generalleutnant und verstarb am 30. April 1811 in Altona.

- Personalpapiere.
- 0,1 lfm
- 1764–1775

Abt. 399.1421 Kömpe, Egon

Egon Kömpe wurde am 4. März 1932 geboren. Er war Buchbindermeister, Restaurator und Leiter der Restaurierungswerkstatt im Landesarchiv. Er verstarb am 4. Dezember 2017.

- Meisterbrief und Zeugnis; Siegelabgüsse; Fotoalbum.
- 0,1 lfm
- 1958–1999

Abt. 399.29 Koll, Hans Richard

Hans Richard Koll war Deichbautechniker in Tondern und Deichbaumeister in Garding.

- Unterlagen aus seiner dienstlichen Tätigkeit als Deichbaumeister.
- 2 lfm
- 1858–1960

Abt. 399.1086 Kolodziey, Simon

Simon Kolodziey war Feldwebel beim Landwehr-Regiment Nr. 84.

- Militärpapiere.
- 0,1 lfm
- 1869–1871

Abt. 399.1325 Koppe, Wilhelm

Prof. Dr. Wilhelm Koppe wurde am 28. September 1908 in Schleswig geboren. Er war Professor für mittlere und neuere Geschichte an der Christian-Albrechts-Universität in Kiel und verstarb am 11. Juni 1986 in Preetz.

- Persönliche und dienstliche Papiere; Exzerpte und Notizen.
- 0,1 lfm
- 1952–1974

Abt. 399.1087 Kordes, Berend

Prof. Berend Kordes wurde am 27. Oktober 1762 in Lübeck geboren. Er war Professor für klassische Philologie der Christian-Albrechts-Universität zu Kiel und Leiter der Universitätsbibliothek. Er verstarb am 5. Februar 1823.

- Testament.
- 0,1 lfm
- 1815

Abt. 399.118 Kraas, Hugo Gottfried

Hugo Gottfried Kraas wurde am 25. Januar 1911 in Witten geboren. Er war SS-Brigadeführer, Generalmajor der Waffen-SS und Kommandeur der 12. SS-Panzer-Division „Hitlerjugend“, Versicherungsvertreter und Geschäftsführer eines Kinderkurheims in St. Peter-Ording. Er verstarb am 20. Februar 1980 in Schleswig.

- Dokumentation zu Hugo Kraas, zusammengestellt von seinem Bruder.
- 0,5 lfm
- 1911–1980

Abt. 399.1295 Kracht, Ernst

Dr. Dr. Ernst Kracht wurde am 15. April 1890 in Neumünster geboren. Er war Jurist und unter anderem Landrat des Kreises Norderdithmarschen, des Kreises Dithmarschen und des Kreises Süderdithmarschen, Oberbürgermeister von Flensburg, Staatssekretär und Chef der Landeskanzlei in Kiel. Er verstarb am 5. Februar 1983 in Kiel-Holtenau.

- Personalpapiere; Korrespondenz, u. a. Entnazifizierung betreffend; Bericht über die Internierung; Aufsätze und Redemanuskripte.
- 0,5 lfm
- 1911–1983 (–1991)

Abt. 399.230 Krafft Lorenzen, Familie

Familie Krafft Lorenzen war eine Kaufmannsfamilie in Eckernförde. Verwandte Familien waren unter anderem die Goldschmiede Christensen in Schleswig und die Pastorenfamilie Scholtz/Scholz.

- Genealogie; Einzelne Familien und Personen; Bilder.
- 0,5 lfm
- 1702–1976

Abt. 399.1392 Kramm, Heinrich

Heinrich Kramm wurde am 10. November 1849 in Klein Himstedt geboren. Er war Pastor in St. Margarethen, Schulrat und Seminardirektor in Stade und verstarb am 12. April 1930 in Stade.

- Zeugnisse.
- 0,1 lfm
- 1876–1880

Abt. 399.1088 Kraus, Georg

Georg Kraus wurde am 9. Mai 1856 geboren. Er war Dezernent für Fideikommissangelegenheiten beim Oberlandesgerichtsrat in Kiel und verstarb am 10. April 1919.

- Unterlagen zum Fideikommisswesen in Schleswig-Holstein.
- 0,1 lfm
- 1905–1912

Abt. 399.1089 Krebs, Carl

Carl Krebs lebte von 1815 bis 1897 und war Jurist.

- Schreiben über die Kampfbereitschaft des Landsturms.
- 0,1 lfm
- 1848

Abt. 399.1422 Krey, Familie

Familie Krey war eine aus Ostbünge, Kirchspiel St. Margarethen, stammende Hofbesitzerfamilie.

- Erbauseinandersetzungsvertrag.
- 0,1 lfm
- 1898

Abt. 399.1381 Krieger, Friedel

Friedel Krieger war im Ersten Weltkrieg an der Ostfront eingesetzt und fiel 1915.
- Kriegstagebuch.
- 0,1 lfm
- 1915

Abt. 399.1198 Kröger, Familie

Familie Kröger war eine Ratsfamilie in Lütjenburg.
- Katechismus mit Eintragungen der Familie.
- 0,1 lfm
- 1754–1800

Abt. 399.1393 Kröger, Familie

Familie Kröger war eine in Schuby ansässige Familie.
- Religiöse und kirchliche Dokumente.
- 0,1 lfm
- 1855–1903

Abt. 399.1090 Krohn, August von

August von Krohn wurde am 23. Februar 1782 in Neustadt geboren. Er war dänischer Oberst und Flügeladjutant des Statthalters Karl von Hessen-Kassel, Hofmarschall des Herzogs Wilhelm zu Schleswig-Holstein-Sonderburg-Glücksburg und Generalmajor der schleswig-holsteinischen Armee. Er verstarb am 12. Juni 1856 in Ballenstedt.
- Militärpapiere.
- 0,1 lfm
- 1848–1851

Abt. 399.194 Kuchlenz, August und Richard

August Kuchlenz lebte von 1878 bis 1961. Er war Schneidermeister, Kaufmann und Kommunalpolitiker auf Helgoland. Richard Kuchlenz lebte von 1914 bis 1991. Er war Kaufmann auf Helgoland.
- Persönliches; Geschäftliches; Lokalpolitik Helgoland.
- 0,5 lfm
- 1900–1988

Abt. 399.64 Kuklinski, Wilhelm

Wilhelm Kuklinski wurde am 28. Juni 1892 in Kiel geboren. Er war Schriftsetzer in Kiel, Parteisekretär und Bezirksvorsitzender der Sozialistischen Partei in Schleswig-Holstein, Mitglied des Schleswig-Holsteinischen Landtages und Minister für Volksbildung in Schleswig-Holstein. Er verstarb am 1. Dezember 1963 in Kiel.

- ↘ Unterlagen zu Grenzfragen und zur Schulreform.
- ↘ 0,1 lfm
- ↘ 1945–1949

Abt. 399.1091 Kupke, Georg

Dr. Georg Kupke lebte von 1866 bis 1950. Er war Archivrat in Schleswig und Stettin.

- ↘ Brief des Prinzen Christian von Holstein-Sonderburg-Augustenburg an Dr. Kupke.
- ↘ 0,1 lfm
- ↘ 1914

Abt. 399.1356 Lammertz, Hans Karl

Hans Karl Lammertz lebte in Schleswig und war Kaufmann.

- ↘ Album über seine Teilnahme am Ersten Weltkrieg.
- ↘ 0,1 lfm
- ↘ 1914–1919

Abt. 399.1363 Lange, Familie

Familie Lange war eine in Neuberend ansässige Landbesitzerfamilie.

- ↘ Familienunterlagen; Grundstückspapiere.
- ↘ 0,1 lfm
- ↘ 1908–1953

Abt. 399.1092 Lange, Heinrich

Heinrich Lange war Distriktlehrer in Suchsdorf bei Grömitz.

- ↘ Bestallungsurkunde.
- ↘ 0,1 lfm
- ↘ 1859

Abt. 399.1214 Lassen, Familie

Familie Lassen war eine Parzellenbesitzerfamilie in Rundhof, Rottberg.

- Hofpapiere; Genealogie.
- 0,1 lfm
- 1831–1980

Abt. 399.125 Laur, Wolfgang

Dr. Wolfgang Laur wurde am 1. Dezember 1921 in Riga geboren. Er war Orts- und Flurnamenforscher und verstarb am 26. August 2009 in Schleswig.

- Manuskripte von Veröffentlichungen und Vorträgen; Schleswig-Holsteinische Flurnamensammlung; Materialien über die Orts- und Flurnamen in Schleswig-Holstein.
- 10 lfm
- 1951–1990

Abt. 399.1310 Lauritzen, Gerhard

Gerhard Lauritzen wurde 1920 geboren. Er war Landwirt in Kleinwolstrup.

- Aufzeichnungen aus seiner Wehrmachtszeit.
- 0,1 lfm
- 1939–1945

Abt. 399.1093 Laurup, Hans Peter

Hans Peter Laurup wohnte in Brekling und war Hardesvogt der Struxdorfharde.

- Korrespondenzen.
- 0,1 lfm
- 1723–1736

Abt. 399.1216 Lausen, Familie

Familie Lausen war eine Kätnerfamilie in Tolk.

- Familienpapiere.
- 0,1 lfm
- 1830–1891

Abt. 399.1094 Lehmann, Theodor

Theodor Lehmann wurde am 22. November 1824 in Rendsburg geboren. Er war Advokat in Kiel, Abgeordneter der Holsteinischen Ständeversammlung und Mitbegründer des Deutschen Nationalvereins. Er verstarb am 29. Juli 1862 in Kiel.

- Personalpapiere; Korrespondenzen; Holsteinische Ständeversammlung; Deutscher Nationalverein; Schleswig-Holsteinische Bewegung.
- 0,1 lfm
- 1830–1862

Abt. 399.156 Lembke, Friedrich Hinrich

Friedrich Hinrich Lembke wurde am 22. November 1869 in Pinneberg geboren. Er war Gründer und Direktor der Ländlichen Volkshochschule in Albersdorf und Lehrbeauftragter für ländliche Wohlfahrts- und Heimatpflege an der Landwirtschaftlichen Hochschule Berlin. Er verstarb am 4. Oktober 1958 in Berlin-Spandau.

- Lebenserinnerungen; Typoskripte; Korrespondenzen; Persönliche Papiere; Archiv für Landleben.
- 1 lfm
- 1885–1997

Abt. 399.95 Lemke, Helmut

Dr. Helmut Lemke wurde am 29. September 1907 in Kiel geboren. Er war Jurist und unter anderem Bürgermeister von Eckernförde und Schleswig, Senator in Lübeck, Kultusminister, Innenminister und Ministerpräsident des Landes Schleswig-Holstein sowie Präsident des Schleswig-Holsteinischen Landtags. Er verstarb am 15. April 1990 in Lübeck.

- Sammlung der Reden; Manuskripte; Zeitungsausschnittsammlung; Private und politische Korrespondenz; Unterlagen aus der politischen Tätigkeit.
- 5 lfm
- 1952–1990

Abt. 399.98 Lemke, Werner

Werner Lemke wurde am 20. Mai 1898 in Juchow geboren. Er war Lehrer und Heimatforscher in Harmsdorf und verstarb am 20. Oktober 1981 in Oldenburg.

- Genealogisches und heimatkundliches Material.
- 0,1 lfm
- (1638–1945)

Abt. 399.1095 Lesser, Wilhelm B. T.

Wilhelm B. T. Lesser lebte von 1805 bis 1885 und war Buchhändler in Altona.

- Bestallung zum Kommerzrat und Bestätigung.
- 0,1 lfm
- 1837–1840

Abt. 399.188 Leudesdorff, René

René Leudesdorff wurde am 18. Februar 1928 in Berlin geboren. Er war Theologe, Publizist und einer der Aktivisten der Befreiung Helgolands. Er verstarb am 5. Juni 2012 in Flensburg.

- Manuskripte; Sammlung Helgoland.
- 2 lfm
- (1891) 1944–2012

Abt. 399.1350 Leue, Ernst Emil Otto

Ernst Emil Otto Leue wurde am 21. November 1855 in Henningsdorf geboren. Er war Oberbahnassistent in Schleswig und verstarb am 23. August 1939 in Schleswig.

- Persönliche und Familienpapiere.
- 0,1 lfm
- 1869–1941

Abt. 399.1380 Leverenz, Bernhard

Dr. Bernhard Leverenz wurde am 15. Februar 1909 in Grabow geboren. Er war Rechtsanwalt und Notar, Mitglied des Schleswig-Holsteinischen Landtages und Justizminister des Landes Schleswig Holstein. Er verstarb am 4. Juni 1987 in Karlsruhe.

- Handakte aus seiner Zeit als Marinerichter 1942–1945, 1946, 1963.
- 0,1 lfm
- 1942–1963

Abt. 399.1276 Leverkus, Wilhelm

Dr. Wilhelm Leverkus wurde am 13. Februar 1808 in Wermelskirchen geboren. Er war Staatsrat und Vorstand des Haus- und Zentralarchivs in Oldenburg sowie Mitglied der Frankfurter Nationalversammlung. Er verstarb am 30. November 1870 in Oldenburg.

- ↘ Lebensbild, bearbeitet von ihm und seinem Sohn; Materialien über Wilhelm Leverkus und seine Familie.
- ↘ 0,1 lfm
- ↘ 1808–1870 (–1989)

Abt. 399.1290 Lewinski, Hertha von

Hertha von Lewinski wurde am 8. April 1874 in Schwerin geboren. Sie war die Nichte des Reichspräsidenten Paul von Hindenburg und seine Hausdame. Sie verstarb am 22. November 1965 auf Bothkamp.

- ↘ Briefe; Persönliche Unterlagen; Fotos.
- ↘ 0,1 lfm
- ↘ 1916–1934

Abt. 399.30 Liliencron, Rochus Freiherr von

Prof. Dr. Rochus Freiherr von Liliencron wurde am 8. Dezember 1820 in Plön geboren. Er war Diplomat der Provisorischen Regierung Schleswig-Holsteins, Professor in Kiel und Jena, Bibliothekar in Sachsen-Meiningen sowie Redakteur der Allgemeinen Deutschen Biographie in München. Er verstarb am 5. März 1912 in Koblenz.

- ↘ Korrespondenz; Unterlagen aus seiner politischen Tätigkeit.
- ↘ 0,5 lfm
- ↘ 1848–1851

Abt. 399.31 Lindner, August

August Lindner wurde am 19. November 1893 in Elpersbüttelerdeich geboren. Er war Verwaltungsangestellter und Militärgeschichtsforscher mit Schwerpunkt Erich Ludendorff. Er verstarb am 22. Juli 1970 in Heide.

- ↘ Tagebücher; Korrespondenz; Manuskripte; Personalpapiere; Fotoalben.
- ↘ 5 lfm
- ↘ 1939–1970

Abt. 399.1096 Lippe, Heinrich Friedrich Fritz Christian von der

Heinrich Friedrich Fritz Christian von der Lippe wurde 1854 in Mölln geboren. Er war Grenzaufseher in Schleswig-Holstein.

- Personalakte der Provinzialsteuerdirektion Altona.
- 0,1 lfm
- 1877–1879

Abt. 399.183 Loewe, Gudrun und Busso

Dr. Gudrun Loewe lebte von 1914 bis 1994. Sie war Wissenschaftlerin am Landesamt für Vor- und Frühgeschichte in Schleswig. Dr. Busso Loewe lebte von 1911 bis 1944. Er war Theologe und Bibliothekar am Gutenbergmuseum in Mainz.

- Familienunterlagen; Personalpapiere; Druckschriften 1884–1994.
- 0,5 lfm
- 1984–1994

Abt. 399.65 Lohse, Hinrich

Hinrich Lohse wurde am 2. September 1896 in Mühlenbarbek geboren. Er war Kaufmann, Mitglied des Preußischen Landtags und des Reichstags, Oberpräsident und Gauleiter von Schleswig-Holstein in Kiel sowie Reichskommissar für das Ostland in Riga. Er verstarb am 25. Februar 1964 in Mühlenbarbek.

- Persönliche und politische Papiere.
- 1 lfm
- 1924–1965

Abt. 399.66 Lorck, Carl von

Dr. Carl Emil Ludwig von Lorck wurde am 29. August 1892 in Schleswig geboren. Er war Senatspräsident am Oberlandesgericht in Schleswig und Richter beim Obersten Rückerstattungsgericht in Herford. Er verstarb am 6. Juni 1975 in München.

- Unterlagen aus seiner dienstlichen Tätigkeit als Jurist in Entnazifizierungs- und Wiedergutmachungsangelegenheiten.
- 0,5 lfm
- 1946–1956

Abt. 399.248 Lorentzen, Familie

Die Familienmitglieder Lorentzen waren Kaufleute und Inhaber öffentlicher Ämter in Apenrade und Rabenkirchen-Faulück.

- Familiendokumente; Berufliche, kaufmännische und offizielle Unterlagen.
- 4 lfm
- 1749–1965

Abt. 399.134 Lorentzen, Holmer

Dr. Holmer Lorentzen lebte von 1925 bis 2010. Er war Arzt in Reinfeld und Lübeck.

- Genealogische Unterlagen.
- 0,5 lfm
- 19.–20 Jh.

Abt. 399.32 Lorentzen, Karl Dietrich

Dr. Karl Dietrich Lorentzen wurde am 26. März 1817 in Segeberg geboren. Er war Herausgeber der Neuen Kieler Blätter, Mitglied und Sekretär der Schleswig-Holsteinischen Landesversammlung sowie Mitglied des Norddeutschen Reichstags und des Reichstags. Er verstarb am 15. Mai 1888 in Coburg.

- Persönliche Unterlagen; Politische Denk- und Streitschriften; Korrespondenzen.
- 0,5 lfm
- 1841–1875

Abt. 399.1300 Lorenzen, Familie

Familie Lorenzen war eine Hofbesitzerfamilie in und bei Rabenholz.

- Hofpapiere.
- 0,1 lfm
- 1796–1994

Abt. 399.1425 Lorenzen, Heinrich

Heinrich Julius Lorenzen wurde am 9. Oktober 1868 in Bargum geboren. Er absolvierte das Lehrerseminar in Tondern und war Lehrer und Kantor in Klanxbüll. Er verstarb am 30. Juni 1937 in Flensburg.

- Schreiben des Auswärtigen Amtes – Kolonialabteilung betreffend Bewerbung für den Schuldienst der deutschen Schutzgebiete.
- 0,1 lfm
- 1906

Abt. 399.1286 Lorenzen, Johann Hinrich Ehlers

Johann Hinrich Ehlers Lorenzen war ein Kaufmann in Schleswig-Friedrichsberg.

- Hauspapiere des Geschäftshauses.
- 0,1 lfm
- 1896–1949

Abt. 399.1097 Lorenzen, Lorenz

Lorenz Lorenzen lebte in Lütjenholm.

- Haus- und Familienpapiere.
- 0,1 lfm
- 1547–1869

Abt. 399.1219 Lorenzen, Marten

Marten Lorenzen war um 1826 Lehrer und Küster in Drelsdorf.

- Briefe über die Schlacht von Jena und Auerstedt 1806.
- 0,1 lfm
- 1806

Abt. 399.1405 Lorenzen, Sophus

Sophus Lorenzen wurde 1882 in Schleswig geboren. Er war Seemann.

- Personalpapiere.
- 0,1 lfm
- 1903–1972

Abt. 399.33 Lüders, Friedrich Karl

Friedrich Karl Lüders lebte von 1738 bis 1807. Er war Kolonieninspektor in Flensburg, Landschreiber im Amt Tondern sowie Zoll- und Amtsverwalter in Sonderburg.

- Unterlagen aus seiner amtlichen Tätigkeit.
- 0,5 lfm
- 1761–1807

Abt. 399.34 Lührs, Walter

Dr. Walter Lührs wurde 1887 in Hamburg geboren. Er war Studienrat in Hamburg und Orts- und Flurnamenforscher.

- Unterlagen über Flurnamen im südwestlichen Lauenburg.
- 0,5 lfm
- 1943

Abt. 399.131 Lüthje, Carl Hans

Carl Hans Lüthje lebte von 1890 bis 1963. Er war Lehrer in Flensburg und 1920 im Deutschen Abstimmungsausschuss tätig.

- Unterlagen aus dem Abstimmungsausschuss.
- 0,1 lfm
- 1914, 1920

Abt. 399.1098 Lützow, Christian von

Christian von Lützow war Kapitän und verstarb 1732.

- Suche nach seinem Mörder.
- 0,1 lfm
- 1732

Abt. 399.1099 Madai, Carl Otto von

Prof. Dr. Carl Otto von Madai wurde am 29. Mai 1809 in Zscherben geboren. Er war Diplomat, Professor für Staatsrecht an den Universitäten Dorpat und Kiel und Bundestagsgesandter für Holstein. Er verstarb am 4. Juni 1850 in Gießen.

- Aufzeichnungen als holsteinischer Gesandter beim Bundestag; Materialien zur Schleswig-Holstein-Frage.
- 0,1 lfm
- 1846–1850

Abt. 399.229 Magaard, Hildegund

Hildegund Magaard geb. Zenk wurde am 3. März 1929 in Donauwörth geboren. Sie war Theologin, Vorstandsmitglied der Stiftung Diakoniewerk Kropp, Gründerin der Mütterschule in Schleswig, der späteren Familienbildungsstätte, Mitglied im Deutschen Komitee zum Weltgebetstag, Kirchenkreisbeauftragte für Frauenarbeit und Trägerin des Ansgarkreuzes der Nordelbischen Kirche. Sie verstarb am 25. Februar 2007.

- Persönliche Unterlagen; Briefe; Aufzeichnungen; Kirchliche Frauenarbeit; Weltgebetstag.
- 2 lfm
- 1949–2007

Abt. 399.1100 Mahnke, Johann

Johann Mahnke lebte 1809 am Neuendeich bei Uetersen.

- Obligation.
- 0,1 lfm
- 1805–1877

Abt. 399.1403 Mahrt, Knut

Kurt Mahrt wurde am 17. August 1931 in Hamburg geboren. Er war Diplom-Ingenieur, Heimatforscher und langjähriger Leiter des Rendsburger Heimatmuseums. Er verstarb am 31. Dezember 2014 in Rendsburg.

- Sammlung zur Schulgeschichte Schleswig-Holsteins; Festebrief Jacob Heit; Sammlung Familie Pludra.
- 0,1 lfm
- 1786–1938

Abt. 399.140 Mai, Heinz

Heinz Mai wurde am 15. Oktober 1925 in Breslau geboren. Er war Berufsoffizier und Militärhistoriker. Heinz Mai verstarb am 2. Februar 2018.

- Manuskript und Materialien zu gottorfischen Offizieren.
- 2 lfm
- 1988–1998

Abt. 399.1412 Mannhardt, Johannes

Johannes Mannhardt wurde am 21. April 1851 in Rendsburg geboren. Er war Ingenieur, Reichsbahnobersekretär in Altona, Pionierhauptmann der Reserve und Schatzmeister des Krüppelheims „Alten Eichen“ in Hamburg-Stellingen. Er verstarb am 10. August 1936 in Hamburg-Bahrenfeld.

- Briefe an seine Mutter Theodore Louise Mannhardt geb. Klenze (1830–1911).
- 0,1 lfm
- 1880–1882

Abt. 399.1372 Marten, Günter

Günter Marten lebte in Schleswig.

- Unterlagen der Familie Jacobsen.
- 0,1 lfm
- 1901–1929

Abt. 399.1171 Matthiessen, Martin

Martin Matthiessen wurde am 26. Februar 1901 im Wesselburener Koog geboren. Er war unter anderem Landwirt, Reichstagsabgeordneter, Staatskommissar der schleswig-holsteinischen Landwirtschaftskammer, kommissarischer Landesbauernführer in Westfalen, Leiter des Provinzialernährungsamtes für Westfalen und Lippe und Leiter des Hauptamtes III (Wirtschaft) im Reichskommissariat Ostland. Er verstarb am 18. Mai 1990 in Meldorf.

- Erinnerungen.
- 0,1 lfm
- 1901–1949

Abt. 399.1333 Mau, Adelheid

Adelheid Mau geb. Vietor wurde am 17. Juni 1862 in Bremen geboren. Sie war die Ehefrau des Pastors Johannes Mau in Blekendorf, Elmshorn und Altona und verstarb am 13. Januar 1906 in Altona.

↘ Korrespondenzen.
↘ 0,1 lfm
↘ 1882–1905

Abt. 399.35 Mau, Familie

Familie Mau war eine Bauernfamilie in Bohnert.

↘ Familienpapiere; Grundstückspapiere; Persönliches; Genealogisches.
↘ 0,5 lfm
↘ 1794–1974

Abt. 399.1179 Mehrheimb, Hans Wilhelm Freiherr von

Hans Wilhelm Freiherr v. Mehrheimb wurde am 3. Dezember 1620 in Altenburg geboren. Er war Kaiserlicher Oberst, dänischer Generalmajor und Besitzer des Schlosses Gnemern. Er verstarb am 25. Dezember 1688 auf Gnemern. Erhebung in den Freiherrenstand.

↘ 0,1 lfm
↘ 1661

Abt. 399.212 Melfsen, Familie

Familie Melfsen war eine Hofbesitzerfamilie auf Alt-Tolkschuby. Sie stammte aus dem Alten Christian-Albrechts-Koog.

↘ Familiendokumente und Hofunterlagen des Kanzleiguts Alt-Tolkschuby.
↘ 0,1 lfm
↘ 1709–1931

Abt. 399.172 Memmert, Joachim

Joachim Memmert wurde 1936 geboren. Er war Genealoge und Holländer-Forscher. Er verstarb am 23. Dezember 2012.

↘ Familienforschung Memmert; Unterlagen zur Holländerforschung.
↘ 1 lfm
↘ 1961–2008

Abt. 399.1369 Merckens, Wolfgang

Wolfgang Merckens wurde am 20. Februar 1921 in Berlin geboren. Er war Bibliothekar an der Universitätsbibliothek in Kiel.

- Sammlung zur Biografie des Geheimen Rats Georg Christian von Wolff.
- 0,1 lfm
- (1711–1784)

Abt. 399.1101 Meßner, H. B.

H. B. Meßner lebte in Meldorf.

- Persönliche Unterlagen.
- 0,1 lfm
- 1836–1856

Abt. 399.1329 Mester, Gretchen

Gretchen Mester wurde am 9. November 1898 in Flensburg geboren. Sie war Steuerfachgehilfin in Flensburg und verstarb dort am 25. Februar 1989.

- Persönliche Dokumente; Korrespondenzen; Fotos.
- 0,5 lfm
- 1867–1972

Abt. 399.1221 Mestern, Heinrich

Heinrich Mestern wurde am 15. August 1839 in Meddewade geboren. Er war Lehrer in Nienwohld bei Sülfeld und Organist in Grömitz. Er verstarb am 17. Mai 1915 in Kiel.

- Persönliche Dokumente.
- 0,1 lfm
- 1856–1914

Abt. 399.1102 Meyer, Arnold Oskar

Professor Dr. Arnold Meyer wurde am 20. Oktober 1877 in Breslau geboren. Er war Professor für Mittlere und Neuere Geschichte an den Universitäten Kiel, Göttingen, München und Berlin. Er verstarb am 3. Juni 1944 in Berlin.

- Schreiben zur Einweihung des Staatsarchivs Kiel.
- 0,1 lfm
- 1923

Abt. 399.1314 Meyer, Bendix

Bendix Meyer war königlich dänischer Offizier und Diplomat. Er verstarb am 16. November 1721 in Berlin.

- Bestallungen.
- 0,1 lfm
- 1709–1710

Abt. 399.1263 Meyersahm, Hans

Prof. Dr. Hans Meyersahm wurde am 25. September 1867 in Oldenburg in Holstein geboren. Er war Studienrat an der Kieler Gelehrtenschule und Teilnehmer am Kapp-Putsch. Er verstarb am 3. März 1951 in Kiel.

- Korrespondenz; Fotos.
- 0,1 lfm
- 1912–1958

Abt. 399.36 Michelsen, Andreas Ludwig Jakob

Prof. Dr. Andreas Ludwig Jakob Michelsen wurde am 31. Mai 1801 in Satrup/Sundewitt geboren. Er war Professor für Staatsgeschichte, Staats- und Völkerrecht an den Universitäten Kiel und Jena, Erster Vorstand des Germanischen Museums Nürnberg, Rechtskonsulent des Herzogs Friedrich von Augustenburg und Abgeordneter der Frankfurter Nationalversammlung. Er verstarb am 11. Februar 1881 in Schleswig.

- Personalpapiere; Wissenschaftliche Unterlagen; Korrespondenz; Nachlassteile Christian Jessen (1742–1812 augustenburgischer Hofprediger).
- 1 lfm
- 1553–1881

Abt. 399.37 Michelsen, Ernst

Ernst Michelsen wurde am 18. Juli 1855 in Alfeld bei Hildesheim geboren. Er war Pastor in Klanxbüll, Kirchenhistoriker und Mitbegründer des Vereins für Schleswig-Holsteinische Kirchengeschichte. Er verstarb am 25. November 1928 in Deezbüll.

- Wissenschaftliche Papiere und Manuskripte.
- 0,5 lfm
- [vor 1928]

Abt. 399.159 Mielsch, Hans Otto

Hans Otto Mielsch lebte von 1898 bis 1971. Er war Ingenieur, Leiter des Reckestiftes in Düsseldorf-Kaiserswerth und Ausbildungsleiter bei der Deutsche Werke AG in Kiel.

- Veröffentlichungen; Vorträge; Unterlagen aus seiner Tätigkeit; Fotos.
- 0,1 lfm
- 1920–1944

Abt. 399.1345 Miethke, Gertrude

Gertrude Miethke geb. Witt war zunächst in Kiel tätig, während des Zweiten Weltkriegs Leiterin des Zentral-Laboratoriums des Verkaufsverbandes Norddeutscher Molkereien in Stettin. Später lebte sie in Wankendorf und Uelzen.

- Reise- und Kriegstagebücher; Materialien zur Kunstgeschichte.
- 0,1 lfm
- 1931–1958

Abt. 399.1315 Minden, Henning von

Henning von Minden wurde am 30. Dezember 1828 in Flensburg geboren. Er war Zivilingenieur und Landmesser und lebte seit 1856 in den USA. Dort war er Major in der Armee der Nordstaaten der USA. Er verstarb am 25. Dezember 1872 in St. Paul, Minnesota.

- Korrespondenz; Familienpapiere; Album mit Fotografien von Persönlichkeiten aus dem amerikanischen Bürgerkrieg.
- 0,1 lfm
- 1912–1958

Abt. 399.94 Mißfeld, Familie

Familie Mißfeld war im Raum Holstein ansässig.

- Satzungen und Mitgliederverzeichnisse des 1936 gegründeten Sippenverbands; Unterlagen verschiedener Familienmitglieder.
- 5 lfm
- 1912–1955

Abt. 399.220 Mißfeldt, Friedrich

Friedrich Mißfeldt wurde am 2. Oktober 1874 in Kiel geboren. Er war Landschafts- und Porträtmaler und verstarb am 19. Juni 1969 in Schleswig.

- Persönliches; Eigene Zeichnungen aus der Zeit des Ersten Weltkriegs.
- 0,5 lfm
- 1895–2015

Abt. 399.178 Missfeldt, Friedrich Ernst

Friedrich Ernst Missfeldt wurde am 27. Juli 1912 geboren. Er war Historiker und Oberstudiendirektor am Werner-Heisenberg-Gymnasium in Heide. Er verstarb am 24. Mai 2009.

- Persönliche Unterlagen; Korrespondenz; Sammlungen zur Geschichte.
- 1 lfm
- 1864, 1925–1998

Abt. 399.174 Missfeldt, Horst

Horst Missfeldt wurde 1923 geboren. Er war Genealoge.

- Genealogische Unterlagen Familie Missfeldt.
- 2 lfm
- 19.–21. Jh.

Abt. 399.1361 Möller, Anna Christina Magdalena

Anna Christina Magdalena Möller war die Witwe des Hufners Martin Möller in Faulück.

- Testament.
- 0,1 lfm
- 1877

Abt. 399.39 Möller, Familie

Familie Möller war die Pächterfamilie der Kammerländereien der Hetlinger Schanze.

- Familienpapiere; Pachtkontrakte; Unterlagen über Hetlingen.
- 0,5 lfm
- 1764–1827

Abt. 399.1103 Möller, Gustav

Gustav Möller wurde 1872 geboren und war Bäcker in Schleswig.
- ↘ Familienpapiere; Fotos.
- ↘ 0,1 lfm
- ↘ 1839–1919

Abt. 399.38 Möller, Hans

Hans Möller wurde am 2. Januar 1877 in Auenbüll geboren. Er war Lehrer in Halstenbek, Heimatforscher und Archivpfleger.
- ↘ Tagebücher; Zeitungsausschnittsammlung; Persönliche Dokumente; Druckschriften.
- ↘ 0,5 lfm
- ↘ 1896–1958

Abt. 399.1104 Möller, Johannes Bertelsen

Johannes Bertelsen Möller war Färber.
- ↘ Erteilung eines Geburtsbriefs.
- ↘ 0,1 lfm
- ↘ 1749

Abt. 399.40 Mohr, Ernst Christian

Ernst Christian Mohr wurde am 19. Mai 1878 geboren. Er war Geschäftsführer der Krankenkasse und Heimat- und Familienforscher in Barmstedt. Unter anderem gründete er den plattdeutschen Verein „Jungs holt fast" und gehörte zu den Mitbegründern des Museums der Grafschaft Rantzau, das er ab 1955 leitete. Ernst Christian Mohr verstarb am 26. März 1964.
- ↘ Typoskript „Die Geschichte der Bauernhöfe der Grafschaft Rantzau mit den Familien ihrer Besitzer".
- ↘ 0,5 lfm
- ↘ [vor 1959]

Abt. 399.1343 Mohr, Hermann

Hermann Mohr war Kriegsteilnehmer im Ersten Weltkrieg und fiel im August 1915.

- Gedenkblatt für den Gefallenen mit Begleitschreiben.
- 0,1 lfm
- 1915

Abt. 399.185 Moltke, Adolph von

Adolph von Moltke wurde am 8. April 1804 in Lübeck geboren. Er war Jurist, Mitglied der gemeinsamen Regierung Schleswig-Holsteins und Landrat des Kreises Pinneberg. Er verstarb am 7. April 1871 in Lugano.

- Private Unterlagen; Korrespondenz; Amtliche Tätigkeit; Politisches Wirken.
- 0,5 lfm
- 1797–1870

Abt. 399.1318 Moltke, Heinrich Graf von

Dr. Heinrich Graf von Moltke wurde am 1. Dezember 1891 in Berlin geboren. Er war preußischer Oberleutnant, kaufmännischer Angestellter und Germanist an der Wayne-Universität in Detroit. Er verstarb 1964 in Connecticut, USA.

- Private Korrespondenzen.
- 0,5 lfm
- 1911–1926

Abt. 399.1105 Monroy, Ernst August von

Ernst August v. Monroy war holländischer Hauptmann.

- Anfrage der Burgmänner zu Horneburg von Monroy betreffend.
- 0,1 lfm
- 1786–1787

Abt. 399.1168 Moritzen, Johannes

Johannes Moritzen wurde am 27. Oktober 1889 geboren. Er war Pfarrer in Jels, Krusendorf, Kiel, Friedrichstadt und Schönkirchen. Er verstarb am 23. August 1980 in Schleswig.

- Korrespondenzen; Materialien zur Abstimmungsfrage in Nordschleswig, zur Minderheiten- und Nationalitätenfrage sowie zu kirchlichen Themen.
- 1 lfm
- 1912–1977

Abt. 399.126 Müller, Familie

Familie Müller war über Jahrhunderte die Besitzerfamilie der Mühle zu Schnaap bei Eckernförde.

- Familienchroniken; Familiendokumente; Unterlagen zur Mühle in Schnaap; Fotos.
- 0,5 lfm
- 16.–20. Jh.

Abt. 399.181 Müller, Familie

Familie Müller war in Berlin ansässig.

- Korrespondenzen und Unterlagen vor allem zu Kolonistenfamilien.
- 0,5 lfm
- 1886–2001

Abt. 399.187 Müller, Hans-Peter

Hans-Peter Müller wurde 1942 geboren. Er war Leiter der Hausbuchbinderei an der Universitätsbibliothek Kiel, Ornithologe und Herpetologe.

- Vogelbeobachtungen und Tagebücher, Korrespondenz, Fotos und Postkarten, Publikationen, Familienchronik, Sammlung.
- 3 lfm
- 1830–2011

Abt. 399.1230 Müller, Karl

Dr. Karl Müller wurde am 14. April 1900 in Solingen geboren. Er war Diplom-Landwirt, Inspektor auf Gülzow bei Schwarzenbek, Bürgermeister der Gemeinde Gülzow, Leiter des Kreislandwirtschaftsamtes in Mölln, schleswig-holsteinischer Landtagsabgeordneter und Sonderbeauftragter für die Durchführung der Bodenreform.

- Handakte aus der Zeit als Kreislandwirtschaftsrat.
- 0,1 lfm
- 1946–1947

Abt. 399.214 Münster, Familie

Familie Münster war eine Bauern- und Uhrmacherfamilie in Lokstedt und Niendorf. Einzelne Familienmitglieder waren auch Kommunalpolitiker und Ortsvorsteher in Lokstedt.

- Unterlagen aus der amtlichen Tätigkeit als Ortsvorsteher, Gerichtsvogt und Kommunalpolitiker; Persönliche Dokumente und Fotografien.
- 0,5 lfm
- 1788–1929

Abt. 399.106 Muhs, Wilhelm

Wilhelm Muhs wurde am 10. April 1895 in Kiel geboren. Er war Studienrat in Altona und Elmshorn. Er verstarb am 10. Juli 1976 in Hamburg.

- Persönliche Unterlagen; Genealogisches Material zu verschiedenen schleswig-holsteinischen Adelsfamilien.
- 0,5 lfm
- 1914–1917, undatiert

Abt. 399.105 Muuß, Rudolf

Dr. Rudolf Muuß wurde am 24. April 1892 in Meldorf geboren. Er war Pfarrer in Tating und Stedesand, Kommunalpolitiker und Vorsitzender mehrerer Vereine, unter anderem des Nordfriesischen Vereins und des Schleswig-Holsteinischen Heimatbundes. Er verstarb am 31. Juli 1972 in Stedesand.

- Private, berufliche, wissenschaftliche und politische Korrespondenz und Unterlagen.
- 19 lfm
- 1919–1970

Abt. 399.168 Naeve, Familie

Familie Naeve war eine Bauernfamilie in Hummelfeld.

- Grundstücksverträge; Streitsachen.
- 0,1 lfm
- 1767–1844

Abt. 399.1106 Nerong, Ocke Christian

Ocke Christian Nerong wurde am 23. August 1852 in Wrixum auf Föhr geboren. Er war Heimatforscher und Lehrer in Alkersum und Dollerup. Er verstarb am 28. November 1909 in Flensburg.

- ↘ Personalpapiere; Heimatgeschichtliche und heimatkundliche Manuskripte.
- ↘ 0,1 lfm
- ↘ 1876–1909

Abt. 399.207 Nissen, Familie

Familie Nissen war in Dollrottfeld bei Süderbrarup ansässig.

- ↘ Feldpostbriefe; Fotos; Korrespondenz; Tagebuch.
- ↘ 0,5 lfm
- ↘ 1881–1960

Abt. 399.1277 Nissen, Familie

Familie Nissen war eine Musikerfamilie in Angeln.

- ↘ Familienunterlagen.
- ↘ 0,1 lfm
- ↘ 19.–20. Jh.

Abt. 399.1107 Nissen, Lorenz Andreas

Lorenz Andreas Nissen lebte von 1767 bis 1847. Er war Pastor in Apenrade, Hanred und Oesby.

- ↘ Ernennungsurkunden.
- ↘ 0,1 lfm
- ↘ 1794–1823

Abt. 399.1196 Nissen, Peter August

Peter August Nissen war Beamter und Heimatforscher. Er lebte in Flensburg.

- ↘ Typoskript der Kirchspielschronik Norderbrarup.
- ↘ 0,5 lfm
- ↘ 1955–1963

Abt. 399.1108 Nissen, Walter

Walter Nissen wurde am 7. September 1898 geboren. Er war Hausschlachter in Satrup-Kirchenholz und verstarb am 3. April 1958.

- Aufzeichnungen über die Vorfahren und Satrup-Kirchenholz.
- 0,1 lfm
- [vor 1958]

Abt. 399.1109 Nolte, Ernst Ferdinand

Prof. Dr. Dr. Ernst Ferdinand Nolte wurde am 24. Dezember 1791 in Hamburg geboren. Er war Professor der Botanik und Direktor des Botanischen Gartens in Kiel. Er verstarb am 13. Februar 1875 in Kiel.

- Personalpapiere; Unterlagen von Kaufmann und Konsul Johann Heinrich Nolte (1739–1824); Ernennungen; Diplome; Reisepässe.
- 0,1 lfm
- 1821–1853

Abt. 399.1110 Oertling, M. C. H.

M. C. H. Oertling war Zahntechniker.

- Immatrikulation in Kiel.
- 0,1 lfm
- 1875

Abt. 399.1111 Oeser, Hermann

Hermann Oeser wurde am 3. Mai 1899 in Theeberg geboren. Er war Apotheker und verstarb am 18. Januar 1969 in Hamburg.

- Typoskript der Ansprache vor der Ortsgruppe Hamburg-Rückert der NS-Frauenschaft.
- 0,1 lfm
- 1935

Abt. 399.1112 Ohm, Familie

Familie Ohm war in Hohn ansässig.

- Familienunterlagen.
- 0,1 lfm
- 1682–1732

Abt. 399.1207 Ohrtmann, Johann

Johann Ohrtmann wurde am 18. März 1898 in Flensburg geboren. Er war Volksschullehrer, Pazifist, Schriftleiter der Zeitschrift „Deutsche Zukunft“ und Oberregierungsschulrat beim Schleswig-Holsteinischen Kultusministerium. Er verstarb am 27. Mai 1978 in Kiel.

- ↘ Persönliche Unterlagen; Manuskripte und Korrespondenz.
- ↘ 0,1 lfm
- ↘ 1905–1971

Abt. 399.1302 Olf, Jürgen

Jürgen Olf wurde am 8. April 1872 geboren. Er war Fischer.

- ↘ Militärpass.
- ↘ 0,1 lfm
- ↘ 1894–1921

Abt. 399.41 Ortmann, Richard

Richard Ortmann wurde am 9. April 1879 in Jersbek geboren. Er war Seminarlehrer in Tondern, Studienrat in Niebüll und in leitender Position im Deutschen Verein für das nördliche Schleswig und im Schleswig-Holsteiner Bund. Er verstarb am 16. Februar 1953 in Niebüll.

- ↘ Materialien des Deutschen Vereins für das nördliche Schleswig, Ortsgruppe Tondern, des Deutschen Ausschusses, Ortsgruppe Tondern, und des Schleswig-Holsteiner-Bundes, Ortsgruppe Niebüll.
- ↘ 0,5 lfm
- ↘ 1909–1933

Abt. 399.1379 Orts, Familie

Familie Orts war eine Gastwirtsfamilie in Heiligenhafen.

- ↘ Korrespondenz mit nach Amerika ausgewanderten Familienmitgliedern.
- ↘ 0,1 lfm
- ↘ 1865–1922, 1933

Abt. 399.42 Osenbrück, Siegfried

Siegfried Osenbrück wurde um 1892 geboren. Er war Kriegsteilnehmer im Ersten Weltkrieg.

- Aufzeichnungen von Kriegserlebnissen; Kriegstagebuch von Friedrich Terno; Druckschriften; Karten; Flugblätter.
- 0,5 lfm
- 1914–1925

Abt. 399.113 Osterloh, Erik-Olav und Hanna

Erik-Olav Osterloh wurde am 19. November 1919 in Berlin geboren. Er war Lehrer in Sterup und Genealoge. Er verstarb am 25. Dezember 1987. Hanna Osterloh geb. Thomsen wurde am 18. November 1924 geboren und starb am 19. Januar 2018. Sie war gelernte Buchhändlerin und ebenfalls genealogisch tätig.

- Genealogische Sammlung zu Familie Osterloh.
- 9 lfm
- (1535–) 1987

Abt. 399.135 Ovens, Boy Franz Andres

Boy Franz Andres Ovens wurde am 6. Oktober 1913 in Hamburg geboren. Er war Direktor der Andreas-Brauerei in Hagen und verstarb am 1. Februar 1996 in Hagen.

- Familiengeschichtliche Unterlagen.
- 2 lfm
- 1779–1962

Abt. 399.1229 Pahlke, Reinhard

Reinhard Pahlke wurde am 4. März 1866 in Köln geboren. Er war Landrat des Kreises Steinburg und Landeshauptmann der Provinz Schleswig-Holstein. Er verstarb am 26. August 1937 in Frankfurt.

- Persönliche und amtliche Unterlagen.
- 0,1 lfm
- 1888–1948

Abt. 399.1303 Pauli, Heinrich

Heinrich Pauli wurde am 17. Juli 1874 in Colmar geboren. Er war preußischer Regierungspräsident in Schleswig-Holstein und verstarb am 16. Mai 1953 in Berlin.

- Aufzeichnungen zum Kapp-Putsch; Korrespondenzen.
- 0,1 lfm
- 1920–1922

Abt. 399.1294 Paulsen, Familie

Familie Paulsen war eine Hofbesitzerfamilie im Louisen-Reußen-Koog.

- Familien- und Hofpapiere.
- 0,1 lfm
- 18.–20. Jh.

Abt. 399.242 Paulsen, Familie

Familien Paulsen ist eine Unternehmerfamilie in Husum.

- Unterlagen des Flensburger Pastors Heinrich Kähler (1874–1941).
- 0,5 lfm
- 1914–1954

Abt. 399.1113 Paulsen, Peter

Dr. Peter Paulsen wurde am 5. August 1808 in Atzbüll geboren. Er war Direktor des Taubstummeninstituts in Schleswig und Heimatforscher. Er verstarb am 22. Mai 1886 in Schleswig.

- Korrespondenz; Materialien über Schulwesen; Topografie; Armenwesen; Taubstummenanstalt; Unterlagen des Propstes Peter Paulsen (1778–1855).
- 2 lfm
- 1828–1867

Abt. 399.77 Pauly, Friedrich

Dr. Friedrich Pauly wurde am 10. Juni 1875 in Heide geboren. Er war Richter und Stadtrat in Kiel, Landrat des Kreises Süderdithmarschen in Meldorf, Direktor des Oberverwaltungsamtes und des Versorgungsgerichtes im Regierungspräsidium Schleswig, Heimatforscher, Schriftsteller und Klaus-Groth-Forscher. Er verstarb am 7. September 1954 in Schleswig.

- Personalpapiere; Heimatkundliche, familiengeschichtliche und literarische Manuskripte und Materialien; Familienunterlagen; Teilnachlass des Juristen, Deputierten und Kommissars für die Ständeversammlungen der Herzogtümer Johann Paul Höpp (1782–1847).
- 8 lfm
- 1700–1954

Abt. 399.1114 Pauly, George Friedrich

George Friedrich Pauly lebte von 1751 bis 1816 und war Erbherr auf Bossee.

- Empfangsbestätigung über einen Geldbetrag.
- 0,1 lfm
- 1789

Abt. 399.1115 Pechlin, Nicolaus Otto Freiherr von

Nicolaus Otto Freiherr von Pechlin lebte von 1752 bis 1807. Er war Amtmann von Norburg und Sonderburg.

- Sammlung von Nachrichten über die Familien von Pechlin und von Mörner.
- 0,1 lfm
- [nach 1785]

Abt. 399.115 Peperkorn, Johann Leopold

Johann Leopold Peperkorn wurde am 13. Februar 1890 in Husum geboren. Er war Pastor und Kreisleiter der NSDAP für den Kreis Südtondern. Er verstarb am 1. April 1967 in Westerland.

- Korrespondenz mit Angehörigen der Kirche und der NSDAP; Manuskript über Nationalsozialismus und Kirche.
- 0,1 lfm
- 1929–1934, 1958

Abt. 399.216 Peters, Walter

Walter Peters wurde am 14. August 1912 in Poppenbüll geboren. Er war Landwirt, Kommunalpolitiker und Mitglied des Deutschen Bundestags. Er verstarb am 8. April 1979 in Niebüll.

- Persönliches; Berufliche Tätigkeit; Kommunalpolitik; Parteipolitische Arbeit in der FDP; Tätigkeit als Mitglied des Deutschen Bundestags.
- 0,5 lfm
- 1888–2012

Abt. 399.138 Petersen, Carl

Prof. Dr. Carl Petersen wurde am 5. März 1885 in Hvidding geboren. Er war Professor für mittlere und neuere Geschichte an den Universitäten Kiel und Greifswald. Er verstarb am 26. Januar 1942 in Berlin.

- Materialien zu seiner wissenschaftlichen Tätigkeit.
- 0,5 lfm
- 1923–1942

Abt. 399.161 Petersen, Christian

Christian Petersen lebte von 1914 bis 1995. Er war Schulrat in Niebüll, Vorstandsmitglied des Schleswig-Holsteinischen Heimatbundes, Vorsitzender des Patenschaftsausschusses Nordschleswig und Vorsitzender des Landesgeschichtlichen Ausschusses des SHHB.

- Unterlagen aus der dienstlichen Tätigkeit und aus der Aktivität beim Schleswig-Holsteinischen Heimatbund.
- 0,5 lfm
- 1947–1993

Abt. 399.1268 Petersen, Familie

Familie Petersen war die Besitzerfamilie der Erbpachtstelle Hönkenrade im niedergelegten Gut Bahrenhof im Amt Reinfeld.

- Hofpapiere.
- 0,1 lfm
- 1763–1891

Abt. 399.1398 Petersen, Familie

Familie Petersen war in Eggebekfeld ansässig.

- Konfirmationsscheine; Sporturkunde.
- 0,1 lfm
- 1929–1931

Abt. 399.1243 Petersen, Henning

Henning Petersen wurde am 26. Januar 1820 in Husbyholz geboren. Er war Hufner und Sänger in Rantum auf Sylt und verstarb am 19. April 1903 in Rantum.

- Liederbuch.
- 0,1 lfm
- 19. Jh.

Abt. 399.1275 Petersen, Johann Peter

Johann Peter Petersen lebte von 1870 bis 1956. Er war Bauer in Langenhorn-Altendeich.

- Familienpapiere; Hofpapiere der Hofstelle Bottschlott.
- 0,1 lfm
- 1709–1954

Abt. 399.1259 Petersen, Louise Emilie

Louise Emilie Petersen wurde am 2. Mai 1815 in Heide geboren. Sie war Dienstmagd in Satrup.

- Dienstbuch.
- 0,1 lfm
- 1842–1844

Abt. 399.1117 Pezold, Johann Eusebius

Johann Eusebius Pezold war Landmesser.

- Vermessung und Parzellierung des Domanialgutes Rohlfshagen und der Rohlfshagener Kupfermühle.
- 0,1 lfm
- 1763–1793

Abt. 399.1307 Pfeiffer, Werner

Werner Pfeiffer wurde am 1. September 1896 geboren. Er war Journalist und persönlicher Referent der Ministerpräsidenten Lübke und von Hassel. Er verstarb am 12. September 1977.

- Persönliche Papiere; Material und Druck der Autobiografie; Korrespondenzen; Ansprachen; Zeitungsausschnitte.
- 0,1 lfm
- 1906–1977

Abt. 399.44 Philippsen, Max

Max Philippsen war Studienrat und Historiker in Schleswig. Er verstarb im Dezember 1958.

- Materialsammlung über Schleswig, Haithabu und das Beowulflied.
- 0,5 lfm
- 19.–20. Jh.

Abt. 399.1118 Platen-Hallermund, Marie Eliza Gräfin von

Marie Eliza Gräfin von Platen-Hallermund geb. Willink war die Witwe des Leutnants im Regiment Holstein Johann Graf von Platen-Hallermund.

- Unterstützung aus der Schütz-Grönländischen Stiftung und Bestallung eines Kurators.
- 0,1 lfm
- 1855

Abt. 399.1119 Plessen, Jakob Levin von

Jakob Levin von Plessen wurde am 28. August 1701 in Arpshagen geboren. Er war Schlosskommandant von Eutin, Hofmarschall, Amtmann zu Reinbek und Domherr zu Lübeck. Er verstarb am 21. September 1761 in Rixdorf.

- Korrespondenz.
- 0,1 lfm
- 1740–1761

Abt. 399.1328 Ploen, Hans Detlef

Hand Detlef Ploen bzw. Plähn wurde 1766 geboren. Er war Hofbesitzer in Gribbohm.

- Grundstücks- und Vormundschaftssachen.
- 0,1 lfm
- 1788–1874

Abt. 399.1376 Pochhammer, Paul

Paul Pochhammer lebte von 1917 bis 2009. Er war Landwirt und Bürgermeister von Windeby.

- Unterlagen aus seiner Zeit als Landwirtschaftslehrling.
- 0,1 lfm
- 1948–1950

Abt. 399.109 Pöhls, Karl Heinrich

Karl Heinrich Pöhls wurde am 12. April 1898 in Börm geboren. Er war Lehrer und Heimatforscher in Gribbohm, Stolpe und Hüttenwohld. Er verstarb am 4. Mai 1986 in Bordesholm.

- Manuskripte; Heimatkundliche Unterlagen.
- 0,5 lfm
- 1932–1977

Abt. 399.192 Poel, Familie

Familie Poel war eine Offiziers- und Juristenfamilie.

- Unterlagen des Hauptmanns Wolfgang Poel (1873–1914) und des Oberlandesgerichtsrats Walter Poel (1908–1984).
- 0,1 lfm
- 1875–1973

Abt. 399.45 Poncet, Hans-Herbert von

Hans-Herbert von Poncet wurde am 9. August 1912 in Grimma geboren. Er war Bankdirektor in Düsseldorf.

- Genealogisches und familiengeschichtliches Material für die Familien von Poncet, von Ahlefeldt, von Rochow, von Frankenberg-Ludwigsdorf, von Rantzau, von Dehn/Pot.
- 4 lfm
- 1645–1970

Abt. 399.1289 Posselt, Marcus

Marcus Posselt wurde am 4. April 1814 auf Föhr geboren. Er war Regierungsrat, Syndikus des Klosters Itzehoe und Landessyndikus und Sekretär der Fortwährenden Deputation der Schleswig-Holsteinischen Ritterschaft. Er verstarb am 17. März 1905 in Itzehoe.

- ↘ Manuskripte und Materialien zur Geschichte der Schleswig-Holsteinischen Ritterschaft und der schleswig-holsteinischen Klöster.
- ↘ 0,1 lfm
- ↘ 1835–1904

Abt. 399.130 Prange, Familie

Familie Prange ist eine schleswig-holsteinische Gelehrtenfamilie.

- ↘ Unterlagen u. a. von Konrektor Julius Prange (1861–1941); Prof. Dr. Alexander Cartellieri (1867–1955); Oberstudiendirektor Max Prange (1891–1979); Ilse Prange geb. Cartellieri (1896–1949); Prof. Dr. Wolfgang Prange (1932–2018).
- ↘ 10 lfm
- ↘ 1806–2000

Abt. 399.1191 Qualen, Familie von

Familie von Qualen war eine auf Borghorst und Damp ansässige adlige Familie.

- ↘ Familien- und Gutsunterlagen.
- ↘ 0,1 lfm
- ↘ 1702–1831

Abt. 399.1177 Rantzau, Cai von

Cai von Rantzau wurde am 3. Mai 1726 geboren. Er war Erbherr auf Gaarz und Güldenstein, Kanzler des Obergerichts auf Gottorf, Geheimer Konferenzrat und Propst der Klöster zu Schleswig und Preetz. Er verstarb am 21. Juli 1792 in Preetz.

- ↘ Korrespondenz.
- ↘ 0,1 lfm
- ↘ 1774

Abt. 399.1120 Rantzau, Emil Graf von

Graf Emil von Rantzau wurde am 12. Juli 1827 in Lyngby geboren. Er war Erbherr auf Rastorf, Königlich Preußischer Wirklicher Geheimer Rat und Landtagsmarschall. Er verstarb am 15. Februar 1888 auf Rastorf.

- Handakten; Korrespondenz.
- 0,1 lfm
- 1872–1887

Abt. 399.1121 Rantzau, Familie Grafen von

Die Familie der Grafen v. Rantzau ist eine uradelige schleswig-holsteinische Familie.

- Familienpapiere.
- 0,1 lfm
- 1708–1717

Abt. 399.46 Rathgen, Bernhard

Bernhard Rathgen wurde am 11. März 1802 in Schleswig geboren. Er war Deputierter bei der Schleswig-Holstein-Lauenburgischen Kanzlei zu Kopenhagen, Landdrost zu Pinneberg, Abgeordneter der Schleswig-Holsteinischen Landesversammlung, Kammergerichtsrat in Berlin und Präsident der Generalablösungskommission zu Weimar. Er verstarb an 18. Oktober 1880 in Weimar.

- Personalpapiere; Familienbriefe.
- 1 lfm
- 1819–1880

Abt. 399.151 Rathje, Claus-Georg

Claus-Georg Rathje wurde am 12. September 1916 in Bergedorf geboren. Er war Maler und Bezirksleiter der Deutschen Angestellten-Gewerkschaft in Oberbayern.

- Tagebücher; Briefe; Berichte und Kommentare; Geometrische Malerei.
- 1 lfm
- 1966–2004

Abt. 399.1244 Rathje, Marquard Reimer

Marquard Reimer Rathje wurde am 16. Oktober 1875 in Silberstedt geboren. Er war Lehrer in Röbsdorf und Tökendorf und verstarb am 9. Juli 1960 in Kiel.

- Lebenserinnerungen.
- 0,1 lfm
- 1947

Abt. 399.1418 Räthke, Henry

Henry Räthke wurde am 11. August 1874 in Altona geboren. Er war Sattler und verstarb am 14. Oktober 1962 in Hamburg.

- Stammbaum; Militärunterlagen; Fotos; Orden und Auszeichnungen.
- 0,1 lfm
- 1915–1922, 1991

Abt. 399.1360 Rathmann, Wiebcke

Wiebcke Rathmann wurde am 17. Juni 1831 in Bünstorf geboren.

- Extrakt aus dem Taufregister.
- 0,1 lfm
- 1831

Abt. 399.1122 Reck, Philipp Georg Friedrich von

Philipp Georg Friedrich von Reck war Regierungsrat in Hessen-Kassel sowie Amtsverwalter und Hausvogt in der Grafschaft Rantzau.

- Bestallungsurkunde.
- 0,1 lfm
- 1763

Abt. 399.1123 Rehmke, Familie

Familie Rehmke war eine in Hüsby ansässige Familie.

- Familienpapiere; Grundstücksunterlagen.
- 0,1 lfm
- 1665–1902

Abt. 399.104 Reiche, Albert

Albert Reiche wurde am 18. November 1895 in Wellspang geboren. Er war Lehrer, Heimatforscher und Archivangestellter. Er verstarb am 17. Mai 1979 in Brodersby.

- Sammlungen über Offiziere, Militärärzte und Beamte der Schleswig-Holsteinischen Armee und Marine 1848–1851.
- 1 lfm
- 1972–1973

Abt. 399.1413 Reichwagen, Engelbert

Engelbert Reichwagen wurde am 29. November 1830 in Stade geboren. Er war Student und Kriegsfreiwilliger bei der Schleswig-Holsteinischen Erhebung, später Kaufmann und Fabrikant in Hamburg. Er verstarb am 22. Mai 1916 in Erfurt.

- Kriegserinnerungen an seine Teilnahme als Freiwilliger an der schleswig-holsteinischen Erhebung.
- 0,1 lfm
- 1907

Abt. 399.47 Reimers, August

August Reimers wurde am 7. Januar 1883 in Altona geboren. Er war Wachtmeister beim Kaiser-Franz-Joseph-Husaren-Regiment Nr. 16, Archivobersekretär beim Staatsarchiv Kiel, Familien- und Heimatforscher. Er verstarb am 9. Mai 1963 in Kiel.

- Korrespondenz; Aufsätze; Manuskripte; Materialsammlung.
- 2 lfm
- 1919–1961

Abt. 399.90 Reimer, Georg

Georg Reimer wurde am 7. Februar 1882 in Ekenis geboren. Er war Lehrer in Böken und Heimatforscher. Er verstarb am 13. Februar 1959 in Böken.

- Sammlungen, Manuskripte und Korrespondenz zur Lokal- und Regionalgeschichte, insbesondere des Aukrugs, des Kirchspiels Nortorf und des Amtes Rendsburg.
- 1 lfm
- 1904–1959

Abt. 399.1124 Reise, Johannes

Johannes Reise wurde am 10. März 1869 in Großenbrode geboren. Er war Postmeister und verstarb am 21. Oktober 1946 in Bordesholm.

- Sammlung mit Archivalienabschriften vor allem aus dem großfürstlichen Rentekammerarchiv.
- 0,1 lfm
- (1608–1747)

Abt. 399.1332 Remane, Adolf

Prof. Dr. Dr. Adolf Remane wurde am 9. August 1898 in Krotoschin geboren. Er war ordentlicher Professor für Zoologie und Meereskunde an der Christian-Albrechts-Universität zu Kiel und verstarb am 22. Dezember 1976.

- Vortragsmanuskript „Art und Rasse".
- 0,1 lfm
- 1943–1944

Abt. 399.48 Rendtorff, Familie

Familie Rendtorff war eine in Hamburg, Kiel, Preetz, Bordesholm, Leipzig, Kalifornien und den Niederlanden ansässige Familie.

- Familienunterlagen; Familiengeschichtliche Arbeiten.
- 2 lfm
- 16.–20 Jh.

Abt. 399.1232 Renné, August Wilhelm

August Wilhelm Renné wurde am 13. Juli 1839 in Bad Freienwalde geboren. Er war Schlosser und Soldat in der preußischen Armee während des Deutsch-Dänischen Krieges. Er verstarb am 12. September 1917 in Bad Freienwalde.

- Briefe an seinen Bruder.
- 0,1 lfm
- 1864

Abt. 399.1301 Revenfeld, Detlev, Conrad und Conradine

Die Geschwister Detlev, Conrad und Conradine waren uneheliche Kinder des Großkanzlers Konrad Graf von Reventlow (1644–1708).

- Adels- und Wappenbrief König Christians V.
- 0,1 lfm
- 1695

Abt. 399.51 Reventlou, Friedrich Graf von

Friedrich Graf von Reventlou wurde am 16. Juli 1797 in Schleswig geboren. Er war Mitglied des Oberappellationsgerichtes in Kiel, Propst des Adligen Klosters Preetz, Mitglied der Provisorischen Regierung, Statthalter des Deutschen Bundes in Schleswig-Holstein sowie Mitglied der Schleswig-Holsteinischen Ständeversammlung und des Preußischen Herrenhauses. Er verstarb am 24. April 1874 auf Starzeddel.

- Korrespondenzen und Handakten.
- 4 lfm
- 1810–1874

Abt. 399.1125 Reventlou, Kurt Graf von

Kurt Graf von Reventlou wurde am 6. November 1834 in Kiel geboren. Er war Landrat in Guben in Schlesien, Propst des Adligen Klosters Preetz, Mitglied des Schleswig-Holsteinischen Landtags, des Preußischen Abgeordnetenhauses und des Preußischen Herrenhauses. Er verstarb am 13. Oktober 1914 auf Damp.

- Handakten über das Provinzialgut Bokelholm und Stiftungen.
- 0,1 lfm
- 1888–1905

Abt. 399.1330 Reventlow, Emilie Louise Henriette Gräfin von

Emilie Louise Henriette Gräfin von Reventlow geb. Gräfin von Bernstorff wurde am 7. Januar 1766 in Kopenhagen geboren. Sie war die Tochter des dänischen Staatsministers Andreas Peter Graf von Bernstorff und Ehefrau von Cay Friedrich Graf von Reventlow auf Altenhof. Sie verstarb am 26. November 1855 in Preetz.

- Korrespondenz.
- 0,1 lfm
- 1807–1809

Abt. 399.49 Reventlow, Ernst Christian Graf von

Ernst Christian Graf von Reventlow wurde am 26. Juli 1799 in Schleswig geboren. Er war Erbherr auf Farve, Mitglied der Holsteinischen Ständeversammlung, der Vereinigten Ständeversammlung, der Landesversammlung und des dänischen Reichsrats, Landtagsmarschall für den schleswig-holsteinischen Provinziallandtag und Mitglied des Preußischen Herrenhauses. Er verstarb am 17. Februar 1873 auf Farve.

- Korrespondenzen.
- 0,1 lfm
- 1816–1871

Abt. 399.50 Reventlow, Friedrich Graf von

Friedrich Graf von Reventlow wurde am 31. Januar 1754 auf Altenhof geboren. Er war Gutsherr auf Emkendorf, dänischer Gesandter in London und Berlin und Kurator der Universität Kiel. Er verstarb am 26. September 1828 in Berlin.

- Diplomatische und politische Angelegenheiten; Familienunterlagen; Korrespondenzen; Nachlasspapiere seiner Adoptivsöhne Reventlow-Criminil.
- 1 lfm
- 1737–1872

Abt. 399.1126 Reventlow, Theodor Graf von

Theodor Graf von Reventlow wurde am 16. August 1801 auf Christiansholm geboren. Er war Erbherr auf Jersbek und Stegen, Amtmann von Cismar, Propst des St. Johannisklosters vor Schleswig, Mitglied der Holsteinischen und der Schleswigschen Ständeversammlung sowie der Landesversammlung und Präsident der Gemeinsamen Regierung. Er verstarb am 4. Februar 1873 auf Jersbek.

- Papiere und Korrespondenz zum Frieden von Malmö.
- 0,1 lfm
- 1848–1849

Abt. 399.1285 Richter, Johann

Johann Richter war königlich dänischer Kapitän beim Seeländischen Infanterie-Regiment in Rendsburg.

- Testament.
- 0,1 lfm
- 1734

Abt. 399.1127 Richthofen, Friederike Baronin von

Friederike Baronin von Richthofen geb. Prinzessin von Holstein-Beck wurde am 13. Dezember 1780 geboren. Sie war die Tochter des Herzogs Friedrich von Holstein-Beck und Schwester des Herzogs Wilhelm von Holstein-Glücksburg. Sie verstarb am 19. Januar 1862.

- Korrespondenz.
- 0,1 lfm
- 1803–1831

Abt. 399.1357 Riese, Hans

Hans Riese stammte aus Kiel und war Teilnehmer des Ersten Weltkriegs.

- Skizzenbuch.
- 0,1 lfm
- 1916–1917

Abt. 399.1128 Rockenfuß, Johann Samuel

Johann Samuel Rockenfuß lebte in Hamburg und war mit Anna Maria Dorothea geb. Godehues verheiratet.

- Testament.
- 0,1 lfm
- 1762

Abt. 399.1165 Rodenberg, Carl

Prof. Dr. Carl Rodenberg wurde am 15. Oktober 1854 in Bremen geboren. Er war Professor der Mittleren und Neueren Geschichte in Kiel und Lehrer an der Marineakademie. Er verstarb am 6. Juli 1926.

- Manuskript; Korrespondenzen; Nachruf.
- 0,1 lfm
- (1878–1943)

Abt. 399.1242 Römer, Karl

Karl Römer wurde 1919 geboren. Er war Bauaufsichtsbeamter der Bundesbahndirektion Hamburg und beteiligt am Bau der Fehmarnsundbrücke.

- ↘ Dokumentation über den Bau der Vogelfluglinie.
- ↘ 0,5 lfm
- ↘ 1960–1963

Abt. 399.1129 Rönne, Johann Hinrich Hermann von

Johann Hinrich Hermann von Rönne lebte in Glückstadt und war Kapitän.

- ↘ Grundstückspapiere.
- ↘ 0,1 lfm
- ↘ 1733–1834

Abt. 399.1130 Roepstorf, Gottfried Christopher von

Gottfried Christopher von Roepstorf war Leutnant in Kopenhagen.

- ↘ Erbschaftsangelegenheit.
- ↘ 0,1 lfm
- ↘ 1750

Abt. 399.210 Rohse, Hermann

Hermann Rohse wurde am 10. März 1886 in Nordholz geboren. Er war Volksschullehrer in Albersdorf und fiel am 26. Juni 1918 bei Dernancourt.

- ↘ Illustrierte Erinnerungsalben an die Präparandenzeit in Lunden und die Seminarzeit in Eckernförde.
- ↘ 0,5 lfm
- ↘ 1902–1908

Abt. 399.1313 Rohwer, Familie

Familie Rohwer war eine Hofbesitzerfamilie in Bokel.

- ↘ Hof- und Familienpapiere.
- ↘ 0,1 lfm
- ↘ 1832–1898

Abt. 399.228 Roithner, Edith

Edith Roithner geb. Jeske wurde 1927 in Eckernförde als Tochter des Unternehmers Ernst Jeske geboren. Sie war in zweiter Ehe mit dem Kapitän Karl Roithner verheiratet und lebte in Kiel, wo sie auch verstarb.

- Korrespondenzen, u. a. mit Wehrmachtssoldaten.
- 0,5 lfm
- 1939–1947, 1980

Abt. 399.176 Rosen, Wilhelm von

Wilhelm von Rosen wurde 1788 in Plön geboren. Er war Jurist, Kammerherr und Amtmann des Amtes Segeberg. Er verstarb 1853 in Segeberg.

- Beschreibungen von Ämtern, Landschaften und Städten.
- 2 lfm
- [um 1830]

Abt. 399.114 Roth, Franz

Franz Roth wurde um 1887 in Karlsruhe geboren. Er war Diplom-Ingenieur, Leutnant und Stadtingenieur in Kiel.

- Korrespondenz; Fotos; Militärische und dienstliche Papiere.
- 2 lfm
- 1907–1949

Abt. 399.1175 Ruge, Ernst

Ernst Ruge wurde am 9. Dezember 1893 geboren. Er war Hauptlehrer und Organist in Krummendiek bei Itzehoe.

- Typoskript zur Hofbesitzerfolge für die Nortorfer Ducht, Wilstermarsch.
- 0,1 lfm
- [vor 1978]

Abt. 399.1131 Rumohr, Friedrich von

Friedrich von Rumohr wurde am 2. Juni 1714 auf Roest geboren. Er war Student in Jena und verstarb dort am 6. November 1733.

- Leichenpredigt; Aufzeichnungen und Kolleghefte.
- 0,1 lfm
- 1733

Abt. 399.1206 Sacht, Carl

Carl Sacht wurde am 4. September 1825 in Gettorf geboren. Er war Maurermeister und verstarb am 21. Oktober 1904 in Gettorf.

- Heimatkundliche Aufzeichnungen.
- 0,1 lfm
- 1902

Abt. 399.1192 Saeftel, Friedrich

Dr.-Ing. Friedrich Saeftel wurde am 3. November 1894 in Pleß, Oberschlesien geboren. Er war Baurat und Dozent an der Universität Kiel. Er verstarb am 23. Oktober 1984 in Heide.

- Baugeschichtliche Arbeitsunterlagen; Korrespondenzen und Karteien aus der Tätigkeit als Bauoberleiter der Renovierungsarbeiten an der Herrenhausanlage Emkendorf (auch Pläne); Bibliografie seiner Veröffentlichungen; Manuskripte; Korrespondenz über die redaktionelle Bearbeitung bzw. Herausgabe seiner Aufzeichnungen über den wikingerzeitlichen Hausbau auf der Warft beim Elisenhof auf Eiderstedt.
- 0,5 lfm
- 1968–1984

Abt. 399.1210 Salchow, Friedrich Karl Albrecht Hermann

Friedrich Karl Albrecht Hermann Salchow wurde am 27. März 1815 in Kopenhagen geboren. Er war der Sohn des Generalkriegskommissars Johann Adam Ulrich Salchow und dänischer Offizier.

- Tagebuchaufzeichnungen.
- 0,1 lfm
- 1835–1857

Abt. 399.152 Salewski, Michael

Prof. Salewski wurde am 2. Januar 1938 in Königsberg geboren. Er war Professor für Mittlere und Neuere Geschichte an der Universität Kiel und verstarb am 4. Mai 2010 in Eckernförde.

↘ Vor allem dienstliche Tätigkeit; Wissenschaftliche Arbeiten; Mitwirkung in Gremien; Korrespondenzen; Nachlassteile Christian Freiherr von Stockmar und Ernst Freiherr von Stockmar.
↘ 37 lfm
↘ 1965–2002

Abt. 399.52 Samwer, Karl Friedrich Lucian

Professor Karl Friedrich Lucian Samwer wurde am 16. März 1819 in Eckernförde geboren. Er war Diplomat, Professor der Rechtswissenschaft an der Universität Kiel, Sachsen-Coburg-Gothaischer Geheimer Rat und Chef des Finanz- und Domänendepartements, Berater des Herzogs Friedrich von Augustenburg und Schriftsteller. Er verstarb am 8. Dezember 1882 in Gotha.

↘ Familienpapiere; Persönliche Unterlagen; Handakten und Korrespondenz zur Schleswig-Holstein-Frage; Nachlassteile von Peter Wilhelm Forchhammer und von Ernst von Stockmar.
↘ 3 lfm
↘ 1814–1883

Abt. 399.1132 Sayn-Wittgenstein, Familie Grafen von

Die Familie der Grafen von Sayn-Wittgenstein ist eine Familie des deutschen Hochadels.

↘ Prozessangelegenheiten.
↘ 0,1 lfm
↘ 1752–1753

Abt. 399.1190 Schack, Ulrica Amalia von

Ulrica Amalia von Schack geb. von Ahlefeldt lebte von 1693 bis 1764. Sie war die Tochter des Landrats Detlev Sievert von Ahlefeldt auf Brodau und verheiratet mit dem königlich dänischen Generalmajor Hartwig Asche von Schack (1685–1734).

↘ Testament.
↘ 0,1 lfm
↘ 1763–1764

Abt. 399.1408 Schade, Karl-Emil

Karl Emil Schade wurde am 5. Juli 1927 in Itzehoe geboren. Er war Pastor in Hademarschen und Übersetzer der Bibel in die niederdeutsche Sprache. Er verstarb am 17. Dezember 2007 in Itzehoe.

- Persönliche Unterlagen.
- 0,1 lfm
- 1943–1945

Abt. 399.1133 Schaffalitzky de Muckadell, J. B.

J. B. Schaffalitzky de Muckadell lebte in Kolding.

- Justizangelegenheit.
- 0,1 lfm
- 1744

Abt. 399.110 Scharff, Alexander

Prof. Dr. Alexander Scharff wurde am 2. Juli 1904 in Calbe (Saale) geboren. Er war Professor für schleswig-holsteinische und nordische Geschichte in Kiel und verstarb am 27. März 1985 in Kiel.

- Personalpapiere; Wissenschaftliche Werke; Manuskripte und Materialsammlung; Vortragsmanuskripte; Unterlagen und Korrespondenz.
- 12 lfm
- 1916–1984

Abt. 399.255 Scharpenberg, Margot

Margot Scharpenberg (verh. Wellmann) wurde am 18. Dezember 1924 in Köln geboren. Sie ist eine deutsch-amerikanische Lyrikerin und Schriftstellerin und gilt als wichtigste Vertreterin des Bildgedichts in der deutschsprachigen Gegenwartsliteratur.

- Manuskripte; Korrespondenzen; Arbeitsunterlagen.
- 12 lfm
- 20. Jh.

Abt. 399.67 Scheel, Otto

Prof. Otto Scheel wurde am 7. März 1876 in Tondern geboren. Er war Professor für Kirchengeschichte an der Universität Tübingen und Professor für schleswig-holsteinische Landesgeschichte, Reformationsgeschichte und nordische Geschichte an der Universität Kiel. Er verstarb am 13. November 1954 in Kiel.

- Korrespondenz und Material zur schleswig-holsteinischen Geschichte; zur Kirchengeschichte und deutsch-dänischen Grenzpolitik.
- 3 lfm
- 1915–1954

Abt. 399.68 Scheel-Plessen, Carl Graf von

Carl Graf von Scheel-Plessen wurde am 18. März 1811 in Kiel geboren. Er war Amtmann von Sonderburg und Norburg, Rentekammerdeputierter in Kopenhagen, Oberpräsident und Erster Bürgermeister in Altona, Mitglied und Präsident der Holsteinischen Ständeversammlung, preußischer Oberpräsident der Provinz Schleswig-Holstein und Mitglied des Preußischen Herrenhauses. Er verstarb am 7. Juli 1892 in Varese.

- Denkschriften und Unterlagen zur Politik Schleswig-Holsteins; Korrespondenzen.
- 0,1 lfm
- 1847–1879

Abt. 399.69 Schenck, Richard

Dr. Richard Matthias Friedrich Schenck wurde am 11. September 1900 in Flensburg geboren. Er war Wirtschaftswissenschaftler, Mitglied des Schleswig-Holsteinischen Landtages, Finanzminister, Vorsitzender des Schleswig-Holsteinischen Heimatbundes und Mitbegründer der Schleswig-Holsteinischen Gemeinschaft. Er verstarb am 28. Juni 1979.

- Korrespondenzen; Unterlagen zu verschiedenen politischen Angelegenheiten; Reden; Publikationen; Materialsammlung zu Grenzfragen.
- 2 lfm
- 1905–1962

Abt. 399.1167 Schetelig, Familie

Familie Schetelig war eine schleswig-holsteinische Pastorenfamilie.

- Familienunterlagen.
- 0,1 lfm
- 1913–1968

Abt. 399.70 Schifferer, Anton

Dr. Dr. Anton Schifferer wurde am 12. September 1871 in Kiel geboren. Er war Gutsbesitzer, Brauereidirektor, Mitglied des Preußischen Abgeordnetenhauses und des Reichstags sowie Bevollmächtigter Schleswig-Holsteins beim Reichsrat. Er verstarb am 20. Juli 1943 in Charlottenhof.

- Persönliche und politische Papiere; Korrespondenz.
- 12 lfm
- 1876–1941

Abt. 399.82 Schifferer, Anton

Dr. Anton Schifferer wurde am 2. März 1898 geboren. Er war Regierungsrat, Major der Fallschirmtruppe, Kreistagsabgeordneter sowie Landwirt und freier Sachverständiger für Verkehr- und Kraftfahrwesen. Er verstarb am 9. Juni 1976.

- Politische Papiere.
- 2 lfm
- 1908–1979

Abt. 399.1287 Schiller, Johann Conrad Theodor August

Johann Conrad Theodor August Schiller stammte aus dem Herzogtum Mecklenburg-Schwerin. Er war Leutnant in der schleswig-holsteinischen Infanterie und verstarb am 23. April 1851 in Wandsbek.

- Militärpapiere.
- 0,1 lfm
- 1849–1851

Abt. 399.1227 Schlee, Ludwig

Ludwig Schlee wurde am 16. Februar 1872 in Altona geboren. Er war Pastor in Heide und Initiator und Schriftführer des „Vereins Norderdithmarscher Wohlfahrtspflege für Wanderarbeiter e. V." Er verstarb am 7. Juli 1928 in Heide.

- Vorträge; Unterlagen zu Wanderarbeitern.
- 0,1 lfm
- 1911–1915

Abt. 399.1358 Schleswig-Holstein-Sonderburg-Glücksburg, Friedrich Ferdinand Herzog von

Friedrich Ferdinand Herzog von Schleswig-Holstein-Sonderburg-Glücksburg wurde am 12. Oktober 1855 in Kiel geboren. Er war preußischer General der Kavallerie und verstarb am 21. Januar 1934 auf Primkenau.

- Brief des Kapitäns und Kommandanten der SMS Schleswig-Holstein Hans Uthemann.
- 0,1 lfm
- 1914

Abt. 399.1213 Schleswig-Holstein-Sonderburg-Glücksburg, Friedrich Ferdinand Prinz zu

Friedrich Ferdinand Prinz zu Schleswig-Holstein-Sonderburg-Glücksburg wurde am 14. Mai 1913 in Gotha geboren. Er war Offizier und Bürgervorsteher der Stadt Glückstadt. Er verstarb am 31. Mai 1989 auf Schloss Glücksburg.

- Manuskript zum Gesamthaus Oldenburg.
- 0,1 lfm
- 1980

Abt. 399.88 Schlüter, Charlotte Amalia

Charlotte Amalia Schlüter geb. Bockelmann war die Tochter des Geheimen Legationsrats Bockelmann und Besitzerin des Hofes Tremsbüttel.

- Hofunterlagen des Hofes Tremsbüttel.
- 0,5 lfm
- 1828–1836

Abt. 399.193 Schlüter, Stephanus

Stephanus Schlüter wurde am 25. Februar 1813 in Nordhastedt geboren. Er war Landwirt und Hofbesitzer in Ostrohe und verstarb am 27. Oktober 1901.

- Schuld- und Rechenhefte; Lohn- und Erntebücher; Rechnungsbuch.
- 0,1 lfm
- 1733–1905

Abt. 399.1189 Schmalfeld, Konrad

Konrad Schmalfeld wurde 1597 in Lüneburg geboren und war seit 1634 Landschreiber auf Fehmarn. Er verstarb 1651 in Landkirchen.

- Nachlassangelegenheit.
- 0,1 lfm
- 1653

Abt. 399.1134 Schmettau, Amalie Georgine Gräfin von

Amalie Georgine Gräfin von Schmettau geb. de Croix de Fréchapelle wurde am 25. Februar 1716 geboren. Sie war kaiserliche Hofdame und verheiratet mit dem königlich dänischen General Hermann Waldemar Graf von Schmettow (1719–1785). Sie verstarb am 1. September 1796.

- Persönliche und Familienpapiere; Fideikommiss.
- 0,1 lfm
- 1743–1830

Abt. 399.80 Schmid, Familie

Familie Schmid war eine Pastoren- und Professorenfamilie in Schleswig-Holstein.

- Kolleghefte; Schriften und Plakate der Universitäten Kopenhagen und Kiel; Studentische Stammbücher; Handschriftliche Kurzbiografien; Trauerbriefe.
- 0,5 lfm
- 1715–1853

Abt. 399.160 Schmidt, Günther

Dr. Günther Schmidt wurde am 2. Februar 1928 in Büttel, Kreis Steinburg geboren. Er war Oberstudienrat an der Max-Planck-Schule in Kiel, Ornithologe und Vorsitzender der Vogelkundlichen Arbeitsgruppe Schleswig-Holstein. Er verstarb am 13. März 1992 in Kiel.

- ↘ Vogelkundliche Unterlagen; Korrespondenz mit Ornithologen.
- ↘ 29 lfm
- ↘ 1947–1992

Abt. 399.1426 Schmidt, Hermann

Hermann Schmidt wurde am 25. Dezember 1913 in Lingen/Ems geboren. Er absolvierte die Hochschule für Lehrerbildung in Kiel und wurde Lehrer in Georgsdorf, Grafschaft Bentheim. Er verstarb in russischer Gefangenschaft am 13. Juni 1947.

- ↘ Studienunterlagen.
- ↘ 0,1 lfm
- ↘ undatiert

Abt. 399.71 Schmidt-Wodder, Johannes Carl

Dr. Johannes Carl Schmidt-Wodder wurde am 9. Juni 1869 in Tondern geboren. Er war Pastor in Wodder, Vertreter der deutschen Minderheit im dänischen Reichstag, Mitbegründer des deutschen Wählervereins und des Pastorenvereins, Leiter des Vereins für deutsche Friedensarbeit in der Nordmark, Gründer der Deutschen Front und Besitzer des Hofes Petersholm. Er verstarb am 13. November 1959 auf Petersholm.

- ↘ Handakten und Korrespondenz zur Geschichte der deutschen Volksgruppe in Nordschleswig sowie der europäischen Minderheiten zwischen den Weltkriegen.
- ↘ 9 lfm
- ↘ 1901–1955

Abt. 399.251 Schneider, Paul und Dorothea

Paul Schneider wurde am 20. Juli 1892 in Westhofen geboren. Er war zunächst Volksschullehrer und trat 1917 in die Mühlenbauanstalt Heckenmüller in Itzehoe ein. Paul Schneider war unter anderem ab 1925 Gauredner der NSDAP, zeitweise Leiter der NSDAP-Ortsgruppe Itzehoe und stellvertretender Gauleiter sowie kommissarischer

Kreisleiter des Kreises Steinburg. Er verstarb am 30. April 1974 in Itzehoe. Dorothea Schneider geb. Heckenmüller wurde am 19. September 1892 in Itzehoe geboren und war im Mühlenbaubetrieb ihres Vaters Albert Heckenmüller in Itzehoe tätig. Sie war Mitbegründerin und Leiterin der NS-Frauenschaft Itzehoe. Dorothea Schneider starb am 12. Mai 1985.

- ↘ Familienunterlagen; Korrespondenzen; NSDAP; Internierung; Familienforschung; AHI-Mühlenbauanstalt Albert Heckenmüller in Itzehoe; Fotografien.
- ↘ 3 lfm
- ↘ (1700–) 1903–1998

Abt. 399.81 Schöne, Alfred

Prof. Dr. Alfred Schöne wurde am 16. Oktober 1836 in Dresden geboren. Er war Professor für Klassische Philologie an den Universitäten Erlangen, Königsberg und Kiel sowie Bibliothekar an der Universitätsbibliothek Göttingen. Er verstarb am 8. Januar 1918 in Königsberg.

- ↘ Altphilologische Untersuchungen; Korrespondenz.
- ↘ 1 lfm
- ↘ 1864–1912

Abt. 399.1270 Schöppa, Andreas

Andreas Schöppa wurde am 30. November 1840 in Spiegel in Brandenburg geboren. Er war Lehrer am Lehrerseminar Uetersen, Kreisschulinspektor in Tondern und Direktor des Lehrerseminars Eckernförde.

- ↘ Vorträge; Notizen; Exzerpte; Verwaltungsbericht aus dem Schulinspektorat Tondern.
- ↘ 0,1 lfm
- ↘ 1883–1915

Abt. 399.1135 Schött, Andreas

Andreas Schött wurde am 10. Mai 1895 in Toftlund geboren. Er war Beamter bei der Provinzialverwaltung, später beim Landesbeauftragten für Schleswig und im Kultusministerium.

- ↘ Unterlagen zu Verwaltungsangelegenheiten.
- ↘ 0,1 lfm
- ↘ 1927–1952

Abt. 399.1373 Schrøder, Emil

Emil Schrøder wurde am 14. Mai 1928 geboren. Er war Lehrer und verstarb am 19. Februar 2010.

- Unterlagen vor allem zur Lehrerbildungsanstalt Lunden.
- 0,1 lfm
- (1941–1944) 1995–2007

Abt. 399.1274 Schroedter, Franz August

Franz August Schroedter wurde am 23. September 1769 in Plön geboren. Er war Gastwirt in Plön und verstarb am 28. Februar 1822.

- Ariensammlung.
- 0,1 lfm
- 1793

Abt. 399.97 Schubert, Hans von

Prof. Dr. Hans von Schubert wurde am 12. Dezember 1859 in Dresden geboren. Er war Lehrer an den Anstalten des Rauhen Hauses in Hamburg, Professor in Straßburg, Professor für Historische Theologie in Kiel und Heidelberg. Er verstarb am 6. Mai 1931 in Heidelberg.

- Korrespondenz und Druckschriften Universität Kiel betreffend; Gesamtsynode und Konsistorium in Schleswig-Holstein; Aufsätze und Vorträge.
- 1 lfm
- 1874–1927

Abt. 399.72 Schuldt, Otto

Otto Schuldt wurde am 3. Juli 1895 in Wismar geboren. Er war Realschuldirektor in Plön.

- Sammlung zum Seminar Ratzeburg.
- 3 lfm
- 1902–1970, 1985

Abt. 399.1316 Schulze, Theodor Johann Matthias

Theodor Johann Matthias Schulze stammte aus Seester und war seit 1810 Obergerichtsadvokat in Pinneberg.

- ↘ Prozessangelegenheit.
- ↘ 0,1 lfm
- ↘ 1827–1830

Abt. 399.53 Schulze, Traugott

Traugott Schulze wurde am 3. November 1879 in Klanxbüll geboren. Er war Pastor in Lütjenburg und Burg auf Fehmarn, Propst in Neustadt und Heimatforscher. Er verstarb am 15. Juni 1966 in Flensburg.

- ↘ Heimatkundliche Materialien; Aufzeichnungen und Manuskripte.
- ↘ 2 lfm
- ↘ (1500–) 1906–1962

Abt. 399.1163 Schween, Karl

Karl Schween war Oberreiter im Reiterregiment 14 in Schleswig und zeitweise in Altengraben bei Magdeburg stationiert.

- ↘ Korrespondenz; Fotos.
- ↘ 0,1 lfm
- ↘ 1924–1925

Abt. 399.1136 Schwerin, Kurt Christoph Graf von

Kurt Christoph Graf von Schwerin wurde am 26. Oktober 1684 in Löwitz geboren. Er war mecklenburg-schwerinischer Generalleutnant und preußischer Generalfeldmarschall. Er fiel am 18. April 1757 vor Prag.

- ↘ Militärunterlagen.
- ↘ 0,1 lfm
- ↘ 1741

Abt. 399.1252 Seefeldt, Ulf

Ulf Seefeldt wurde am 15. Juni 1927 geboren. Er war Hauptlehrer und Schulleiter in Wittmoldt.

- Chronik von Wittmoldt.
- 0,1 lfm
- 1966

Abt. 399.1137 Seelig, Wilhelm

Prof. Dr. Wilhelm Seelig wurde am 2. Juni 1821 in Kassel geboren. Er war Professor in Göttingen und Freiburg und Professor der Nationalökonomie, Finanzwissenschaft und Statistik an der Universität Kiel sowie Reichstagsabgeordneter. Er verstarb am 30. Juli 1906 in Kiel.

- Gutachten über das Zollwesen; Justizangelegenheiten; Quittungsbücher.
- 0,1 lfm
- 1805–1871

Abt. 399.1411 Sieck, Jacob

Jacob Sieck wurde am 17. August 1897 in Ekel bei Erfde geboren. Er war Landwirt, Heimatforscher und Autor. Er verstarb am 1. Januar 1977 in Brunsholm bei Bergenhusen.

- Alphabetisches Register der Kirchenbücher des Kirchspiels Bergenhusen.
- 0,1 lfm
- 20. Jh.

Abt. 399.1319 Siems, Familie

Familie Siems war eine in Gruberhagen ansässige Familie.

- Hof- und Familienpapiere.
- 0,1 lfm
- 1785–1915

Abt. 399.1349 Sieveking, Johannes Hermann

Dr. Johannes Hermann Sieveking wurde am 26. Januar 1827 in Hamburg geboren. Er war Diplomat und Senatssekretär in Hamburg und verstarb am 21. Juni 1884 in Hamburg.

- Diplomatisches zur Schleswig-Holstein-Frage.
- 0,1 lfm
- 1848–1851

Abt. 399.1139 Sievers, Familie

Familie Sievers war eine Hofbesitzerfamilie in Hamweddel.

- Familien- und Hofpapiere.
- 0,1 lfm
- 1806–1970

Abt. 399.1138 Sievers, Marie

Marie Sievers lebte in Schleswig.

- Unterlagen zu militärischen Veteranenvereinen der österreichischen Regimenter, die 1864 in Schleswig-Holstein gekämpft haben.
- 0,1 lfm
- 1894–1904

Abt. 399.73 Sievers, Wilhelm

Dr. Wilhelm Sievers wurde am 2. Dezember 1896 in Kiel geboren. Er war Jurist und Bürgermeister von Eckernförde, Oberbürgermeister von Flensburg und Brandenburg/Havel, Mitglied der Kieler Stadtvertretung und Stadtpräsident von Kiel. Er verstarb am 1. Juli 1966 in Kiel.

- Persönliche und politische Papiere.
- 3 lfm
- 1914–1966

Abt. 399.186 Smith, Jonathan

Jonathan Smith wurde am 25. Mai 1877 in Hoyer geboren. Er war Amtsverwalter, Zahnarzt und Heimatforscher und verstarb am 12. März 1968.

- Namenskartei über Haustrauungen und Traudispensationen.
- 0,5 lfm
- 1648–1774

Abt. 399.122 Söhrnsen-Petersen, Theodor

Theodor Söhrnsen-Petersen wurde am 19. Juni 1885 in Flensburg geboren. Er war Jurist, Teilnehmer am Ersten Weltkrieg, Landwirt und Vorsteher des Kulturamtes Flensburg. Er verstarb am 7. November 1963 in Flensburg.

- Persönliche Papiere; Korrespondenzen; Fotografien.
- 4 lfm
- 1892–1960

Abt. 399.1388 Soll, Familie

Familie Soll war eine in Kiel ansässige Familie.

- Familienpapiere.
- 0,1 lfm
- 1872–1950

Abt. 399.54 Spanjer, Geerd

Geerd Spanjer wurde am 7. August 1905 in Witten geboren. Er war Mittelschullehrer, Dichter und Heimatforscher und verstarb 1992 in Schleswig.

- Genealogische Unterlagen; Familienpapiere.
- 0,5 lfm
- 1969

Abt. 399.1305 Spies, Joachim

Joachim Spies wurde am 20. September 1780 in Reinfeld geboren. Er war Kanzler des Gottorfer Obergerichts und Präsident der Regierung in Schleswig. Er verstarb am 7. August 1844 in Teplitz-Schönau.

- Universitätsstammbuch aus seiner Studienzeit in Kiel und Göttingen.
- 0,1 lfm
- 1802–1804

Abt. 399.1140 Sprecken, Johann von

Johann von Sprecken wurde am 13. April 1800 geboren. Er war berittener Grenzaufseher in Hillgroven.

- Personalakte der Provinzialsteuerdirektion.
- 0,1 lfm
- 1840–1870

Abt. 399.235 Springmann, Baldur

Baldur Springmann wurde am 31. Mai 1912 in Hagen geboren. Er war Diplom-Landwirt, Hofbesitzer, Politiker und Publizist. Er verstarb am 24. Oktober 2003 in Lübeck.

- Persönliches; Korrespondenz; Landwirtschaft; Umweltschutz; Naturschutz; Spirituelles und Religiöses; Initiativen und Projekte; Parteipolitik; Gesellschaftspolitik; Publikationen, Beiträge, Aufsätze und Vorträge.
- 5 lfm
- 1930–2003

Abt. 399.1389 Stadelmann, Wilhelm und Max

Die Brüder Wilhelm und Max Stadelmann waren Bauunternehmer und Baustatiker in Schleswig.

- Vor allem Zeichnungen und Unterlagen aus der Staatlichen Tiefbauschule Rendsburg.
- 0,1 lfm
- 1911–1921

Abt. 399.1320 Stahl, Bruno

Bruno Stahl wurde am 18. Mai 1913 in Itzehoe geboren. Er war Studiendirektor an der Lornsenschule in Schleswig und verstarb 1982.

- Korrespondenz.
- 0,1 lfm
- 1932–1945

Abt. 399.85 Stahmer, Otto

Dr. Otto Stahmer wurde am 5. Oktober 1879 in Hamburg geboren. Er war Rechtsanwalt in Kiel, Präsident der Schleswig-Holsteinischen Rechtsanwaltskammer und Verteidiger von Hermann Göring im Nürnberger Hauptkriegsverbrecherprozess. Er verstarb am 13. August 1968 in Kiel.

- ↘ Druckschriften im Zusammenhang mit den Nürnberger Prozessen.
- ↘ 5 lfm
- ↘ 1945–1946

Abt. 399.1248 Steffen, Wilhelm

Wilhelm Steffen wurde am 9. Mai 1897 in Bullenkuhlen geboren. Er war Lehrer in Hohenhorst, Mölln und Wakendorf II sowie Heimat- und Familienforscher.

- ↘ Sammlung zur Heimat- und Familienkunde in der Haseldorfer Marsch; Historische Karten zur Landesgeschichte und zugehörige Aufsätze.
- ↘ 0,1 lfm
- ↘ 1934–1956

Abt. 399.55 Steltzer, Theodor

Theodor Steltzer wurde am 17. Dezember 1885 in Trittau geboren. Er war Landrat des Kreises Rendsburg, Angehöriger des Kreisauer Kreises und Ministerpräsident von Schleswig-Holstein. Er verstarb am 27. Oktober 1967 in München.

- ↘ Aufsätze; Vorträge; Korrespondenz; Reaktionen auf Interviews; Vorträge und Rundfunkansprachen.
- ↘ 2 lfm
- ↘ 1919–1967 (–1974)

Abt. 399.1141 Stemann, Johann Aegidius

Johann Aegidius Stemann lebte von 1702 bis 1753. Er war Landvogt auf Helgoland.

- ↘ Versorgungsangelegenheit.
- ↘ 0,1 lfm
- ↘ 1764

Abt. 399.56 Stölten, Hermann

Hermann Stölten wurde am 14. Juli 1903 in Brokstedt geboren. Er war Rektor der Volksschule in Ahrensbök und verstarb im November 1974.

- Materialien zur Geschichte Ahrensböks und zur Papierherstellung.
- 2 lfm
- (1598–) 1972

Abt. 399.1240 Stokes, Lawrence D.

Prof. Dr. Lawrence D. Stokes lebte von 1940 bis 2007. Er war Professor an der Dalhousie University in Halifax, Canada.

- Vollständiger Index zur Publikation „Kleinstadt und Nationalsozialismus – ausgewählte Dokumente zur Geschichte von Eutin 1918–1945“. Quellen und Forschungen zur Geschichte Schleswig-Holsteins 82 (1983).
- 0,1 lfm
- [1983]

Abt. 399.1197 Stoltenberg, Gustav

Gustav Stoltenberg wurde am 5. Januar 1860 in Meimersdorf geboren. Er war Konrektor am Oberlyzeum in Kiel und verstarb am 19. September 1949 in Breklum.

- Familienchronik.
- 0,1 lfm
- 1948

Abt. 399.166 Stolz, Gerd

Gerd Stolz wurde am 8. Februar 1942 in Danzig geboren. Er ist Historiker.

- Unterlagen zu historischen Forschungen; Idstedt-Stiftung; Österreichisches Schwarzes Kreuz, Kriegsgräberfürsorge; Freiwillige Kranken- und Verwundetenpflege im Deutsch-Dänischen Krieg von 1864; Auswanderung nach Amerika.
- 10 lfm
- (1846–) 1949–2015

Abt. 399.87 Stoob, Heinz

Prof. Dr. Heinz Stoob wurde am 3. Dezember 1919 geboren. Er war Kirchenarchivar in Hamburg, Professor an der Universität Münster und Direktor des Instituts für vergleichende Städtegeschichte. Er verstarb am 13. März 1997 in Münster.

- Urkundensammlung zur Geschichte des Bauernfreistaates Dithmarschen.
- 0,5 lfm
- (1145–1581)

Abt. 399.1374 Storch, Carl und Friedrich

Carl Storch war Kopiist bei der Schleswig-Holsteinischen Regierung zu Gottorf. Friedrich Storch lebte von 1825 bis 1888 und war Kaufmann in Segeberg.

- Korrespondenz und Zeugnisse.
- 0,1 lfm
- 1846–1849

Abt. 399.1142 Storm, Lucia

Lucia Storm geb. Woldsen wurde am 30. Juli 1797 in Husum geboren. Sie war die Mutter des Dichters Theodor Storm und verstarb am 28. Juli 1879 in Husum.

- Nachlassangelegenheiten; Grundstückspapiere; Familienunterlagen.
- 0,1 lfm
- 1727–1885

Abt. 399.57 Strackerjan, Karl

Karl Strackerjan wurde 1854 in Jever geboren. Zunächst Redaktionsmitglied bei der „Flensburger Norddeutschen Zeitung“, war er bis 1907 Redakteur bei der „Schleswigschen Grenzpost“ in Hadersleben. Später war er vor allem als freier Schriftsteller tätig. Während des Ersten Weltkriegs war Karl Strackerjan zeitweise Mitglied der politischen Abteilung beim Generalgouverneur in Belgien. Er verstarb 1921 in Kiel.

- Handschriftliche Unterlagen; Zeitungsarchiv über Nordschleswig.
- 9 lfm
- 1895–1920

Abt. 399.1282 Struck, Jürgen

Jürgen Struck wurde am 23. Januar 1913 in Schülp geboren. Er war Rektor der Volksschule in Gettorf und Heimatforscher.

- Materialien zur Dorfchronik von Timmaspe.
- 0,1 lfm
- (1700–1939)

Abt. 399.1336 Struve, Jacob

Jacob Struve lebte von 1755 bis 1841. Er war Gymnasialdirektor in Altona.

- Druckschriften und Unterlagen Familie Struve; Erinnerungen.
- 0,1 lfm
- undatiert

Abt. 399.58 Suadicani, Carl Hartwig

Carl Hartwig Suadicani wurde am 24. Dezember 1842 in Schleswig geboren. Er war Geheimer Baurat und verstarb am 14. März 1923 in Lübeck.

- Personalpapiere; Manuskripte; Unterlagen und Gutachten vor allem zum Küsten- und Schifffahrtsschutz; Deich- und Hafenbau.
- 0,5 lfm
- 1865–1923

Abt. 399.136 Südel, Günter

Günter Südel wurde am 19. Juni 1923 in Kiel Kiel geboren. Er war Hauptfeldwebel, Angestellter beim Landesamt für Vor- und Frühgeschichte und Vertrauensmann für archäologische Denkmale in Nordfriesland. Er verstarb am 27. Dezember 1993 in Schleswig.

- Vor allem persönliche und dienstliche Unterlagen; Manuskripte; Sammlungen zur Vor- und Frühgeschichte.
- 1 lfm
- 1923–1993

Abt. 399.148 Szwerinski, Hilde

Hilde Szwerinski wurde am 31. Juli 1925 in Stickenbüttel geboren. Sie war Familienforscherin.

- Materialien zur Geschichte der Familien Langmaack/Lamaack und Flohr/Flor/Floris.
- 2 lfm
- (1937–) 1970–2000

Abt. 399.1335 Tams, Familie

Familie Tams war eine Hofbesitzerfamilie in Saar bei Brekendorf.

- Hofpapiere
- 0,1 lfm
- 1807–1940

Abt. 399.1237 Tessin, Georg

Dr. Georg Tessin wurde am 16. Juni 1899 in Rostock geboren. Er war Archivar am Geheimen und Hauptarchiv Schwerin, Angestellter beim Fremdenverkehrsbüro in Schleswig, Archivar im Archivlager Göttingen und im Bundesarchiv. Er verstarb am 18. Dezember 1985 in Koblenz.

- Manuskript „Schleswig-Holstein-Gottorf und seine Regimenter 1638–1773".
- 0,1 lfm
- 1983

Abt. 399.1387 Teuchert, Wolfgang

Dr. Wolfgang Teuchert lebte von 1927 bis 2010. Er war wissenschaftlicher Direktor für kirchliche Denkmalpflege am Landesamt für Denkmalpflege Schleswig-Holstein in Kiel.

- Studienbücher.
- 0,1 lfm
- 1946–1951

Abt. 399.1143 Thienen, Hans von

Hans von Thienen wurde am 7. April 1704 geboren. Er war Herr auf Kühren und Bundhorst und herzoglich gottorfischer Konferenz- und Landrat. Er verstarb 1782.

- Korrespondenz; Genealogische Unterlagen; Erbteilungsangelegenheiten.
- 0,1 lfm
- 1734–1781

Abt. 399.1144 Thiesen, Christian

Christian Thiesen wurde am 9. März 1869 in Treia geboren. Er war Pastor in Schönberg und Heimatforscher. Er verstarb am 17. September 1956 in Kiel.

- Manuskript „Aus Treias vergangenen Tagen“ mit Sammlung zur Geschichte des Kirchspiels Treia.
- 0,1 lfm
- 1945

Abt. 399.155 Thiessen, Hans und Julius

Hans Thiessen lebte von 1889 bis 1966. Er war Kapitän zur See, Landwirt und Vorsitzender des Kreisbauernverbandes Süderdithmarschen und des Kreises für Dithmarscher Landeskunde. Sein Bruder Julius Thiessen lebte von 1900 bis 1958. Er wanderte von Dithmarschen in die USA aus.

- Briefe aus den USA an die Familie in Schleswig-Holstein; Persönliche Unterlagen; Hofpapiere; Korrespondenzen.
- 1 lfm
- 1900–1966

Abt. 399.59 Thiessen, Willi

Willi Thiessen wurde am 25. Juli 1894 in Tolk geboren. Er war Landwirt in Tolk und verstarb dort am 23. Juni 1987.

- Lebenserinnerungen; Korrespondenz.
- 0,1 lfm
- 1957–1976

Abt. 399.205 Thietje, Gisela

Gisela Thietje geb. Schacht wurde am 9. Januar 1931 in Hohenwestedt geboren. Sie war Rektorin der Moorwegschule in Wedel und Expertin für historische Gärten.

- Fotoalben mit Werken der Bildhauer Johann Theodorus Schlichting und Johann Georg Moser.
- 0,5 lfm
- 18.–20. Jh.

Abt. 399.1271 Thode, Hans Eduard und Johann

Hans Eduard Thode lebte von 1895 bis 1965. Er war Major, Bauingenieur, Kanalmeister und Regierungsoberbauinspektor. Sein Vater Johann Thode lebte von 1849 bis 1939 und war Bäcker und Sparkassenrendant.

- Persönliche Papiere; Militärunterlagen; Fotos; Korrespondenzen; Tagebuch als Einjährig-Freiwilliger im Deutsch-Französischen Krieg; Lebenslauf (Typoskript).
- 0,1 lfm
- 1870–1954

Abt. 399.162 Thode, Jürgen

Jürgen Tode wurde 1922 in Jevenstedt geboren. Er war Bauingenieur, Heimat- und Familienforscher.

- Unterlagen zur Geschichte der Familie Thode und des Dorfes Gribbohm.
- 1 lfm
- (1595–) 1996

Abt. 399.1145 Thomsen, Familie

Familie Thomsen war eine in Kappeln und Umgebung ansässige Familie.

- Kaufverträge; Testamente; Versicherungssachen und andere Hauspapiere; Unterlagen Familie Laß.
- 0,1 lfm
- 1773–1939

Abt. 399.1334 Thomsen, Margarethe

Margarethe Thomsen geb. Mahrt wurde am 20. März 1874 in Damendorf geboren. Sie war die Ehefrau des Rechtsanwalts Wilhelm Thomsen in Friedrichstadt und Mitglied des Guttempler-Ordens. Sie verstarb am 2. März 1963 in Damendorf.

- ↘ Biografische Aufzeichnungen; Manuskripte; Korrespondenzen und Materialien als Mitglied der Guttempler-Loge in Friedrichstadt; Druckschriften.
- ↘ 0,1 lfm
- ↘ 1887–1999

Abt. 399.1280 Thomsen, N. N.

Thomsen war Lazarettgehilfenlehrling in der 3. Escadron des Husaren-Regiments Nr. 16 in Schleswig.

- ↘ Unterrichtsaufzeichnungen als Lazarettgehilfe.
- ↘ 0,1 lfm
- ↘ 1883–1884

Abt. 399.1146 Thomstorff, August von

August von Thomstorff lebte in Rostock und Satrup.

- ↘ Vermögens- und Familienangelegenheiten.
- ↘ 0,1 lfm
- ↘ 1827–1828

Abt. 399.1424 Tiedgen, Friedrich

Friedrich Tiedgen wurde am 8. Dezember 1870 in Hennstedt, Kreis Steinburg, geboren. Er war zunächst Lehrer in Niebüll, zuletzt Konrektor an der Bürgerschule in Heide.

- ↘ Personalunterlagen.
- ↘ 0,1 lfm
- ↘ 1890–1933

Abt. 399.1245 Timmsen, Christian

Christian Timmsen war Lebensmittelhändler in Silberstedt.

- ↘ Kontobuch des Lebensmittelladens in Silberstedt.
- ↘ 0,1 lfm
- ↘ 1899–1900

Abt. 399.142 Titzck, Rudolf

Rudolf Titzck wurde am 21. Februar 1925 in Neukirchen geboren. Er war Jurist, Bürgermeister von Kiel, Chef der Staatskanzlei, Innenminister und Finanzminister des Landes Schleswig-Holstein und Präsident des Schleswig-Holsteinischen Landtags. Er verstarb am 16. Dezember 2005 in Kiel.

- Reden; Vorträge; Korrespondenz; Pressemitteilungen und anderes Material aus seinen amtlichen Tätigkeiten.
- 3 lfm
- 1963–1987

Abt. 399.119 Todsen, Bendix

Bendix Todsen wurde am 6. Januar 1831 in Meierholm geboren. Er war Deichgraf der Tondernschen Marschharden und verstarb am 23. November 1914 in Tondern.

- Kalendertagebücher; Manuskript; Rechnungs- und Notizbücher.
- 0,5 lfm
- 1852–1912

Abt. 399.1238 Todsen, Hermann

Dr. Hermann Todsen wurde am 5. Juli 1864 in Grahlenstein geboren. Er war Bürgermeister von Flensburg, Vorsitzender des Schleswig-Holsteinischen Provinzialausschusses, Mitglied des Preußischen Herrenhauses und des Preußischen Staatsrates sowie Vorsitzender des Schleswig-Holsteiner-Bundes. Er verstarb am 8. Januar 1946 in Flensburg.

- Aufzeichnungen zu Besprechungen des Botschafters Graf Brockdorff-Rantzau mit der dänischen Regierung während des Ersten Weltkriegs; Schriftwechsel.
- 0,1 lfm
- 1940

Abt. 399.1147 Tödt, Anton

Anton Tödt wurde am 28. Juni 1886 in Heidkamp geboren. Er war Propst von Eiderstedt und verstarb am 20. Mai 1967 in St. Peter-Ording.

- Schriften zu Kriegs-, Kirchen- und Schulfragen; Kampf gegen Ludendorff und den Tannenbergbund.
- 0,1 lfm
- 1915–1938

Abt. 399.1378 Trenktrog, Walther

Dr. Walther Trenktrog wurde am 4. Februar 1895 in Bühnsdorf geboren. Er war Lehrer für Mathematik und Physik an der Lornsenschule in Schleswig. Er verstarb am 15. April 1947 in Schleswig.

- Verleihungsurkunden der Christian-Albrechts-Universität zu Kiel als Doktor der Philosophie und der Landsmannschaft Cheruscia zu Kiel als Ehrenmitglied (Kopien); Kurzlebenslauf mit Fotos (Kopien).
- 0,1 lfm
- 1923–1925

Abt. 399.60 Trost, Johannes

Johannes Trost wurde am 19. September 1885 in Wismar geboren. Er war Lehrer und verstarb am 14. April 1971 in Schleswig.

- Sammlung von Druckschriften und Zeitungsausschnitten.
- 4 lfm
- [vor 1971]

Abt. 399.141 Tüxen, Hans

Hans Tüxen war Uhrmachermeister und Maler in Ulsnis sowie Heimat- und Familienforscher.

- Materialien zur Geschichte von Ulsnis; Familienunterlagen.
- 2 lfm
- 18.–20. Jh.

Abt. 399.1148 Tüxen, Jürgen Hinrich

Jürgen Hinrich Tüxen war Kätner und Uhrmacher in Kius.

- Steuerzettel.
- 0,1 lfm
- 1868–1895

Abt. 399.252 Vahle-Pünjer, Familien

Die Familie Vahle stammte aus Bustedt in Ostwestfalen-Lippe; Familie Pünjer war eine schleswig-holsteinische Familie. Die Verbindung beider Familien entstand durch die Heirat von Karl Pünjer und Gertrud Vahle im Jahr 1928.

- Unterlagen u. a. des Leiters des Taubstummeninstituts in Schleswig Hermann Vahle (1874–1946), des Theologieprofessors Bernhard Pünjer (1850–1885), des Schulrektors Julius Pünjer (1847–1916), des Geistlichen der katholisch-apostolischen Kirche Dr. Julius Arndt (1827–1909) und des Schriftstellers Karl Pünjer (1893–1950).
- 4 lfm

Abt. 399.1149 Valentiner, Wilhelm

Wilhelm Valentiner wurde am 10. März 1798 in Pronsdorf geboren. Er war Advokat und Notar in Neustadt. Er verstarb am 25. November 1867 in Neustadt.

- Korrespondenzen; Testament.
- 0,1 lfm
- 1845–1885

Abt. 399.1344 Vogt, Walther Heinrich

Prof. Dr. Walther Heinrich Vogt wurde am 4. Juni 1878 in Breslau geboren. Er war Professor für Nordische und Germanische Philologie in Kiel, Direktor des Germanischen Seminars und Leiter des Nordischen Instituts. Er verstarb am 4. September 1951.

- Nordistentagung 1928 in Lübeck.
- 0,1 lfm
- 1927–1929

Abt. 399.1195 Vollertsen, Johannes und Ella

Johannes Vollertsen (geb. 1889) und Ella Vollertsen geb. Nanz (geb. 1891) lebten auf dem Holm in Schleswig.

- Erinnerungen, aufgezeichnet von ihrem Enkel.
- 0,1 lfm
- 1974–1975

Abt. 399.144 Voß, Erich und Erika

Dr. Erich Voß wurde am 28. September 1916 in Kiel geboren. Er war Versorgungsarzt in Lübeck und verstarb am 18. Juni 2017. Erika Voß geb. Mähl wurde am 8. Dezember 1920 in Flensburg geboren. Sie war Kunsterzieherin und verstarb am 8. Dezember 2016.

- Genealogische Korrespondenz; Materialsammlungen.
- 1 lfm
- (1681–) 2008

Abt. 399.200 Voß, Kurt Peter

- Kurt Peter Voß wurde am 5. November 1944 in Grömitz geboren. Er war Ingenieur, Genealoge und Gründer sowie langjähriger Vorsitzender des Vereins AKVZ (Arbeitskreis Volkszahl-Register). Er verstarb am 30. August 2012 in Kiel.
- Genealogische Sammlung; Unterlagen zur Heimatforschung Bissee.
- 2 lfm
- 1775–1995

Abt. 399.143 Voß, Wilhelm und Anna

Wilhelm Voß wurde am 17. September 1882 in Altona geboren. Er war Blindenoberlehrer bei der Landesblindenanstalt in Kiel. Er verstarb am 26. September 1952 in Eutin. Seine Frau Anna Voß geb. Kock wurde am 20. September 1886 in Kappeln geboren. Sie war Lehrerin in Medelby und Lauenburg und Blindenlehrerin in Kiel. Sie verstarb am 2. März 1978 in Lübeck.

- Persönliche Dokumente; Zeugnisse und Übungsarbeiten aus der Ausbildungszeit; Kladden; Korrespondenz; Lebenserinnerungen; Familiendokumente.
- 1 lfm
- 1830, 1865, 1882–2013

Abt. 399.1212 Wagener, Claus Hinrich

Claus Hinrich Wagener war Vogt zu Poppenbüttel und Landesgevollmächtigter.

- Unterlagen aus seinen amtlichen Tätigkeiten.
- 0,1 lfm
- 1822–1846

Abt. 399.1417 Wahl, Otto von

Otto von Wahl wurde am 31. März 1914 in Reval geboren. Er war Rechtsanwalt und Notar in Schleswig. Er verstarb am 12. Januar 1984 in Schleswig.

- ↘ Unterlagen zu seinen Entdeckungen in Haithabu; Ehrungen und Nachrufe.
- ↘ 0,1 lfm
- ↘ 1935–2014

Abt. 399.1279 Walsberg, Familie

Familie Walsberg war eine Schornsteinfegerfamilie in Segeberg.

- ↘ Familienpapiere.
- ↘ 0,1 lfm
- ↘ 19. Jh.

Abt. 399.133 Walter, Hellmuth

Prof. Hellmuth Walter wurde am 26. August 1900 in Wedel geboren. Er war Ingenieur, Konstrukteur, Gründer der Walterwerke in Kiel und Erfinder eines Antriebsverfahrens für U-Boote. Er verstarb am 16. Dezember 1980 in Upper Montclair, USA.

- ↘ Personalunterlagen; Berufliche Papiere; Orden; Schriftwechsel; Fachpublikationen; Fotos.
- ↘ 3 lfm
- ↘ 1940–1965

Abt. 399.1366 Wamser, Familie

Familie Wamser war eine in Neuberend ansässige Landbesitzerfamilie.

- ↘ Grundstückspapiere; Erbauseinandersetzung.
- ↘ 0,1 lfm
- ↘ 1828–1911

Abt. 399.244 Warnke, Herbert und Bärbel

Herbert Warnke war Dipl.-Ingenieur und Oberstleutnant. 1983 bis 1989 war er Leiter der Deutschen Beratergruppe Somalia bei der Polizei in Mogadischu, später unter anderem Somalia-Berater im Bundesministerium der Verteidigung. Bärbel Warnke geb. Mentzel war Kindergärtnerin von Beruf und gemeinsam mit ihrem Mann in Somalia.

- Aufenthalt und Tätigkeit in Somalia; Familienforschung in Schleswig-Holstein, Mecklenburg, Brandenburg und Thüringen.
- 2 lfm
- 1490–2016

Abt. 399.61 Waschinski, Emil

Prof. Dr. Emil Waschinski wurde am 13. Januar 1872 in Putzig geboren. Er war katholischer Theologe, Studienrat in Kiel, Historiker und Numismatiker. Er verstarb am 4. Juli 1971 in Rendsburg.

- Münz- und Geldgeschichte; Schulwesen in Westpreußen und in der Provinz Posen.
- 1 lfm
- 1922–1971

Abt. 399.1151 Wasmer, Simon Carl von

Simon Carl von Wasmer lebte von 1765 bis 1826.

- Justizangelegenheit.
- 0,1 lfm
- 1795

Abt. 399.78 Wegemann, Georg

Prof. Dr. Georg Wegemann wurde am 20. Juli 1876 in Itzehoe geboren. Er war Studienrat in Plön, Hadersleben, Rendsburg und am Oberlyzeum in Kiel sowie außerordentlicher Professor für Ozeanografie und Landeskunde an der Universität in Kiel. Er verstarb am 20. April 1961 in Detmold.

- Flurnamensammlung für Schleswig-Holstein.
- 4 lfm
- 1920–1939

Abt. 399.1399 Wehding, Max

Max Wehding wurde am 21. Mai 1872 in Rüllschau geboren. Er war Förster und verstarb 1956.

- Lebenserinnerungen.
- 0,1 lfm
- [vor 1956]

Abt. 399.74 Weimar, Wolfgang

Dr. Wolfgang Weimar wurde am 28. Juni 1922 in Flensburg geboren. Er war Direktor am Alten Gymnasium in Flensburg, Ratsherr in Flensburg, Mitglied des Schleswig-Holsteinischen Landtages und parlamentarischer Vertreter des Kultusministers. Er verstarb am 17. Mai 1993.

- Politische Unterlagen.
- 6 lfm
- 1957–1975

Abt. 399.1351 Weinreich, Gustav

Gustav Weinreich wurde am 13. August 1901 geboren. Er war Diplom-Landwirt und Leiter der Landwirtschaftsschule Flensburg. Er verstarb am 14. April 2002.

- Manuskript über die landwirtschaftlichen Betriebsverhältnisse der großbäuerlichen Wirtschaften in Angeln.
- 0,1 lfm
- 1929–1930

Abt. 399.1152 Wense, Wilhelm von der

Wilhelm von der Wense war Herr auf Derbmark und königlich dänischer Geheimer Rat.

- Glückwunsch zu seiner Hochzeit mit Maria von Amelunxen.
- 0,1 lfm
- [16. Jh.]

Abt. 399.190 Werner, Hubert

Hubert Werner wurde 1912 in Berlin geboren. Er war Schulungsleiter im Landjahr, Schriftleiter der Landjahrschulungsbriefe und Unteroffizier bei der Wehrmacht. Er fiel am 7. Februar 1942 an der Ostfront.

- Schulungs- und andere Unterlagen über das Landjahr; Korrespondenz.
- 0,5 lfm
- 1933–1943 (1986)

Abt. 399.1255 Wernich, Niels

Dr. Niels Wernich wurde am 28. August 1892 in Oxbüll geboren. Er war Arzt in Sonderburg und Hauptvorsitzender des Bundes Deutscher Nordschleswiger. Er verstarb am 18. Juni 1977 in Sonderburg.

- ↘ Korrespondenz; Zeitungsausschnitte.
- ↘ 0,1 lfm
- ↘ 1933–1938

Abt. 399.1256 Westphalen, Ernst Joachim von

Ernst Joachim von Westphalen wurde am 21. März 1700 in Schwerin geboren. Er war Gelehrter, gottorfischer Hofkanzler und Geheimer Rat sowie Kurator der Universität zu Kiel. Er verstarb am 21. März 1759 in Kiel.

- ↘ Nobilitierung; Aufsatz zum Wappen und zur Familiengeschichte von Westphalen.
- ↘ 0,1 lfm
- ↘ 1736–1738 (1985)

Abt. 399.1166 Weyer, Georg

Prof. Dr. Georg Weyer wurde am 26. Mai 1818 in Hamburg geboren. Er war Professor der Mathematik und Astronomie an der Universität Kiel und Lehrer an der Marineakademie. Er verstarb am 22. Dezember 1896.

- ↘ Fotografie.
- ↘ 0,1 lfm
- ↘ 1888

Abt. 399.1173 Wichmann, Dietrich

Prof. Dr. Dietrich Wichmann wurde am 14. Mai 1913 in Kiel geboren. Er war Professor für Humangenetik und Anthropologie an der Universität Bonn.

- ↘ Wappennachweiskartei.
- ↘ 0,1 lfm
- ↘ 1930er-Jahre

Abt. 399.1284 Wieck, Hans

Hans Wieck wurde am 20. Oktober 1834 in Högersdorf geboren. Er war Lehrer in Högersdorf und Heimatforscher. Er verstarb am 31. März 1909 in Itzehoe.

- Vorarbeiten zu einer Dorfchronik von Högersdorf.
- 0,1 lfm
- 19.–20. Jh.

Abt. 399.1353 Wiemann, Günter

Prof. Dr. Dr. Günter Wiemann wurde 1922 geboren. Er war Berufsschuldirektor in Salzgitter, Professor für Sozialpädagogik an der Technischen Universität Hannover, Abteilungsleiter im Niedersächsischen Kultusministerium und Präsident des zentralen Lehrerfortbildungsinstituts in Niedersachsen.

- Materialsammlung zur Publikation über Kurt Gellert.
- 0,1 lfm
- 1919–1947

Abt. 399.1407 Wiese, Artur

Artur Wiese war Geschäftsführer und staatlich geprüfte Lehrkraft für Kurzschrift und Maschineschreiben. Er lebte in Osterode am Harz.

- Fahrt- und Teilnahmebericht an der Verbandstagung des Nordwestdeutschen Stenografenverbands in Kiel.
- 0,1 lfm
- 1952

Abt. 399.1153 Wiggers, Familie

Familie Wiggers war eine aus Husum stammende, in Rendsburg ansässige Familie.

- Familienpapiere; Korrespondenzen.
- 0,1 lfm
- 1748–1865

Abt. 399.1154 Winckelholtz, Adolph

Adolph Winckelholtz war um 1800 Bürger und Branntweinbrenner in Schleswig.
- Kaufbriefe über Ländereien des St. Johannisklosters vor Schleswig.
- 0,1 lfm
- 1798–1800

Abt. 399.1183 Winckelmann, Heinrich

Heinrich Winckelmann wurde am 7. Januar 1822 in Kuhof bei Oldenburg geboren. Er war Gutsinspektor auf Gunstrup bei Sonderburg und verstarb am 27. Juli 1902 in Langdeel.
- Lebenserinnerungen, später ergänzt von seiner Tochter.
- 0,1 lfm
- 1896–1930

Abt. 399.139 Winckler, Martin B.

Dr. Martin B. Winckler wurde am 16. Juli 1908 in Lübeck geboren. Er war Bibliothekar an der Staatsbibliothek in Marburg.
- Fachliche Korrespondenz; Aufsätze und Rezensionen.
- 0,5 lfm
- 1939–1998

Abt. 399.1258 Winter, Helmut

Helmut Winter wurde 1905 geboren und war Oberregierungsrat.
- Korrespondenzen wegen einer Klage gegen die Landesregierung Schleswig-Holstein.
- 0,1 lfm
- 1976–1978, 1986

Abt. 399.1155 Wisch, Claus von der

Claus von der Wisch lebte auf Svinebæk und verstarb 1758.
- Einschreibung seiner Töchter in ein Kloster.
- 0,1 lfm
- 1746

Abt. 399.1377 Wismar, Ernst

Ernst Wismar war Gastwirt in Apenrade und Lütjenhorn.
- Kassenbuch seiner Gastwirtschaft in Apenrade.
- 0,1 lfm
- 1922–1928

Abt. 399.256 Witt, Familie

Familie Witt war eine in Gleschendorf ansässige Hofbesitzerfamilie.
- Hof- und Familienunterlagen.
- 0,1 lfm
- (1701) 1806–1906

Abt. 399.1364 Witt, Familie

Familie Witt war eine Landbesitzfamilie in Neuberend.
- Grundstücksunterlagen.
- 0,1 lfm
- 1840–1904

Abt. 399.1297 Witt, Friedrich

Friedrich Witt wurde am 5. Juli 1863 in Neustadt geboren. Er war Pastor in Preetz, Propst der Propstei Rantzau und Kirchenhistoriker. Er verstarb am 8. September 1914 in Altona.
- Theologische Kolleghefte.
- 0,1 lfm
- 1886

Abt. 399.175 Witt, Reimer

Prof. Dr. Reimer Witt wurde am 1. August 1941 in Heide geboren. Er studierte Latein und Geschichte in Kiel und war seit 1970 im Landesarchiv tätig, von 1984 bis zu seiner Pensionierung 2006 als dessen Leiter. Er verstarb am 6. Januar 2018.
- Internationaler Archivrat; Verein deutscher Archivare; Schleswig-Holstein-Topographie; Friedrichsberger Bürgerverein.
- 2 lfm
- 1963–2017

Abt. 399.245 Witte, Familie

Familie Witte war eine Schleswiger Kaufmannsfamilie.

- Genealogie mit den angeheirateten Familien Feldhusen, Zieseniß, Mangelsen und Rißmann; Einzelne Familienmitglieder; Grund- und Hausbesitz.
- 0,1 lfm
- 1802–1976

Abt. 399.1156 Wittich, Karl

Prof. Dr. Karl Wittich wurde am 25. Juni 1840 in Berlin geboren. Er war Professor an der Universität in Jena und verstarb 1916 in Jena.

- Auszüge aus den Untersuchungsakten des Prozesses gegen Struensee und Königin Karoline Mathilde.
- 0,1 lfm
- 19./20. Jh.

Abt. 399.1261 Wittmaack, Familie

Familie Wittmaack war eine aus Burg in Süderdithmarschen stammende Familie.

- Familienpapiere; Unterlagen zu Kirche und Schule in Süderhastedt und Bordesholm.
- 0,1 lfm
- 1757–1949

Abt. 399.1157 Witzendorff, Familie von

Familie von Witzendorff war eine aus Mecklenburg stammende, dann auf Schrevenborn und Birkenmoor ansässige Familie.

- Familien- und Gutspapiere; Stammtafeln.
- 0,1 lfm
- 1791–1867

Abt. 399.62 Wodrig, Ernst

Ernst Wodrig war Marineoffizier.

- Familienpapiere Dithmer (Pastoren in Rendsburg und Ziegeleibesitzer in Sundewitt), Matthiessen, Freiherr Ludwig v. Richthofen (Justizrat, Oberauditeur) und Wodrig.
- 0,1 lfm
- 1830–1936

Abt. 399.1331 Wohlhaupter, Eugen

Prof. Dr. Eugen Wohlhaupter wurde am 7. September 1900 in Unterwiesenbach geboren. Er war Jurist und Professor für Deutsches Recht in Kiel. Er verstarb am 23. Dezember 1946 in Tönsheide.

- Persönliche Unterlagen; Berufungsangelegenheit.
- 0,1 lfm
- 1920–1940

Abt. 399.253 Wolff, Karl und Lieselotte

Dr. Karl Wolff wurde am 24. Februar 1908 in Plauen geboren. Er war Lehrer an verschiedenen Gymnasien, zuletzt an der Lornsenschule in Schleswig. Er verstarb am 27. September 1996 in Schleswig. Lieselotte Wolff geb. Hoffmann wurde am 7. Juni 1911 in Hirschberg geboren. Sie war Lehrerin und starb am 9. Februar 1999 in Schleswig.

- Persönliche und berufliche Unterlagen; Manuskripte; Korrespondenzen u. a. mit Heimito von Doderer und Hans-Georg Gadamer; Haftzeit in Neuengamme 1945–1946.
- 1 lfm
- 1922–1999

Abt. 399.1180 Wolff, Zacharias

Zacharias Wolff wurde am 7. Februar 1667 geboren. Er war Ingenieuroffizier, Kommandant der Festung Tönning und Generalmajor. Er verstarb am 5. April 1726.

- Instandsetzungsarbeiten auf dem Hof Darenwurt (Darenwohrt); Skizzen von Fortifikationsanlagen.
- 0,1 lfm
- 1723

Abt. 399.128 Wollatz, Heinrich

Heinrich Wollatz wurde am 4. Januar 1899 im Wesselburener Koog geboren. Er war Landwirt und Gruppenführer des Tannenbergbundes. Er verstarb am 4. Juni 1980 in Heide.

- Korrespondenzen; Manuskripte; Druckschriften.
- 0,5 lfm
- 1926–1972

Abt. 399.1158 Wowern, Jürgen und Johann Sebastian von

Die Brüder Jürgen und Johann Sebastian von Wowern wurden in Christianstedt geboren.

- Erbangelegenheiten.
- 0,1 lfm
- 1752–1759

Abt. 399.1159 Zepelin, Charlotte Amalie Sophie von

Charlotte Amalie Sophie von Zepelin war die Tochter des Majors von Zepelin und lebte in Rendsburg.

- Gesuch um Unterstützung.
- 0,1 lfm
- 1858

Abt. 399.1160 Zerssen, Carl Nicolaus von

Carl Nicolaus von Zerssen wurde am 25. April 1806 in Eckernförde geboren. Er war Zollassistent beim Zollamt auf dem Altonaer Bahnhof und verstarb am 19. August 1859 in Altona.

- Pension und Unterstützung seiner Witwe.
- 0,1 lfm
- 1859–1873

Abt. 399.1161 Zerssen, Joachim Ludwig Matthias von

Joachim Ludwig Matthias von Zerssen wurde am 15. Juli 1773 in Fredericia geboren. Er war Proviantverwalter am Eckernförder Christians-Pflegehaus und Pächter des Missunder Fährhofs. Er verstarb am 2. August 1858 in Missunde.

- Pensionsangelegenheit.
- 0,1 lfm
- 1820–1821

Abt. 399.1162 Zeska, Carl August von

Carl August von Zeskar war Stabskapitän und Kommandeur der 5. Musketierkompanie des 1. Bataillons des Königin Leibregiments zu Fuß.

- Disziplinarverfahren.
- 0,1 lfm
- 1816

Abt. 399.1218 Ziese, Georg August

Georg August Ziese wurde 1815 geboren. Er lebte auf Kieholm bei Kappeln und war Mitglied der Schleswig-Holsteinischen Landesversammlung, der Bezirkskommission für die Neueinschätzung der Länder in den Herzogtümern und des Kreistags für den Kreis Flensburg.

- Lebenserinnerungen.
- 0,1 lfm
- 1890–1891

Abt. 399.202 Zilian, Arno

Arno Zilian wurde 1934 in Königsberg geboren. Er war Brückenmeister der Herrenbrücken in Lübeck und Betriebsleiter des Fußgänger- und des Straßentunnels in Rendsburg.

- Erinnerungen als Flüchtling in Dänemark, Sammlung zu den Herrenbrücken in Lübeck und zum Straßen- und Fußgängertunnel in Rendsburg.
- 0,5 lfm
- 1945–2009

Abt. 399.1222 Zillen, Carl Ludwig

Carl Ludwig Zillen wurde am 20. Mai 1866 in Friedrichstadt geboren. Er war Lehrer in Nienhagen und Kaköhl. Er verstarb am 29. August 1937 in Grömitz.

- Persönliche und dienstliche Unterlagen.
- 0,1 lfm
- 1879–1929

Karten und Bilder

Karten und Bilder sind auf unterschiedlichen Wegen ins Landesarchiv gelangt. Zum Teil stammen sie aus Behördenabgaben, zum Teil aus Privathand, zum Teil sind sie sonstiger Herkunft. Karten und Bilder wurden in jeweils eigenen Abteilungen zusammengefasst. Provenienzen wurden in den Fällen bewahrt und gekennzeichnet, wo das möglich und sinnvoll war. Leitend für die Bestandsbildung war in diesen Fällen jedoch aus magazintechnischen und systematischen Gründen das Medium. Für Bilder gilt, dass hier in besonderem Maße bei der Benutzung Urheberrechte Dritter berührt sein können.

Abt. 402 Karten

Die Kartenabteilung umfasst im Wesentlichen handgezeichnete Flurkarten und Karten für verschiedene behördliche Zwecke sowie gedruckte Karten mit handschriftlichen Eintragungen von sehr unterschiedlicher Herkunft.

Die Karten stammen zum ganz überwiegenden Teil aus der Provenienz von Behörden und Gebietskörperschaften. Sie wurden und werden in größeren geschlossenen Gruppen an das Landesarchiv abgegeben. Nur ein kleinerer Teil setzt sich aus Einzelstücken unbekannter Herkunft zusammen. In den 1930er-Jahren wurde der Kartenbestand in die Abteilungen 402 A und 402 B aufgeteilt. In Abt. 402 A wurden Karten bekannter Provenienzen aufgenommen und nach diesen untergliedert. In Abt. 402 B kamen Karten unbestimmter Herkunft. Ihre Ordnung bestimmt sich nach geografischen und inhaltlichen Gesichtspunkten.

Katasterkarten bilden einen untrennbaren Zusammenhang mit den Katasterakten und liegen daher mit im Bestand Abt. 324 (siehe Bestandsgruppe „Preußische Verwaltung"). Gedruckte, in einer Auflage publizierte Karten bilden einen eigenen, der Bibliothek des Landesarchivs angegliederten Bestand.

↘ Provenienzgebundene Karten von Behörden, Klöstern und Gütern, privaten Firmen und Nachlassgebern. – Geografisch und inhaltlich geordnete Karten mit folgenden Schwerpunkten: Schleswig-Holstein; Gebiet des Her-

zogtums Schleswig; Gebiet des Herzogtums Holstein; Gebiet des Herzogtums Lauenburg; Altona und Hamburg; Wasser- und Landwege, Brücken, Deiche; Eisenbahnen; Häfen; Gebiete außerhalb Schleswig-Holsteins; Architektonische Pläne, Risse und Zeichnungen.
- ↘ 51.500 Nrn.
- ↘ 1528–2015

Abt. 414 Grafiken

Der Bestand enthält Lithografien, Drucke, Kupferstiche, Holzschnitte und Zeichnungen. Die früher in Abt. 414 vorhandenen Fotografien befinden sich im Bestand Abt. 2003.1.
- ↘ Persönlichkeiten; Geografie und Topografie; Ereignisse; Volkskunde; Stammbäume; Militaria; Kunst.
- ↘ 73 Stück
- ↘ 1492–2009

Abt. 2003 Fotosammlung

1839 wurden die ersten Fotografien hergestellt und spiegeln seither als Abt. zeitgeschichtliche Dokumente viele Facetten des menschlichen Lebens wider. Die in dieser Abteilung verzeichneten Fotografien bilden keinen einheitlichen Bestand, sondern sind verschiedenster Art und Herkunft. Die Abteilung ist in Untergruppen gegliedert, die zum Teil kleinere Sammlungen und Einzelstücke zusammenfassen, zum Teil aber auch gewachsene Bestände oder größere Sammlungen einer Provenienz enthalten.

Abt. 2003.1 Kleinere Zugänge und Postkarten

Der Bestand enthält Fotoabgaben geringen Umfangs oder unbekannter Provenienz.
- ↘ Einzelfotos sowie Fotosammlungen und -alben privater Schenker; Fotopostkartensammlung. – Besondere Themenbereiche: Persönlichkeiten; Orte; Ereignisse; Arbeitswelt; Sport; Verkehr; Bauwerke; Denkmäler; Militär; Kunstwerke; Strand- und Badeleben; Natur; Technik.
- ↘ 3 lfm
- ↘ 19.–20. Jh.

Abt. 2003.2 Nordmark (Fotograf Gerhard Garms)

Bei dem Bestand „Nordmark" handelt es sich um das fotografische Werk des Kieler Fotografen Gerhard Garms (1917–2001). Das Landesarchiv hat den Bestand mit allen Lizenzrechten 1987 angekauft. Er zählt zu den wichtigsten Bildquellen über die Nachkriegszeit und den Wiederaufbau des Landes Schleswig-Holstein nicht nur im Bereich des politischen Lebens, sondern auch im Bereich des Alltags- und Wirtschaftslebens.

- Zerstörtes Kiel; Britische Besatzung; Landtage; Politische Ereignisse; Firmen; Werften.
- 8 lfm
- 1945–1970

Abt. 2003.3 Schleswig-Holsteinischer Landtag

Von 1965 bis 2002 beschäftigte der schleswig-holsteinische Landtag Fotografen, die sowohl die herausragenden politischen Ereignisse als auch das politische Alltagsgeschäft des Landtags für Presse und andere Zwecke dokumentieren sollten. Von 1965 bis 1972 war dies freiberuflich der Fotograf Gerhard Garms, der bereits in der Nachkriegszeit als „Landtagsfotograf" tätig war. 1972 bis 1990 wurde der Fotograf Herbert Schlünsen beim Landtag eingestellt, ihm folgte noch 1990 der Fotograf Degenhard Appenrodt, der bis 2002 die Aufgabe als „Landtagsfotograf" wahrnahm. Mitarbeiter des Landtags wie z. B. der Pressesprecher Dr. Joachim Köhler, aber auch freiberufliche Fotografen belieferten die Fotosammlung des Landtags zusätzlich mit weiteren Fotografien.

Der Bestand wurde 2002 mit allen Verwertungsrechten, ausgenommen die der freiberuflichen Fotografen nach 1972, dem Landesarchiv übergeben.

- Landtag; Staatsbesuche; Auslandsreisen; Politisches Tagesgeschehen.
- 4 lfm
- 1965 –2002

Abt. 2003.6 Dorferneuerung und -entwicklung

Von professionellen Fotografen im Rahmen der Maßnahmen „Dorferneuerung und -entwicklung" im Auftrag der Landesregierung angefertigt, bietet dieser Bestand Momentaufnahmen überwiegend ländlicher Orte im letzten Viertel des 20. Jahrhunderts. Der Farbdia-Bestand kam vom Ministerium für Landwirtschaft und Umwelt zur Landesentwicklungsgesellschaft (LEG) und von dort für Forschungszwecke zum Heimatbund, der ihn 2009 an das Landesarchiv abgab.

- Dorferneuerungsakten der einzelnen Gemeinden.
- 5 lfm
- 1980–1995

Abt. 2003.9 Dr. Uwe Muuß (Luftbilder)

Dr. Uwe Muuß, Lehrer für Geografie und Biologie in Kiel, nahm seit 1954 Luftbilder von Orten und Landschaften Schleswig-Holsteins auf, vor allem für Erdkundebücher für den Schulunterricht und landeskundliche Atlanten; so arbeitete er unter anderem an dem Topografischen Atlas Schleswig-Holstein (1962) und dem Luftbildatlas Schleswig-Holstein (1965) mit. 2014 schenkte die Eigentümergemeinschaft Muuß den Luftbildbestand mit allen Rechten dem Land Schleswig-Holstein.

- Luftbilder der Städte und Landschaften Schleswig-Holsteins.
- 3 lfm
- 1954–1999

Abt. 2003.12 Luftbilder der Firma Aerophot-Demuss

Die Firma Aerophot-Demuss, ansässig in Pattensen, wurde von Reinhard Demuss gegründet und fertigt Luftbilder von Ortschaften in ganz Deutschland. Im Mai 2015 erwarb das Landesarchiv einen kleinen Schleswig-Holstein betreffenden Luftbildbestand mit den dazugehörigen Verwertungsrechten von dem Firmengründer Reinhard Demuss.

- Luftbilder von Ortschaften aus ganz Schleswig-Holstein.
- 0,5 lfm
- 1981–1995
- Postkarten der Firma befinden sich in Abt. 2003.1, Kleinere Zugänge und Postkarten.

Abt. 2003.13 Joachim Diederichs

Der Fotojournalist Joachim Diederichs (1924–2010) lebte in Berlin und arbeitete für verschiedene Zeitungen, wie zum Beispiel die Berliner Morgenpost, die B.Z. oder die Brigitte, sowie für den Ullstein-Verlag. Er galt in den 1950er- und 1960er-Jahren als einer der führenden Vertreter der Reportagefotografie in Berlin. In den Jahren 2011–2013 erhielt das Landesarchiv den Fotobestand des Fotojournalisten Joachim Diederichs als Schenkung.

- Insel Helgoland, vor allem Kurbetrieb und Firma Telefunken; Helgoländer Delegation bei Willi Brandt 1964; Verleihung des Bundesverdienstkreuzes an Joachim Diederichs 1967.
- 0,5 lfm
- 1926–1998

Abt. 2006Luftbilder

Luftbilder sind die Grundlage für die Erfassung der Geotopografie des Landes und dienen der Erstellung und Fortführung topografischer Karten, der großmaßstäblichen Punktbestimmung in Liegenschaftskatastern und zur Flurbereinigung. Zu unterscheiden sind Originalluftbilder und daraus abgeleitete Orthofotos. Bei den Originalluftbildern handelt es sich um zentralperspektivische Senkrechtaufnahmen, die durch die Perspektive etwas verzerrt sind. Nach Beseitigung der perspektivischen Verzerrungen wird ein Bild mit Parallelprojektion erstellt, welches als Orthofoto bezeichnet wird. Dieses hat wie eine Landkarte einen über die gesamte Bildfläche einheitlichen Maßstab.

In der Luftbildsammlung werden Luftbilder von der Erdoberfläche des Landesgebietes gesammelt. Sie werden regelmäßig durch Befliegung gewonnen und bilden daher das Landesgebiet in zeitlichen Epochen ab. Vereinzelt finden sich auch Luftbilder in Abt. 2003.1.

Abt. 2006.2 Luftbilder der Gesellschaft für technische Photogrammetrie

Unter Photogrammetrie versteht man eine Gruppe von Messmethoden und Auswerteverfahren, um aus Fotografien und genauen Messbildern eines Objektes seine räumliche Lage zu bestimmen. Im Regelfall werden die Bilder mit speziellen Messkameras aufgenommen. Die Luftbilder finden Eingang in stereometrische Auswertungen zur Erstellung von Karten und Plänen oder dienen als Grundlage für Entzerrungen zur Herstellung großmaßstäblicher Vergrößerungen und Rasterdiapositive.

Die Gesellschaft für technische Photogrammetrie überließ 1989 und 1991 dem Landesarchiv Luftaufnahmen des Landes Schleswig-Holstein, die im Rahmen ihrer aufgabenbezogenen Befliegungen hergestellt wurden. Ein Teil der abgegebenen Luftaufnahmen hatte die Gesellschaft für technische Photogrammetrie von der Firma Rüpke übernommen.

- Vermessungsaufnahmen für Schleswig-Holstein im Maßstab 1:10.000 und größer.
- 779 Nrn.
- 1956–1985

Landesfilmarchiv Schleswig-Holstein

Abt. 2002 Landesfilmarchiv

Das Landesfilmarchiv wurde 1987 als Abteilung des Landesarchivs eingerichtet. Sein Grundstock und immer noch wichtigster Teil sind die Filme der Kieler Firma Nordmark-Film, die von 1920 bis 1987 bestanden und in dieser Zeit dokumentarisches Filmmaterial über Schleswig-Holstein produziert hat. Seit 1987 wurde durch die Schaffung einer aufwendigen technischen Ausstattung im Landesarchiv eine zentrale Anlaufstelle für Filmarchivierung geschaffen und durch landesweite Sammeltätigkeit ein laufend wachsender Bestand an Filmdokumenten über Schleswig-Holstein zusammengetragen. Wichtig ist in diesem Zusammenhang, dass es sich nicht um eine Kopiensammlung handelt oder um den Ankauf von Vorführexemplaren handelsüblicher Filme. Archiviert werden analoge Originale oder digitale Objekte („Born Digitals") in höchstmöglicher Überlieferungsqualität, die nicht anderswo bereits archivisch gesichert sind. Somit geht es im Landesfilmarchiv um die Rettung, dauerhafte Bewahrung und Nutzbarmachung landesbezogener Filmdokumente.

Der aus den Filmen der Firma Nordmark-Film bestehende Grundstock wurde durch den Erwerb von Einzelstücken oder auch größeren Beständen ergänzt. Größere zusammengehörige Erwerbungen waren vor allem die Filme der ehemaligen Firma Jupiter-Film, Filme des Studentenwerks der Universität Kiel über soziale Themen der 1950er- und 1960er-Jahre, Filme des Schleswig-Holsteinischen Landtags, der Landespolizei, der Landwirtschaftskammer sowie größere Amateurfilmnachlässe.

↘ Filmische Orts- und Landschaftsporträts; Filme über Provinzialanstalten der 1920er-Jahre; Werbefilme vorwiegend von Kieler Firmen; Industrie- und Werftfilme (auch AG Weser, Bremen); Stapelläufe in Kiel; Amateurfilme mit Schwerpunkt der NS-Zeit; Kriegszerstörungen in Kiel und britische Besatzung; Wiederaufbau nach 1945; Landwirtschaft der 1920er- bis 1960er-Jahre; Landgewinnung an der Westküste und Küstenschutz; Schleswig-Holsteinischer Landtag; Amateurfilme über Kleinbahnen aus den

1950er-/1960er-Jahren; Dokumentationen über Jugendprobleme und Erziehungsfragen aus den 1950er- und 1960er-Jahren; Sozialkritische Filme über die Stadt Kiel aus den 1970er- bis 1990er-Jahren; Landesbezogene Filmdokumente, die mit Unterstützung der Filmförderung Hamburg-Schleswig-Holstein entstanden sind.

↘ 700 Filme

↘ 1895–2013

Abbildungen

Abb. 1: Der Hattensche Hof in der Schleswiger Süderdomstraße im Jahr 2019, erster Sitz des preußischen Staatsarchivs (Foto: Heike Moldenhauer, LASH)

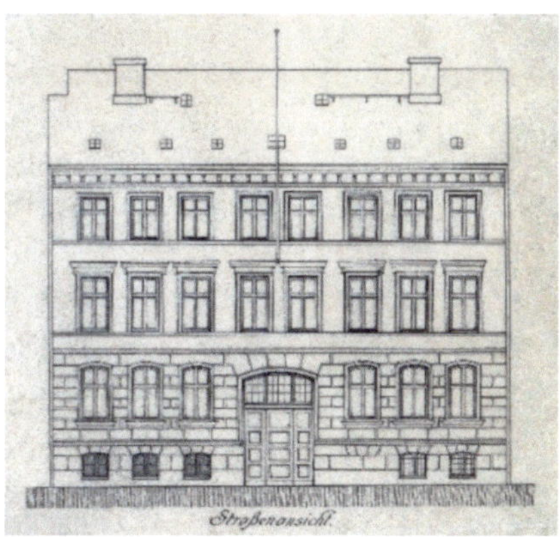

Abb. 2: Fassadenplan des Dienstgebäudes in der Kieler Karlstraße 27, seit den Zwanzigerjahren des letzten Jahrhunderts Sitz des preußischen Staatsarchivs (LASH Abt. 304 Nr. 882)

Abb. 3: Ansicht von Schloss Gottorf, ungefähr 1950, Dienstsitz des Landesarchivs nach dem Zweiten Weltkrieg (LASH Abt. 2003.1 Nr. 916)

Abb. 4: Eingangstür des Landesarchivs auf Schloss Gottorf (Foto: Heike Moldenhauer, LASH)

Abb. 5: Schloss Gottorf im Jahr 2019 (Foto: Sven Schoen, LASH)

Abb. 6: Das Prinzenpalais in Schleswig, ungefähr 1935 (LASH Abt. 2003.1 Nr. 4545)

Abb. 7: Das Prinzenpalais, heutiger Dienstsitz des Landesarchivs Schleswig-Holstein, Aufnahme aus dem Jahr 2019 (Foto: Heike Moldenhauer, LASH)

Abb. 8: Das Landesarchiv Schleswig-Holstein, Aufnahme aus dem Jahr 2016 (Foto: Robert Keil)

Abb. 9: Das Landesarchiv Schleswig-Holstein, Aufnahme aus dem Jahr 2008 (Foto: Heike Moldenhauer, LASH)

Abb. 10: Ausstellungsräumlichkeiten im Prinzenpalais
(Foto: Heike Moldenhauer, LASH)

Abb. 11: Vortragssaal im Prinzenpalais
(Foto: Heike Moldenhauer, LASH)

Abb. 12: Lesesaal im Archivzweckbau (Foto: Heike Moldenhauer, LASH)

Abb. 13: Magazinraum mit Rollregalanlagen
(Foto: Heike Moldenhauer, LASH)

Abb. 14: Magazin des Landesfilmarchivs (Foto: Heike Moldenhauer, LASH)

Veröffentlichungen des Landesarchivs Schleswig-Holstein

Band 1: Findbuch der Bestände Abt. 268 und 285: Lübecker Domkapitel mit Großvogtei und Vikarien sowie Amt Großvogtei, von Wolfgang Prange. 1975. XVII, 324 Seiten. ISBN 3-931292-01-0

Band 2: Findbuch des Bestandes Abt. 400.5: Von der Universitätsbibliothek Kiel übernommene Handschriften, von Wolfgang Prange. 1975. IV, 84 Seiten. ISBN 3-931292-02-9

Band 3: Findbuch des Bestandes Abt. 320 Eckernförde: Kreis Eckernförde, von Hans Wilhelm Schwarz. 1976. VIII, 89 Seiten. Vergriffen. Neuauflage siehe Band 44. ISBN 3-931292-03-7

Bände 4 und 5: Findbuch des Bestandes Abt. 7: Herzöge von Schleswig-Holstein-Gottorf 1544–1713. 1. und 2. Band, von Kurt Hector. 1977. XVI, XII, 852 Seiten. Nur zusammen zu beziehen. Auf die Nachträge und Indices, die als Band 11 erschienen sind, wird ausdrücklich verwiesen. ISBN 3-931292-04-5

Band 6: Findbuch des Bestandes Abt. 320 Eiderstedt: Kreis Eiderstedt 1867–1950, von Reimer Witt. 1978. VIII, 144 Seiten. Vergriffen. Neuauflage siehe Band 62. ISBN 3-931292-06-1

Band 7: Findbuch des Bestandes Abt. 218: Lauenburgisches Konsistorium zu Ratzeburg, von Wolfgang Prange. 1979. V, 148 Seiten. ISBN 3-931292-07-X

Band 8: Findbuch des Bestandes Abt. 320 Steinburg: Kreis Steinburg, von Robert Knull und Dagmar Unverhau. 1980. XVI, 215 Seiten. ISBN 3-931292-08-8

Band 9: Findbuch des Bestandes Abt. 65.1: Deutsche Kanzlei zu Kopenhagen bis 1730, von Konrad Wenn. 1981. VII, 171 Seiten. Vergriffen. ISBN 3-931292-09-6

Band 10: Findbuch des Bestandes Abt. 107: Ämter Cismar und Oldenburg, von Wolfgang Prange. 1982. VIII, 73 Seiten. Vergriffen. ISBN 3-931292-10-X

Band 11: Findbuch des Bestandes Abt. 7: Herzöge von Schleswig-Holstein-Gottorf 1544–1713. 3. Band, von Kurt Hector und Heinrich Frhr. von Hoyningen gen. Huene. 1983. Enthält Nachträge und Indices zu Band 4 und 5. XXIV, 422 Seiten. ISBN 3-931292-11-8

Band 12: Findbuch der Bestände Abt. 231, 232, 233 und 234: Ämter Lauenburg, Ratzeburg, Schwarzenbek und Steinhorst, von Wolfgang Prange und Konrad Wenn. 1984. XVII, 358 Seiten. ISBN 3-931292-12-6

Band 13: Findbuch des Bestandes Abt. 210: Lauenburgische Regierung zu Ratzeburg, von Wolfgang Prange und Konrad Wenn. 1985. XVII, 597 Seiten. ISBN 3-931292-13-4

Band 14: Findbuch des Bestandes Abt. 320 Segeberg: Kreis Segeberg, von Robert Knull und Dagmar Unverhau. 1985. XVIII, 140 Seiten. ISBN 3-931292-14-2

Band 15: Findbuch des Bestandes Abt. 320 Plön: Kreis Plön, von Hartmut Haase und Hans Wilhelm Schwarz. 1986. VIII, 262 Seiten. ISBN 3-931292-15-0

Bände 16 und 17: Findbuch der Reichskammergerichtsakten (Abt. 390 und andere), von Hans-Konrad Stein-Stegemann. 1986. 2 Bände: Titelaufnahmen und Indices. XIX, 734 Seiten. Nur zusammen zu beziehen. ISBN 3-931292-16-9

Bände 18 und 19: Findbuch der Reichskammergerichtsakten im Archiv der Hansestadt Lübeck, von Hans-Konrad Stein-Stegemann. 1987. 2 Bände: Titelaufnahmen und Indices. XXI, 1067 Seiten. Nur zusammen zu beziehen. ISBN 3-931292-18-5

Band 20: Schleswig-Holsteinische Archivtage 1985–1987 – Ansprachen und Vorträge –. Hrsg. von Angelika Menne-Haritz. 1987. 137 Seiten. ISBN 3-931292-20-7

Band 21: Schleswig-Holsteinische Regesten und Urkunden. Band 9: Herrschaft Breitenburg 1256–1598. Bearb. von Kurt Hector und Wolfgang Prange. Neumünster 1988. XI, 657 Seiten. Nur im Buchhandel erhältlich. ISBN 3-931292-21-5

Band 22: Landschaft und Siedlung im Wandel. Alte Flurkarten aus Schleswig-Holstein, Erdbücher, Urkunden, Vermessungsinstrumente. Eine Ausstellung im Landesarchiv Schleswig-Holstein 1989/1990, von Susanna Misgajski. 1989. 64 Seiten. ISBN 3-931292-22-3

Band 23: Schleswig-Holsteinische Regesten und Urkunden. Band 10: Kloster Ahrensbök 1328–1565. Bearb. von Wolfgang Prange. Neumünster 1989. 455 Seiten. Nur im Buchhandel erhältlich. ISBN 3-931292-23-1

Band 24: Findbuch des Bestandes Abt. 8.1: Schleswig-Holstein-Gottorfisches (Großfürstliches) Geheimes Regierungs-Conseil zu Kiel 1720–1773, von Wolfgang Prange und Konrad Wenn. 1989. X, 258 Seiten. ISBN 3-931292-24-X

Band 25: Findbuch des Bestandes Abt. 8.2: Schleswig-Holstein-Gottorfische (Großfürstliche) Rentekammer zu Kiel 1720–1778, von Wolfgang Prange. 1990. IX, 209 Seiten. ISBN 3-931292-25-8

Band 26: Schleswig-Holsteinische Regesten und Urkunden. Band 11: Die Protokolle des Lübecker Domkapitels 1535–1540. Bearb. von Wolfgang Prange. Neumünster 1990. 330 Seiten. Nur im Buchhandel erhältlich. ISBN 3-931292-26-6

Band 27: Durchs Objektiv gesehen. Aspekte der Filmgeschichte in Schleswig-Holstein. Eine Ausstellung im Landesarchiv Schleswig-Holstein 1992/1993, von Jutta Matz. 1992. 59 Seiten. ISBN 3-931292-27-4

Band 28: Historisches Ortsnamenlexikon von Schleswig-Holstein, von Wolfgang Laur. 2., völlig veränderte und erweiterte Auflage. Neumünster 1992. 755 Seiten. Vergriffen. ISBN 3-931292-28-2

Band 29: Findbuch der Bestände Abt. 216 und 217: Lauenburgische Gerichte, von Wolfgang Prange. 1992. 149 Seiten. ISBN 3-931292-29-0

Band 30: Schleswig-Holsteinische Regesten und Urkunden. Band 12: Die Protokolle des Lübecker Domkapitels 1522–1530. Bearb. von Wolfgang Prange. Neumünster 1992. 874 Seiten. Nur im Buchhandel erhältlich. ISBN 3-931292-30-4

Bände 31 bis 33: Findbuch des Bestandes Abt. 66: Rentekammer zu Kopenhagen, Schleswig-Holsteinische Kammer auf Gottorf, General-Landwesens-Kollegium, Steuerkommissionen, von Wolfgang Prange und Konrad Wenn. 1993. 3 Bände. 1077 Seiten. Nur zusammen zu beziehen. ISBN 3-931292-31-2

Band 34: Findbuch des Bestandes Abt. 320 Bordesholm: Kreis Bordesholm 1867–1932, von Veronika Eisermann und Hans Wilhelm Schwarz. 1993. V, 79 Seiten. ISBN 3-931292-34-7

Band 35: Urkundenbuch des Bisthums Lübeck. Teil 1. Hrsg. von Wilhelm Leverkus. Neudruck der Ausgabe von 1856. Neumünster 1994. XXXII, 901 Seiten. Nur im Buchhandel erhältlich. ISBN 3-931292-35-5

Band 36: Schleswig-Holsteinische Regesten und Urkunden. Band 13: Urkundenbuch des Bistums Lübeck. Band 2: Urkunden 1220–1439. Bearb. von Wolfgang Prange. Neumünster 1994. XIV, 656 Seiten. ISBN 3-931292-36-3

Band 37: Schleswig-Holsteinische Regesten und Urkunden. Band 8: Kloster Itzehoe 1256–1564. Bearb. von Hans Harald Hennings. Neumünster 1993. XIV, 569 Seiten. ISBN 3-931292-37-1

Band 38: Schienen zum Fortschritt. 150 Jahre Eisenbahn in Schleswig-Holstein. Ausstellungen zum Jubiläum der Eisenbahn in Schleswig-Holstein, von Christian Küster, Susanna Misgajski, Manfred Schulz und Günther Ungerbieler. 1994. 113 Seiten. Vergriffen. ISBN 3-931292-38-X

Band 39: „Der Stand der Frauen, wahrlich, ist ein harter Stand". Frauenleben im Spiegel der Landesgeschichte. Hrsg. von Elke Imberger. 1994. 231 Seiten. ISBN 3-931292-39-8

Band 40: Schleswig-Holsteins Lied und Farben im Wandel der Zeiten. Vorträge und Diskussionen eines wissenschaftlichen Symposiums: „150 Jahre Schleswig-Holstein-Lied". Hrsg. vom Schleswig-Holsteinischen Heimatbund und dem Landesarchiv Schleswig-Holstein. 1995. 112 Seiten. ISBN 3-931292-40-1

Band 41: Der 8. Mai als politische Zäsur. Ansprachen und Vorträge zum Symposium „Ende und Anfang im Mai 1945" in der Marineschule Mürwik am 17. Mai 1995 (Landeszentrale für Politische Bildung. Labskaus 4). 41 Seiten. ISBN 3-931292-41-X

Band 42: Der Kaiser, der Kanal und die Kinematographie. Begleitheft zur Ausstellung im Landesarchiv Schleswig-Holstein: Birt Acres – 100 Jahre Film in Schleswig-Holstein, von Hauke Lange-Fuchs. 1995. 71 Seiten. ISBN 3-931292-42-8

Band 43: Archive in Schleswig-Holstein. Bearb. von Veronika Eisermann und Hans Wilhelm Schwarz. 1996. 115 Seiten. ISBN 3-931292-43-6

Band 44: Findbuch des Bestandes Abt. 320.3: Kreis Eckernförde 1867–1950, von Veronika Eisermann und Hans Wilhelm Schwarz. 2., wesentlich erweiterte Auflage. 1996. VIII, 290 Seiten. ISBN 3-931292-44-4

Band 45: Schleswig-Holsteinische Regesten und Urkunden. Band 14: Urkundenbuch des Bistums Lübeck. Band 3: Urkunden 1439–1509. Bearb. von Wolfgang Prange. Neumünster 1995. 806 Seiten. ISBN 3-931292-45-2

Band 46: Schleswig-Holsteinische Regesten und Urkunden. Band 15: Urkundenbuch des Bistums Lübeck. Band 4: Urkunden 1510–1530 und andere Texte. Bearb. von Wolfgang Prange. Neumünster 1996. 839 Seiten. ISBN 3-931292-46-0

Band 47: Landgraf Carl von Hessen 1744–1836. Statthalter in den Herzogtümern Schleswig und Holstein. Eine Ausstellung im Landesarchiv Schleswig-Holstein, von Jens Ahlers, Jürgen Ostwald, Reimer Witt und Heyo Wulf. 1996. 215 Seiten. Vergriffen. ISBN 3-931292-47-9

Band 48: Findbuch des Bestandes Abt. 320.9: Kreis Husum 1867–1950, von Marion Dernehl und Reimer Witt. 1997. VII, 119 Seiten. ISBN 3-931292-48-7

Band 49: Die Wappen der Kreise, Ämter, Städte und Gemeinden in Schleswig-Holstein. Bearb. von Martin Reißmann unter Mitwirkung von Uta Hess, Jutta Matz und Hans Wilhelm Schwarz. Husum 1997. 415 Seiten. Vergriffen. ISBN 3-931292-49-5

Bände 50 bis 53: Findbuch des Bestandes Abt. 260: Regierung des Bistums, Fürstentums, Landesteils Lübeck zu Eutin, von Gertrud Nordmann, Wolfgang Prange und Konrad Wenn. 1997. 4 Bände. 1896 Seiten. Nur zusammen zu beziehen. ISBN 3-931292-50-9

Band 54: Die Anfänge des Landes Schleswig-Holstein. Vier Vorträge aus Anlaß des 50jährigen Landesjubiläums. Hrsg. vom Schleswig-Holsteinischen Heimatbund und dem Landesarchiv Schleswig-Holstein. 1997. 103 Seiten mit 10 Abb. ISBN 3-931292-51-7

Band 55: Landgraf Carl von Hessen 1744–1836. Vorträge zu einer Ausstellung. Hrsg. von Reimer Witt und Heyo Wulf. 1997. 163 Seiten. Vergriffen. ISBN 3-931292-52-5

Band 56: Der Hesterberg. 125 Jahre Kinder- und Jugendpsychiatrie und Heilpädagogik in Schleswig. Eine Ausstellung im Landesarchiv Schleswig-Holstein, von Susanna Misgajski. 1997. 157 Seiten. ISBN 3-931292-53-3

Band 57: Die Gottorfer auf dem Weg zum Zarenthron. Russisch-gottorfische Verbindungen im 18. Jahrhundert. Katalog zur Ausstellung im Landesarchiv Schleswig-Holstein, von Michail Lukitschev und Reimer Witt, unter Mitwirkung von Svetlana Dolgova, Jutta Matz, Marina Osekina und Sven Schoen. 1997. 203 Seiten. Vergriffen. ISBN 3-931292-54-1

Band 58: Schleswig-Holsteinische Regesten und Urkunden. Band 16: Urkundenbuch des Bistums Lübeck. Band 5: Siegelzeichnungen, Überlieferung, Indices. Bearb. von Wolfgang Prange. Neumünster 1997. 363 Seiten. ISBN 3-931292-32-0

Band 59: Schleswig-Holsteinische Beamte 1816–1848, von Gertrud Nordmann. 1997. VII, 445 Seiten. ISBN 3-931292-56-8

Band 60: Findbuch des Bestandes Abt. 170: Landschaft Stapelholm 1699–1867 (–1925), von Marion Dernehl. 1998. V, 52 Seiten. ISBN 3-931292-17-7

Band 61: Findbuch des Bestandes Kreis Herzogtum Lauenburg (Ratzeburg) 1873–1950, von Cordula Bornefeld und Hartmut Haase. 2001. 2 Bände. XIII, VIII, 687 Seiten. ISBN 3-931292-33-9

Band 62: Findbuch des Bestandes Abt. 320.4: Kreis Eiderstedt 1867–1950. Neu bearb. von Marion Dernehl und Reimer Witt. 1998. 2., erweiterte Auflage. IX, 167 Seiten. ISBN 3-931292-19-3

Band 63: Die Staatsgrundgesetze 1848/49 in Schleswig-Holstein und Lauenburg: Reprint zeitgenössischer Drucktexte. Hrsg. vom Verein zur Förderung des Landesarchivs Schleswig-Holstein e. V. 1998. 63 Seiten. ISBN 3-931292-55-X

Band 64: Heinrich Rantzau (1526–1598) – Statthalter in Schleswig und Holstein. Ein Humanist beschreibt sein Land. Katalog zur Ausstellung im Landesarchiv Schleswig-Holstein. Landesbeschreibung – Aufsätze – Katalog. Hrsg. von Marion Bejschowetz-Iserhoht, Hans Braunschweig, Reimer Witt und Heyo Wulf. 1999. 346 Seiten. ISBN 3-931292-57-6

Band 65: Arkivfortegnelse/Findbuch der Bestände Tønder kreds/Kreis Tondern 1867–1920 und/og Kreis Südtondern/Sydtønder kreds 1920–1950 i/im Landsarkivet for Sønderjylland und/og Landesarchiv Schleswig-Holstein. Redaktion Bettina Reichert und Hans Schultz Hansen. 1999. XIII, 353 Seiten. ISBN 3-931292-58-4

Band 66: Staatsgrundgesetze 1848/49 in Schleswig-Holstein und Lauenburg. Katalog zur Ausstellung im Haus Mecklenburg, Ratzeburg, 11. Mai bis 7. November 1999, von Hans Wilhelm Schwarz. 1999. 104 Seiten. ISBN 3-931292-61-4

Band 67: Findbuch des Bestandes Abt. 20: Herzöge von Schleswig-Holstein-Sonderburg-Plön, von Wolfgang Prange und Konrad Wenn. 1999. XVIII, 221 Seiten. ISBN 3-931292-62-2

Band 68: Findbuch des Bestandes Abt. 2002: Landesfilmarchiv, von Dirk Jachomowski. 1999. XVI, 258 Seiten mit 70 Abb. ISBN 3-931292-59-2

Band 69: Gilden in Schleswig-Holstein. Vorträge zur Ausstellung im Landesarchiv Schleswig-Holstein. Hrsg. von Marion Bejschowetz-Iserhoht, Reimer Witt und Heyo Wulf. 2000. 171 Seiten mit 17 Abb. ISBN 3-931292-63-0

Band 70: Findbuch Helgoländer Bestände: Abt. 174 Landschaft und britische Kronkolonie Helgoland, Abt. 131 Landgemeinde Helgoland, Abt. 320.22 Inselkreis Helgoland, von Malte Bischoff und Robert Knull. 2003. 70 Seiten. ISBN 3-931292-60-6

Band 71: Wappen – Zwischen Tradition und Fortschritt. Begleitheft zur Ausstellung im Landesarchiv Schleswig-Holstein, von Martin Reißmann. 2000. 35 Seiten mit 24 Abb. ISBN 3-931292-65-7

Band 72: Findbuch des Bestandes Abt. 3: Grafschaft Holstein-Schauenburg-Pinneberg. Bearb. von Malte Bischoff und Lars E. Worgull. 2002. 89 Seiten. ISBN 3-931292-66-5

Band 73: Arkivfortegnelse/Findbuch der Bestände Tønder amt til 1867/Amt Tondern bis 1867 i/im Landsarkivet for Sønderjylland og/und Landesarchiv Schleswig-Holstein. Bettina Reichert und Jesper Thomassen. 2001. XXX, 377 Seiten. ISBN 3-931292-67-3

Band 74: Im Spannungsfeld zwischen Regional- und Landesgeschichte. Vorträge eines Regionalsymposiums im Landesarchiv Schleswig-Holstein. Hrsg. von Reimer Witt. 2003. 115 Seiten. ISBN 3-931292-64-9

Band 75: Von Gottesfurcht und Kirchenzucht. Aspekte kirchlichen Lebens in Schleswig-Holstein im 17. Jahrhundert. Katalog zur Ausstellung im Landesarchiv Schleswig-Holstein. Hrsg. von Marion Bejschowetz-Iserhoht, Malte Bischoff und Reimer Witt. 2001. 71 Seiten mit 38 Abb. ISBN 3-931292-68-1

Band 76: Beiträge zur schleswig-holsteinischen Geschichte. Ausgewählte Aufsätze, von Wolfgang Prange. Neumünster 2002. XIV, 610 Seiten. ISBN 3-529-02212-8

Band 77: Archivalien zur Geschichte Schleswig-Holsteins im Niedersächsischen Staatsarchiv in Stade, von Robert Gahde. 2002. 91 Seiten. ISBN 3-931292-69-X

Band 78: Kirchliches Leben in Schleswig-Holstein im 17. Jahrhundert. Vorträge zu einer Ausstellung im Landesarchiv Schleswig-Holstein. Hrsg. von Marion Bejschowetz-Iserhoht und Reimer Witt. 2003. 215 Seiten. ISBN 3-931292-71-1

Band 79: Nicht erschienen.

Band 80: Schleswig-Holstein und die Niederlande – Aspekte einer historischen Verbundenheit. Katalog zur Ausstellung im Landesarchiv Schleswig-Holstein- Hrsg. von Ernst Joachim Fürsen und Reimer Witt. 2003. 183 Seiten. ISBN 3-931292-72-X

Band 81: Findbuch des Bestandes Abt. 320.12: Kreis Pinneberg, von Robert Knull. 2003. IX, 127 Seiten. ISBN 3-931292-73-8

Band 82: Das dritte Elbherzogtum. Der Kreis Herzogtum Lauenburg und seine Geschichte. Eine Ausstellung des Landesarchivs Schleswig-Holstein und des Kreises Herzogtum Lauenburg, von Eckardt Opitz und Martin Knauer. 2003. [34] Bl. Vergriffen. ISBN 3-931292-74-6

Band 83: Von ehrbaren Handwerkern und Böhnhasen – Handwerksämter in Schleswig-Holstein. Katalog zur Ausstellung im Landesarchiv Schleswig-Holstein. Hrsg. von Marion Bejschowetz-Iserhoht und Reimer Witt. 2004. 76 Seiten mit 36 Abb. ISBN 3-931292-75-4

Band 84: Findbuch des Bestandes Abt. 320.11: Kreis Oldenburg 1867–1950. Bearb. von Veronika Eisermann. 2004. VI, 46 Seiten. ISBN 3-931292-76-2

Band 85: Findbuch des Bestandes Abt. 314: Oberversicherungsamt, von Wulf Pingel. 2005. V, 51 Seiten. ISBN 3-931292-77-0

Band 86: Belli Dithmarsici vera descriptio – Wahre Beschreibung des Dithmarscher Krieges, von Heinrich Rantzau (Christianus Cilicius Cimber). Edition, Einleitung und Übersetzung von Fritz Felgentreu. 2009. 252 Seiten mit 12 Abb. ISBN 978-3-931292-78-2

Band 87: Findbuch des Bestandes Abt. 301: Oberpräsidium und Provinzialrat der Provinz Schleswig-Holstein, von Elke Imberger. 2005. XXVIII, 576 Seiten. ISBN 3-931292-79-7

Band 88: Findbuch des Bestandes Abt. 111: Ämter Reinbek, Trittau, Tremsbüttel, von Dirk Jachomowski und Wulf Pingel. 2006. XI, 261 Seiten. ISBN 3-931292-80-0

Band 89: Das Landesarchiv Schleswig-Holstein. Eine Betrachtung aus archivtechnischer Sicht, von Roland Lucht. 2., komplett überarb. Auflage. 2014. 95 Seiten mit 22 Abb. ISBN 978-3-943423-11-2

Band 90: Findbuch des Bestandes Abt. 47: Christian-Albrechts-Universität Kiel. Teil 1: 1665–1945, von Georg Asmussen. 2007. VI, 185 Seiten. ISBN 978-3-937816-43-2

Band 91: Findbuch des Bestandes Abt. 47.1: Kuratorium der Christian-Albrechts-Universität, von Georg Asmussen. 2007. VIII, 61 Seiten. ISBN 978-3-937816-44-9

Band 92: 99 Silbermünzen. Der Haselauer Münzfund aus der Zeit des Dreißigjährigen Krieges. Katalog zur Ausstellung im Landesarchiv Schleswig-Holstein. Hrsg. von Marion Bejschowetz-Iserhoht und Rainer Hering. 2008. 215 Seiten mit 151 Abb. ISBN 978-3-931292-82-9

Band 93: Die Ordnung der Natur. Historische Gärten und Parks in Schleswig-Holstein. Katalog zur Ausstellung des Landesarchivs Schleswig-Holstein in Zusammenarbeit mit dem Archiv für Architektur und Ingenieurbaukunst. Hrsg. von Marion Bejschowetz-Iserhoht und Rainer Hering. 2008. 215 Seiten mit 121 Abb. ISBN 3-931292-83-6

Band 94: Findbuch des Bestandes Abt. 79: Ministerium für das Herzogtum Schleswig zu Kopenhagen 1851–1864, von Jörg Rathjen. 2008. XI, 121 Seiten. ISBN 978-3-937816-48-7

Band 95: Archive zwischen Konflikt und Kooperation/Arkiver mellem konflikt og samarbejde. 75 Jahre deutsch-dänisches Archivabkommen von 1933/75 år dansk-tysk arkivoverenskomst af 1933. Hrsg. von/udgivet af Rainer Hering, Johan Peter Noack, Steen Ousager und/og Hans Schultz Hansen (Landesarchiv Schleswig-Holstein/Statens Arkiver i Danmark). 2008. 159 Seiten mit 1 Abb. ISBN 978-3-937816-59-3

Band 96: Die Ordnung der Natur. Vorträge zu historischen Gärten und Parks in Schleswig-Holstein. Hrsg. von Rainer Hering. 2009. 271 Seiten mit 119 Abb. ISBN978-3-937816-65-4

Band 97: Findbuch der Bestände Abt. 80 und 56: Ministerium für die Herzogtümer Holstein und Lauenburg zu Kopenhagen 1852–1864 sowie Holsteinische Regierung zu Kopenhagen bzw. Plön 1862–1864, von Jörg Rathjen. 2010. XXII, 620 Seiten. ISBN 978-3-937816-66-1

Band 98: Findbuch des Bestandes Abt. 109: Ämter Reinfeld, Rethwisch, Traventhal, von Wulf Pingel. 2010. VII, 116 Seiten. ISBN 978-3-937816-77-7

Band 99: Findbuch der Bestände Abt. 51 bis Abt. 55: Regierungen der Herzogtümer während der Erhebung 1848–1851, Dänische Immediatkommission zur gemeinsamen Regierung der Herzogtümer in Sonderburg 1848–1849, Landesverwaltung für das Herzogtum Schleswig 1849–1851 und Dänischer Regierungskommissar 1850–1851, Oberste Zivilbehörde für das Herzogtum Holstein in Kiel 1851–1852 sowie Militärische Behörden der Erhebungszeit 1848–1851, von Jörg Rathjen. 2010. XV, 606 Seiten. ISBN 978-3-937816-78-4

Band 100: Archivführer Schleswig-Holstein. Archive und ihre Bestände. Hrsg. vom Landesarchiv Schleswig-Holstein, dem Verband schleswig-holsteinischer Kommunalarchivarinnen und -archivare e. V. (VKA) und dem Nordelbischen Kirchenarchiv. 2011. 504 Seiten mit zahlreichen Abb. ISBN 978-3-937816-83-8

Band 101: Das Gedächtnis unseres Landes. Archive in Schleswig-Holstein. Begleitschrift zur Ausstellung. Hrsg. von Manfred von Essen, Rainer Hering, Anke Rannegger und Johannes Rosenplänter. 2011. 50 Seiten mit zahlreichen Abb. ISBN 978-3-931292-85-0

Band 102: Findbuch des Bestandes Abt. 22: Herzöge von Schleswig-Holstein-Sonderburg-Augustenburg, von Jörg Rathjen. 2012. X, 213 Seiten. ISBN 978-3-937816-89-0

Band 103: Findbuch der Bestände Abt. 57 bis Abt. 62: Bundeskommissare für die Herzogtümer Holstein und Lauenburg 1863–1864, Österreichisch-preußische Oberste Zivilbehörde für das Herzogtum Schleswig 1864, Österreichisch-preußische Oberste Zivilbehörde für die Herzogtümer Schleswig, Holstein und Lauenburg 1864–1865, Österreichischer Statthalter für das Herzogtum Holstein, Preußischer Gouverneur für das Herzogtum Schleswig, Oberpräsident für die Herzogtümer Schleswig und Holstein (von Scheel-Plessen) in Kiel, Holsteinische Landesregierung in Kiel 1864–1866, Schleswig-Holsteinische Landesregierung in Schleswig 1865, Schleswigsche Regierung zu Schleswig 1865–1868, Zivilverwaltung/Regierung für Holstein 1866–1868, von Jörg Rathjen. 2012. XIII, 262 Seiten. ISBN 978-3-937816-90-6

Band 104: Wie mächtig sind Archive? Perspektiven der Archivwissenschaft. Hrsg. von Rainer Hering und Dietmar Schenk. 2013. 204 Seiten mit 18 Abb. ISBN 978-3-943423-03-7

Band 105: Prinz Heinrich von Preußen. Großadmiral, Kaiserbruder, Technikpionier. Hrsg. von Rainer Hering und Christina Schmidt. 2013. 256 Seiten mit zahlreichen Abb. ISBN 978-3-529-06100-4

Band 106: Findbuch der Bestände Abt. 18 und 19: Generalsuperintendent für Schleswig und Generalsuperintendent für Holstein, von Jörg Rathjen. 2016. X, 158 Seiten. ISBN 978-3-943423-14-3

Band 107: Schleswig-Holsteinische Regesten und Urkunden. Band 17: Das Protokoll des Lübecker Domkapitels 1544–1549 mit ergänzenden Texten. Bearb. von Wolfgang Prange. In Verbindung mit der Gesellschaft für Schleswig-Holsteinische Geschichte hrsg. vom Landesarchiv Schleswig-Holstein. 2016. 201 Seiten mit 4 Abb. ISBN 978-3-943423-26-6

Band 108: 1864 – Menschen zwischen den Mächten/1864 – Mennesker mellem magterne. Hrsg. von/udgivet af Rainer Hering und/og Hans Schultz Hansen unter Mitarbeit von/under medvirken af Elke Imberger. Übersetzungen/Oversættelser: Eckhard Bodenstein. 2015. 478 Seiten mit 54 Abb. ISBN 978-3-943423-24-2

Band 109: Die „Reichskristallnacht" in Schleswig-Holstein. Der Novemberpogrom im historischen Kontext. Hrsg. von Rainer Hering. 2016. 394 Seiten mit 41 Abb. ISBN 978-3-943423-30-3

Band 110: Findbuch des Bestandes Abt. 13: Obergericht zu Gottorf 1713–1834, von Jörg Rathjen. 2017. IX, 185 Seiten. ISBN 978-3-943423-17-4

Band 111: Findbuch des Bestandes Abt. 320.6: Kreis Flensburg-Land 1867–1968, von Hartmut Haase. 2017. VI, 163 Seiten. ISBN 978-3-943423-18-1

Band 112: Findbuch des Bestandes Abt. 49: Schleswig-Holsteinische Regierung auf Gottorf 1834-1851, von Jörg Rathjen. 2017. XIII, 573 Seiten. ISBN 978-3-943423-32-7

Band 113: Gestalten des Archivs. Nachgelassene Schriften zur Archivwissenschaft. Hrsg. und mit einem Nachwort versehen von Dietmar Schenk. 2018. 270 Seiten mit 16 Abb. ISBN 978-3-943423-50-1

Band 114: Findbuch des Bestandes Abt. 77: Dänische Ministerien, von Jörg Rathjen. 2018. IX, 71 Seiten. ISBN 978-3-943423-55-3

Band 115: Findbuch des Bestandes Abt. 68: Oberste Zoll- und Kommerzbehörden in den Herzogtümern und in Kopenhagen bis 1867, von Jörg Rathjen. 2018. XIII, 147 Seiten. ISBN 978-3-943423-54-9

Band 116: Findbuch des Bestandes Abt. 8.3: Schleswig-Holstein-Gottorfisches (Großfürstliches) General-Landes- und Ökonomie-Verbesserungsdirektorium zu Kiel 1766–1807, von Jörg Rathjen. 2018. XVI, 370 Seiten. ISBN 978-3-943423-56-3

Band 117: „Die Schleswig-Holsteiner sind fortan Preußen." Schleswig-Holstein als preußische Provinz. Hrsg. von Rainer Hering und Julia Liedtke. 2020. Ca. 530 Seiten. ISBN 978-3-898769-50-1

Band 118: Findbuch der Bestände Abt. 65.1 bis 65.3: Deutsche Kanzlei zu Kopenhagen bis 1730, Deutsche Kanzlei zu Kopenhagen ab 1730, Deutsche Kanzlei zu Kopenhagen für das Herzogtum Lauenburg, von Jörg Rathjen. 2019. XXXII, 860 Seiten. ISBN 978-3-943423-57-0

Band 119: Findbuch des Bestandes Abt. 11: Regierungskanzlei (Obergericht) zu Glückstadt, von Jörg Rathjen. In Vorbereitung.

Band 120: Kommentierte Beständeübersicht des Landesarchivs Schleswig-Holstein. Bestandsaufnahme zum 150-jährigen Bestehen. Hrsg. von Rainer Hering. 2020. XVII, 642 Seiten. ISBN 978-3-943423-74-7

Die Ausstellungskataloge, der Band 117 sowie vor Band 89 erschienene Werke sind direkt über das Landesarchiv zu beziehen. Die Preise dieser Bände beinhalten die Versandkosten.

Landesarchiv Schleswig-Holstein
Prinzenpalais
24837 Schleswig
Telefon 04621 8618-00
Fax 04621 8618-01
landesarchiv@la.landsh.de
www.schleswig-holstein.de/landesarchiv

Ab Band 89 stehen die Bände, die bei Hamburg University Press veröffentlicht werden (ISSN 1864-9912), zum kostenlosen Lesen und Herunterladen sowie als hochwertige Printversion zur Verfügung. Die Printversion kann über den Buchhandel oder direkt beim Verlag bezogen werden:

Hamburg University Press
Verlag der Staats- und Universitätsbibliothek Hamburg Carl von Ossietzky
Von-Melle-Park 3
20146 Hamburg
Telefon 040 42838-7146
Fax 040 42838-3352
order.hup@sub.uni-hamburg.de
hup.sub.uni-hamburg.de